Pierre Etienne

Une année ordinaire

Essai

Éditions Dédicaces

UNE ANNÉE ORDINAIRE.
par PIERRE ETIENNE

ÉDITIONS DÉDICACES INC
675, rue Frédéric Chopin
Montréal (Québec) H1L 6S9
Canada

www.dedicaces.ca | www.dedicaces.info
Courriel : info@dedicaces.ca

Pierre Etienne

Une année ordinaire

Dans le match acharné qui a opposé, au cours de l'année 2012, les petites frappes marseillaises aux truands corses, ce sont les gibiers de potence phocéens qui l'ont emporté, par vingt huit cadavres contre dix-neuf. Une performance digne du Top quatorze ; tous les essais ont été transformés.

Ce record sera-t-il abattu en 2013 ? Les Corses voudront-ils prendre leur revanche ? Il s'agit d'une question d'honneur, pour une fraction de la population insulaire. Déjà qu'en football, face à Marseille, les équipes corses ne font généralement pas le poids ! Cela ne peut plus durer ainsi. Nous pouvons donc, logiquement, nous attendre à une performance de plus haut niveau, pour les douze mois à venir. Rendez-vous est donc pris dans un an, afin de s'extasier sur le nouveau palmarès des compétiteurs.

Le ministre de l'Intérieur lui-même, tout auréolé des satisfecit qu'il s'accorde à titre personnel, ne peut émettre le moindre pronostic, en dépit des rapports quotidiens qu'il reçoit d'une police politique, pas nécessairement dévouée à ses sombres ambitions. Il doit se contenter de bredouiller de longues tirades lénifiantes ou annoncer qu'il va faire promulguer de nouveaux textes, mieux adaptés à la situation. C'est probablement la seule tâche qu'il soit capable d'accomplir à peu près correctement car, s'il en est encore à considérer que les criminels se sentent concernés par le Code civil, nous sommes véritablement mal barrés. Il prend même le risque insoutenable de se déplacer, lorsque ses loisirs le lui permettent, sur les lieux des crimes. Quelquefois en compagnie de sa collègue de la Justice, qu'il ne porte pourtant pas dans son cœur, afin de démontrer qu'il contrôle bien la situation de ses petits bras musclés ; c'est pour dire. Pendant ce temps sur le terrain, bien entendu le carnage suit son cours ordinaire. La routine quoi, mais ce n'est pas grave ; Valls n'attend qu'une chose, une seule : sa promotion.

Pour preuve, si l'on s'en tient aux informations diffusées par la presse, et sauf erreur ou omission, il semblerait que pour l'ensemble de ces quarante-sept affaires criminelles, uniquement deux ou trois suspects auraient été arrêtés. De toute évidence, il s'agit d'une nouvelle performance mémorable, toutes compétitions confondues. On fait ce que l'on peut avec ce dont on dispose.

L'on pourra toujours rétorquer qu'aussi longtemps que les malfrats se dessoudent entre eux, il soit possible de considérer ces pratiques comme une œuvre de salubrité publique qui, de sus, fait gagner du temps et de l'argent à la police et la justice. Donc aux contribuables. Cette pensée hautement philosophique n'est pas totalement dénuée d'une certaine cohérence. Le malheur est qu'il arrive que des innocents soient pris à partie, alors qu'ils n'avaient rien demandé à quiconque. Et là, ça devient véritablement fâcheux.

À l'UMP, l'année restera marquée par l'expulsion et le retour dans ses foyers du tsar Nicolas I°, qui a confondu la France avec un train électrique. Il rêvait d'un jouet mirifique ; il l'a obtenu, mais il l'a cassé. Sale gosse ! Puis, l'autodestruction des deux principaux prétendants autoproclamés à la future accession sur le trône capétien. Pauvre France ! À se demander si ces deux guignols agissent ainsi dans le but de se faire sacrer empereur ou empêcher avant tout l'ennemi juré de le devenir, pour le cas où leur plan de carrière ne pourrait trouver une issue conforme à leurs appétences primitives. C'est pire que Dallas ce feuilleton nauséabond, car l'on n'y trouve que des J.R. Ici également, il s'agit d'assassinats, tout au moins de tentatives préméditées. Même s'ils ne sont que politiques. À la différence près que cette piste de cirque sans étoiles ne fera pleurer personne. Ni fleurs, ni couronnes ; des mensonges et des coups tordus. Ce spectacle lamentable, où des caprices de divas qui chantent comme des seringues, relayent à l'arrière-plan les intérêts et besoins essentiels de la Nation, fait déjà rêver celles et ceux qui n'attendent que pouvoir sauter sur l'occasion pour briguer la jouissance du pouvoir suprême. Même si quelques tentatives hypocrites et simulées de rabibochage entre les deux bouffons se mettent en branle, histoire de tenter convaincre de nouveau les adhérents à leur association de minus, qu'ils se préoccupent de leur sort.

Cette situation affligeante, représente le parfait reflet du système démocratique à la française intronisé par de Gaulle, il y a maintenant cinquante cinq années : le gouvernement de la majorité par une minorité. Il se trouve actuellement, environ soixante six millions d'habitants en France. L'on recense, en ratissant large, moins de trois cent mille encartés à l'UMP. Une bagatelle. Suite à de telles mascarades, s'il se trouve encore autant de volontaires pour payer leur cotisation annuelle à la fin de ce navet, ce sera à désespérer. Au sein de cet assemblage hétérogène, environ quatre-vingts mille copéistes tendance Fillon, et autant de fillonistes tendance Copé, ont sélectionné leur idole, lors d'une élection aux relents de république bananière. En se projetant dans l'avenir et dans l'absurde, cela démontrerait qu'en 2017, il serait possible que quatre-vingts mille fans illuminés, soient en mesure d'imposer leurs dictats à l'ensemble du pays. Soit un Français sur sept cent cinquante ! Certes, pour effectuer le calcul, il est également admissible de regrouper les trois cent mille frères ennemis en un seul clan, même à titre provisoire. Mais dans cette seconde hypo-thèse, nous ne pourrions tout juste comptabiliser qu'un Français sur deux cent vingt. Pas de quoi pavoiser dans les rassemblements qui ne rassemblent finalement que des rassembleurs qui ne parviennent jamais à rassembler. Mais qui se ressemblent tant.

La première conclusion qui semble s'imposer est que sur le fond, aucune évolution notable n'est à signaler depuis l'Égypte pharaonienne, si l'on veut bien faire abstraction du taille-crayon, du fil à couper le Roquefort puis hélas, des jeux vidéo et autres gadgets électroniques.

Albert Einstein l'avait prédit : la technologie fabriquera des générations d'idiots. Nous touchons au but. Et c'est tout bénéfice pour la classe politique. Moins le peuple réfléchit, plus ses dirigeants peuvent magouiller en toute quiétude.

Au PS, au-delà des apparences, la situation n'est guère plus reluisante. Certes, les apparatchiks détiennent les manettes ; ils possèdent désormais le pouvoir d'appuyer à leur guise, sur tous ces boutons qui les ont fait rêver depuis des années. C'est génial, c'est hyper bandant. Le grand malheur – pour les autres – est qu'ils ignorent totalement la façon dont la machinerie fonctionne. Si l'on se contente de prendre pour unique repère les années d'existence de la 5ème République, il est possible de se reconstituer un défilé insolite de politicards de tout acabit. On y découvrira de l'imbécile, de l'incapable, du bon à rien, du clown, du malade mental, du fou dangereux, de l'alcoolique, du détraqué sexuel, du voleur à l'arraché, de l'escroc de haut vol, du mafieux, sans omettre plusieurs centaines de ci-devant mis en examen, dont certains sont parvenus à se faire réélire de façon à frapper sournoisement de nouveau. L'ensemble étant regroupé au sein d'un club privé composé d'inconvenants égocentriques, mus par l'instinct primaire de domination. Du grave comme l'on dit de nos jours. Mais cette fois, niveau incompétence, il semble que nous ayons touché le fond. À se demander s'il est encore possible de creuser davantage. L'addition risque d'être salée, lorsque le temps sera venu pour cette équipe de branquignoles, de faire ses valises. Déjà que le montant n'était guère digeste avant que cet assemblage hétéroclite ne se mette à sévir.

Pour un citoyen ordinaire, il n'est pas évident de s'y retrouver au sein de ce micmac. Il reçoit le Journal de Mickey, alors qu'il se croyait abonné au Journal officiel.

Nous pourrons toujours tenter de nous consoler en pensant que l'année 2013 n'est pas bissextile. Conséquence de quoi, ces messieurs et dames ne disposeront que de 365 jours pour nous pourrir la vie. Ce qui représentera toujours une journée de gagnée par rapport à la précédente.

Enfin la petite dernière pour la route, avant d'aborder le nouvel exercice et son cortège de nouvelles taxes, prélèvements, obligations et interdictions en tous genres qui, sans nul doute possible, viendra ravager les 365 jours à venir et altérer nos vies quotidiennes : si vous êtes gênés aux entournures pour boucler vos fins de mois, une nouvelle solution s'offre à vous. Déposez plainte contre DSK au commissariat le plus proche, pour viol sous toutes ses formes imaginables. C'est un excellent plan, qu'il s'agisse d'affabulations ou non. Même s'il est officiellement déclaré innocent, l'ex grand sachem du FMI risque d'envoyer les dollars. Il faut en profiter avant que ses banquiers, publics et privés, ne lui ferment les robinets.

Il est toujours envisageable d'imaginer que la situation de la France aurait été différente, si ce tireur d'élite n'avait pas été équipé d'une carabine à répétition à la place des neurones. C'est fort loin d'être évident, mais ça ne mange pas de pain. Comme quoi il n'y a pas qu'à Marseille et en Corse que la Kalachnikov soit en vogue. Il semble plus raisonnable, plus sensé de concevoir que, pour un individu présenté comme l'un des cerveaux du siècle, alors que finalement il n'est qu'un beauf, l'hypothèse est fort loin d'être réaliste. Il se croyait l'élite, quand il n'était qu'une bite. Ce n'est pas le fait qu'il ait été recalé au concours d'entrée à l'ENA, qui doit nous faire changer d'avis.

Pour clore cette entrée en matière, il ne reste que le loisir de cogiter sur la composition d'un gouvernement qui aurait pu compter dans ses rangs des mecs style Dodo la saumure à la condition féminine, les frères Guérini à Bercy ou Burgaud à la justice.

Le 31 décembre 2012.

MAINTENANT, PLACE À L'ANNEE 2013 QUI, NUL NE PEUT EN DOUTER, NOUS APPORTERA SON LOT DE SURPRISES LE PLUS SOUVENT FORT DESAGREABLES.

JANVIER

MARDI 1er – L'ANNEE DE TOUS LES DANGERS.

Tradition oblige, voici une corvée de terminée pour le nouveau président de la République française. Même s'il n'en pense pas un traître mot, s'il n'en a rien à secouer, François Hollande a présenté hier au soir, ses vœux à ses chers concitoyens contribuables. De gauche, de droite, du centre et de tous les milieux, même les moins fréquentables. En politique, ce n'est pas ce qui manque. Une grande première pour un président tout ce qu'il y a d'ordinaire. Courage François, dans le meilleur ou le pire des cas, tout dépend de l'orientation où l'on se situe, il ne te reste, sous réserves d'usage, que quatre formalités du genre à accomplir. Ce n'est guère un cataclysme. De toutes les façons, s'il n'était pas venu tenter de se mettre en valeur sur les petits écrans, au cours de cette mise en scène coutumière et publicitaire, cela n'aurait rien changé quant à la situation déplorable dans laquelle se trouve un très grand nombre de Français. Depuis que la procédure a été mise en place, c'est pratiquement la même ritournelle chaque année. Rien que du réchauffé. La chanson, nous la connaissons tous par cœur : nous avons hérité d'une situation catastrophique. Les caisses sont vides. Pour redresser la France, nous nous trouvons dans l'obligation de vous demander de faire des efforts. Vous allez devoir vous serrer la ceinture pendant 5 ans, et patati et patata. Sans omettre de préciser que grâce à moi, mon action, vous connaîtrez bientôt des jours meilleurs. Il n'a pas osé ajouter je vous aime. Il n'est pourtant pas à un mensonge près. Ces galimatias, si l'on veut bien occulter le règne de Georges Pompidou, cela fait cinquante ans que nous les supportons. Le seul résultat tangible est que, d'un gouvernement à l'autre, la situation ne cesse de se dégrader chaque jour davantage. En gros, de tristes individus nous demandent de faire des sacrifices pour servir la Patrie, de façon à ce qu'ils puissent continuer de s'en servir et se servir. De gauche à droite, rien de nouveau, mais ce n'est guère surprenant.

En guise de vœux aux Français, Hollande a tenté de rassurer son monde. Il a affirmé être décidé de poursuivre sur sa lancée et inverser la courbe du chômage d'ici un an. Rose de bois, rose de fer, s'il ment, il va en enfer. Prions pour lui. Nous ne demandons pourtant qu'à le croire, mais si l'on s'en tient strictement aux résultats que son gouvernement a obtenus en sept mois de bricolages et d'affligeant amateurisme, la tendance se situe aux alentours de plus mille chômeurs supplémentaires chaque jour ! Ce n'est guère de bon augure pour l'avenir du pays et de ses habitants. Rendez-vous est donc pris pour le 31 décembre 2013, afin d'analyser la situation. Mais il semble, hélas, déjà évident qu'il faille se préparer au pire.

Il a également assuré que la zone euro était sortie de la crise. Si l'on ne croit pas celle-ci, il peut toujours tenter de nous en raconter une autre, mais ça ne sera pas facile à faire avaler.

À la fin de la représentation de François Hollande, au moins une personne était très satisfaite : François Hollande. Eventuellement ses copines. C'est franchement peu.

Demandez bonbons, caramels, esquimaux, chocolats.

Alors qu'il répétait le texte de sa tartine indigeste, les derniers chiffres du chômage ont été communiqués à ses sujets corvéables. Vingt-neuf mille trois cents chômeurs supplémentaires ont été recensés en novembre, ce qui porte le total à trois millions et cent trente mille, soit plus 10,8 % pour la seule année 2012. Le nombre d'inscrits peut être porté à quatre millions et six cent dix mille, si l'on prend en compte les personnes exerçant une activité réduite. C'est un record historique, depuis la création du département des statistiques falsifiées, spécialiste ès fléau des temps modernes. À ces chiffres, il sera nécessaire d'ajouter prochainement ceux du mois de décembre, ce qui ne risque pas d'améliorer le bilan comptable de l'année écoulée.

Le changement c'est maintenant. Si l'on veut bien accepter le discours, le résultat est consternant ; avec le changement c'est encore pire qu'avant.

Pour faire digérer la pilule, une bonne nouvelle est tombée à point nommé chez STX à Saint-Nazaire, entre le réveillon de Noël et celui de la Saint-Sylvestre. Elle concerne la construction d'un paquebot géant, pour un coût avoisinant le milliard d'euros. On présente le montant de cette commande comme étant exceptionnel, mais est-ce que les Français réalisent qu'en l'espace d'une quarantaine d'années, les politiciens incompétents et peu scrupuleux qui ont dirigé la France, l'ont également endettée, en toute impunité, à hauteur de mille huit cents navires de ce type. Presque un palace flottant chaque semaine !!! C'est effarant. Cette image est nettement plus représentative que le nombre à treize chiffres qui accompagne désormais le montant du déficit de l'État français. Heureusement que nous n'en sommes plus aux anciens francs, car le total ne pourrait même pas s'afficher sur l'écran d'une calculette.

Quant aux vœux des Français à destination du président Hollande, ils pourraient se résumer à cette maxime de l'écrivain et savant perse Omar Khayyâm (XI° siècle) : « *avant votre venue, rien ne manquait au monde, après votre départ, rien ne lui manquera.* «

MERCREDI 2 – CHAMPAGNE POUR PRESQUE TOUT LE MONDE.

Manuel Valls s'est déclaré « choqué » que plusieurs milliers de véhicules soient brûlés chaque année en France. Face à une telle situation, on ne demande pas à un ministre de l'Intérieur d'être choqué, mais de mettre en place les dispositifs qui s'imposent. Mais là est une initiative autrement plus complexe à concrétiser, que de faire des déclarations à l'emporte-pièce. Encore qu'à bien réfléchir, en période de crise, c'est tout bonus pour l'industrie automobile. Pour la seule nuit de la Saint-Sylvestre, mille cent quatre-vingt-treize voitures ont été incendiées selon Valls, mille cent quatre-vingt-treize selon la police et mille cent quatre- vingt-treize selon la gendarmerie, contre neuf cent cinquante l'année précédente et mille cent trente-sept lors du réveillon 2010. Les chiffres des syndicats n'ont pas été communiqués. Le record appartient au département de Seine-Saint-Denis, avec quatre-vingt-trois véhicules calcinés. Ça ne valait franchement pas la peine que le squatter de la place Beauvau mette sur pied une telle propagande autour de sa présence personnelle sur les éventuels lieux des crimes. Il est même permis de supposer que s'il avait su faire preuve d'un minimum de modestie, de sagesse et de sang-froid, les incendiaires auraient été moins excités.

Il est nettement plus difficile de savoir se taire, plutôt que raconter des absurdités dans l'espoir de se positionner en haut de l'affiche. Ce que l'on retiendra essentiellement de cette navrante mise en scène, est qu'elle n'a été tristement conçue que par des amateurs en mal de formation.

Dans l'intention d'avoir une pensée émue envers les assureurs, rappelons que chaque année, environ quarante-deux mille voitures sont volontairement incendiées. Soit une moyenne de cent quinze chaque jour. Et que moins d'une affaire sur cinq est élucidée. C'est fort ennuyeux, car les assurances ont été créées pour prendre du fric et le faire fructifier. Pas pour rembourser les dégâts aux assurés.

Au nombre des augmentations qui ont permis d'inaugurer la nouvelle année dans la joie et la bonne humeur, se trouve celle du SMIC. À hauteur de 0,3 % elle est facile à reconnaître ; c'est la moins conséquente. Mieux vaut ne pas s'étendre sur le sujet, tellement c'est se foutre de la gueule des salariés concernés. En gros, cela représente une baguette de pain supplémentaire par semaine ! Henri IV souhaitait que les Français puissent mettre la poule au pot chaque dimanche. Cinq cents ans plus tard, François IV ne propose que le pain ; et même pas fantaisie.

C'était le bon temps le XVI° siècle. À cette époque, Maximilien de Béthune, duc de Sully et ministre de Henri IV écrivait dans son livre Economies Royales « *Labourage et pâturage sont les deux mamelles dont la France est alimentée, les vraies mines et trésors du Pérou.* » Sully incitait alors les paysans à produire plus que nécessaire, de façon à vendre les surplus à l'étranger, et ainsi faire rentrer des devises. Dorénavant, les paysans sont payés pour laisser leurs champs en jachères, et l'on importe des produits agricoles. Il y aurait de la magouille dans l'air que ce ne serait guère surprenant.

Il existe de nombreux antécédents à cette actuelle ineptie. Ainsi, durant les années 1950, le gouvernement Mendès-France se retrouva confronté à l'épineux dossier des surplus de lait. Afin d'éponger les stocks, on commença par donner à boire un verre de ce précieux liquide, à l'époque non dénaturé, aux écoliers durant les récréations. Ce qui ne pouvait faire de mal à personne, exception faite pour les enfants allergiques aux produits laitiers, mais en ce temps ils n'étaient que fort peu nombreux ; les innombrables problèmes engendrés par les allergies n'avaient pas encore été inventés. Bien entendu, il apparut rapidement que cette distribution gratuite n'était pas suffisante pour écouler les excédents. Un esprit remarquablement éclairé eut alors l'idée étincelante d'accorder des subventions aux éleveurs, afin qu'ils abattent leurs vaches prématurément. Ce n'est que plusieurs mois plus tard qu'en haut lieu, les dirigeants politiques s'aperçurent que l'on allait manquer de viande bovine. Eh oui ! Pour faire des veaux, il faut des vaches. Ce qui ne sautait pas forcément aux yeux dans les ministères parisiens, mais ainsi va le monde. Par le plus grand des hasards, un autre responsable de quelque chose, un peu moins stupide que la moyenne, découvrit la solution afin de tenter de rétablir l'équilibre. Tout simplement, il conseilla – ce qui fut fait – de donner des primes aux éleveurs, de façon à ce qu'ils reconstituent leurs cheptels. Il fallait y penser ! Seuls les taureaux se réjouirent des conséquences de cette double opération insensée.

Quelques temps plus tard, un ministre de l'Agriculture qui devait, lui également, avoir effectué sa formation professionnelle dans un parc d'attractions, décida de mettre en place une politique d'arrachage des pommiers. Le but officiellement avouable était de moderniser l'agriculture française. Ah bon ? Dans le courant de l'année 1953, les agriculteurs perçurent des primes pour détruire leurs plantations. Hélas, faute de liquidités, le gouvernement supprima définitivement les versements plusieurs mois plus tard, et laissa ces braves paysans se démerder sans leurs pommeraies. Le résultat est que le bon cidre industriel normand ou breton est, depuis cette époque, élaboré en grande partie avec des pommes d'importation. Cette hérésie s'est produite sous les gouvernements

Pierre Mendès-France, Edgar Faure et Guy Mollet. Uniquement des artistes spécialisés, mais pas dans les bonnes matières.

Dans la liste des mutilations du pouvoir d'achat élaborée par Hollande et sa troupe folklorique, nous découvrons maintenant l'invention d'une nouvelle taxe sur le prix du demi de bière pression. Après les sodas, la cervoise. Mais on ne touche toujours pas au champagne. Ce qui est parfaitement logique ; c'est le breuvage le plus consommé par les décideurs d'augmentations de taxes sur les bières et sodas. Encore que dans la majorité des cas, ces sangsues se contentent de faire payer leurs approvisionnements par les contribuables.

Pendant ce temps, nous apprenons que les ventes de voitures neuves ont reculé de 13,9 % en France, durant l'année 2012. Comment faire tourner les usines de production, alors que l'État dépouille de façon outrancière les acheteurs éventuels, avant même qu'ils n'aient eu le temps de consulter les catalogues des fabricants. Les plans À, B, C ou X, Y, Z n'ont jamais fait fonctionner la moindre machine industrielle. Si c'était le cas, depuis des décennies nous nous en serions tous aperçus. Il n'y a que les bons de commandes qui soient efficaces. Le reste, tout le reste n'est que balivernes. Mais comment faire comprendre cette évidence à des individus qui ne connaissent rien, ne comprennent rien au fonctionnement du commerce et de l'industrie. Des technocrates qui seraient totalement incapables de gérer la moindre entreprise sans la mettre en faillite en moins de six mois.

D'ailleurs, pour la plupart, ils n'ont jamais travaillé de leur vie, se contentant de vivre aux crochets de la société. Pour en arriver à cette situation inconvenante, il aurait été possible d'éviter les révoltes et révolutions dévastatrices.

De toute évidence, nos dirigeants doivent être équipés d'une cervelle en devenir. Ce n'est pas possible autrement. Prenons par exemple le cas d'un acheteur qui acquiert une bagnole neuve, proposée aux prix de vingt mille euros, avantages clients inclus. Par les temps qui courent, ce n'est ni exceptionnel, ni du super luxe. Dès le départ, l'État lui ponctionne quatre mille euros de TVA en tant que prime de participation. Hélas pour la pauvre victime, les ennuis financiers ne font que commencer. Il va devoir, très rapidement, égrener son chéquier, afin d'obtenir sa carte grise. En fonction du prix imposé pour obtenir ce bout de papelard, il aurait été souhaitable de trouver une couleur chatoyante, mais bon, il en est ainsi. Le coût de cette plaisanterie de mauvais goût varie selon les départements mais, pour une voiture moyenne, soit sept ou huit chevaux fiscaux, nous sommes proches des trois cents euros.

Si l'on analyse brièvement la situation, on s'aperçoit rapidement que le trafic de papiers rendus obligatoires, est plus rentable que celui du haschisch. Ce qui est obligatoire doit être gratuit. Sinon, ce n'est qu'escroquerie. Ensuite notre brave homme va devoir s'acquitter du montant de l'assurance et des taxes qui ornementent le contrat. Jusque-là, tout allait – relativement – bien. Désormais, il lui faudra ajouter à ces ponctions arbitraires, le malus écologique. En restant dans la même catégorie de véhicule, cette invention débile peut coûter à l'acheteur entre mille et deux mille euros. Ce racket peut monter jusqu'à six mille euros pour une voiture puissante. Attention : si notre automobiliste est père de trois enfants ou plus, il bénéficiera d'une réduction de vingt grammes de CO_2 par héritier. Cette ineptie là, il fallait oser y penser. La situation financière de notre victime va véritablement se détériorer dès qu'il va éprouver l'envie ou le besoin d'utiliser son bien. Il va pour cela devoir faire le plein du réservoir et payer le litre de carburant entre un euro cinquante et un euro soixante-dix, selon les fluctuations décidées par les plus puissants escrocs patentés de la planète. Le plus implacable étant une fois de plus l'État. N'oublions jamais que sans l'intervention éhontée du fisc, le litre d'essence pourrait être vendu cinquante centimes, sans que les divers intervenants de la chaine pétrolière n'y trouvent à redire. Lorsqu'il sera sur la route, il sera sans cesse épié par des radars mis en place dans le but inavoué de lui piquer un maximum de fric. En ville, lorsqu'il voudra garer son véhicule, il sera rançonné par le biais de parcmètres placés sur le domaine public, donc lui appartenant. S'il emprunte les autoroutes, il devra encore payer pour obtenir le droit de circuler. Ce procédé infâme est totalement illégal depuis Napoléon III, puisque la loi prévoit que chaque citoyen français doit pouvoir se déplacer gratuitement sur la totalité du territoire de son pays. De sus, la loi interdit également à l'État de vendre des parcelles du territoire national à fin d'exploitation. Les enveloppes qui ont accompagné les transactions devaient être de gros calibre, lors de la privatisation des autoroutes. À toutes ces saloperies, s'ajoutent maintenant les plans de circulation aberrants, mis au point par des maires vicieux. Il en résulte qu'il devient pratiquement impossible de circuler dans les villes. Mais pas de panique ; de nombreux autres projets démoniaques sont encore à l'étude.

Après cela, il se trouve encore des irresponsables politiques tout étonnés de constater que le marché de l'automobile s'effondre en France ! C'est l'histoire du gamin qui casse tout ce qui lui passe entre les mains, et se retrouve désorienté de ne plus avoir de jouets pour s'amuser.

À noter que les ministres et autres élus – y compris les écolos – qui pondent l'ensemble de ces calamités, ne sont pas directement concernés financièrement, puisqu'ils bénéficient de véhicules avec chauffeur, l'ensemble casqué par ces salauds d'automobilistes pollueurs. Et un mot comme en mille, ces parasites peuvent tout se permettre puisqu'ils ne payent rien !

JEUDI 3 – LES VOYAGES NE FORMENT PAS QUE LA JEUNESSE.

C'était ce matin le premier Conseil des ministres de l'année : tout est O.K. Aucune gastrite, diarrhée, hépatite ou blennorragie n'est à signaler au sein des membres du gouvernement. Pas même la moindre petite rhino-pharyngite. Enfin une bonne nouvelle pour la Sécu.

Une blague de mauvais goût raconte que les politiciens et ciennes représentent la caste qui coûte la moins cher à la Sécurité sociale. Pour la simple raison qu'ils n'ont rien dans la tête, rien dans le ventre, et rien dans le slip. Par conséquent, ils sollicitent le corps médical beaucoup moins souvent que les citoyens ordinaires. CQFD.

Quant au dernier ministre ou parlementaire décédé suite à un accident du travail, le nom reste introuvable.

À l'occasion de la traditionnelle promotion du Nouvel An, Jo-Wilfried Tsonga, Richard Gasquet et Julien Benneteau ont été nommés dans l'Ordre national du mérite. Pourtant ces citoyens français de première classe résident tous trois en Suisse. Moralité, si vous êtes comédien et décidez d'habiter en Belgique ou en Russie, vous vous faites traiter de minable par JMA. Si vous êtes un sportif et demeurez en Suisse, vous avez une chance d'être décoré. Une fois encore, une fois de plus, le principe d'égalité est bafoué. C'est immoral. Dans le même temps, un communiqué du Kremlin nous informe que Vladimir Poutine vient de signer le décret accordant la citoyenneté russe à Gérard Depardieu. Pour qui désire passer pour un con lorsqu'il se rend à l'étranger – il existe des masochistes – c'est fort simple ; il suffit de dire que l'on est français. Notre ex-Gégé national évitera dorénavant ce camouflet. Il ne sera pas un cas unique, puisque durant l'année 2012, la seule administration bruxelloise a enregistré cent vingt-six demandes de Français souhaitant obtenir la nationalité belge, contre soixante trois en 2011.

Il est très compliqué d'obtenir des statistiques au niveau international.

Il est curieux de constater que les médias se focalisent ainsi sur le seul cas de Gérard Depardieu, alors qu'il est bien loin d'être le seul Français à fuir ou avoir déjà fui le joug du grand banditisme fiscal imposé aux citoyens de l'Hexagone. Daniel Auteuil, Charles Aznavour, Emmanuelle Béart, Laetitia Casta, Alain Delon, José Garcia, Les Hallyday père et fils, Florent Pagny, Patricia Kaas et Michel Polnareff, entre autres célébrités du show-biz, ont déjà fait preuve de clairvoyance en faisant leurs valises depuis belle lurette, sans que cela ne perturbe quiconque.

Chez les sportifs, la liste est également fort instructive. On découvre que pratiquement tous les tennismans français, à l'exception de Michaël Llodra, vivent hors de nos frontières. Y compris – surtout – Yannick Noah, grand donneur de leçons face à la misère humaine, et longtemps proclamé personnalité préférée des Français ! Ici se trouve la preuve évidente que bon nombre de citoyens français rêvent de s'expatrier. L'on y trouve encore Jean-Claude Killy, Sébastien Loeb, Stéphane Peterhansel, Richard Virenque, Jean Alesi ou Alain Prost. Que des rapides, ce qui représente un avantage de taille, car un déménagement est toujours une corvée désagréable. Surtout que, comme dit le proverbe : trois déménagements égalent un incendie. Afin d'éviter une casse supplémentaire, il leur est donc recommandé de ne pas rentrer en France.

Il est possible de continuer cette énumération avec des grands patrons ou actionnaires, tels Jacques Badin (Carrefour), Thomas Bata (chaussures Bata), Jean Baud (Franprix et Leader Price), Bernard Darty, Jean-Louis David, Eric Guerlain, Philippe Hersant, Daniel Hechter, Michel Reybier (Justin Bridou), Antoine Zacharias (Vinci), Corinne Bouygues, Pierre Castel (Vichy Célestin et Saint-Yorre), Jean Pigozzi (héritier des voitures Simca), Paul Dubrulle (co-créateur du Groupe Accor et ancien sénateur-maire de Fontainebleau). Puis, encore des membres des familles Bich (Groupe Bic), Bleustein-Blanchet (Publicis), Mulliez (Auchan et Décathlon), Defforey (Carrefour), Despature (Damart et Somfy), Wertheimer (Chanel), Peugeot, Primat (Schlumberger), Louis-Dreyfus, Lacoste, Guerlain et Ducros. L'ensemble de ces braves gens n'éprouve nullement l'intention de se décarcasser sans cesse pour tenter inutilement de combler le puits sans fond des finances publiques.

Qui pourrait les en blâmer ?

Il va de soi que cette énumération est loin d'être exhaustive. Il est invraisemblable de devoir constater que la politique en vogue, soit de faire plier bagages aux personnes susceptibles de faire évoluer favorablement la situation catastrophique où le pays se trouve, et d'accueillir ceux qui se précipitent dans le seul et unique but de profiter des avantages sociaux que l'on supprime progressivement aux citoyens français de souche, pressurisés par le fisc, alors qu'ils ont cotisé et continuent de cotiser aux multiples obligations en vigueur.

Il ne se trouve pas ici que des marques d'incompétence notoire, mais également des relents d'idéologie surannée.

Pour finir la journée, un rapport de l'ONU nous apprend qu'en vingt et un mois de conflit, la guerre en Syrie a déjà fait plus de soixante mille morts. Pendant les travaux, les ventes d'armes continuent. Les discours également.

VENDREDI 4 – ECOLE NATIONALE DES ACCESSOIRES.

L'arbitre a sifflé le début de la rencontre qui oppose Marseille et la Corse. Score en fin de journée : Marseille 1 – Corse 0. L'année commence de la façon dont la précédente s'était terminée.

Selon les souhaits de Hollande, les membres du gouvernement plus ou moins concernés par le travail, se réunissent ce jour en séminaire, afin de plancher sur l'épineux dossier de l'emploi. Aïe, ça risque de coincer très rapidement, car le turbin ce n'est pas véritablement leur truc, par cause évidente d'inexpérience. Nos ministres, qui ne sont jamais passés par la moindre période d'apprentissage, sont franchement meilleurs lorsqu'il s'agit de décourager les entrepreneurs et créer du chômage. Nous pouvons donc, logiquement, nous attendre au pire pour les mois à venir.

Marie-Ségolène Royal claironne désormais, à qui veut bien l'entendre, c'est-à-dire bien peu de monde, qu'elle regrette de ne pas avoir accepté le ministère de la Justice dans le gouvernement Ayrault car, toujours selon ses affirmations, cette position l'aurait aidée à être élue à La Rochelle, lors des dernières élections législatives. Cette déclaration va ravir son amie intime, Valérie Trierweiler. Par contre, étant déjà présidente de la région Poitou-Charentes, il semblerait qu'elle n'ait pas bien assimilé que le non cumul des mandats faisait partie du programme de son ex. Aucun doute, elle a bien été fabriquée dans le même moule que les autres sociétaires du fondamentalisme politique français, qui n'ont toujours pas compris le fonctionnement élémentaire d'une véritable démocratie ; qui ne parviennent pas à s'enfoncer dans la tête que la France ne leur appartient pas.

Il est vrai que l'ENA n'a pas été inventée dans le but de faire fonctionner des règles démocratiques.

Dernière information de toute première importance avant d'aborder le premier week-end de l'année : grâce à Gérard Depardieu, nous savons que Poutine est désormais une figure de proue de la démocratie mondiale. Il semble toutefois que la métamorphose soit récente.

SAMEDI 5 – UN ELEPHANT ROSE, CA TROMPE CA TROMPE.

Brigitte Bardot menace elle également de quitter la France et demander la nationalité russe, si les autorités de son pays s'acharnent à vouloir euthanasier deux éléphantes atteintes – paraît-il – de tuberculose. Ces animaux appartiennent au cirque Pinder, mais ont été prêtés au zoo de Lyon. Elle pourra demander Gérard Depardieu en mariage, s'est exclamé bêtement Benoît Hamon. S'il pensait faire un mot d'esprit, c'est totalement raté. Le mot y était, mais l'esprit était absent. Rien de franchement surprenant.

Puisque nous nous intéressons au cas de deux éléphantes, ce qui semble logique avec les socialos au pouvoir, restons chez les grands herbivores. Malgré les guerres et la pauvreté, le Népal est parvenu à protéger ses grands rhinocéros unicornes. Enfin une bonne nouvelle. En quatre ans, le nombre de ces périssodactyles est passé de quatre cent quarante-quatre à cinq cent quarante-trois. Il n'est pas évident que la jeune garde socialiste soit aussi motivée pour préserver sa vieille population d'éléphants roses. La génération M & M (Mitterrand/Mauroy) risque prochainement de se faire déclasser dans la liste des politiciens en voie d'extinction. Ce sera toujours ça de pris, même si la relève ne présente à priori, aucune garantie supplémentaire.

Un an après sa première oraison, jour pour jour, François Hollande a rencontré ce matin les salariés de Pétroplus Petit Couronne. Contrairement à ce qui a été annoncé lors des journaux télévisés, l'entretien avec les représentants syndicaux ne s'est pas déroulé sur place comme l'an passé, mais à Val-de-Reuil, commune située à environ cinquante kilomètres de la raffinerie. Probablement par mesure de précaution ou tout simplement parce qu'il avait la trouille de se faire chahuter par l'ensemble du personnel. On n'est jamais suffisamment prudent. Il est vrai que lors de sa précédente visite en 2012, le candidat Hollande avait emmené avec lui un tombereau de bonnes idées pour remettre l'usine en route. Douze mois plus tard, le président Hollande a reconnu ne pas pouvoir faire la moindre promesse. Si c'est ça le changement, c'est franchement léger. Dans tous les cas, les chômeurs devront s'en contenter.

Vincent Peillon n'avait plus fait la une des journaux depuis des jours et des jours. Il a dû être bien malheureux durant les fêtes de fin d'année. Peut-être même a-t-il souffert d'embarras gastriques. À l'occasion des débats sur le mariage pour tous, il a déclaré : je suis respectueux du caractère propre de l'enseignement catholique. Mais en retour, cet enseignement, qui est sous contrat avec l'État, doit respecter le principe de neutralité et de liberté de conscience de chacun.

Par contre, il n'a pas abordé le cas de l'enseignement islamique qui ne cesse de s'étendre en France, voire dans le monde. Probablement un oubli volontaire. Pas plus qu'il n'a précisé que 80 % des enseignants sont gauchos et professent le plus souvent, en dehors de tout concept républicain, les bienfaits de la doctrine collectiviste aux élèves qui leur sont confiés. Il est vrai qu'avec ses cent ou cent vingt millions de cadavres, il serait fort dommage que le marxisme, le maoïsme et le stalinisme réunis en un même tombeau, ne soient pas mis en valeur auprès de la jeunesse de notre beau pays. Il reste trois nations aux relents collectivistes dans le monde : la Corée du Nord, Cuba et la France.

Vincent Peillon est le fils d'un banquier communiste, qui fut directeur général de la première banque soviétique installée hors de l'URSS : la Banque Commerciale de l'Europe du Nord. Preuve que l'idéologie anticapitaliste et le business conservateur peuvent faire bon ménage, lorsque l'on sait faire preuve de bonne volonté. Cette officine philanthropique – puisque communiste – a été créée courant des années 1920 à Paris. Entre autres activités huma-nitaires, elle a servi à financer de nombreux trafics d'armes, notamment à destination des républicains, lors de la guerre d'Espagne. L'un de ses directeurs, Dimitri Navachine, fut assassi-né en 1937 par des membres de la Cagoule. Politiquement, Vincent Peillon a toujours été membre puis dirigeant du PS. Par contre, il s'est successivement fondu à l'intérieur de courants incarnés par Henri Emmanuelli, Pierre Moscovici, Arnaud Monte-bourg, Yvette Roudy, Marie-Ségolène Royal, DSK, puis enfin – la bonne pioche – François Hollande.

L'évolution d'une carrière politique, ne dépend de rien d'autre que le flair de savoir sauter dans le bon wagon, au moment opportun.

Ces différentes prises de position lui ont permis de se faire de nombreuses relations amicales, mais autant d'ennemis, au sein de son parti. Ce qui, certes, n'est guère original. Il a été député de 1997 à 2002 mais, n'ayant pas été réélu, il s'est tourné vers l'Europe, dont il est devenu fier représentant en 2004 et de nou-veau en 2009. Financièrement, il n'a rien perdu au change, car la situation est nettement plus lucrative que député de circonscrip-tion. De plus à Bruxelles, l'absentéisme répété ne se remarque pratiquement pas. Il suffit de faire enregistrer sa présence le matin, puis se barrer vite fait, pour encaisser la prime journalière de présence d'un montant de deux cent quatre-vingt-quatre euros. Cette gracieuseté s'ajoute aux sept mille trois cent trente-neuf euros de salaire de base, ainsi qu'aux trois mille neuf cent quatre-vingt euros d'indemnité (de quoi ?) non imposable. Le député européen bénéficie également du remboursement de frais réels, mais le plus souvent fictifs, par exemple lorsqu'il fait prendre en compte par l'administration, les déplacements de ses proches.

DIMANCHE 6 – VISITE CHEZ MADAME IRMA.

En ce premier dimanche de l'année, voici la tirade saugrenue, lancée en pâture à la population. Elle émane de Jérôme Cahuzac : Il n'y a plus d'augmentation d'impôts prévue ou prévisible, envisagée ou envisageable, au cours du quinquennat.

De quoi faire mourir de rire tous les Français, s'il ne s'agissait de leur pognon.

Afin de terminer la journée sur une note gaie, voici les prédictions de la voyante, Sylvie Cariou, pour les douze mois à venir :

- Naissance d'un héritier à Monaco.
- Toulon ne sera pas champion de France de rugby.
- Le Festival de Cannes sera marqué par un scandale.

Les vérifications seront aisées à effectuer.

Selon Denys Raffarin, un autre scandale éclatera. Il sera énorme et concernera la vie intime de François Hollande. Encore !

Pour Jocelyne Pauracle :

- Kate Middleton attend un enfant : ce sera très certainement un bébé.
- Jean-Marc Ayrault est assuré de conserver son fauteuil de Premier Ministre jusqu'au prochain remaniement ministériel.
- Elle ne voit pas de baisse du chômage ; elle le lit dans les prévisions de l'INSEE !

Elle est du métier la Jocelyne ; ça se remarque immédiatement.

Le Japon annonce une hausse de 26,1 % des ventes de véhicules en 2012, par rapport à 2011. Qu'en serait-il sans la visite du tsunami ! Il est rassurant de savoir qu'en certains pays, il existe encore des dirigeants équipés d'une cervelle en bon état de fonctionnement, aptes à prendre des mesures clairvoyantes, afin de faire fonctionner le commerce et l'industrie, plutôt que provoquer des catastrophes.

Quant à Philip Rösler, ministre allemand de l'Economie, il s'attend à une croissance « robuste » de son pays en 2013, grâce notamment à la bonne santé des exportations et des signaux positifs en provenance des entreprises.

Niveau exportations, pour la France une excellente idée serait de fourguer son personnel politique. Mais il ne serait pas si simple de trouver des clients prêts à casquer. Peut-être même que gratos, personne n'en voudrait.

LUNDI 7 – ESPRIT ES-TU LA ?

Quelques pensées de Claude Allègre :

- *François Hollande manque de courage, mais ce n'est pas nouveau. Il se contente de manœuvrer, de gérer les contradictions des uns et des autres.*

- *Le chef de l'État n'est pas à la hauteur. Il faut qu'il comprenne que gouverner ce n'est pas une technique de gestion.*

- *Le gouvernement est très faible. Comment Hollande peut-il se battre pour la croissance avec des alliés comme les Verts qui sont pour la décroissance. Comment peut-on parler de croissance et d'innovation quand on est contre le nucléaire, le gaz de schiste et les OGM.*

- *Jean-Marc Ayrault a été placé à Matignon pour faire tenir tranquille le groupe parlementaire socialiste, comme il l'a fait pendant des années à l'Assemblée.*

- *Arnaud Montebourg n'essaye que de faire parler de lui.*

- *La principale faute de Nicolas Sarkozy, est sûrement de s'être entouré de gens qui pensaient plus à leur ego qu'à l'intérêt des Français.*

Pour cette dernière remarque, ce n'est hélas, ni nouveau, ni original. La série est toujours en cours.

MARDI 8 – UN FILM DE CAPE ET D'EPEE.

Mauvaise ou bonne nouvelle pour Jérôme Cahuzac ? Le parquet de Paris ouvre une enquête préliminaire pour « blanchiment de fraude fiscale ». Il se dit en Suisse qu'il aurait demandé à UBS, son banquier ou ex-banquier supposé, de lui fournir une lettre affirmant qu'il n'a jamais possédé de compte auprès de cet établissement financier. Les dirigeants helvétiques auraient refusé de se prêter à cette mascarade.

Le ministre délégué au Budget (cette fonction ministérielle est totalement superfétatoire) se félicite de l'ouverture d'une enquête qui « démontrera sa complète innocence ». Nous ne demandons qu'à le croire mais, il n'empêche que l'ambiance risque d'être quelque peu tendue demain matin, lors du Conseil des ministres.

La journée se termine par la rubrique littéraire, avec cette déclaration du député FN, Gilbert Collard : Venez ! Marchez ! Ecrasez du pied gauche Peillon. Cela porte bonheur.

Si Peillon ne se manifeste pas suite à cette insulte, cela démontrera qu'il est désormais possible de dire publiquement d'un ministre qu'il n'est qu'une merde, sans être inquiété ! Niveau purement littéraire, ça se discute. Côté philosophique également.

En d'autre temps, lorsque les hommes avaient encore des couilles, Peillon aurait envoyé ses témoins près de ceux de Collard, et un duel aurait été organisé.

Le dernier duel de l'Histoire de France eut lieu en 1967. Il opposa Gaston Defferre au député gaulliste Renè Ribière. Lors d'une séance plutôt musclée, à l'Assemblée nationale, le truculent Gastounet traita son adversaire politique d'abruti. Refusant ensuite de présenter ses excuses, un duel à l'épée fut organisé, afin de laver l'affront. Defferre refusa le combat avec des épées limées, et refusa également qu'il s'arrête au premier sang. Après quatre minutes, Ribière, blessé à deux reprises, demanda la cessation des hostilités. Il faut savoir qu'il devait se marier le lendemain. Espérons que ses blessures ne se situaient pas en un endroit de son anatomie susceptible de nuire au bon déroulement de sa lune de miel, et que l'heureuse élue de son cœur, ne souffrit pas trop des suites de cette fâcheuse aventure.

MERCREDI 9 – FOUTEZ TOUT CA EN TAULE.

Le cinéaste Mathieu Kassovitz déclare qu'il va « dégager » de France, mais pas pour des raisons fiscales. C'était pourtant un prétexte justifié. Créativement parlant, j'ai du mal à continuer de travailler dans un pays qui a enfermé le cinéma dans une copie conforme d'un modèle américain, a-t-il fait savoir.

À transmettre à Aurélie Filippetti. Mais la situation ne sera pas aisée à lui faire comprendre, voire accepter. Car cela pourrait donner à penser qu'elle serait de droite comme Valls. Il semblait pourtant que les politicards français gauchos, n'avaient pas encore assimilé que le mur de Berlin était tombé depuis le 9 novembre 1989. C'est à rien n'y comprendre.

L'un des bouquins de notre ministre de la Culture a été présenté sur Canal +. Vachement chaud comme écriture. À n'en point douter, du travail de spécialiste ; un super scénario de film X. Elle cache bien son jeu la petite coquine. C'est peut-être pour cette raison que DSK posait un œil attentif sur elle ; on ne prête qu'aux riches. Logique, puisque les pauvres ne peuvent pas rembourser.

Les pensionnaires de la prison des Baumettes, à Marseille, ont eu la joie et le plaisir d'accueillir leur ministre de tutelle, Christiane Taubira. Pas pour y faire un stage, mais pour vérifier l'état d'avancement des travaux de réfection, entrepris depuis Noël dernier. Une bonne nouvelle pour quelques élus de la région, sélectionnés parmi les plus représentatifs. Car jusqu'à présent, les conditions d'hébergement étaient pour le moins précaires. Ils peuvent être désormais rassurés, même si l'avenir ne s'annonce pas véritablement radieux pour tous.

Au PS, peuvent être concernés par ce centre d'accueil pour spécialistes favorisés : Serge Andreoni, sénateur maire de Berre : mis en examen pour trafic d'influence. Sylvie Andrieux, députée et vice-présidente du Conseil général : mise en examen pour escroquerie. François Bernardini, maire d'Istres : condamné à 18 mois de prison avec sursis pour détournement de fonds. Janine Ecochard, vice-présidente du Conseil général : condamnée pour trafic d'influence. Jean-Noël Guérini, sénateur et président du Conseil général : mis en examen pour association de malfaiteurs et autres babioles. Michel Laignel, député et conseiller général : condamné pour favoritisme, prise illégale d'intérêts, faux et usage de faux. Jean-Pierre Maggi, maire de Velaux et vice-président du Conseil général : mis en examen pour délit de favoritisme. Jean-Pierre Noyes, conseiller général : mis en examen pour des faits d'association de malfaiteurs. Michel Pezet, député, condamné pour recel de fonds. Michel Tonon, maire de Salon-de-Provence, conseiller général : mis en examen pour délit de favoritisme.

JEUDI 10 – LE SYNDICALISME OUVRE BIEN DES PORTES.

Que la malédiction soit sur certains petits français ; sans majuscule pour le f. À Ustaritz, commune du département des Pyrénées-Atlantiques, une policière municipale est venue retirer de la cantine la petite Léa, cinq ans, parce que ses parents, en instance de séparation, devaient cent soixante-dix euros à la municipalité. La méthode a choqué les enfants de l'école maternelle, qui ont cru que leur petite camarade avait été envoyée en prison. Le maire de la commune a précisé que toutes les procédures possibles avaient été épuisées, mais que pourtant, il s'était bien gardé de donner ordre d'aller chercher cette toute innocente fillette à la cantine. La policière a donc pris l'initiative seule, sans aucun ordre de sa hiérarchie ?

Il est des jours où il n'est pas gratifiant de faire partie de la communauté des Français.

Afin d'arroser cela, Olivier Schrameck, ancien directeur de cabinet de Lionel Jospin, a été nommé à la tête du CSA – Conseil Supérieur de l'Audiovisuel. – Il n'a pas été précisé à partir de quels critères professionnels, quelles compétences particulières, cette promotion a été décidée. Sur le fond comme sur la forme, le changement n'est toujours pas pour maintenant.

Par décision en date du 26 décembre 2012, le Conseil d'État a validé la circulaire du Premier Ministre, datée du 21 février 2012, préconisant la suppression du terme *« mademoiselle »* dans les formulaires administratifs. Désormais, nous ne rencontrerons donc que des dames, y compris au niveau des pensionnaires de crèches et écoles maternelles. Quant aux religieuses, elles resteront des sœurs et les supérieures des mères célibataires.

Un qui s'en tire plutôt bien, suite à sa retraite anticipée de la CFDT, c'est François Chérèque, ancien secrétaire général de cette organisation salvatrice. Il s'apprête à devenir très prochainement président du think tank Terra Nova. Cette association a été créée en février 2008 par Olivier Ferrand, diplômé HEC, Sciences Po Paris puis ENA, avant d'être nommé administrateur civil au ministère de l'Economie et des Finances. Ce n'est guère un CV qui inspire confiance, mais bon ..... Il se nomma lui-même président et le resta jusqu'au 30 juin 2012, date de son décès. Le poste était donc vacant depuis six mois, sans que la Terre ne s'arrêtât de tourner une seule seconde. Think tank Terra Nova est, parait-il, un laboratoire d'idées, progressiste, indépendant, ayant pour mission de produire et diffuser des solutions politiques innovantes, en France et en Europe. On peut y croiser, entre autres personnages hauts en couleur, Karim Zéribi, Michel Rocard, Daniel Cohn-Bendit ou Bertrand Delanoë. Que du beau monde, convenons-en. Bien que totalement autonome, qui pourrait en douter, mais tout de même penchant légèrement, très légèrement vers la gauche, cette confrérie est financée à 80 % par des mécènes pourtant réaction-naires, mais dont les démarches philanthropiques n'échappent à personne : Areva, Air France, Caisse des dépôts et consignations, Groupe Casino, EADS, EDF, GDF Suez, SNCF et Videndi.

Nous attendons tous, avec une impatience non dissimulée, les premiers rapports de François Chérèque.

Ce n'est pas tout. Par décret en date du 3 janvier 2013, le ministre des Affaires sociales et de la Santé, a nommé François Chérèque inspecteur général des affaires sociales, à partir du 7 janvier 2013.

Il est des instants, lorsqu'il y a urgence, où l'administration sait se comporter de manière rapide et efficace. C'est rassurant, certes pas pour tous, mais en république bananière, il est coutumier de défendre prioritairement les intérêts de ceux qui ne se trouvent pas dans l'urgence. Et puis, une rémunération à hauteur de dix mille euros chaque mois ne se refuse pas facilement, même pour un ex-patron syndicaliste.

Le Premier Ministre, le ministre des Affaires sociales et de la Santé et le ministre du Travail, de l'Emploi, de la Formation professionnelle et du Dialogue social (carte professionnelle en 21x29.7) sont responsables, chacun en ce qui le concerne, de l'application du présent décret, qui sera publié au Journal officiel de la République française.

Signé : François Hollande, Jean-Marc Ayrault, Marisol Touraine et Michel Sapin. Aussi longtemps que ça reste en famille, même désunie, où se situe le problème ?

En voilà au moins un qui n'emmerdera plus Hollande, sa troupe théâtrale et les figurants qui paradent avec, car une bonne placarde bien au chaud, ça se protège sérieusement. Pas de risques inutiles. Il va manquer le barbu, lors des futures manifestations dans les rues de Paris. Surtout pour les photographes de presse.

VENDREDI 11 – ILS NE DESIRENT QUE PIQUER NOS SOUS.

Un arrêté publié au Journal officiel, nous informe que l'indemnité allouée au président de la Mission interministérielle de vigilance et de lutte contre les dérives sectaires, passe de mille huit cents à quatre mille euros par mois. Cette décision nous permet d'apprendre que ce truc existe. C'est toujours ça. Le président de la Miviludes, (c'est le nom scientifique du bidule) se trouve être Serge Blisko, ancien député PS, qui avait laissé sa place dans la 10° circonscription de Paris, lors des dernières législatives, au profit d'un candidat EELV. Encore un intermittent du spectacle de recasé. Il a été nommé à ce poste de très haute responsabilité, en août 2012. Il est également président du Conseil de surveillance du centre hospitalier Sainte-Anne, et avait été nommé – à titre préventif – président du Conseil d'administration de la Fédération hospitalière d'Ile de France le 6 mars 2012. Il faut faire gaffe au surmenage camarade Blisko.

Bernadette Chirac est en colère. Très en colère. Et il y a franchement de quoi. Son époux n'encaisse que trente-cinq mille euros par mois de retraites cumulées. Et on parle de lui sucrer les indemnités en provenance du Conseil Constitutionnel ; comment va-t-elle devoir s'y prendre pour assurer ses fins de mois ? D'ici qu'il soit possible de la croiser, l'hiver prochain, lors de distributions alimentaires aux Restos du Cœur ou chez Emmaüs, il n'y a pas loin. Un ex-président de la République perçoit, pour siéger ou non au sein de cette noble institution, une somme située entre sept et quatorze mille euros chaque mois, selon la source d'information consultée. Il semblerait à priori, que la somme de onze mille puisse être retenue. Toutes les Bernadette ne font pas nécessairement un détour par Lourdes pour bénéficier d'un miracle. Et la Chirac en a besoin de cet argent ; SVP ne lui supprimez pas cette source de revenus. Déjà que le couple ne possède pas les moyens financiers nécessaires pour assumer le paiement d'un loyer à Paris, il semble inutile de rajouter un malheur supplémentaire aux les malheurs existants.

La Cour des comptes exhorte l'État à réduire ses dépenses. Il s'agit désormais de la seule possibilité pour tenter de ne pas plonger la France dans un bouillon d'inculture d'où elle ne pourrait plus émerger. Le problème numéro un, est qu'aucun gouvernement n'est suffisamment qualifié pour prendre les mesures qui s'imposent. De toutes les façons, si certains ministres possédaient les capacités intellectuelles pour faire face à la situation, ils s'y refuseraient obstinément. Défense de toucher à mes privilèges ! Didier Migaud, premier président, estime que la France n'a plus de marges de manœuvre sur la fiscalité. Comme si nous n'étions pas assez grands pour nous en apercevoir. Entre les années 2011 et 2013, les gouvernements Fillon puis Ayrault, ont grillé leurs dernières cartouches en augmentant massivement les impôts, à hauteur de soixante-cinq milliards ! Du jamais vu. Finalement ils auraient pu magouiller dans la même équipe ces deux détrousseurs publics. D'autant que JMA passe plutôt inaperçu. Il ne fait d'ombre à personne le pauvre bougre. Cela étant, ne nous berçons pas d'illusions. Nos caciques trouveront toujours de nouvelles filouteries pour nous dévaliser au maximum de leurs possibilités et de nos impossibilités.

Selon une étude réalisée par l'Institut du génie civil basé à Londres, près de la moitié de la nourriture produite chaque année dans le monde est gaspillée. Principaux responsables : des récoltes mal organisées, des problèmes dans le stockage et le transport, puis l'irresponsabilité des distributeurs. (Ils ont oublié de mentionner les absurdités administratives). Quatre milliards de tonnes de nourriture sont produites chaque année dans le monde. Entre un et deux milliards de tonnes d'aliments ne seront jamais consommés. Une grande partie n'arrivera jamais sur le marché (principalement dans les supermarchés) en raison de la sélection de la forme, de la qualité et l'impossibilité à se conformer à des critères purement esthétiques. Et s'ils en faisaient exprès afin de faire grimper les cours à la vente publique ?

Ce qui est certain, est que dans différents ports africains (peut-être également en d'autres continents) des centaines, voire des milliers de tonnes de produits alimentaires pourrissent dans des hangars, à quelques dizaines de kilomètres de populations qui meurent de faim. À qui profite le crime ?

SAMEDI 12 – FAST FOOD.

Mauvaise nouvelle pour les donneurs de sang. Une petite ligne bien discrète, en bas à droite de la dixième page de journaux qui ne sont que très rarement lus, nous informe qu'à la date du 1er janvier dernier, l'Etablissement français du sang a interdit de servir des boissons alcoolisées après les collectes de sang. Depuis des décennies, un petit encas était offert aux donneurs, accompagné d'un verre de vin ou de bière, après la prise de sang. Tout laisse désormais supposer que les sandwichs au jambon seront également prohibés dans un bref délai. Reste à savoir s'il s'agit d'une décision politique ou nutritive ? Poser la question est presque apporter un début de réponse plausible.

Dans le cadre de leurs campagnes promotionnelles, Sarkozy a eu la Lybie, Hollande prend pied au Mali. À chacun sa guerre. Dans le premier cas, il s'agissait officiellement d'éliminer un dictateur, pourtant reçu en grandes pompes à l'Elysée quelques mois auparavant. La première conséquence de cette expédition punitive, est que désormais, les islamistes contrôlent le pays. Dans le second, il s'agit de chasser les islamistes, de façon à ce que le capitaine Amadou Sanogo puisse diriger le pays à sa guise, suite au coup d'État perpétré le 22 mars 2012.

« J'ai, au nom de la France, répondu à la demande du président du Mali » a déclaré fièrement Hollande. Le problème – certes une broutille, un petit rien – est que l'on ne sait pas trop qui est véritablement le chef d'État dans ce pays. Qui contrôle qui ou quoi ?

Hollande serait-il en passe de devenir François IV le Conquérant ? Selon Voltaire : *un conquérant est un homme qui se sert avec une habileté heureuse du bras d'autrui.* Il ne semble pas raisonnable d'affirmer que le président Hollande soit parvenu à un tel niveau de compétence professionnelle.

À l'occasion de l'inauguration officielle de Marseille-Provence, capitale de la culture européenne, une habitante des quartiers nord de Marseille, a été heurtée par une voiture de police appartenant à la brigade de répression du banditisme. Elle a été hospitalisée dans un état très grave. Les enquêteurs de l'inspection générale de la police nationale devront notamment établir le taux d'alcoolémie du conducteur qui, selon une source proche du dossier, était supérieur à la norme autorisée.

Faut-il s'attendre à des représailles ?

DIMANCHE 13 – HONNIS SOIT QUI MALI PENSE.

La tirade saugrenue de la semaine : un référendum sur le mariage gay serait anticonstitutionnel. (Christiane Taubira). Ce qui, bien entendu, est totalement mensonger. La vérité est que, tout simplement, si une consultation nationale était organisée sur ce sujet, Hollande et sa troupe de comiques n'auraient qu'à aller se rhabiller.

À propos du mariage pour tous, Jean d'Ormesson s'est contenté de déclarer : *Je suis pleinement favorable au mariage gay, mais seulement entre politiciens de gauche. Tout ce qui peut contribuer à leur non-reproduction est un bienfait pour tous.*

Le problème avec les politiciens, est qu'ils sont encore nettement plus habiles pour sodomiser les citoyens, plutôt que s'emmancher entre eux. C'est pour dire.

Aujourd'hui dimanche, une grande manifestation a été organisée à Paris contre le mariage pour tous. Afin de ne pas déroger aux habitudes, les organisateurs ont dénombré plus de huit cent mille manifestants, contre trois cent quarante mille pour la police. C'est d'un classique affligeant et ça ne fait plus rire personne. Ce qui revient à dire que, d'après Valls, plus de quatre cent mille personnes sont portées disparues depuis la fin de la manifestation car, après visionnage des reportages, il ne fait aucun doute que la police politique a de nouveau diffusé de fausses informations. C'est leur métier, ils sont également payés pour ça.

Les opérations militaires au Mali s'intensifient. En Somalie, aucun problème n'est résolu. C'est le moment idéal pour faire passer en douce une saloperie supplémentaire. Ainsi, selon le JDD, le taux d'intérêt du livret *A* va passer de 2,25% à 1,75%. C'est carrément dégueulasse, et toutes les tentatives d'explications ne changeront rien à l'affaire. Ça couvre tout juste l'inflation officiellement déclarée, pas même la réelle. Donc ça ne rapporte strictement rien à ceux qui prêtent leur argent aux organisations financières et se font flouer. Car dans ces conditions, il ne saurait être question de parler d'épargnants. Par contre avec le pognon engrangé, il est possible aux banques et à la Caisse des dépôts et consignations, de se faire un fric fou. Quelle arnaque ! C'est bien connu, les affaires c'est l'argent des autres.

Depuis Clemenceau, les socialos ont toujours niqué leurs électeurs. Cela n'est jamais passé inaperçu ; pourtant ils parviennent toujours à engager de nouvelles recrues. Bizarre. Encore que par les temps qui courent, ils enregistrent davantage de désertions.

Les informations ne passent qu'avec parcimonie, mais il semblerait que le policier-chauffard de Marseille aurait eu un taux d'alcoolémie dans le sang supérieur à 1,50 au moment où, hier, il a provoqué un grave accident de la circulation, alors qu'il conduisait en excès de vitesse. Et encore, les contrôles n'ont été effectués que plusieurs heures après l'accident. Circonstances atténuantes : Marseille est la ville du Pastis.

LUNDI 14 – CONSULTEZ LES HORAIRES.

Les ventes de véhicules Volkswagen ont augmenté de 11,2 % en 2012. Tel au Japon, la crise en Allemagne ne connaît pas les mêmes répercussions qu'en France, au niveau de la production industrielle. Mais comment essayer de faire comprendre cela à des énarques ?

Il était une fois un roi qui désirait aller à la pêche.
Afin de ne pas prendre de risques inutiles, il appela près de lui son météorologue attitré, et lui demanda de lui communiquer des informations, quant à l'évolution du temps, pour les prochaines heures.
Ce dernier rassura son souverain, et lui prédit qu'il pouvait tranquillement aller taquiner le goujon, sans risques aucun de devoir subir les caprices du ciel.
Pour complaire à la reine, le roi se vêtit de ses plus beaux atours, et partit serein vers un grand lac où il avait l'habitude de se rendre.
Chemin faisant, il rencontra un paysan monté sur son âne. En voyant le roi si légèrement habillé, il lui dit « Seigneur mieux vaut

que vous rebroussiez chemin, car sous peu de temps, des pluies torrentielles vont s'abattre sur la région. »

Bien entendu, le roi ne tint aucun compte de cette mise en garde. « Comment ce gueux peut-il prévoir le temps de meilleure façon que mon spécialiste grassement payé » pensa-t-il.

Hélas, bientôt il se mit à tomber du ciel des torrents d'eau. Le roi fit immédiatement demi-tour et rentra en son palais tout dégoulinant. Le voyant revenir dans un si piteux état, la reine se moqua de lui.

Illico, le roi convoqua son météorologue afin de le congédier, puis fit venir à lui le paysan qui avait croisé son chemin quelques heures auparavant, afin de lui offrir le poste devenu vacant.

« Seigneur, je ne suis pas celui qui comprend quelque chose dans les affaires de météorologie et de climat, dit le paysan. Mais je sais que si les oreilles de mon âne sont baissées, cela signifie qu'il va pleuvoir.

Et le roi prit l'âne à son service, après avoir offert une bourse bien remplie à son loyal sujet, afin de le dédommager.

C'est de cette époque que vient en France, la coutume de recruter des ânes, pour occuper les postes de conseillers gouvernementaux les mieux payés.

Il fut également décidé de créer l'Ecole Nationale des Ânes, afin de ne pas prendre le risque de voir la race s'éteindre.

Quelques années plus tard, le roi décéda. Son petit-fils monta sur le trône, et confirma les dispositions prises par son grand-père.

Toutefois, en souverain éclairé, il s'aperçut bientôt que les ânes, trop intelligents, pouvaient être utilisés pour des travaux plus rationnels, et être remplacés par des hommes. À la mémoire de son valeureux aïeul, il conserva toutefois le sigle de l'école.

Nous pouvons encore mesurer de nos jours, les brillantes compétences de ces individus diplômés, bien que calamiteux et ruineux pour la Nation.

Les usagers de la SNCF seront heureux d'apprendre que les tarifs vont augmenter de 2,3 %, soit plus que l'inflation et huit fois plus que le SMIC. Vive les transports en commun. Afin de décourager les Français d'utiliser leurs véhicules, il ne reste donc que l'unique solution d'augmenter encore davantage les taxes sur des carburants.

La SNCF, dont l'un des logos publicitaires est : « *Donner au train des idées d'avance.* » Uniquement des idées, car pour la pratique et les horaires, ils savent modestement se contenter de retards.

L'UNEDIC confirme que pour l'année 2012, le nombre des chômeurs en France a progressé, grâce à l'arrivée de trois cent vingt-deux mille nouveaux inscrits. Les prévisions pour l'année 2013 ne concernent que cent soixante-dix-huit mille personnes supplémentaires. Si c'est cela l'inversion de la courbe promise par Hollande, il aurait été préférable d'étudier d'autres méthodes ou solutions mieux adaptées à la situation. Très sérieusement, comment est-il possible d'établir des prévisions crédibles, quant au nombre de salariés qui perdront leur emploi au cours des douze prochains mois ? Si tel est le cas, c'est donc que les fermetures des entreprises concernées sont déjà programmées ! Si cela se confirme, le montant du déficit de l'assurance chômage s'élèvera à cinq milliards d'euros en 2013, contre – seulement – deux milliards sept cents millions pour l'année 2012.

Chiffres à contrôler au 31 décembre prochain.

Une qui connaît bien la musique, c'est Florence Parisot, chef d'orchestre du MEDEF. Elle devrait logiquement débarrasser son estrade en juillet prochain. Mais afin d'éviter cette mise à l'écart, elle tente actuellement de faire modifier les statuts de l'honorable confrérie qu'elle préside depuis l'an 2005, de façon à poursuivre sereinement sa mission humanitaire. Elle souhaite également que l'âge limite de la retraite soit portée pour les dirigeants du MEDEF, au-delà de soixante-cinq ans, ce qui lui permettrait de conserver à ses côtés, l'ancien patron de BNP Paribas, Michel Pébereau. Après l'UMP et le Mali, la guerre est déclarée au MEDEF. Mais il est loin d'être évident qu'elle en ressorte gagnante.

MARDI 15 – AFFAIRES DE FAMILLES.

Taubira en remet une couche. C'est bien connu, les politiques interprètent généralement les textes officiels, de la façon dont cela les arrange. Elle réaffirme que, selon l'article 11 de la Constitution de la 5ème République, un référendum ne peut être organisé que lorsqu'il concerne l'organisation des pouvoirs publics, les réformes économiques, sociales, environnementales ou relatives aux services publics. Donc, selon cette charmante personne, le mariage homosexuel n'entre pas dans le cadre des questions sociales ! Elle classe cela dans quelle rubrique alors : les faits divers, les sports, la nécrologie, les soirées mondaines ?

Ce qui est certain, est qu'à l'Assemblée nationale, c'est bien par la commission des affaires sociales, que le dossier est étudié.

Pour mémoire et pour ceux que ça intéresse, Christiane Taubira est titulaire d'un doctorat d'économie et d'agro-alimentaire, ainsi que de sociologie et d'ethnologie afro-américaine. En 1978, elle est devenue professeur de sciences économiques. C'est donc en toute logique politicarde, qu'elle a été nommée ministre de la Justice. Elle est fondatrice du parti Walwari, qui prône l'indépendance de la Guyane. Il semblerait qu'elle risque de rencontrer quelques difficultés avant d'obtenir gain de cause, pour la simple raison qu'il est pour le moins compliqué de faire décoller les fusées Ariane à partir de la place de la Concorde. Il y a trop de circulation. Cela ne la gêne pas pour être députée de l'État colonisateur depuis 1993, et avoir été députée européenne de juillet 1994 à juillet 1999, élue sur la liste de Bernard Tapie. Une sacrée référence. En 2002, elle se présenta aux élections présidentielles et n'obtint que 2,32 % des voix au premier tour. Ce n'est guère glorieux. Elle exerce également des activités artistiques, en écrivant des poèmes. Certains ont été mis en musique, et un disque, un album, un CD ou un opus devrait sortir prochainement. N'oubliez pas de réserver.

Pour qui ne s'en souvient pas, et c'est fort dommage, lors de sa première sortie officielle en tant que ministre de la Justice, dame Taubira est allée assister, à Paris-Bercy, à un challenge de basket réunissant des détenus et des membres du personnel pénitencier, sélectionnés en différentes régions de France. L'un des pensionnaires de Fleury-Mérogis, un jeune Géorgien de 22 ans, alors condamné pour vols et recels, en a profité pour se faire la belle. Si le ministre Taubira n'a pas été en mesure de réussir son examen d'entrée, le détenu a su soigner sa sortie.

Moscovici a officialisé la baisse du taux d'intérêt du Livret *A* à 1,75% au 1er février prochain. À oser parler encore d'un taux d'intérêt dans ces conditions, il ne risque pas d'être étouffé par les scrupules le Mosco. Il a même été pris en flagrant délit de mensonge en déclarant que le « pouvoir d'achat » du livret *A* serait le plus important depuis 2 ans. Ce qui est, bien entendu, totalement faux et carrément stupide. Comment expliquer que la rentabilité augmente alors que l'on sucre 0,50% d'intérêt ? Ce n'est qu'une forme déguisée pour créer de nouveaux impôts qui ne portent pas leur nom.

« Il faut multiplier les impôts de façon à ce qu'ils paraissent moins lourds. « Napoléon I°.

Après l'Allemagne et le Japon, encore une bonne nouvelle concernant l'automobile. En Russie, les ventes de voitures particulières et véhicules utilitaires légers neufs ont augmenté de 11 % en 2012, par rapport à l'année précédente.

Dans le même temps, Renault annonce qu'il souhaite se débarrasser de 14 % de son effectif actuel d'ici 2016. Cinq mille sept cents emplois seraient des départs non remplacés, les mille huit cents autres des départs permis par l'extension d'un dispositif prévu à la base pour des carrières spécifiques. La version française du texte devrait être prochainement disponible.

Et si Carlos Ghosn et son état-major allaient faire un stage de formation professionnelle en Russie, en Allemagne ou au Japon ? Ensuite, ils pourraient éventuellement se rendre au Mexique, afin de participer à l'inauguration de la 100° usine mondiale de Volkswagen.

Enfin une anecdote drôle : Roger Hanin, beau-frère de François Mitterrand, assigne les fils de l'ancien président en justice. Il demande le remboursement d'une somme de trois cent mille euros, qu'il avait prêtée à Danielle Mitterrand, afin de payer la caution de Jean-Christophe dans l'affaire de l'Angolagate. En l'an 2000, Papa m'a dit avait été accusé de trafic d'armes et écroué. Pour le faire sortir de la prison de la Santé, sa mère avait fait le tour des amis et de la famille, afin de récolter les sept cent soixante-dix mille euros nécessaires. Parmi ces personnes, se trouvait Roger Hanin, engagé pour un montant de près de deux millions de francs de l'époque.

« La roue a tourné et c'est aujourd'hui Roger Hanin qui a besoin qu'on lui rende l'argent qu'il a prêté. C'est un homme âgé qui a besoin, pour rester chez lui, d'une organisation et tout cela a un coût. C'est vraiment la mort dans l'âme qu'on a fait cette assignation après avoir essayé de trouver un accord depuis près d'un an. » (Olivier Pardo, avocat de Roger Hanin.)

Il avait véritablement l'esprit de famille Hanin, car il était super bien placé pour savoir que chez les Mitterrand, le respect de la parole donnée n'a jamais été une priorité.

Quelques Français parlent à quelques Français : Christian Jacob, président du groupe UMP à l'Assemblé nationale, annonce la dissolution officielle du sous-groupe R.UMP. Mis à part les derniers aficionados du parti, ainsi que les élus qui en vivent confortablement, ça n'intéresse que fort peu de citoyens. L'unique question importante qui se pose, est de savoir si un grand banquet sera organisé afin de sceller cette réconciliation factice.

MERCREDI 16 – QUEL OR EST-IL ?

Bertrand Delanoë estime que la foule des opposants au *« mariage pour tous »* rassemblée sur le Champ-de-mars, a dégradé ses pelouses. Une facture estimée à cent mille euros, sera envoyée par la mairie de Paris, au ministère de l'Intérieur. Charge ensuite à l'État, de payer ou transmettre cette facture au collectif de la Manif pour tous. Pour la Gay Pride 2012, le montant des dégâts se montait à combien, monsieur le maire ?

Nous connaissons désormais la raison pour laquelle Hollande tenait tant à rapatrier les soldats français d'Afghanistan : c'était pour les envoyer au Mali. Il semble tout guilleret le président ; ça le change un peu. Une bonne guerre, cela lui permet de remonter provisoirement dans les sondages. Ce n'est guère performant, mais à défaut de résultats positifs au niveau de la politique intérieure, c'est toujours ça de pris. Mais uniquement pour lui.

La Banque centrale allemande fait savoir qu'elle va rapatrier, d'ici 2020, toutes ses réserves d'or entreposées à Paris. Fin 2012, les réserves d'or allemandes étaient de trois mille trois cent quatre-vingt-onze tonnes, et constituaient près de 80% des réserves de change du pays. Il s'agit de la deuxième plus importante réserve d'or au monde, derrière celle des États-Unis, et devant le Fonds Monétaire International. En revanche, la part des réserves d'or allemandes stockées auprès de la Banque d'Angleterre, restera inchangée.

Question de confiance. Comme nous les comprenons les Allemands, dans cette affaire. Avec la bande de détrousseurs publics qui sévit en Conseil des ministres, il n'est guère judicieux de laisser traîner des avoirs financiers.

Il ne faut jamais se fier au GPS. Ainsi, cinq touristes américains venus de Los Angeles, qui désiraient visiter la basilique Notre-Dame-de-Lourdes, se sont retrouvés à huit cents kilomètres de leur destination prévue, dans le petit village de Leuhan, situé dans le Finistère, où se trouve une minuscule chapelle dédiée à Notre-Dame-de-Lourdes. Le GPS de leur voiture, louée à Roissy dès leur arrivée en France, n'a pas su faire la différence. Il n'y a pas de miracle : vive les bonnes vieilles cartes Michelin.

JEUDI 17 – PAS SI RADICAL QUE CA.

Jean-Michel Baylet, annonce fièrement qu'il est farouchement opposé à la loi sur le non-cumul des mandats. Selon lui, le Sénat perdrait son intérêt, si ses membres ne pouvaient plus être maires. Il existe une solution alternative pour régler ce problème : c'est carrément supprimer le Sénat qui ne sert à rien, mais coûte une véritable fortune aux finances du pays.

Est-il nécessaire de préciser que Jean-Michel Baylet est sénateur. Dans la vie civile, il est PDG du groupe de presse *La Dépêche*. Il est également président du Parti radical de gauche, président du Conseil général de Tarn-et-Garonne, président de la Communauté de communes des Deux Rives et conseiller municipal de Montjoi. Il est aussi membre du Grand Orient de France. En certaines circonstances, ça peut aider.

Le 13 mars 2003, il a été condamné par la Cour d'appel de Toulouse pour abus de biens sociaux, recel d'abus de biens sociaux, faux et usage de faux. Le 14 mars 2007, le tribunal correctionnel de cette même ville l'a de nouveau condamné pour abus de biens sociaux. Mais comment fait-il donc pour assumer sereinement autant d'activités ?

L'inflation officielle pour l'année 2012 a été de 2 %. Pratiquement le même taux qu'en 2011 (2,1 %). À l'intérieur de ce chiffre, il ressort qu'elle a été de 3 % pour les produits alimentaires et 5 % pour l'énergie. Donc, les postes les plus difficiles à digérer pour les ménages. Cela laisse parfaitement indifférents les membres du gouvernement qui, à titre privé, ne sont pas directement concernés par ces chiffres. Vive la vie de château. De quoi provoquer des crises cardiaques foudroyantes aux membres de la noblesse de Louis XIV, s'ils ressuscitaient.

Confirmation : en fonction de la mise en application des grandes idées révolutionnaires de Moscovici, et en admettant que l'inflation pour 2013 reste identique, le placement sur le livret *A* va faire perdre 0,25 % aux déposants. Ils prêtent leur argent et en guise de rapport, se retrouver avec moins de fric au 31 décembre qu'ils n'en avaient au 1er janvier. Il n'est guère étonnant que ce détrousseur public de Moscovici ne sache pas compter, puisqu'il a fait l'ENA, mais est-ce une raison pour niquer les Français qui pensent épargner ? ENA : promotion Louise Michel, qui elle également, serait en droit d'être scandalisée de voir ainsi son nom galvaudé, si elle revenait sur Terre.

Au niveau des entreprises, particulièrement les PME, la période ne se prête guère aux réjouissances. Les faillites sont reparties à la hausse en 2012 avec près de soixante mille dépôts de bilan. Soit plus 2,7 % par rapport à l'année précédente. La question qui se pose est : où en serions-nous si Montebourg n'avait pas été là pour prendre des mesures énergiques !

VENDREDI 18 – REFLEXIONS SUR LA TROISIEME GUERRE MONDIALE.

Les combats s'intensifient au Mali. Rien de bien surprenant ; à ce jour, les classes dirigistes n'ont pas encore inventé de remède plus efficace que la guerre, pour prendre du pognon. Puis, à l'instant où les négociations avec l'Inde et les Emirats Arabes s'accélèrent pour vendre des dizaines d'avions Rafale, une démonstration d'efficacité du matos à fourguer n'est pas à négliger. Il ne resterait pas quelques chars Leclerc en stock ? Cette situation peut permettre à Hollande, en tant que chef des armées, de prendre du galon, car avec son unique job de président, il est un peu coincé. Comme l'a judicieusement fait remarquer Armand Fallières, président de la III° République : *la place n'est pas mauvaise mais il n'y a pas d'avancement possible.*

Dans cette ambiance conviviale et décontractée, il ne semble pas inutile de rappeler quelques extraits d'un discours prononcé par Henry Kissinger en mars 2012. Ça peut toujours servir. À l'attention des jeunes encartés, Kissinger fut Secrétaire d'État du président Richard Nixon, puis du président Gerald Ford. En France, ce job correspondrait grosso-modo à celui de ministre des Affaires étrangères.

- *Les États-Unis attirent la Chine et la Russie, et le dernier clou pour fermer le cercueil sera l'Iran, qui est, bien sûr, la principale cible d'Israël.*

- *Nous avons permis à la Chine d'accroître sa force militaire et à la Russie de se remettre de la soviétisation, pour leur donner un faux sentiment de bravade, cela va créer une mort conjointe plus rapide pour eux. Nous sommes comme le tireur d'élite provoquant l'amateur à ramasser le pistolet et quand il essaie, c'est sa fin.*

- *La future guerre (Troisième Guerre mondiale) sera si grave qu'une seule superpuissance pourra gagner, et ce sera nous. C'est pourquoi les Européens veulent former un super Etat. Ils savent ce qui se prépare, et pour survivre, l'Europe devra être un Etat fort et soudé.*

- *Contrôlez le pétrole, et vous contrôlerez les nations, contrôlez la nourriture, et vous contrôlerez les peuples.*

- *Si vous êtes une personne ordinaire, alors vous pouvez vous préparer à la guerre en vous déplaçant à la campagne et en construisant une ferme, mais vous devez prendre des armes avec vous, tellement des hordes affamées seront en errance. En outre, même si les élites avaient leurs refuges et des abris spécialisés, elles devraient être tout aussi prudentes lors de la guerre que les civils ordinaires, parce que les abris peuvent toujours être détruits*

- *Nous avons dit aux militaires que nous aurions à contrôler plus de sept pays au Moyen-Orient pour leurs ressources et ils ont presque terminé le travail. Le dernier tremplin, c'est l'Iran, qui va vraiment faire pencher la balance. Combien de temps la Chine et la Russie pourront se contenter de regarder ainsi l'Amérique ?*

Ces propos ont également été tenus par Wesley Clark, général 4 étoiles, retraité de l'armée US et candidat aux primaires démocrates en 2004, lors d'un discours qu'il prononça le 3 octobre 2007 à San Francisco. [NDLA]

- *Le grand ours russe et la faucille chinoise vont se réveiller de leur sommeil et c'est à ce moment qu'Israël va devoir se battre de toutes ses forces et avec toutes ses armes pour tuer autant d'Arabes qu'elle le peut. Nous avons espoir que si tout va bien, la moitié du Moyen-Orient sera aux Israéliens.*

- *Nos jeunes ont été bien formés, au cours de la dernière décennie, sur les jeux de combat sur console. Il était nécessaire de voir le nouveau jeu Call of Duty 3, jeu de guerre moderne, qui reflète exactement ce qui va se passer dans un avenir proche, avec sa programmation prédictive. Nos équipes de jeunes, aux États-Unis, sont préparées parce qu'elles ont été programmées pour être de bons soldats, de la chair à canon.*

- *Sur les cendres nous construirons une société nouvelle, il restera seulement une superpuissance qui gouvernera le monde.*

- *N'oubliez-pas, les États-Unis ont des meilleures armes, nous avons des choses qu'aucune autre nation ne possède, et nous introduirons ces armes quand le moment sera venu.*

Ite missa est.

Victor Hugo écrivait de son temps : les guerres ont toutes sortes de prétextes, mais n'ont jamais qu'une seule cause : l'armée. Ôtez l'armée, vous ôtez les guerres.

Bien vu de la part de Victor, mais il ne faut pas oublier que les massacres de populations d'innocents, reste à ce jour le moyen de plus sûr, pour les dirigeants politico-financiers de la planète, de faire fructifier leurs avoirs.

Déclaration péremptoire de Montebourg : *il est hors de question qu'il y ait la fermeture d'un site Renault.* Un site, c'est possible ; mais plusieurs, c'est probable. D'autant qu'il n'a pas précisé sur quelle période cette interdiction formelle s'appliquait.

Dans le même temps, une journée nationale de manifestations était organisée par les artisans. Une seconde est prévue pour la fin de ce mois. La Capeb – Confédération de l'artisanat et des petites entreprises – a fait ses comptes. Il en ressort que la hausse de la TVA de 5 à 10 % va détruire plus de quarante mille emplois entre 2013 et 2014, soit plus de quatre fois le *nombre* de licenciements de PSA en 2012.

Comment faire comprendre ces réalités à des farceurs, qui ne savent absolument rien faire d'autre que des discours mensongers, puis créer des impôts nouveaux.

Le bilan de la délinquance pour l'année 2012 s'établit de la façon suivante, pour les cambriolages : + 4,7 % en zone police et + 14,7 % en zone gendarmerie. La gendarmerie serait donc moins fiable que la police ? Valls l'avait promis : avec lui on allait voir ce qu'on allait voir. On voit.

Dans la même rubrique, selon l'ONDRP (Observatoire national de la délinquance), entre mai 2011 et avril 2012, les braquages de transports de fonds ont augmenté de 75 %. C'était déjà l'application du programme de Hollande avant la lettre : au-delà d'un million d'euros, c'est 75 %.

La prise d'otages sur le site industriel d'In Amenas, nous permet de nous souvenir qu'en Algérie, ne se déroule que des événements. Ni guerre, ni révolte, ni révolution, ni attentats, ni rien qui puisse perturber la quiétude des oasis. Cet événement nous a également permis d'apprendre, à travers les journaux télévisés, que la France pouvait compter, en cas de nécessité, sur un nombre incroyable de spécialistes de l'Algérie, de spécialistes de l'Afrique du Nord, de spécialistes de l'Afrique Noire, de spécialistes des opérations militaires en Afrique, de spécialistes des conflits contemporains, de spécialistes du Mali, de spécialistes du Moyen-Orient, de spécialistes des prises d'otages, de spécialistes du djihad, de spécialistes de l'islam, de spécialistes du terrorisme, de spécialistes du monde arabe, de spécialistes de la religion musulmane, de spécialistes en négociation de crise, de spécialistes d'al-qaïda, de spécialistes d'aqmi et de spécialistes spécialement spécialisés en spécialités spéciales. Il arrive à l'occasion que certains spécialistes s'élèvent eux-mêmes au rang d'expert mais, spécialiste ou expert, cela ne change rien au niveau de l'information déversée, étant donné que cette corporation se divise en deux branches secondaires : ceux qui n'en savent pas plus que les citoyens lambda, puis ceux qui savent quelque chose mais ne peuvent en parler. (De loin les moins nombreux). Nous ignorons par contre, quelles universités permettent d'obtenir un diplôme de spécialiste en quelque chose.

Il n'est pas impossible de concevoir que les opérations actuellement en cours au Mali, puissent permettre aux militaires français de s'entrainer, afin de pouvoir ensuite prendre en charge les problèmes du grand banditisme corse et du petit banditisme marseillais.

SAMEDI 19 – À LA GUERRE COMME À LA GUERRE.

En l'espace de quelques jours, Hollande est devenu chef de guerre, selon la sainte bible journalistique. Uniquement selon cette sainte bible, car il ne serait pas raisonnable de lui refiler un képi orné de cinq étoiles, beaucoup trop lourd pour sa petite tête d'animateur télé. Déjà qu'il rencontre d'énormes difficultés à régler ses problèmes de famille, et maîtriser le comportement de ses ministres, alors plutôt que mener personnellement les troupes au combat, mieux vaut qu'il établisse son cantonnement près d'une console Nintendo.

Pour retrouver un véritable stratège militaire en France, il est nécessaire de remonter à Napoléon I°. Depuis, si l'on veut bien retenir le maréchal Pétain à Verdun, rien à signaler. Et encore les batailles napoléoniennes se terminèrent par le désastre de Waterloo. L'empereur était parfaitement conscient de cette situation. À Sainte-Hélène, lorsqu'il évoquait ses campagnes, il lui arrivait de faire remarquer qu'à cause de cette défaite, personne ne se souviendrait de Marengo, Austerlitz, Iéna ou Wagram. Ce qui ne le préoccupait pas outre mesure. Avant tout, Napoléon tirait une grande fierté de la rédaction du Code civil. Là encore, depuis cette époque, rien à retenir de particulièrement clairvoyant.

C'est bien gentil de vouloir faire joujou à la guéguerre, mais encore faut-il pouvoir disposer du matériel adéquat. Ce qui n'est pas forcément le cas actuellement, car la France ne possède qu'un seul porte-avions et, par le plus grand des mauvais hasards, celui-ci vient d'entrer en arrêt technique à Toulon. Au mieux, il ne pourra être opérationnel que dans un délai d'environ six mois ! Espérons que tous les ennemis de la France ne se manifesteront ni même temps, ni trop rapidement.

Nous n'osons imaginer quels dégâts en tous genres, pourrait occasionner à notre pays, une coalition entre Monaco, Andorre, San-Marino et le Liechtenstein. Les politiciens français ne parviennent pas à comprendre qu'il est indécent de voyager en première classe, lorsque l'on possède tout juste les moyens de se payer un billet de populaire. De sus acheté à crédit.

À In Amenas, les forces spéciales algériennes ont donné l'assaut final. Les opérations se sont achevées dans un bain de sang. Deux commentaires peuvent être retenus, face à ce douloureux dénouement. Pour les familles d'otages concernées, c'est un véritable drame. Elles ne peuvent qu'être choquées par les procédés mis en oeuvre. Bien que rien ne puisse démontrer que d'éventuelles négociations auraient permis d'obtenir la libération des détenus. Avec des bandes d'abrutis total, le contraire était même à prévoir.

D'autre part, en règle générale, il ne faut jamais accepter de pactiser avec le diable. Pour preuve, remémorons-nous les accords de Munich en septembre 1938, où les minables Édouard Daladier et Neville Chamberlain, représentants les gouvernements de pleutres français et britanniques, se compromirent avec Adolf Hitler. Sept années plus tard, le bilan pouvait se résumer en une Seconde Guerre mondiale et quatre-vingt millions de morts.

« La principale leçon de l'Histoire, est que l'espèce humaine est incapable d'apprendre. « Winston Churchill.

Bien entendu, l'intervention des forces armées algériennes a surpris en France, où nous sommes davantage accoutumés à voir se créer des commissions d'où il ne ressort généralement qu'un inutile compte-rendu de dialogue globalement positif, bien que généralement négatif, plutôt que foncer dans le vif du sujet et entreprendre des actions décisives.

Clemenceau avait pour habitude de dire *: lorsque j'ai un problème, je crée une commission.* Une grosse ?

DIMANCHE 20 – MADAME LE MAIRE OU MADAME LA MAIRE ?

La tirade saugrenue de la semaine : le mariage existe depuis deux cent mille ans, et ce sont les anthropologues qui le disent. (Henri Guaino.) Il fut témoin d'un marié ou d'une mariée durant la préhistoire ?

Bien entendu, le monde scientifique a immédiatement réagi et démenti ce bobard. À travers les textes écrits, il semblerait que cette institution date d'environ cinq mille ans. Au regard de l'éternité cela ne représente que cent quatre-vingt-quinze mille ans de différence ; bien peu certes, mais tout de même ! De fait, le mariage semble s'amalgamer à la création véritable de la famille, c'est-à-dire durant la civilisation gréco-romaine.

C'est bizarre comme les Verts la mettent en sourdine ces derniers temps. Pourtant, ils n'en pensent certainement pas moins. Pour conserver sa placarde bien au chaud, que ne faut-il pas accepter d'avaler comme couleuvres. Cela étant précisé, ces irresponsables ne sont jamais autant appréciés que lorsqu'ils se taisent. Ce qui, malheureusement, n'est pas pratique courante au sein de leur confrérie d'inutilité publique.

Il n'en reste pas moins vrai que leur présence au gouvernement est un événement fort intéressant pour tous les citoyens. À partir du moment où ces spécialistes en rien peuvent devenir ministre, cela démontre que tous les français, sans exception aucune, peuvent avoir un jour, la chance d'entrer au gouvernement. Vive la démocratie.

Un sondage JDD nous apprend que pour les élections municipales de 2014, Anne Hidalgo l'emporterait au second tour avec 56 % des voix, indifféremment devant Fillon ou NKM. Hollande place déjà ses pions partout. Y compris pour les générations en devenir. Pour ces deux candidats des reliquats de l'UMP, il leur faudra auparavant déserter leur commune, leur région. Niveau déontologie, ce n'est guère glorieux. Quant à Rachida Dati, elle serait, quelle surprise, éliminée dès le premier tour. C'est toujours ça. Il ne s'agit bien entendu que d'une projection, car durant les mois à venir, quelques éventuelles révolutions de palais ne peuvent être totalement écartées, qui viendraient chambouler la hiérarchie déjà établie par les états-majors. Si c'est cela la démocratie, autant rétablir la monarchie. Ça coûte finalement moins cher et c'est plus digne de respect.

LUNDI 21 – CONFEDERATION GENERALE DU TRUQUAGE.

Le nouveau centre des Archives nationales ouvre aujourd'hui ses portes à Pierrefitte-sur-Seine. Trois cent soixante kilomètres de rayonnage seront mis à la disposition de tout citoyen demandant son inscription. Super. Cet édifice, conçu par l'architecte italien Massimiliano Fuksas, est désormais le plus important centre d'archives européen. Génial. La création de cet important édifice culturel avait été décidée en 2004 par l'ancien président Jacques Chirac. Là, ça commence à coincer. Le site attend toujours d'être officiellement inauguré par l'actuel président François Hollande. Grotesque. Une date fixée en octobre 2012 avait été retenue puis annulée. Lamentable. Dans le même temps, le projet de la Maison de l'Histoire de France, pensé par Nicolas Sarkozy, a été annulé par Jean-Marc Ayrault. Pitoyable. À n'en point douter, le Premier Ministre possède un penchant pour les aéroports, pas pour la culture.

Le syndicat CGT-Archives, qui avait vivement combattu ce projet de la Maison de l'Histoire de France, et qui a failli ne plus rien avoir à se mettre sous la dent pour lutter contre la culture pour tous, prédit déjà dans ses tracts, une catastrophe dès l'ouverture du nouveau site, en soulignant le manque de personnel, avant même que les portes de l'institution n'ouvrent. Affligeant. Il serait grand temps, pour les camarades gauchos survivants, de s'apercevoir que le monde a évolué depuis le 23 septembre 1895, date de création à Limoges de leur organisation contestataire et plus que contestable. Ce qui n'est pas gagné d'avance.

Ce matin, l'usine PSA d'Aulnay-sous-Bois est restée fermée. Selon la direction, à cause d'une avarie technique ainsi que la neige qui interdisait la circulation des camions. Immédiatement, les dirigeants de la CGT ont fait connaître leur courroux à leurs abonnés. Ce qui est fort logique, car une grève a été entamée la semaine dernière et donc, cette fermeture ôte partiellement la crédibilité de ce mouvement contestataire. La raison de cette grève, est la fermeture définitive du site, prévue en 2014. Cela revient à constater que les salariés CGT de PSA refusent de travailler car ils veulent du travail.

Il semble qu'ici, un petit détour inattendu par l'Iran s'impose. À l'exportation, ce pays est (était) le premier marché du groupe PSA. Le nombre de véhicules Peugeot en circulation représente environ 30 % du parc automobile. Presque une voiture sur trois, donc bien plus qu'en France. Sous la pression des Américains, le renforcement par le gouvernement français des sanctions financières et commerciales à l'encontre de l'Iran, a conduit ces derniers temps, PSA à devoir suspendre ses activités avec Téhéran. Depuis février 2012, les véhicules neufs et pièces détachées ne sont plus exportés, et PSA a rapatrié la majorité de son personnel.

Depuis son élection, Hollande poursuit la politique mise en place par son prédécesseur mais, bien entendu, les membres du gouvernement Ayrault se gardent bien d'apporter le moindre commentaire concernant cette situation. Pendant ce temps, les véhicules en provenance d'Asie commencent à remplacer progressivement les voitures produites par Peugeot. Quel bonheur pour la concurrence. Pour les pièces détachées, Iran Khodro, leader du marché automobile au Moyen-Orient, qui travaillait jusqu'à la mise en place de ces mesures, en étroite collaboration avec Peugeot, annonce qu'il est désormais capable de produire ces équipements pour le modèle Peugeot 206. Et bien sûr, le reste va suivre.

PSA reconnaît que les décisions politiques prises par les politiciens français, pénalisent lourdement l'industrie automobile de notre pays, et donc ses emplois. Les difficultés du groupe seraient ainsi directement liées aux sanctions prises à l'encontre de l'Iran par le gouvernement français, à la demande des Américains. Ces mesures doivent bien rapporter quelques royalties à certains décisionnaires, non ? À qui donc profite le crime ; car il va être relativement compliqué de nous faire avaler que les véhicules Peugeot sont directement liés à l'évolution du programme nucléaire iranien !

Dans l'affaire des détournements de fonds de la fondation d'art Hamon, le tribunal correctionnel de Versailles a condamné Charles Pasqua et André Santini à 2 ans de prison avec sursis. Pour des habitués des prétoires, ce n'est pas un drame : ils savent que la prison avec sursis c'est de la prison que l'on ne fait pas. La peine de Pasqua est assortie d'une amende de cent cinquante mille euros et deux ans d'inéligibilité. Celle de Santini de deux cent mille euros et cinq ans d'inéligibilité. Bof ; financièrement on peut leur faire confiance pour avoir pris toutes précautions utiles en vue de se préparer une retraite confortable, et assumer les imprévus. Pour ce qui est de l'inéligibilité, mis à part le milieu corse, qui oserait encore voter pour Pasqua ou Santini, s'ils avaient le culot de se représenter face aux électeurs ? Quand on pense que ces mecs-là ont été ministres à différentes reprises, ça fait froid dans le dos !

MARDI 22 – AH QU'IL EST DOUX DE NE RIEN FAIRE.

D'après certains bruits qui courent par-ci par-là, il existe plusieurs indices prouvant que le Qatar, pays ami de la France, finance les combattants islamistes au Nord-Mali. Une chose est certaine : le Qatar a financé la construction d'écoles religieuses (!) dans ce pays, durant les années 1980 et 1990. Ce que l'on ne dit pas, est que le Mali dispose d'un potentiel gazier et pétrolier considérable, et que la construction d'infrastructures pour exploiter les gisements devient urgente. Et ce n'est pas tout : le sous-sol est également riche en or et en uranium.

Ceux qui pensaient que Hollande envoyait des troupes dans le désert, après avoir pris fait et cause pour la sauvegarde des pauvres bougres qui essaient de survivre comme ils le peuvent entre des tas de cailloux surchauffés par le soleil, des scorpions et des serpents venimeux, en seront pour leurs frais. Où il est prouvé que l'on peut être socialiste et pragmatique. Et si l'avenir financier du PSG se décidait au Mali ?

Elizabeth Guigou a fait une déclaration concernant la situation au Mali. Nous n'en avons tous rien à foutre. Elizabeth Guigou est la seule à ne pas encore avoir pris conscience que les commentaires d'Elizabeth Guigou n'intéressaient qu'Elizabeth Guigou.

JMA a annoncé les mesures de son plan de lutte contre la pauvreté. Augmentation du RSA de 10 % sur cinq ans. Le pied. Elargissement de la CMU-C pour 750 000 personnes. Devinez lesquelles ? Garantie jeune pour les 18-25 ans qui n'ont ni emploi ni formation, égale au RSA soit cinq cents euros par mois. Environ dix-sept euros par jour. Création de neuf mille places d'hébergements et allongement de la durée des contrats aidés, mais modalités de financement non précisées.

Si j'étais prince ou législateur, je ne perdrais pas mon temps à dire ce qu'il faut faire ; je le ferais ou je me tairais. (Jean-Jacques Rousseau). Fort malheureusement, nos politiciens ne savent pas faire, ils ne savent que dire. Exception faite pour les impôts. Dans ce cas, il arrive même qu'ils en fassent avant de le dire.

François Chérèque, confirmé à l'Inspection générale des affaires sociales, a été mandaté pour assurer le suivi d'un éventuel plan révolutionnaire. Eventuel ; ce n'est même pas certain. Il mérite d'être nommé ministre de la Reconversion lors d'un prochain remaniement. Un ministre en plus, un ministre en moins, au point où nous en sommes.......

Tout le monde pensait que François Bayrou se trouvait en cure de désintoxication politique. Que nenni. Il vient de refaire surface pour déclarer que la nouvelle réforme de l'éducation nationale, présentée comme un travail d'Hercule, n'était rien d'autre que le retour à la situation d'il y a quatre ans et demi. *Si un pays n'est pas capable d'organiser une mutation ou un changement aussi faible, et s'il est obligé d'affronter des grèves immenses, alors ce pays-là je le vois mal parti pour répondre aux questions graves, aussi lourdes qui se posent pour son économie et pour son Etat,* a-t-il précisé.

Il est logiquement fin connaisseur le Bayrou, puisque du temps de sa gloire éphémère, il occupa le ministère de l'Éducation. Aujourd'hui, lorsque l'on pose la question aux enseignants : quel a été votre meilleur ministre, une réponse unanime fuse : François Bayrou. À la question : pourquoi, toujours à l'unanimité : parce qu'il n'a rien fait. Il nous foutait la paix.

MERCREDI 23 – SOUK SUR SEINE.

En Syrie, Exterminator-el-Assad est tout heureux de contempler les images de la guerre au Mali, sur son récepteur de télévision. D'ici quelque temps, il lui sera probablement nécessaire de trouver des esclaves pour pédaler, afin de lui fournir l'électricité à partir d'un générateur, car dans son pays, les infrastructures commencent à légèrement souffrir d'un manque de maintenance. L'on s'intéresse ainsi nettement moins aux massacres qu'il continue d'organiser comme bon lui semble. Cette situation – presque inattendue – lui permet de mettre à exécution ses menaces d'utilisation d'armes chimiques. Selon certaines sources US, il aurait commencé à balancer ces saloperies sur ses concitoyens, dès le mois de décembre dernier, dans une certaine indifférence quasi générale. Avec toutefois la bénédiction de Moscou et Pékin. C'est en de telles circonstances que son peut compter ses amis. Les vrais.

Selon certaines organisations syndicales, la direction de Renault menace de fermer deux sites de production, si aucun accord de compétitivité n'est trouvé avec les partenaires sociaux. Encore une bonne blague. Nous savons tous que c'est impossible, puisque Montebourg a décrété que cela ne se fera jamais, il y a cinq jours.

Selon la direction de Renault, certaines organisations syndicales auraient fait circuler une fausse information. Il n'y aura pas de fermeture de site. Champagne pour Montebourg.

Selon la direction de Renault, la fermeture de certains sites pourrait être éventuellement envisagée, si aucun accord de compétitivité n'est trouvé. Limonade pour Montebourg.

Pour l'année 2012, trente-six mille huit cent vingt-deux étrangers en situation irrégulière ont été expulsés de France, contre trente-deux mille neuf cent douze en 2011. Combien sont-ils à être déjà revenus ? Combien seront-ils à être envoyés vallser une seconde fois en 2013 ?

Un sondage réalisé par Ipsos et publié par le Monde, nous apprend que 70 % des Français partagent l'idée qu'il y a trop d'étrangers en France, 46 % que pour réduire le nombre de chômeurs, il faut réduire le nombre d'immigrés, et 57 % jugent que le racisme anti-blanc est assez répandu en France. Les religions catholique et juive sont jugées tolérantes, alors que 74 % sont d'avis que ce n'est pas le cas de la religion musulmane, qui n'est pas compatible avec les valeurs de la société française.

C'est bizarre, les journaux télévisés semblent avoir occulté ce sondage. Sur ordre ? Il est vrai que 72 % des Français pensent que les journalistes sont coupés des réalités et ne sont pas indépendants. Cette nouvelle est véritablement surprenante !

Dans la foulée, qui se souvient de l'interview accordée par Hassan II à Anne Sinclair, lors de son émission 7 sur 7, en date du 16 mai 1993.

À la question de la journaliste *« êtes-vous pour ou contre le principe de l'intégration des Arabes en France »* le roi du Maroc avait répondu *« ils ne seront jamais intégrés. L'intégration est possible entre Européens, car la trame est la même ; religion, etc... L'intégration s'est faite est/ouest. Ici, c'est un autre continent. Je vous décourage, car les Marocains ne seront jamais Français, ils seront de mauvais intégrés, de mauvais Français, je peux vous l'assurer. «*

Quant à de Gaulle, il déclarait le 5 mars 1959 *« C'est très bien qu'il y ait des Français jaunes, des Français noirs, des Français bruns. Ils montrent que la France est ouverte à toutes les races et qu'elle a une vocation universelle. Mais à condition qu'ils restent une petite minorité. Sinon, la France ne serait plus la France. Nous sommes quand même avant tout un peuple européen de race blanche, de culture grecque et latine et de religion chrétienne.*

Qu'on ne se raconte pas d'histoire ! Les musulmans, vous êtes allés les voir ? Vous les avez regardés avec leurs turbans et leurs djellabas ? Vous voyez bien que ce ne sont pas des Français. Ceux qui prônent l'intégration ont une cervelle de colibri, même s'ils sont très savants. Essayez d'intégrer de l'huile et du vinaigre. Agitez la bouteille. Au bout d'un moment, ils se sépareront de nouveau.

Les Arabes sont les Arabes, les Français sont les Français. Vous croyez que la France peut absorber dix millions de musulmans, qui demain seront vingt millions et après-demain quarante ? Si nous faisions l'intégration, si tous les Arabes et les Berbères d'Algérie étaient considérés comme Français, comment les empêcherez-vous de venir s'installer en métropole ? Mon village ne s'appellerait plus Colombey-les-Deux-Eglises, mais Colombey-les-Deux Mosquées. «

Concernant le problème des fuites de gaz à l'usine Lubrizol de Rouen, Delphine Batho s'est rendue sur place avec force et détermination. Dans de telles conditions, il était envisageable qu'elle enfile le bleu de chauffe et prenne en charge la gestion d'une caisse à outils pour participer aux travaux de colmatage, mais non. Elle s'est contentée de déclarer que les réparations allaient durer un certain temps ! (C'est en de telles circonstances, qu'une véritable professionnelle peut faire étalage de ses connaissances techniques). Et qu'une enquête administrative serait ouverte (pour le cas où le préfet n'y aurait pas pensé). Pour raconter de telles âneries, elle aurait pu s'éviter un déplacement et les frais qui vont avec.

Heureusement qu'elle est ministre, sinon elle ferait quoi ? Militante estudiantine, membre du PS, adhérente à SOS racisme ? Parce que sur son CV on ne trouve rien d'autre. Cette situation nous ramène vers un film, où Michel Serrault interprétait un rôle de ministre de quelque chose. Alors qu'en compagnie d'un promoteur véreux, il est compromis jusqu'à la lèvre inférieure dans un scandale immobilier, et qu'il va perdre son maroquin, il donne cette réplique à son partenaire : *mais qu'est-ce que je vais devenir ; je suis ministre, je ne sais rien faire.*

À l'initiative des députés du Front de gauche, une commission d'enquête parlementaire sur la sauvegarde et le développement de la sidérurgie en France et en Europe, va être créée. Politiquement parlant, niveau évolution positive, toujours rien à signaler depuis le début de l'ère industrielle. Comme habituellement, ce nouveau machin ne servira à rien, et il n'en ressortira rien. Ce qui est parfaitement logique, puisque c'est fait pour ça.

JEUDI 24 – LES DALTON.

Après avoir été condamné à cinq ans de prison avec sursis en Belgique, pour proxénétisme, Dodo la Saumure ainsi que sa compagne, ont été mis en examen en France, pour proxénétisme aggravé. Où se situe la différence ? Au total dans cette affaire, neuf personnes sont déjà mises en examen, dont le célèbre DSK qui retourne une nouvelle fois ce jour chez le juge. À force de se fréquenter, ils vont peut-être finir par devenir amis ces deux là ? Quelle publicité il sait se faire le Dodo SK.

Il se confirme que Bernard Arnault, première fortune française et quatrième mondiale, a transféré en Belgique la quasi-totalité des économies qu'il était parvenu à mettre laborieusement de côté dans sa tirelire de porcelaine. Il aurait pris ses dispositions depuis une année environ. C'est donc qu'au niveau des sondages, il est pour le moins aussi efficace que les instituts spécialisés, puisqu'il était en mesure de prédire le résultat des élections de 2012 avant le mois de mai.

Nous apprenons que trente ans après le démarrage du projet, l'autoroute A89, reliant Lyon à Bordeaux, est enfin ouverte à la circulation. N'oubliez pas les péages mesdames et messieurs ; merci pour votre bon cœur. La sauvegarde des chauves-souris et des écrevisses à pied blanc, entre autres espèces protégées, a été la cause de nombreux problèmes qui ont retardé considérablement l'avancement des chantiers. De là à ce que les sociétés auto-routières fassent payer un supplément pour la visite des zoos, il n'y a qu'une bande blanche à franchir.

Quel pays de pauvres cons que la France !

Florence Cassez a été libérée. Tant mieux pour elle. Que ce soit au Mexique ou ailleurs, y compris en France, il n'y a que dans le cercle fermé de la justice, que des individus, en l'occurrence des magistrats, peuvent se permettre de voler des années de vie à des innocents, sans encourir le moindre risque personnel. Super génial. Même en politique – et pourtant – il est possible de retrouver des élus devant les tribunaux. Chez les juges, que nenni. Il leur est possible de faire tout ce que bon leur semble, sans n'être jamais inquiétés. C'est à se demander si l'abus de pouvoir judiciaire n'est pas recommandé pour faire avancer rapidement un plan de carrière.

Aujourd'hui s'ouvre à Davos, le Forum économique mondial 2013. L'une des plus belles concentrations annuelles d'escrocs de la planète. Dans l'ensemble, on peut considérer que ce cirque est parfaitement inutile, sauf pour les hôteliers, les restaurateurs, les boites de nuit, les boutiques de luxe et les bars à putes. Pour cette cession, DSK sera encore absent. Dommage pour le commerce local.

La bande de malfrats la plus redoutable pour la mise à sac de la planète ne se trouve pourtant pas à Davos. Il existe une association de malfaiteurs encore plus terrifiante ; c'est pour dire ! Il s'agit du Groupe de Bilderberg. Cette organisation satanique se compose d'environ cent trente membres éminents, répartis en trois cercles. Le cercle extérieur comprend environ 70 % des inscrits. Ils ne sont informés que d'une partie des intentions réelles de la confrérie. Le second groupe se nomme Steering Committee, il est composé d'une trentaine de membres informés à 90 % de la stratégie du Groupe. Enfin, le Bilderberg Advisory Committee, est constitué d'une dizaine de sélectionnés de haut-niveau. Ils sont les seuls à mettre véritablement en place les programmes de destruction massive ourdis dans leurs têtes mal-pensantes. Ce club, ô combien privé et démoniaque, a été créé officiellement en mai 1954 dans la bonne ville d'Oosterbeek aux Pays-Bas. Comme la réunion inaugurale fut organisée à l'hôtel Bilderberg, il fut décidé que ce nom serait retenu pour baptiser cette mafia politico-financière. Auparavant, en septembre 1952, une réunion préparatoire avait été organisée à Paris, en l'hôtel particulier de François de Nervo. Treize personnes étaient présentes dont, pour la France, Antoine Pinay alors président du Conseil (droite modérée) ainsi que le socialiste Guy Mollet, big boss de la SFIO. Ce qui démontre qu'en sachant faire preuve d'un minimum de bonne volonté, tout le monde peut s'entendre, lorsqu'il s'agit d'organiser la curée de la planète.

L'assemblée fondatrice d'Oosterbeek fut présidée par le prince Bernhard des Pays-Bas et David Rockefeller. Il faut avouer que ça avait une jolie la gueule dès le départ.

Il est excessivement compliqué de pouvoir obtenir des informations précises sur cette organisation mafieuse, d'autant que de très nombreux membres ignorent eux-mêmes en faire partie. C'est pour dire. Il est ou a été pourtant possible de croiser, dans les couloirs des lieux de réunions, ce que l'on nomme vulgairement du beau monde. Côté français, que l'on en juge un peu : Alexandre Adler, Xavier Bertrand, Jean-Louis Bruguière, Jean-François Copé, Edith Cresson, Patrick Devedjian, Laurent Fabius, Jean-Louis Gergorin, Valéry Giscard d'Estaing, Bernard Kouchner, Christine Lagarde, Pascal Lamy, Anne Lauvergeon, Pierre Lellouche, Pierre Moscovici, Christine Ockrent, François Pinault, Georges Pompidou avant son départ pour rejoindre son maître à penser, Franck Riboud, Ernest-Antoine Seillière, Dominique Strauss-Kahn du temps de sa splendeur, Jean-Claude Trichet, Manuel Valls, Hubert Védrine ou Dominique de Villepin.

Au sujet de Georges Pompidou, il est devenu Premier Ministre, à l'époque où de Gaulle cherchait un agrégé qui sache lire et écrire. Ce qui n'est pas automatiquement aisé à dégoter. Parfaitement authentique.

Bien entendu, cette institution d'une rare perfidie est également fréquentée par des étrangers de renom, tels Juan Carlos d'Espagne et madame, Béatrix des Pays-Bas, Richard Perle (ex conseiller de Bush et instigateur de la guerre en Iraq), Henry Kissinger, Mario Monti, le prince Philippe de Belgique, José Manuel Barroso, Willy Claes (ancien secrétaire général de l'OTAN) ou José Luis Zapatero. La liste n'étant pas exhaustive, loin s'en faut.

Ces charmantes personnes se rencontrent une fois chaque année (en mai ou juin), afin d'organiser les procédures à mettre en place pour dépecer le monde dans les mois à venir. Tout y passe ; la politique, la finance, l'économie, la gestion des médias. Ce véritable gouvernement mondial occulte, décide de tout, absolument de tout. Du début ou de la fin d'une crise économique, des politiques sociales, des alternances politiques, de l'endettement des Etats, de la déclaration d'une guerre, de la cessation des hostilités, et autres plaisanteries fines.

Les décisions prises conditionnent ensuite les réunions du G8 qui, finalement ne sont organisées qu'à l'attention des photographes de presse, puisque tout a été décidé auparavant. Rien ne vaut un bon week-end entre complices, même ennemis, pour se refaire une santé et faire fructifier les comptes placés en des pays appelés paradis fiscaux.

Ce qui revient à dire que les G8, G20 et autres rencontres superfétatoires, n'existent que pour jeter de la poudre aux yeux, face aux populations négligeables et négligées.

En 2003, la concentration annuelle des principaux parrains du gang, fut organisée en France. Mais pas n'importe où : au château de Versailles, du 15 au 18 mai. Pour l'occasion, le monument fut fermé au public durant une semaine. Le discours de bienvenue fut prononcé par Jacques Chirac en personne. C'est pour dire.

Il est fort dommage que les médias aient occulté – volontairement ou sur ordre ? – la réunion de 2012, organisée en Virginie. (USA) Quelques articles pertinents auraient permis aux électeurs français d'apprendre qu'Henri de Castries, alors président de cette mafia, était un proche de François Hollande.

VENDREDI 25 – LANG DE VIPERE.

Après avoir été conseiller municipal, conseiller général, conseiller régional, député, député européen et huit fois ministre, un jeune chômeur de soixante-quatorze piges vient enfin de se dégoter un nouveau job. À cet âge, c'est si rare par les temps qui courent. Jack Lang vient d'être désigné, à l'unanimité plus quelques voix, président de l'institut du Monde Arabe. Qui a osé dire que, passé la cinquantaine, il devenait compliqué de retrouver du boulot.

Delphine, qui ne semble pas bien claire, continue de mener son petit monde en bateau. Elle assure maintenant qu'à Rouen, les fuites de gaz de l'usine Lubrizol, ne représentent pas un gros danger pour la santé. Mais alors, un petit tout de même ? Pour elle, les dangers de risques industriels et technologiques sont l'héritage du gouvernement précédent. Etre ministre et raconter autant d'imbécilités, c'est affligeant. Cela voudrait dire qu'avant l'an 2007, la France n'était qu'un pays rural ? Donc, en dépit des apparences, Sarkozy a super bien bossé, c'est une évidence.

La mauvaise nouvelle attendue est tombée ; pour le vingtième mois consécutif, le chômage est en hausse. Et ce n'est pas terminé. À l'heure ou Hollande et sa bande de bras cassés continuent de faire fuir ceux qui pourraient apporter un plus, il faut désormais s'attendre au pire chaque fin de mois. C'est d'une logique évidente. Pour le seul mois de décembre, dix mille deux cents nouveaux demandeurs d'emploi ont été recensés, ce qui porte leur nombre à quatre millions six cent mille. Soit plus 10 % pour la seule année 2012. Avec Hollande, on allait voir ce qu'on allait voir. Eh bien on a vu. Ou plutôt on n'a rien vu.

Pourtant, ce n'est pas le boulot qui manque. En autres domaines, dans la recherche scientifique. À l'heure où l'on remplace la réflexion par la puce électronique, nous ne sommes toujours pas en mesure d'apporter des réponses sensées à des questions fonda-mentales, telles que :

- Pourquoi les poireaux ont-ils de la barbe ?

- Comment un aigle peut-il voler correctement, alors qu'il ne possède qu'un seul l ?

- Dans quel département français, se trouve la source sûre ?

- Pourquoi les trous, dans les meules d'Emmenthal, ne sont-ils pas tous calibrés aux normes européennes ?

- Pourquoi lorsque l'on blanchit des billets verts, ils deviennent sales avant de servir à approvisionner des caisses noires ?

- Pourquoi est-il interdit de montrer son cul en public, même lorsqu'il est beau, alors que l'on peut exhiber sa tronche, même lorsqu'elle est moche ?

- Pourquoi sont-ce toujours ceux qui ne possèdent rien, qui veulent tout partager ?

- Pourquoi dit-on qui vole un œuf vole un bœuf, et jamais qui vole un bœuf est protégé par les poulets ?

SAMEDI 26 – UN NON FRANC ET MASSIF.

Hollande n'en démord pas. Il n'y aura pas de referendum au sujet du mariage gay. Il n'est ici nullement question de constitutionnalité ; tout simplement, il sait que s'il acceptait cette hypothèse, il perdrait la face. Déjà que…. Jamais un chef d'État ne décide de l'organisation d'un référendum, lorsqu'il ne connaît pas le résultat à l'avance. Y compris de Gaulle en 1969, qui attendait un non franc et massif, de façon à pouvoir se barrer une nouvelle fois.

C'était un récidiviste le Grand Charles. En 1940, il s'est barré à Londres, face à l'avancée des troupes allemandes. En 1946, il s'est barré chez lui, car la tâche à accomplir était trop compliquée. Et en 1968, il s'est barré en Allemagne, car il craignait pour sa santé et celle des membres de sa famille.

Il n'empêche que sans Hitler, de Gaulle avait toutes les chances de rester colonel, au mieux terminer sa vie de militaire comme général de brigade, jute avant de partir à la retraite, et donc n'être jamais connu des foules. Conclusion : de Gaulle doit l'ensemble de sa carrière politique à Teuton Aldolf ! Qui pourra prouver le contraire ?

Le nord Mali s'enfonce dans la pénurie. Manque de nourriture, d'eau, de carburants pour les véhicules civils. C'est nettement moins compliqué de trouver des munitions. Dans ce pays, il suffit de se baisser pour cueillir les balles et obus ; ça pousse tout seul. Alors que pour trouver de l'eau, il faut creuser, ce qui n'est pas gratifiant. Ensuite et surtout, il est nécessaire d'installer des pompes, mais ça coûte cher lorsque ce n'est pas du pétrole qui coule à la sortie.

DIMANCHE 27 – SORTEZ LES CALCULETTES.

Une manifestation organisée à la gloire du mariage gay a rassemblé dix mille personnes selon certains, cent cinquante mille selon d'autres. De quelque source qu'ils proviennent, les chiffres jetés en pâture sont toujours aussi stupides.

Ce qui semble le plus important dans ce roman-feuilleton de mauvais aloi, est que, l'air de rien, Hollande coupe la France en deux en exploitant un sujet fort loin d'être primordial en ces temps de disette. Diviser pour régner, la recette n'est pas nouvelle. Mais elle fonctionne toujours. Lamentable.

Michel Sapin confirme que l'État est totalement en faillite. Quelle surprise ! Ce n'était pas la peine d'ironiser sur les propos de Fillon, à l'époque où il coulait des jours heureux à Matignon, pour dire la même chose quelques années plus tard.

La tirade saugrenue de la semaine : On a son bon pédé comme on a son bon juif. C'est insupportable. Pierre Bergé.

LUNDI 28 – VIVE LES FEMMES.

Ce matin sur BFMTV, JJ Bourdin recevait Najat Vallaud-Belkacem, ministre des Droits de la femme et porte-parole du gouvernement. En voici une qui ne risque pas de rencontrer de problèmes avec les douaniers ; elle n'a rien à déclarer. L'inconsistance totale. Statistiquement, stratégiquement, il était nécessaire pour Hollande de trouver une remplaçante à Rachida Dati ; c'est fait, mais c'est raté. Nul ne se trouve dans l'obligation d'apprécier le comportement pour le moins singulier de l'ex-ministre sarkozyenne, mais force est de reconnaître qu'elle était pourvue d'une cervelle autrement affutée.

Quelle indigence encore que ce ministère des Droits de la femme ! Ne sont-ils pas identiques, en tant que citoyenne, aux droits de l'homme ? Face à cette provocation, les mâles devraient se regrouper un exiger la création d'un ministère des Droits de l'homme. Il n'existe aucune raison légale pour qu'il n'en soit pas ainsi.

Dans ces conditions, pourquoi ne pas créer un ministère des Droits de l'enfant, des Droits des adolescents, des Droits des chômeurs en fin de droit, des fainéants, des retraités, des victimes des administrations, des putes, des travelos, des éjaculateurs précoces, des analphabètes, des taulards, des alcoolos, des drogués, des SDF et des élus compromis dans des affaires délictueuses.

En dépit des discours féministes, les femmes ont toujours tenu un rôle primordial durant des siècles et des siècles. Y compris auprès des souverains les plus puissants, les plus redoutables. En de nombreuses circonstances, elles ont même influencé fortement le cours de l'Histoire. Ainsi, Clovis se convertit au catholicisme pour être agréable à son épouse, la future reine Clotilde, qui était chrétienne. Saint Louis, dit Louis IX, partit sur le chemin des Croisades, afin de mettre sa mère, Blanche de Castille, loin de ses yeux et son plumard, tant elle lui pressurait les joyeuses, allant jusqu'à contrôler la fréquence de ses rapports charnels avec son épouse, Marguerite de Provence. La dynastie des Capétiens directs s'est éteinte parce que les belles-filles de Philippe le Bel n'étaient que de fieffées pouffiasses, et furent châtiées au niveau de leurs péchés. Notamment Marguerite de Bourgogne, ce qui lui ôta toute possibilité de donner un mâle héritier à la couronne de France. Jeanne Laisné, plus connue sous le pseudonyme de Jeanne Hachette, défendit vaillamment sa bonne ville de Beauvais, devant les quatre-vingt mille hommes de Charles le Téméraire, lui interdisant ainsi de faire main basse sur le royaume de France. C'est encore une femme, Catherine de Médicis, qui fut l'instigatrice du massacre de la Saint-Barthélemy. Au cours de ces journées de réjouissances organisées à Paris, ainsi que dans une vingtaine de villes françaises, environ quinze mille personnes furent sauvagement assassinées. Louis XIV le Grand, lui-même personnellement, qui se considérait monarque de droit divin, et pensait régner sans partage, se pliait fort souvent aux désirs diaboliques de ses bien-aimées occasionnelles. Pour faire plaisir à Joséphine, Napoléon I° rétablit l'esclavage, car sa dulcinée possédait des plantations aux Antilles, ce qui permit à l'heureuse exploitante agricole de faire baisser ses coûts de production. Sans oublier Louise Michel, à côté de laquelle Marie-George Buffet ne fait figure que d'apprentie cheftaine chez les Jeannettes. Plus près de nous, Chirac n'aurait jamais eu la possibilité d'accéder à la présidence de la République, s'il n'avait pas été sponsorisé par Bernadette Chodron de Courcelle. Avant de prendre une décision importante, Mitterrand ne consultait pas un astrologue, mais une astrologue. En l'occurrence Elizabeth Teissier. La situation de la France serait peut-être différente aujourd'hui, s'il avait pris conseil auprès de Françoise Hardy.

Puis, encore, comment passer sous silence Jeanne Calment, Line Renaud, Edith Cresson, Tartine Mariol, Roselyne Bachelot, Marie Besnard, Marie-Ségolène Royal, Sheila, Cécile Duflot, Nathalie Ménignon, Christine Boutin, La Pie qui Chante, Carla Bruni, Berthe Sylva, Valérie Trierweiler, Jacques Chazot ou Fernande Grudet, dite Madame Claude qui, durant les années 1960 – 1970, dirigeait un réseau de prostitution qu'elle mettait à la disposition de dignitaires du gouvernement, de hauts fonctionnaires et de diplomates. Contre monnaie sonnante et trébuchante, bien entendu. Car en ce bas monde, tout est payant. Lorsque c'est gratuit pour l'un, c'est qu'un autre envoie les thunes à sa place.

Sans ces adorables personnes de sexe féminin, la France actuelle ne serait jamais parvenue au niveau socioculturel qui est désormais le sien.

Pour en revenir à Vallaud-Belkacem, il existe un léger problème avec cette charmante personne. Un petit rien, une broutille, mais il serait souhaitable, afin d'éviter toute possibilité de confusion, qu'elle accepte de clarifier sa situation ambiguë.

En février 2012, le journaliste marocain Ali Amar a dénoncé la double carrière politique de Belkacem, qui fait partie, depuis 2007, des trente-sept membres du Conseil consultatif des Marocains à l'étranger (CCME), directement nommés par Mohammed VI. Le CCME a pour but de renforcer l'identité marocaine des Marocains de l'étranger et d'émettre des avis concernant leur éducation religieuse. Il n'est pas impossible qu'il soit ici question de la religion musulmane.

Quelque peu surprise mais fortement contrariée d'avoir été démasquée à défendre l'identité marocaine, alors qu'elle dénonce la préférence nationale française comme une tare d'extrême droite, elle a déclaré à l'AFP, avoir effectivement fait partie du CCME de décembre 2007 à décembre 2011.

Le site web marocain Yabiladi a répondu, le 20 avril 1912, que la déclaration de Belkacem était totalement erronée, puisque le Conseil devait être renouvelé en décembre 2011, mais que jusqu'à présent, rien n'avait encore été décidé. Il est à remarquer qu'à aucun moment, Belkacem n'a confirmé qu'elle avait pris la décision de démissionner directement.

Dont acte !

Elle a ensuite affirmé ne pas être payée pour exercer cette fonction. Le même Ali Amar écrit quant à lui : qu'elle perçoit des émoluments de complaisance dont le montant reste un secret d'État (marocain). Il ajoute : le CCME est une machine de propagande du royaume marocain à l'international, en quelque sorte sa cinquième colonne.

Serions-nous en présence d'une nouvelle Mata Hari ?

Comme dit le proverbe arabe : là où la diplomatie échoue, il reste la femme.

MARDI 29 – RAYON X.

Le nucléaire continuera d'occuper une part très importante, en complément des énergies renouvelables, ce qui nécessite que nous gardions une filière industrielle performante et d'excellence. Signé Delphine Batho. À mourir de rire avant d'être irradié. C'est qu'elle tient à le conserver son maroquin la petite.

Il est vrai qu'arrivée à la quarantaine, elle n'a rien à présenter comme références professionnelles sur son CV désespérément vierge. Il ne lui reste donc rien d'autre que la politique pour subsister.

Depuis quelques jours, un radar installé sournoisement sur la voie rapide Nantes-Rennes, flashe huit mille véhicules par jour. Soit environ cinq cents fois plus que ses petits camarades de jeu. La raison en est fort simple : il a été placé en un lieu où une nouvelle limitation de vitesse vient d'être décrétée, mais volontairement et vicieusement mal signalée. Qui ose encore parler de sécurité routière face à de telles méthodes dignes du grand banditisme.

« *Nous expulserons tous ces imans, tous ces prédicateurs étrangers qui s'en prennent à la femme, tiennent des propos contraires à nos valeurs, font référence à la nécessité de combattre la France.* » Signé Valls. Et pour les ministres qui racontent des monceaux de stupidités, on fait quoi ?

MERCREDI 30 – GAI GAI L'ECOLIER.

À l'Assemblée nationale, les socialos hurlent à l'hallali envers les amendements présentés par l'opposition, contre le mariage gay. Ils oublient facilement qu'ils détiennent le record de ces imbécilités, lorsqu'ils déposèrent un million deux cent trente-sept mille six cent soixante-cinq amendements contre la privatisation de GDF. Il est indispensable de n'avoir rien d'autre à foutre, pour perdre son temps à rédiger de telles imbécilités.

Pôle Emploi multiplie les radiations de chômeurs, afin de faire baisser les mauvais chiffres qui continuent de hanter les nuits présidentielles. Cela n'empêchera pas la courbe du chômage de continuer son chemin vers les abîmes. Ou plutôt vers les cieux, puisque la tendance n'est toujours qu'ascensionnelle.

JEUDI 31 – LA VIE DE CHÂTEAU.

Luc Chatel dénonce une « purge » dans la haute fonction publique et une « *chasse aux sorcières sans précédent menée par un pouvoir en passe de constituer un Etat PS* «. Plus de 30 % des préfets ont été remplacés et pratiquement 50 % des recteurs. Cette purge est équivalente à celle effectuée par le pouvoir socialiste en 1981. Certes, question démocratie il y aurait de quoi écrire plusieurs essais, mais malheureusement il en va toujours ainsi. Y compris avec l'UMP. Constitution de la 5ème République oblige.

La consommation des ménages est restée stable en décembre. Quelle bonne nouvelle, alors qu'en cette période de l'année elle devrait exploser.

La Cour européenne des droits de l'homme a condamné la France à verser trois millions six cent mille euros à la secte du Mandarom, trois cent quatre-vingt-sept mille à l'église évangéliste missionnaire salaûn et trente-sept mille à l'association des chevaliers du Lotus d'or, pour violation de liberté de penser. Pour la secte du rassemblement des plus gros cons de la planète, ça fera combien ?

Comme chaque année en hiver, la France – pays civilisé selon les affirmations de ses dirigeants politiques – compte ses citoyens morts de froid dans la rue. Il existe pourtant une solution fort simple pour loger les sans-abris : les accueillir dans les châteaux appartenant aux organisations syndicales ou comités d'entreprises qui sont, avant toute chose, des organisations humanitaires. Donc, en toute logique, cette formule de devrait pas poser trop de problèmes particuliers aux propriétaires. Par exemples :

- Château de Fontenay-les-Briis, propriété de la branche CGT de la RATP. Région parisienne. Situé dans un magnifique parc de soixante-quatorze hectares, dont quarante de forêt. Deux cours de tennis, deux restaurants, mini-golf, étang à truites.

- Château de la Brévière, situé au cœur de la forêt de Compiègne. Il appartient à FO.

- Château Lafaurie-Peyraguey, propriété du CE de GDF-Suez, agrémenté de trente-six hectares de vignes en plein vignoble de Sauternes.

- Château du Plat, situé à Vallière dans la Creuse. Il possède cent quatorze hectares de terres, des forêts et des prairies, des écuries pour une trentaine de chevaux. Il appartient au CE de la RATP.

- Château de Montreul, de la Fédération des organisations sociales de la Poste.

- Situé près de Deauville, le château de Prêtreville appartient au CE de la Caisse d'allocations familiales du Val d'Oise. Il est composé de huit bâtiments dans un parc boisé de trois hectares.

- Au cœur de la Bourgogne, le château de Ragny appartient au CE de la Banque de France. Il s'agit d'un véritable château médiéval totalement restauré. Eau chaude, eau froide, gaz et électricité à tous les étages. Tennis, piscine.

- Le château de la Bachasse est une fort jolie propriété du XIX° siècle, situé dans un parc de huit hectares sur la commune de Sainte-Foy-lès-Lyon. Il appartient à la SNCF.

- Le château du Vernay, à Challuy près de Nevers, appartient également à la SNCF. Terrains de tennis, piscines, parc privé et forêt.

- Le CE d'EDF, à forte majorité CGT, possède le château de Cappelle-en-Pélève, dans le Nord. Il est également appelé château du Béron. Piscine couverte chauffée et deux tennis. Il s'agit d'une très riche propriété foncière.

- Le CE d'EDF possède également le château de Sainte-Croix, dans l'Ain, ceux d'Agecroft, sur la Côte d'Azur, de Blomard, dans l'Allier, ainsi que celui de Vaux à Argenton-sur-Creuse.

- La CGT est propriétaire du magnifique château de Courcelle-sur-Yvette, dans l'Essonne, et la CFDT celui de Bierville, non loin d'Etampes.

Cette liste est bien loin d'être exhaustive. Les organisations syndicales se feront un plaisir de communiquer un inventaire complet aux camarades, à jour de leur cotisation, qui en feront la demande.

Au 31 janvier, le score entre Marseille et la Corse est de 1 assassinat à 0 en faveur des Marseillais. C'est maigre. Peuvent mieux faire.

FEVRIER

VENDREDI 1er – MORNE PLAINE.

Wanted. Selon certaines indiscrétions, finalement pas trop discrètes, Jean Charbonnel accepterait de livrer à Taubira les noms des deux personnes qu'Alexandre Sanguinetti lui a présentées comme étant responsables de la mort de Robert Boulin en 1979. Mais, le lui demandera-t-elle ? Et si la transaction s'opère, divulguera-t-elle publiquement les noms de ces saints hommes ? Charbonnel encaissera-t-il une prime. Si oui, de combien ? Les paris restent ouverts.

Le Crédit Agricole annonce une perte record pour l'année 2012. Le plus ennuyeux, c'est pour les clients, car la capitalisation propre de ce digne établissement, ne représente guère plus de 7 à 9 % de ses avoirs. Comme l'ensemble des banquiers français, le CA se contente de prêter l'argent des autres. Ce n'est pas trop glorieux comme métier.

DSK a de nouveau été convoqué à Lille, chez le juge d'instruction en charge du dossier Carlton. Histoire de ne pas perdre de temps en voyages fastidieux, puis faire quelques économies substantielles, il devrait louer une chambre à l'année dans cet établissement renommé. D'après certaines publicités, l'ambiance y est très relax. Ou alors se faire héberger en Belgique chez son pote Dodo. Il parait que l'accueil y est également très chaleureux. Blague dans le coin, il balance le Dodo. Selon lui, DSK en a une petite ! Peut-être, mais elle semble active. Napoléon I° également en avait une petite ; même une toute petite. Lors du retour de son corps en France, on découvrit qu'il avait un sexe d'enfant. La différence est que lui était parvenu à devenir empereur, et remplissait les caisses de l'État. L'autre point commun entre les deux personnages, est que l'histoire se termine par un Waterloo.

SAMEDI 2 – LA BOSSE DES MAUVAISES AFFAIRES.

Un bruit court, comme quoi l'Arabie Saoudite verserait deux cents euros chaque mois aux femmes musulmanes qui acceptent de se déguiser avec des voiles sous le ciel, souvent couvert lui aussi, de la France éternelle. Si la somme était portée à deux mille euros, les émirs risqueraient d'intéresser des chômeuses catholiques. Allez encore un petit effort ; avec les pétrodollars, ça devrait pouvoir s'arranger rapidement.

En déplacement professionnel au Mali, Hollande a reçu en cadeau un bébé chameau. Il va pouvoir ainsi étoffer sa ménagerie. Il n'a pas été précisé si ce dernier arrivé dans la famille, serait installé dans les jardins de l'Elysée.

Les ventes de voitures en janvier sont encore en retrait. Comment faire fonctionner la machine industrielle et commerciale, alors que Hollande et son équipe d'apprentis boy-scouts détroussent systématiquement les acheteurs potentiels, avant même qu'ils n'aient eu le temps de faire du lèche-vitrine.

Mais ce n'est pas tout car, même s'il n'y paraît pas : ils sont rusés, nos dirigeants ! Ainsi, la police française va largement renouveler sa flotte de véhicules cette année. C'est une excellente nouvelle pour Ford qui va remplacer les Renault Megan et Scénic. Quant aux cadres de la police et de la gendarmerie, ils rouleront en Volkswagen Passat en lieu et place de Citroën.

Petite anecdote en passant : la police allemande n'utilise que des Mercedes. C'est une preuve évidente ; les ministres allemands sont équipés de cervelles leur permettant de réfléchir.

DIMANCHE 3 – À LA GUERRE COMME À LA GUERRE.

La tirade saugrenue de la semaine est signée Hollande. À Bamako, s'adressant à une foule en liesse (ça le change de l'ordinaire), il a fièrement déclaré : « *Nous payons aujourd'hui notre dette à votre égard. Je viens de vivre la journée la plus importante de ma vie politique.* » C'est pour dire le néant qui entoure le reste. Quant à la dette : laquelle ? Le Mali prête-t-il également du pognon à la France ? Si tel est le cas, nous ne sommes pas sortis de la merde de sitôt.

En attendant, selon une certaine presse, Hollande a gagné au Mali ses galons de chef de guerre. Officiellement, il faut bien qu'il gagne quelque chose.

Quand le temps sera venu, le lieutenant de réserve Hollande pourra ainsi retrouver au Panthéon de la gloire immortelle, quelques illustres militaires français dont, par ordre alphabétique :

- ✓ Maurice GAMELIN. Connu pour avoir été un militaire intellectuel ! Une espèce rarissime. Durant la Première Guerre mondiale, il fit preuve d'une grande habileté tactique, ce qui provoqua l'admiration de ses supérieurs. En 1916, il fut nommé colonel. Il ne resta que six mois orné de ses barrettes, avant de recevoir ses deux premières étoiles, et être élevé au grade de général de brigade. En 1938, il fut nommé chef d'état-major de la Défense nationale, et commanda les forces franco-britanniques de septembre 1939 jusqu'au 17 mai 1940, date où il fut limogé, à cause de son incompétence notoire, son incapacité à mener les hommes, ses conceptions militaires obsolètes, ainsi que la mauvaise organisation de l'armée, y compris à son plus haut niveau. Peut-être les conséquences du fait qu'il fut longtemps très proche collaborateur de Joffre ? Il est considéré comme principal responsable (militaire) de la déroute des armées françaises en 1940.

- ✓ Joseph JOFFRE. Il était considéré de son temps, comme un général d'armée relativement médiocre. Adepte de l'offensive à outrance, sans plans véritablement préparés, il était plus que controversé au sein même de l'institution militaire. Ses initiatives désastreuses se soldèrent le plus souvent par de véritables carnages parmi les troupes qu'il engageait, sans pour autant obtenir de résultats significatifs. Son crédo était : « *Pour atteindre un objectif, la vie de 200 000 hommes ne compte pas.* » Un grand humaniste, proche de ses troupes. Il fut, à son grand regret, relevé de ses fonctions en décembre 1916. Afin de lui rendre la pilule moins amère, il fut nommé maréchal de France, puis fut reçu à l'Académie française, dès qu'un fauteuil se libéra. Le duc de Castries rapporte : « *Il avait constamment une attitude passive. Lors d'une séance sur le dictionnaire, à la définition du mot mitrailleuse, il fut tiré de son sommeil et prié d'apporter ses lumières* ». Il répondit – « C'est une sorte de fusil qui fait pan pan » – *puis se rendormit.* » En janvier 1931, quelques jours après son trépas, le Parlement vota une loi qui précisait que Joseph Joffre, maréchal de France, avait bien mérité de la Patrie. La réciproque n'étant pas établie.

✓ Hubert LYAUTEY. En 1921, alors qu'il était résident général au Maroc, il déclara « *La France se doit d'être une grande puissance musulmane.* » Ses vœux seront prochainement exaucés, puisque selon certains spécialistes en la matière, notre pays possède toutes les chances de devenir une république islamiste vers les années 2050. Il faut préciser que Lyautey était homosexuel, et très proche des jeunes musulmans. Ce qui fit dire un jour à Clemenceau « *Lyautey est un homme courageux, qui a des couilles au cul. Malheureusement, ce ne sont pas souvent les siennes.* »

✓ Robert NIVELLE. Il était surnommé le boucher. Il remplaça Joffre comme commandant en chef des armées françaises, début de l'année 1917. Attention, un incapable peut en cacher un autre. Il savait préparer ses batailles ; malheureusement, pour se faire valoir, il en parlait aux gentes dames qu'il rencontrait au hasard de soirées mondaines qu'il fréquentait assidûment. Pour se donner de l'importance, il aimait également discuter de ses projets avec les journalistes. Si bien que les Allemands ne se trouvaient pas dans l'obligation d'entretenir un réseau, toujours coûteux, afin d'obtenir des informations confidentielles. Le comble de son inaptitude explosa quelques mois après sa nomination, lorsque les Allemands découvrirent à leur plus grand étonnement, dans une tranchée qu'ils venaient de reconquérir, un exemplaire d'un plan d'attaque que Nivelle avait oublié. Cela se solda par l'échec retentissant de la bataille du Chemin des Dames, appelée également offensive Nivelle. Grâce au généralissime Robert Nivelle, les alliés perdirent trois cent cinquante mille hommes (morts et blessé graves). Il est tenu pour responsable des mutineries qui se produisirent ensuite au sein de l'armée française. Il fut immédiatement relevé de ses fonctions, et en guise de lot de consolation, fut nommé commandant en chef des troupes françaises en Afrique du Nord.

Comme dit la chanson : « *Voir et complimenter l'armée françaiaizeu...* »

Pour CNN, chaîne d'infos en continu américaine, Hollande est *« Un terrible gâchis pour la France.* » (Article publié par l'universitaire en sciences politiques, John Gaffney). *Hollande se comporte comme un lapin étourdi par les phares d'un véhicule venant en sens opposé.* »CNN explique l'incompétence totale et les résultats lamentables du président de la France occupée par le PS, par trois principales causes.

Le premier est qu'il n'a pas de projet. Des dizaines de milliers de personnes perdent leurs emplois chaque semaine, et cela va de pire en pire. Sur la dette de l'État, il est constaté qu'aucune mesure adéquate n'a été mise en place durant les huit premiers mois de son quinquennat.

Le second est qu'il lui manque la volonté politique de mettre fin à l'impasse de la société française : rendre l'industrie compétitive et réduire les dépenses de l'État. Il ne pourra jamais débloquer la société, car les Français qui ont voté pour lui sont des fonctionnaires et autres intermittents du spectacle, et qu'ils n'accepteront jamais les mesures d'assainissement du budget de l'État. Il a commis l'erreur de raconter à tout le monde qu'il pourrait résoudre les problèmes du pays sans soucis, en taxant les supers riches. Mais il ne parvient même pas à mettre cette mesure en place. Donc il taxe simplement tous les autres. Il se retrouve désormais confronté à la plus difficile des situations, parce que plus personne ne croit en un seul mot de ce qu'il raconte.

Le troisième et fondamental problème de Hollande, est qu'il ne comprend pas la nature de la fonction qui est la sienne : Président de la République. Pour conclure, John Gaffney écrit : « *Sa fonction est fondamentalement liée au leadership ; il doit diriger et non pas suivre. Mais pour cela, il faudrait qu'il y ait moins d'amies de ministres dans les salles de rédaction des médias parisiens, mais aussi et surtout dans leurs lits !* »

Il n'est pas évident d'avouer que l'on est Français lorsque l'on se trouve à l'étranger. Sauf à accepter de se faire foutre de sa gueule.

LUNDI 4 – « *CHEF UN P'TIT VERRE ON À SOIF.* »

En France, un cambriolage se produit toutes les quatre-vingt-dix secondes. C'est beaucoup, mais Valls ne peut être partout à la fois. Sa présence dans les médias lui prend un temps fou, et c'est logique. Pour qu'une campagne publicitaire puisse porter ses fruits, il est indispensable de matraquer sans cesse la clientèle potentielle, quel que soit le produit à vendre, fut-il soi-même. Et puis, de sa position privilégiée : le contrôle du matraquage, les mauvais coups il connaît. C'est un avantage indéniable. Le jour où il sera perdu pour la politique (ouf !), il pourra toujours tenter de se recycler chez Publicis.

Question publicité, il fut un temps où elle était libre, enfin presque. Où la liberté de s'exprimer existait en France. Désormais, dès que l'on place une virgule de travers, il se trouve immédiatement une ou plusieurs associations de tocards pour venir semer la pagaille. Est-ce parce qu'il est interdit de décorer des voitures de compétition avec des marques d'apéritifs ou de cigarettes, qu'il ne se boit plus de Martini, qu'il ne se fume plus de Marlboro ? Bien évidemment que non. Il faut être véritablement sous-équipé à l'intérieur de sa boîte crânienne pour croire en de telles absurdités.

Voici quelques exemples de publicités qu'il était possible de découvrir, au bon vieux temps où les blancs, les bleus, les roses, les rouges et les verts nous laissaient encore le droit de respirer, sans nous refiler leurs saloperies de virus et bactéries stupidement contraignantes.

« NE PRENEZ JAMAIS LA ROUTE AUSSITÔT APRES UN BON REPAS, SANS UN PETIT VERRE DE COINTREAU. »

(Support : simple affiche publicitaire de la marque).

« MAIS OUI MA CHERIE ! IL EST DE TRES BON TON AUJOURD'HUI DE PRENDRE UNE OXYGENEE CUSENIER. MON DOCTEUR ME L'À DIT. »

(Support : un dessin sur lequel sont représentées deux femmes assises autour d'une table, verre à la main et bouteille de Cusenier posée sur la table).

« COMME GRAND-PERE

C'EST BIEN PLUS RECREATIF
ET GRAND-PERE VERRA COMME
SON PETIT-FILS EST UN HOMME
PUISQU'IL PREND L'APERITIF ! »

(Support : une carte postale affranchie avec un timbre-poste à cinq centimes oblitéré. L'enfant en très bas âge, est assis sur une chaise-haute et se sert lui-même l'absinthe dans un verre).

« DONNEZ LA PREFERENCE AUX RESTAURANTS QUI COMPRENNENT LE VIN DANS LE PRIX DU REPAS.
« LE VIN EST LA PLUS SAINE ET LA PLUS HYGIENIQUE DES BOISSONS (Pasteur).
87 % DES CENTENAIRES SONT DES BUVEURS DE VIN. »

(Support : page de couverture de l'opuscule France Routière Kilométrique, N° 75).

« LA BIERE EST NOURRISSANTE. »

(Support : une affiche publicitaire où sont représentées deux femmes qui allaitent. La première est joyeuse, possède une fort jolie poitrine qui donne envie de la caresser, à défaut de goûter sa production. Elle tient un verre de bière dans une main, le nourrisson est gai. La seconde est triste, elle possède des nibards en oreille de cocker, un verre d'eau est posé sur une table, le bébé pleure.

« RICARD SUR TOUTE LA LIGNE.
*LES CHEMINOTS QUI ONT BESOIN DE TOUS LEURS ESPRITS ONT IMMEDIATEMENT ADOPTE LE **RICARD**.*
APPROUVE PAR LES MEDECINS, C'EST L'APERITIF DE BONNE SANTE. »

(Support : affiche publicitaire de la marque. Cinq cheminots en uniforme SNCF sont assis autour d'une table et dégustent un Ricard).

L'on dit que l'appétit vient en mangent ; c'est possible. Mais il semble évident qu'il n'est nul besoin d'avoir soif pour boire un bon coup.

Il n'empêche que, de nos jours, immanquablement les responsables de telles publicités se retrouveraient devant les tribunaux. On appelle progrès ce qui n'est que vil recul. C'est affligeant.

Concernant les bienfaits des boissons alcoolisées, rappelons-nous que, pour partie, les Allemands ont perdu la Première Guerre mondiale parce qu'ils pratiquèrent une politique de razzia à outrance dans les réserves de champagne. Les Teutons picolaient tellement, qu'ils étaient bourrés du matin au soir, ce qui permit à nombre de contre-offensives alliées d'obtenir des résultats acceptables.

À ne jamais oublier, bien que ce fait authentique ne soit précisé nulle part dans les livres scolaires.

Et puis, ce n'est pas par hasard que l'on parle régulièrement des vignes du Seigneur, dans l'Ancien comme le Nouveau Testament. Jésus comparait le Royaume de Dieu à une vigne dont les chrétiens seraient les vignerons.

C'est une raison supplémentaire pour ne pas laisser les musulmans imposer leur religion en France. Leurs premiers sévices seraient de détruire les vignes, ce qui, certes, représenterait une tâche immense et une solution provisoire dans la lutte contre le chômage. Mais le vin fait partie de notre civilisation. Surtout lorsqu'il est bon.

JMA a déclaré que la question de l'ouverture de la PMA aux couples homosexuels serait repoussée, en l'attente de connaître l'avis du Comité national d'éthique. Dans le même temps, Dominique Bertinotti, ministre déléguée à la famille, affirmait le contraire. Cette position sans importance aucune, a pour le moins contribué à ce que les Français n'habitant pas le 4ème arrondissement de Paris, découvre l'existante de cette charmante personne de sexe féminin.

Dans la nuit du dimanche 3 au lundi 4 février, se tenait une séance publique à l'Assemblée nationale. Soixante députés de la majorité étaient présents. C'est alors qu'un texte fut adopté par cent quarante-huit votes favorables. Christian Jacob, président du groupe UMP, fit remarquer cette anomalie au président de l'Assemblé, Claude Bartolone, qui acquiesça et n'eut d'autre recours que demander à ses chers collègues et amis de n'appuyer que sur le bouton de leur propre boîtier, et non pas également sur celui de leurs collègues. Ce n'est pas bien, il ne faudra pas recommencer de tels tripatouillages, Messieurs les députés.

Ainsi sont fabriquées les lois. C'est vachement sérieux, l'Assemblée nationale. Quel bel exemple pour notre jeunesse !

MARDI 5 – TOUTES VOILES DEHORS.

Nos amis britanniques, qui possèdent toujours une longueur d'avance lorsqu'il s'agit d'exprimer quelques pensées philosophiques pertinentes, surtout quant au fonctionnement du système politique à la française, ont, pour la circonstance, inventé un nouveau mot : *ineptocracy*. En Français : *« inaptocratie »*. La traduction de la définition donne : système de gouvernement où les moins capables de gouverner sont élus par les moins capables de produire et où les membres de la société les moins aptes à subvenir à leurs besoins ou à réussir sont récompensés par la confiscation de la richesse et du travail d'un nombre de producteurs en constante diminution.

No comment !

Toyota annonce avoir augmenté de plus de 10 %, ses prévisions de bénéfice pour l'exercice 2012/2013. Le groupe table désormais sur un bénéfice net proche de sept milliards d'euros. Voici une bonne adresse pour Renault et PSA pour emprunter du pognon. Eventuellement piquer quelques idées intéressantes.

Les autorités suisses ont transmis des informations aux services fiscaux français, dans le cadre de l'enquête sur l'existence ou non d'un compte ouvert par Cahuzac à la banque UBS. Si ce compte n'existe pas, quelles informations ont-elles pu transmettre ? Le parquet de Paris ne souhaite pas commenter ces informations dans l'immédiat. Il semblerait que cette affaire commence à véritablement sentir mauvais pour certains. Dont un.

Gérard Collomb, sénateur-maire de Lyon, farouchement opposé au non-cumul des mandats, se dit toutefois prêt à se sacrifier pour l'avenir de la France, et renoncer à son mandat de sénateur. Un tel esprit de sacrifice, notre Nation n'avait plus connu cela depuis Jeanne d'Arc. Pour les élus locaux, la double casquette présente – entre autres – l'énorme avantage de justifier des déplacements officiels, pour faire quelques petites escapades dans Paris. À soixante-six ans, Collomb serait-il déjà atteint par la limite d'âge, pour ainsi renoncer à certains privilèges particuliers ?

Collomb, même avec deux L, est un nom prédestiné aux voyages. Dans cette hypothèse, il est possible d'admettre que Christophe Colomb était socialiste. En tous les cas, il en possédait plusieurs caractéristiques : il ne savait pas où il allait, il ignorait totalement ce qu'il allait découvrir, quels événements allaient survenir, ce qu'il allait faire, de quoi serait fait l'avenir, comment il reviendrait, mais il s'en foutait royalement, car tout ce qu'il entreprenait était financé par l'argent des autres.

MERCREDI 6 – MARCHONS, MARCHONS.

Batho conserverait dans un coin de sa petite tête de militante gaucho, quelques neurones ambitionnant l'obligation pour les automobilistes, de posséder – donc d'acheter – une pastille verte pour obtenir le droit de circuler. Ainsi, les véhicules catalogués administrativement polluants seraient contraints de rester au garage. Une décision clairvoyante supplémentaire pour faire tourner la machine économique et relancer l'industrie automobile. La pastille verte, c'est comme la Valda : ça doit probablement empêcher les moteurs de tousser.

Bien entendu, cette mesure pénaliserait en priorité les plus défavorisés.

Mais qu'est-il prévu pour les dizaines de milliers de véhicules offerts gracieusement aux élus et aux fonctionnaires, dont ils sont actuellement les heureux bénéficiaires ? Pour les véhicules militaires, ceux de la police, de la gendarmerie, de la protection civile et des pompiers. Pour les défilés du 14 juillet, les commémorations du 8 mai et du 11 novembre. Pour les avions et hélicoptères privés, les aviations civiles et militaires, pour les OVNI, les yachts et navires de croisières. Pour les 24 heures du Mans, pour les rallyes, les courses automobiles en général. Puis, encore pour le Tour de France, événement sportif de toute évidence le plus pollueur de l'année, directement et indirectement, à cause des millions de spectateurs qui se déplacent dans l'espoir de repartir avec une casquette et un saucisson industriel ?

Dans un livre à paraître très prochainement, Johnny Hallyday évoque son départ pour la Suisse. *« On a souvent dit que je m'étais barré pour ne pas payer d'impôts. C'est en partie vrai, mais c'est aussi parce que c'est épuisant cette ambiance. En fait, la véritable question qui se pose n'est pas pourquoi les plus fortunés quittent la France, mais pour quelles raisons certains restent-ils ? »* Il ajoute : *« Je me suis toujours demandé pourquoi, aux États-Unis, quand t'as une belle bagnole, les mecs sourient et te disent formidable, et en France on te traite de voleur. Sale mentalité. »* Jojo accuse également la gauche de pousser à la médiocrité. Qui pourrait lui donner tort ? N'importe quel chef-cuisinier est en mesure de l'affirmer : on n'élabore pas de bonnes recettes avec des produits quelconques.

JEUDI 7 – FAUSSE IDENTITE.

La guerre au Mali a déjà coûté, à ce jour, plus de soixante-dix millions d'euros. Est-ce un bon placement ? Pour le savoir, rendez-vous à la fin des opérations, c'est-à-dire le 31 mars selon l'Elysée. Sauf si quelques prolongations s'avèrent indispensables. Cela dépendra du résultat à la fin du temps réglementaire.

Le sénateur Gaston Flosse a été condamné à quatre ans de prison avec sursis par la cour d'appel de Papeete, à cent vingt-cinq mille euros d'amende et à trois ans de privation des droits civiques pour prise illégale d'intérêts et détournement de fonds publics, dans une vaste affaire d'emplois fictifs. Pour lui, ce n'est pas un drame, il est habitué aux prétoires. Et puis, sous le ciel bleu du Pacifique, comment ne pas succomber aux chants des sirènes ?

Michel Rocard en veut aux communautés homosexuelles de ne pas s'être contentées d'un PACS amélioré. Il n'a pas forcément tort, et puis pour une fois que l'on comprend ce qu'il dit, ne faisons pas la fine bouche. En vérité, c'est à Hollande qu'il faut surtout en vouloir, qui a bassement utilisé ce stratagème pour détourner l'attention des citoyens français sur ses échecs répétés. Car à l'origine, nul ne demandait que le gouvernement se lance dans ce chantier, alors que de multiples problèmes nettement plus importants continuent de plonger progressivement le pays dans un gouffre sans fond.

Lorsqu'il était chez les éclaireurs unionistes de France (mouvance protestante), Rocard, dit Hamster Érudit, eut sous ses ordres en tant que chef de patrouille, Langue Agile, plus connu sous le nom de Lionel Jospin. Il est vrai qu'à y regarder de près, il se trimballe un peu une tronche de hamster, le Rocard ! Concernant Jospin, Langue de Bois aurait été plus appropriée.

VENDREDI 8 – LA VICTOIRE EN PARLANT.

Au palmarès des 28èmes Victoires de la musique, nous avons appris avec un certain désintéressement que Lou Doillon avait remporté le titre tant envié d'Artiste féminine de l'année, pour son dernier album – en fait le premier – sorti en septembre 2012. La reconnaissance fut particulièrement rapide. À n'en point douter, faire partie du clan Gainsbourg/Birkin facilite grandement la vie d'artiste. Même s'ils envisagent de tous chanter un jour dans le même groupe, la famille recomposée ne risque pourtant pas de faire exploser les décibels. Face à cette récompense, il semble préférable d'éviter acquérir les œuvres des autres concurrents non primés.

Nicolas Dupont-Aignan, président de Debout la République, appelle à *« se débarrasser de l'Union européenne »* qui a trahi la belle idée européenne. Selon lui, cette organisation est morte. Elle mène le continent à la ruine. Pour ce qui concerne la ruine, la plus grande partie du chemin est déjà parcourue. Son discours manque donc de clairvoyance.

NDA, énarque BCBG, promotion 1989 Liberté-Egalité-Fraternité, en compagnie de Jean-François Copé, n'a jamais occupé d'autres fonctions qu'au sein de diverses administrations. Il est donc plus que risqué de prêter attention à ses déclarations. Quant à se débarrasser de l'Union européenne, cela relève d'une imbécillité grandiose. Face à l'explosion des pays émergeants, l'Europe reste pour l'instant l'unique chance de survie pour les nations qui la composent. L'Union européenne n'est pas un besoin, pas même une nécessité, mais un impératif. Même avec ses multiples défauts.

La réformer est une autre histoire. Remplacer les dictats financiers par des actes politiques, la bureaucratie empirique et imbécile par des décisions techniques, serait plus que nécessaire. Mais il n'est pas interdit d'être utopique. L'utopie, dont Victor Hugo disait qu'elle est la vérité de demain.

Quant à la bureaucratie, Albert Einstein a écrit *« qu'elle réalisait la mort de toute action »*. Un grand visionnaire, l'Albert. Mais ça, nous le savions déjà.

SAMEDI 9 – CINQUIEME ROUE DU CARROSSE.

Fillon tire à boulets rouges sur la politique économique du gouvernement. Venant de sa part, nous ne nous attendions pas à autre chose. Et puis, compte tenu des résultats enregistrés depuis maintenant neuf mois, osons espérer que nos ministres n'espèrent pas être prochainement décorés dans l'Ordre National du Mérite. Malgré cela, un minimum de retenue ne serait pas superflu. L'ex Premier Ministre semble facilement oublier que durant ses cinq années passées à Matignon, les impôts ont augmenté de soixante-cinq milliards, que la dette de l'État s'est trouvée gonflée de cinq cents milliards. Que durant cette période, plus de cinq cent mille chômeurs supplémentaires ont été enregistrés. Avec un minimum de décence et de dignité, Fillon aurait fermé son claquet. Mais peut-être est-il devenu amnésique ?

Encore que la décence et la dignité ne fassent que bien rarement partie de la panoplie d'un politicard !

Nous aurions pu imaginer qu'après son passage remarqué, bien que fort loin d'être remarquable, comme chef du gouvernement, le tout petit père François aurait tenté de se recycler dans la course automobile. Mais il semble que, là également, ses compétences ne soient pas à la hauteur de ses pulsions. Ou alors, il serait nécessaire de lui dégoter un poste dans une arrière-boutique, au service par exemple du recyclage des pièces usagées, car en tant que pilote, il ne possède pas plus de qualités pour la gestion des moteurs, que pour les affaires de l'État.

DIMANCHE 10 – ARCHE DE NOE.

L'on raconte (donc ce n'est pas certain) que Jérôme Cahuzac aurait été blanchi par les banquiers suisses : il n'aurait jamais possédé de compte bancaire dans ce pays. Vrai ou faux, c'est une toute autre histoire. Ce qui est certain, est qu'il faut être véritablement taré pour ouvrir un ou des comptes à son nom dans ce pays financièrement accueillant, alors que des avocats se trouvent sur place pour créer des sociétés bidons, dans lesquelles les noms des commanditaires n'apparaissent jamais. Notre Ministre du Budget n'est quand même pas suffisamment idiot pour se laisser ainsi piéger. Si tel est le cas, c'est encore plus préoccupant, sachant qu'on le présente comme l'un des rares ministres compétents, au sein de l'actuel gouvernement. C'est pour dire ce que valent les autres !

Il est d'ailleurs inconvenant que l'on nomme *paradis fiscal* un pays où les contribuables ne se font pas sans cesse dépouiller par l'État. Sans faire le tour de la planète, remarquons simplement que dans des Etats indépendants d'Europe comme Monaco, la Suisse, le Liechtenstein, Andorre ou le Luxembourg, l'impôt n'est pas insupportable comme en France, alors que les citoyens possèdent un train de vie nettement supérieur à la moyenne.

C'est un véritable paradoxe. Dans ces conditions, il n'est pas impossible d'imaginer que les affaires publiques puissent être gérées par des responsables sérieux, compétents, honnêtes.

La tirade saugrenue de la semaine revient cette fois à Vincent Peillon. Dans l'affaire de la viande de cheval, il a déclaré qu'il ne fallait pas alimenter la psychose. Il n'a rien compris, le Ministre de l'Éducation. Ce qui n'a rien de surprenant. Ce n'est pas dans la psychose que l'on a découvert de la viande de cheval, mais dans les lasagnes !

Les relations entre les hommes et la gent animale ont toujours été confuses. Mis à part la SPA et Brigitte Bardot, pour majorité, les humains déclarent haut et fort qu'ils aiment les bêtes, mais en réalité, ils élèvent des poules pour piquer leurs œufs et ensuite les passer à la cocotte, des coqs pour les faire chanter et s'éviter l'achat d'un réveil matin, avant de les mettre à mijoter dans le Gevrey-Chambertin. Des oies et des canards pour leur refiler la cirrhose du foie avant de le transformer en terrine. Des moutons pour leur tondre la laine puis en faire des méchouis. Des cochons parce qu'ils sont comme le pétrole ; dedans tout est bon. Il était d'ailleurs coutume, au siècle dernier, de dire que les charcutiers et les chirurgiens étaient les meilleurs clients des banquiers. Des vaches pour leur soutirer le lait puis les découper en morceaux. Des taureaux pour les assassiner lors de spectacles archaïques et barbares, puis en faire de la daube. Certaines races de chevaux pour leur faire gagner le tiercé, le quarté, le quinté plus, autrement ils finiraient encore jeunes en saucissons comme leurs congénères. Des oiseaux pour les mettre en cage, des chats pour qu'ils bouffent les souris, et des chiens pour garder la maison et surveiller les troupeaux. Puis, désormais des poissons pour les dénaturer, en leur donnant des produits chimiques pour seule alimentation. Enfin, des fauves pour les enfermer dans des jardins zoologiques, derrière des barreaux calibrés aux normes européennes, ce qui, selon la sainte bible des gratte-papier bruxellois, est d'une importance capitale pour la survie des espèces ! Une seconde alternative étant de faire se ridiculiser, ces pauvres bêtes, sur des pistes de cirques… !

Moralité : il faut toujours se méfier d'un homme, lorsqu'il déclare aimer les animaux. Dans son assiette, peut-être, mais c'est tout. La réflexion vaut également pour les fleurs, puisqu'il leur coupe la queue.

Il existe pourtant une exception pour confirmer la règle : il s'agit du lion. Dans ses délires frénétiques de vouloir tout classer, ficher, numéroter, répertorier, enregistrer, contrôler, vérifier, analyser, examiner, comparer, espionner et emmerder les autres, l'homme a jeté son dévolu sur le lion, pour en faire le roi des animaux. Parce que le lion, lui, il n'a rien demandé. Et pourtant, cet animal n'est qu'un fainéant, un paresseux, un oisif. Il se contente de faire la sieste et n'accepte de l'interrompre que pour bouffer les approvisionnements que les lionnes ramènent des carrefours de la savane : jusqu'à sept kilos de viande par repas ! Lorsque les lionnes sont en chaleur, un seul mâle peut les couvrir jusqu'à cinquante fois en une seule journée. De quoi ridiculiser DSK ! Les lionceaux doivent être sans cesse protégés des géniteurs par leurs mères. Car les dominants voient en ces jeunes pousses, de futurs concurrents dans la conquête des femelles et le partage de la nourriture. À l'occasion, ça représente des amuse-gueule sans faire d'efforts démesurés, avant d'attaquer véritablement le repas de famille.

Flemmard, tire-au-cul, bon à rien, voleur, mauvais mari, mauvais père, anthropolionphage, obsédé sexuel et roi ! C'est à croire que l'homme a décidé que le lion serait le roi des animaux car c'est celui qui lui ressemble le plus. Avec toutefois une variante en faveur du lion : il n'est ni alcoolo ni drogué.

LUNDI 11 – J'Y SUIS J'Y RESTE.

David Beckham est à Paris. Pour une durée de cinq mois, il exercera ses talents pour le compte du PSG, mais reversera ses émoluments en faveur d'associations caritatives. Ce qui ne l'empêchera pas de loger modestement dans les trois cent vingt mètres carrés de la suite impériale de l'hôtel Bristol, facturée au tarif de dix-sept mille euros la journée aux émirs du Qatar. Vive le sport ! C'est bon pour la santé du corps et de l'esprit.

Finalement, pour désormais prendre connaissance des résultats sportifs, ne lisez plus l'*Equipe* : abonnez-vous aux journaux financiers.

Le pape démissionne. Mis à part de Gaulle, coutumier du fait, ce n'est pas en France que l'on risque de voir un chef de l'État se barrer. Même lorsqu'il est diminué physiquement ou intellectuellement. Voire les deux. Les exemples récents sont là pour le confirmer.

Puisqu'il est encore question de de Gaulle – il revient souvent dans les conversations celui-là – qui se souvient que la société Elf Aquitaine a été créée, durant les années 1960, selon ses ordres. Le but était, bien entendu, d'extraire le pétrole africain à moindre coût, mais également pouvoir espionner l'Afrique de l'Ouest et contrôler ses ressources à partir d'une institution industrielle et commerciale fort recommandable, située sur place. Pierre Guillaumat fut nommé par le Grand, premier président de ce nouveau groupe. Ce qui n'était pas par pur hasard, puisque le bougre était – pour une fois – du métier. En 1944, il avait été nommé directeur des carburants, déjà par le général. Entre les années 1951 et 1958, il fut administrateur général du Commissariat à l'Energie Atomique, puis devint ministre des armées en 1958, lorsque de Gaulle parvint à reprendre le pouvoir. Il est également l'un des fondateurs de la Direction Générale des Services Spéciaux.

Elf commença par exploiter les gisements gabonais, ce qui n'était pas techniquement évident car, au large des côtes de ce pays, la roche est friable et s'écroule facilement dès qu'on la fore. C'est à partir de cette difficulté technique que fut inventé le forage horizontal, qui permet, lorsque l'occasion se présente, de piquer également le pétrole dans les gisements exploités par les sociétés concurrentes. Mais surtout, Elf servit à approvisionner financièrement les caisses de l'UNR, parti gaulliste créé en 1958. L'UNR devint l'UDR en 1968, puis se transforma en RPR en 1976, sous le contrôle de Jacques Chirac, mais la pompe à fric ne cessa pas pour autant, de fonctionner. Comme il se doit, durant le premier intermède socialo, François Mitterrand respecta les traditions républicaines, et continua de contrôler scrupuleusement la comptabilité du groupe Elf.

Moralité, avec ou sans de Gaulle, en politique la moralité reste une denrée introuvable.

MARDI 12 – AIMEZ-VOUS LES UNS LES AUTRES.

La loi autorisant le mariage pour tous a été adoptée par l'Assemblée nationale par trois cent vingt-neuf voix contre deux cent vingt-neuf. Ce qui a fait dire à Taubira : *« Merci à tous pour ces jours et ces nuits passées ensemble. »* Devons-nous nous attendre à une explosion des naissances en novembre prochain ?

Le plus drôle dans cette histoire est que le promoteur en chef de cette farce de mauvais goût n'est autre que le père de quatre enfants conçus hors mariage avec une collègue de parti – et de parties ! Que sa compagne, depuis l'année 2005, date à laquelle elle a piqué son galant à son ancienne maîtresse, est mère de trois enfants issus d'un précédent mariage, mais n'est pas unie civilement avec son nouveau partenaire. Que ce dernier a fait un petit à une élue parisienne, alors qu'il vivait encore avec la mère de ses quatre enfants. Que le Premier Ministre actuel et un ancien trésorier du PS reconverti à droite de façon à devenir ministre de Sarkozy, furent également amants de cette même courtisane. Et on ne sait pas tout.

Lorsque l'on constate que tout ce beau monde a la prétention de nous refiler des leçons de morale, seul un sentiment de répugnance peut nous étreindre.

Premier assassinat de l'année en Corse. Score : un partout entre Marseille et l'île de Beauté. Ça s'arrose. Patrimonio pour tout le monde.

MERCREDI 13 – NON, NON, RIEN N'À CHANGE.

PSA annonce une perte nette de cinq milliards d'euros pour l'exercice 2012. La plus lourde jamais enregistrée dans l'histoire du groupe. *« Pas de panique ! »* rétorque Moscovici qui, il est vrai, s'exprime en spécialiste lorsqu'il s'agit de déficit. En comptabilité, les comptes en rouge sont les seuls qu'il soit capable de déchiffrer.

Cet homme est très dangereux : il est énarque, il eut DSK pour professeur, et fait partie des plus vicelards de la bande des socialos. Trois raisons fondamentales pour se méfier de lui ; les risques sont considérables qu'il puisse causer des dégâts irréversibles. Il représente l'archétype parfait de l'individu capable de nous balancer des coups de pied dans le ventre par derrière, sans que l'on s'en aperçoive. Ça peut faire mal, très mal. Il commença sa carrière politicarde comme membre de la Ligue Communiste Révolutionnaire d'Alain Krivine, mais démissionna en 1984 afin de rallier les rangs d'un PS plus opportuniste, selon ses propres termes. Ce n'est pas une pratique particulièrement exceptionnelle. De nombreux politiciens se trompent de parti en début de carrière. Remarquons simplement qu'en règle générale, les glissements s'opèrent de la gauche vers la droite et non l'inverse.

Moscovici a été député, député européen, possède un DEA de sciences économiques et un autre de philosophie. Il a fait Sciences Po et donc, malheureusement pour les Français, l'ENA. Encore plus grave, il est membre du gang financier le plus redoutable de la planète : le Groupe de Bilderberg. Preuve que les socialos et les financiers peuvent coucher ensemble lorsqu'ils sont animés par un idéal commun : la soif du pouvoir et du fric, avec tous les privilèges qui accompagnent l'ensemble. Cette odieuse soif du pouvoir représente le pire défaut qu'un individu puisse trimballer sur son porte-bagages.

En l'occurrence, il ne semble pas inutile de rappeler une théorie politique attribuée à Cicéron (106 av JC – 43 av JC), mais toujours hélas d'actualité :

> *1 – Le pauvre travaille.*
> *2 – Le riche exploite le pauvre.*
> *3 – Le soldat défend les deux.*
> *4 – Le contribuable paye pour les trois.*
> *5 – Le vagabond se repose pour les quatre.*
> *6 – Le poivrot boit pour les cinq.*
> *7 – Le financier escroque les six.*
> *8 – L'avocat trompe les sept.*
> *9 – Le médecin tue les huit.*
> *10 – Le croque-mort enterre les neuf.*
> *11 – Le politicien vit des dix.*

JEUDI 14 – PÔLE EMPLOI.

JMA confirme que le déficit public de la France ne pourra être ramené à 3 % du PIB d'ici la fin de l'année 2013. Quelle surprise ! Les membres du gouvernement devaient être encore les seuls à y croire. Ou, plus vraisemblablement, tenter de faire semblant d'y croire. Quant au PIB, il a reculé de 0,3 % au 4ème trimestre 2012, ce qui amène à constater que la croissance à été nulle l'an passé. Nous ne sommes pas au bout de nos peines, mais lui s'en moque éperdument. S'il se fait virer, il encaissera vingt-deux mille euros d'indemnités de chômage durant six mois, puis bénéficiera à vie d'une voiture avec chauffeur, d'un secrétaire et d'un garde du corps. En politique, même les intermittents du spectacle n'ont pas à se plaindre.

Un gardien de la paix a été placé en garde à vue à Marseille. Lors d'une altercation avec un groupe de jeunes dans une épicerie, il a sorti son arme de service et a tiré sur un jeune homme de dix-neuf ans, l'atteignant mortellement. Le policier a été arrêté à son domicile, après un délit de fuite, alors qu'il était alcoolisé. Dans la police, particulièrement dans le sud-est de la France, le pastis fait partie des traditions.

VENDREDI 15 – PLUS ILS RECULENT, MOINS ILS AVANCENT.

Déclaration d'une rare perspicacité de Hollande en Inde : *« Nous, en France, nous luttons pour que la croissance ne soit pas en dessous de zéro. »* Petit précision, certes sans importance, mais en dessous de zéro, il ne s'agit pas de croissance mais de récession. On ne doit pas apprendre cela à l'ENA, ce qui ne représente rien de surprenant. Juste histoire de dire : les prévisions en Inde sont de 8, 9 voire 10 % de croissance pour l'année 2013.

Au PS, on rebranche une nouvelle fois la marche arrière. Selon Valls, la future loi sur le non-cumul des mandats ne pourra s'appliquer, au plus tôt, qu'avant fin 2016 ou début 2017. Voire un peu plus tard ? Pourquoi ne pas reprendre l'étude du dossier après les législatives de 2017, cela serait une excellente initiative pour le plus grand bonheur des élus bien en place.

SAMEDI 16 – ON JOUE AUX DAMES.

Bernadette Chirac souhaite personnellement que Nicolas Sarkozy se représente aux élections présidentielles de 2017. Elle ne s'est pas encore aperçue que les Français se foutaient comme de leur premier bulletin de vote de ses pensées politico-philosophiques. Il semblerait nécessaire de trouver une association caritative pour tenter de lui faire comprendre qu'elle ne squatte plus l'Elysée.

Selon sir George Simpson, qui fut gouverneur des territoires de la baie d'Hudson : « *Un squatter est un individu qui s'établit sur un terrain sans titres de propriété.* »

Où en sommes-nous avec la première dame de France ? Depuis maintenant plus d'un an, Valérie Trierweiler cherche un nouveau terme pour remplacer celui existant, qu'elle trouve désuet. Aux dernières nouvelles, elle n'a pas encore déniché la bonne formule. Les membres de son secrétariat privé et gratos ne seraient donc pas à la hauteur de leurs tâches ? La concernant, l'appellation de « première copine de France » semble parfaitement adaptée à la situation. Mais pour combien de temps encore ?

Qu'en sera-t-il, le jour où le président de la République sera une présidente ? Il sera nécessaire d'avoir un premier homme de France ? Pour le cas où il s'agirait d'un ou d'une homosexuel(le), la situation serait encore plus complexe.

DIMANCHE 17 – UN HOMME, UNE FEMME. C'EST LE LOUCHE DE L'AFFAIRE.

La bataille fait rage autour du trône de la capitale. Au nombre des candidats potentiels, on dénombre à ce jour : Anne Hidalgo (c'est Valérie Trierweiler qui va être contente.) Nathalie Kosciusko-Morizet – qui, pour se faire, doit démissionner prochainement de son poste à la mairie de Longjumeau, où elle est élue depuis 2008. Si c'est cela la démocratie, autant s'expatrier chez Poutine. Cécile Duflot (fort heureusement, elle ne possède aucune chance, mais présente tout de même le risque de décrocher un fauteuil d'adjoint aux interdictions en tous genres.) Marielle de Sarney (c'est qui ?) Rachadia Dati (qui se cherche, mais elle est bien la seule, car bien peu d'électeurs souhaitent la retrouver.)

Et la parité dans tout ce circus ?

Justement, parlons-en de la parité. Ça veut dire quoi cette absurdité ! Ce qui est demandé à un élu, c'est de la compétence, de l'honnêteté, du courage. Le reste, y compris le sexe, est totalement secondaire. Où se situerait le problème si les femmes étaient largement majoritaires au gouvernement, à partir du moment où elles posséderaient les compétences et les capacités adéquates.

Comme dit le proverbe, lorsque l'on est un bon à rien, on ignore que l'on est un bon à rien. C'est pour les autres que tout est compliqué.

Dans ces conditions, pourquoi le gouvernement actuel ne serait-il pas composé de 19 bien-portants et 19 handicapés, 19 nés au nord de la Loire et 19 au sud, 19 adeptes de la cuisine au beurre et 19 de la cuisine à l'huile, 19 qui roulent à l'essence et 19 au diesel, 19 homosexuels et 19 hétérosexuels, 19 Français de souche et 19 immigrés, 19 incompétents et 19 compétents (ces derniers ne seraient pas faciles à trouver), 19 escrocs et 19 honnêtes gens ? Ici, c'est carrément trop demander.

Le jour où l'on parviendra à empêcher les politiciens de piquer dans les caisses de l'État, la liste des prétendants pour se faire élire rétrécira comme peau de chagrin.

L'idéal certes, serait un gouvernement composé, au maximum, d'une quinzaine de techniciens qualifiés. Mais rien ne sert de rêver : les élus dirigent la France pour eux, par pour les Français.

La tirade saugrenue de la semaine revient à Hollande, après l'annonce de la démission de Benoît XIV et avant l'élection du prochain pape : « *Nous (la France ou le PS ?) ne présenterons pas de candidat.* » Un tel degré de sottise a rarement été atteint dans un discours prononcé par un président de la République. Et pourtant !!!

Hollande, le plat président qui est le nôtre. Egalement appelé l'autre partie du fromage, mais il ne doit représenter que l'emballage. Ou tout simplement, peut-être les trous dans l'Emmenthal.

Plus on a une part d'Emmenthal conséquente, plus on a de trous. Mais plus on a de trous, moins il reste d'Emmenthal à déguster. Nous avons eu la chance, durant quelques mois, de constater que le président maigrissait. Hélas, il semble reprendre du poids. (En kilogrammes, pas sur la scène internationale). Ce qui aura pour conséquence première d'agrandir le trou qu'il représente à lui seul.

Cette semaine, nous avons une citation intelligente à nous mettre sous la dent : c'est si rare. Elle vient de Bruno Lemaire qui a déclaré : « *Le gouvernement prend l'argent de ceux qui travaillent pour le donner à ceux qui ne travaillent pas.* » Ou mal, comme les ministres. L'essentiel restant de prendre le maximum à ne rien foutre.

LUNDI 18 – SILENCE, ELLE PENSE.

Cécile Duflot s'interroge – une grande première dans les annales du gouvernement Ayrault. – Alors que nul ne lui demande son avis, elle se pose la question de savoir s'il est nécessaire ou non de fiscaliser les prestations familiales ? Ce qui, en langage décodé, veut dire : existe-t-il ici une possibilité de créer un nouvel impôt ? Dans l'hypothèse où cette formule serait retenue, ce que tout laisse à supposer, cela reviendrait à dire que, lorsque l'État versera des allocations aux familles, ces dernières devront en rendre une partie. Certes, donner de l'argent puis le reprendre, cela permet de faire travailler quelques fonctionnaires de temps à autre. Il n'en reste pas moins vrai que le procédé est d'une débilité invraisemblable.

Cahuzac avait pourtant déclaré péremptoirement, le 6 janvier dernier, qu'il n'y avait plus d'augmentations d'impôts prévues ou prévisibles durant le quinquennat. Nouveau flagrant délit de mensonge.

D'après une analyse typologique de la Banque de France, une personne surendettée est seule. C'est une réalité. Si elle n'était pas seule elle ne serait pas une personne, mais un couple par exemple. Elle est locataire. C'est juste. Si elle possédait des biens immo-biliers, l'avenir ne serait pas aussi morose. Et elle est pauvre. Quelle perspicacité ! Vous connaissez beaucoup de riches suren-dettés ? La preuve : Bernard Arnault, Liliane Bettencourt ou François Pinault n'ont pas été recensés dans la liste qui a servi à réaliser cette étude. Force est de constater que les mecs qui ont publié ce rapport de haute tenue scientifique ont franchement effectué des recherches approfondies pour en arriver à de telles conclusions.

Encore qu'il soit possible de trouver nettement plus subtil. Par exemple, grâce à la recherche financée par l'État, nous avons appris y a quelques temps, sur l'antenne de France Info, qu'un savant avait découvert que la girafe flotte mais n'est pas gracieuse, que la puce du chien saute plus haut que la puce du chat (ou le contraire) et que l'homme nage aussi vite dans l'eau que dans le sirop ! Sirop de menthe, de fraise, d'orgeat ? La couleur n'a pas été précisée.

MARDI 19 – FINANCES SANS FRONTIERES.

Selon un journaliste de Nice-Matin, durant des mois, Ben Ali a fait transiter mille huit cents lingots d'or par la France, alors qu'il dirigeait la Tunisie le plus démocratiquement qu'il soit. Le procédé était parfaitement légal, puisque déclaré aux douanes. Se pose une seule question qui vaille en la circonstance : est-on face à une bande d'abrutis ou de corrompus ?

À moins que, tout simplement, une partie de cette fortune dérobée au peuple tunisien, n'ait servi à financer une ou des compagnes électorales en France ?

JMA a encore fait fort dans l'impéritie en déclarant : « *L'État est de retour dans les quartiers. Mais pour cause de crise, les crédits seront concentrés sur un millier de quartiers prioritaires, contre deux mille cents aujourd'hui.* » Il semble désormais grand temps de l'empêcher de déconner davantage. Il ne serait pourtant pas impossible qu'il soit déjà trop tard… !

MERCREDI 20 – CUMUL DES RECETTES.

Dans le cadre des petits arrangements entre amis, anciens amis ou nouveaux ennemis, manigancés par les politicards, il a été conseillé à Jean-Pierre Jouyet, président de la Banque Publique d'investissement depuis le 17 octobre 2012, de proposer la nomination de Marie-Ségolène Royal au poste de vice-présidente et de porte-parole de cette nouvelle institution caritative. Une façon comme une autre de la recaser, de façon à ce qu'elle n'emmerde personne lors d'élections futures. Le second fauteuil de vice-président devrait revenir à Jean-Paul Huchon, président PS de la région Ile-de-France.

Encore deux pour qui, crise ou pas crise, les fins de mois ne risquent pas d'être pénibles !

La réforme constitutionnelle promise par Hollande est enterrée, sans fleurs ni couronnes. Un nouveau constat de promesse électorale qui s'évanouit. Un de plus. Il n'y aura pas de réforme du statut pénal du chef de l'État, pas de réforme pour le Conseil Supérieur de la Magistrature, pas de suppression de la Cour de Justice de la République, pas de remise en cause du statut de membre de droit du Conseil Constitutionnel accordé aux anciens chefs de l'État, pas d'inscription de la démocratie sociale dans la Constitution.

Ite missa est.

Deux policiers sont morts, un troisième a été très grièvement blessé, suite à un accident provoqué par deux canailles qui conduisaient en état d'ivresse, sans permis de conduire. Le conducteur, Malamine Traore (vingt ans) et le passager, Mehdi Bensassou (vingt-deux ans), après avoir traversé en zigzaguant entre les voitures, ont foncé à pleine vitesse et volontairement dans le véhicule de police. Ils se trimballaient déjà un casier judiciaire aussi chargé que la vie de Charles Pasqua. Nous espérons tous que Taubira les fera remettre bien vite en liberté, de façon à ce qu'ils puissent continuer de s'amuser gentiment et puissent obtenir une nouvelle chance de relancer le marché de l'automobile.

JEUDI 21 – LE MALADE IMAGINAIRE.

En Afrique du Sud, dans l'enquête concernant l'affaire Oscar Pistorius, la police vient de révéler qu'Hilton Botha, inspecteur en chef chargé du dossier, était lui-même poursuivi en justice pour sept tentatives de meurtre en service, alors qu'il était alcoolisé. Les faits remontent à l'année 2009.

Preuve évidente qu'il est toujours nécessaire de confier les dossiers les plus sensibles, à de véritables professionnels. Quel que soit le pays.

Le gouvernement a décidé de supprimer le jour de carence pour les fonctionnaires avant de pouvoir bénéficier de l'assurance maladie. Pour les salariés du secteur privé, on conserve les trois jours. Il y a cinq millions de fonctionnaires en France et ils votent majoritairement à gauche. De toute évidence, le PS prépare déjà les élections municipales de 2014. Question justice sociale, mieux vaut ne pas s'attarder sur le sujet.

Coût de l'opération, environ soixante-dix millions d'euros. Lorsque l'on aime, on ne compte pas, c'est bien connu. La question essentielle qui se pose en la circonstance est : est-ce que cette somme sera prise en considération dans les comptes de campagnes des socialos ?

VENDREDI 22 – AIE HI AIE HO ON RENTRE DU BOULOT.

Montebourg fait partie de la vingtaine de ministres qui ne servent strictement à rien dans le présent gouvernement. Il a donc tout loisir de soigner sa littérature et sa publicité. Peut-être qu'un jour, la correspondance qu'il échange avec Maurice Taylor, PDG de la société Titan, sera insérée dans un recueil de poésie politicienne ? Ce qui est certain, est que lorsque le sieur Taylor accuse la CGT d'être l'un des principaux destructeurs d'emplois en France, il ne se trompe pas.

Il suffit pour s'en convaincre, de demander aux armateurs la raison pour laquelle ils fuient le port de Marseille. Et ça ne date pas d'aujourd'hui. Durant les années 1970, le paquebot *France* a été désarmé puis vendu, à cause des revendications intolérables imposées par la direction de ce syndicat stalinien. Pourtant, les marins embarqués sur ce fier bâtiment, ambassadeur de la France à l'étranger, gagnaient tous confortablement leur vie. De sus, les fins de mois étaient agrémentées de nombreuses primes en tous genres, générées par les trafics qui étaient organisés à bord. Celui qui encaissait le moins se trouvait être le commandant, car il était pratiquement le seul à ne pas pouvoir magouiller.

À l'attention de ceux qui ont manqué tout ou partie du nouveau spectacle Montebourg, qu'ils se rassurent. Pour le play-boy de service de la clique PS, il ne s'agit de toute évidence que d'une répétition. À n'en point douter, il donnera encore de nombreuses séances devant la presse écrite et les chaines de télévision. Il adore ça. Le problème numéro un avec cet olibrius, est qu'il s'est totalement gouré de casting. Il se retrouve membre d'un gouvernement, alors qu'il était fait pour participer aux émissions télévisées de l'animateur culturel Patrick Sébastien.

Kader Arif, ministre des Anciens Combattants, a annoncé, tout fier de lui, lors d'une représentation théâtrale donnée à l'Assemblée nationale, que les sept otages enlevés dans le nord du Gabon le 19 février avaient été libérés.

Ce n'était qu'un gag ; ils sont toujours détenus au Nigéria.

Cette niaiserie de potache attardé nous rappelle une histoire de Coluche : un gamin arrive dans la cuisine en hurlant : « *Maman, maman, viens vite, papa s'est pendu au grenier !* » Arrivée au grenier, la pauvre femme ne découvre aucun cadavre. Le petit lui dit alors : « *Poisson d'avril, il s'est pendu à la cave !* »

Lorsque l'on est nul à ce point, on se barre en catimini. Puisqu'il n'a eu ni le courage ni l'honnêteté de démissionner, la logique aurait voulu qu'il se fasse débarquer par son chef de bande. Mais non, rien, toujours rien. L'avantage d'être ministre, c'est que cela permet de pouvoir déblatérer n'importe quelle ineptie sans être inquiété. Quant aux familles concernées par ce drame, il ne leur reste que les yeux pour pleurer, après avoir connu quelques instants d'une joie bien éphémère.

Selon Bruxelles, la croissance française n'excédera pas 0,1 % en 2013, et le déficit public atteindra 3,7 % du PIB, puis 3,9 % en 2014. Quant au chômage, in continuera de croître et touchera 10,7 % de la population active en 2013, puis 11 % l'année suivante. Que de perspectives encourageantes ! Le candidat Hollande et le président Hollande seraient donc deux personnages différents ?

« En politique, on remplace des imbéciles et on est remplacé par des incapables. » (Georges Clemenceau.)

Depuis l'année 1974, les statistiques du chômage s'établissent ainsi :

- ✓ 1974-1981. Septennat Giscard d'Estaing : plus 800 000 chômeurs.
- ✓ 1981-1988. Premier septennat Mitterrand : plus 680 000 chômeurs
- ✓ 1988-1995. Second septennat Mitterrand : plus 380 000 chômeurs.
- ✓ 1995-2002. Septennat Chirac : plus 450 000 chômeurs.
- ✓ 2002-2007. Quinquennat Chirac : plus 160 000 chômeurs.
- ✓ 2007-2012. Quinquennat Sarkozy :

  - Plus 531 000 chômeurs selon l'INSEE.
  - Plus 1 116 000 chômeurs selon Pôle Emploi (!!!!)

Si le second chiffre était retenu, cela ferait de Sarkozy, le recordman absolu de la montée du chômage depuis la Libération. Encore qu'avec la première statistique, cela ne soit pas mal non plus, puisqu'il ne s'agit que d'un quinquennat, alors que pour Giscard et Mitterrand, il s'agissait de septennat.

Rendez-vous est pris en 2017 pour compléter la liste.

À défaut d'être une certitude, il est désormais plus que probable que, pour des raisons techniques, la loi sur le non cumul des mandats ne puisse voir le jour avant 2017. Etant donné que l'année 2017 sera – logiquement – celle des futures élections présidentielles et législatives, autant dire que le projet est reporté aux calendes grecques. Encore une arnaque supplémentaire !

SAMEDI 23 – LA VACHE ET LE CONSOMMATEUR PRISONNIER.

En visite au salon de l'Agriculture de Paris, Hollande a déclaré, tout fier de lui, qu'il souhaitait l'étiquetage obligatoire de l'origine des viandes entrant dans la composition des plats cuisinés. Il existe une autre solution pour ne pas bouffer de la merde : c'est d'acheter de bons produits chez des commerçants spécialisés, puis de les cuisiner soi-même à la maison.

Question étiquetage, si l'on parvenait à imposer cette disposition aux ministres, dès leur nomination, ils seraient rudement emmerdés. Car niveau tromperie sur la marchandise, il est bien difficile de trouver pire.

DIMANCHE 24 – LE DESIR N'EST PAS TOUJOURS REALITE.

Le grand jour est arrivé pour David Beckham ; il va enfin pouvoir fouler la pelouse du Parc des Princes. Les supporters du PSG vont faire le maximum pour le prendre en photo, les supportrices pour en tomber amoureuses, mais tout cela restera platonique. Il n'a signé son contrat avec son nouveau club que pour une durée de cinq mois, et la totalité de son salaire sera reversée à une association caritative. Officiellement, c'est beau, c'est généreux. Que demander de plus ?

La vérité est quelque peu différente. Cinq mois, c'est grosso-modo un jour de moins que les cent quatre-vingt-trois fatidiques imposées par le fisc, pour être considéré comme citoyen corvéable en France.

S'il était venu s'installer dans la capitale, avec sa petite famille, pour une période supérieure à cent-quatre-vingt-trois jours, il aurait été considéré comme « résident fiscal français ». De sorte qu'il aurait été concerné par la taxe de 75 %, non seulement sur le salaire que lui aurait versé le PSG, mais également sur l'ensemble de sa fortune et ses revenus mondiaux. Ce qui, d'après les calculs effectués par quelques spécialistes en la matière, aurait représenté une ponction fiscale d'environ 350 % de son salaire parisien. Sans vouloir s'apitoyer sur le cas Beckham, force est de constater qu'à un tel niveau de soustraction, on ne parle plus de taxes, mais de grand banditisme fiscal.

« *Vous voyez ! La taxe de 75 % ne dissuade pas les stars étrangères de venir chez nous* » s'est exclamé le député socialiste Jérôme Guedj. Encore un qui aurait été bien inspiré de s'abstenir. Déblatérer n'importe quelle niaiserie, tout le monde sait le faire. Savoir se taire à bon escient est réservé aux personnes sensées.

La tirade saugrenue de la semaine vient d'Harlem Désir. Un récidiviste. « *Jamais un gouvernement n'a fait autant pour soutenir la croissance et l'emploi dans un contexte aussi difficile.* » Les chiffres communiqués courant de la semaine écoulée sont là pour prouver le contraire mais, indubitablement, il ne se sent pas personnellement concerné par la situation catastrophique dans laquelle notre pays continue inexorablement de s'enfoncer.

LUNDI 25 – TIRELIRE VIRTUELLE.

Air France KLM annonce une perte record pour l'année 2012 : un milliard et cent quatre-vingt-dix millions d'euros contre seulement huit cent neuf millions l'année précédente. Sans aucun doute, le PDG de la compagnie possède bien toutes les caractéristiques nécessaires pour devenir un jour ministre de quelque chose.

Cahuzac affirme qu'il faudra trouver six milliards d'euros de recettes supplémentaires en 2014, afin d'assurer la stabilité fiscale du pays. C'est bien présenté. Mais pour trouver des milliards, il n'existe que deux solutions pour l'État : la hausse des impôts existants ou la création d'impôts nouveaux, puisque les politiques refusent délibérément, contre toute logique, toute évidence, de réduire le train de vie de l'État et le nombre des fonctionnaires. À moins que le ministre Cahuzac ne possède quelques relations bien placées en Suisse pour apporter un soutien financier à son pays d'origine ? Une fois de plus, il se parjure, puisqu'il avait affirmé en début d'année qu'il n'y aurait plus de hausses des ponctions douloureuses durant le quinquennat. Certes, il n'est pas le seul dans ce cas, mais est-ce bien raisonnable ?

Il existe pourtant nombre de solutions simples, efficaces et faciles à mettre en place pour trouver du pognon. Beaucoup de pognon. Pour cela, il ne suffit que de le vouloir :

- Supprimer les fastes pharaoniques du palais présidentiel. En Allemagne, la Chancelière travaille avec trois cents collaborateurs. En France, le Président dispose d'environ neuf cents parasites. Le parc auto se compose de cent vingt véhicules. En Allemagne, trente-sept pour la chancellerie. Pour leurs déplacements, les membres du gouvernement allemand se déplacent en train ou à bord de lignes régulières. Les politicards ministériels disposent d'un Airbus A330-200, deux Falcon 7X, 2 Falcon 900, 2 Falcon 50 et trois hélicoptères Super Puma.

- Supprimer le poste de Premier Ministre qui, dans le régime présidentiel à la française, ne sert strictement à rien.

- Ramener le nombre des ministres à seize, comme en Allemagne. Donc virer les vingt et une sangsues qui vivent aux crochets de la République, sans aucune justification.

- Supprimer le Sénat, institution totalement inutile et désuète.

- Ramener le nombre des députés à trois cents, ce qui serait largement suffisant, d'autant que les décisions importantes sont toutes prises à l'Elysée.

- L'air de rien, 343 sénateurs + 577 députés = 920 parlementaires. Si l'on ne conservait que 300 députés, cela donnerait

920 profiteurs − 300 sangsues = 620 pique-assiette à entre-tenir en moins. Cela permettrait d'économiser 620 x 1 000 000 € = 620 millions d'euros chaque année.

- Supprimer les départements, en tant que collectivités terri-toriales décisionnaires.

- Réorganiser les cantons de façon à supprimer les SIVOM et autres communautés de communes.

- Regrouper les communes, pour celles qui ont le désir d'évoluer. Le nombre des communes en France est quasi-ment équivalent au total du reste de l'Europe ! C'est invraisemblable et totalement idiot.

- Supprimer les logements de fonction attribués aux élus et fonctionnaires, sur le compte de l'État. C'est-à-dire des contribuables. Interdire à ces mêmes personnages de jouir de voitures de fonction pour leurs week-ends et leurs vacances. Toujours en Allemagne, un ministre s'est vu contraint de démissionner parce qu'il utilisait un véhicule de l'État le dimanche.

- Mise en place d'une politique visant à réduire considéra-blement le nombre des fonctionnaires. Prioritairement ceux attachés au fonctionnement stalinien de la bureaucratie. Cinq millions de fonctionnaires en France pour soixante six millions d'habitants, contre trois millions en Allemagne pour quatre-vingt-huit millions d'habitants. Une nouvelle fois, cherchez l'erreur. Pourtant nous savons tous que l'Allemagne est un pays super organisé. Souvenons-nous de l'année 1940. Si l'on considère que le coût annuel moyen d'un fonctionnaire se situe aux alentours de cin-quante mille euros (cela semble raisonnable), avec deux millions de fonctionnaires superflus en moins, cela repré-senterait une économie annuelle de cent milliards !!!

- Suppression de l'Institut des Calamités Nationales, connu sous le nom d'ENA. Le coût annuel pour l'État est d'envi-ron cent trente mille euros par an, pour un élève diplômé.

(La période de formation est de deux années). Une école parait-il prestigieuse, mais où l'on n'apprend même pas à compter. Il suffit pour s'en persuader de consulter les comptes de l'État.

- Chou farci sur la pièce montée : revoir sérieusement la politique des subventions accordées à des associations plus ou moins fantaisistes. Le montant de ces dons distribués chaque année par l'État et les collectivités territoriales se situe entre trente et trente-cinq milliards d'euros. Cela peut aller des quatre-vingt-quinze euros accordés par les services du Premier Ministre à l'Association de pétanque livraise, jusqu'aux cent quarante-quatre mille cinq cents euros versés à l'Association sociale nationale des Tsiganes évangélistes. Les vingt-cinq associations les plus gâtées se voient gratifiées de sommes comprises entre quarante-deux et cinq millions d'euros. Nous y découvrons, entre autres organisations indispensables au bon fonctionnement de l'État, l'Association pour le logement des administrations financières, l'Institut du végétal, l'Association pour la gestion de la restauration des administrations financières, l'Association des évêques fondateurs de l'Institut catholique, l'Institut technique du porc, ainsi que les Centres d'entraînement aux méthodes d'éducation active de Franche-Comté. Quant aux dirigeants de SOS Racisme, ils doivent se contenter de la modeste somme de cinq cent soixante-dix-neuf mille euros. (Chiffre pour l'année 2009).

C'est bien connu, chassez le naturel, il revient au galop. Depuis quelques semaines, fait assez rare pour être signalé, Peillon semblait relativement calmé. C'était trop beau pour être vrai. Voici qu'il se relance dans le circuit promotionnel en annonçant son intention de réduire à six semaines la durée des vacances scolaires d'été. Mais pas avant 2015 ! Apparemment sans en avoir préalablement informé ses chefs de clan. Cela ne se fait pas. Attendons la suite qui ne risque pas d'être tristounette !

MARDI 26 – QUAND DUFLOT VA, LE BÂTIMENT NE VA PAS.

Selon un sondage réalisé par Ifop, Marisol Touraine n'a plus la cote auprès des médecins libéraux. Parce qu'elle l'avait jusqu'à présent ? Avant d'être propulsée sur le devant de la scène par Hollande, JMA ou les deux de concert, qui connaissait cette personne au sein de la France profonde ? Elle est la fille d'Alain Touraine, sociologue réputé, et épouse d'ambassadeur. Ça fait sérieux sur une carte de visite. Surtout si elle rajoute ses passages par Sciences Po et Harvard. Selon Eric Woerth, bien connu des milieux philanthropiques pour son total désintéressement au service de son pays, elle est dévorée d'ambition. Ce qui n'est guère original, étant donné que dans l'arrière-boutique politicienne, chacun ne pense qu'à soi, sa carrière, ses privilèges en tous genres. En tant que ministres des Affaires sociales et de la Santé, elle se retrouve en première ligne pour se charger du dossier des retraites. À ce titre, elle devra donc mettre en œuvre la politique de Hollande : le retour partiel à la retraite à 60 ans pour les personnes ayant travaillé 41 ans sans interruption. À bien y regarder de près, cette proposition mérite une étude approfondie et cela risque de prendre du temps, beaucoup de temps, avant d'être déchiffrée… !

Ce qui est certain, est qu'elle risque de servir de fusible dans les mois à venir. Ce n'est pas un cadeau son poste. Tout heureuse d'être devenue ministre, peut-être ne s'est-elle pas aperçue du piège qui lui était tendu ?

Les ventes de logements neufs ont chuté de 17,9 % en France en 2012. Les mises en chantier entre novembre 2012 et janvier 2013 ont plongé de 28 %. Durant cette même période, la délivrance de permis de construire a baissé de 19,1 %. Les bienfaits de la méthode Duflot se font déjà sentir.

Elle le tient enfin son ministère, son joujou, son fétiche, son gadget financièrement avantageux la petite Verte. Ce qu'elle doit être heureuse. Hip hip hip hourra, et tout le monde chante en cœur :

Il pleut dans ma maison.
Mais quand il fait du soleil, c'est si bon.

Hélas, avec la bande à Ayrault, les jours ensoleillés se font rares.

Compte tenu des résultats obtenus lors des dernières élections, la présence de ministres écolos ne s'imposait absolument pas. Le groupuscule vert ne représente rien ou si peu. Mais bon, pour Hollande c'est une solution peu coûteuse pour les surveiller de près. La voici donc devenue ministre de l'Egalité des territoires et du Logement. Ça veut dire quoi, « égalité des territoires » ? Que l'on va raser les Alpes et les Pyrénées afin de mettre ces régions au même niveau que la Beauce et la Brie ? Que l'on va planter des oliviers sur les sommets du Massif Central et creuser des cratères en Provence ? Délocaliser la pêche à la sardine en Lorraine et construire une raffinerie sur la Croisette ? Fabriquer du nougat à Caen et des tripes à Montélimar ? Une explication serait bienvenue, tant nous aimerions comprendre. Quant à l'égalité du logement, doit-on en déduire que nous allons tous pouvoir faire un gros dodo à l'Elysée, à Matignon, à l'Assemblé Nationale, voire au ministère de l'Ecologie ? Chouette alors !

Nouvelle mauvaise information : on dénombre plus de quarante-trois mille neuf cents nouveaux chômeurs en janvier, ce qui porte le total à trois millions cent soixante-dix mille. La vérité est quelque peu différente des chiffres officiels, puisque le nombre de personnes touchées par le chômage en France, se situe entre 12 et 13 % de la population active. De toute façon, même avec des chiffres trafiqués, c'est le plus haut niveau atteint depuis juillet 1997. Mais pas de panique, la tendance s'inversera fin 2013. Parole de Hollande ! Mais dans quel sens ? Il n'a pas précisé.

Question paradis rose, le gouvernement Ayrault impose ses épines mais éclipse les pétales.

Pour clore la journée, la Bourse de Paris a reculé de 2,67 %, plombée par l'issu du scrutin en Italie. Les membres de la commedia dell'arte politicienne de la péninsule, composent certes un ensemble guère reluisant, mais de là à ressortir Berlusconi de sa retraite mafieuse, il existe un fossé qui semblait infranchissable. Et pourtant ! C'est bien connu, les électeurs n'ont que les hommes politiques qu'ils méritent. Nous sommes, en France, super bien placés pour le savoir.

Afin de nous permettre de nous endormir dans le calme et la sérénité, s'il vous plait Monsieur le Président, essayez de nous trouver un chiffre quelque peu présentable, qui puisse nous servir de berceuse. En fouillant bien, il doit être encore possible de dégoter ça quelque part, avant que les recherches ne s'avèrent définitivement infructueuses. Avant que le pays ne croule totalement sous les ruines.

MERCREDI 27 – ILS S'ENVOIENT EN L'AIR.

Après avoir été reçue lundi par Hollande, Martine Aubry a déjeuné avec JMA. Voilà une information de la plus haute importance, qui intéresse la France entière. Il y aurait donc de l'orage dans l'air, des perspectives de déménagements envisagées dans certains ministères ? Ce n'est pas en inoculant la peste que l'on guérit le choléra. Surtout avec des remèdes dont la date de péremption est largement dépassée.

Il fallait s'y attendre ; les concurrents commencent à se mettre en place sur la ligne de départ, en vue des présidentielles de 2017. Ce qui fait le bonheur des journaleux en mal d'inspiration. La France est dans la merde mais, pour certains individus infatués et sans scrupules, la priorité reste de monter sur le trône. Pour y faire quoi ? Ce sera la surprise du chef. Dans ce manège infernal, le premier à enfourcher son cheval de bois se nomme Fillon. Crise ou pas crise, c'est le même bordel qui perdure, avec les mêmes gougnafiers.

Dans le cadre de l'affaire Tapie/Lagarde, la brigade financière de Paris a mené une perquisition au domicile et au cabinet de Claude Guéant, suite à l'instruction ouverte pour faux et détournement de fonds publics. Coupable ou innocent, il serait fort surprenant que les limiers puissent se mettre quelque chose sous la dent. Guéant n'est pas reconnu comme étant l'un des cerveaux du siècle, mais il ne doit pas être suffisamment stupide, au point de laisser traîner des documents compromettants dans ses archives personnelles. Ou alors c'est qu'il est vraiment grave, le mec !

Le maire d'une ville des Vosges a reçu une contravention adressée par le tribunal de police de Montpellier. Il lui est reproché de ne pas avoir mis le document délivré par l'horodateur sur le pare-brise de son véhicule, alors qu'il était garé dans cette ville. Il s'agit d'un tracteur appartenant à une communauté de communes, dont il est président. Bien entendu cet engin agricole n'a jamais quitté son village d'adoption.

Du côté des administrations, la situation n'évolue guère de façon favorable.

Il existe en France, pratiquement deux millions de fonctionnaires superflus. Nous comprenons que, de temps à autre, il soit indispensable de les occuper à quelque chose, de façon à leur éviter de trop longues périodes de spleen. Mais ils devraient essayer de raccourcir la sieste, et consulter sérieusement leurs petits dossiers, avant de prendre des initiatives aussi grotesques.

Selon le *Canard Enchaîné*, Batho, ministre de l'Ecologie, du Développement durable et de l'Energie, accompagnée de Cazeneuve, ministre délégué aux Affaires européennes, et ex-député-maire de Cherbourg, ont emprunté un Falcon 900 appartenant à l'État français, afin de se rendre dans cette cité normande. Coût de l'heure de vol, environ huit mille neuf cents euros. Ils ont ensuite emprunté un hélicoptère EC 225 de la Marine nationale pour effectuer un petit vol d'agrément de trente minutes au-dessus des eaux du raz Blanchard. À six mille euros l'heure de vol, pourquoi s'en priver. Après cela, les deux ministres ont prononcé un méchant discours totalement inutile, sous une tente dressée spécialement pour leur représentation théâtrale, avant de déjeuner à la mairie de Cherbourg, puis de repartir sous escorte préfectorale en direction du jet privé de la République.

Conclusion de sire *Canard* : « *Est-ce que cette débauche d'énergie est renouvelable ?* »

« *Faites ce que je vous dis, mais ne faites surtout pas ce que je fais !* » dit le proverbe. Pour l'exemple, on repassera.

JEUDI 28 – NE MELENCHON PAS TOUT.

Quand je rencontre le président de la République, il me dit : *« Oui, c'est très intéressant, je le note, tu as raison, on va en parler. »* Mais il ne fait rien. Il faut tordre le bras de François Hollande en espérant que ça lui fera mal. Ces propos ont été tenus par Mélenchon, invité ce jour de questions d'info, sur LCP. Heureusement il nous reste le camarade Jean-Luc, car depuis la disparition de Georges Marchais et la retraite officielle de Jean-Marie Le Pen, question de se fendre la gueule, les instants se font désormais rares. Il ne reste pratiquement que des clowns tristes.

Au 28 février, la Corse mène par 4 assassinats contre seulement 3 pour Marseille. Les Corses se relancent !

MARS

VENDREDI 1er – ROULEZ, ROULEZ, PETITS BOLIDES !

Pour le mois de février, les ventes de voitures françaises ont continué de chuter. Environ moins 12% par rapport au même mois de l'année précédente. Face à cette situation déplorable, il semble intéressant de consulter un document interne du constructeur Peugeot, datant d'avant la Seconde Guerre mondiale :

À Sochaux, nous pouvons dire que nous avons de la chance ! Nos usines ont suffisamment de commandes pour donner du travail régulier à tout notre personnel. Mais il faut être sûr que cela puisse durer. Et quand on étudie l'ensemble du marché français, on y voit des choses assez humiliantes.

La France produit de moins en moins d'automobiles. En dix ans (de 1928 à 1938), la fabrication d'automobiles française est tombée de deux cent cinquante mille à deux cent mille par an.

La France exporte de moins en moins d'automobiles.

De 1931 à 1938, nos exportations d'automobiles ont subi une diminution de 20 % ; nos concurrents étrangers nous ont pris beaucoup de clients.

Les marques étrangères exportent de plus en plus. Dans la seule année 1937 :

- *L'Allemagne a exporté soixante-neuf mille cinq cents autos.*
- *La France n'a exporté que vingt-cinq mille autos.*

Dans la production automobile, la France a reculé. Elle est tombée en dix ans, du deuxième au cinquième rang mondial.

Quatre grands pays produisent donc actuellement plus que nous, alors qu'au début des années 1900, la France tenait dans le monde, le premier rang pour l'automobile.

[Avant la Première Guerre mondiale, la France était la première puissance économique mondiale. NDLA.]

<u>POURQUOI PRODUISONS-NOUS DE MOINS EN MOINS ?</u>

PARCE QUE nous vendons trop cher.

Les pouvoirs publics, en France, n'ont pas su avoir une « politique de l'automobile », comme en ont tous les pays qui augmentent chaque année leur avance sur nous.

PARCE QUE nous fabriquons trop cher.

Malgré les perfectionnements apportés à l'outillage et aux méthodes de fabrication, le nombre de voitures construites pour chaque série est insuffisant pour permettre l'utilisation du matériel à son plus haut rendement.

PARCE QUE l'automobile est
« l'enfant chérie du fisc » ; qu'il ne suffit pas d'acheter une auto, qu'il lui faut aussi de l'essence, et que le fisc fait l'essence chère.

<u>QUELLES SONT LES REPERCUSSIONS ?</u>

MOINS de travail pour les ouvriers.

Si l'automobile en France avait suivi le progrès des autres pays, nous pourrions occuper 50 à 70 % du personnel en plus.

MOINS de ressources pour l'État.

Quand l'État accable les producteurs d'impôts directs ou indirects, quand il frappe l'essence de droits exorbitants, beaucoup de gens se disent : « Ce sera trop cher pour nous » et, par conséquent, moins on fabrique d'autos, moins l'État perçoit d'impôts.

TOUT LE MONDE Y PERD.

Les ouvriers qui n'ont plus de travail ; l'État qui n'encaisse plus autant, et qui, cependant, débourse davantage puisqu'il lui faut assumer les chômeurs.

[Henri Ford I°, créateur de la célèbre Ford T, première voiture au monde à avoir été construite à la chaîne, disait : « *Mon intérêt est de bien payer mes ouvriers pour qu'ils puissent acheter mes voitures.* » NDLA.]

CONCLUSIONS DE PEUGEOT :

1 – Que l'État ne paralyse pas la production automobile par des impôts excessifs.

2 – Que la qualité Sochaux continue à être « celle qu'on ne discute pas », afin que notre production puisse trouver, dans le monde entier, des acheteurs sympathiques et satisfaits.

Pendant ce temps, et alors que tous les indicateurs s'enfoncent de plus en plus inexorablement dans le rouge, le gouvernement a décidé de dilapider la modeste somme de six millions cinq cent mille euros dans une campagne publicitaire vantant sa gloire et ses mérites. Le mois commence bien !

SAMEDI 2 – À L'ASSAUT.

Au rayon des débilités administratives et gouvernementales, il est confirmé que les éthylotests resteront obligatoires dans les voitures, mais par décret du 28 février, leur absence ne sera pas sanctionnée. Les ressources de la bétise humaine sont incommensurables, certes, mais à un tel niveau, ça surprend toujours.

Il ne s'agit pas de se focaliser sur le sud de la France. Il n'y a pas qu'en Corse et en région PACA que l'on recense des crimes crapuleux. Ainsi, à Corbeil-Essonnes, deux règlements de compte ont été perpétrés en moins de trois semaines. Dans une interview accordée au Parisien, un rescapé, Rachid Toumi, affirme que *« ce n'est rien d'autre que la conséquence d'un système totalement illégal d'achat de votes, mis en place lors des dernières munici-pales de 2010, par le sénateur UMP Serge Dassault, et l'actuel maire de la commune, Jean-Pierre Bechter.*

Selon ce miraculé, Corbeil est un devenu un système mafieux, pourri par l'argent de Dassault.

Pour la petite histoire de la délinquance locale, le 8 juin 2009, le Conseil d'État invalida le scrutin municipal de Corbeil-Essonnes, pour irrégularité des comptes de campagne de Serge Dassault. Le 4 octobre suivant, Jean-Pierre Bechter remporta la nouvelle élection et s'empressa de déclarer, en parlant de Dassault – qui était devenu inéligible – : *« Il fera tout et je ferai le reste. »* Quelque mois plus tard, cette élection fut une nouvelle fois annulée pour irrégularité. Surprenant !

Valls affirme qu'il y a eu des erreurs et même des fautes dans le suivi de Mohamed Merah, auteur de sept meurtres en mars 2012. C'est un procédé classique pour tenter de faire oublier qu'entre les quarante-sept meurtres perpétrés à Marseille et en Corse l'an passé, et les cinq de cette année, les assassins bénéficient toujours, en toute liberté, du climat méditerranéen. Le but de la manœuvre étant, de toute évidence, de masquer ses propres carences, son impéritie. Il serait souhaitable qu'il parvienne à comprendre que son job n'est pas de critiquer ses prédécesseurs, mais de faire le boulot pour lequel il a été mandaté. Certes, c'est plus compliqué.

DIMANCHE 3 – PETROLE PETROLE.

Ce qui est juste est ce que dit la loi. La loi ne se réfère pas à un ordre naturel, mais à un rapport de force à un moment donné, c'est la conception marxiste de la loi. Point final.

Question tirade saugrenue, cette semaine nous sommes véritable-ment gâtés. Le sénateur PS Jean-Pierre Michel a fait fort, très fort.

Si un concours est organisé en fin d'année, cet adepte du stalinisme ne devrait pas se retrouver loin du podium.

Hollande avait promis que, grâce à lui, son action et celle de ses mulets, la courbe du chômage s'inverserait avant la fin de l'année 2013. Michel Sapin a tenu à préciser qu'il ne s'agissait pas d'une promesse, mais d'une volonté et d'un objectif « *que nous atteindrons* ». Il n'y a pas que les voies du Seigneur qui soient impénétrables ; il est toutefois interdit de se marrer.

Accord sur l'emploi : c'est un accord complet et équilibré. (Laurence Parisot). C'est un texte de régression sur le droit des salariés. (Bernard Thibault). Ces réactions sont d'une logique évidente. Depuis Clemenceau, les dirigeants socialistes ont toujours trahi leurs électeurs. Pourquoi modifier ce qui n'a jamais fonctionné correctement ?

En janvier 2013, la police a constaté mille cent un cambriolages de résidences principales à Paris, contre six cent quatre-vingt-seize pour le même mois de l'année 2012. Soit une hausse de 58 %. Les avantages de la méthode Valls se font de plus en plus ressentir sur le terrain. Mais uniquement en faveur des malfrats. Il reste quelques places disponibles à prendre, dans des quartiers jusqu'ici préservés.

Un malfaiteur qui a heurté volontairement et blessé un policier avec un véhicule, alors qu'il avait été surpris en tentant de dérober des objets à l'intérieur d'une voiture garée dans l'enceinte du parc Borely à Marseille, a été mis en examen et écroué, pour tentative de meurtre sur un fonctionnaire de police en état de récidive. Comme à son habitude, Manuel Carlos Valls a réagi immédiatement : il a demandé à Taubira de prendre des mesures visant à aggraver les peines contre ceux qui s'en prennent aux forces de l'ordre. Quelle preuve de courage et d'efficacité ! Il n'a pas fini de nous surprendre ce ministre !

La députée PS Sylvie Andrieux, parait aujourd'hui devant le tribunal correctionnel de Marseille. Il lui est reproché d'avoir détourné des fonds publics au détriment de la Région, à destination d'associations fictives. Ce délit est passible de dix ans de prison et cent cinquante mille euros d'amende au maximum. Le montant des délits se montant à environ sept cent quarante mille euros, si elle est condamnée à payer cette somme, il lui restera presque six cent mille euros de bénéfice. À partager entre associés ? Elle a de la chance de se retrouver devant un tribunal, dans une région où les affaires se règlent de préférence à la Kalachnikov.

Le rêve de Batho est de faire instaurer de nouvelles taxes sur le gas-oil. Il est vrai que Delphine pas claire n'est pas personnellement concernée, puisque pour elle, actuellement tout est gratos. Après avoir incité les automobilistes à rouler diesel durant des décennies, les politiques vont, une fois de plus, faire payer aux cochons de contribuables la somme de leur incurie, de leur irresponsabilité.

Si l'on prend la peine de s'intéresser quelque peu aux prix des produits pétroliers, on remarque qu'il s'en trouve trois essentiels. Le premier est celui du baril à la production. (Un baril = quarante-deux gallons américains, soit 158,9873 litres. À l'extraction, le pétrole ne vaut pratiquement rien. Ou si peu. Juste une petite, toute petite poignée de dollars. Et pour quelques dollars de plus, il est possible d'aller extraire l'or noir en offshore profond. Mais, quelles que soient les circonstances, le prix de revient du baril ne dépasse généralement pas les quinze ou seize dollars.

Prenons par exemple, le programme offshore Dalia du groupe Total, qui a débuté sa production en 2006, au large de l'Angola. À l'origine, le financement de ce projet était programmé à hauteur de deux milliards et demi de dollars. À l'arrivée, le prix de revient de l'ensemble se situe aux alentours de quatre milliards. Un milliard et demi (en dollars il est vrai) de différence entre les prévisions et le prix réel, ce n'est guère préoccupant pour une compagnie pétrolière. Et pour cause : après vingt années d'exploitation, ces quatre milliards de dollars ne représenteront tout juste que 5 % de ce que cette plateforme offshore aura rapporté. Pas de quoi en faire un drame cornélien. Ce qui n'a rien d'étonnant, car la production de ce seul gisement se situe aux alentours de deux cent quarante mille barils chaque jour.

Le second tarif concerne la mise en vente du baril de brut sur le marché mondial, par les spéculateurs et autres crapules internationales patentées. L'appellation officielle de Marché fait plus sérieuse. Par les temps qui courent, la fourchette se situe le plus souvent entre cent et cent dix, mais peut atteindre les cent vingt dollars. Ce prix concerne le brent, qui est un pétrole de très haute qualité. Il est quasiment possible de faire fonctionner des moteurs diesel lents avec ce produit, sans même le raffiner !

Attention : la – paraît-il – raréfaction de l'or noir n'entre absolument pas en ligne de compte dans ces calculs. Elle ne représente qu'un prétexte fallacieux, pour mieux arnaquer les consommateurs en bout de chaîne. En fonction des connaissances actuelles, et à raison d'une consommation constante, les réserves connues à ce jour, sont en mesure de couvrir, dans le pire des cas, deux siècles de besoins. Mais il n'est pas incongru de parler du double. Ce qui est rare est cher, c'est bien connu. La combine commence donc par utiliser la peur du citoyen lambda comme argument justificatif, afin de faire avaler la pilule aux gentils automobilistes. Ensuite, ils pourront passer à la pompe multi-usages. À essence pour faire le plein des réservoirs, et à fric pour faire le vide de leurs comptes bancaires. Cela arrange tous les participants à la combinazione, jusqu'au niveau de l'État. Plus, bien entendu, les Verts, dont le discours propagandiste prédisant la fin prochaine du pétrole constitue le principal fonds de commerce.

À raison de cent vingt dollars le baril, cela revient à constater que le prix de base peut être multiplié par huit ou dix, voire davantage, dans le meilleur des cas pour les spéculateurs. Force est de constater que c'est du super bon boulot. Surtout pour ne rien foutre ou si peu… !

Si l'on prend en exemple un tanker de trois cent mille tonnes, et que l'on considère que, grosso-modo, une tonne de pétrole = sept barils, cette cargaison représente environ deux millions de barils. Durant le transport entre le gisement et la destination – provisoirement – finale, cette cargaison va être vendue et revendue à diverses reprises. Il arrive même qu'un spéculateur rachète les produits qu'il avait vendus la veille, de façon à les revendre encore plus chers à un nouvel acheteur, qui lui-même possède un client prêt à surenchérir. Dans ce micmac, il est courant de voir un tanker détourné de sa route initiale, de façon à décharger sa cargaison dans un port non programmé à l'origine.

C'est ainsi que chaque jour dans le monde, se négocie entre cinq et dix fois plus de pétrole que de volumes réels extraits des gisements.

Il existe également d'autres combines pour justifier les prix scandaleux imposés aux consommateurs. Par exemple réduire volontairement les capacités de production juste avant la période estivale, lorsque la demande devient plus importante qu'à l'accoutumée.

Il est également classique de laisser les pétroliers quelques jours en rade avant de décharger leurs cargaisons, lorsqu'une hausse substantielle du brut s'organise.

Pour ce qui concerne le prix du transport qui, paraît-il, revient excessivement cher, revenons vers ce tanker qui transporte deux millions de barils de brut à cent dollars l'unité. Sur un seul voyage, cela représente donc une cargaison estimée à 200 millions de dollars. À elle seule, cette somme correspond au coût de construction du navire ! C'est rentable, non ?

Dans l'Histoire de l'humanité, le marché du pétrole représente la plus grande arnaque jamais mise au point par des truands de tous bords.

Pour terminer le travail, après celui de la pègre professionnelle, intervient l'État. Ce qui nous amène au troisième prix : celui du carburant à la pompe payé par le citoyen automobiliste racketté.

Pour avoir un léger aperçu de la façon dont nos politiques escroquent l'aimable clientèle, voici un tableau sommaire des prix de l'essence et du diesel pratiqués en divers pays de la planète. (Prix moyens, bien entendus convertis en euros.)

SUPER 95 :

Bahamas..........0,25
Chine..............0,45
Cuba..............0,62
Equateur..........0,24
Ethiopie..........0,24
Ghana............0,09
Groenland.......0,50
Iraq.......... 0,60
Kuweit...........0,18
Malaisie...........0,55
Moldavie..........0,25
Qatar........ 0,15
Russie............0,64
Swaziland.........0,10
Thaïlande..........0,65

GAZ-OIL :

Afrique du Sud......0,66
Arabie Saoudite..........0,07
Bahamas.....................0,25
Brésil...........................0,54
Égypte......................0,14
Inde............................0,62
Indonésie....................0,32
Kazakhstan..................0,44
Libye..........................0,08
Pérou..........................0,22
Qatar..........................0,15
Tunisie.....................0,49
Ukraine...................0,51
USA..........................0,61
Venezuela...................0,07

On vend à perte dans ces pays ?

Où il est démontré que les constructeurs européens, particulièrement les Français, fabriquent des véhicules automobiles qui roulent davantage à la TVA et la TIPP, plutôt qu'avec des carburants pollueurs. Ce n'est une bonne nouvelle pour personne, sauf pour le fisc et les Verts.

Et ce n'est pas terminé. Le pétrole, c'est de l'essence et du gas-oil, mais également du kérosène, du GPL, du butane. Puis, encore les bitumes et enrobés, les matières plastiques, les huiles, graisses et lubrifiants. Les cires et paraffines, les résines, les matériaux composites, le nylon, les fibres synthétiques, les engrais, les détergents et cosmétiques. Certains médicaments sont également élaborés à partir du pétrole. Dans le pétrole tout est bon, c'est comme le cochon. La vaseline est également issue du pétrole, ce qui permet aux organisations malfaisantes qui dirigent et contrôlent la planète, d'entuber les populations en douceur et profondeur.

Conclusion évidente, le pétrole possède un point commun avec la graisse de cochon utilisée pour fabriquer les suppositoires : dans les deux cas nous l'avons dans le cul.

LUNDI 4 – BOIRE UN PETIT COUP C'EST AGREABLE.

Montebourg affirme que les ventes de voitures électriques ont augmenté de 116 % en six mois, grâce au plan automobile lancé par le gouvernement, en juillet 2012. Ce qui est totalement faux. Le comité de constructeurs français d'automobiles fait officiellement état d'une progression de 25,88 %. Il s'en fout complètement, Montebourg. Pour lui, l'essentiel est que l'on parle de son petit personnage de second rôle pour série B hollywoodienne. On ne sait jamais, avec un peu de chance, un cinéaste peut passer dans le secteur, lorsqu'il déblatère ses fadaises.

Histoire de rire en bon coup – c'est si rare ! – le gouvernement a eu, il y quelque temps, l'excellente idée de prendre l'initiative d'annoncer une baisse des péages (illégaux) sur les autoroutes, pour les voitures électriques.

Il existe malgré tout deux petits problèmes : en l'état actuel de la technique, ces véhicules ne disposent que d'une autonomie comprise entre cent et cent cinquante kilomètres, et il n'existe encore aucun moyen de recharger les batteries sur les autoroutes.

Malgré cela, supposons que les bornes électriques soient en place, et qu'un automobiliste décide de faire le trajet Paris-Marseille avec son véhicule du futur. Il lui faudra s'arrêter au moins six fois à raison de 6 heures pour chaque chargement. Donc six fois six heures, soit trente-six heures, auxquelles il convient d'ajouter sept ou huit heures de route. Total, quarante-quatre heures. Même en tenant compte des retards fréquents, la SNCF avec son TGV reste largement favorite pour gagner l'étape. Surtout si l'on tient compte d'un minimum de deux nuits à l'hôtel.

JMA estime que l'initiative suisse limitant les rémunérations abusives des patrons des sociétés cotées, constitue une excellente expérience démocratique. *« Personnellement, je pense qu'il faut s'en inspirer »* a-t-il ajouté. Pour économiser, s'il commençait par limiter le nombre de cuisiniers qui sont à sa disposition à l'hôtel Matignon ? Deux brigades de dix personnes, ce n'est pas un peu trop ?

S'il se trouvait à la place d'Angela Merkel, le soir après le turbin, il rentrerait à son domicile pour lequel il paierait son loyer ou les échéances de son crédit, il règlerait ses factures d'eau de gaz et d'électricité, puis ferait la tambouille.

C'est ce qui fait la différence entre une démocratie et un régime ploutocratique.

Selon l'institut de biostatique et d'épidémiologie de l'institut Gustave Roussy de Villejuif, les Français boivent trop. La consommation d'alcool serait responsable de quarante-neuf mille décès chaque année en France, dont 40 % surviennent avant l'âge de soixante-cinq ans. Enfin une bonne nouvelle pour les caisses de retraite !

À titre d'information, voici un tableau de remèdes émis par un propriétaire-récoltant situé sur la commune de Santenay, dans le département de la Côte-d'Or. Ce document donne les informations nécessaires pour qui désire se soigner de façon naturelle. Traitement journalier :

MALADIE	VIN RECOMMANDE & DOSE
Allergies	1 verre de MEDOC
Anémie	4 verres de GRAVES
Artériosclérose	4 verres de MUSCADET
Bronchite	3 tasses de BOURGOGNE sucré
Constipation	4 verres d'ANJOU BLANC ou VOUVRAY
Affection des coronaires et tuberculose	4 flutes de CHAMPAGNE
Diarrhée	4 verres de BEAUJOLAIS NOUVEAU
Fièvre	1 bouteille de CHAMPAGNE BRUT
Cœur	2 verres de SANTENAY ROUGE
Goutte	4 verres de SANCERRE ou POUILLY FUME
Hypertension	4 verres d'ALSACE ou SANCERRE
Trouble de la ménopause	4 verres de SAINT-EMILION
Dépression nerveuse	4 verres de MEDOC
Obésité	4 verres de BOURGOGNE
Obésité importante	1 bouteille de ROSE DE PROVENCE
Rhumatismes	4 flutes de CHAMPAGNE
Amaigrissement anormal	4 verres de CÔTE DE BEAUNE
Paresse du foie	4 flutes de CHAMPAGNE BRUT
Troubles rénaux	4 verres de GROS PLANT

N'oublions jamais qu'au chapitre XI de la règle de saint Benoît, il est écrit : « *Mieux vaut prendre un peu de vin par nécessité, que beaucoup d'eau avec avidité.* »

Et que les neurasthéniques sachent bien que, si l'alcool ne permet pas de résoudre tous les problèmes, il est prouvé que l'eau ou le lait n'apportent pas davantage de solutions réconfortantes.

Le dicton du jour : « *Plutôt que m'offrir des fleurs lorsque je serai mort, offrez-moi de bonnes bouteilles pendant que je suis encore en vie.* »

Plus belle la vie : Jean-Noël Guérini, président socialiste des Bouches-du-Rhône, a été mis en examen à Marseille, pour détournement de fonds publics, dans une affaire de licenciement abusif. C'est fort contrariant : ce sont toujours les mêmes qui bénéficient de publicités gratuites dans les journaux et magazines.

MARDI 5 – LE TEMPS QUE CA RESTE EN FAMILLE.

Ikea annonce le retrait de ses « croquants au chocolat » des rayons de ses cafétérias, dans vingt-trois pays. Les douanes chinoises (c'est pour dire) y ont découvert des bactéries coliformes d'origine fécale. À force d'acheter et bouffer de la merde, ça devait bien arriver un jour. Espérons que la nouvelle génération va enfin se remettre aux fourneaux avant qu'il ne soit trop tard !

Anniversaire du jour : le 5 mars 1953, il y a juste soixante ans, mourait le « petit père des peuples » plus connu sous le nom de Staline, victime d'une congestion cérébrale. C'est la version officielle et il n'en existe pas d'autre. La veille, il avait invité ses sous-fifres Malenkov, Beria, Khrouchtchev et Boulganine à partager un dîner plus que bien arrosé. Toutes les hypothèses restent toutefois envisageables. Ce qui est certain, c'est que son trépas ne fut pas une grosse perte pour l'humanité.

Après avoir passé cinq années au séminaire de Tiflis, d'où il se fit virer pour absentéisme répété, Staline épousa Nadia Allilouyev en 1920. Elle avait alors dix-huit printemps et lui quarante et un ou quarante-deux ans, puisque deux dates s'accrochent à sa naissance : 18 décembre 1878 et 21 décembre 1879. De cette union naîtra deux enfants. Lassée d'être sans cesse trompée, Nadia quitta son bourreau des cœurs et son bourreau tout court, en 1926. Lorsque l'on ne veut pas être cocufiée aux yeux de tous, on n'épouse pas un chef d'État. Mais avait-elle vraiment le choix ? Il n'en reste pas moins vrai que le plus difficile à accepter pour un homme ou une femme n'est pas de porter des cornes, mais que les autres le sachent.

Quelques années plus tard, en 1932, Nadia apprit de la bouche même de sa mère, que l'année précédant sa naissance, elle avait été la maîtresse de Staline. Il est vrai qu'un soir où il était rentré au palais défoncé comme un terrain de manœuvres, le dictateur lui avait carrément craché au visage qu'elle était sa propre fille. Mais elle ne l'avait alors point cru.

Nadia n'eut pas la force de survivre à la confirmation de cette révélation. Elle se suicida en se tirant une balle de pistolet en plein cœur.

En guise de consolation, Staline jeta son dévolu sur Genia, sœur de Nadia. Par le plus grand des hasards, le mari de Genia décéda subitement d'un arrêt cardiaque sur son lieu de travail. En France, il aurait été nommé haut-fonctionnaire à un poste complètement inutile ou aurait bénéficié d'une rente à vie, mais hélas, on ne choisit pas son pays de naissance ni les procédures administratives qui vont avec. Comme elle refusait les avances du tyran, elle fut déportée en Sibérie. Plus tard, après la mort de son harceleur, également amant de sa mère, mari de sa sœur et probablement son propre père, elle fut libérée, mais immédiatement déclarée folle, histoire qu'elle ne puisse embrouiller l'Histoire officielle de l'URSS en racontant son histoire. Quelle histoire ! Enfin, c'était histoire de dire, car il ne semble pas indispensable d'en faire toute une histoire.

MERCREDI 6 – LE RETOUR DU JEDI.

Après bientôt dix mois de léthargie, selon l'hebdomadaire *Valeurs Actuelles*, Sarkozy se réveille : « *Que ce soit clair, je n'ai pas envie d'avoir affaire au monde politique, qui me procure un ennui mortel. Et puis, regardez comment j'ai été traité ! Vous croyez vraiment que j'ai envie ? Sans compter la manière dont ils ont traité ma femme. La politique, c'est fini.* » Il ajoute toutefois que si un jour le pays se trouvait tenaillé entre la poussée de l'extrémisme de gauche et celui de droite, avec aucune solution de recours à droite ni à gauche, il serait obligé d'y aller, pas par envie, mais par devoir.

Quelle prétention ! Il a déjà bénéficié de cinq années pour sauver la France. Nous connaissons tous le résultat. Il devrait se contenter de prendre en compte cette citation de Balzac : « *Les cimetières sont remplis de gens irremplaçables.* »

Dans l'Histoire du monde, il n'existe pas d'exemple où l'arrivée des extrémistes au pouvoir n'a pas été la conséquence directe de l'impéritie, l'incurie, l'imbécilité des dirigeants politiques en place. Leur incapacité, leur incompétence à résoudre les problèmes de fond. Et là, force est de constater que le danger frappe tristement à notre porte.

À propos de Hollande, Nicolas I° n'a pas manqué de critiquer son successeur. C'est de bonne guerre. Il a cassé tout ce que j'avais réussi à construire avec Angela Merkel. Concernant l'intervention de la France au Mali il précise : Que fait-on là-bas ? Sinon soutenir des putschistes et tenter de contrôler un territoire trois fois grand comme la France avec quatre mille hommes ? La règle, c'est que l'on ne va jamais dans un pays qui n'a pas de gouvernement. [Cette règle ne s'applique pas lorsqu'il y a du pétrole, du gaz, de l'or et de l'uranium. NDLA.]

Enfin, au sujet du mariage pour tous, et l'idée de la procréation médicalement assistée, il a déclaré : « *Avec leur mariage pour tous, la gestation pour autrui, bientôt, ils vont se mettre à quatre pour avoir un enfant.* »

Cela se nomme une partouze. Pour tout complément d'information, contacter Dodo la Saumure. Il connaît du monde.

Fabriquer un enfant tel un ustensile de cuisine ou un produit industriel, la nature ne l'acceptera jamais sans réagir, sans se venger. Pour ce dernier point, il peut être rassuré. Pour le reste, contentons-nous de constater qu'il raconte nettement moins de niaiseries que lorsqu'il était président.

Copie, sans commentaires inutiles, d'une lettre ouverte adressée à Aurélie Filippetti par Joseph Douchet, Chef de bataillon de réserve admis à l'honorariat le 1er avril 1979, et titulaire de moult décorations françaises :

Madame.

C'est avec stupeur et grand étonnement que je viens de visionner une vidéo qui circule sur Internet, mais qui est fort instructive pour un auditeur attentif.

À vous voir vociférer et gesticuler en ponctuant du doigt vos paroles, j'avais la sensation, marquée à vie par l'esprit de terreur qui s'en dégageait, de la vision d'une allégorie du « Führer » du troisième Reich allemand.

Beaucoup de bruit pour clamer des inepties sur l'émigration qui, selon vous, a fait à elle seule, la richesse de la France d'aujourd'hui. Comme si la France n'avait jamais existé dans toute la splendeur de sa langue, et de la bravoure de ses citoyens au cours des siècles. Vous avez oublié : la bataille de Poitiers en 732 remportée par Charles Martel, la fondation de l'Académie française en 1635 par le cardinal de Richelieu, la Révolution française de 1789, le général de Gaulle, etc...

Votre attitude Madame, vous qui êtes issue d'émigrés italiens du temps de Mussolini, est révoltante et revêt un caractère de traîtrise vis-à-vis de la France qui vous a amenée où vous êtes. Vous méritez d'être déchue de la nationalité que vous haïssez.

Et de plus, vous insultez les Français en les traitant de Moisis et de Rancis ! Et cela sous prétexte qu'ils ne sont pas tous d'accord avec vous. Il vous faut rappeler, Madame, que la liberté d'opinion est un principe de liberté fondamentale apparu à la fin du XVIIème siècle au cours de la Révolution française.

Après ce rappel dont vous avez ignoré le principe, permettez-moi, Madame, de souligner que vos vociférations et gesticulations sont la preuve, pour une socialiste, d'une grave intolérance caractérisée que la France appréciera.

André Malraux a dû se retourner dans sa tombe au Panthéon, en vous entendant vociférer et gesticuler.

Honte à Vous, qui, par votre attitude, contribuez à l'émergence d'une nouvelle cinquième colonne comme celle qui a fait perdre la guerre à la France en 1940.

Vous devriez démissionner en sollicitant publiquement le pardon des Français pour les avoir insultés.

JEUDI 7 – FIN DE MOIS DELICATE.

Selon Pierre Gattaz, candidat à la présidence du Medef, les patrons français gagnent en moyenne cinq mille deux cents euros net par mois. Pour ce prix-là, ainsi que tous les emmerdements administratifs et financiers qui vont avec, mieux vaut se dégoter un bon job salarié ou se barrer hors de France. Surtout si l'on ressent véritablement l'envie d'entreprendre.

Le jour où il ne restera dans notre pays que des politiciens et des fonctionnaires, auprès que quelles catégories sociales sera-t-il possible pour les politicards, de voler du pognon ?

À l'instar de l'ensemble des chiffres donnés ainsi en référence, il convient de prendre celui-ci avec énormément de circonspection. Ces conclusions bâclées ne sont que rarement le reflet de la réalité. Supposons que lors d'un congrès réunissant cinquante personnes, l'on additionne les salaires mensuels de tous les participants et que l'on divise le total obtenu par le nombre de personnes réunies. Il ressort, après ces opérations, que le salaire moyen est de deux mille cinq cents euros mensuel. Arrive alors Carlos Ghosn. C'est peu probable, mais avec les mathématiques tout reste possible. Avec son million de revenu chaque mois, le total général des cinquante et une personnes alors prises en compte, passera immédiatement de cent vingt-cinq mille à un million cent vingt-cinq mille euros. Si l'on divise cette somme par les cinquante et une personnes alors concernées, on découvrira un nouveau revenu mensuel moyen de vingt-deux mille euros.

Cet exposé représente la preuve parfaite qu'avec les statistiques, il est possible de démontrer n'importe quoi.

Le moral économique des Français poursuit son irrémédiable chute. S'il n'y avait que le moral... Ainsi, 75 % des citoyens de l'hexagone n'ont aucune confiance en l'avenir. Quoi de plus surprenant ? Ce qui n'empêche pas JMA de promettre un nouveau Grand Paris pour 2030. Il peut toujours promettre, car en 2030 il y a belle lurette qu'il ne sévira plus. S'il parvient à terminer 2014 à Matignon, ce sera déjà un véritable exploit. Pour lui, pas pour la France.

La direction des douanes communique : le déficit commercial de la France a encore augmenté en janvier. Il a atteint le chiffre de cinq milliards huit cent soixante-deux millions d'euros, contre cinq milliards quatre cent dix-huit millions en décembre 2012, ce qui représentait déjà une sacrée performance. Fort heureusement, nous avons Montebourg qui remet de l'ordre dans la maison. Montebourg, qui par ailleurs affirme : « *Contre le chômage, nous nous battons comme des bêtes.* » C'est bien ce que nous avions compris ; comme des bêtes, c'est-à-dire sans réfléchir. Encore que pour certaines espèces, cela soit loin d'être une évidence.

VENDREDI 8 – LES TOURS INFERNALES.

L'archipel des Malouines – Falkland pour les Anglais – est composé de plusieurs centaines d'îles. Il est situé dans l'Atlantique sud et appartient au royaume de Sa Très Gracieuse Majesté, depuis l'an 1833. À partir de cette appropriation, ces territoires furent revendiqués par l'Argentine, ce qui semble géographiquement logique. Ne serait-ce que pour tenter d'améliorer les liaisons rapides avec la métropole. En principe, un référendum d'autodétermination doit y être organisé les 10 et 11 mars. Quel en sera le bilan ? Quelle sera la réaction de l'Angleterre, si le résultat est favorable à l'indépendance ou au rattachement à l'Argentine ? Une nouvelle guerre pourrait-elle avoir lieu ? Si tel était le cas, ce serait une excellente nouvelle pour l'industrie française d'armement, puisque lors du précédent conflit qui opposa les deux pays, entre les mois d'avril et juin 1982, le destroyer *HMS Sheffield*, fleuron de la Navy, fut envoyé par le fond grâce à l'efficacité d'un missile *Exocet* de fabrication française, tiré d'un avion *Super-Etendard* également de fabrication française. Un second navire de la flotte britannique, *l'Atlantic-Conveyor*, connaîtra le même sort quelques jours plus tard, toujours de par la qualité des armes françaises. Il semble que la découverte de pétrole dans l'archipel, fin des années 1990, ne va pas arranger les relations diplomatiques entre les deux pays.

Vive l'Europe !

Coucou, revoilà les filles !

Vallaud-Belkacem promet des sanctions dans les six mois, aux entreprises qui ne luttent pas efficacement contre les inégalités de salaires hommes/femmes. Quand nous sommes arrivés au pouvoir, la moitié des entreprises n'avait même pas encore fait l'effort de rédiger un diagnostic, comme la loi l'exige. Mais en décembre dernier, nous avons changé les procédures de contrôle sur les entreprises pour les rendre plus efficaces.

Ce n'est, hélas ! une fois de plus, qu'un petit discours de petite fonctionnaire, qui ne comprend rien à rien dans la gestion d'entreprises déjà suffisamment emmerdées avec les tonnes de paperasseries coûteuses et inutiles que l'État autocratique leur impose. Quant à ses contrôles personnalisés, ses rapports et autres diagnostics, il n'est qu'à simplement demander au chef comptable de chaque société de présenter ses livres de paie, lorsqu'une visite fonctionnarisée est en cours. Mais peut-être ignore-t-elle que ce document existe ?

Duflot dont on fait des vagues, autre spécialiste de la pénibilité au travail, affirme que les loyers à la relocation ont augmenté de 40 % sur les cinq dernières années. Ce qui, bien évidemment, n'est une nouvelle fois qu'une déclaration totalement mensongère.

L'évolution des relocations depuis cinq années s'établit ainsi : en 2008, 2009 et 2010, la moyenne des hausses a été de 5,8 % par an. Sur 2011 et 2012, la moyenne a été de 2,7 % chaque année. Si l'on décide, contre toute logique, de cumuler ces hausses, on obtient 25 % et non 40 %. Et bien entendu, ces 25 % ne pourraient concerner que les logements reloués cinq fois en cinq années. C'est totalement absurde.

Dans le cadre de la formation professionnelle continue, il pourrait être intéressant d'apporter quelques précisions techniques complémentaires, susceptibles de faire évoluer l'actuelle mais probable éphémère Ministre du Logement. Cela lui sera éventuellement utile, lorsque le temps sera venu pour elle de se dégoter un véritable job. Mais lequel ? Sans spécialisation aucune, le monde du travail n'est évident pour personne.

En matière de logements sociaux, ce sont les patrons de grandes entreprises (Godin, Michelin, Menier, les houillères), qui ont posé les premières pierres, dès 1850. C'est logique ; les politiques se pointent toujours avec plusieurs trains de retard, sur la réalité du moment. À l'exception toutefois de Napoléon III, puis de Louis XIV qui fit construire des logements ouvriers entre 1773 et 1779, en même temps que l'édification de la Saline royale d'Arc-et-Senans, sous les ordres de son architecte Claude-Nicolas Ledoux.

Ce n'est qu'à partir de l'an 1894, grâce à la loi Siegfried, que les premières Habitations à Bon Marché (HBM) virent le jour. Entre les deux guerres mondiales, la construction des HBM se poursuivit cahin-caha, mais ce n'est véritablement qu'après la Seconde Guerre mondiale, que les gouvernements successifs commencèrent à se préoccuper effectivement de l'urbanisation de Paris et des grandes villes du pays. Il est vrai que les nombreuses destructions occasionnées par les bombardements alliés, laissaient une multitude de terrains disponibles pour la reconstruction. En 1949, une loi transforma les HBM en HLM. De nouvelles normes pour les logements sociaux furent inventées par les administrations mais, bien évidemment, sur le fond cela ne changea rien aux véritables problèmes. À la limite, ces obligations ne firent qu'empirer la situation.

En 1953, fut créé le 1 % patronal, destiné à faire participer les entreprises à l'effort de construction national. Il fut malgré tout nécessaire d'attendre que, le 1er février 1954, l'abbé Pierre lance son fameux appel sur *Radio Luxembourg*, pour que nos ministres et parlementaires s'aperçoivent, enfin, que de nombreux français se trouvaient à la rue. Le gouvernement prit alors la décision de faire construire douze mille logements en cités d'urgence. Le 7 août 1957, fut mise en place une loi cadre qui prévoyait la construction de trois cent mille logements chaque année, durant une période de cinq ans. Bien entendu, ces promesses ne furent jamais respectées. En juillet 1965, une nouvelle loi offrit aux locataires de HLM, la possibilité d'acquérir les logements qu'ils occupaient. Le but de la manœuvre était prioritairement de récupérer les fonds investis, agrémentés d'intérêts conséquents.

Encore que dans l'immobilier, ce qui est vendu le plus cher soit ce qui ne coûte strictement rien aux promoteurs ou aux agences : le soleil, la vue sur la mer ou sur les montagnes enneigées.

Durant les années 1970, furent créés les OPAC. (Office public d'aménagement et de construction), en remplacement des HLM. Bien entendu, ces nouvelles usines à gaz n'apportèrent nul commencement de début de solution aux problèmes du logement. Mais les nouveaux statuts mis en place pour les personnels, permirent de leur sucrer les avantages sociaux de la fonction publique, dont ils bénéficiaient jusqu'à présent.

Ce tour de passe-passe offrit également l'avantage, pour ces nouvelles officines ainsi instaurées, de créer le « surloyer ». Il devint alors possible d'exiger – plus ou moins légalement – de la part des locataires, qu'ils justifient de leurs revenus. En fonction de ceux-ci, le montant du loyer pouvait être majoré jusqu'à hauteur de 50 %.

Si ce n'est pas du social !

Cette mesure amena de nombreuses familles sans problèmes, bénéficiant de salaires décents, à déserter les ex-HLM, de façon à louer ou acheter leur logement auprès de sociétés privées ou de particuliers. Immédiatement, des promoteurs rusés et peu scrupuleux, profitèrent de l'aubaine pour se lancer dans la réalisation de programmes de construction qui ne voyaient pas systématiquement la fin des travaux se réaliser. Voire même le début, y compris lorsqu'ils avaient encaissé la totalité des fonds. Cette politique eut pour effet d'amener dans les logements ex-HLM, des familles à petit budget et gros problèmes. Progressivement, les encaissements des loyers furent remplacés par des impayés. Pour tenter de remédier à cette situation, les OPAC décidèrent de gérer les allocations familiales des locataires peu enclins à régler leurs dettes, et ainsi se payer directement auprès du fournisseur de prestations sociales. L'on vit alors régulièrement les OPAC, après avoir perçu de la CAF des sommes supérieures au montant des loyers, devoir chaque mois rembourser à leurs locataires les surplus encaissés.

En dehors de la France, il ne doit pas être évident de trouver un pays où l'on soit capable de mettre en place de tels circuits stupides.

Pour tenter de remédier à cette nouvelle situation invraisemblable, de nombreux logements HLM furent mis une nouvelle fois à la vente. Ce fut encore un fiasco, car les familles qui étaient restées dans ces logements et auraient eu la possibilité de les acquérir ne souhaitaient pas se retrouver cernées par des gens à problèmes. Quant à ces derniers, ils ne possédaient pas les moyens de devenir propriétaires.

En dépit des lois, arrêtés, normes nouvelles et programmes avortés en tous genres, depuis des décennies, aucun gouvernement n'a été capable d'apporter le moindre début de solution aux problèmes existants. Ce qui valut à la France d'être jugée par le Conseil de l'Europe, en juin 2008, pour violation de la Charte des droits sociaux en matière de logement.

SAMEDI 9 – ET POUR LA JOURNEE DES CONS ?

À l'occasion de la Journée de la femme (la Journée de l'homme, c'est pour quand ?) NKM a pris la défense de Marie-Ségolène Royal. De quoi je me mêle ? Seuls, les politiques sont capables de nous faire autant rire avec un spectacle d'une telle indigence. Selon cette prétendante à la mairie de la capitale, « *Le parcours de Ségolène Royal, il est très rude. Voilà une femme qui a été candidate à la présidentielle. Il y a des millions de Français qui ont voté pour elle.* » [Il y en a bien davantage qui ont voté contre ou se sont abstenus. NDLA.] « *Et aujourd'hui on ne lui confie pas de responsabilité. Je ne souhaite à aucune femme de dépendre pour une nomination de son ex.* »

Face à de telles imbécillités, quelques précisions s'imposent.

- Lorsque l'on a été recalée aux présidentielles, puis cinq ans plus tard aux législatives, il n'est pas interdit de savoir faire preuve d'un minimum de dignité, puis savoir s'effacer.

- Sauf erreur ou omission, bien que fraîchement nommée à la vice-présidence de la nouvelle Banque Publique d'Investissement, il semblerait que Royal soit toujours présidente de la région Poitou-Charentes, suite à une élection et non point une nomination. Cette région, qui vit Charles Martel arrêter les Arabes à Poitiers en 732, regroupe plus d'un million sept cent soixante-dix mille habitants, répartis sur quatre départements. Président de région ne représenterait donc qu'un job à mi-temps ?

- Elle est également l'une des vice-présidentes de l'Internationale socialiste, mais il est possible d'admettre que ce soit prioritairement pour le côté folklorique de l'affaire.

JMA envisage de porter les amendes pour infraction au stationnement de dix-sept à trente-cinq euros. Cette possible mesure pestilentielle – donc probable – est appréciée de Denis Baupin, député Vert et ancien adjoint aux transports de la ville de Paris. Hors du fait que c'est carrément dégueulasse de faire casquer aux automobilistes ce qui leur appartient, en l'occurrence les voies de circulation, constatons qu'il est franchement facile de faire payer les autres, lorsque l'on ne paye rien.

Afin de faire avaler cette énième pilule indigeste, JMA assure, avec la tristesse coutumière qui est la sienne, que l'argent ainsi récolté permettra de financer le plan du Grand Paris 2030. Encore un mensonge éhonté supplémentaire. Bof, un de plus, un de moins... Il n'existe qu'une seule caisse de l'État, elle se nomme Trésor Public. Point final. L'ensemble des recettes y est collecté, ensuite le total (augmenté des emprunts) est réparti entre les différents ministères et certaines organisations quelquefois douteuses. La caisse ceci ou la caisse cela, il n'en existe point. Sans omettre qu'à notre époque, lorsque l'on parle de Trésor Public, il serait plus juste d'utiliser l'expression excavation publique. Mais les coutumes sont tenaces.

Reste que pour qui a envie de se fendre la gueule, cette déclaration tombe à pic : pour financer ce projet, il serait nécessaire de placarder plusieurs milliards de P.V. Il boit, il fume ou il est encore plus nul qu'il peut le laisser paraître le Premier Ministre ?

Enfin un chiffre en hausse. Nous n'y croyions plus. Hélas, en lisant attentivement le communiqué, nous découvrons qu'il s'agit du nombre de morts sur les routes : plus 6,5 % en février 2013, par rapport à 2012, avec deux cent dix-sept victimes. Fort heureusement, Valls ne peut être partout.

Les funérailles d'Hugo Chavez sont terminées. Si l'État vénézuélien éprouve le besoin de réaliser quelques économies, il peut faire abstraction des prochaines élections présidentielles, puisque le nom du successeur est déjà connu : l'ancien chauffeur de bus Nicolas Maduro. La cérémonie s'est déroulée en présence de Mahmoud Ahmadinejad qui représentait l'Iran, Raul Castro pour Cuba, Evo Morales pour la Bolivie, Rafael Correa pour l'Equateur et Alexandre Loukachenko pour la Biélorussie qui, pour la circonstance, n'était pas accompagné de Gérard Depardieu. Bachar-al-Assad s'est fait excuser ; il lui est actuellement très difficile de quitter son pays, alors qu'il a entrepris une grande campagne d'extermination. Ben Ali et Hosni Moubarak étaient également absents, mais ont fait parvenir chacun un certificat médical. Une minute de silence a été observée à la mémoire de Saddam Hussein et Mouammar Kadhafi, victimes du grand Satan américain, mais chacun ressentait la présence mystique de ces bienfaiteurs de l'humanité étreindre les lieux. Poutine était également absent, ce qui est fort dommage, car il est mondialement connu et reconnu pour engendrer la mélancolie à perfection. Quant à Kim-Jong-un, il a préféré rester en Corée du Nord, de peur que son avion ne se fasse descendre par l'US Air-Force. La France était représentée par Victorin Lurel, ministre de l'Outre-mer. Nous savons désormais qu'il existe. À l'origine, JMA devait être envoyé à Caracas, ce qui lui aurait permis de s'aérer les bronches. D'autant qu'avec sa mine naturelle d'enterrement, il n'aurait éprouvé nul besoin de se forcer pour se fondre dans la foule des endeuillés. Mais il était occupé à préparer les nouveaux formulaires de PV de stationnement. Quant à Jean-Luc Mélenchon, il n'a pu effectuer le déplacement, tant sa peine était immense. Dans l'état où il se trouvait, il n'aurait pas supporté le décalage horaire. Chavez sera embaumé « comme Lénine », l'archétype du démocrate moderne. Il n'est pas interdit d'imaginer qu'une stèle puisse être érigée, où la figurine de Chavez serait représentée entre Staline et Mao.

DIMANCHE 10 – DE PROFUNDIS.

Pour terminer la semaine, la Chine annonce avoir enregistré au mois de février, un excédent commercial de quinze milliards trois cents millions de dollars. C'est la preuve évidente que les dirigeants de la planète ne sont pas tous des minables.

Grâce à la disparition d'Hugo Chavez, nous savons que Victorin Lurel participe au conseil des ministres, c'est désormais un fait acquis. Même s'il n'est assis que sur un strapontin. Et il en profite le bougre. De retour du Venezuela, il a fièrement déclaré : « *Il était tout mignon (…) frais, apaisé, comme peuvent l'être les traits de quelqu'un mort, on avait un Hugo Chavez pas joufflu comme on le voyait après sa maladie. Toute chose égale par ailleurs, Chavez c'est de Gaulle plus Léon Blum. De Gaulle parce qu'il a changé fondamentalement les institutions et puis Léon Blum, c'est-à-dire le Front Populaire, parce qu'il luttait contre les injustices. Moi je dis, et ça pourra m'être reproché (…), que le monde gagnerait à avoir beaucoup de dictateur comme Hugo Chavez, puisque l'on prétend que c'est un dictateur.* » [Il n'est plus dictateur depuis quelques jours. NDLA.]

Cette semaine, il ne s'agissait pas d'une tirade saugrenue, mais d'une véritable déclaration d'amour. Franchement, ça valait le détour.

LUNDI 11 – SI ENCORE ELLE ETAIT UNE BOMBE.

Avec Batho, c'est la galère. Elle essaie de mener sa barque personnelle, mais pour le reste c'est un véritable naufrage ! La voici qu'elle ose déclarer ce jour que, *« pour ce qui concerne la France, je pense qu'on aura durablement besoin d'une part de nucléaire qui est une énergie décarbonnée. Cela suppose d'élever – c'est un modèle français – en permanence les standards de sûreté des centrales nucléaires. Des travaux de sûreté importants vont être engagés car la meilleure sûreté c'est d'envisager l'inenvisageable. C'est d'imaginer que les fonctions vitales du réacteur doivent fonctionner dans des conditions extrêmes. »*

Les ingénieurs du nucléaire vont, à n'en pas douter, suivre ses précieux conseils, alors qu'elle n'y comprend strictement rien à la technique, qu'elle est totalement incompétente en la matière, et bien d'autres domaines encore. Pour le reste, dans un pays d'une superficie comme la France, qu'il y ait une ou quarante centrales nucléaires, de toutes les façons si une seule explose, nous nous retrouverons tous en première ligne. Y compris les politiques. Maigre consolation certes, mais consolation tout de même.

Constatons simplement que, selon que l'on soit dans l'opposition ou que l'on exploite un portefeuille ministériel, le discours n'est absolument pas branché sur la même longueur de radioactivité. Elle sera capable de faire quoi, lorsqu'elle ne sera plus ministre ? Militer, défiler dans les rues ? Car pour le reste... ?

Pour son premier voyage d'agrément en province, Hollande a choisi de rendre visite à son ami Rebsamen, maire socialiste de Dijon. C'est une évidence, il n'allait pas commencer son Tour de France par Nice ou Bordeaux. Peut-être également apprécie-t-il les vins de Bourgogne ? Le chef de l'État en a profité pour confirmer que le gouvernement aura créé cent mille emplois d'avenir avant la fin de l'année. Ce lundi, il en a déjà signé quatre. C'est encourageant. Allez François, il faut persévérer ; plus que quatre-vingt-dix-neuf mille neuf cent quatre-vingt-seize à trouver, et au moins, une promesse sera tenue. Encore que la véritable question qui se pose n'est pas de créer des emplois, mais pour effectuer quel travail ? Cette remarque n'est pas évidente à assimiler, pour un lascar qui ne sait rien faire d'autre que de la politique. C'est-à-dire pas grand-chose. Quant à Rebsamen, Franc-maçon de formation, il continue de militer pour le cumul des mandats. Logique ; il est maire de Dijon, président de la communauté d'agglomération dijonnaise, sénateur et président du groupe socialiste au Sénat. C'est gratifiant à tous les niveaux.

MARDI 12 – MEME LE PRESIDENT EST CUMULARD.

Dans le feuilleton mortifère de l'amiante, Aubry, mise en examen pour blessures et homicides involontaires alors qu'elle était directrice des relations du travail au ministère du Travail, a sollicité – en vain – à différentes reprises, la juge chargée du dossier de façon à être reclassée avec le simple statut de témoin assisté. C'est chaque fois la même comédie avec les politiques. Ils ne sont responsables de rien. Y compris pour les errements financiers graves. Un commerçant, un entrepreneur qui connaît des problèmes de trésorerie, le plus souvent parce que lui-même n'a pas été payé de son travail, et ne peut régler ses taxes, impôts et charges sociales, va voir débarquer les huissiers et les flics, de façon à lui piquer le peu qu'il lui reste. Un ministre qui endette la France à hauteur de plusieurs dizaines, voire centaines de milliards, risque de changer de ministère ou au pire, être recasé sénateur. Voire être bombardé à un poste totalement inutile mais ruineux pour les finances du pays. Comme ce sont les élus qui votent les lois qui endettent le pays, le changement n'est pas pour demain. Vive la République !

Aux Malouines, 92 % des mille six cent soixante-douze électeurs se sont déplacés pour confirmer ou non leur appartenance au Royaume-Uni. Le oui l'a emporté par 99,8 % des suffrages. Qui sont les traitres ? En Argentine, ce référendum a immédiatement été qualifié de manœuvre médiatique et dilatoire. L'archipel est peuplé par environ deux mille cinq cents habitants, cinq cent mille moutons et mille trois cent militaires pour assurer la sécurité des deux populations. Une seconde guerre aura-t-elle lieu entre la Grande-Bretagne et l'Argentine ? En tous les cas, la France est prête pour fournir des armes aux Sud-Américains. Une occasion d'emmerder les Anglais, ça ne se gâche pas.

À Rome, commence aujourd'hui le conclave. Cet événement planétaire doit permettre de nous rappeler que Hollande, depuis son élection à la présidence de la République, est officiellement premier et unique chanoine d'honneur du Latran, ce qui lui confère le droit d'entrer à cheval dans la basilique de Saint-Jean-de-Latran à Rome, protochanoine de la cathédrale Notre-Dame d'Embrun, chanoine honoraire de la cathédrale Saint-Jean de Maurienne et chanoine honoraire de Saint-Germain des Prés. Que de responsabilités à endosser pour un seul homme ! Surtout lorsque l'on s'affiche comme véritable laïc… !

Afin de rester dans la tendance actuelle, puis équilibrer les forces en présence, il ne serait pas stupide qu'il puisse également être nommé iman de réserve de la grande mosquée de Paris. On peut même imaginer la construction d'un minaret dans les jardins de l'Elysée.

Le film *Turf,* sortie dans les salles le mercredi 20 février, ne cartonne pas au niveau des entrées. Son réalisateur, Fabien Onteniente, plaide pour l'organisation d'états généraux de la comédie française. Pourquoi ne demanderait-il pas à Hollande d'organiser un Congrès au château de Versailles, haut-lieu symbolique de la République ? D'autant qu'en matière de comédie, lui et sa troupe sont spécialisés en la matière.

En 2012, la marque automobile allemande Audi a vendu 12 % de voitures de plus qu'en 2011. Le bénéfice d'exploitation a atteint 11 %, donc supérieure à la fourchette visée (environ 8 %).

Le dicton du jour : *« Audi soit qui mal y pense. »*

Un homme a été retrouvé mort ce matin à Saint-Brieuc, un autre à Port-en-Bessin. Il s'agit cet hiver, des 112° et 113ème victimes du froid. Il faut espérer que la température soit conservée à un niveau acceptable à l'Elysée et Matignon. Ils sont grands ces palais, ils ne doivent pas être faciles à chauffer. Il ne s'agirait pas que nos caciques se choppent une infection pulmonaire ou autres ennuis de santé déplorables que pour eux-mêmes.

En ce jour béni par Allah, Claude Bartelone, président de l'Assemblée nationale française, s'est rendu à Alger et s'est recueilli au sanctuaire du Martyr, à la mémoire des Martyrs de la de la guerre de Libération nationale algérienne. Il a déposé une gerbe de fleurs devant la stèle commémorative des chouhada et observé une minute de silence. Le dossier de la profanation des cimetières chrétiens ravagés et piétinés par les musulmans n'a pas été abordé. Nous attendons désormais qu'un haut responsable politique algérien se rende en France, et vienne s'incliner devant les dépouilles des milliers de civils, de harkis et de soldats français, assassinés par le FLN.

MERCREDI 13 – PARIS SERA TOUJOURS PARIS.

Jean Tiberi a été condamné en appel, dans l'affaire des faux électeurs du 5ème arrondissement de Paris, à dix mois de prison avec sursis et trois ans d'inéligibilité. Son épouse Xavière à neuf mois de prison avec sursis. Le plus surprenant, est qu'il se trouve encore des citoyens qui se dérangent pour aller voter, en république bananière française.

L'INSEE confirme que pour l'année 2012, environ cent mille emplois salariés ont été détruits en France. Avec quelques petits efforts administratifs complémentaires, l'année en cours devrait pouvoir permettre d'améliorer cette performance. Pour les destructions d'emplois, les fonctionnaires se placent juste derrière les politiques, avec leurs réglementations aussi absurdes que nuisibles.

JEUDI 14 – ATTENTION, UN FRANCOIS PEUT EN CACHER UN AUTRE.

Le pape nouveau est arrivé. Il vient d'Argentine et se nommera François. Jusqu'à présent, ce pays était surtout connu pour ses dictateurs et ses footballeurs. Un peu de changement ne saurait nuire. Selon les commentaires de spécialistes spécialisés en spécialités papales, et compte tenu de ses antécédents, il devrait être le pape des pauvres. Une sacrée tâche à accomplir attend le nouveau souverain pontife. Car la pauvreté et l'humilité ne sont pas les vertus principales affichées au Vatican. Ce comportement représenterait une sacrée différence, à défaut d'une différence sacrée, avec l'actuel François IV de France, dont la spécialité est de toujours plumer davantage les plus démunis, puis introniser de nouveaux membres au sein de la confrérie de la pauvreté qu'il contrôle soigneusement, de façon à assurer son bon développement.

Car non seulement, pour faire le moins de mécontents possibles, il faut toujours détrousser les mêmes, mais il est indispensable que ces mêmes soient les pauvres puisqu'ils sont les plus nombreux. C'est un paradoxe. De fait ils semblent faits pour s'entendre ces deux là ; Hollande fabrique de nouveaux pauvres et le pape François tente de les consoler.

Le moment semble judicieux pour rappeler qu'au IXème siècle, une femme est devenue pape en dissimulant son sexe. Le pontificat de la papesse Jeanne se place entre celui de Léon IV et Benoît III, soit entre les années 855 et 858. La vérité éclata alors que la coquine accouchait en public, lors d'une cérémonie en l'honneur de la Fête-Dieu. Un excellent présage pour l'enfant, pour lequel L'Histoire ne précise pas s'il s'agissait d'une fille ou d'un garçon. La légende veut qu'à la suite de cette supercherie, un rite ait été instauré de façon à ce qu'un tel événement ne puisse se reproduire. C'est ainsi qu'il fut décidé qu'aussitôt l'élection d'un nouveau pape officialisée, un diacre serait chargé de vérifier manuellement, au travers d'une chaise percée, que le souverain pontife était bien équipé d'une paire de joyeuses en parfait état de conservation. Après avoir constaté la présence des virils appâts, il s'exclamait devant les cardinaux rassemblés : *duos habet et bene pendentes*.

En Français : *il en a deux, et bien pendantes.* Ce à quoi les cardinaux répondaient : *Deo gratias. (Rendons grâce à Dieu).* Il semblerait que de nos jours, cette cérémonie traditionnelle ait été supprimée. Quoi que… ?

Pour l'anecdote, rappelons que le pape Boniface VIII est mort à l'âge de soixante-huit ans, usé par une sexualité débordante. Que Clément V mourut à Roquemaure du Gard, alors qu'il était reçu par le seigneur des lieux, un certain Guillaume Ricard, dont les terres produisaient à l'époque le meilleur vin de France. Un hasard ? Et que Benoît XI, trépassa suite à une indigestion de figues.

En cette période, ô combien importante pour la chrétienté, voici, en exclusivité, copie d'un discours prononcé, il y aura bientôt 2 000 ans, par Jésus de Nazareth :

« En ce temps-là, j'invitais mes disciples à écouter ma parole :

-   *En vérité, en vérité je vous le dis ; allez voir là-bas si j'y suis. Ils y allèrent mais, lorsqu'ils arrivèrent, ils crurent que j'étais déjà reparti, car ils ne me virent point.*

-   *Alors, ils s'en revinrent, et je leur déclarai :*

{ Si vous êtes revenus, c'est que vous ne croyez pas en ma parole. Ce n'est pas parce que je suis ici que je ne suis pas là-bas. Et quand je suis là-bas, lorsque vous ne me voyez pas, c'est que vous ne croyez que vos yeux aveuglés par le temporel. Alors, vous pensez que je suis toujours ici, et vous revenez. Mais quand je suis ici, je peux être aussi là-bas. Et même ailleurs. Puis, quand je suis ailleurs, peut-être que je suis là-bas et également ici. Car je suis partout. Vous ne devez pas croire uniquement en ce que vous voyez, mais en le Verbe. Et je suis le Verbe. Quand vous ne me voyez pas ici, peut-être que je n'y suis plus. Et pourtant j'y suis. Même quand je suis également là-bas. Et quand vous ne me voyez pas ici, ni là-bas, c'est que je suis ailleurs, mais quand même ici et là-bas, et peut-être encore autre part. Et quand je suis autre part, je suis également ici, là-bas et ailleurs. Car celui qui est ici, là-

bas, ailleurs et encore autre part, est partout, mais tout de même bien là. }

JESUS EL LIBERTADOR.

Qui pourra affirmer que le discours politique a évolué en vingt siècles d'Histoire ?

La France a été condamnée, par la Cour européenne des droits de l'homme, pour atteinte à la liberté d'expression, dans l'affaire de l'affichette publicitaire *« cass'toi pov'con »* destinée à rappeler à Sarkozy qu'il était créateur de la formule. Après deux procès perdus et une condamnation symbolique de 30 euros d'amende pour offense à un chef d'État, Hervé Eon, ancien responsable départemental du Parti de gauche, a fini par l'emporter. Le jugement est parfaitement logique, puisqu'il ne s'agissait que d'un échange de civilités.

VENDREDI 15 – LA MOMIE DU SUD-EST.

Selon une association de chômeurs, il existe deux sortes d'individus. Ceux qui cumulent les mandats, et ceux qui cumulent les emmerdes. Il n'aurait pas été inutile de préciser que ceux qui cumulent les mandats, sont également ceux qui créent les emmerdes pour les autres.

Alors que l'on ne lui demandait rien, et que ses déclarations ne représentent aucun intérêt, voici qu'Alliot-Marie tente de revenir sur le devant de la scène, en donnant des conseils sur la diplomatie à utiliser en Syrie. C'est d'autant plus surprenant que, jusqu'à présent, elle était surtout connue pour ses connaissances de l'Égypte. Et encore, simplement au niveau touristique. De toute évidence, elle n'a pas encore assimilé qu'au sein du marigot politique, elle ne représentait plus rien. Pour autant qu'elle ait représenté quelque chose un jour.

Pierre Morel, député de Corrèze, vient d'accoucher d'une idée lumineuse. Il est tout fier de lui, car maintenant nous le connaissons. Il propose d'obliger les automobilistes à acquérir des pneus « *spécial neige* » pour l'hiver. Doit-on en conclure qu'il possède des intérêts dans une fabrique de pneumatiques ? Sinon, il serait souhaitable de l'enfermer avant qu'il ne soit trop tard. Dans les régions montagneuses, régulièrement enneigées, les habitants n'ont pas attendu ses précieux conseils pour équiper leurs véhicules. Pour les autres, les plus nombreux, devoir subir une nouvelle obligation financière d'un montant d'environ cinq cents euros, ne représente pas une partie de plaisir, surtout pour une durée d'utilisation du matos de dix jours par an, au maximum. Et encore pas chaque année. Il est vrai que lorsque l'on fait casquer ses propres dépenses par les contribuables, la vie est plus simple à organiser.

SAMEDI 16 – HISTOIRE DE BANQUISE.

Alors que Carlos Ghosn, industriel franco-libanais-brésilien (il possède les trois passeports) continue de s'enrichir, grâce aux mauvais résultats obtenus par Renault, dont il assure tristement la destinée, et que Montebourg poursuit les enregistrements de nouveaux épisodes de la série télévisée dont il est le seul acteur, les fabricants de voitures allemands annoncent la couleur.

Au titre des résultats obtenus lors de l'exercice comptable de l'année 2012, les primes suivantes seront versées aux employées :

- B.M.W. – Sept mille six cent trente euros, pour chacun des soixante-dix-sept mille salariés.
- MERCEDES – Trois mille deux cents euros, pour chacun des cent trente mille salariés.
- VOLKSWAGEN – Sept mille deux cents euros pour chacun des cent mille salariés.

Camarades syndiqués, plutôt que faire la grève, réfléchissez, allez bosser en Allemagne. Le paysage automobile européen n'est pas noir partout. Puis, cela vous permettra d'économiser le montant de votre cotisation annuelle auprès d'organisations archaïques qui ne représenent plus rien. Ou si peu. Ce serait toujours ça d'économisé.

Nous découvrons le texte d'une chanson du nouveau CD de Carla Bruni intitulée Le pingouin. *« Il prend son petit air souverain, mais j'le connais bien, l'pingouin n'a pas de manière de châtelain...Hé le pingouin ! Si un jour tu recroises mon chemin, je t'apprendrai, le pingouin, je t'apprendrai à me faire le baise main. »* Il semblerait que la divine Carla désire dépeindre, à travers les paroles de cette poésie originale, un homme banal, ni laid ni beau, ni haut ni bas, ni froid ni chaud, ni oui ni non. Mais de qui donc peut-il s'agir ?

DIMANCHE 17 – MAIS PAS SI VITE....

Le président de la République veut encore accélérer la cadence infernale qu'il impose à son gouvernement et, pour ce faire, envisage de légiférer par ordonnances. Hollande prouve ainsi qu'il est un grand démocrate. Ce qui nous dirige tout droit vers la tirade saugrenue de la semaine, signée Vallaud-Belkacem : *« Tout ce que nous réussissons à faire passer par la voie normale est bien venu, mais cela n'exclut pas d'utiliser l'ordonnance. »* Cette déclaration est d'autant plus invraisemblable que, quelques jours auparavant, elle avait chanté à qui voulait bien l'entendre : *« François Hollande a rappelé que nous avons déjà concrétisé les trois quarts de nos engagements de campagne. »* Dix mois pour faire les trois quarts du job, cela veut dire qu'il en reste cinquante pour en terminer avec le dernier quart. Dans ces conditions, pourquoi se précipiter ? Un filet garni est offert au premier qui parvient à décrypter l'ensemble. C'est chaque semaine la même rengaine. Nous avons le sentiment d'avoir atteint les sommets de la crétinerie, et pourtant, le week-end suivant, les records sont battus.

Pour mémoire, entre autres exploits réalisés par Hollande et sa clique, en dix mois de nuisances diverses et variées, les plus remarquables sont :

- Avoir constitué un gouvernement constitué d'au minimum 25 ministres parfaitement inutiles, dont 5 ayant déjà été condamnés par la justice de leur pays, en laquelle ils accordent pourtant toute leur confiance.
- Avoir supprimé les heures supplémentaires défiscalisées à plusieurs millions de salariés.
- Avoir créé – la série est en cours – des dizaines d'impôts nouveaux. (« *Il faut multiplier les impôts, de façon à ce qu'ils paraissent moins lourds.* » (Napoléon Ier)
- Avoir créé une moyenne de quarante mille chômeurs supplémentaires chaque mois.
- Avoir engagé – seul – la France dans une guerre au Mali.
- Avoir promu le mariage gay, plutôt que – par exemple – s'attaquer aux problèmes de l'emploi.
- Avoir nommé ses relations personnelles, particulièrement incompétentes, à des postes clés.
- Avoir fait fuir les riches et créateurs de richesses du pays, et encouragé une immigration non souhaitée.
- Avoir fait subir aux Français vingt neuf milliards d'euros d'impôts et prélèvements obligatoires supplémentaires, en dix mois de carnages en tous genres.

Il semble préférable de ne pas s'attarder davantage, cela pourrait choquer les âmes sensibles.

Le cardinal sud-africain Wilfrid Fox Napier, a déclaré sur BBC Radio 5, que « *la pédophilie n'était pas un état criminel, mais une maladie. Je ne pense pas que l'on puisse dire d'une telle personne qu'elle mérite d'être punie* » a-t-il ajouté.

Quant à Roger Mahony, cardinal de Los Angeles, il s'est contenté de verser dix millions de dollars à quatre victimes d'un prêtre américain pédophile. Il a été lui-même accusé d'avoir protégé ce malade. Dix millions de dollars ; il faut les avoir ! Cardinal serait donc un job particulièrement lucratif ? À moins qu'il n'ait détourné l'argent des quêtes !

Le pape François ne semble pas au bout de ses peines.

Hier vers 22h30, un RER a été attaqué au niveau de la gare de Grigny-Centre, dans l'Essonne, par une bande de vingt ou trente voyous. De nombreux passagers ont été agressés et obligés de remettre à ces racailles merdiques subventionnées par l'État, portables, argent et autres biens. Après avoir tiré le signal d'alarme, ces jeunes crapules, qui avaient le visage dissimulé, sont passés de wagon en wagon et ont attaqué le plus de monde possible. *« C'était rapide, violent et semblait très bien organisé »* a précisé un passager.

D'ici à ce que Valls se retrouve prochainement dans l'obligation de porter l'étoile pour jouer au sheriff, il n'y a qu'une diligence à poursuivre. Pour parfaire ses connaissances, semble-t-il limitées, il devrait utiliser une partie de ses loisirs à visionner des westerns.

LUNDI 18 – C'EST DU VOL.

La semaine commence par un chiffre à la hausse. C'est si rare que cela mérité d'être rapporté. Les demandes pour une place d'héber-gement auprès du Samu social ont fortement augmenté en février 2013, par rapport au même mois de l'année précédente. (+28 %). On dit merci qui ? Merci, madame Duflot.

Vallaud-Belkacem affirme que le délit de racolage passif sera abrogé. Cet engagement sera tenu. Pour une raison simple : l'instauration du délit de racolage passif a fait des personnes prostituées des coupables, quand 90 % d'entre elles sont des victimes de la traite des êtres humains. Pour échapper aux forces de l'ordre, elles se sont éloignées des centres villes et des structures d'accompagnement (Lesquelles ?), et se retrouvent plus exposées aux violences.

Cette déclaration est d'autant plus surprenante, qu'au mois de juin 2012, elle avait pris l'initiative de déclamer à qui voulait bien l'entendre, c'est-à-dire finalement bien peu de citoyens, qu'elle désirait ardemment supprimer la prostitution en France ! La prostitution existe depuis la nuit des temps et, fort heureusement, ce n'est pas demain matin que cette fillette atteinte de démagogie aiguë, avant tout préoccupée par son plan d'avancement de carrière, parviendra à modifier le cours des événements. Sans les tapineuses, que deviendraient les pauvres bougres qui ne connaissent que la misère sexuelle ? Les viols redoubleraient, il serait nécessaire de mettre un flic à la sortie de chaque école, chaque collège, à la sortie des spectacles et de la messe dominicale. De nombreux lieux se retrouveraient totalement infréquentables. La vie des femmes deviendrait un véritable enfer, elles éprouveraient maintes difficultés à pouvoir se promener peinardement dans les rues et autres centres commerciaux. Déjà que dans certains quartiers, mieux vaut respecter le couvre-feu. Certes, les flics ne peuvent être partout. Ils ne peuvent surveiller en même temps les parcmètres et les radars, puis assurer la sécurité pour tous, mais ce n'est pas une raison.

Et puis, le proxénétisme c'est vague. Comment le définir véritablement ? Ce n'est pas du proxénétisme que faire travailler un salarié pour mille ou mille deux cents euros par mois ? Ce n'est pas du proxénétisme que faire travailler un salarié sept mois dans l'année pour l'État ?

Montebourg prétend que grâce à lui, cinquante-neuf mille neuf cent soixante et un emplois ont été sauvés en moins d'une année sur les soixante-dix mille neuf cent neuf postes menacés en France. Il faut croire qu'il est entouré de sacrés experts en comptabilité, pour afficher des chiffres aussi précis. Il est fort dommage que l'on ne puisse trouver de tels spécimens au ministère des Finances ! Quant à la liste des emplois non supprimés de par son action, il n'en a pas communiqué le moindre détail. Peut-être a-t-il égaré le document ? Pas plus qu'il n'a osé aborder le cas des mille nouveaux chômeurs recensés journellement. Nous rebâtissons, comme à l'époque des grands plans pompidoliens. Pompidou était de gauche ou Montebourg est désormais de droite ? On renforce tous nos points forts et on unifie les forces par filières autour de projets d'avenir. Il va jusqu'à qualifier sa politique de « colbertiste participatif ». À la fin du discours, il est devenu royaliste. Pour tous ces bienfaits, espérons qu'il sera, pour le moins, intronisé dans l'Ordre national du Mérite au nom de la Nation reconnaissante.

Un contrat portant sur la commande ferme de deux cent trente-quatre Airbus a été signé ce matin à l'Elysée, par la compagnie indonésienne Lion Air, pour un montant annoncé de dix-huit milliards quatre cents millions d'euros. Bien entendu, Hollande a fait immédiatement remarquer qu'il s'agissait d'un contrat exemplaire de la réussite de la filière aéronautique française – européenne – aurait été plus juste. *« C'est un exemple de ce que nous voulons faire dans l'ensemble de l'industrie »* a-t-il ajouté. Hollande a simplement oublié de préciser qu'un tel contrat se négocie sur plusieurs années et qu'il n'était encore qu'un petit politicien de seconde zone lorsque les premières discussions ont été entamées. Ce qui revient à constater que, mis à part le fait d'avoir organisé une séance publicitaire à l'Elysée, lui et sa bande de comiques ne sont pour rien dans la conclusion de ce business.

MARDI 19 – COUSCOUS POUR TOUT LE MONDE.

Petites précisions concernant la compagnie indonésienne Lion Air, qui a passé commande de deux cent trente-quatre Airbus : elle ne publie jamais ses comptes. Nul ne connaît son chiffre d'affaires, pas plus que ses bénéfices. Ou ses pertes. Nous savons uniquement qu'elle a été créée en 1999, et est détenue par les frères Kusnan et Rusdi Kirana, classés 33ème fortune d'Indonésie, avec un patrimoine estimé à neuf cents millions de dollars. Leur compagnie est également inscrite sur la liste noire des transporteurs aériens depuis 2007, et est interdite de vol en Europe, pour non-respect des normes de sécurité. De sus, plusieurs pilotes de la compagnie ont été arrêtés pour détention et utilisation de méthamphétamine. Ce qui ne semble pas trop important pour les habitants du vieux continent, puisqu'elle ne dessert qu'uniquement les lignes intérieures indonésiennes, Singapour, la Malaisie, le Vietnam et l'Arabie Saoudite.

Pour information, la méthamphétamine est une drogue de synthèse psycho-stimulante hautement addictive. Elle provoque une euphorie et une forte stimulation mentale. En Thaïlande, elle est appelée *yaa baa*, le *« médicament qui rend fou »*. Elle a été largement testée sur les soldats lors de la Seconde Guerre mondiale, notamment les Allemands, les Finlandais, les Japonais, mais également les pilotes de bombardiers américains. En 2010, une enquête allemande a révélé que la victoire de la République Fédérale d'Allemagne, lors de la coupe du monde de football de 1954, était largement imméritée, car les joueurs s'étaient dopés à la Pervitine, forme cristalline de la méthamphétamine. Un dérivé de cette substance hautement toxique est connu sous le nom d'ecstasy.

Il y a moins de deux ans, Lion Air qui ne possédait alors que 92 aéronefs, passait commande de 230 Boeing 737. 92 + 230 Boeing + 234 Airbus = 556 avions. Impressionnant. Par comparaison, Ryanair, c'est 305 appareils autorisés de vol en Europe.

Le plus nébuleux dans cette opération, c'est le financement. Comment une jeune compagnie peut-elle en deux années, à partir d'un simple coup de baguette magique, passer de quatre-vingt-douze avions en plus ou moins bon état de voler, à cinq cent cinquante-six unités ? Ici on retrouve BNP Paribas, Société Générale et Natixis, l'ensemble placé sous le haut patronage de la Coface, la banque de l'import-export qui octroie des garanties à partir de l'argent public. Ce qui revient à dire que, si le projet arrive un jour à son terme, ce qui est loin d'être évident, ce sont les contribuables français qui auront financé pour partie ce programme. Pire encore, s'il s'agit d'un coup de Jarnac, le bon peuple de France s'assoira carrément sur l'ardoise. Mais d'ici là, Hollande ne sera plus à l'Elysée. Pour l'instant, l'essentiel était pour lui de réussir un bon coup médiatique.

Le pape François a été officiellement intronisé. La véritable question qui se pose est : croit-il en Dieu ? Tout au moins sous la forme que l'église catholique impose ou tente d'imposer à ses adhérents depuis des siècles. Cela étant, il semble plutôt sympathique et animé par de bonnes intentions.

Tango pour tout le monde.

Taubira a décidé de suivre l'avis du Conseil supérieur de la magistrature, et a déchargé la juge Marie-Odile Bertella-Geoffroy de ses fonctions, au pôle santé du tribunal de grande instance de

Paris. En un mot, la juge en charge du dossier de l'amiante est virée. Ce qui tombe à pic car il faudra de six mois à un an aux deux nouveaux juges qui vont être nommés pour « *ingurgiter le monstre amiante* » selon les parties civiles. Bof ! Cela fait dix-sept ans que les premières plaintes ont été déposées, on peut bien attendre quelques années de plus. Le plus génial dans cette affaire, est que la première concernée se trouve être Aubry, maire de Lille, que les élections municipales sont en 2014 et que, bien entendu, elle sera de nouveau candidate. Pour la prolongation interminable de sa carrière politicarde, il ne s'agirait pas qu'elle devienne inéligible avant cette date fatidique. Surtout pour le cas où Hollande aurait l'idée saugrenue de la rappeler près de lui.

À la demande du gouvernement, le 19 mars doit désormais être une journée dédiée à la mémoire des victimes de la guerre d'Algérie. C'est le 19 mars 1962, que furent signés les accords d'Evian, qui devait marquer la fin de ce conflit. Hélas, pas celle des massacres. Ce projet lumineux a été pondu par Jospin en 2002, mais n'a été voté que le 8 décembre 2012 par le Sénat, avant d'être validé par le Conseil constitutionnel.

C'est un peu comme si les Anglais fêtaient la défaite de Castillon en 1453, qui mit fin à la guerre de Cent Ans, les Allemands Austerlitz et l'armistice du 8 mai 1945, les Américains Pearl Harbor et les Japonais Hiroshima. Dans ces conditions, pourquoi ne pas organiser une cérémonie commémorative sous l'Arc de Triomphe en mémoire de Trafalgar, Waterloo, Diên Biên Phû ou la lamentable expédition de Suez ?

Le 1er juillet 1962, soit presque quatre mois après la signature des accords d'Evian, l'Algérie devint officiellement indépendante. Durant quatre jours, ce fut la liesse générale dans tout le pays. Le 5 juillet, le gouvernement en place demanda aux habitants de reprendre le travail, d'ouvrir les bureaux et magasins. Plutôt que d'obéir aux ordres, à Oran une foule venant des quartiers arabes se dirigea vers les quartiers européens. Pour ce défilé pacifique, la majorité des manifestants était armée jusqu'aux dents. Sur la place d'Armes, un premier coup de feu retentit à 11 heures. Il fut le signal du commencement d'un effroyable carnage. La chasse aux Européens était ouverte ; elle sera d'une cruauté barbare terrifiante.

Dans les rues, les manifestants tiraient sur toutes les personnes non arabes. Ils égorgèrent hommes, femmes, enfants et vieillards, pénétrèrent à l'intérieur des maisons, magasins, restaurants et tuèrent froidement par balles l'ensemble des Européens qui leur tombaient sous le revolver ou la mitraillette. Avant d'être froidement assassinés, certains se firent arracher les yeux, couper des membres. De nombreux prisonniers furent amenés par les auxiliaires de l'armée algérienne jusqu'au commissariat central, où ils furent lâchement abattus comme des bêtes.

Dans la ville, dix-huit mille soldats français étaient encore en place. Ils étaient commandés par le général Joseph Katz qui, face à cette situation dramatique, téléphona au général de Gaulle, afin de l'informer des événements qui se déroulaient dans la cité, puis prendre ses ordres. La réponse du chef de l'État fut impitoyable : « *Ne bougez pas !* » C'est ainsi que les militaires français resteront cantonnés à l'intérieur de leurs casernes et laisseront les massacres d'Européens se perpétrer.

Les tueries se poursuivirent jusqu'en fin d'après-midi. On retrouvera des cadavres dans toute la ville. Certains pendus aux crocs des boucheries, d'autres entassés avec les ordures, d'autres encore furent déversés par camions entiers dans le Petit Lac avant d'être recouverts de chaux vive. Nul ne connaîtra jamais le nombre des victimes de cette journée de sauvageries. Les représentants des Pieds-Noirs évoqueront le chiffre de deux mille cadavres retrouvés. Quant aux disparus, ils se chiffrèrent également par milliers.

La journée du 5 juillet pourrait également être retenue pour célébrer la fin de la guerre d'Algérie.

À Marseille, un septuagénaire a tué sa dentiste à cause d'un différend portant sur le montant d'une facture. Pour une fois, c'est le dentiste qui a été plombé. Il a ensuite été abattu dans les policiers du GIPN. Il ne s'agit pas d'un règlement de compte au sens voyoucratique du mot, donc cet événement ne sera pas retenu dans les statistiques du match qui oppose la cité phocéenne à la Corse.

Premier nuage de taille au-dessus du gouvernement JMA : Cahuzac, ministre du Budget, a démissionné. Ou plutôt a été démissionné. Une information judiciaire est ouverte à son encontre, concernant une affaire de blanchiment de fraude fiscale. Dans ce dossier, les autorités suisses ont confirmé que Jérôme Cahuzac n'avait pas eu de compte chez UBS depuis 2007. Admettons ; mais auparavant ?

Dans l'histoire, le plus ennuyeux est qu'il était considéré par les spécialistes, comme étant le seul membre du gouvernement à posséder quelques compétences financières. Ce qui pourra être aisément confirmé, s'il est prouvé qu'il planquait son fric en Suisse. Là où il était placé, il savait pourquoi.

MERCREDI 20 – PETIT TAPIS ROUGE.

Dure journée pour les mafiosi de la politique. Après les ennuis de Cahuzac, le domicile de Lagarde a été perquisitionné dans le cadre de l'affaire Tapie. Il serait fort surprenant qu'elle ait laissé traîner des documents compromettants, mais sait-on jamais ? Après DSK et Lagarde, il semble loin d'être évident que le prochain boss du FMI puisse être de nationalité française. Très sérieusement, comment peut-on indemniser Tapie, alors qu'il n'a jamais eu de pognon ? Il s'est toujours contenté de jouer avec celui de ses victimes. *« Les affaires, c'est bien simple, c'est l'argent des autres. »* (Alexandre Dumas fils). Tous les banquiers et financiers de la planète sont en mesure de l'affirmer.

Montebourg, encore lui, affirme qu'il faut sévir contre Chypre et les paradis fiscaux. Et si l'on parlait plutôt des pays où des associations de malfaiteurs politisés pratiquent le grand banditisme fiscal. La France par exemple, qui pousse ses citoyens, parmi les meilleurs, les plus rentables, à s'expatrier.

NKM accuse Hollande d'être *« un chef de bande qui règne par la division. »* Elle a parfaitement raison. Diviser pour régner : *divide ut regnes* en latin et *diairei kai basileve* en grec. La recette n'est pas nouvelle. Tous les gouvernements, sans exception aucune, agissent de la sorte, y compris celui auquel cette charmante personne appartenait il n'y a pas si longtemps. La meilleure preuve est la division savamment organisée par tous les politiciens, pour opposer les salariés du secteur privé à ceux des administrations. Sans cela, il y a belle lurette que les pouvoirs politiques et financiers ne seraient plus en mesure d'emmerder l'ensemble des populations.

JEUDI 21 – PREMIER SINISTRE DE LA NATION.

JMA a déclaré qu'il savait où il allait. Il est bien le seul. Ce que les Français peuvent découvrir concernant son avenir, est que lorsque le temps sera venu pour lui de réintégrer ses foyers, peut-être dès l'année 2014, il encaissera vingt-deux mille euros d'indemnité de chômage mensuel, durant un semestre. De sus, il bénéficiera, à vie, d'un véhicule avec chauffeur, un secrétaire particulier et un garde du corps.

C'est face à de tels privilèges que l'on constate à quel point il est formidable, pour certains, d'être Français. Il se trouve actuellement dans notre pays, neuf anciens Premiers ministres, ce qui représente autant de voitures offertes gracieusement à ces charmantes personnes, et vingt sept emplois. Le tout, bien entendu, sur le dos des contribuables. À ce cirque invraisemblable, il convient d'ajouter les énormes avantages dont bénéficient trois présidents de la République survivants.

1789 n'a servi à rien.

Avant d'intégrer les rangs de la politique, Ayrault a commencé par être enseignant. Si l'on s'intéresse à son palmarès officiel, on peut découvrir qu'il est professeur d'allemand depuis l'année 1973. Si cela est exact, il bénéficiera donc, lorsque le temps sera venu pour lui de débarrasser le plancher, des avantages de l'Éducation nationale, pour une carrière qui ne sera donc qu'en grande partie fictive. Cela devrait lui rapporter une pension mensuelle d'environ deux mille trois cents euros. C'est à confirmer mais, de toutes les façons, il aura droit au minimum légal lié à la corporation. Etant affiché officiellement à gauche, il possède à n'en point douter, des relations bien placées au sein des milieux syndicaux, pour lui préparer un dossier convenable.

Il est délicat d'obtenir des informations précises relatives aux pensions des élus locaux. Une opacité presque parfaite est soigneusement entretenue autour de ces prérogatives. Il est toutefois possible d'admettre qu'au titre d'ancien maire de Saint-Herblain puis de Nantes, entre les années 1977 et 2012, JMA percevra un minimum mensuel de deux mille euros, plus une somme sensiblement identique en tant qu'ex-président du district de l'agglomération, puis de la communauté urbaine nantaise (1992/2012).

Le meilleur reste toutefois à venir. Sa retraite d'ancien député lui rapportera, en fonction des chiffres connus à ce jour, mais toujours susceptibles d'être revus à la hausse, six mille cent quatre-vingt-douze euros, toujours chaque mois, somme à laquelle il conviendra d'ajouter un minimum de deux mille cinq cents euros, correspondant à la gratification dont bénéficie un ex-président de groupe à l'Assemblée nationale. Six mille cent quatre-vingt-douze euros, correspond au plafond de la retraite d'un parlementaire, calculé en fonction du nombre de mandats exercés. JMA étant membre de la secte depuis 1986, il se retrouve donc sur la plus haute marche de l'ascenseur social menant à la Chambre. (Lieu où l'on dort).

Bénéficiera-t-il d'une pension complémentaire pour avoir été conseiller général de la Loire Atlantique de 1976 à 1982 ?

À tout cela, il conviendra, bien évidemment, d'ajouter les quelques menues retombées financières liées à son passage à l'hôtel de Maquignon.

Il est peinard, le père Jean-Marc. Maintenant il peut, s'il le souhaite, s'attaquer au dossier du non-cumul des mandats.

En dix mois de sévices, le gouvernement Ayrault a déjà fait voter treize milliards et demi d'impôts nouveaux, plus neuf milliards et demi de prélèvements sociaux supplémentaires dans le cadre du projet de loi sur la Sécurité sociale. À ces vingt-trois milliards, il convient d'ajouter six milliards de racket votés par la bande à

Sarko, avant le départ de ses membres pour le purgatoire, mais devenus effectifs en 2013. Bien entendu, les socialos avaient, à l'époque, hurlé au scandale et voté contre ces projets, mais, arrivés au pouvoir, ils se sont bien gardés d'annuler ces ignobles mesures. Au total, c'est vingt-neuf milliards de rapines additionnelles que les Français viennent de subir en dix mois. Un record dans l'histoire de la République.

Ce n'est qu'un début, continuons le combat.

L'info vient de tomber. Christian Rouyer, ambassadeur de France au Mali depuis mars 2011, vient de se faire virer. Il est remplacé par Gilles Huberson, connu pour être un proche de l'Elysée. Cette expulsion intervient après celle de Laurent Bigot, en charge de l'Afrique de l'Ouest, et celle de Jean Félix-Paganon, représentant spécial pour le Sahel.

VENDREDI 22 – BOULEVARD DU PALAIS.

Après un interrogatoire de neuf heures au palais de justice de Bordeaux, Nicolas Sarkozy est ressorti tout auréolé d'une mise en examen pour abus de faiblesse, pour sa participation dans l'affaire Bettencourt. C'est le juge Jean-Michel Gentil, qui ne semble pas l'être avec tous, qui est en charge de ce dossier qui tombe à pic, pour tenter de faire oublier les ennuis de Cahuzac. Si ça continue sur la lancée, les congrès des partis politiques pourront être prochainement organisés à Fresnes ou à la Santé. Pour les centristes, une seule cellule devrait pouvoir suffire.

Cet épisode, guère glorieux, va de toute évidence, s'inscrire dans le cadre de l'un des feuilletons de l'année. Bien que la procédure et les motifs retenus semblent pour le moins douteux, il n'en reste pas moins évident qu'il ne s'agit que d'un règlement de compte entre bandes rivales. Pour l'immédiat, le chef du gang PS possède deux avantages indéniables. Premièrement, de son siège éjectable élyséen, il a tout loisir de manipuler à son gré les ficelles de nombreuses marionnettes dévouées à sa position dominante. Secondement, il n'est un secret pour personne que pour majorité, les acteurs du milieu judiciaire possèdent une sensibilité gauchisante. En l'occurrence, ça peut toujours être utile.

Pour Sarkozy, les ennuis ne font certainement que commencer, étant donné qu'il est déjà cité dans l'affaire des sondages de l'Elysée, le financement libyen de sa campagne électorale de 2007, le dossier Lagarde/Tapie ainsi que l'affaire Karachi.

Demandez le programme avec les noms des participants, la couleur des maillots et les numéros de dossards.

Quant à Taubira, elle rappelle que l'indépendance de l'autorité judiciaire est garantie par la constitution, regrette tous propos qui porteraient atteinte à l'honneur des juges et assure de son soutien les magistrats qui seraient mis en cause. L'État étant le patron des employés du ministère de la Justice, il ne serait pas superflu de nous expliquer comment un salarié peut être parfaitement indépendant de l'organisme qui lui assure ses fins de mois.

Dans ce micmac, le plus ennuyeux pour Sarkozy, est que le premier à prendre publiquement sa défense se nomme Patrick Balkany, individu connu défavorablement de la police et de la justice. Ce n'est guère rassurant pour les suites judiciaires de l'affaire. Si le maire de Levallois-Perret est réellement l'ami de l'ex-président de la République, comme il le prétend, il aurait été bien inspiré, pour lui apporter son soutien, de faire dans la discrétion.

SAMEDI 23 – À L'ORIGINE, ILS N'ETAIENT QUE DOUZE.

Moscovici fait partie des dix-sept salopards de l'Europe. Cette affirmation est pour le moins contestable, car les malfaiteurs et associations d'individus malfaisants semblent nettement plus nombreux que cela sur le vieux continent. Ne serait-ce qu'en France, souhaitons bon courage à qui souhaiterait dresser une liste à peu près crédible. Cette phrase assassine a été prononcée par François Delapierre, dirigeant du Parti de gauche, lors du congrès de

Bordeaux. Au cours de cette assemblée, Mélenchon a ajouté que Moscovici était un petit intelligent de l'ENA. Son comportement est celui de quelqu'un qui ne pense pas français : *« qui pense finance internationale »* a-t-il assuré.

Lorsque l'on est accoquiné avec le Groupe de Bilderberg, qui est l'organisation mafieuse la plus puissante de la planète, il ne saurait malheureusement, en être autrement. Mosco n'éprouve nulle intention de scier la branche sur laquelle il est assis. Et puis, lui également rêve de l'Elysée. Et pour être élu, l'argent est plus important que les électeurs.

« L'important n'est pas de compter les voix, mais de compter ceux qui comptent les voix. » (Staline.)

DIMANCHE 24 – À VOUS DE JUGER.

Les attaques contre les magistrats sont intolérables, selon Taubira. Y compris lorsqu'ils se rendent coupables d'erreurs judiciaires, lorsqu'ils envoient des innocents passer des années en prison ? C'était la tirade saugrenue de la semaine.

Les magistrats dont Sénèque disait : *« Certains sont jugés grands parce que l'on mesure également le piédestal. »*

Supposons qu'une personne totalement innocente du fait qui lui est reproché soit condamnée à une lourde peine de prison. Dix ans plus tard, il est prouvé et reconnu qu'elle était absolument étrangère à l'affaire. Elle est logiquement et enfin libérée. Si cette victime de l'injustice se venge et assassine le juge qui l'a condamnée à tort, est-ce que les dix années passées en cabane seront prises en compte comme prison préventive ? Aura-t-elle droit aux circonstances atténuantes ?

Il ne serait pas stupide de prévoir cette éventualité, légiférer et inscrire un nouvel article dans le Code civil.

Deux blessés graves par balles à Marseille. Ils ne seront pas pris en compte dans les statistiques, sauf s'ils décèdent. Les blessés, ça ne compte pas.

À Paris, la manif pour tous, en fait contre le mariage gay, a rassemblé trois cent mille personnes selon la police et un million quatre cent mille selon les organisateurs. C'est, dans les deux camps, d'une absurdité monstre. En additionnant les deux chiffres puis en divisant par deux, on obtient huit cent cinquante mille, ça ne doit pas être loin de la vérité. De nombreuses violences policières ont été constatées. Quel que soit le gouvernement en place, les CRS et les gendarmes mobiles s'en foutent ; ils cognent, ils ont été dressés pour ça, et point final. Lorsqu'un gouvernement de droite est en place, ils matraquent les manifestants de gauche, lorsque le gouvernement est à gauche, ils tabassent les manifestants de droite. Valls en a profité pour jouer, une fois de plus, son rôle de star du petit écran. Selon lui, la manifestation a échappé aux organisateurs. Dans le camp d'en face, les gaz lacrymogènes n'ont pas échappé aux participants.

Dicton du jour : « *Gazage et matraquage sont les deux mamelles des forces de frappe.* »

Dans le cadre du programme de réchauffement de la planète, la situation actuelle laisse à penser que le printemps pourrait être torride. Si cela se confirme, nous pourrons constater que, pour une fois, les écolos n'ont pas raconté que des platitudes. Malheureusement pour eux, rien n'est certain pour autant.

LUNDI 25 – IL Y À LA GREFFE, IL Y À LE REJET.

Lors de l'élection partielle de la 2ème circonscription de l'Oise, Jean-François Mancel (UMP et hélas, ancien énarque lui également) a remporté la bataille face au FN, par 51,41 % des voix, contre 48,59 % à son adversaire. Environ 65 % des inscrits ont estimé qu'il était totalement inutile de se déranger pour voter. C'est la tendance actuelle. Cela revient à constater que Mancel ne représente qu'à peine un habitant sur six dans sa circonscription, puisque tous ne sont pas inscrits, et que les votes blancs ne sont scandaleusement pas pris en compte. Il n'y a pas ici de quoi venir se pavaner face aux médias. Le candidat PS avait été recalé au premier tour. Il se dit que les socialos ont fait une campagne souterraine pour favoriser le FN, de façon à nuire le plus possible à la droite. Cela semble évident, mais il est vrai que la réciproque existe également. La politique fonctionne ainsi ; seuls la conquête et l'exercice du pouvoir comptent. Les méthodes utilisées et le sort des Français sont sans importance aucune.

Le dicton du jour : *« La soif du pouvoir est la pire des calamités qu'un être humain puisse se trimbaler. »*

Mancel traine plusieurs casseroles dans sa musette. Détournement de fonds publics, recel d'abus de biens sociaux, affaire dites des Caddies (dépenses personnelles portées sur le compte du conseil général de l'Oise, etc…), mais dans l'ensemble, il est toujours parvenu à s'en sortir, sinon avec les honneurs, du moins de façon encourageante pour la suite de sa carrière, grâce à des vices de procédure, et sans nul doute un excellent avocat. Mais, c'est bien connu, de nombreux électeurs ont la mémoire courte.

Interrogé par une femme sur RMC, Bernard Lacombe, conseiller de Jean-Michel Aulas, président de l'Olympique Lyonnais, a répondu : *« Je ne discute pas avec les femmes. Qu'elles s'occupent de leurs casseroles. »* Ses conseils, il ferait bien de se les accrocher autour du cou, en étant poli. Norman Van Brocklin, décédé en 1983, qui fut un joueur exceptionnel avant de devenir entraîneur de football américain, disait : *« Si jamais j'ai besoin d'une transplantation de cerveau, je choisirai un sportif, car je veux un cerveau qui n'a jamais servi. »*

Dans sa série de discours oiseux, JMA annonce qu'il va créer deux milles postes, d'ici septembre prochain, pour gonfler les effectifs de Pôle Emploi. Ceux-ci s'ajouteront aux deux mille déjà annoncés pour juillet. C'est facile mais ça ne rapportera rien, sauf à creuser davantage le déficit des comptes publics. Et puis, quatre mille emplois, ce n'est pas la panacée. Cela ne représente que quatre journées d'inscriptions pour les nouveaux chômeurs. N'aurait-il pas été plus intelligent de prendre ces quatre mille postes à l'intérieur même des administrations, où deux millions de fonctionnaires sont payés – dans le meilleur des cas – à ne rien foutre. Au pire, à emmerder ceux qui travaillent pour faire chauffer leur marmite.

« Le gouvernement sème des fonctionnaires et les contribuables récoltent les impôts. » (Georges Clemenceau).

Encore un chiffre à la hausse. À la fin février, la France comptait dix-huit mille quatre cents chômeurs de plus qu'au 31 janvier. Le record, établi en janvier 1997, est battu : jamais la France n'avait connu autant de sans emploi. Ça, c'est du boulot.

MARDI 26 – CHACUN À SA PLACE.

Les élus parisiens du PC et du Parti de gauche souhaitaient que l'une des rues de la capitale porte le nom d'Hugo Chavez. Cette requête a été rejetée par le Conseil de Paris. La principale raison invoquée étant que la personnalité de l'ex-président du Venezuela soit controversée. C'est le moins que l'on puisse dire.

Delanoë a préféré inaugurer, le 17 octobre 2001, une plaque commémorative à la mémoire des nombreux Algériens tués lors de la sanglante répression de la manifestation pacifique du 17 octobre 1961. Il faut se souvenir que cette manifestation avait été interdite par la préfecture de police de Paris, et qu'auparavant, un couvre-feu avait été décrété pour les Nord-Africains. Pour ce qui est de la manifestation pacifique, elle était organisée par le FLN. Nous nous trouvons en plein délire.

Le maire de Paris a poursuivi son œuvre le 8 février 2007, en inaugurant une stèle à la mémoire des victimes de la station métro Charonne, en compagnie de Bernard Thibault et Nicole Borvo, sénatrice communiste de Paris. Cette manifestation anti-française, sur le sol français, avait également été interdite par la préfecture de police de Paris.

L'avenue Ben Bella ou Houari Boumediene, c'est pour quand ?

Un islamiste iranien a fracassé l'horloge astronomique du XIVème siècle, située en la cathédrale Saint-Jean de Lyon. Motif invoqué : elle empêche les croyants musulmans de se concentrer sur leur prière. Le délinquant a tout d'abord été placé en garde à vue, puis remis en liberté. Quoi de plus normal ? Tentons d'imaginer un seul instant la réaction de la classe politique et autres associations éclairées, si un catholique avait commis un acte équivalent dans une mosquée… !

Ce qui est certain, c'est que pas un seul média n'a eu le courage de rapporter ce fait.

MERCREDI 27 – LE BON WAGON.

Défense de rire ! La SNCF Fret a lancé une campagne interne, du 18 mars au 12 avril, pour tenter de retrouver cent cinquante wagons perdus, indique le syndicat CFDT Transports. Une récompense de quatre-vingt euros est promise à qui retrouva un wagon ! Mais attention : si deux cheminots trouvent le même wagon, la somme sera attribuée au plus rapide. C'est à qui dégainera le plus vite. Il ne manque plus que quelques Indiens pour sodomiser la fille du sheriff, et l'arrivée du 7° de cavalerie pour tout remettre en ordre.

Le syndicat précise : *« Outre le fait que ce challenge (!) n'est que la résultante d'une destruction de l'entreprise menée depuis 2009, c'est aussi l'expression d'un véritable déni envers les cheminots de FRET qui souhaitent occuper leur journée à transporter des wagons chargés plutôt que d'aller à la pêche aux wagons perdus. »*

Si, au hasard de vos déplacements, vous croisez un wagon non accompagné, signalez-le au chef de gare le plus proche ou au bureau des objets trouvés.

Pour la première fois depuis l'année 1984, donc sous la présidence du socialiste de façade, François Mitterrand, le pouvoir d'achat a baissé de 0,4 % en 2012. C'est désormais une certitude, Hollande est bien mitterrandiste.

« *La situation économique et sociale se dégrade et pourtant, l'UMP peine à regagner la confiance des Français, parce qu'elle ne propose pas assez* » déclare Valérie Pécresse. Apparemment, elle ne doit pas se souvenir du spectacle lamentable que sa bande a donné en représentation fin de l'année 2012. Elle ne doit pas se souvenir que durant le quinquennat de Sarkozy, la dette du pays a augmenté de six cents milliards d'Euros. Un véritable record historique, un de plus !

Elle veut s'opposer et proposer ! S'opposer à qui : aux socialos ? Nous pensions tous que c'était déjà fait. Aux membres de son clan : c'est monnaie courante en politique que trahir son propre camp. Jusque-là, rien de nouveau. Proposer : quoi ? De toutes les façons, elle peut toujours proposer ce qui lui passe par la tête, puisque aucun engagement n'est jamais respecté. En conclusion, pour dire ça, elle n'était pas obligée d'effectuer le déplacement. Encore une qui se la joue perso, et prépare 2017. Le reste, elle n'en a rien à cirer. Comme les autres.

JEUDI 28 – UN SPECIALISTE DE L'OUTILLAGE.

Le MEDEF a refusé de modifier ses statuts, de façon à ce que Laurence Parisot puisse briguer un troisième mandat à sa présidence. Pouvoir, pouvoir, quand tu nous tiens… ! Retournera-t-elle diriger l'IFOP ? Cela lui éviterait de devoir s'inscrire à Pôle Emploi, car légalement elle ne peut cumuler. Etant membre, elle également, du groupe de Bilderberg, elle devrait, quoi qu'il arrive, pouvoir envisager l'avenir avec sérénité.

Un nouvel épisode du feuilleton télévisé *Bonne nuit les petits* est exceptionnellement programmé ce soir, avec Hollande dans le rôle de Gros Nounours. Comme pour toutes les émissions du genre, il n'y a rien à en attendre, car le président ne sait pas quoi dire, pour la simple raison qu'il n'a rien à dire. Pourtant, il va probablement tenter de nous dire qu'il a des choses à dire. Reste à savoir comment il s'y prendra pour le dire. C'est pour dire ! Attendons.

Ite missa est. Hollande est reparti comme il était venu, c'est-à-dire avec rien dans les mains, rien dans les poches et rien dans la tête. Il a confirmé, sans surprises, qu'il n'avait pratiquement rien à dire que nous ne sachions déjà. Après avoir réaffirmé que le chômage sera revu à la baisse pour la fin de l'année, ce qui lui laisse neuf mois de répit – c'est toujours ça de pris – il a répété qu'il réduira les dettes de l'État. Pour l'instant le nombre des sans-emploi continue de grimper et les déficits ne cessent de s'aggraver. Comment parler emploi, entreprise, avec des individus qui ne connaissent rien, absolument rien au monde du travail ? Comment parler finances avec des individus qui n'ont jamais géré le moindre compte, et se contentent d'encaisser *ad vitam aeternam* les subsides de la République ? À aucun moment, il n'a précisé la façon dont il allait s'y prendre. D'ailleurs, s'il savait comment faire, depuis dix mois, il aurait laissé tomber la théorie pour s'attaquer aux travaux pratiques.

Il s'est contenté de parler en milliards qui ne lui appartiennent pas – c'est plus facile – qu'il transfèrera d'un compte sur un autre, d'un plan qui remplacera un autre et, à l'arrivée, grâce à lui, les Français verront la vie en rose.

Depuis 1958, et le discours de Debré (le père) nous entendons la même ritournelle : nous avons hérité d'une situation catastrophique. Pour réparer les errements coupables du gouvernement précédent, nous devons demander aux Français de faire des efforts, et ensuite pour pourrons tous ensemble bénéficier d'un nouvel essor. À quelques rares exceptions près, cela fait cinquante-six ans que l'on nous rabâche les mêmes salades. Pour autant, la situation du pays ne cesse de se dégrader.

Il a même poussé la plaisanterie en déclarant qu'il possédait une boîte à outils. Encore lui faudrait-il être capable de savoir utiliser l'outillage qui se trouve à l'intérieur, même s'il se réduit à un marteau pour nous asséner des coups sur le crâne, un aimant pour vider les bourses et une pince multiprise pour serrer les boulons. À la fin de son discours lénifiant, nous apprenions que la consommation des ménages avait encore reculé de 0,2 % durant le mois de février.

Il a terminé son galimatias en précisant que la France avait atteint son objectif au Mali, seul point positif et provisoire de ses dix premiers mois de règne, mais uniquement selon ses dires. Et que pour les hauts revenus, la taxe de 75 % serait payée par les entreprises. Quelques nouvelles délocalisations sont donc à attendre prochainement.

Frédéric Thiriez, président de la LFP, a immédiatement réagi. La nouvelle taxation va coûter aux clubs de L1 quatre vint deux millions d'euros, soit une augmentation brutale des charges de 30 %, alors qu'ils sont déjà en difficulté financière, qu'ils ont dû absorber une charge supplémentaire de cinquante millions d'euros avec la suppression du Droit à l'Image Collective, et qu'ils subissent déjà les charges sociales les plus élevées en Europe. Avec ce coût du travail délirant, la France va perdre ses meilleurs joueurs, nos clubs verront leur compétitivité en Europe plonger et l'État y perdra ses meilleurs contribuables. C'est une opération perdant-perdant.

Pas de panique monsieur le président des footeux. Hollande a affirmé que cette contribution ne s'appliquerait que durant deux années. Il est toujours possible de faire semblant d'y croire.

Malheureusement, les impôts provisoires, nous savons tous ce que cela veut dire. Souvenons-nous de la CSG. Cette nouvelle taxe, inventée vicieusement par Michel Rocard en 1990, était à l'origine un impôt *provisoire*, pour une durée de cinq années, destiné à apurer la dette sociale. Elle n'est pas bonne celle-ci ? Nous sommes en 2013, et vingt-trois ans plus tard, le provisoire fonctionne toujours à fond la caisse. Pire, lors de sa création, le montant du prélèvement était de 1,10 %. En 1993, Balladur porta le taux à 2,4 %. Puis, Juppé l'augmenta une seconde fois de 1 %. De sus il inventa une saloperie supplémentaire : la CRDS au taux de 0,5 %, ce qui porta le taux de ce racket supplémentaire à 3,9 %. Le coup de grâce – provisoirement définitif – fut donné par le trotskiste de droite Jospin, qui décida que le montant total du prélèvement serait désormais de 7,5 %. C'est ainsi que le provisoire à 1,10 % est devenu définitif à 7,5 %, en attendant la prochaine revalorisation. Quant à la dette sociale, elle se porte très bien, merci.

Afin de terminer son spectacle en beauté, Hollande a tenté d'appuyer là où ça faisait mal, tout en feignant l'indifférence et la neutralité. Ainsi, il n'a pu s'empêcher de faire remarquer que Nicolas Sarkozy est mis en examen, mais est présumé innocent. Il a ensuite ajouté vicieusement qu'en aucune façon un juge ne doit être mis en cause. Ceux qui n'ont pas compris le message peuvent s'adresser au secrétariat de l'Elysée.

Dans un tel contexte, nous attendions tous que Patrick Sébastien, l'un des principaux occupants de France Télévision, vienne clore la soirée avec l'une des chansons à texte dont il a le secret, mais il a préféré ne pas effectuer le déplacement. Peut-être la peur de ne pas être payé.

Revenons à la triste réalité. À fin 2012, Le déficit public s'élevait à 4,8 % du PIB, contre 4,5 % initialement prévu par le gouvernement. À cette date, la dette publique totale se montait à 90,2 % du PIB, soit mille huit cent trente-quatre milliards d'euros. Le gouvernement reconnaît – seulement maintenant – qu'il ne parviendra pas à réduire le déficit à 3 % du PIB fin 2013. C'est un véritable coup de théâtre !

Pour couronner le tout, la Commission européenne prévoit que le déficit de la France sera de 3,7 % fin 2013 et 3,9 % fin 2014. La dette continuera d'augmenter pour atteindre 93,4 % du PIB fin 2013 et 95 % fin 2014.

Comme l'a fait remarquer Moscovici, fort heureusement nous étions là pour mettre de nouvelles mesures en place, sinon la situation aurait été encore plus catastrophique. Il sera bien compliqué d'aller plus loin dans la fourberie et l'abjection. Juste histoire de lui rafraîchir la mémoire, notre ministre des Finances a déclaré péremptoirement le 4 juin 2012 : nous ramènerons le déficit de la France à 3 % du PIB en 2013, sans mesures d'austérité. Dans le même temps, Hollande avait affirmé qu'une croissance de 0,5 % pour 2012 et 1,7 % pour 2013, viendrait auréoler ses exploits.

Comme l'a écrit le poète anglais Ralph Hodgson : *« Certaines choses ne sont visibles qu'à condition d'y croire. »*

Lorsque le temps sera venu pour Hollande d'occuper un poste à la hauteur de son talent, il pourra toujours postuler chez Castorama ou Bricorama. Il possède déjà une boîte à outils. Cela risquera peut-être de faire un peu léger comme CV, mais cet équipement spécialisé possèdera l'énorme avantage de n'avoir jamais servi.

VENDREDI 29 – UNE PAGE PUBLICITAIRE.

Mélenchon trouve que l'Elysée est enlisé. Heureusement qu'il nous reste ce cabotin pour apporter un peu d'animation au sein de la France profonde, car depuis la mort de Georges Marchais et la retraite superficielle de Jean-Marie Le Pen, il ne reste plus grand monde pour animer les soirées dans les maisons de retraite et les bals d'anciens combattants. Mis à part Christophe et Hervé Vilard, bien entendu.

JMA a décidé de remplacer son conseiller spécial en communication. Bernard Candiard est prié d'aller exercer ses talents sous d'autres cieux, au profit de Jérôme Batout, ancien conseiller de François Hollande, lorsqu'il était premier secrétaire du PS, et actuel responsable du département Affaires publiques chez Publicis Consultants. Il y aura désormais au moins un professionnel à Matignon. Le Premier Ministre espère ainsi redorer son image de simple élu local, puis éviter de poursuivre la série en cours de ses erreurs de communication. Selon Jean-Luc Mano, conseiller en communication politique *« Ayrault est dans une situation de communication quasi-inexistante et quand elle existe, elle est pour le moins calamiteuse. Il ne trouve pas les mots, ne trouve pas le temps et, pire encore, ne trouve pas sa place dans le dispositif. »* Ce qui est pour le moins gênant, compte tenu du poste qui est le sien.

Une chose est certaine : Ayrault ne risque pas de battre le moindre record de longévité à Matignon. Quant à Hollande, niveau Premier Ministre, il peut dormir sur ses deux oreilles. Ce n'est pas ce petit bonhomme falot qui pourra se mettre en travers de son chemin, en vue des futures échéances électorales. C'est également ça, le changement.

C'était prévisible. Le Parquet de Paris a ouvert une information judiciaire afin d'enquêter sur d'éventuels achats de votes en faveur du maire UMP de Corbeil-Essonnes, lors de la campagne pour les municipales de 2010. Jean-Pierre Bechter, premier magistrat de la commune, n'est en fait que l'homme de paille de Serge Dassault. L'instruction est ouverte pour achat de votes, corruption, blanchiment, abus de biens sociaux, appels téléphoniques malveillants, tentative d'extorsion de fonds et extorsion en bande organisée. Rien que cela !

SAMEDI 30 – BIEN FAIT POUR VOTRE GUEULE.

À l'UMP, la guéguerre des roitelets est relancée. Fillon ressort les munitions de sa cartouchière, mais l'ennemi est toujours le même : Copé. Il faut en déduire que ces deux-là n'ont pas encore compris à quel point ils s'étaient ridiculisés fin de l'année 2012. C'est pitoyable. Face à l'incompétence et l'amateurisme des socialos, il n'existe même plus d'alternative crédible. C'est pour dire à quel point la situation est catastrophique chez les droitistes.

À propos de Fillon, il ne semble pas superflu de rappeler la déclaration effarante qu'il a faite en février 2012. Déclaration hélas, passée pratiquement inaperçue. L'ex-Premier Ministre avait alors reconnu publiquement *« que les Français n'étaient pas responsables de la dette colossale réalisée par les divers gouvernements qui se sont succédés depuis des décennies, mais que les politiciens qui ont créé ce déficit abyssal avaient tous été élus par des citoyens français !!! »*

En gros, cela revient à dire : c'est bien fait pour votre gueule. Nous ne sommes que des bons à rien, nous le savons, mais il ne fallait pas nous élire.

DIMANCHE 31 – LES COLIFICHETS DE LA REPUBLIQUE.

En ce dimanche, la liste des décorés de la promotion de Pâques de la Légion d'Honneur a été publiée au Journal officiel. On y découvre 563 noms, allant du nouveau venu à l'accession, à la plus haute dignité, celle de Grand-Croix.

C'est le 19 mai 1802 que Napoléon Bonaparte, alors Premier Consul, créa l'Ordre national de la Légion d'Honneur. À un membre du Conseil d'État qui l'interpelait quant au bien-fondé de cette plaisanterie, il répondit « On appelle cela des hochets ; et bien, c'est avec des hochets que l'on mène les hommes. »

Parlant de cette fameuse médaille, Jean-Paul Sartre se contenta d'ajouter : « L'essentiel n'est pas de la refuser, mais de ne pas l'avoir méritée. »

Durant le week-end pascal, rien ne vaut un bel œuf en chocolat. C'est plus digeste qu'une médaille.

L'air de rien, les membres de cette confrérie archaïque – environ quatre-vingt-quinze mille poitrines enjolivées – encaissent une rente annuelle non négligeable, comprise entre six euros trente centimes, et trente-six euros cinquante-neuf centimes. Le montant du pactole est étudié en fonction du degré d'élévation de chaque membre au sein de la secte. Ce qui génère malgré tout un budget de fonctionnement d'environ quatre millions d'euros. Encore une économie facilement réalisable.

La tirade saugrenue de la semaine revient à Valls. En voyage d'agrément à Grigny, il a fait savoir à son auditoire « que ses concitoyens ont droit à la tranquillité. » Il ne fait que s'en apercevoir ou il le fait exprès ? Pour obtenir les premiers résultats probants, il serait suffisant que le gouvernement cesse de les rançonner les concitoyens ; qu'il arrête de les harceler, leur mentir, les espionner, les exploiter, leur faire subir l'incompétence notoire et les lubies de politiciens ineptes. Qu'il cesse de leur faire payer la somme de l'incapacité des ministres et parlementaires à résoudre le moindre problème. Qu'il donne ordre à la police d'arrêter de taper sur la gueule des mécontents – de loin les plus nombreux – lorsqu'ils manifestent leur ras-le-bol général face à l'incurie des élus. En résumé, arrêtez de prendre vos concitoyens pour des cons, et une bonne partie du chemin sera fait. De sus, ce serait, pour une fois, une excellente idée.

Le mois se termine sur le score de six tués pour la Corse et six pour Marseille. Match nul également pour Valls spécialiste en discours démagogiques, mais franchement mauvais pour les arrestations. À noter qu'avec le printemps, le rythme semble vouloir s'accélérer.

AVRIL

LUNDI 1ᵉʳ – POISONS D'AVRIL.

« En avril, ne te découvre pas d'un fil » dit le proverbe. Cette année, il sera fort aisé de mettre cet adage à exécution ; avec tout ce que Hollande nous a déjà piqué en dix mois, il ne nous reste pratiquement plus rien à ôter. Si cela continue ainsi ; nous allons tous nous retrouver devant les tribunaux pour exhibitionnisme.

C'est aujourd'hui que Cécile Duflot fête son trente-huitième anniversaire. Ce n'est pas un canular. Le fait qu'elle soit ministre n'est, hélas, pas davantage une galéjade. Elle est née le même jour que Bismarck et Franck Ribery. Un sacré trio de choc. Le 1ᵉʳ avril est également jour anniversaire de la création de la République islamique d'Iran. Quelquefois, le hasard ne fait pas bien les choses. Cette journée est placée sous le signe du Bélier, dont la couleur est le rouge. Bof ! Du vert au rouge, politiquement la distance à parcourir n'est pas insurmontable. La preuve : le drapeau iranien est composé de ces deux couleurs. Au sein des milieux politiques, de droite comme de gauche, Duflot est cataloguée comme étant calculatrice, arriviste, immature et égoïste. En possession d'un tel CV, où aurait-elle pu se réfugier hors du cirque politicard ?

En cette journée, où toutes les farces sont permises, y compris celles du plus mauvais goût, JMA assure, en parlant des retraites, que l'allongement de la durée des cotisations ne se traduira pas par un prolongement de l'âge légal au-delà de soixante-deux ans. Souvenons-nous bien de cette phrase : nous ne toucherons pas à l'âge légal de la retraire qui reste soixante-deux ans. Il semblerait toutefois que quelques petits ajustements techniques puissent être envisagés, mais rien de véritablement préoccupant. Si Ayrault l'affirme…

S'il s'était imposé cette règle à lui-même, il n'aurait jamais été Premier Ministre, puisqu'il a fêté son soixante-deuxième anniversaire le 25 janvier 2012. À supposer qu'il soit encore en poste à cette date l'an prochain, ce qui est loin d'être une évidence, n'oubliez surtout pas de faire livrer des roses à Matignon. Il est conseillé de faire auparavant ôter les épines, car il est plutôt habitué à ce qui est sans relief.

Dans la foulée, nous apprenons qu'en décembre dernier, Montebourg s'est permis de balancer à la face de son chef de bande : « *Tu fais chier la terre entière avec ton aéroport de Notre Dame des Landes, tu gères la France comme le conseil municipal de Nantes.* » Bien qu'il n'ait pas forcément tort, cette attaque verbale représente un manque de respect notoire envers son supérieur hiérarchique. Et pour un Premier ministre, accepter de se faire insulter ainsi par un subordonné, sans réagir, représente une évidente marque de faiblesse. Mais ça, nous le savions déjà. De plus, s'en aller raconter cette offense aux médias, comme s'il s'agissait d'un exploit, n'est pas la marque d'un excès de bon sens. Nous le savions également.

Ayrault était fait pour être enseignant, point final. Et encore, pas dans une zone prioritaire.

Copé affirme que depuis l'élection de Hollande, la France compte mille trois cents nouveaux chômeurs chaque jour. Ce qui est totalement faux. Deux cent soixante mille cent nouveaux inscrits divisés par deux cent soixante-treize jours, cela ne donne qu'une moyenne journalière de neuf cent cinquante-trois unités. Il faudrait voir à ne pas raconter n'importe quoi !

Une autre bonne nouvelle est la revalorisation des pensions du régime général de retraite. Elles augmentent de 1,3 % à compter de ce lundi, et les complémentaires de 0,8 % pour les ex-salariés du privé.

La moins bonne nouvelle est que l'inflation a été de 2 % en 2012. Ce qui revient à dire que les retraités vont perdre 0,7 % de pouvoir d'achat d'un côté et 1,2 % de l'autre. Et ce n'est pas terminé, puisque les retraités imposés vont devoir s'acquitter d'une nouvelle taxe de 0,3 % pour – paraît-il – financer la dépendance. Si cette histoire ne fait rire personne, ne vous y fiez pas ; Hollande est capable d'en raconter des plus drôles. Ainsi va la politique sociale des socialos : il faut toujours arnaquer les plus démunis, car ils sont les plus nombreux, et de sus ne savent pas se défendre. Il est à remarquer qu'en moyenne, le montant des retraites du secteur public est d'environ un tiers plus élevé que celui du privé. La cause essentielle de cette situation profondément injuste et injustifiable, est qu'il faut prendre soin des fonctionnaires ; ils votent et ils nombreux, très nombreux : environ cinq millions deux cent mille. Ce qui doit constituer un record mondial, si l'on calcule la moyenne par habitant. Peut-être que Cuba et la Corée du Nord font mieux ? Ou pire, c'est selon.

Ainsi, en Allemagne, pays super organisé, nous le savons tous depuis le mois de juin 1940, les fonctionnaires sont trois millions pour quatre-vingt-huit millions d'habitants. Ce qui revient à constater que lorsque l'on dénombre un rond-de-cuir en Allemagne, il est nécessaire d'en mettre deux en France.

Les principales conséquences de cette gabegie est que, chaque jour davantage, il devient interdit de faire ce dont nous avons envie et obligatoire de faire ce dont nous n'avons pas envie. Il faut bien les occuper, ces inutilités !

« *L'État est notre serviteur. Nous n'avons pas à en être les esclaves.* » (Albert Einstein).

Le but de la manœuvre ne serait-il pas de créer un modèle unique de contribuable. Une sorte de petit robot formaté, docile, qui ne réfléchit pas, ne pense pas, qui se contente de payer puis d'obéir aux ordres. Réfléchir, c'est commencer à désobéir.

À l'occasion de cette journée consacrée au poisson d'avril, un petit retour vers le 5 juillet 2011 peut s'avérer captivant. En ce jour de gloire pour lui-même, Michel Zumkeller, député UMP de la deuxième circonscription du Territoire de Belfort, qui veut faire interdire les boules aquariums trop exiguës qui, selon lui, rendent les poissons malheureux, avait écrit en ce sens au ministre de l'Agriculture : « *À l'époque où le bien-être des animaux est un sujet plus que jamais à l'ordre du jour, pourquoi ces boules de verre primitives sont encore vendues couramment à des personnes qui n'ont aucune notion des conditions optimales nécessaires au maintien des poissons d'aquariums ?* » Il dénonçait également l'absence de filtration et l'utilisation d'eau du robinet souvent et malheureusement non déchlorée. (Ce mot n'existe pas. NDLA). D'après cet éminent spécialiste en boules, l'eau qui est bonne à la consommation pour l'être humain, ne saurait donc être imposée aux poissons rouges ! Il ajoutait : « *Au bout de quelques semaines, si les poissons ont survécu, le changement d'eau se fera uniquement lorsqu'elle deviendra nauséabonde ou lorsque les poissons piperont l'air en surface, preuve qu'il faut agir, s'il en est encore temps.* » C'est une certitude : une grande carrière politique s'ouvre devant cet élu du peuple. Au Ministère de la Pêche ?

MARDI 2 – *AVE HOLLANDE, MORITURI TE SALUTANT.*

Panem et circences. En Français, du pain et les jeux du cirque. Cette citation est attribuée au poète latin Juvénal, s'adressant aux Romains incapables de s'intéresser à d'autres choses qu'à la bouffe et aux massacres perpétrés à l'intérieur des arènes. Il semble alors avoir oublié les orgies.

Avec Hollande sur le trône, la bouffe pour le peuple se raréfie chaque jour davantage, ce qui règle la première partie du programme. Quant aux jeux, ils risquent de connaître des jours préoccupants, puisqu'il semblerait que la taxe de 75 % sur les hauts salaires, devant être casquée par les entreprises, doive s'appliquer également aux clubs de football de Ligue 1. Rien n'est encore définitif mais, pour certains ministres c'est déjà une certitude. Pour d'autres, ce racket ne s'appliquera pas au sport, d'autres encore déclarent ne pas avoir été informés dans les délais impartis. Certains ne sont pas au courant, car ils sont arrivés en retard lors de la réunion ; il y a aussi ceux qui sont partis avant la fin. Enfin, nous trouvons les ministres qui ne se sentent pas directement concernés par cette question, puis encore ceux qui n'en ont carrément rien à foutre.

C'est qu'ils ne comprennent rien à rien, dans cette équipe à brasser les illusions. Hors du fait que ce sont de gros contribuables qui, une fois de plus, risquent de quitter la France, le résultat est que de nombreux supporters vont se voir privés de leur spectacle favori. Ils n'auront même plus le droit de rêver. C'est pourtant en ces instants de divertissements, qu'il est le plus facile de les détrousser.

Le programme des politiciens est tout pour nous, le reste pour les autres. Ce n'est guère original. Encore faut-il posséder un minimum d'intelligence pour parvenir à faire avaler la pilule au populo, sans provoquer d'embarras gastriques.

Sale journée – une de plus – pour les socialos. Jean-Noël Guérini a été placé en garde à vue à Marseille. Il est soupçonné d'être impliqué dans une affaire de malversations de grande ampleur, en compagnie de membres du grand banditisme. Il est déjà mis en examen dans une affaire de détournement de fonds publics, après avoir vu son immunité parlementaire levée en décembre dernier. Comme ce n'était pas suffisant, Jérôme Cahuzac a demandé à être entendu par la justice, afin de reconnaître officiellement qu'il possédait bien des comptes en Suisse et à Singapour, depuis une vingtaine d'années. Il avait nié formellement, à différentes reprises, une fois en conseil des ministres, et devant ses chers confrères de l'Assemblée nationale, n'avoir jamais détenu un ou plusieurs comptes à l'étranger. Il a été mis en examen pour blanchiment de fraude fiscale.

Comme le faisait remarque Honoré de Balzac : « *À l'origine de toute fortune, il y a un crime.* » [Au minimum un crime. NDLA].

MERCREDI 3 – EN VERITE, JE VOUS LE DIS.

Lors de sa garde à vue, Jean-Noël Guérini a été victime d'un malaise, et a dû être hospitalisé. Décidément, au PS, les malaises sont devenus monnaie courante.

Hollande, JMA, Fabius, Moscovici, Valls, Taubira, tous affirment, une main sur le cœur, l'autre sur la Constitution de la 5ème République, qu'ils n'étaient absolument pas au courant des légers écarts financiers du ministre Cahuzac. C'est préoccupant, très préoccupant. Plus que très préoccupant. Si les RG rebaptisés DCRI, mais cela ne change rien à l'affaire, puisqu'il s'agit toujours de la même police politique que par le passé, ne sont pas en mesure de communiquer aux plus hautes instances de l'État, le secret de polichinelle que tous les journalistes connaissaient depuis des mois, il s'avère qu'il devient urgent de restructurer le service après-vente de notre République bananière.

Pourtant nous apprenons que, dès l'année 2008, un agent du ministère des Finances avant signé une note réclamant *« un examen approfondi de la situation fiscale »* de Monsieur Cahuzac, qu'il suspectait de fraude fiscale. La demande resta lettre morte. Mieux (ou pire), cet employé du fisc sera sanctionné pour être allé fouiner sans raison apparente, dans ce qui ne le regardait point. Le dossier devient carrément difficile à gérer pour Moscovici, Valls et quelques autres. Mais gageons qu'ils sauront s'en sortir avec leurs habituelles pirouettes.

Reste l'option du mensonge collectif. Puisque ces messieurs et dames certifient sur l'honneur que Cahuzac n'a bénéficié d'aucune protection, que rien n'a été dissimulé, s'il était prouvé le contraire, il ne resterait aucune autre option possible que d'enregistrer la démission du chef de l'État, du gouvernement et la dissolution de l'Assemblée nationale. Encore que dans un pays où les politiciens s'accrochent à leurs privilèges, tels les poux d'une pédiculose pubienne aux poils du cul, tout peut être envisagé. Y compris le pire.

Si un jour, le hasard d'une rencontre vous permet de choper quelques spécimens de cette petite bestiole intime, appelée morpion dans le langage des gueux, vous pourrez constater à quel point elles sont affectueuses. Elles s'accrochent à vous à un tel point, qu'il est fort complexe de pouvoir s'en débarrasser.

La situation est d'autant plus ennuyeuse, que les solutions de remplacement sérieuses et honnêtes ne courent pas les bancs de la Chambre des députés. Avec toutefois une réserve au niveau des compétences car, si l'on prend le gouvernement Ayrault comme référence, il sera bien compliqué de trouver pire.

Il n'en reste pas moins vrai que Cahuzac, que l'on présentait comme l'un des cerveaux du gouvernement (certes, ces derniers n'encombrent pas le Conseil des ministres) n'est finalement qu'un plouc. Un grand garçon comme ça, se faire coincer pour la modeste somme de six cent mille euros, c'est minable. Encore que l'on commerce à parler en millions, ce qui est davantage plausible. Comme habituellement dans ce genre d'embrouille, où se situe la vérité ?

Cette vérité dont Ibn Khaldoun, grand philosophe et historien arabe ayant vécu au XIVème siècle, disait : *« La vérité est telle l'eau que l'on verse dans la carafe, et qui prend la forme du récipient qui la contient ».*

Une question cruelle nous interpelle : si l'on empêchait les politiciens de faire un amalgame entre leurs comptes personnels et ceux de l'État, combien seraient-ils en mesure de pouvoir se représenter aux prochaines élections ?

JEUDI 4 – *« FAITES DES ENFANTS »* QU'ILS DISAIENT.

Attention, une sale affaire peut en cacher une autre. *Le Monde* révèle une information qui tombe vraiment mal à propos pour Hollande. Jean-Jacques Augier, son trésorier de campagne lors des présidentielles de 2012, est actionnaire de deux sociétés situées aux Îles Caïmans. À l'origine, cet homme d'affaires avait le choix entre la Corrèze et les Îles Caïmans. Il a tiré à la courte paille, et ce sont les îles qui ont gagné. Fort heureusement, Hollande n'était pas, et n'est toujours pas au courant. On lui cache tout, on ne lui dit rien. Cette situation démontrerait donc que chaque matin, il ne reçoit plus les rapports de la police politique ?

Dans ces conditions, que son chef de cabinet prenne l'initiative de l'abonner aux principaux hebdomadaires français, pour l'information courante, et étrangers pour les surprises.

Lors de sa campagne publicitaire en vue des élections présidentielles, le candidat Hollande s'était engagé à ne pas placer les allocations familiales sous conditions de ressources. Il avait répondu à un questionnaire écrit de l'Union nationale des associations familiales : « *Je reste très attaché à l'universalité des allocations familiales qui sont aussi un moyen d'élargir la reconnaissance nationale à toute la diversité des formes familiales. Elles ne seront donc pas soumises à conditions de ressources.* »

Un an plus tard, sur France 2, le président Hollande a déclaré : « *Que les plus hauts revenus aient les mêmes allocations familiales que les plus bas, non ! Cela sera revu.* »

Un mensonge de plus à mettre dans l'escarcelle du petit, tout petit chef de l'État.

Attention, un président peut en cacher un autre. Dans le cadre de l'affaire des sondages de l'Elysée sous l'ère Sarkozy, deux perquisitions visant l'ex-conseiller de l'ex-président, ont eu lieu ce matin au domicile et au bureau de Patrick Buisson. L'enquête sur la régularité des contrats conclus entre l'Elysée et quelques instituts de sondages plutôt privilégiés, a débuté suite au rapport établi par la Cour des comptes en juillet 2009. Les investigations portent sur d'éventuels faits de favoritisme, détournements de fonds publics, complicité et recel de ces délits. La routine, quoi !

VENDREDI 5 – STATIONNEMENT INTERDIT.

Il faut espérer que Bernard Cazeneuve, qui a remplacé Cahuzac au pied levé, soit plus affûté en comptabilité qu'en matière de football. Cette éventualité peut être retenue, puisqu'il n'a pas été déformé par l'ENA. Suite au projet de taxer les entreprises à hauteur de 75 % sur les salaires supérieurs à un million d'euros par an, bien entendu les présidents de clubs de L1 ont réagi défavorablement, car il ne fait aucun doute que de nombreux joueurs, donc de gros contribuables, risquent de quitter la France pour l'étranger. L'État socialiste n'accepte plus l'argent des plus riches, il préfère taxer les pauvres à outrance. Selon Cazeneuve, les résultats obtenus par les clubs ne correspondent pas à leurs budgets. Il devrait lire L'Equipe régulièrement. Au soir de la trentième journée de championnat, le PSG est classé premier (premier budget avec trois cents millions d'euros), l'OM est classé second (troisième budget avec cent millions) et l'OL est troisième (deuxième budget avec cent quarante-cinq millions). Heureusement qu'il n'a pas été nommé ministre des Sports.

Il en est un pour qui l'actuel bourbier républicain s'avère être tout bénéfice : c'est Mélenchon. « *Non, ce n'est pas une personne qui a failli. C'est un système qui révèle sa pourriture intrinsèque. Ce système qui a combiné les effets d'une monarchie quinquennale et le néo-libéralisme avec des flots d'argent qui circulent de tous les côtés.* » Afin de venger les Français humiliés, trahis, floués, Zorro propose une grande manifestation le 5 mai prochain, jour anniversaire du deuxième tour de l'élection présidentielle, qui porta Hollande au sommet de sa gloriole plus que probablement éphémère. Pour le président, son Premier Ministre et leur clique, il va devenir de plus en plus compliqué de se trouver quelques amis fidèles. Déjà qu'en temps – presque – normal, ce n'est pas ce qui caractérise le plus les milieux politiques.

Finalement, Hollande n'est qu'un président de circonstance. Si DSK n'avait pas été équipé d'une mitrailleuse à répétition à la place des neurones, l'actuel chef de l'État devrait se contenter d'aggraver puis gérer le déficit du conseil général de Corrèze.

Selon Claude Bartolone, Cahuzac souhaite revenir siéger à l'Assemblée qui n'a franchement rien de nationale, au niveau de la représentation des classes sociales et des corporations. Le comble de l'indignité, de l'ignominie. À moins que son cas ne relève tout simplement que de la psychiatrie.

Il n'y a pas qu'en France, que l'on rencontre des ministres responsables de comportements indignes et infâmes. Un véritable scandale vient d'éclater en Grande-Bretagne et atteint directement le chef du gouvernement. Une photo insoutenable orne la une des journaux anglais : le Premier ministre a été pris en flagrant délit de garer sa voiture (qu'il conduisait lui-même) sur un emplacement réservé aux handicapés ! Les sujets de Sa Très Gracieuse Majesté en sont décontenancés. Cela ne risque pas de se produire en

France, puisque nos mandarins bénéficient de chauffeurs et d'esclaves pour leur ouvrir et fermer les portières.

SAMEDI 6 – LA VIE DE CHÂTEAU.

Ce matin, le chef de l'État se rend dans son département d'adoption, mais le programme des festivités prévu à l'origine a été écourté. Pas d'inauguration d'une maison de retraite à Ussel, pas d'inauguration d'un chantier à Brive. Il ne se rendra même pas sur le marché, comme habituellement, pour y acheter mais surtout vendre ses salades. Il se contentera d'orner huit poitrines de la Légion d'honneur ou d'une médaille dans l'Ordre national du mérite, en la préfecture de Tulle. Hors les frais de déplacement, force est de reconnaître que ces petits divertissements ne coûtent pratiquement rien. Le voyage a été officiellement modifié de façon à laisser à Hollande le soin de consacrer son week-end au travail et à la réflexion. En dehors des membres de son fan-club qui commence à se rétrécir, se trouvera-t-il encore quelques gogos pour croire en ces stupidités ? Plus sérieusement, même dans son fief, il doit avoir la trouille de se faire chahuter. Un président qui rase les murs, c'est une première.

N'aurait-il donc pas laissé en Corrèze, que de bons souvenirs ?

Afin de bien analyser la situation, n'oublions jamais qu'il a clamé, le plus sérieusement du monde, qu'il n'aimait pas les riches, et que l'on devait être considéré comme riche à partir de quatre mille euros de revenus par mois. Après étude approfondie de cette déclaration, il s'avère que la situation générale n'est pas aussi catastrophique qu'on veut bien nous le dire, puisque la France est un merveilleux pays peuplé de très nombreux nantis croulant sous les euros.

De juin 1988 à avril 1993, Hollande fut député de la première circonscription de Corrèze. Il occupa de nouveau ce poste à partir de juin 1997. Cela ne l'empêcha pas de se faire élire député européen, fonction qu'il occupa de juillet à décembre 1999. Cinq mois dans ce business, cela ne donne pas droit à la retraite, puisque pour encaisser le pactole, il est nécessaire d'avoir occupé la fonction durant un minimum de cinq années. Nous sommes ici bien loin des quarante et quelques années de cotisations réclamées à ceux qui travaillent, mais puisque c'est légal, force n'est que de pouvoir constater les dégâts.

Au premier janvier 2013, député, ça rapporte sept mille cent euros et quinze centimes (brut mensuel). Sur cette somme, il convient d'ôter les prélèvements obligatoires, ce qui laisse un montant net de cinq mille cent quarante-huit euros soixante-dix-sept centimes chaque fin de mois.

Le père François vient – déjà – d'être pris en flagrant délit d'opulence. Même si durant les années 1980 et 1990, les gains d'un parlementaire étaient un peu moins élevés qu'actuellement. Face à cette situation une conclusion évidente s'impose : Hollande est riche et, en vertu de ses honorables idéaux, se trouve dans l'impossibilité de s'aimer lui-même. Dans ces conditions, comment pourrait-il aimer les autres, en l'occurrence les Français ?!

Les revenus d'un député ne se limitent pas à ces quelques piécettes. À ces cinq mille et quelque euros, il convient d'ajouter chaque mois une indemnité représentative de frais de mandat. Toujours au 1er janvier 2013, le montant mensuel de cette indemnité est de cinq mille sept cent soixante-dix euros brut.

Le député dispose également d'un crédit mensuel affecté à la rémunération de collaborateurs, d'un montant de neuf mille cinq cent quatre euros.

Côté facilités de circulation, la liste des avantages est longue et fastidieuse à lire mais, pas de problèmes : ça baigne, que ce soit par voie ferroviaire, pour les déplacements aériens ou ceux sur Paris et la région parisienne, grâce aux véhicules avec chauffeurs mis gracieusement à la disposition des représentants du peuple par l'Assemblée nationale.

Viennent ensuite les moyens de bureautique et de communication offerts à chaque député, qui dispose d'un bureau individuel dans l'enceinte du Palais Bourbon ou ses dépendances. L'élu du peuple bénéficie de moyens quasi illimités pour ses besoins en informatique, téléphone, télécopie et courrier. Pour ces derniers postes, il est impossible d'obtenir la moindre information, car la comptabilité n'est pas à jour à l'Assemblée nationale. Mais il est question, semble-t-il, d'une somme individuelle pouvant atteindre quatre-vingt mille euros chaque année. À croire que de très nombreux députés sont philatélistes.

Le meilleur reste pourtant à venir : chaque parlementaire (député ou sénateur) encaisse une enveloppe dans le cadre de la réserve parlementaire, d'un montant de cent trente mille euros, qu'il peut distribuer (ou non) selon son bon vouloir, sur ses terres d'élection. Le montant est doublé pour les présidents de groupe. Quant au président de l'Assemblée, il encaisse carrément un bakchich de cinq cent vingt mille euros. On comprend mieux la raison pour laquelle ils se battent comme des petits coqs, pour s'installer sur le perchoir.

L'ensemble de ces petits avantages, justifie également que le personnel politique ne souhaite pas que tout cela soit affiché sur la place publique.

En gros, il est possible d'en déduire, sans grands risques d'erreurs, que le prix de revient annuel d'un parlementaire se situe au-delà du million d'euros. C'est le prix à payer pour la démocratie nous affirme-t-on. Le problème est que la démocratie, nous éprouvons de plus en plus de difficultés à en percevoir les contours.

De 1983 à 1989, Hollande fut conseiller municipal en la bonne ville d'Ussel, qui compte un peu plus de dix mille habitants. Située à six cent trente et un mètres d'altitude, sur les contreforts du plateau de Millevaches (tout un programme électoral), la cité repose sur une croupe molle (cela ne peut s'inventer), sise entre la vallée de la Diège et celle de la Sarsonne.

Entre 1989 et 1995, il devint adjoint au maire de Tulle. Doit-on en déduire qu'il changea de résidence principale ? Ussel, un peu plus de dix mille habitants, Tulle un peu plus de quinze mille ; la progression semble logique. Lente, mais logique. Juste pour la petite histoire, à la suite du putsch des généraux en mars 1961,

Raoul Salan, Edmond Jouhaud, Maurice Challe et André Zeller furent accueillis plus ou moins chaleureusement en la prison de Tulle. Avis aux amateurs.

En 1992, le futur François IV fut élu conseiller régional du Limousin. Il bénéficia des avantages liés à son poste une seule semaine, avant de démissionner. En fait, juste le temps de fêter sa victoire et prendre la température ambiante. Ces manigances bassement politiciennes, ne sont rien d'autre que de véritables insultes à la démocratie. De juin 1995 à mars 2001, il redevient simple conseiller municipal de Tulle. Mars 1998 le voit redevenir conseiller régional du Limousin, situation qu'il occupe jusqu'en avril 2001. Cela faisant nettement plus sérieux que lors de sa première apparition. Il faut préciser qu'au mois de mars précédent, il avait été élu maire de Tulle ; ce qui est plus classe que simple conseiller municipal. Enfin, niveau local, le 20 mars 2008 le vit devenir président du conseil général de Corrèze.

À partir de cet instant, le dossier se complique véritablement. D'après un rapport de la Cour des comptes, il apparaît que la Corrèze bénéficie d'un record fort intéressant : celui du département français le plus endetté par habitant. Pour être plus précis, sensiblement trois fois plus que la moyenne nationale. Il se confirme, une fois de plus, que l'ENA n'est pas une école à donner en exemple à la jeunesse de notre pays. Il est vrai que, lors de l'arrivée de Hollande à la tête de ce département en 2008, l'ardoise était déjà bien chargée. Il se trouva donc, cela se comprend, dans l'obligation de prendre les mesures indispensables qui s'imposaient afin de rétablir une situation financière stable. Avant Hollande, il y avait huit cent trente et un fonctionnaires, confortablement installés dans les bureaux du Conseil général de Corrèze. Deux ans plus tard, ils étaient mille deux cent dix-huit ! Ni plus, ni moins que du clientélisme, selon l'évangile de saint Iossif Vissarionovitch Djougachvili. (À l'attention des abonnés au gaz et des électeurs de droite : Joseph Staline). Comme il adore gérer les affaires qui ne lui appartiennent pas, tel un bon père de famille, il décida de se travestir en Père Noël, puis offrit cinq mille quatre cents ordinateurs flambants neufs aux collégiens de 5ème, 4ème et 3ème du département, ainsi que leurs professeurs, puis recruta quatre techniciens pour en assurer la maintenance. Un véritable créateur d'emplois. S'apercevant qu'il avait fait des jaloux, il fit alors cadeau de quatre mille Ipad aux collégiens de 6ème, ainsi que leurs professeurs. C'est ainsi qu'il participa à l'essor des activités industrielles en Asie du Sud-Est.

Un peu plus riche, un peu moins riche, il semble inutile d'additionner les différentes ressources financières de ce cumulard, en sus de ses revenus de député. L'établissement d'un tableau récapitulatif ne changerait rien à l'affaire. Tout simplement, nous savons tous que désormais, s'il est surpris à venir s'approvisionner aux Restos du Cœur durant les rudes mois d'hiver, c'est qu'il triche.

Se présente à son encontre un autre problème. Un tout petit rien. Une babiole. En mars 1969, le couple Chirac acquiert, pour une poignée de figues, le château de Bity, situé sur la commune de Sarran, toujours en Corrèze. L'ensemble n'est pas en bon état, et il convient d'effectuer de toute urgence les importants travaux de restauration qui s'imposent, avant que les murs ne s'écroulent. Fort heureusement, et par le plus grand des hasards, le castel est classé monument historique quelques jours plus tard. Cette aubaine permet au grand Jacques d'encaisser quelques subventions nécessaires à la restauration des lieux. Il en est ainsi de la vie ; il existe des individus plus chanceux que d'autres. Les Chirac n'ont que rarement fréquenté ce domaine, ne s'y rendant qu'une seule fois par an, généralement en juillet.

Il faut préciser qu'un bruit court dans la région, comme quoi le fantôme de Trotski hante encore les lieux, après qu'il s'y est réfugié entre juillet 1933 et juin 1935. Ceci pouvant explique cela.

Mais ce n'est pas tout. Un autre bruit circule, comme quoi Hollande, alors big boss de la Corrèze, louait régulièrement ce château aux Chirac, afin d'y organiser des fêtes somptueuses, bien entendu sur le compte des contribuables. Certains disent qu'il ne s'agissait que de simples réunions de travail, dans l'unique intention d'étudier dans le calme, les moyens de réduire l'endettement du département. Holélé, holala, quand il faut y aller, il est toujours là !

186

Pour conclure cette journée, et fort probablement pris de remords vis-à-vis des électeurs qui l'ont fait roi, Hollande a finalement décidé d'une heure et demie de déambulation impromptue dans sa bonne ville de Tulle. Pour une fois qu'il osait entreprendre une action d'envergure avec témérité, nul ne saurait lui reprocher. Il est vrai que les rues de Tulle sont moins dangereuses à fréquenter que celles de Paris.

DIMANCHE 7 – *FOR SALE.*

Montebourg désire vendre des participations de l'État dans certaines entreprises, telle EDF, afin de faire rentrer du pognon frais dans les caisses. Une arrivée de liquidités estimée à quatre ou cinq milliards serait envisageable dans un premier temps. Ce qui, bien entendu, ne changerait absolument rien, quant à la situation désastreuse où la France se trouve. Vendre les bijoux de famille, n'a jamais permis de remédier au moindre problème. Ce n'est qu'une combinaison affligeante, face à un surendettement hors normes. Pour voir sortir une idée géniale d'un ministère, nul doute qu'il conviendra d'attendre encore de nombreuses années. Les biens disparaissent progressivement, mais cela n'empêche en rien le passif de continuer d'augmenter. Il est certain que pour cet apprenti play-boy, il lui est aisé de vendre des avoirs, puisqu'ils ne lui appartiennent pas. Mais quand s'apercevra-t-il qu'il s'est lourdement trompé quant à l'orientation qu'il a donnée à sa carrière professionnelle, alors qu'Hollywood lui tendait les bras ?

Coucou, revoilà Vincent Placé. Nous aurions pu penser qu'il était porté disparu, et bien non. Il a affirmé qu'il ne voulait pas crier avec les loups contre Jérôme Cahuzac, car le discrédit touche l'ensemble du gouvernement. Il attend quoi pour demander à Duflot, Batho et consort de remettre leur lettre de démission à Hollande ? Peut-être que les écolos n'éprouvent la moindre intention de laisser tomber les privilèges qui accompagnent leur lucrative situation ministérielle. Qu'ils en profitent, car il serait fort surprenant qu'ils ne fassent pas partie du prochain convoi de déménagement.

Et pendant ce temps-là, le pauvre Hollande continue de chanter sur les toits qu'il n'était au courant de rien, qu'il n'est toujours au courant de rien. Il ment de façon imbécile ou il est véritablement inapte ? À l'époque où la police politique est en mesure d'afficher le tableau des maladies, même les plus bénignes, qu'un contribuable s'est chopées depuis sa naissance, le détail de ses achats dans les magasins, le relevé de ses déplacements ainsi que ses appels téléphoniques, il faudrait être véritablement débile pour croire qu'en plus haut lieu (ou bas ?), nul n'était informé des magouilles perpétrées par Cahuzac. Ou alors, c'est que d'autres politiciens véreux étaient de connivence.

Merci à Harlem Désir pour la tirade saugrenue de la semaine. Il assure que *« des mesures d'assainissement public sont nécessaires, et demande l'organisation d'un référendum sur ce thème hautement propagandiste et pertinent. »* Cela revient à dire qu'il faudrait proposer au Français de se prononcer par oui ou non à partir de cette question : *« Souhaitez-vous que les dirigeants politiques deviennent des gens honnêtes* ou *préférez-vous que votre pays continue d'être exploité par des truands et des incapables ? »* Il semblerait que sa condamnation en date du 17 décembre 1998, à dix-huit mois de prison avec sursis, et trente mille francs d'amende, pour recel d'abus de biens sociaux, ait laissé quelques traces dans les jonctions entre ses neurones.

Il a ajouté qu'il n'était pas particulièrement pour la proposition de Hollande de rendre inéligible à vie tout élu condamné pour corruption ou fraude fiscale. Nous le comprenons, mais ne cela voudrait-il pas laisser entendre qu'il a toujours des projets indélicats à l'étude ?

Le dossier Cahuzac devient plus conforme à la réalité. On ne parle plus de six cent mille euros, mais de quinze ou seize millions. Mais qui donc pouvait croire que les banquiers suisses ou ceux de Singapour allaient perdre leur temps avec un placement dérisoire. Qui donc pouvait croire que cet ex-ministre pouvait être suffisamment stupide pour risquer sa carrière pour une babiole ! Il existe un autre problème, et de taille, dans ce dossier. D'où provient le pognon ?

Ce qui est certain est qu'en démocratie, Cahuzac serait déjà enfermé. En prison avec les délinquants ou en asile psychiatrique avec les grands malades.

Derniers propos à la date de ce jour, en provenance directe de Moscovici : « *Je ne veux pas vivre dans la culture de la méfiance. Je suis un haut fonctionnaire* (hélas) *un homme qui sert l'État.* (Mais qui s'en sert plus qu'il ne le sert). *Les cliniques et les banques en Suisse, ça n'est pas mon truc* » a-t-il ajouté. Il est vrai qu'il ne peut être partout. Faire partie de la bande maléfique de Bilderberg, lui suffit amplement. Les prochains épisodes du feuilleton, risquent de ne pas être tristes.

Juste un petit retour en arrière : en 2010, le PS par l'intermédiaire de Cahuzac, demandait la dissolution de l'Assemblée nationale, suite à l'affaire Woerth. Autre temps, autres mœurs.

La petite dernière de la semaine : le jeune chameau offert à Hollande, lors de son voyage d'agrément au Mali, a terminé sa carrière diplomatique dans des tajines. Il n'est pas prouvé que Brigitte Bardot et les employés de la SPA apprécient. En tous cas, une chose est quasiment certaine, ils ne voteront plus Hollande. (Pas les chameaux, mais les employés de la SPA). Il ne restait donc aucune place disponible dans un jardin zoologique ? Décidemment, ce Hollande se plante dans tous les domaines. Y compris les plus simples. C'est minable.

LUNDI 8 – *DE PROFUNDIS.*

Margaret Thatcher est partie rejoindre le royaume de ses ancêtres. Sur le plan humain, le décès d'une personne est invariablement un drame pour ses proches. Au niveau strictement humanitaire, la planète ne risque pas d'être inondée sous des hectolitres de larmes. Désormais, sa carcasse sera la proie des lombrics, à l'identique des pauvres gens qu'elle a emmerdés durant des années. La Dame de fer termine sa carrière tel un vulgaire contribuable ou de la chair à canon. La mort est la seule justice ici-bas, et c'est lorsque de tels événements se produisent, que les croyants peuvent se sentir rassérénés. Savoir que celles ou ceux qui ont pourri la vie de leurs concitoyens vont terminer la leur au beau milieu des flammes de l'enfer éternel, c'est réconfortant. À condition d'y croire.

Matignon annonce que les déclarations de patrimoine de tous les ministres seront publiées d'ici le 15 avril. Sauf à raconter des absurdités, quelques-uns risquent d'être gênés aux entournures. Sur un plan plus général, s'ils déclarent leurs neurones, aucun risque de dépasser la dose prescrite.

JMA nous fait également savoir qu'il présentera un projet de loi sur la moralisation de la vie politique, le 24 avril prochain. Ce projet est très important car, jusqu'à présent, les élus ignoraient totalement qu'il était interdit de piquer dans les caisses de l'État, de détourner des fonds ou pratiquer toute autre activité illicite. Il était donc urgent de mettre en place un système permettant à ces pauvres ignorants d'être informés à plein temps, et ainsi leur éviter de commettre des actes délictueux.

Il serait peut-être souhaitable, pour eux mais surtout pour les citoyens, que le soir après le turbin, ils prennent des cours de civisme ?

Les plans du couple Hollande-Ayrault commencent à porter leurs fruits : encore une chômeuse en moins. Champagne pour tout le monde. JMA a nommé Anne Lauvergeon, ancienne présidente d'Areva, à la tête d'une commission chargée de préparer le pays, sur le plan technique et industriel, aux nouveaux besoins qui naîtront dans les vingt prochaines années. La première difficulté pour cette ex-conseillère de François Mitterrand à l'Elysée, sera de faire imprimer des cartes professionnelles au format traditionnel. La seconde, de comprendre à quoi son job peut correspondre exactement. Le montant des émoluments et la nature des avantages qui les accompagnent n'ont pas été précisés.

MARDI 9 – POUR LES AVIONS SANS AILES.

Grâce à JMA, Montebourg et quelques compères peu informés de la situation dramatique où la France se trouve, les employés de La Poste vont découvrir Kymco. Ce sont en effet les scooters de cette marque taïwanaise qui remplaceront les vieux Peugeot devenus obsolètes. Trois mille exemplaires de ce véhicule à deux roues ont été achetés par La Poste, entreprise gérée à 100 % par l'État, alors qu'il est question de fermer l'usine de Dannemarie, où sont fabriqués les scooters Peugeot. Encore bravo pour cette initiative éclairée.

En février, le déficit de la France s'est creusé encore un peu plus, pour un modeste montant de deux milliards et neuf cent millions d'euros. C'est devenu d'une telle banalité, que nous n'y prêtons plus attention. Il conviendra simplement se sabrer le Champagne, lorsque le montant total de la dette atteindra deux mille milliards. Ce qui ne saurait tarder.

Interrogé par des journalistes, Christian Jacob, président du groupe UMP à l'Assemblée nationale, a décoré sa réponse d'un savoureux : *« Et moi, contrairement à monsieur Ayrault, je ne suis pas un ancien repris de justice. Moi, je n'ai pas été condamné à six mois de prison ou comme monsieur Harlem Désir, à dix-huit mois. »* [Prison avec sursis ; donc une peine que l'on ne purge pas. NDLA]. Il est exact que JMA a été condamné en 1997, à six mois de prison avec sursis et trente mille francs d'amende, pour favoritisme dans l'attribution d'un marché public. Compte tenu du paysage politique français, cette condamnation ne représente qu'un banal fait divers. Mais ça ne concourt pas à crédibiliser le personnage, qui en aurait pourtant bien besoin, tant il est falot.

L'ex-maire de Nantes a réaffirmé son désir de construire (plus précisément faire construire, car il ne faut rien exagérer), son joujou à Notre-Dame-des-Landes. Il a toutefois tenu à préciser, dans l'espoir de pouvoir calmer les écolos et les agriculteurs de la région, que le projet serait amendé, notamment en réduisant autant que possible, la surface totale de l'ensemble.

« Autant que possible », cela peut vouloir dire « rien », car les études définitives peuvent démontrer que le projet initial ne peut être modifié. D'autre part, si c'est pour véritablement raccourcir les pistes, et ainsi empêcher les avions d'atterrir et de décoller, autant garder l'aéroport existant. Encore qu'un aéroport, sans bruits, sans nuisances, sans pollutions, ça devrait plaire aux écolos.

MERCREDI 10 – AGENCE IMMOBILIERE.

C'est parti. Certains élus se décident à dévoiler leur patrimoine devant les électeurs. Dans l'ensemble, ce carnaval semble parfaitement inutile ; aucun contrôle n'étant prévu, ils peuvent raconter ce qu'ils veulent. D'autre part, et jusqu'à preuve du contraire, il n'est pas interdit en France, de posséder des biens mobiliers et immobiliers. Pour qui cela devient carrément gênant, c'est uniquement pour les individus qui n'ont jamais travaillé de leur vie : les politiciens professionnels qui ne connaissent d'autre possibilité, pour se constituer un patrimoine, que de l'acquérir avec le pognon des contribuables. C'est d'autant plus ennuyeux qu'ils sont majoritaires.

Même lorsqu'il paye ses impôts, le politicien professionnel accomplit son devoir citoyen avec l'argent des autres, puisque pour passer à la caisse en fin de mois, il ne connaît d'autre source d'approvisionnement qu'à travers les richesses générées par le travail des autres.

Afin de montrer l'exemple, mais surtout comme la loi l'exige, suite à son élection en mai 2012, Hollande avait fait publier son patrimoine au Journal Officiel. Il s'agit d'une maison sise à Mougins, d'une valeur de huit cent mille euros, ainsi que deux appartements à Cannes, estimés respectivement à deux cent trente mille et cent quarante mille euros. Soit un total d'un million cent soixante-dix mille euros, selon les expertises effectuées, probablement, par des amis de la famille. Certes, il n'y a pas ici de quoi écrire un roman, mais quelques petites remarques peuvent s'avérer utiles. La première ; avec cent trente mille euros de plus, il se retrouvait avec l'impôt sur la fortune inscrit sur son dossard. Pour qui n'aime pas les riches, cela n'aurait pas été particulièrement représentatif de son idéologie officielle, bien qu'artificielle. Ensuite, pour huit cent mille euros, à Mougins on ne trouve plus rien, dans le style cent trente mètres carrés habitables, avec jardin et piscine. Il faut donc en déduire que sa propriété se résume en une simple ruine à restaurer. Quant aux appartements de Cannes, si le président est vendeur, avec les prix affichés il risque de provoquer une bagarre générale entre acheteurs potentiels. Sauf s'il ne s'agit que de chambres de bonne situées sous les combles, avec eau, gaz, électricité, douches et WC à tous les étages, mais situés sur le palier. Il n'a pas précisé.

Il a également déclaré ne posséder aucun véhicule. Pour ce poste, nous le croyons bien volontiers. À l'instar des individus de sa caste, pourquoi donc irait-il s'emmerder avec l'achat de bagnoles à la décote si rapide, payer des primes d'assurance et frais d'entretien, faire le plein, casquer les péages autoroutiers et les parkings, alors qu'il bénéficie de l'ensemble gratuitement ?! Le super 95 peut passer à trois euros le litre, ce n'est pas son problème.

Ce n'est pas terminé pour autant. Si l'on consulter le site SCI LA SAPINIERE, nous découvrons qu'il s'agit d'une société civile immobilière immatriculée le 4 avril 1990, sous le numéro 37755295500025, située 28 avenue Duquesne dans le 7ème arrondissement de Paris. Son capital est de 914 694,01 € ; elle est spécialisée dans la location de terrains et biens immobiliers. Ses dirigeants se nomment François Hollande et Marie-Ségolène Royal. Question comptabilité, pour les années 2010 et 2011 il est mentionné que les comptes n'ont pas été déposés, et pour l'année 2012 ne sont pas disponibles. Des rumeurs ont circulé comme quoi Hollande aurait revendu ses parts ; pourtant son nom figure toujours sur le site. Attendons ! De toutes les façons, niveau comptable, ça laisse plutôt à désirer.

Plus sérieusement, le président vient d'avoir ce matin, une idée lumineuse. Il veut moraliser la vie publique. C'est donc qu'il reconnaît implicitement que depuis des décennies, les Français sont dirigés par des bandes mafieuses, dont deux principales : l'un à droite, l'autre à gauche. Ce n'est déjà pas si mal de s'en être aperçu.

Juste auparavant, Nadine Morano avait déclaré : « *Nous sommes uniquement sur le cas Cahuzac, mais la quasi-totalité des responsables politiques sont des gens honnêtes.* » Depuis qu'elle n'a pas été réélue députée, elle bénéficie de davantage de temps disponible pour raconter des absurdités.

Pour s'en convaincre, il suffit de consulter le site [Les moutons enragés] sur le Net. Nous y découvrons la liste non exhaustive des voyous de la politique condamnés ou mis en examen. Mais plusieurs courent encore dans la nature. De préférence, il faut profiter d'un week-end pour apprécier les vingt-trois pages d'une lecture passionnante, à défaut d'être enrichissante ! À ce jour, plus de six cents politiciens ont été condamnés ou mis en examen, par la justice de leur pays, en qui ils accordent pourtant toute leur confiance. Si c'était une discipline olympique, la France serait assurée de monter sur le podium pour recevoir, au minimum, une médaille de bronze. Encore que l'or soit envisageable.

JEUDI 11 – LES ILES PARADISIAQUES.

Le Sénat a adopté l'article premier (le plus important) du projet de loi concernant le mariage entre homosexuels. On est pour, on est contre, à chacun son idée, bien qu'à l'origine, le mariage ait été institué pour sceller l'union d'un homme et d'une femme. Avec ce feuilleton, Hollande pensait fermement pouvoir détourner l'attention des citoyens, principalement préoccupés par la baisse du pouvoir d'achats, la montée du chômage et la multiplication des impôts. C'est raté. Il est le seul, en compagnie de ses affidés, à ne pas s'apercevoir que tout ce qu'il entreprend, ça foire.

Dans cette histoire, est-ce que les élus ont réfléchi, ne serait-ce que quelques secondes, aux possibles conséquences désastreuses que l'application de cette loi peut engendrer ? Par exemple, ont-ils prévu que des candidats étrangers, ne faisant pas partie de l'Union européenne, puissent obtenir des papiers en règle, en se mariant avec un citoyen devenu français de fraiche date ? Ces personnes, pas obligatoirement homos, ne recherchant rien d'autre qu'obtenir la nationalité française moyennant finances. Principaux clients : les

Africains et les Chinois. L'Espagne est déjà confrontée à ce système super organisé. Et puis, quel est exactement le texte des consentements mutuels ? Après combien de temps la jeune ou le jeune marié étranger pourra-t-il devenir Français ? Quand, comment un divorce pourra-t-il être prononcé, qui obtiendra une pension alimentaire ? En cas d'adoption, qui aura la garde du ou des enfants, le père, la mère ou une tante ? Un veuf d'origine étrangère pourra-t-il se marier avec sa petite nièce de dix-huit ans, qui possède la nationalité française. Verra-t-on fleurir des agences matrimoniales pour homos, des célibataires fortunés vont-ils se marier homo, bien qu'ils ne le soient pas, de façon à payer moins d'impôts. Et pourquoi les musulmans n'auraient-ils pas droit au mariage multiple ?

Nous n'avons pas fini de nous marrer avec ce cirque ambulant.

C'est décidé. Hollande va déclarer la guerre aux paradis fiscaux. S'il en sort vainqueur, ce qui est fort loin d'être assuré, il sera le premier Français à remporter une victoire, sans le concours de forces alliées, depuis les généraux Kellermann et Dumouriez à Valmy, le 20 septembre 1792. En effet, l'épopée napoléonienne s'acheva sans gloire après la défaite de Waterloo, celle de Napoléon III avec le désastre de Sedan. Les deux guerres mondiales se sont soldées par la défaite des Allemandes, uniquement grâce aux armées alliées, la guerre du Viêt Nam ne cessa qu'après la capitulation des troupes françaises à Diên Biên Phu, le débarquement sur Suez ne fut qu'un échec retentissant au niveau mondial, et la guerre d'Algérie vit l'armée française connaître une véritable humiliation.

Ce qui fit dire alors à Mohamed ben Brahim Boukharouba, plus connu sous le nom de Houari Boumediene : « *Nous vous mettons à la porte de l'Algérie. Plus tard, nous vous mettrons à la porte de France.* » C'était un grand visionnaire.

Se posent ici deux problèmes de taille. Le premier : si les paradis fiscaux disparaissaient, où la France pourrait-elle emprunter pour boucler son budget ? Car ce que l'on appelle avec déférence les marchés financiers, ne sont le plus souvent que des officines douteuses, situées généralement dans des pays officiellement peu fréquentables, où l'on recycle l'argent des grands carambouillages internationaux (drogue, pétrole, trafics d'armes, etc.). Ensuite, plutôt que crier haro sur les pays nommés, souvent à tort, paradis fiscaux, si l'on parlait un peu plus des pays où se pratique le grand banditisme fiscal. Par exemple, la France, où les citoyens sont les plus arnaqués de la planète, où en dépit de cette pression fiscale éhontée et immorale, les caisses sont sempiternellement vides, malgré de nouveaux emprunts incessants qui, finalement, ne servent qu'à rembourser les précédents et payer les intérêts, et non pas pour financer l'école, la justice, la santé, la police, l'armée et les retraites.

Pour ce qui est de la déclaration de patrimoine, ce qui donne à rire plus qu'autre chose, il faut savoir qu'au sein de l'Union européenne, la France et la Slovénie sont actuellement les deux seuls pays à interdire la publication et la consultation du patrimoine des ministres et parlementaires.

VENDREDI 12 – CAMPING.

Une indiscrétion nous apprend que la majorité de gauche du Conseil général des Bouches-du-Rhône, s'est prononcée par un vote, le 29 mars dernier, pour le remboursement des frais de justice de son président Jean-Noël Guérini, poursuivi pour la série de casseroles qu'il trimballe derrière sa voiture de fonction. C'est complètement légal, s'est exclamé Lisette Narducci, vice-présidente socialiste de cette institution peu fréquentable. C'est peut-être complètement légal, mais uniquement en république bananière. En démocratie, une forfaiture de ce genre ne risquerait pas de se produire. C'est également se foutre carrément de la gueule des contribuables du département. Mesdames et Messieurs, surtout n'oubliez pas de payer vos contraventions pour stationnement prolongé, car pour Guérini, les frais de justice ne font que commencer. Des recettes complémentaires vont devenir rapidement nécessaires. Voire indispensables.

Cahuzac se plaint d'être traqué, et se voit obligé de changer de domicile provisoire tous les deux jours. Avec le fric qu'il a planqué, peut-être a-t-il peur d'être racketté ? Ayant été ministre dans la finance, il sait ce que cet expédient représente comme calamité, pour piquer le pognon et pourrir la vie des autres. Mais pourquoi donc ne s'installa-t-il pas à l'étranger ? Il doit bien connaître quelques adresses discrètes !

Les sénateurs ont adopté le projet de loi sur le mariage homosexuel. L'on considère généralement qu'environ 12 % de la population est homo. Donc, au Sénat, une quarantaine de parlementaires doit être directement concernée. CQFD.

SAMEDI 13 – PAROLES, PAROLES.

Dans la guerre civile qui endeuille la Syrie chaque jour davantage, Londres détient des preuves d'utilisation d'armes chimiques. Ce qui n'est pas bien du tout. On a le droit d'anéantir des populations innocentes, uniquement avec des armes agréées aux normes des pays producteurs. Pas avec n'importe quoi.

Pour la première fois depuis trente ans, le pouvoir d'achat des Français est à la baisse. Par le plus grand des hasards, la précédente récession correspondait au début de l'ère mitterrandienne. Chez les socialos, les traditions sont respectées. C'est déjà ça, car pour le reste…

Un élu supplémentaire qui voit définitivement ses rêves de devenir un jour président de la République s'envoler, c'est Jean-Michel Baylet, président du Parti radical de gauche, conseiller municipal de Montjoi, sénateur du Tarn-et-Garonne et président du conseil général du même département. Il est renvoyé en correctionnel, pour avoir confié des marchés publics à des sociétés dans lesquelles des proches, dont son épouse et son fils, étaient dirigeants ou actionnaires. Bien entendu, il ne s'agit toujours que d'une affaire personnelle et rarissime, qui ne saurait être amalgamée à l'ensemble de la classe politique.

Amalgame et stigmatisé sont deux mots particulièrement en vogue actuellement, dans les discours politiciens. Quel que soit le parti. Il existe pourtant un vocabulaire de droite et un de gauche.

Par exemple chez les gauchistes, on utilise beaucoup camarade, chômeur, commission (créer une), concertation, débat, défilé (de la République à la Bastille), dialogue social, exploitation (des ouvriers), grève, injustice, manifestation, occupation (d'usine), partage (du bien des autres), patronat (brutal, criminel, dangereux, diabolique, odieux, satanique), récupération (d'un événement), synthèse, travailleur.

À droite on parle plutôt de Bourse, capital, intérêts, licenciement, orientation, plan social (pour virer des salariés) et production.

Reste le centre, mais là ça dépend s'il y a du vent, s'il pleut, si l'année est bissextile ou si le Beaujolais nouveau fait bien 12°.

Puis, il existe des mots et expressions polyvalents tels que : charges sociales, prélèvements obligatoires, contributions, impôts, redevances, taxes et amendes. La plus usitée étant : nous ne sommes pas responsables des erreurs commises par les gouvernements précédents.

DIMANCHE 14 – CONTRACEPTIF.

La compagnie Lion Air, qui a signé sous la haute présidence de l'ingénieur commercial Hollande, un contrat faramineux avec Airbus en mars dernier, confirme ce que le monde de l'aéronautique pense d'elle. L'accident survenu à Bali, il y a quelques jours, souligne que la croissance effrénée de la compagnie indonésienne, se fait au détriment de la sécurité. Lion Air reste classée compagnie aérienne à risques, et continue d'être bannie de l'espace aérien européen et américain. Il n'est guère aisé de sélectionner ses clients, lorsque les contrats se montent en milliards d'euros. Sous réserve toutefois qu'ils soient financièrement honorés. Mais bof ! Aussi longtemps que la situation reste ainsi figée, les citoyens européens ne risquent pas de se ramasser un morceau de Lion Air sur le coin de la gueule.

Après Sarkozy, Fillon. Nous apprenons qu'une enquête préliminaire a été ouverte par le parquet de Paris, sur les sondages et dépenses en communication du gouvernement Fillon. Une partie des sondages et dépenses de communication des divers ministères de l'ex Premier Ministre serait injustifiée, et aurait été passée au mépris des règles des marchés publics et de la mise en concurrence. Avant de faire n'importe quoi, les présidents et ministres devraient essayer de réfléchir, et comprendre qu'ils ne resteront pas éternellement en poste, afin de leur permettre de couvrir leurs magouilles.

Une information fantaisiste circule actuellement sur le Net. Elle concerne le changement de logo du PS, et suggère de remplacer la rose par un préservatif. Le préservatif représenterait désormais la gauche, à la place de la rose. Les socialistes estiment que le préservatif reflète au mieux l'image actuelle du P.S. En effet, il tolère l'inflation, vide les bourses, ralentit la production, détruit les prochaines générations et surtout, protège les glands. Enfin il donne un sentiment de sécurité alors que l'on se fait baiser.

Harlem Désir est un véritable collectionneur. À ce tire, il bénéficie une fois de plus d'être sélectionné pour la tirade saugrenue de la semaine. Il dénonce *« le silence assourdissant côté UMP, après la manifestation de vendredi soir et craint des dérives intolérables dans la République. Ces groupes fanatisés, ces groupes fascisants doivent être fermement condamnés. »* Pour mettre ses menaces à exécution, le PS ne pourra même pas faire appel à l'armée rouge, puisqu'elle a été dissoute en décembre 1991. Mais peut-être n'a-t-il pas été informé ?

LUNDI 15 – VOUS N'AVEZ RIEN À DECLARER ?

Désir continue sur sa lancée ; il affirme que durant le quinquennat de Sarkozy, l'industrie française est passée derrière celles de l'Italie et de la Grande Bretagne. La réalité est que – malheureusement – c'était déjà le cas dès l'an 2000. La part de notre industrie dans le PIB est de 17,8 %. En Europe, seuls la Grèce, Chypre, la Lettonie et le Luxembourg sont plus mauvais que la France. Etant entendu que l'industrie n'est pas véritablement la spécialité du Grand Duché. Décidemment, il devient de plus en plus urgent de passer un bon coup d'insecticide sur la fourmilière politique

Le journal *les Échos* affirme que les prélèvements obligatoires continueront d'augmenter en France, durant les années 2013 et 2014. Qui ment : *les Échos* ou Hollande et sa troupe théâtrale ? La tendance voudrait plutôt que l'on fasse crédit aux *Échos*.

Finalement, suite à cette publication, Moscovici admet qu'une hausse des prélèvements obligatoires, à hauteur de 0.2 ou 0.3 point, sera bien effective en 2014. Lorsque l'on connaît ce que vaut la parole d'un ministre, surtout lorsqu'il s'occupe des finances, il convient de se préparer à nettement pire. Le plus ennuyeux est qu'à la date de ce jour, avec un taux d'imposition à 46,5 %, la France atteint déjà un record historique.

Ce n'est qu'un début. Car ils vont continuer le combat.

À dix-neuf heures, la liste du patrimoine des ministres a été mise en ligne. Ce qui ne changera strictement rien à la situation et au comportement des élus pour le moins indélicats. Pas plus que ça ne remettra le pays sur des rails parallèles. Demandez le programme officiel, avec les noms des politicards, les couleurs des maillots et les numéros de comptes bancaires. La copie du casier judiciaire n'est pas obligatoire. Il n'échappera à aucune personne sensée, que cette manigance a été sournoisement ourdie dans l'intention de faire diversion. Le patrimoine général des dirigeants politiques ne revêt pas une importance particulière, sous réserve, bien entendu, qu'il n'ait pas été constitué avec l'argent détourné des contribuables. Ce qui est primordial, ce sont les capacités spécifiques des ministres à gérer, dans l'intérêt général, les dossiers qu'ils ont en charge. C'est à partir de là, tout se complique.

Avant même que les informations soient consultables, prenons le cas de Laurent Fabius. Après avoir été énarque (aïe) puis directeur de cabinet de François Mitterrand (ouïe), il est devenu – dans le désordre – conseiller municipal puis maire du Grand-Quevilly, conseiller général, conseiller régional, député, député européen, premier secrétaire du PS, président du groupe socialiste à l'Assemblé nationale, président de cette même Assemblée, ministre du budget de l'Industrie et de la Recherche, ministre de l'économie des Finances et de l'Industrie. À trente-quatre ans, il est devenu le plus jeune Premier Ministre que la France ait connu, enfin il est actuellement ministre des Affaires étrangères. À priori, il ne lui manque que le sénat à afficher sur sa carte professionnelle. Il est l'inventeur de l'impôt de solidarité sur la fortune ; les œuvres d'art étant exclues dans le calcul du capital taxé. Est-ce le fruit du hasard ? Ce qui est certain est qu'il est issu d'une famille d'antiquaires. En 2009, la collection de la galerie Fabius Frères, a été vendue aux enchères chez Sotheby's, pour la modeste somme de dix millions d'euros. Et alors, en quoi cela intéresse-t-il les contribuables lambda ? Il les a volés au Louvre ou dans les ministères ces biens ? Ce qui semble certain, est que dans la composition de l'actuel gouvernement, il se trouve être l'un des rares à posséder les capacités intellectuelles requises pour exercer correctement son job. D'ailleurs lorsque l'on observe quelques images furtives du conseil des ministres, il donne l'impression de s'emmerder comme un rat mort, au beau milieu de ce troupeau exhalant la médiocrité. Mieux vaut ne pas imaginer une seule seconde quelle serait la position de la France, sur la scène internationale, avec Peillon ou Montebourg, Batho ou Duflot, Hamon ou Taubira, pour ne citer que les meilleurs, à la tête de la diplomatie française ! Cette histoire de patrimoine n'est que de la poudre aux yeux jetée en pâture aux voyeurs qui ne voient rien venir.

Le plus drôle et absurde en même temps, à l'intérieur de cette liste totalement stupide, sont les véhicules déclarés. Quelle blague : ils roulent tous aux frais des contribuables, ils ne vont tout de même pas s'emmerder à acheter une bagnole de luxe ! Encore qu'un ministre soit soupçonné de rouler en Ferrari, mais c'est son droit le plus absolu, s'il en possède les moyens personnels. C'est en tous cas plus honnête que d'utiliser un véhicule généralement rouge de cette marque italienne, en le faisant immatriculer par une association caritative. Sans omettre le côté jean-foutre de cette farce de mauvais goût. Parce que voir JMA déclarer un Combi Volkswagen à mille euros, Le Foll une moto BMW à trois cents euros, Filippetti un livret cerise capitalisant la somme de douze euros et vingt et un centimes ou Taubira trois vélos, c'est carrément se foutre de la gueule des citoyens.

À l'intérieur de cet inventaire grotesque, qui peut imaginer un seul instant que, s'il se trouve encore au sein de ce gouvernement, un ou plusieurs ministres possédant des comptes à l'étranger, ils vont venir afficher les relevés sur la place publique !

Juste une dernière remarque pour en terminer avec ce spectacle lamentable. Ayrault a déclaré un patrimoine d'un million cinq cent cinquante mille euros. Ce n'est pas la valeur du patrimoine qui interpelle, mais la façon dont il a pu le constituer. Il a été professeur de langue allemande entre 1973 et 1976, puis quelques mois à mi-temps. Ensuite il s'est engouffré dans la filière politique à temps complet. Cela revient à constater qu'il s'est enrichi avec l'argent de l'État, donc des contribuables. Et ce n'est pas terminé, car Premier ministre, même pour une courte période, car cela risque de lui tomber sur la tête plus tôt qu'il ne le pense, cela lui permettra de continuer à faire fructifier son plan épargne logement et son livret A. En gros, durant une période de trente années, il a eu la possibilité de mettre en moyenne cinquante mille euros à plat chaque année, tout en vivant plus que confortablement. Qui a osé dire que la fonction publique ne payait pas ? Prends garde à toi, contribuable : si tu ne payes tes impôts dans les délais impartis, tu devras t'acquitter d'une majorité de retard.

Il en est un qui a tout compris ou presque. Il se nomme Philippe Duvernoy, et est élu municipal d'opposition à Montbéliard. Ce jour, il pose en tenue d'Adam dans les pages de l'Est républicain. Puisque le gouvernement demande aux élus de se mettre à poil, je me mets à poil en cachant l'essentiel, comme le permet en général la déclaration de patrimoine, affirme-t-il. C'est bien pensé.

MARDI 16 – LES PORTES DU PENITENCIER.

Montebourg plaide ce jour, dans la presse allemande, pour une hausse des salaires outre-Rhin. Pauvre type : s'il en est encore à s'imaginer que dame Merkel va prendre en compte ses déclarations farfelues, c'est qu'il n'a véritablement rien compris au film. Et s'il commençait par s'occuper de ce qui le regarde : en l'occurrence les salaires en France ! À la CGT, à FO où à la CFDT, cette sortie incongrue va être sans nul doute appréciée à sa juste valeur.

Laurent Wauquiez assure qu'aux USA ou dans un pays de l'Union européenne, un Cahuzac n'aurait jamais été nommé ministre. Ce qui est parfaitement exact, avec toutefois une réserve pour l'Italie. Mais alors que penser de Juppé, Pasqua, Tiberi, Balkany, Santini, Woerth, Carignon, Schuller, Paillé et consorts ?

Après quinze mois de tractations plus ou moins secrètes, plus ou moins avouables, le tribunal de commerce de Rouen a rejeté les deux dernières offres de reprise de la raffinerie Petroplus de Petit-Couronne. Réaction de Mabrouk Getty, fondateur de Murzuq Oil, qui a quitté les lieux après seulement une heure et demie d'audience : je rentre chez moi en Libye, je suis déçu. On a respecté les choses de A à Z. On nous demandait d'avoir de l'argent, du pétrole et de l'avenir pour les salariés, je ne peux pas faire plus. Maintenant, je vais aller en Suisse, en Suède, là où il y a des raffineries. Le rejet des offres par les autorités plus ou moins compétentes, entraînera la cessation définitive d'activité du site, et la mise en place de la procédure de licenciement collectif des salariés dans les prochains jours. Le gouvernement prend acte, ont indiqué les portiers de service, Montebourg et Sapin. Quant à Hollande, une fois de plus, il est prouvé qu'il n'est qu'un pitoyable et fieffé charlatan.

Dans son genre, mais uniquement dans son genre, Christine Poupin, porte-parole du NPA, n'est pas mal non plus. Elle demande la réquisition immédiate de la raffinerie, avec une production sous contrôle de l'État et des salariés, dans la perspective d'un service public de l'énergie.

Autant dire dès maintenant que si la gestion du site devait être confiée à des fonctionnaires, il faudrait s'attendre dès à présent à une seconde catastrophe dans un temps record. Il existe toutefois une autre possibilité : et si le NPA surchargé de bonnes idées commerciales et industrielles investissait, et nommait PDG Olivier Besancenot ? Une chose est certaine, cette configuration aurait de quoi alimenter la chronique populaire.

Selon le FMI, la France connaîtra une récession de 0,1 % en 2013, alors que Moscovici claironne toujours pour une croissance de 0,3 %. Même si cela se réalisait, il n'y aurait pas de quoi pavoiser. Mais qui croire ? La tendance serait plutôt orientée vers le FMI, car depuis maintenant onze mois que le gouvernement Ayrault sévit, ses composants ont été totalement incapables de produire d'autres choses que des calamités.

MERCREDI 17 – AU VOLEUR.

Cahuzac se repent. Il reconnaît avoir commis une faute morale. C'est ma faute, c'est ma faute, c'est ma très grande faute. Désormais il ne lui reste qu'à se confesser, puis assister à la grand-messe de dimanche prochain en la cathédrale Notre-Dame de Paris, et il sera pardonné. Il pourra alors reprendre tranquillement ses activités médicales. À moins qu'il ne se décide à devenir banquier. Il possède déjà des connaissances basiques. Il a même failli nous faire pleurer, tant il semblait sincère. Il est vrai que la mise en scène était assurée par l'ancienne publiciste de DSK. Une véritable pro.

Afin de se démarquer, mais le processus ne sera pas évident à mettre en place : JMA déclare avoir trouvé un peu pathétique la confession de Cahuzac. Il est certain qu'en matière de pathétisme, le Premier Ministre par intérim en connaît un sacré rayon. Il n'est qu'à écouter ses discours, sous réserve d'avoir le courage de les entendre jusqu'à la fin.

Justement, à propos des discours prononcés par Ayrault, cette journée restera marquée par ses connaissances militaires, particulièrement dans le domaine de l'aéronautique. Alors qu'il assistait à la cérémonie d'ouverture du Salon du Bourget, il a fièrement déclaré : *« Je veux également confirmer à nos armées qu'elles continueront de bénéficier des meilleurs équipements : l'avion de combat* Rafale *que nous venons de voir dans une impressionnante démonstration… »* Le problème est que le vol du *Rafale* a bien eu lieu, mais après le discours du Premier ministre. Finalement mieux vaut pour notre sécurité, qu'il soit Premier ministre plutôt que ministre des Armées.

Il devient lassant, ce dossier, mais Moscovici persiste et signe. Il réaffirme avoir tout ignoré de cette affaire, jusqu'aux aveux de Cahuzac, le 2 avril. À une époque où les services d'espionnage intérieur de la République, connaissent tout de la vie des citoyens, jusque dans leurs plus petits détails, à qui espère-t-il faire croire qu'il n'était pas informé de la situation bancaire de son ministre du Budget, en l'occurrence son adjoint, pour ne pas dire son protégé. Ou alors c'est qu'il est carrément nul. Dans un cas comme dans l'autre, il file un mauvais coton le Moscovici. Surtout que ce n'est pas avec le bilan qu'il peut présenter depuis qu'il occupe Bercy, qu'il risque d'élargir le cercle de ses relations privilégiées.

Le programme de stabilité de la France prévoit un déficit de 1,2 % du PIB en 2016 et 0,7 % en 2017. Quant à la dette publique, elle culminera à 94,3 % du PIB en 2014, avant de refluer à 88 % en 2017. Dixit le gouvernement, constitué d'une bande de mauvais farceurs totalement incapables de tenir leurs engagements sur une période de six mois. Et voici que venu d'on ne sait où, une annonce providentielle nous communique des chiffres provisionnels pour les années 2016 et 2017. C'est affligeant de bêtise et d'irresponsabilité. Mais les Français commencent à s'y habituer. Combien de temps tiendront-ils encore sans réagir ?

JMA annonce une nouvelle mesure sociale : environ 15 % des Français verront baisser prochainement leurs allocations familiales. Heureusement, ce sont les socialos qui prennent ces mesures. Imaginons que ce soit un gouvernement de droite ; ce serait carrément la révolution. Paradoxalement, ce sont généralement les gouvernements dits de gauche, qui décrètent les mesures les plus impopulaires. C'est curieux, très curieux… !

JEUDI 18 – LAGARDE ERRE.

Suite à l'attentat de Boston, Hollande accompagné de son ministre Valls, se sont rendus à l'aéroport de Roissy-Charles-de-Gaulle, afin d'inspecter le dispositif Vigipirate passé au niveau rouge renforcé. On peut leur faire confiance, le rouge ils connaissent bien ; c'est l'unique couleur que l'on puisse trouver lorsque l'on consulte les comptes de l'État. La prochaine étape devrait être l'effondrement des structures. Il est donc désormais possible de se rendre à Roissy en toute sécurité. Merci Pépère. Pour les autres aéroports, on verra plus tard. Plus sérieusement, voir des politiciens se préoccuper de la sécurité des citoyens, cela restera une première sous la Vème République. Cela étant précisé, il n'en reste pas moins vrai qu'apeurer les populations, continue d'être l'un des dispositifs les plus efficaces que les gouvernements aient inventé pour faire diversion. Principalement lorsque c'est le bordel à tous les niveaux.

Dans la série les politiciens adorent entretenir des relations étroites avec la justice de leur pays, Christine Lagarde, ex-recalée au concours d'entrée à l'ENA, ex-avocate, ex-ministre dans les gouvernements Villepin et Fillon, et actuelle patronne du FMI, sera auditionnée fin mai par la Cour de justice de la République, dans le cadre de l'affaire Tapie/Crédit lyonnais. La seule assurance dans ce micmac, est que les contribuables français, une fois de plus ; se sont assis sur une note particulièrement salée, uniquement pour le bon plaisir d'une seule personne, ainsi qu'éventuellement quelques complices. C'est que financièrement, il a dû en rendre des services peu avouables le Nanard. Il est vrai que ce n'était pas avec son fric, mais quand même !

Réaction de l'intéressée : « *Je ne vois rien sous le soleil.* » Elle ne parle pas encore de l'ombre.

Frigide Barjot fait grincer quelques dents. Pas à cause de son combat contre le mariage gay, mais pour l'appartement HLM de 173 m² avec terrasse de 40 m² qu'elle occupe en location. Celui-ci, situé à deux pas du Champ-de-mars, est géré par la Ville de Paris. Delanoë est fort ennuyé ; elle paie régulièrement son loyer, il est donc plus que délicat d'essayer de la faire virer. Et puis, au niveau publicitaire, cela ne serait guère judicieux actuellement. Elle avait obtenu ce logement en 1984, grâce à l'intervention de Chirac, en remerciement de quelques menus services rendus au RPR, notamment le fait de rédiger les discours de Charles Pasqua.

À priori, Barjot et Pasqua, le combat ne sembla pas identique. Mais n'a-t-on pas déjà vu des choses pires que ça, ne jamais se produire ?

VENDREDI 19 – L'ALIBI.

Le mauvais sort, c'est bien connu, s'acharne toujours sur les mêmes. Ce qui, finalement, n'est pas si mauvais, puisque cela permet de réduire le nombre des mécontents. Le parquet de Paris a ouvert une information judiciaire contre X, concernant les accusations d'un soutien financier de la Libye à la campagne présidentielle de Sarkozy en 2007. Les motifs sont : abus de biens sociaux, blanchiment, complicité et recel de ces délits. Si cela devait s'avérer exact, faire la guerre à Kadhafi aura été, pour Sarkozy, une drôle de façon de remercier son sponsor. Peut-être que le but de la manœuvre, n'était tout simplement que de faire disparaître toutes traces de carambouillage ? Si tel est le cas, cela revient cher le document.

À l'Assemblée nationale, le débat sur le mariage gay est clos. Le vote, dont le résultat ne fait aucun doute, sera effectif mardi 23. La représentation, qui s'est terminée tôt ce matin après une nuit de dur labeur, a été plutôt musclée ; par les paroles mais également dans les actes. Des députés en sont venus aux mains, la bagarre générale n'a été évitée que de justesse. Il s'en est fallu de peu que Valls se trouver dans l'obligation d'intervenir avec ses troupes de choc, afin de rétablir l'ordre. Un modèle du genre dans le comportement des élus du peuple, à donner en exemple aux petites frappes des banlieues. Pour les prochaines séances, il semble raisonnable de prévoir des véhicules du SAMU ainsi que du GIGN, stationnés autour de l'Assemblée nationale.

Les Françaises et les Français commencent à recevoir leurs feuilles de déclaration pré-remplie, sur le revenu 2012. De la façon dont doit être portée la mention : attention, fumer tue, sur les paquets de cigarettes, il ne serait pas insensé de mettre en première page de ce document, la photo du gouvernement accompagnée de cette inscription : attention, ministres en train de voler votre argent !

EELV voit une dégradation de la sûreté nucléaire en France. 2012 a été une année record pour le nombre d'accidents déclarés, et l'année 2013 commence encore plus mal que la précédente estiment les élus de ce groupuscule folklorique. Pour autant, cela ne les gêne pas pour participer au gouvernement. C'est pour mieux pourrir le fruit de l'intérieur ou parce qu'ils n'entendent pas renoncer à leurs privilèges de sitôt ?

SAMEDI 20 – ILLEGITIME DEFENSE.

Gérard Dalongeville, ancien maire PS d'Hénin-Beaumont, sera jugé fin du mois de mai, pour une affaire de fausses factures. L'ancien élu socialiste est poursuivi pour détournement de fonds publics, faux, usage de faux, et favoritisme. Les bénéfices retirés de ces opérations illicites servaient au financement occulte de la fédération PS du Nord-Pas-de-Calais. Il a décidé de faire suivre officiellement, par voie d'huissier, une missive judiciaire à l'ancien premier secrétaire du PS dans les prochains jours, afin de le faire citer comme témoin. Selon ses déclarations, l'ex patron du PS ne pouvait ignorer les faits de corruption qui régnaient alors au sein de cette fédération. Le problème est que le big boss, à l'époque des faits, se nommait François Hollande. Et c'est bien connu désormais de tous, Hollande n'a jamais été, n'est pas et ne sera jamais au courant de la moindre affaire, du moindre événement. Personne ne l'informe le pauvre. Il devrait en parler dans son entourage ; il connaît du monde, il doit logiquement posséder quelques relations bien placées.

Les sept membres de la famille Moulin-Fournier, retenus en captivité depuis deux mois, ont été libérés et sont arrivés à Paris. Nul n'est obligé d'apprécier Laurent Fabius, mais il semble que sa présence à la tête de la diplomatie française, ait été l'une des très rares décisions intelligentes prises, lors de la formation du gouvernement actuel. Il est inutile de donner des noms, et ainsi mettre des familles entières dans la peine et la douleur, mais avec la quasi-totalité des ministres en poste à la place de Fafa, il y a fort à parier que les Moulin-Fournier croupiraient encore pour de longs mois comme otages des barbares africains.

À Boston, c'est le soulagement. Après l'attentat perpétré le lundi 15, lors de l'arrivée du marathon de la ville, les deux frères responsables de cette lâcheté ne sont plus opérationnels. L'un a été abattu par la police, l'autre a été sérieusement blessé avant d'être arrêté. Quels que soient les motifs invoqués, les enlèvements et attentats visant des innocents ne sont que des procédés dignes d'abrutis et de tarlouzes. Un homme, un vrai, n'avance qu'à visage découvert, et ne s'en prend qu'à ses ennemis. Pas à des innocents sans défense.

Pour en arriver là, la police américaine a mis le paquet ; plus de neuf mille hommes ont été mobilisés, avec le matos et la logistique qui vont avec. Chaque pays agit en fonction de son organisation propre, ses moyens, sa culture, ainsi qu'éventuellement ses normes administratives.

Ainsi, prenons l'histoire d'un flic qui marche, après la tombée de la nuit, dans un quartier peu recommandable. Soudain un jeune, selon les appellations journalistiques, se précipite sur lui avec un couteau. L'agressé, qui possède son arme de service, n'a que quelques dixièmes de seconde pour réagir et se défendre.

En Chine : le policier dégaine son arme, tire une balle en plein cœur, le voyou est mort. Affaire classée.

En Russie : le policier dégaine son arme, tire une balle entre les deux yeux du voyou qui meurt immédiatement. Affaire classée.

En Amérique : le policier dégaine son arme, tire – pan, pan, pan, pan, pan, pan, pan, pan. Il recharge son arme. Pan, pan, pan, pan, pan, pan, pan, pan. Le voyou est mort. Affaire classée.

Dans un pays arabe : dans la seconde qui suit, le voyou est égorgé, émasculé. Sa carcasse est donnée à bouffer aux vautours. Bref, il est mort. Affaire classée.

En France : le policier réfléchit. Il garde son sang-froid et analyse la situation : « *Si je tire, suis-je en état de légitime défense ? Mon agresseur possède-t-il un permis pour le port du couteau ? Est-ce un jeune des quartiers défavorisés, incompris par la société ? Est-ce que mon geste va être interprété comme faisant partie d'un comportement raciste, si mon agresseur appartient à une minorité ? Est-ce que je vais être poursuivi par la Halde, le MRAP, SOS Racisme, etc... ? Va-t-on parler de bavure dans les médias ? Est-ce que la justice va me condamner ? Est-ce que ma famille sera trainée dans la boue, ma femme et mes enfants menacés, ma vie disséquée depuis l'école maternelle ? Combien de voitures seront brûlées si je tire ? L'État devra-t-il, par ma faute, négocier une paix sociale dans ce quartier ?* »

Quelques jours plus tard, le ministre de l'Intérieur déclare « *En vertu des pouvoirs qui m'ont été conférés, je vous fais, à titre posthume, Chevalier dans l'Ordre de la Légion d'honneur.* » Fermez le ban.

La différence entre l'affaire Mehra à Toulouse et celle des frères Tsarnaev à Boston, est qu'en France, on cherche des noises aux policiers qui parviennent à débarrasser la société d'un parasite, alors qu'aux USA, la population remercie les policiers qui font efficacement leur boulot.

Cela fait maintenant une semaine que Redoine Faïd, grand spécialiste du braquage de fourgons devant l'Eternel, Valls et Taubira, s'est fait la malle de la prison de Sequedin, dans le Nord. Pour se faire, il était équipé d'une arme et d'explosifs en quantité suffisante pour faire sauteur cinq portes ! Les services de livraisons fonctionnent à merveille dans les prisons françaises. Grâce à la Poste ?

DIMANCHE 21 – BOULE DE CRISTAL.

Moscovici ne sait plus quelle niaiserie raconter, afin de détourner l'attention des Français non encartés au PS. Son cas est grave. Alors qu'il n'a pas été capable de tenir ses engagements en 2012, et que nous savons tous qu'il en sera de même pour 2013, il ose prétendre que le déficit de la France passera sous la barre des 3 % en 2014, sans surcroit d'austérité. Et pour 2015, 2016, il a déjà commencé à travailler ses prévisions ? Indéniablement, la tirade saugrenue de la semaine lui appartient.

Dans le célèbre film *les Tontons flingueurs*, Lino Ventura prononce cette phrase devenue immortelle : *« Les cons, ça n'a peur de rien, c'est même à ça qu'on les reconnaît. »* Dans quelle catégorie convient-il de classer Gaston Flosse ? Ce qui est certain, est qu'il n'a peur de rien. À quatre-vingt-un ans, ce grand ami de Chirac se représente ce jour aux élections locales, dans l'espoir de retrouver son trône de président de la Polynésie française. Entre les années 1991 et 2004, il a déjà présidé sans partage cette collectivité autonome d'outremer. Il a également été député, député européen, secrétaire d'État chargé du Pacific, toujours de par le bon vouloir de Chirac, et est encore sénateur, en dépit de condamnations pour prise illégale d'intérêt, détournement de fonds publics, trafic d'influence passif et corruption active. C'est une certitude, il possède bien toutes les caractéristiques nécessaires pour être réélu.

Décidemment, il devient de plus en plus compliqué de trouver un responsable politique ou financier qui ne rencontre pas de problèmes avec la justice. Et encore, ils bénéficient de positions privilégiées pour brouiller les pistes. De là à considérer que des truands se font élire, de façon à pouvoir exercer leurs activités criminelles sous la protection de la police, il n'y a qu'un tout petit pas à franchir.

LUNDI 22 – SALUT LES COPINES.

Nommée depuis peu de temps à la vice-présidence de la BPI (Banque publique d'investissement), afin de la consoler de ses déboires électoraux, Marie-Ségolène Royal n'a pas perdu de temps pour se relancer dans les absurdités et tenter de se faire classifier dans la liste des grands financiers de la planète. Alors qu'elle assistait au second conseil d'administration de l'établissement qui la supporte, elle a quitté précipitamment la réunion afin de donner une conférence de presse, deux heures avant celle programmée par Nicolas Dufourcq, directeur général de la banque. Ça commence bien ! Mais quand serons-nous enfin débarrassés de ces primates de la politique, qui confondent la France et ses soixante six millions d'habitants qui les gavent, avec leurs ambitions personnelles ? Lamentable.

Décidemment, Hollande n'est pas davantage expert dans le choix de ses compagnes, que celui de ses ministres. À l'Elysée, le torchon brûle entre Valérie Trierweiler et Claude Sérillon, récemment chargé de la communication du président. Il semblerait que l'ex-journaliste de France 2, se soit mêlé de ce qui ne le regardait pas, en l'occurrence la vie intime de l'employée de Paris Match. Ce qui paraît plus vraisemblable, est que la copine de Hollande se serait indignée du comportement de ce nouveau venu, lorsqu'il a remercié sans ménagement deux collaborateurs bien en place au château. Elle culmine déjà à 67 % d'opinions défavorables, voici qui ne risque pas d'arranger sa cote de popularité.

Pour notre pauvre président, les ennuis ne s'arrêtent pas à la porte de ses experts en communications. En mars dernier, un certain Xavier Kemlin a déposé une plainte à l'encontre de Valérie Trierweiler, première dame, maîtresse ou simple copine de Hollande ? Le problème est que cette plainte a bien été enregistrée, et donc devra être instruite. La procédure est d'ailleurs en cours. Ce n'est que maintenant, grâce ou à cause de quelques fuites inopportunes, que nous commençons à découvrir cette bien ennuyeuse affaire pour ce couple de série américaine. Quel en est le motif : jusqu'à preuve du contraire, dame Trierweiler n'est ni pacsée ni mariée à Hollande. Pas plus qu'elle n'est élue ou chargée de mission officielle. Elle ne peut donc, en aucun cas, bénéficier, par exemple, d'une équipe permanente de six experts dévoués à son service au palais de l'Elysée, afin de se charger de sa communication. Si donc elle n'est reconnue qu'étant simple maîtresse du président, elle doit être poursuivie pour détournements de fonds publics.

Le mariage pour tous, c'est pour tous sauf pour Valérie et François.

Reste la possibilité pour les tribunaux de considérer que les tourtereaux roucoulent ensemble depuis plusieurs années, et qu'à ce titre, ils peuvent être reconnus comme vivant en concubinage notoire. À la colle quoi !

Dans ce cas, les affaires se compliqueraient encore davantage. Car cette situation imposerait au président de déclarer un patrimoine commun avec sa dulcinée, qui inévitablement aurait eu pour répercussion de placer ce cher Hollande dans la liste des contribuables concernés par l'impôt sur la fortune. Déjà que la déclaration officielle du locataire de l'Elysée est sous-estimée…

Donc, soit Trierweiler n'a pas de lien juridique avec Hollande, et dans ce cas doit rembourser le pognon qu'elle a piqué aux contribuables. Remboursement assorti d'une amende pour détournements de fonds publics. Soit elle est reconnue officiellement comme concubine du président, et alors la déclaration de patrimoine de son amant devient un faux, ce qui annule purement et simplement l'élection de l'actuel président.

Ce n'était qu'une petite incursion dans l'histoire de la moralisation de la vie politique française.

MARDI 23 – DEFORESTATION.

Le mariage homosexuel a été adopté définitivement par le Parlement, par trois cent trente et une voix pour et deux cent vingt-cinq contre. Le texte prévoit également la possibilité d'adopter des enfants par deux papas ou deux mamans, mais ne précise pas qui sera chargé de l'allaitement. Il saute aux yeux de chacun que, dans la situation calamiteuse où se trouve le pays, ce dossier était véritablement prioritaire. En tous cas nettement plus aisé à mettre en place que réduire la dette ou relancer l'économie. Pour en arriver à cette situation destructrice, deux mille ans de civilisation auront été nécessaires. Etant bien entendu qu'il n'existait jusqu'à présent, aucune loi interdisant aux adeptes de ce sport d'équipe, de pratiquer leurs activités favorites en compagnie de partenaires divers et variés.

Malgré ses nombreuses affirmations dans les médias, Rachida Dati jette l'éponge et annonce son retrait de la primaire UMP, en prévision des élections municipales de 2014 à Paris. L'information n'est pas accompagnée de la liste des avantages qui lui ont été offerts en contrepartie. Cette décision n'est guère importante pour l'avenir de la capitale ; Dati est davantage formatée pour couvrir la une des magazines people, plutôt que pour assumer des responsabilités politiques.

La feuille de déclaration d'impôts sur le revenu 2012 est arrivée. Il serait d'ailleurs plus juste de parler d'impôts sur le travail, mais là est une autre histoire. Ce document revêt cette année une particularité. Pour la première fois, il ne sera pas accompagné d'une lettre de remerciement signée du ministre délégué au Budget, afin d'inviter les Français à se serrer la ceinture, de façon à défendre les intérêts des citoyens les plus fortunés. Ce qui fera, devrait-on en déduire, trente-six millions cinq cent mille pages à imprimer en moins, donc permettre d'offrir un petit plaisir aux écolos à moindre frais. De fait, la vérité est autre, car ce petit billet doux a déjà été imprimé, mais hélas, est signé Jérôme Cahuzac ! Cherchez l'erreur. L'ensemble va donc être simplement détruit. Ces millions de feuilles représentent environ cent quatre-vingt-deux tonnes de papier, pour un coût de huit cent cinquante mille euros. Un mensonge de plus à porter au crédit de Moscovici.

MERCREDI 24 – LA CHANCE AUX CHANSONS.

C'est dans la nuit du 24 au 25 avril 1792, que Claude Joseph Rouget de Lisle composa le *Chant de guerre pour l'armée du Rhin*. Il fut repris au mois de juillet suivant par les fédérés marseillais, lors de leur entrée dans Paris et fut renommé *Marseillaise*. Il fut décrété chant national par la Convention en 1795, mais ce n'est que le 14 février 1879, sous la présidence de Jules Grévy, que La Marseillaise devint hymne national.

Depuis cent trente-quatre ans, combien de sportifs ont chanté cet hymne sans en connaître ses origines ? Bien entendu, ceux qui ne savent ni lire ni écrire, et par conséquent ne peuvent en connaître le texte, seront pardonnés de ne pouvoir interpréter cette chanson, en compagnie de leurs collègues de turbin, avant les rencontres sportives internationales.

Jean-Baptiste de Chatillon, directeur financier du groupe PSA, annonce que la fermeture de l'usine Peugeot-Citroën d'Aulnay-sous-Bois, pourrait intervenir dès cette année, et non pas comme prévu en 2014. Pour Hollande et ses sbires, cela ne change rien. Un peu plus tôt, un peu plus tard, ce n'est qu'un camouflet supplémentaire. La raison en est fort simple précise Chatillon : *« Un petit groupe de personnes continue de perturber le site, et cela nous obligera vraisemblablement à devancer nos prévisions. »* Ce qui revient à dire que la CGT sera, une fois de plus, responsable de cet événement. En France, juste derrière le gouvernement avec son impressionnant cortège de taxes, impôts, prélèvements et fonctionnaires nuisibles, les syndicats sont les destructeurs d'emplois les plus impressionnants. Globalement, il serait peut-être temps d'organiser un débat sur le sujet.

JEUDI 25 – ENCORE UN MUR DE LA HONTE.

En Corse, Champagne pour tout le monde ; le dixième assassinat crapuleux vient d'être commis. Le record de l'année précédente semble parti pour être battu, lors du prochain réveillon de la Saint-Sylvestre. Les Marseillais avaient la possibilité de se replacer, mais les trois cadavres d'Istres ne peuvent être pris en considération. Tout d'abord parce que cette ville est située à quelques dizaines de kilomètres de l'actuelle cité de la culture, donc ne peut être considérée comme une cité de la banlieue phocéenne. Ensuite parce que ce massacre de trois innocents a été perpétré par un abruti, et non par un gangster. Cette tuerie a également permis aux débutants d'apprendre qu'il était possible de se procurer une Kalachnikov sur Internet, sans être inquiété par la police politique. Ni d'ailleurs par la police tout court. Bien entendu, Valls a, une nouvelle fois, exploité la situation pour paraître au journal de vingt heures et assumer son rôle de fantaisiste du petit écran. C'est léger, très léger, mais il semble s'être spécialisé dans cette activité. Peut-être prépare-t-il sa reconversion ? D'autant qu'il connaît déjà quelques ficelles du métier. S'il devait un jour présenter le journal télévisé, niveau désinformation il connaît la théorie.

La révélation du « mur des cons » à l'intérieur même des locaux du syndicat de la magistrature à Paris, créé une polémique. Une de plus. Les privilégiés invités à découvrir cette exposition temporaire, pourront admirer sur cette œuvre d'art contemporaine : les photos de personnages politiques, à forte majorité de droite, dont Nicolas Sarkozy, Eric Woerth, Patrick Balkany, Nadine Morano, Jacques Attali, Patrick Le Lay, Etienne Mougeotte, Alain Minc, Brice Hortefeux ou David Pujadas. Ce n'est pas la liste des sélectionnés qui choque, mais le lieu emblématique où se situe cette manifestation culturelle. Car il est révélateur des sentiments qui animent les magistrats français. Honte sur la justice !

Une note rédigée par les organisateurs de l'exposition était placardée à côté des photos présentées : « *Avant d'ajouter un con, vérifiez qu'il n'y est pas déjà.* » La classe. Il se trouve ici, de quoi avoir véritablement la trouille de se retrouver devant des juges. Surtout si l'on est innocent.

Il ne reste à espérer que les personnages qui ont été oubliés, ne se manifesteront pas tous ensemble, car il serait alors nécessaire d'agrandir les locaux.

Le véritable problème avec les sinistres individus qui ont la prétention de juger les autres, est qu'ils sont pratiquement intouchables, puisqu'ils ne se jugent pas entre eux. Quel est le flic, le politicien, qui n'a jamais été traité de con au moins une fois, durant sa carrière professionnelle, y compris lorsque c'est faux ? Essayez donc avec un magistrat, même lorsque c'est vrai ! Tentez donc d'imaginer un mur des cons au siège d'un parti politique ou d'un syndicat, où seraient affichées les photos de juges et procureurs les plus haïssables du pays ! Puis, des flics, des politiciens, on en retrouve devant les tribunaux, parfois même en prison, mais des juges, que nenni. Ils peuvent se permettre de détruire des familles entières, envoyer des innocents en prison durant de nombreuses années, cela ne changera rien quant à leur vie personnelle et leur plan d'avancement de carrière. C'est odieux et révoltant.

« Ô Homme, qui que tu sois, toi qui juges tu es donc inexcusable ; car en jugeant les autres tu te condamnes toi-même, puisque toi qui juges, tu fais les mêmes choses. » Epître de Paul aux Romains. Chapitre 2.

VENDREDI 26 – MORPIONS.

Les chiffres sont tombés. C'est désormais une certitude ; le changement c'est maintenant. Avec trente-six mille neuf cents chômeurs supplémentaires en un seul mois, la France comptait, à fin mars, trois millions deux cent vingt-quatre mille chômeurs. Le record de l'année 1997, avec trois millions cent quatre-vingt-quinze mille adhérents est battu. Bravo Hollande et sincères félicitations aux bras cassés du gouvernement Ayrault. Par contre, le nombre réel de demandeurs d'emploi se situe aux alentours de cinq millions. Il serait fort intéressant qu'un ministre concerné puisse nous expliquer les subtilités qui font la différence entre un chômeur et un demandeur d'emploi ? Est-ce qu'un chômeur peut-être également demandeur d'emploi ? Est-ce qu'un demandeur d'emploi est nécessairement un chômeur ? Est-ce que Pôle Emploi est en charge des chômeurs ou des demandeurs d'emploi ? Pourquoi l'INSEE ne prend en compte que les chômeurs et non les demandeurs d'emploi ? Est-ce que d'anciens chômeurs ont trouvé un job chez Pôle Emploi ? La même question se pose pour les demandeurs d'emploi. Est-ce que les employés de Pôle Emploi peuvent être considérés comme de futurs chômeurs ou demandeurs d'emploi en puissance ? Est-ce que les chômeurs et les demandeurs d'emploi défileront sous la même bannière le 1er mai prochain ?

Il devient urgent de simplifier les formulaires, ainsi que les modes de calculs concernant, dans un premier temps, les statistiques du chômage. Pour les demandeurs d'emploi, on verra plus tard.

Jean-Vincent Placé, small boss des sénateurs socialos, critique la décision prise par le gouvernement de refuser l'amnistie sociale (adoptée au Sénat) et appelle les députés socialistes au « devoir de désobéissance » : « *Je dis aux députés socialistes qu'on ne peut pas obéir aux ordres les plus idiots. Il y a un devoir de désobéissance. Là il faut avoir de la dignité et de l'honneur et respecter ses engagements. Et ne pas accepter ces oukazes ou diktats qui viennent d'en haut de façon inconsidérée.* » Il a encore ajouté : « *Je résume un peu la façon de gouverner aujourd'hui : imprévoyance, aveuglement et comme souvent en position de faiblesse, beaucoup d'autoritarisme.* »

De la dignité, de l'honneur, le respect des engagements, en politique ce serait un véritable chambardement. S'il n'est pas au courant, c'est qu'il n'a pas encore assimilé toutes les ficelles du métier. Mais surtout, lorsque l'on appartient à un gouvernement, soit on suit le chemin tracé par le Premier ministre, même s'il ne s'agit que d'une ornière, soit on fait justement preuve de dignité et d'honneur et on dégage. Mais là c'est beaucoup trop demander à des individus qui s'accrochent à leurs maroquins, tels des pthirus pubis à des poils de cul.

Marisol Touraine, ministre de la Santé, vient d'inventer un nouveau métier : gestionnaire de lits. Afin de concrétiser l'idée lumineuse de la semaine, car il ne faut rien exagérer, des postes doivent être créés dans cent cinquante hôpitaux. Les heureux sélectionnés seront chargés de trouver des services pour accueillir les malades aux urgences. Le principal problème qui se pose est que généralement, lorsque l'on arrive aux urgences, c'est justement parce que c'est urgent. Il est excessivement rare que le patient ait eu le temps d'organiser son déplacement, de préparer son dossier médical et sa valise, pas plus qu'il n'a eu la possibilité d'informer ses proches. Ensuite, il n'est pas totalement stupide d'imaginer qu'un ambulancier qui transporte un malade dans un état très grave ou la victime d'un accident, ne perde pas son temps à téléphoner dans l'espoir de pouvoir discuter avec un gestionnaire de lits, mais qu'il conduise son passager le plus rapidement possible à l'hôpital le plus proche. Le temps de rechercher puis trouver un lit disponible, le malade ou l'accidenté risque davantage d'avoir besoin des services d'une société de pompes funèbres, plutôt que d'un service hospitalier. Surtout s'il se trouve à Fontainebleau, et le lit disponible à Beauvais. Doit-on en conclure que jusqu'à présent, dans les hôpitaux, les responsables des services ignoraient le nombre de lits occupés ou disponibles. Donc de malades ?

Le ministre n'a pas précisé quelle était la formation requise pour briguer l'un des postes prochainement disponibles.

SAMEDI 27 – REMBOURSEZ !

Une demandeuse d'emploi habitant à Saint-Ouen, en Seine-Saint-Denis, qui avait encaissé un trop-perçu d'un peu plus de deux mille cinq cents euros, a reçu une lettre de Pôle Emploi, où il est mentionné : « *Vous avez souhaité bénéficier de délais pour rembourser la somme de 2 648,59 euros que vous avez perçue à tort. Après examen de votre dossier, nous avons décidé de récupérer cette somme par retenues de 0,01 euro par mois jusqu'à extinction de votre dette.* » D'une part, cette personne n'a jamais demandé de délais pour rembourser cette somme. D'autre part, le dossier datant de plus de trois ans est, paraît-il, maintenant prescrit. Enfin, à supposer que la procédure se mette en place, la fin du remboursement de cette somme n'interviendrait que durant le second semestre de l'année 22 071 ! Aucun doute, le nom des services a été modifié, mais l'ensemble continue d'être géré par des fonctionnaires.

C'est vraisemblablement pour des raisons de ce type, que l'emploi de fonctionnaire bénéficie de garanties. Dans quelle entreprise privée pourrait-on recaser ces individus, s'ils se faisaient jeter ?

Si les descendants de cette personne respectent les délais imposés par l'administration, tout ce qu'ils risquent est d'en terminer avec le remboursement de la dette familiale, avant que l'État français puisse obtenir un résultat identique, même en s'acquittant de mensualités conséquentes.

Dans le dossier du Mediator, la liste des mises en examen continue de s'allonger. Ainsi, l'ex-sénatrice UMP Marie-Thérèse Hermange, ainsi que le numéro deux du groupe, Jean-Philippe Seta, viennent de gonfler le casting de cette affaire navrante, pour trafic d'influence. Ils sont soupçonnés d'avoir modifié un rapport sénatorial, afin de minimiser la responsabilité du célèbre laboratoire pharmaceutique.

Circonstance atténuante : peut-être se trouvaient-ils sous l'effet secondaire de ce médicament ?

DIMANCHE 28 – NE PRENEZ QUE LA ROUTE.

À gauche, y compris au PS, les critiques à l'égard d'Angela Merkel se font de plus en plus brutales. Plutôt qu'attaquer bêtement la chancelière allemande, les dirigeants français seraient bien inspirés de prendre des cours de gestion outre-Rhin. Hollande et son gouvernement de minables, n'espèrent tout de même pas que les Germains vont imiter la France, plonger dans la récession, bloquer leurs exportations et cumuler les dettes uniquement pour leur faire plaisir !

Justement, pour la tirade saugrenue de la semaine, la palme, loin d'être académique, bien que le triste sire concerné soit un ancien enseignant, revient sans nulle contestation possible à JMA. Le Premier ministre a démenti formellement une information de la chaîne *I-Télé*, comme quoi une rançon a été versée pour la libération des sept otages enlevés au Cameroun, et retenus durant deux mois au Nigéria par le groupe folklorique islamique Boko Haram. On raconte toujours ça après une libération. Ce qui compte c'est que la famille ait été libérée, a précisé l'éventuel futur directeur du nouvel aéroport de Nantes. Citoyens et citoyennes, enfoncez-vous bien cela dans la tête. Avec Hollande à l'Elysée et Ayrault à Matignon, désormais les associations de malfaiteurs enlèvent des innocents et les libèrent sans aucune contrepartie, juste pour le bon plaisir du président de la République française et favoriser la campagne publicitaire de son Premier ministre. Avec les socialos au pouvoir, il ne reste pratiquement plus d'activités qui soient rentables.

Les groupes terroristes ne peuvent même pas projeter l'enlèvement du président de la République pour prendre du pognon ; les Français refuseraient de payer la rançon. S'ils le veulent, qu'ils le gardent. Ou alors, pour étoffer leur trésorerie, ces criminels ne disposeraient que d'une seule et unique solution : demander aux citoyens de l'hexagone de leur verser une rente mensuelle, en précisant clairement qu'au moindre retard de paiement, ils le réexpédieraient en France.

Une association d'automobilistes dénonce les radars [pièges]. Le rapport, qui doit être remis à Valls, évoque de nombreux exemples diaboliques, tel ce radar qui flashe au-dessus de 70 km/h sur une route entre Tours et le Mans, alors que dans l'autre sens de circulation, la vitesse est limitée à 90 km/h ou celui de Saint-Julien-en-Genevois sur l'autoroute A41, qui flashe les automobilistes circulant à plus de 50 km/h. à deux cents mètres de la frontière avec la Suisse. Cette autoroute est réputée comme étant la plus rentable de France. Eh oui, là est l'essentiel pour nos caciques. Le but de la manœuvre n'est pas de protéger la santé voire la vie des automobilistes ; ils n'en ont rien à foutre. Mais de faire du fric, et ici on parle en centaines de millions d'euros. Ça vaut la peine d'investir.

Il est un autre sujet dont les responsables d'associations d'usagers de la route seraient bien inspirés de se préoccuper. C'est le péage autoroutier. Depuis Napoléon III, la loi prévoit que l'État doit assurer la libre circulation gratuite des citoyens sur l'ensemble du territoire. De sus, la loi prévoit également que l'État ne peut vendre des parcelles de territoire à des sociétés privées à titre d'exploitation. Autant dire que l'épaisseur des enveloppes qui se sont échangées lors de la privation des autoroutes, ne devait pas être modique. Et ce n'est pas terminé ; sur les autoroutes privatisées illégalement, pratiquant un péage totalement illégal, se trouvent des flics et des pandores pour verbaliser. Mais quel est donc le texte de loi qui permet à l'État de distribuer des contraventions et autres plaisanteries fines aux automobilistes se trouvant sur une propriété privée ?

Tout est illégal dans cette histoire, mais il n'empêche que financièrement, c'est une affaire qui tourne correctement. Et puis, comme les Français n'ont en majorité plus de couilles, autant en profiter.

LUNDI 29 – TOUT LE MONDE EN BATEAU.

Selon Jacques Attali (le même qui avait annoncé la fin de l'Euro pour l'année 2011), Hollande a fait beaucoup plus de choses en un an que les présidents des dix ans précédents. Niveau taxes et impôts nouveaux, c'est probablement exact. Concernant la hausse de la dette et du chômage, c'est absolument véridique. Pour le reste, il n'a pas souhaité communiquer la liste dans avancées, ce qui préférable pour sa crédibilité.

Le Parquet de Paris s'intéresse à l'achat de l'ancien appartement de Claude Zidi, par Thomas Fabius, fils de l'actuel ministre des Affaires étrangères. Il s'agit d'un somptueux deux cent quatre-vingt m², situé sur l'une des artères les plus prestigieuses de la capitale, pour un montant de sept millions d'euros. Jusqu'ici, rien d'anormal à signaler. Le problème est que le jeune Fabius, résident fiscal en France, ne paie pas d'impôts sur le revenu. Certes, il possède bien une société, mais il n'en est pas salarié, et elle n'a réalisé que quatre-vingt-douze mille cinq cent trente-deux euros de bénéfice en 2010 et onze mille huit cent quatre-vingt euros en 2011. Une misère. La comptabilité 2012 n'est pas disponible.

Il a déclaré pouvoir disposer d'un budget de sept millions et demi d'euros, en partie gagné au jeu. Pour qui souhaite empocher le quinté plus régulièrement, suivez les pronostics de Thomas Fabius. Pour mémoire, il est actuellement visé par une enquête préliminaire pour tentative d'escroquerie et faux, et dans un autre dossier, a été condamné en juin 2011 à quinze euros d'amende par le tribunal correctionnel de Paris, pour abus de confiance.

De toute évidence, il n'a pas hérité de la cervelle de son père.

Comme un don du ciel, Bernard Tapie se dit prêt à prêter main forte à François Hollande et à apporter sa contribution pour que le pays aille de mieux en mieux. Il ajoute qu'il l'a déjà fait sous Mitterrand, et qu'il était dans cet état d'esprit avec Nicolas Sarkozy, qu'il voyait quatre fois par an. Un véritable philanthrope le Tapie. En tous cas, il n'a pas précisé si Christine Lagarde était présente lors de ces entretiens avec l'ex.

Que Dieu préserve la France et que Tapie reste à bord du yacht qu'il s'est payé avec le pognon des contribuables. Simplement, s'il souhaite tant aider son pays, pour lui c'est fort simple : il lui suffit de rembourser les millions d'euros qu'il a encaissé illégalement avec la bénédiction des anciens dirigeants de notre république bananière. Pour le reste, les Français pourront, sans problèmes, se passer de ses services.

Pendant ce temps, les foudres se déchaînent en Allemagne, contre le gouvernement socialiste français. Les conservateurs teutons accusent Hollande et sa clique d'essayer d'occulter les problèmes du pays. Le gouvernement de gauche français ne peut que détourner l'attention, du fait que la France a besoin de réformes structurelles. Il sera difficile de prouver le contraire. Et d'ajouter que les attaques infondées de responsables socialistes de haut rang contre la chancelière sont inhabituelles et inappropriées, pour la relation franco-allemande. Il serait peut-être temps de vérifier l'état de la Ligne Maginot ? Le problème est qu'à une époque où l'on apprend, grâce au Livre blanc de la Défense, que les armées vont perdre cinq mille emplois par an, durant une période de six années, il ne sera pas évident de dénicher des spécialistes. Sauf à demander aux Allemands de faire le nécessaire. Logiquement ils doivent encore être en possession des plans, puisque lors de la construction de ce mur infranchissable, c'est l'entreprise alleman-de Siemens qui fut chargée de l'électrification des fortifications.

MARDI 30 – SECRET DEFENSE.

Bonne nouvelle pour les amateurs de grands crus. L'Elysée met en vente aux enchères mille deux cents bouteilles de vin, soit un dixième de la cave présidentielle. Au-delà des deux cent cinquante mille euros nécessaires à l'opération, les profits seront reversés au budget de l'État. Enfin, c'est ce qui a été annoncé. L'air de rien, cette mascarade représente un coût de deux cents euros par bouteille ! Si Hollande espère relancer l'économie du pays avec le bénéfice encaissé, tous frais déduits, il risque une fois de plus de faire un grand flop ! Espérons que pour le moins, le sommelier de l'Elysée aura la présence d'esprit d'en acheter de nouvelles, puis les laisser vieillir.

Huit mois après la tuerie de Chevaline, les gendarmes en charge de l'enquête lancent un appel à témoins, dans l'espoir d'entrer en contact avec le propriétaire d'un 4x4 avec conduite à droite, possiblement un BMW X5 de couleur grise ou toute autre couleur foncée pouvant s'y apparenter. Un véhicule de ce type a été vu circulant le long de la Combe d'Ire, à Chevaline, le 5 septembre 2012 entre 15h15 et 15h30. Huit mois pour en arriver là, on ne peut dire que les cervelles soient équipées d'un overdrive chez les enquêteurs de la gendarmerie de Haute-Savoie.

Il ne s'agit ici que de l'histoire banale, normale, d'un mec né à Bagdad. Durant les années 1970, il immigre avec sa famille au Royaume-Uni. En 2002, il obtient la nationalité britannique, juste avant que l'Angleterre n'attaque l'Iraq, alliée aux USA. Ce mec est un chef d'entreprise, ingénieur-consultant qui bosse dans le milieu des satellites. Son dernier client avant d'être abattu est la société SSTL (Surrey Satellite Technology Ltd) qui travaille avec l'agence spatiale britannique et fait partie du groupe militaro-industriel EADS. Jusque-là, rien de particulier à signaler.

Le mec, il habite une maison cossue sise dans un quartier aisé de Londres, achetée plus d'un million d'euros mais, il adore venir régulièrement se ressourcer en France. Pour l'occasion, il se déplace avec sa caravane. Lui et l'ensemble de sa famille sont placés en permanence sous surveillance des services secrets britanniques. En septembre 2012, alors que c'est la rentrée scolaire et celle du business, il décide soudainement d'aller en vacances avec sa petite famille, sans être remarqué. Il part avec sa voiture, prend le ferry pour se rendre dans un camping en Haute-Savoie mais, étrangement, il oublie d'atteler sa caravane. Jusque-là tout semble encore normal. Pour se rendre en France, il prend son passeport britannique ainsi que son passeport irakien. Quant à la grand-mère, elle possède un passeport suédois. Un lundi matin, il arrive avec sa petit famille dans un camping près d'Annecy et, dès le mercredi après-midi suivant, il emmène tout son petit monde faire une excursion dans la montagne, en emportant tous les bagages dans le coffre de la voiture. Il arrive sur un parking dans un endroit isolé et, avant même d'avoir eu le temps d'arrêter le moteur et dire ouf, il se fait buter au pistolet-mitrailleur en compagnie de son épouse et de la grand-mère. C'est d'une banalité.

Sur la voiture, on ne relève aucun impact de balles mais, elle présente un pneu dégonflé. Dans la foulée, on retrouve à côté de sa voiture, par le plus grand des hasards, le cadavre d'un cycliste français qui visitait la région. Lui également a bénéficié des bienfaits du même pistolet-mitrailleur. Petit détail sans importance : il bosse pour Cezus, société du groupe Areva, spécialisée dans les combustibles nucléaires. À l'intérieur de la voiture, on découvre une fillette de huit ans, bien tabassée, mais toujours vivante. Toujours rien que du classique.

Se pointe alors un témoin, il est également cycliste, est également britannique, et visitait également la région. C'est un ancien de la Royal Air Force. Après avoir porté secours à la gamine, il appelle les secours. Il est 15h48. Il casse ensuite la vitre côté conducteur, plutôt qu'ouvrir simplement la portière. Les secours arrivent alors sur place, ils constatent le décès des trois adultes dans la voiture, sans remarquer la présence d'une seconde fillette de quatre ans à l'arrière. L'enquête est immédiatement confiée à des experts parisiens, plutôt que des experts lyonnais quasiment sur place. Quoi de plus logique !?

Les experts parisiens, de véritables pros réactifs et tout, arrivent sur place huit heures après le premier appel et, comme ce sont des bons, découvrent la petite de quatre ans dans la voiture. Pendant ces heures, les policiers d'Annecy cherchaient cette gamine dans la montagne, sans bien évidemment la trouver. Normal, puisqu'elle se trouvait à l'intérieur de la bagnole. La petite de huit ans, après avoir été déclarée morte dans un premier temps, est sauvée dans un second, puis plongée dans un coma artificiel dans un troisième, afin de subir une opération chirurgicale. Durant ce temps, le procureur d'Annecy donne une conférence de presse, ce qui, en la circonstance revêtait une importance capitale. Durant cette conférence, le procureur explique qu'il convient d'être prudent, qu'il n'est pas certain de l'identité des victimes, que l'enquête commence tout juste, qu'aucune conclusion ne peut être retenue. Par contre, il commente face aux journalistes présents, le déroulement des faits avec précision, intégrant d'office la version du cycliste britannique. Toujours la routine.

Surtout, si vous croisez sur les routes des Alpes, un 4x4 BMW X5 de couleur grise ou toute autre couleur foncée pouvant s'y apparenter, avec conduite à droite, n'oubliez pas de prendre contact avec la gendarmerie de Chambéry. On ne sait jamais ; le conducteur visite peut-être encore la région.

Mais lorsque le temps est maussade ?

Pour clore le mois, un sondage supplémentaire nous apprend que plus de 70 % des Français s'attendent à une explosion sociale dans les prochains mois. Il ne resterait que moins de 25 % de citoyens pour accorder leur confiance à Hollande ; c'est bien peu et beaucoup à la fois. Cela démontre qu'il subsiste encore des socialos satisfaits du fiasco total de leur gouvernement. Pour majorité, fort probablement des encartés. Heureusement, la direction du PS veille. Ainsi des formules préétablies fusent de la bouche des adhérents, telles : nous vivons une crise exceptionnelle – il y a l'héritage trop lourd de dix ans de droite – un an c'est trop tôt pour juger – Etc... En gros comme en détail, tout est de la faute de Nicolas Sarkozy. Si l'on veut bien l'admettre, il n'en reste pas moins vrai que les promesses non tenues sont bien celles du seul candidat Hollande. Et que le premier gouvernement à avoir véritablement détérioré les finances du pays, était dirigé par Mauroy, que Delors se chargeait des finances, l'ensemble sous la présidence de Mitterrand.

Corse dix cadavres, Marseille six. Mais qu'est-ce qu'ils foutent du côté de la Canebière, en cette année 2013. Fort heureusement, il reste huit mois de compétitions, avant d'arrêter les comptes.

MAI

MERCREDI 1er – EN MAI FAIT CE QU'IL TE PLAÎT.

Cette journée est consacrée à la Fête du Travail, qu'il serait plus juste de renommer Fête du Chômage. Les salariés syndiqués, de moins en moins nombreux, sont tout heureux de défiler derrière des drapeaux rouges marqués de la faucille et du marteau. C'est carrément ringard, suranné et risible. Quant aux adhérents du Front national, ils iront vénérer Jeanne d'Arc. Une sacrée faute d'organisation puisque Jeanne serait née un 6 janvier, elle fit sacrer Charles VII un 17 juillet, la libération d'Orléans eut lieu un 8 mai (déjà), elle fut capturée par les Bourguignons un 23 mai, puis termina sa carrière professionnelle sur le bûcher de Rouen le 30 mai. Que vient foutre ici le 1er mai, qui ne figure nulle part dans l'agenda de cette héroïne de BD ?

Les non-encartés, dispensés de grande parade, offrent en ce jour de liesse populaire, un brin de muguet à la femme ou aux femmes de leur vie, selon les circonstances. C'est Charles IX qui lança cette mode en 1561. La seule raison étant que, tout simplement, la floraison de cette fleur se produit à cette époque de l'année. Dans le langage des fleurs, le muguet symbolise le retour du bonheur. Pour qui la femme s'est barrée, il est toujours possible de tenter la faire revenir par le truchement d'Interflora et de quelques petites clochettes, sous réserve de savoir où elle se trouve et en quelle compagnie. S'il s'agit d'un mec qui pèse trente ou quarante kilos de plus que le mari délaissé, et mesure plus de 2 mètres, il est préférable de laisser tomber. Si elle revient, il est envisageable pour certains, de fêter ensemble les noces de muguet, qui marquent le treizième anniversaire de mariage. Mais il paraît que ça porte malheur. Pas facile. Pour qui ensuite souhaite se venger, il reste la solution de tenter lui en faire ingérer. Le muguet est une plante hautement toxique qui provoque la mort par arrêt cardiaque. Même l'eau dans laquelle sont plongés les petits brins verts à fleurs blanches, finit par devenir empoisonnée.

Pour certains, ça peut toujours servir.

L'histoire du 1ᵉʳ mai férié commença aux USA en 1886. Sous la pression des organisations syndicales, le patronat et le gouvernement acceptèrent d'accorder la journée de travail de huit heures aux salariés. Six fois huit égalant quarante-huit, cette convention permettait aux ouvriers de s'épargner d'un seul coup, vingt-quatre heures de boulot minimum par semaine. Dans un premier temps, seuls deux cent mille salariés profitèrent de cette aubaine. Le 1ᵉʳ mai fut retenu car dans ce pays, beaucoup d'entreprises commençaient leur année comptable en ce jour. En 1889, les syndicats européens instituèrent une journée internationale des travailleurs. Les premières manifestations eurent lieu le 1er mai de l'année suivante, en souvenir du 1ᵉʳ mai 1886. Ce n'est qu'en 1920, dans l'URSS de Lénine, que le 1ᵉʳ mai devint, pour la première fois, une journée chômée. En 1933, Hitler décida également que cette journée serait désormais chômée ET payée. Une véritable avancée sociale. Il serait intéressant d'étudier attentivement le dossier, de façon à pouvoir contrôler si les combats s'arrêtaient ce jour, durant la Seconde Guerre mondiale. La France n'adopta définitivement cette coutume qu'en 1941, durant l'Occupation. Ce qui représentait toujours une journée de production industrielle en moins pour les Allemands. Enfin, il est toujours possible de le supposer.

Puisqu'il est question de travail, il paraîtrait qu'un grand nombre de hauts fonctionnaires seraient payés à ne rien foutre ou si peu que ça revient quasiment au même. Lorsque l'on consulte la liste des obligations inutiles et interdictions débiles qui polluent la vie des citoyens lambda, il est possible d'en déduire que le moins ils travaillent, le mieux ça vaut pour la santé des autres. Mais ce n'est pas une raison valable. Le magazine Challenges révèle que des institutions hautement républicaines comme l'inspection des finances, l'inspection des affaires sociales, l'éducation nationale, la Cour des Comptes et le Conseil d'État, servent prioritairement à recaser les petits copains des politicards. Ainsi, juste avant les dernières élections présidentielles, de nombreux proches de Sarkozy et Fillon ont pu trouver une placarde super peinarde et rémunérée à la hauteur du talent et des compétences qu'ils ne possèdent pas, au sein de ces foyers d'accueil pour hauts fonctionnaires en déshérence. Grâce à ce système appelé tour extérieur, les présidents de la République et les Premiers ministres peuvent en effet nommer à vie, qui ils le souhaitent au sein de ces institutions, sans qu'ils n'aient besoin de passer le moindre concours, ni présenter le moindre CV.

Par exemple, les deux cent cinquante-deux fonctionnaires du Conseil général de l'environnement et du développement durable, n'ont pondu que deux cent soixante-deux rapports inutiles durant l'année 2012. À peine plus d'un par jeune recrue et par an ! Vu le contenu, quelque part c'est probablement une bonne chose. Certaines de ces charmantes personnes encaissent pourtant jusqu'à douze mille euros chaque mois.

Elle n'est pas belle la vie ?

Pascal Canfin, ministre du Développement, a refusé de prendre un vol destination Bamako au Mali, parce qu'il aurait dû voyager dans le même avion qu'un ressortissant malien expulsé, après avoir purgé en France huit ans de prison pour viol aggravé sur mineur.

Finalement les accords de coopération ont été signés sur place par l'ambassadeur de France au Mali.

Ce scénario pour BD nous a permis d'apprendre que le sieur Canfin existait, et qu'il ne servait strictement à rien. Il ne fait tristement partie que de la bonne vingtaine de ministres parfaitement inutiles du gouvernement Ayrault.

Il y a vingt ans, Pierre Bérégovoy se suicidait à Nevers. Cette disparition faisait suite à la mort mystérieuse de Roger Patrice-Pelat le 7 mars 1989, et sera suivie du suicide non moins obscur de François de Grossouvre le 7 avril 1994. Il ne faisait pas bon être proche de François Mitterrand : il portait la scoumoune. Il existe bien entendu d'autres versions, mais la police politique refuse de les divulguer.

C'est maintenant le cas de Claude Guéant qui intéresse les juges, à cause d'un virement sur l'un de ses comptes, d'un montant de cinq cent mille euros en provenance de l'étranger. D'après le suspect, cette somme provient de la vente de deux tableaux du peintre hollandais Andries van Eertvelt. (XVII° siècle). Les policiers qui ont perquisitionné son appartement en février dernier, dans le cadre de l'enquête sur les accusations de financement libyen de la campagne de Sarkozy, ont également découvert de nombreux et conséquents paiements de factures en liquide. Selon l'ancien ministre de l'Intérieur, ces liquidités proviennent des primes de cabinet dont il a bénéficiées, alors qu'il sévissait place Beauvau. Le problème est que ces fameuses primes ont été officiellement supprimées le 1er janvier 2002, sous l'ère Jospin. Daniel Vaillant, également ancien ministre de l'Intérieur, a confirmé que ces primes n'ont plus été versées dès l'année 2002.

Comme l'a vicieusement fait remarquer Roselyne Bachelot, soit Guéant est un menteur, soit c'est un voleur. Ce n'est guère élégant de cracher dans la soupière, lorsque l'on a longtemps partagé le potage avec ses petits camarades de brigandage. Bachelot ne semble pas se souvenir qu'après avoir été très, vraiment très proche des laboratoires pharmaceutiques, elle a fait dépenser à l'État des centaines de millions d'euros dans la fabrication de vaccins qui ont été ensuite mis à la poubelle. En démocratie, elle se trouverait actuellement internée.

Une information judiciaire a été ouverte pour corruption active et passive, trafic d'influence, faux et usage de faux, abus de biens sociaux, blanchiment, complicité et recel de ces délits. Après Guéant, à qui le tour ?

AVIS TRES IMPORTANT À LA POPULATION :
habituellement, l'essai mensuel des sirènes intervient le premier mercredi du mois. En cette année 2013, le premier mercredi étant un jour chômé (1er mai), les quatre mille cinq cents sirènes d'alerte du pays ne sonneront pas. Ce signal d'essai sera diffusé à midi, le jeudi 2 mai. Qu'on se le dise !

Mais de quel courage ils sont capables de faire preuve, lorsque cela s'avère nécessaire, les membres du gouvernement Ayrault !

JEUDI 2 – LA JUSTICE C'EST MAINTENANT.

Un ancien conseiller de Christine Lagarde, alors ministre de l'Economie et des Finances du gouvernement Fillon, a été mis en examen pour prise illégale d'intérêt. Il se nomme François-Gilles Egretier, et est soupçonné d'avoir usé de son influence durant l'année 2010, afin de peser sur le ministre des Transports de l'époque, Dominique Bussereau, de façon à modifier le tracé de la Ligne à Grande Vitesse, qui devait traverser sa propriété située sur la commune d'Uchacq-et-Parentis, dans les Landes. Effectivement, le tracé initial présenté en 2009 par Réseau ferré de France fut bien modifié dans un second temps, pour passer trois kilomètres plus au nord. Une association porta plainte en 2010 auprès du parquet de Mont-de-Marsan, mais l'affaire fut, bien entendu, classée sans suite. L'avocat de cette association *Les voix du fuseau Nord* décida de ne pas en rester là, et prit l'initiative de saisir le doyen des juges d'instruction d'une plainte avec constitution de partie civile, d'où malgré tout cette mise en examen. Tout peut arriver lorsque l'on n'occupe plus une situation privilégiée pour emmerder le monde.

Montebourg s'oppose à ce que Dailymotion soit racheté à 75 % par le groupe américain Yahoo. Il a pourtant réaffirmé, le 30 avril dernier, que son objectif était d'attirer davantage les investisseurs étrangers. Comprenne qui pourra. Le plus grave dans l'histoire, est de constater qu'un acteur de série B, tout ministre à titre provisoire soit-il, puisse prendre l'initiative d'empêcher des sociétés commerciales d'évoluer comme elles le souhaitent. L'objectif de Montebourg ne serait-il donc que de soviétiser la France, en lui faisant faire un grand pas de soixante années en arrière ? L'heure est grave, camarades. Ce personnage nuisible pour la France, ne sait quoi inventer pour se faire remarquer. Il est vrai qu'à titre personnel, ce n'est pas lui qui paiera le montant des dégâts.

Un huissier s'est présenté ce jour à l'Elysée, afin de remettre une (invitation) à témoigner au procès en appel de René Teulade, un proche de Hollande. Sur ordre du cabinet du président et de la garde républicaine, il s'est trouvé dans l'obligation de rebrousser chemin, sans pouvoir remettre son papier au chef de l'État. Teulade se trouve être ex-député suppléant de Hollande en Corrèze. En 2011, il a été condamné en première instance pour malversations au détriment de la mutuelle de la fonction publique. Il doit être rejugé courant du mois de mai. Hollande ne semble pas se souvenir de son engagement : moi président, je ne me déroberai pas aux convocations que voudrait m'adresser la justice. Une tromperie de plus, une ! À cet instant, ça commence à faire beaucoup. Et il lui reste – en principe – quatre années.

VENDREDI 3 – LA PEINTURE À L'HUILE.

Miss Morano, qui ne s'est pas encore aperçue qu'elle n'était plus ministre de quelque chose, et qui de plus s'est fait renvoyer dans ses foyers, lors des élections législatives de l'an dernier, tient à souligner le sérieux de Claude Guéant, qui fut son collègue de divertissements dans le dernier gouvernement Fillon. Selon elle, il est blanc comme neige, et c'est un véritable scandale de s'attaquer à sa personne. Pourtant à l'UMP, on ne se bouscule pas au portillon pour prendre sa défense. Pour elle, il est maintenant grand temps de se trouver un job où elle ne soit pas obligée de toujours raconter des niaiseries. D'autant que pratiquement, personne ne l'écoute. Ce qui est préférable. Elle rajoute même que des milliers de fonctionnaires ont bénéficié de primes versées au black. Y compris les contrôleurs du fisc ?

Le plus marrant reste Besancenot, qui a répondu, à la question de savoir si l'ex-ministre de l'Intérieur disait la vérité : je ne sais pas, je ne m'y connais pas en art belge, ni en art libyen. Ce que je sais simplement, *« c'est que des casseroles de gauche s'accumulent aux casseroles de droite, et c'est toute la cuisine qu'il faut changer. »* Toujours aussi drôle, le facteur des quartiers chics ! Pour autant, on ne peut, hélas, dire qu'il a tout faux…

Selon le ministère de la Culture, un tableau vendu à un prix supérieur à cent cinquante mille euros, doit obtenir un certificat d'exportation pour quitter la France. Manque de chance, concernant la vente de ses deux toiles à un avocat malaisien, Guéant a carrément oublié de demander ce certificat près du ministère concerné. Par contre, selon Artprice, la valeur estimée pour ce type de tableau se situe entre quinze et vingt-cinq mille euros. Quel que soit le scénario retenu, l'affaire se complique. Ce qui va permettre à Valls de diligenter une enquête administrative. Il sera peut-être meilleur ici qu'en matière de sécurité ? Ce qui est certain, est que durant le temps où l'on s'intéresse au cas de Guéant, on parle moins de Cahuzac. Il ne sera pas étonnant qu'à l'UMP, on découvre une nouvelle affaire louche au sein du clan socialo.

NKM affirme que les deux mille sept cent quarante-sept véhicules de la mairie de Paris, roulent tous au diesel. Ce qui est totalement faux. Uniquement huit cent trente-six, soit environ 30 % du parc, utilisent ce carburant. Quant aux bennes, paraît-il diesels, les 2/3 roulent au gaz naturel. Petits mensonges deviendront grands. C'est navrant comme comportement, surtout lorsque l'on se présente déjà sous un jour plutôt antipathique.

L'Inspection générale des affaires sociales (nous savons désormais que ce truc existe), s'intéresse de près à la gestion de l'Institut Pasteur. Dans un rapport rendu public, il est fait état d'un ensemble de problèmes résultants des modalités de gestion pour les années 2009, 2010 et 2011, qu'il convient de réviser. Pour 2012, il est certainement encore trop tôt pour connaître les conclusions. L'Inspection remarque, entre autres anomalies, des recours à des artifices comptables ainsi qu'une concentration excessive du pouvoir. Logique : lorsqu'il s'agit d'importantes sommes d'argent, on ne partage pas. Plutôt qu'être dirigée vers la recherche, une partie des dons et subventions s'est retrouvée sur les marchés financiers. Ce qui revient à constater que la direction de ce célèbre Institut Pasteur appartient à de vulgaires boursicoteurs. Il va devenir de plus en plus risqué, dans notre pays, de se choper des maladies graveves.

SAMEDI 4 – DE LA PLACE POUR LES AUTRES.

Martine Aubry doit jubiler. Le Conseil d'État a confirmé la mutation de la juge Bertella-Geffroy. Ainsi, elle se trouve désormais dans l'impossibilité de terminer l'instruction du dossier concernant l'amiante, actuellement constitué de cinq cents tomes d'environ mille pages chacun. Tout ça pour ça, comme dirait Claude

Lelouch. Il est vrai que la procédure pénale sur les risques présentés par l'amiante a été ouverte durant les années 1990, ça peut bien encore attendre quelques années de plus. Le temps, par exemple, que toutes les victimes soient décédées ou qu'Aubry puisse redevenir ministre. Voire Premier ministre ? Ça s'arrose ; remettez une tournée générale, la patronne !

Selon un rapport communiqué par l'Institut de criminologie et de droit pénal de Lausanne, le taux de suicide dans les prisons françaises est très largement au-dessus de la moyenne européenne. Il est dénombré entre quinze et seize suicides par an, pour dix mille détenus. Ce rapport dénonce également l'importance de la surpopulation carcérale dans notre pays, avec cent treize prisonniers et quatre dixièmes pour cent places disponibles. Les quatre dixièmes posent un véritable problème.

Et encore, de nombreux politiciens mouillés jusqu'au cou dans des affaires crapuleuses, ne sont pas enfermés !

DIMANCHE 5 – LA BARRE À TRIBORD.

Les superfétatoires fonctionnaires bruxellois, ont décidé subitement d'accorder un sursis à la France, pour atteindre ses objectifs de réduction des déficits publics. Cette position va permettre à Moscovici d'être, de nouveau, décoré de l'ordre de la tirade saugrenue de la semaine : *« Nous avons un peu de temps maintenant pour conduire les réformes nécessaires et pour soutenir la croissance »* s'est-il exclamé en apprenant la bonne nouvelle (pour lui et Hollande). Comme ce n'était pas suffisant, il a ajouté : *« Ce sont les thèses françaises qui ont été entendues. »* Dans l'équilibre entre la réduction des déficits et le soutien à la croissance, c'est désormais le soutien à la croissance qui l'emporte. Quant à Hollande, il a surenchéri en déclarant que l'économie budgétaire doit toutefois rester un principe, même si cette liberté va permettre à la France de faire des réformes structurelles indispensables pour la croissance. Bien entendu, les affirmations antérieures concernant un déficit public se situant en dessous de 3 % du PIB sont laissées sur le bord d'un chemin qui se présente de plus en plus non carrossable. Un flagrant délit supplémentaire de mensonge, de promesse électorale non tenue. En toute logique, cette situation nouvelle devrait permettre aux indigents ministres du gouvernement, de poursuivre leur série de déclarations imbéciles et mensongères durant un an ou deux, sans que cela ne puisse améliorer, de quelque façon que ce soit, la situation financière du pays. On dit merci qui ? Merci Bruxelles ! Une seule certitude est là pour nous rappeler la sinistre vérité : les deux mille milliards de dettes se profilent à l'horizon.

Tout doit disparaître ! Ce n'est pas la période des soldes, mais pourtant Jean-Luc Mélenchon sort, pour ce faire, son opération coup de balai. Pour Olivier Besancenot, ce n'est qu'un coup de plumeau pour nettoyer le mobilier de Matignon. Parmi les célébrités du showbiz présentes lors de cet événement typiquement parisien, Eva Joly paradait aux côtés du plus grand comique que la politique française n'ait produit depuis des décennies. Mais uniquement à titre individuel a assuré Pascal Durant, chef de files des écolos. Ils sont emmerdés les Verts ; ils aimeraient pouvoir défiler dans les rues mais ont deux ministres présents au gouvernement. Ils ne peuvent en même temps avaler des couleuvres le mercredi en Conseil des ministres, et les régurgiter le dimanche lors de manifestations antigouvernementales.

La situation intérieure de la France devient carrément explosive. Il ne suffit plus pour les apprentis ténors du PS et de l'UMP, de chanter sur les toits que Le Pen et Mélenchon sont des réincarnations du diable, mais d'essayer de réfléchir – pour eux, ça ne sera pas facile – au pourquoi de la situation. Cela fait bientôt quarante années que la France est exploitée par des escrocs et des bons à rien, au détriment de l'intérêt général du pays et de ses habitants. Désormais le pire est à craindre. Reste à savoir quand et comment. Autres temps, autres mœurs dit le proverbe, mais c'est en des circonstances relativement similaires que Lénine, Franco, Hitler ou Mussolini sont parvenus à prendre le pouvoir dans leur pays. Avec les résultats que l'on connaît.

LUNDI 6 – PREMIERE BOUGIE.

Le moment est venu de sortir les Kleenex : voici un an, François Hollande devenait le septième président de la 5ème République. *De profundis clamavi ad te, Domine.*

Pour solenniser son avènement sur le trône de France, le nouvel élu était allé se recueillir sur les tombes de Marie Curie et Jules Ferry. À chacun ses idoles. Concernant Marie Curie, à première vue rien à redire. Sauf que – peut-être – sans elle et son beau-frère, nous ne connaîtrions pas les bombes atomiques et les centrales nucléaires. Encore que depuis le temps………..

Pour Jules Ferry, c'est une toute autre histoire. Il était issu d'une famille vosgienne de fondeurs de cloches. Cela ne s'invente pas ! Il fut maire de Paris de novembre 1870 à mars 1871, chargé d'assurer le ravitaillement de la capitale assiégée par les Prussiens. Face aux mesures qu'il imposa, il fut nommé *Ferry-famine* ou *Ferry l'affameur*. Il devint ministre de l'Instruction publique de février 1879 à septembre 1880, président du Conseil de septembre 1880 à novembre 1881, de nouveau ministre de l'Instruction publique de janvier à juillet 1882, puis une seconde fois président du Conseil de février 1883 à mars 1885.

Nous lui devons la loi relative à l'obligation et la Laïcité de l'enseignement. Il est bien précisé obligation et non-scolarisation. Au niveau de la Laïcité, de mauvaises surprises risquent de venir écorcher le programme de Ferry l'ancien, durant les années à venir. Dans cette loi, il était également spécifié qu'il y avait obligation de n'utiliser que la seule langue française. C'est ainsi que les langues régionales telles le breton ou l'occitan disparurent pratiquement de nos provinces. *« Quiconque parlera en patois ou en langue régionale sera puni »* précisait le texte. Une langue étrangère viendra-t-elle bouleverser prochainement cet agencement ? Il est à retenir qu'à l'époque, c'est le français qui était retenu au niveau international pour les échanges diplomatiques et la rédaction des traités. Ce privilège sera conservé jusqu'en 1918.

En 1875, Jules Ferry fut intronisé chez les francs-maçons. D'abord à la loge La Clémente Amitié, puis à Alsace-Lorraine. Il était farouche partisan du colonialisme, et se trouve à l'origine de la colonisation de la Tunisie, de Madagascar et du Congo. Il parvint ensuite à obtenir des crédits de la Chambre, afin d'entreprendre la conquête du Tonkin. Ce qui provoqua l'extension du conflit avec la Chine. Cela lui valut un nouveau surnom : le Tonkinois. L'évacuation express de Lang Son, provoqua sa chute le 30 mars 1885. Il hérita alors d'un dernier sobriquet : Ferry-Tonkin.

Extrait d'un discours prononcé par Jules Ferry, en date du 28 juillet 1885 : *« Messieurs, il faut parler plus haut et plus vrai ! Il faut dire ouvertement qu'en effet les races supérieures ont un droit vis-à-vis des races inférieures. Je répète qu'il y a pour les races supérieures un droit, parce qu'il y a un devoir pour elles. Elles ont le devoir de civiliser les races inférieures... »*

Flanby se considèrerait-il comme faisant partie d'une race supérieure ?

Afin de célébrer cet événement dans la joie et la bonne humeur, Hollande a réuni ce matin son gouvernement pour lancer l'an II de son quinquennat. Les trente-sept ministres plus JMA se sont retrouvés autour du chef de l'État, pour un exercice de bilan et perspectives. Si les résultats des perspectives à venir sont aussi probants que ceux du bilan obtenu lors de la première année, autant dire que la France n'est pas sortie de l'auberge. À droite, au centre, à gauche, y compris au PS, la liste des mécontents ne fait que logiquement s'allonger. Surtout à gauche d'ailleurs, car les électeurs se sentent trahis. Ce qui est parfaitement logique. À l'exception de Jean Jaurès, Léon Gambetta, voire Léon Blum, les dirigeants socialistes ont toujours trompé le peuple de gauche. C'est peut-être la raison pour laquelle Jaurès a été assassiné et que Gambetta s'est fait suicider. Les honnêtes gens ne sont guère appréciés dans l'antre des milieux politiques.

Lors de cette réunion, le président a énuméré ses priorités pour l'année à venir : la jeunesse, la bataille pour l'emploi et la préparation de l'avenir. De fait, les mêmes engagements pris il y a tout juste une année, avec la réussite que l'on connaît.

Comme prévu, Gaston Flosse, jeune sénateur de 81 ans, condamné à plusieurs reprises par la justice, a été réélu en Polynésie. Son parti a obtenu plus de 45 % des voix. C'est rassurant ; il n'y a pas qu'en métropole que des forbans dirigent les affaires publiques. C'est probablement cela l'égalité des territoires.

MARDI 7 – TENTEZ VOTRE CHANCE.

Il ne serait pas juste de retenir régulièrement Moscovici pour la tirade saugrenue de la semaine. Surtout dès le mardi. Pourtant, il ose affirmer que la décision du gouvernement de réduire ses parts dans les entreprises cotées, ne marquait pas un retour vers les privatisations. Non, ce n'est pas le retour des privatisations mais c'est une gestion fine du capital de l'État, en conservant son rôle d'État stratège. Si les entreprises, où l'État français possède des participations, doivent suivre la stratégie mise au point par le gouvernement, autant déposer le bilan immédiatement. Ça évitera de perdre du temps. Après avoir considérablement augmenté les taxes et prélèvements obligatoires, puis vendu les bijoux de famille, quelles nouvelles combines pourront désormais dégoter nos ministres pour piquer du fric ?

Ici, un petit retour vers l'Histoire de France ne semble pas superflu. Aux premiers temps de la monarchie capétienne, les taxes et impôts n'existaient pas. Les souverains ne vivaient que des revenus qu'ils tiraient de leurs domaines privés. Uniquement en cas de guerre, les vassaux avec troupes et chevaliers se trouvaient dans l'obligation de se mettre à la disposition du roi, pour une période de quarante jours maximum. Il pouvait arriver que, pour couvrir les dépenses engendrées par une circonstance exception-nelle et d'intérêt général, une contribution soit demandée aux bourgeois ainsi qu'à l'église, mais c'est tout. À bas la République, vive le roi !

Le premier roi à avoir pillé financièrement le pays, puis endetté les caisses de l'État, fut Louis IX, dit Saint-Louis. Il ne s'est donc pas contenté de persécuter les Juifs. C'est ainsi que pour organiser sa première croisade, en 1248, il dépensa un million et demi de livres, alors que les recettes annuelles du royaume n'étaient que de deux cent cinquante mille livres. Fervent collectionneur de pièces rares, il acheta ensuite, pour quarante mille livres, la couronne d'épines du Christ. La véritable ? Soit un montant équivalent à celui de la construction de la Sainte Chapelle, où devait être entreposée la précieuse relique. À partir de cette époque, il va devenir indispensable à l'État d'emprunter, et donc se retrouver face à un pays mis en coupe réglée par les marchés financiers. Lorsque l'on est endetté, il est toujours possible d'interpréter des ritournelles proches de la débilité, mais finalement le seul véritable droit qu'il subsiste est de fermer sa gueule. Les politiciens de la 5ème République n'ont rien inventé, ce qui ne les empêche pas de ramener régulièrement leur science, alors qu'ils n'en possèdent que si peu.

Les premiers impôts permanents ont été créés durant le règne de Charles VII, afin de financer la guerre de Cent ans, et couvrir les frais générés par l'entretien de Jeanne d'Arc. Ainsi naquit la gabelle, impôt sur le sel dont la distribution devint monopole d'État. À cette époque dénuée de réfrigérateurs, cette denrée était nécessaire à la conservation des aliments, donc utilisée en très grandes quantités. Cette taxation se trouvait donc être empreinte d'une parfaite logique spéculatrice. Cette arnaque peut être comparée à celle pratiquée de nos jours sur les tarifs des produits pétroliers, indispensables au bon fonctionnement de l'économie.

Afin de tenter rembourser les sommes prêtées, Louis IX commença par exiger des villes, le versement de contributions exceptionnelles et provisoires. Un peu dans le style de la CSG, maltôte également provisoire inventée par Rocard pour une durée de cinq ans, mais finalement devenue éternelle. Il leva également auprès du clergé, la décime, qui se montait à 10 % des revenus plus que confortables, encaissés par les princes de l'Église. Cela eu pour effet secondaire de voir le Vatican s'incruster davantage à l'intérieur des affaires de l'État.

En résumé, cette première formule consistant à une augmentation incessante des taxes, impôts et prélèvements, ne résout aucun problème. Dans la réalité, elle finit même par affaiblir le pays en freinant la production, en ralentissant les exportations et en aggravant le chômage. Mais tenter de faire comprendre cela à un politique, surtout s'il est énarque, encore davantage s'il est ministre, relève d'un exploit l'impossible.

La seconde solution pour tenter de relever les finances d'un pays, est de revenir rapidement vers une période de forte croissance. À ce jour, cette hypothèse est à exclure totalement des prévisions à court terme. Voire à moyen terme. Elle est devenue techniquement irréalisable, pour la simple raison qu'il est impossible pour les entreprises d'investir l'argent que l'État extorque sans discernement. De sus, les commerçants et industriels doivent faire face à une fiscalité inconstante. À cela, il convient d'ajouter que pour la plus grande masse des consommateurs, sans pouvoir d'achat décent, comment faire tourner la machine industrielle avec les moyens dont ils ne disposent plus, suite aux passages des fermiers généraux ?

Une troisième formule consiste en l'écornage de la monnaie. L'inventeur de ce procédé peu glorieux, et naturellement impopulaire, fut Philippe IV le Bel, qui récupérait le métal précieux des pièces de monnaie en les faisait gratter. L'ensemble était ensuite refondu. Ce monarque fut appelé en son temps le roi faux-monnayeur. Ici se trouve la forme primitive de la dévaluation, qui durant des siècles, sera reprise maintes et maintes fois par des faussaires professionnels et officiels, mais bien entendu, techniquement améliorée. La dernière dévaluation fut l'œuvre du grand économiste Jacques Delors, durant le règne du socialiste François III. Avec l'arrivée de l'euro sur la scène européenne, ce procédé crapuleux est devenu, fort heureusement, impossible.

Une quatrième possibilité est de générer une période de forte inflation. Donc spolier les petits et moyens épargnants. Malheureusement pour nos dirigeants, grâce ou faute à la monnaie commune, il est également impossible, pour un seul pays, de mettre cette technique en place au sein de la zone euro.

En cinquième position, se trouve la spoliation des commerçants, des banquiers et usuriers. Ceux que l'on a coutume de nommer les marchés. À l'exception toutefois des établissements sis en des paradis fiscaux. Il est d'ailleurs à remarquer que, dans le même temps où le gouvernement tente de nous faire croire qu'il s'efforce de lutter contre les systèmes pratiqués par ces pays, où dans la réalité les populations sont moins rançonnées qu'en France, et où le pouvoir d'achat est plus élevé, il emprunte auprès d'organisations peu recommandables, afin de boucler son budget annuel. Quelle hypocrisie !

Nous retrouvons ici Saint Louis et Philippe le Bel. Le premier créa le port obligatoire pour les Juifs, donc bien entendu payant, d'une marque distinctive sur leurs vêtements : la rouelle. Cet ornement devait être renouvelé chaque année. Quant aux banquiers, essentiellement des Lombards, ils se retrouvèrent dans l'obligation de s'acquitter d'un impôt pour recevoir l'autorisation de rester sur le sol du royaume et exercer leurs activités. Ils avaient donc le choix : payer ou partir. Philippe le Bel continua l'œuvre humanitaire entreprise par son vénérable aïeul et, de sus, prit en mains le cas des Templiers, qui étaient fort riches, dans l'espoir de leur piquer leurs biens. À cette époque, on ne prenait le pognon qu'uniquement là où il s'en trouvait. Huit siècles plus tard, de nombreux spécialistes recherchent toujours le trésor des Templiers, mais semble-t-il en vain. L'ensemble de ces procédés mafieux fut exploité à diverses reprises, sous des formes plus ou moins évoluées, par les rois de France qui se succédèrent sur le trône durant des siècles, puis par les élus républicains qui ne perdirent que très peu de temps pour assimiler la technique.

Une sixième solution consiste à faire tourner à fond la caisse la planche à billets. Il ne s'agit en fait que du fameux système inventé par Law en 1717. Bien entendu, depuis cet épisode rocambolesque, la méthode a été revue, corrigée et adaptée en fonction des circonstances, par les successeurs de ce banquier, escroc et spéculateur. Encore un pléonasme ! Cette magouille permet à la banque émettrice d'acheter les dettes de l'État. Il s'ensuit, dans un délai plus ou moins long, une augmentation artificielle du cours des actions, obligations et Bons du Trésor. Une spéculation sans bornes se met alors en place, mais le scénario s'effondre lorsque les possesseurs de papiers s'aperçoivent qu'ils ont été floués, qu'ils ne possèdent que de l'argent virtuel, et désirent récupérer leurs biens en monnaies sonnantes et trébuchantes, alors qu'elles n'existent pas.

Faire un beau mariage, était une pratique courante sous l'ancien régime. Les dots étaient alors utilisées de façon à couvrir une partie des dettes royales ou de l'État. Ce qui revient au même. Ce tour de passe-passe est, malheureusement, devenu impensable avec l'avènement de la République. Supposons que François Hollande, toujours officiellement célibataire à la date de ce jour, unisse sa vie avec une femme fortunée. Par exemple, et tout à fait au hasard, l'héritière d'une banque ou une actrice de bonne famille, à l'abri du besoin. Qui peut s'imaginer sérieusement que le couple ainsi réuni, utiliserait une éventuelle dot pour apurer une partie des comptes de l'État ? Les élus républicains sont là pour exploiter le système mis en place, pour assouvir leurs instincts primaires de domination, pas pour assurer la pérennité d'un pays et de sa population.

Il existe encore en France, de nombreux royalistes. Le retour à la monarchie ne semble plus d'actualité. Pourtant, en analysant sérieusement la situation, cette formule présente de nombreux points positifs. Ainsi l'entretien de la reine d'Angleterre et sa famille, revient beaucoup moins cher au Trésor anglais, que celui du président de la République française. De sus, les nombreuses monarchies constitutionnelles existant encore dans les pays du Nord de l'Europe, offrent l'avantage d'être de véritables démocraties, et non des Etats régis par une Constitution à la limite du totalitarisme.

Enfin, la dernière alternative consiste à réduire considérablement le train de vie de l'État et celui des administrations territoriales. La formule est simple, aisée à mettre en place, et financièrement efficace. Pour cela, il ne s'agit pas de pouvoir mais de le vouloir le faire. Point final. Hélas, les élus, hauts fonctionnaires, voire en certains cas les fonctionnaires tout court, n'accepteront jamais que l'on puisse remettre en cause leurs privilèges royaux. Même en les manipulant avec des gants stérilisés.

Pour ponctionner l'argent des citoyens, il existe également les jeux d'argent. C'est simple, ça peut rapporter gros, et ceux qui se font entuber sont volontaires. Ils ne peuvent donc pas protester lorsqu'ils perdent. C'est François Ier qui, par un édit du 21 mai 1539, introduisit la loterie dans le royaume de France. Hélas pour le Trésor, les prélèvements sur les enjeux étaient tels qu'ils découragèrent rapidement les joueurs.

Mazarin relança la machine infernale en 1644, afin de financer les églises et les institutions de piété. Mais la formule n'offrait comme lots que des objets précieux. Puis, en octobre 1757, Louis XIV créa une loterie permanente pour financer la nouvelle École militaire. Ce n'est qu'en 1776, que Louis XVI fonda la Loterie Royale. En 1789, elle rapporta la coquette somme de onze millions de livres à l'État. Jugeant le procédé immoral, les républicains la supprimèrent en 1793, mais finalement la rétablirent en 1797. Qui peut résister à l'appât du gain, même à gauche ? Louis-Philippe la supprima en 1836. Seules furent autorisées les loteries de bienfaisance.

La Loterie Nationale fut créée le 22 juillet 1933, dans l'intention d'apporter un soutien aux soldats victimes de graves mutilations faciales, lors de la Première Guerre mondiale. *Les Gueules cassées*. Bien entendu, l'argent n'arriva que rarement là où il était prévu qu'il soit versé à l'origine. Vint ensuite le Loto en 1975, puis enfin la légalisation des jeux en ligne en 2010. Les raisons morales sont passées à la trappe, il ne reste en jeu que le réalisme économique et les finances publiques désastreuses qu'il convient, pour le moins, de tenter stabiliser.

MERCREDI 8 – JE T'AIME MOI NON PLUS.

C'est le soixante-huitième anniversaire de l'Armistice qui, en réalité, fut signé à Reims le 7 mai 1945, à 2 heures et 41 minutes. Entre l'Allemagne et la France, il existe toujours un décalage horaire. Selon le Petit Larousse, un armistice est une convention par laquelle les belligérants suspendent les hostilités sans mettre fin à l'état de guerre. Ce qui revient à dire que, théoriquement, si l'un des deux camps le souhaitait, il pourrait actuellement attaquer l'autre, sans passer préalablement par les formalités administratives officielles, c'est-à-dire expédier à son adversaire une lettre recommandée avec accusé de réception, lui signifiant que la guerre est déclarée. Ou envoyer un diplomate remettre le document en main pas trop propre. Parlant des diplomates, Victor Hugo disait : « *Ils trahissent tout sauf leurs émotions.* » Compte tenu de l'état des relations affichées entre Merkel et Hollande, cela ne surprendrait personne qu'un conflit soit de nouveau à l'ordre du jour. De fait, c'est à tort que l'on utilise en la circonstance le mot armistice, puisque le 8 mai 1945, il ne s'agissait tout simplement que d'une capitulation sans condition de l'armée allemande. C'est fort probablement de façon à ne pas fâcher davantage nos voisins d'outre-Rhin, que l'on ne fête que l'armistice depuis la fin de la Seconde Guerre mondiale. Le terme est plus acceptable, à défaut d'être romantique. Surtout que nous devons hélas constater que la France ne possède plus les moyens techniques et financiers de mettre de nouveau les Teutons en colère.

Que penser de ces commémorations ? Certes, nous fêtons encore Jeanne d'Arc, mais alors pourquoi-pas Vercingétorix, Clovis, Charlemagne, la mort de Louis XVI ou l'invention de la guillotine ?

Après la cérémonie habituelle à l'Arc de Triomphe, Valls et Montebourg, qui s'aiment tendrement, c'est bien connu de tous, ont descendu à pied les Champs-Élysées, puis se sont tranquillement assis à la terrasse d'un café pour parler probablement des pronostics du quinté plus de l'après-midi. Une fois de plus, et par le plus grand des hasards, les caméras de la télévision étaient présentes.

Jean-François Copé a évoqué, lors de sa dernière représentation, le mur des cons exposé dans les locaux du syndicat de la magistrature : « *Les cons du mur des cons, c'est vous, c'est nous. Je le prédis, il y aura bientôt un printemps des cons.* » Qu'il parle pour lui, c'est son problème, mais qui l'autorise à parler au nom des autres ?

Cela devait arriver. Sarkozy ressent comme des fourmillements dans les jambes. L'inactivité lui pèse, semble-t-il. Il pense qu'il va probablement être obligé de revenir. Un retour dicté par le sort de la France. Il trouve Hollande vraiment nul et se dit extrêmement inquiet. Certes, il n'est pas le seul. Mais il lui aura fallu tout de même un an pour s'en apercevoir. Surtout, il semble ne pas se

246

souvenir qu'il a bénéficié de cinq années pour redresser la barre. Hélas, nous connaissons la suite. Et puis, avec la série de casseroles qu'il se trimballe, il est loin d'être évident que la justice indépendante lui laisse la possibilité de ressuscite.

JEUDI 9 – CIEL ! MON MINISTRE !

Aujourd'hui, c'est l'Ascension ; un jour férié pour tout le monde. Si l'on pose la question : *« Qu'est-ce que l'Ascension à une majorité de citoyens ? »* ils répondront : *« C'est un jour de plus à travailler en moins, mais c'est super car nous sommes payés quand-même. »* Même les musulmans acceptent de passer à la caisse sans aller bosser. Pour qui sait se bien démerder, en cumulant les RTT d'Aubry, les jours fériés, les week-ends et les ponts, les journées passées au boulot ne doivent pas se bousculer en ce joli mois de mai.

On parle beaucoup d'un possible remaniement ministériel ces derniers temps. Trouver mieux que les incompétents actuellement en place, cela ne sera pas obligatoirement évident. Mais pire, cela relève carrément d'une mission impossible. Sur ce sujet, Hollande, comme à son habitude, a été clair, net et précis en déclarant que *le remaniement viendrait en son temps*. Par le plus grand des hasards, c'est l'hebdomadaire *Paris Match* qui révèle cette information confidentielle.

Voici un exemple de gouvernement pouvant être mis en place :

Premier Ministre : ce poste représente à lui seul un véritable gouffre financier. Mais encore pire : en fonction des institutions de la 5ème République, il est totalement inutile. Donc à supprimer.

Ministre des Finances, du Budget, de la Gabegie, des Escroqueries, de l'Economie et des économies à réaliser : un ou une élue tiré(e) au sort, parmi les centaines de politicards mis ou ayant été déjà mis en examen.

Ministre de l'Intérieur, de l'Outre-mer, des Flics, des Administrations et des payés à ne rien foutre ou à emmerder le monde : Jean-Noël Guérini.

Ministre des Affaires étrangères, des Affaires étranges, de l'Europe et des Relations avec les extra-terrestres : Bernard-Henri Lévy.

Ministre des Ecoles maternelles, des Ecoles paternelles, de l'Éducation, de l'Éducation inférieure, de l'Éducation supérieure, de la Recherche et de la culture : Chantal Goya.

Ministre des Armées, des Guerres à venir, des Généraux à la retraite, des Anciens et des futurs combattants : Samy Naceri.

Ministre du Logement, et de l'Aménagement du territoire : Martin Bouygues.

Ministre des Transports : Sébastien Loeb.

Ministre de la Justice, garde des Sots, des Prisons et des Evadés : Bernard Tapie.

Ministre de la Santé, de la Sécurité Sociale, des Laboratoires, du Dopage, de la Jeunesse et des Sports : Doc Gynéco.

Ministre du Commerce, de l'Industrie, du Travail, de l'Emploi, des Chômeurs, des Affaires sociales, des Relations avec les dirigeants syndicaux et des grévistes : Carlos Ghosn.

Ministre de l'Agriculture, de la Pêche et de la Vigne : Gérard Depardieu.

Porte-parole du gouvernement : Dieudonné M'bala M'bala.

VENDREDI 10 – UN SACRE C.V.

En Italie, Berlusconi a vu sa condamnation pour fraude fiscale, à quatre ans de prison et cinq ans d'interdiction d'exercer toute fonction politique, confirmée par la Cour d'appel de Milan. Des années de prison que, de toute évidence, il ne fera jamais. Premièrement parce qu'il va porter son dossier devant la Cour de cassation. Secondement, parce qu'en fonction de la loi qu'il a fait voter en 2006, il bénéficie d'une amnistie de trois années. Enfin, compte tenu de son grand âge, il lui sera beaucoup pardonné. Pourtant, il semblerait que les années n'aient pas d'emprises sur ses facultés sexuelles. Mais là est une autre histoire, puisque les juges n'ont pas terminé de s'intéresser à son cas.

Preuve que des truands au pouvoir, ce n'est pas qu'une spécialité française. Tout fout le camp.

L'appel lancé il y a plusieurs semaines par la SNCF, branche fret, a porté ses fruits. Grâce au système de primes mis en place, pour tenter de retrouver les cent cinquante wagons égarés dans la nature, soixante-trois ont été localisés à ce jour. Reste à savoir si les cheminots découvreurs ont effectué les recherches durant leurs heures de service ou s'ils ont accepté de sacrifier une partie de leur RTT pour effectuer ces missions délicates.

Mais que vont devenir ces wagons ?

C'est reparti pour un tour. Fillon proclame qu'il sera, quoi qu'il arrive, candidat à la présidentielle en 2017. Il n'y a que cela qui les intéresse, ces mecs. Le pays et ses habitants se retrouvent dans la panade à cause de leur impéritie, leur incapacité à gérer les affaires de la Nation, mais ce n'est pas leur problème. Ce qu'ils veulent tous, sans exception aucune, c'est monter sur le trône de France. L'ancien Premier Ministre ne se souvient certainement pas qu'en compagnie de Sarkozy, ils ont, durant cinq années, endetté la France comme personne ne l'avait encore jamais fait auparavant : plus de cent milliards d'euros par an. Une sacrée référence professionnelle pour viser toujours plus haut !

SAMEDI 11 – SALES BLANCS.

Au grand désappointement du CRAN, Hollande a confirmé l'impossible réparation de l'esclavage. Cette association humanitaire, bien qu'intéressée par le côté positif des exercices comptables, dénonce la promesse bafouée par le gouvernement français, de compensations financières pour les ravages causés par la traite négrière. La Caisse des Dépôts et Consignations aurait encaissé, durant le XIXème siècle, vingt et un millions de dollars, en contrepartie de l'indépendance d'Haïti en 1804 !

Dans ces conditions, pourquoi les descendants des soldats français morts durant la bataille de Waterloo ne créeraient-ils pas une association, dans l'intention d'être défrayés par les pays de la coalition ? Pourquoi ne pas demander aux Italiens d'envoyer la monnaie aux Gaulois de souche, afin de compenser la conquête de la Gaule par Jules César ? Ou tout simplement, pour être plus vraisemblable, exiger des Allemands qu'ils indemnisent les enfants, petits-enfants et arrières-petits-enfants des victimes françaises des deux Guerres mondiales ?

De quoi rajouter du schnaps dans la choucroute, entre Merkel et Hollande.

À cet instant, il ne semble pas inutile de remettre les pendules à l'heure. Certes, nul ne peut approuver l'esclavage. Mais la réalité historique ne correspond absolument pas à la seule théorie du méchant Blanc exploitant le gentil Noir. N'en déplaise à Lilian Thuram, qui n'hésita pas à accepter de se faire vendre et revendre à différentes reprises. Entre les convictions et la pratique, tout dépend de l'épaisseur des liasses de dollars ou d'euros mis sur la table des négociations. Tout d'abord, il convient de ne jamais oublier que nul ne peut être tenu pour responsable des actes commis par ses ancêtres. Ensuite, il est nécessaire de se remémorer quelques vérités indéniables. Ce ne sont pas des Blancs qui, durant des siècles, se sont enfoncés dans les forêts africaines, afin de capturer des Noirs pour les réduire en esclavage, mais des Noirs qui capturaient d'autres Noirs, afin de les revendre à (encore) d'autres Noirs, à des Blancs également certes, mais surtout à des négriers arabes.

Quant à l'esclavage, à ce que nous sachions, cette pratique odieuse n'existe plus depuis belle lurette en Europe. Ce qui n'est pas le cas en Afrique où, par exemple, dans la région du lac Volta au Ghana, l'esclavage des enfants est toujours d'actualité.

Comme cela n'était pas suffisant, Taubira prône une politique foncière en faveur des descendants d'esclaves. Un ministre qui promeut le communautarisme, ce n'est guère reluisant, et encore moins encourageant pour l'unité de la Nation. Le gouvernement Ayrault est truffé d'individus qui n'ont strictement rien à foutre aux postes qu'ils occupent.

DIMANCHE 12 – DEMANDEZ LE PROGRAMME.

Après les descendants d'esclaves, voici les Harkis. À leur tour, ils présentent leurs revendications et demandent au président de la République que la journée du 12 mai soit reconnue comme Journée de l'Abandon. Si l'on prend en compte le fait que la guerre d'Algérie soit terminée depuis soixante ans, et donc que les plus jeunes Harkis survivants ont déjà soufflé les quatre-vingt bougies, tout laisse à supposer que ce sont leurs descendants qui désirent prendre la relève, afin de contrôler les opérations financières.

Et pour les fils et filles d'immigrés d'Europe de l'Est, victimes de la sauvagerie communiste, rien n'est prévu ? Encore un petit effort et le mois de mai ne connaîtra que des jours fériés.

Puisqu'il est ici question de l'Algérie, il n'est pas inutile de se remémorer qu'avant le débarquement des Français à Sidi Ferruch, en 1830, l'identité algérienne n'existait pas. Ferrat Abbas lui-même dira plus tard : *« La France n'a pas colonisé l'Algérie, elle l'a fondée. »* La première tâche des armées françaises sur place fut de chasser les Ottomans qui réduisaient en esclavage les tribus berbères depuis des siècles. De par les actions sanitaires et médicales de ces salauds de Français, les populations locales passèrent de moins d'un million d'habitants en 1830, à plus de dix millions en 1962. En cette même année, à la place des déserts à perte de vue, on dénombrait cent soixante hôpitaux dans le pays et la faculté de médecine d'Alger jouissait d'une excellente réputation. La construction d'une douzaine de barrages, permettait la distribution d'eau dans les villes et de nombreux villages. Un réseau de canaux d'irrigation permit de fertiliser d'immenses étendues laissées à l'abandon depuis une éternité. L'Algérie devint alors un territoire producteur et exportateur de fruits et légumes. Notons qu'actuellement, le pays est redevenu importateur. Les colonisateurs construisirent également une vingtaine de ports, à peu près autant d'aéroports, ainsi qu'un réseau routier de cinquante-quatre mille kilomètres, et des milliers de kilomètres de voies de chemin de fer. Les constructions d'écoles sur tout le territoire se multiplièrent, afin d'alphabétiser les enfants. Ce qui fit dire à l'écrivain kabyle Belkacem Ibazizen : « *La scolarisation française a fait faire aux Arabes un bon de mille ans.* »

Il n'est pas inutile, quelquefois, de rappeler certaines vérités historiques.

À tout seigneur tout honneur. Pour la tirade saugrenue de la semaine, c'est François Hollande qui se surpasse. C'est si rare. Il annonce un plan d'investissements sur dix ans. A) Avec quel argent ? B) Pour faire quoi ? C) Dans dix ans, cela fait belle lurette qu'il ne siégera plus à l'Elysée. De toutes les façons, à supposer que ce plan puisse contempler l'aube du premier jour, il sera rayé des programmes par ses successeurs.

LUNDI 13 – UN BOUQUIN DE PLUS À ACHETER EN MOINS.

Événement littéraire de première importance ; Marie-Ségolène Royal sort un livre. Fort probablement un de plus à passer rapidement au broyeur. Ayant raté le podium de l'Assemblée nationale, il se dit qu'elle se verrait bien à Bercy ? À ce sujet elle écrit : « *Ce qui n'est plus acceptable, ce sont les zizanies entre ministres. Il faut y mettre fin et restructurer Bercy.* » Le message est passé cinq sur cinq. Il est certain qu'en matière de zizanie, elle en connaît un rayon. Concernant la réforme des retraites, elle affirme que c'est une réforme hypocrite : « *Nous avons une nouvelle fois la preuve du manque de courage du gouvernement.* » En septembre prochain, elle aura soixante ans. Si elle désire véritablement rendre un dernier service à la France, qu'elle laisse tomber définitivement toute activité politique. Vient ensuite le délai de deux ans accordé à la France par Bruxelles, pour tenter de ramener son déficit à 3 % : « *Ce n'est pas un délai pour une stratégie de défausse* » affirme-t-elle. Première remarque, qu'est-ce qu'une stratégie de défausse ? Secondement, quel délai recommande-t-elle ?

Elle ne sait plus quoi inventer comme absurdité, pour se mettre au-devant de la scène, cette petite fille, politiquement loin d'être indispensable.

Décidément, Guéant est accroc à la peinture. Le voici maintenant confronté à la présence inconfortable dans ses murs d'une toile du peintre ivoirien James Houra, artiste des plus célèbres en Côte d'Ivoire. L'affaire a été découverte, il y a une quinzaine de jours, par des journalistes ivoiriens. Alors qu'il était ministre de l'Intérieur, un tableau d'art naïf africain de ce peintre lui avait été offert par le président Ouattara, lors d'une visite officielle en France. Comme l'exige la tradition, cette œuvre devait rester propriété du ministère, après le départ de son locataire. Probablement par mégarde, lors de son déménagement, il a emporté cette toile que les journalistes ivoiriens ont découverte à l'intérieur de son nouveau cabinet d'avocats, alors qu'il recevait les représentants de chaînes télévisées.

Avoir occupé un tel poste et être aussi nul, cela laisse supposer qu'il devait être franchement mauvais lorsqu'il était en activité. Parce que des ministres de l'Intérieur incompétents, des bons à nibe, nous en avons vu défiler un sacré cortège depuis le début de la 5ème République, mais à ce niveau, c'est carrément une première.

Et ce n'est pas terminé. Un virement bancaire de vingt-cinq mille euros, en provenance de Jordanie, ainsi que deux notes prouvant l'existence de relations régulières avec des personnages importants, bien que fort peu recommandables, du régime libyen de

Kadhafi, ont été découverts à son domicile. La politique, c'est un peu comme le football. Lorsqu'un club tourne mal, le président limoge généralement l'entraîneur. Mais qui recrute l'entraîneur ?

MARDI 14 – VIVE LE QATAR !

Valérie Pécresse « veut » porter l'âge de la retraite à 65 ans d'ici 2020. Quelle prétention ! Si ce concept pouvait être mis en pratique, cela permettrait de nous débarrasser d'un bon paquet de politiciens nuisibles dans les sept ans à venir. Cela étant précisé, les idées lumineuses de Pécresse, personne n'en a rien à foutre. D'autre part, lorsque l'on a appartenu à un gouvernement qui a endetté son pays à hauteur de six cents millions d'euros en cinq années, donc qui a battu tous les records jusque-là enregistrés en la matière, un minimum de bon sens et de dignité voudrait que l'on rase les murs, plutôt que bafouiller des niaiseries. Mais c'est beaucoup demander à une chanteuse amateur.

Un livre vient de paraître en Allemagne, relatant une partie de la face cachée d'Angela Merkel. Notamment concernant son implication au sein d'organismes proches du pouvoir communiste est-allemand, avant la chute du Mur de Berlin. Selon les auteurs de la biographie de la meilleure amie de Hollande (une de plus), elle a été membre de la Jeunesse libre allemande (branche des Jeunesses communistes en RDA), de la principale union des Travailleurs d'Allemagne de l'Est, et de la Société pour l'amitié germano-soviétique. Saucisse sur la choucroute, elle a même été secrétaire pour l'agitation de la propagande au sein de la Jeunesse libre allemande.

Alors qu'on lui demandait la raison pour laquelle elle n'avait jamais abordé son passé de militante, puis responsable communiste, elle s'est contentée de répondre : « *Parce qu'on ne me l'a pas demandé.* » La logique teutonne… !

Angela est fille d'ecclésiastique. Ce qui n'était guère apprécié du pouvoir communiste, à l'époque de l'Allemagne de l'Est. Dans sa position, elle devait donc donner, bien plus que d'autres, des gages de sa fidélité au Parti communiste, si elle voulait réussir. À première vue, ça n'a pas mal fonctionné. Surtout pour elle.

Pour qui veut faire carrière dans la politique, le problème ne se situe pas au niveau du parti à sélectionner. À la sortie de l'ENA (supprimer ce bahut de la pensée unique, représenterait une avancée sociale remarquable), les nouveaux diplômés s'orientent vers la gauche, le centre ou la droite, selon les espaces disponibles. De la même façon qu'à la fin d'études techniques brillantes, un jeune ingénieur en mécanique s'orientera vers Renault, Peugeot ou Citroën, en fonction des besoins de la marque.

Afin de fêter dignement son titre de champion de France de football, le PSG avait organisé une soirée au Trocadéro. En lieu et place des festivités promises aux supporters, les Parisiens et des touristes de passage ont eu droit à une véritable séance d'émeutes, de violences, de saccages. Quelques bousculades selon Valls. Evidemment, cela n'arrange en rien ses statistiques pourtant contrefaites. Comme habituellement en de telles circonstances, la droite demande la démission du ministre de l'Intérieur, lequel déclare que c'est la faute au préfet de police qui, lui-même, accuse la ville de Paris, laquelle reporte la responsabilité sur les dirigeants du PSG. Ou dans un ordre différent, mais c'est sans importance aucune. Bien entendu, toutes ces harangues ne servent strictement à rien, sauf à tenter de se faire un peu de publicité, pour quelques politicards en mal de gloriole. Lamentable. Quant aux gros cons qui cassent tout, personne ne les a vus venir – pas même la police politique ? D'après les images diffusées sur les chaînes télévisées, il semblerait qu'ils n'étaient pas tous d'origine tourangelle, ces abrutis. Il serait possible d'avoir les noms ?

MERCREDI 15 – ASTERIX EN HELVETIE.

Le 15 mai 2012, Jean-Marc Ayrault était nommé Premier ministre. En mémoire de ce triste événement, une minute de silence est chaudement recommandée.

Moscovici déclare qu'il s'est conformé à la feuille de route de François Hollande, et qu'il est fier de son action, pour sa première année à Bercy. Il est bien le seul à être satisfait, car dans le même temps, nous apprenons en provenance de l'INSEE, donc de source officielle, que la France est entrée officiellement en récession, après un recul du PIB de 0,2 % au premier trimestre 2013 ! Il n'est pas impossible que son cas relève de la psychiatrie, mais une chose est certaine ; il est rudement dangereux ce mec-là.

Dans le même temps, il est confirmé que le pouvoir d'achat des Français a baissé de 0,9 % en 2012. Bravo les gars – et les filles. Surtout ne changez rien, continuez sur la lancée.

D'après Hollande, la solution est européenne. De toute évidence il ne se souvient plus de ses discours propagandistes pré-électoraux. Le changement c'est maintenant : c'est lui. Moi président de la République, etc... C'est également lui, non ? De toute évidence, l'amnésie devrait être reconnue comme maladie professionnelle chez les politicards de carrière.

À Cannes, c'est l'ouverture du Festival. Le plus grand rassemble-ment annuel de pingouins travestis de la planète. Rien de particulier à ajouter, si ce n'est qu'il faut être royalement con pour aller se planter durant des heures derrière des barrières métalliques, dans l'espoir d'apercevoir des zigues grimper des marches.

Fathi Derder est un journaliste et une personnalité politique suisse, membre du Parti libéral-radical. Il a été élu en 2011 au Conseil national.

Il est l'auteur de cet article : *Nos amis français sont venus lundi à Berne*. Avec une délégation du Sénat en visite, on s'attendait à du lourd ; on a été servi. La totale. Ce ton, ce style inimitable : ne jamais parler, toujours expliquer.

Au repas déjà, chez l'ambassadeur, une sénatrice « explique » à ma table que la France est un pays ultralibéral. Oui, Madame. Elle nous raconte les us et coutumes des habitants de cette terre lointaine. Inconnue. Je lui fais remarquer que, si la France est un pays « ultralibéral », la Suisse est un club échangiste. Sous ecsta (ecstasy NDLA.)

Quelques minutes plus tard, en séance, un sénateur nous « explique » que nous ne comprenons pas la France. Et sa fiscalité. Il faut savoir que, pour un élu français en tournée en province, si on n'est pas d'accord, c'est qu'on ne l'a pas compris. Alors il réexplique, plus lentement. Il articule. C'est inintéressant, mais joli à entendre.

Puis, devant notre lenteur – tout helvétique –, une sénatrice admet alors que, dans le fond, nous « ne pouvons pas comprendre » la question fiscale française. Car la Suisse est, je cite, « en retard en matière de dépenses publiques ». La preuve : les crèches. Je n'invente rien.

Désarmante France. Quarante ans de déficit, une dette abyssale, mais elle fait la leçon. Elle donne un cours de gestion de faillite au pays le plus riche du monde. Le cancre fait la nique au premier de la classe : le panache quoi. Admirable. Encore !

Moralité : la crise française est plus grave que prévu. On se trompe, notamment, sur sa cause. La France ne souffre ni de son chômage ni de sa dette : elle est malade de son aveuglement. Incapable de se remettre en question. Le fameux « déni ». L'Allemagne a tort, la Suisse a tort, tout le monde a tort.

Et la France ? Elle a raison. D'accord ? D'accord. Et pendant ce temps, elle coule. Encore et encore. C'est que le début. D'accord, d'accord...

Voici un exemple parfait, parmi tant d'autres, de l'image que donnent de la France, nos politiciens lors de leurs séjours à l'étranger. Une bien triste vérité. Avant d'aller voter, voire tout simplement adhérer à un parti, les citoyens français seraient bien inspirés de consulter les gazettes des pays frontaliers, plutôt qu'écouter les discours débiles et trompeurs de leurs élus.

JEUDI 16 – ET BIEN DANSEZ MAINTENANT.

Ayrault possède un point commun avec Fillon ; avant d'être nommé Premier ministre, il affirmait, avec juste raison, qu'en 5ème République, ce poste était totalement inutile. Cela fait pourtant une année qu'il accepte de subir les affres de l'hôtel des Maquignons et son restaurant réputé. L'un des tous meilleurs de Paris, selon les experts. Il est vrai qu'avec vingt cuisiniers à son service, il peut se permettre d'amener des convives imprévus à la maison, à toute heure du jour et de la nuit, puis jouir aux frais des contribuables du plus grand parc privé de la capitale, ainsi que d'un vaste appartement de plus de 400 m². Voilà une situation qui le change du camping-car Volkswagen. C'est fou comme l'on peut s'accoutumer rapidement au grand luxe.

> Sur l'pont de Nantes un bal y est donné, sur l'pont de Nantes un bal y est donné.
> Le p'tit Jean-Marc décide d'y aller, le p'tit Jean-Marc décide d'y aller.
> Son pote François vient lui déconseiller, son pote François vient lui déconseiller.
> Pour bien guincher faut d'abord s'entraîner, pour bien guincher faut d'abord s'entraîner.
> Mais le novice refuse de l'écouter, mais le novice refuse de l'écouter.
> La première valse il a bien gambillé, la première valse il a bien gambillé.
> La deuxième danse le pied lui a glissé, la deuxième danse le pied lui a glissé.
> À la troisième Jean-Marc s'est ramassé, à la troisième Jean-Marc s'est ramassé.
> Dans sa culbute il a tout entraîné, dans sa culbute il a tout entraîné.
> Voilà le sort des esprits entêtés, voilà le sort des esprits entêtés.

Le procureur de la République d'Evry, a requis un non-lieu pour Georges Tron, accusé de viols et agressions sexuelles. Charges insuffisantes, a-t-il expliqué. Mais alors, dans ces conditions pourquoi l'avoir mis en examen en 2011 ? Pour prendre son pied ?

Hollande a donné sa seconde conférence de presse. Il a annoncé clairement – pour une fois – que grâce à son action jointe à celle de son gouvernement, tout ira mieux d'ici la fin de cette année. Mais qui oserait encore en douter ?

Il peut bien raconter ce qu'il veut ; il se trouve si peu de monde pour le croire, que c'est nul et sans intérêt. De fait, c'est pour lui un avantage de pouvoir s'exprimer ainsi.

VENDREDI 17 – SŒUR BOUTIN.

Dans la série la justice est parfaitement indépendante, surtout lorsque les socialistes sont au pouvoir, la mise en examen de Martine Aubry pour homicides et blessures involontaires, dans l'affaire de l'amiante, a été annulée par la cour d'appel de Paris. Compte tenu de ses capacités remarquables, il ne serait guère étonnant qu'on la retrouve prochainement à un poste stratégique. Avec ses soixante-trois balais, elle incarne logiquement l'avenir du PS qui ne se différencie en rien de son passé et son présent, placé sous le signe du partage de la rose : les pétales pour les dirigeants, les épines pour les autres.

La copine actuellement officielle de Hollande, bien qu'officieuse, a effectué jeudi et vendredi, seule, sa première visite humanitaire sur invitation de l'épouse du chef de l'État malien. Parce qu'il en existe un désormais ? Très émue, la journaliste Valérie Trierweiler a qualifié son voyage d'agrément de vraiment énorme. Aux frais de *Paris Match* ou des contribuables français ? Pendant ce temps, pépère rendait peut-être visite à quelles anciennes relations intimes, histoire de se remémorer le bon temps passé.

Nous apprenons qu'une information judiciaire contre X a été ouverte par le Parquet de Nanterre. Trois juges d'instruction ont été désignés pour instruire un dossier concernant un détournement de fonds publics, complicité et recel. Claude guéant et Christine Boutin seraient les principaux protagonistes de cette affaire indé-licate. Pour Guéant, cela devient une habitude. Concernant Boutin, elle devra tout simplement passer par la case confessionnal.

SAMEDI 18 – VOUS POUVEZ EMBRASSER LA MARIEE.

La loi pour le mariage homosexuel a été validée officiellement par le Conseil constitutionnel. Dans la foulée, le chef de l'État a promulgué le texte ce samedi à l'aube, et il a été publié au Journal officiel. Pour une fois, le changement, c'est véritablement maintenant. C'est si rare. Concernant le chômage qui augmente chaque jour et les dettes de l'État qui ne cessent de s'accroître, on verra plus tard. Priorité aux urgences. Cette loi ouvre également la possibilité d'adoption par deux personnes de même sexe. Bonjour papa bonjour papa ou bonjour maman bonjour maman, sont désormais des expressions faisant partie du langage courant des enfants. Pour se faire élire et surtout réélire, il est indispensable de caresser les minorités dans le sens du poil, car c'est ici que le résultat des élections se joue. C'est ainsi que les politiques créent le communautarisme. Mais là n'est pas leur problème.

Le dicton du jour : *« Pour se faire élire, on raconte n'importe quelle stupidité. Pour se faire réélire, on fait n'importe quelle stupidité. C'est beaucoup plus grave. »*

Le juge Renaud Van Ruymbeke détient, parait-il, la preuve formelle d'un financement occulte de la campagne de Balladur. Pour ce surplus de la politique archaïque, comme pour de nombreux autres exemplaires de la confrérie, c'est le contraire qui aurait été surprenant. Mais plus étonnant encore, est que Van Ruymbeke n'ait pas encore été victime d'un accident mortel de la circulation ou d'un arrêt cardiaque imprévisible. À quoi cela sert-il encore, pour les dirigeants français, d'entretenir une police politique, pour en arriver à de telles constatations ? Ce qu'il faut bien se mettre dans la tête, c'est qu'il existe trois domaines privilégiés, niveau mondial, où l'on puisse avoir une chance de devenir membre de la confrérie des princes des voleurs : le pétrole, les armes et la santé. Tout le reste n'est que broutilles. La politique n'est qu'un exutoire pour les minables, qui ne possèdent pas suffisamment de couilles pour sévir sans la protection de la police.

Aucun dossier dans ces domaines, à l'échelon planétaire, n'est conclu sans enveloppes confortablement remplies de liasses de billets de banque. Absolument aucun. Celui qui ose se permettre d'affirmer le contraire ne peut être qu'un menteur, un idiot et ou ignorant. La seule règle en vigueur, est qu'il ne faut surtout pas s'éloigner des accords établis à l'origine du contrat. Hélas, la nature humaine est faible. L'argent fait rêver. Surtout lorsque les liasses de billets sont conséquentes. Et il arrive quelquefois, que des intermédiaires oublient de redistribuer la partie d'argent sale qui passe entre leurs mains, mais ne leur appartient pas. C'est pour cette raison, et absolument aucune autre, que par exemple, une affaire telle celle des frégates de Taïwan, s'est retrouvée sur la place publique. Car généralement les protagonistes, c'est-à-dire les dirigeants de la planète, sont tous d'accord pour faire dans la discrétion. Les cadavres qui jalonnent cette affaire contaminée, s'ils pouvaient être regroupés, permettraient à eux seuls, d'ouvrir une allée supplémentaire au Père-Lachaise. Surtout, ne le répétez pas.

Par une loi parue ce jour au *Journal officiel*, les conseillers généraux sont supprimés. Ils sont remplacés par les conseillers départementaux. Quelle audace, quelle avancée sociale remarquable ! Ils sont vachement gonflés, les socialos !

DIMANCHE 19 – 007

Un grand comédien connu, mais non invité à grimper les marches du festival des guignols vient d'effectuer une visite surprise à Cannes, afin de parler du marché transatlantique et des valeurs du travail, avec des professionnels du cinéma et des salariés de l'hôtellerie. Il s'agit de Mélenchon. Nul ne peut encore prédire s'il parviendra à vendre ensuite son film à des conditions avantageuses. *« Ici, on est en terre de mission. Nous sommes la lumière chez les barbares. Ici c'est le règne de l'argent et de toutes les valeurs qui vont avec »* a-t-il déclaré fièrement. Il est prévu qu'il se rende ensuite sur le port d'Antibes, régulièrement fréquenté par les méga-yachts de milliardaires. Pour y rencontrer des émirs ? Il n'a pas été précisé s'il prévoyait de terminer son déplacement par une croisière.

Politiquement parlant, cela fait maintenant des mois qu'il ne représente plus rien ou si peu. En considérant qu'il ait un jour représenté quelque chose. Mais cette fois ci, niveau amuseur public, il semble que sa carrière doive également s'arrêter au plus tôt. Car il ne fait plus rire que bien peu de monde.

Un rapport parlementaire, présenté par le député PS Jean-Jacques Urvoas, accable les services secrets français. Il ne se trouve pas suffisamment de cadavres pouvant être comptabilisés ? Faute de textes législatifs adaptés à leurs activités, il découvre, le pauvre ignorant, que les services de renseignements sont parfois contraints d'agir en dehors de tout cadre juridique. Être député et raconter de telles naïvetés, c'est vachement grave. Il espère quoi, Urvoas : que les assassins rémunérés par notre République bananière viennent présenter leur palmarès au journal de vingt heures ?

Il se dit, par-ci par-là, que Cahuzac renoncerait à se présenter aux législatives dans son ancien fief de Lot-et-Garonne. Fief étant, bien entendu, un mot ayant cours au Moyen Âge. Le principal problème ne se trouve pourtant pas ici. À supposer qu'il se représente, serait-il possible de dénicher suffisamment d'abrutis pout réélire un voyou finalement de piètre envergure ?

Le plus sérieusement du monde, Marie-Ségolène Royal a affirmé qu'elle était la seule à s'être appliquée à elle-même, le non-cumul des mandats. La vérité est totalement différente. Lors des élections législatives de 2012, elle a été priée de réintégrer ses foyers, sans prières ni messes, sans fleurs ni couronnes. Elle était d'ailleurs, à l'époque, venue répandre ses larmes devant les caméras de télévision. Pauvre petite ! Comme si la France lui appartenait telle une poupée Barbie, apparemment mieux assortie à ses aptitudes. La ritournelle n'est pas la même, selon qui l'interprète. Elle bénéficie donc de la tirade saugrenue de la semaine.

LUNDI 20 – GRAND PERE SAIT FAIRE UN MAUVAIS CAFE.

Férié, pas férié ? Chômé, pas chômé ? Payé, pas payé ? Ce qui est certain, est qu'en ce lundi de Pentecôte, cette carambouille permet à certains, dont les noms ne seront pas divulgués, de se faire arnaquer une fois de plus par l'État, donc les politicards. En ce jour, un salarié sur cinq va au turbin, par exemple dans les grandes surfaces ou les aéroports, sans être casqué. Certes, il est quand même préférable qu'ils se trouvent des aiguilleurs du ciel disponibles, pour s'occuper des avions qui ont prévu d'atterrir dans des aéroports français, mais sait-on jamais ! En 2004, le lundi de Pentecôte devint une journée de solidarité non rémunérée, pour financer l'aide aux personnes âgées. Dans le style de la vignette automobile, inventée par cette vieille fripouille de Guy Mollet en 1956. Bien entendu, les anciens ne virent jamais la couleur du pognon. Depuis 2008, la journée de solidarité n'est plus fixée systématiquement au lundi de Pentecôte. Les employeurs peuvent, s'ils le souhaitent, supprimer une journée de RTT ou de congés à leurs salariés. Ces derniers ont également le choix de travailler quelques minutes de plus chaque jour. En échange, l'employeur se trouve dans l'obligation de payer une taxe supplémentaire de 0,3 % de sa masse salariale. Le texte de loi n'oblige pas les ministres et parlementaires à devenir membres actifs de cette association à but lucratif.

À l'origine de cette sottise innommable, se trouve Jean-Pierre Raffarin, spécialiste du marc de café. Une grande chance pour la France aurait été qu'il reste commercial chez Grand-Mère.

Depuis le 1er avril de cette année, la contribution solidarité autonomie (!!!) a été étendue aux retraités imposables, ce qui contribuera au financement à partir de 2014 du projet de loi sur l'adaptation de la société au vieillissement et l'autonomie des personnes âgées. Pour être clair, les retraités subiront une escroquerie supplémentaire afin que le gouvernement puisse les aider à payer cette nouvelle taxe.

Il est grand temps de construire de nouveaux asiles, afin d'empê-cher les politicards les plus dangereux de continuer à sévir de la sorte.

L'impopularité de Moscovici et Montebourg ne cesse d'évoluer. Rien de bien surprenant. Remarquons simplement que s'ils ne se trouvaient que ces deux individus malfaisants pour emmerder les Français, la vie pourrait être belle. Hélas !

N'ayant carrément pas peur du ridicule, Montebourg qui se prend pour Mitterrand – pas de quoi être fier ! – a défendu son bilan (parce qu'il en existe un ?) lors de la montée du Mont Beuvray, qu'il effectue depuis dix ans dans son fief politique. Ce n'est que du plagiat ! Il manque cruellement d'idées, le Montebourg.

Le juge Burgaud porte plainte contre Bertrand Tavernier, pour provocation au crime. Le cinéaste a déclaré au cours d'une émission télévisée, *« que ce type était quelqu'un que vous avez envie d'exécuter. »* Le véritable scandale dans cette affaire, c'est que ce déprédateur de la justice ne soit pas enfermé à vie, de façon à être empêché de poursuivre définitivement sa série de méfaits.

MARDI 21 – LE DERNIER POUR LA ROUTE.

Le Foll affirme ne pas avoir été saisi d'un projet de taxe sur le vin. Parce que, jusqu'à présent, le vin n'était pas taxé ? Lorsque l'on travaille on est taxé, lorsque l'on mange on est taxé, lorsque l'on boit on est taxé, lorsque l'on se déplace on est taxé. Il est totalement impossible de faire le moindre mouvement, d'exercer la moindre activité, sans être taxé. Le ministre parle probablement d'une nouvelle taxe. Et lorsque l'on déclare qu'il n'y en aura pas, cela veut dire que le projet est à l'étude. Sinon il ne serait pas nécessaire d'aborder le sujet, et préparer les futurs généreux donateurs. *« Je verrai le moment où on me saisira de manière officielle sur cette question mais là, je voudrais rassurer tout le monde : personne ne m'a jamais évoqué cette question, en tout cas au niveau du ministère* (le ministre c'est lui !!) *et du Conseil des ministres. »* Il a ensuite précisé qu'il y a peut-être des discussions sur le sujet à l'Assemblée, mais que pour l'instant il n'y a pas péril en la demeure. Nous savons désormais à quoi nous attendre !

Dans le cadre de la série, un élu condamné reste une exception. L'ancien député-maire PS de Liévin, Jean-Pierre Kucheida, a été condamné à une amende de trente mille euros, pour abus de biens sociaux, par le tribunal correctionnel de Douai. Il lui était reproché d'avoir fait usage, à titre personnel, de la carte bleue du bailleur social Soginorpa, qui gère soixante-deux mille logements, à hauteur de quarante-sept mille euros. À supposer que les chiffres soient exacts, ce qui est loin d'être évident, dans l'opération il réalise donc un bénéfice de dix-sept mille euros. À moins que cette somme ne corresponde aux frais d'avocats ?

MERCREDI 22 – ELLE EST JOLIE LA JEUNESSE !

Encore une exception supplémentaire pour confirmer la règle et commencer la journée. La députée PS des Bouches-du-Rhône, Sylvie Andrieux, poursuivie pour détournements de fonds publics, a été condamnée à trois ans de prison dont deux avec sursis, et cinq ans d'inéligibilité par le tribunal correctionnel de Marseille. Elle devra également s'acquitter d'une amende de cent mille euros. Etre élu est décidemment une occupation à hauts risques, sauf si l'on agit à titre désintéressé, mais l'espèce se fait de plus en plus rare. Il serait peut- être temps que l'on créé des centres spécialisés, où les politiciens honnêtes et compétents puissent se reproduire.

Il serait toutefois indispensable que ces établissements soient sérieusement contrôlés. Tentons d'imaginer un instant que Hollande ou Ayrault, entre autres bienfaiteurs de la Nation, puissent être clonés !

Eva Joly, qui continue de croire qu'elle est indispensable à notre pays, encourage la France et l'Union européenne à suivre l'exemple du gouvernement américain qui, selon ses propos, lutte efficacement contre les fraudeurs. Lorsque les dirigeants politiques sont les premiers fraudeurs, il n'est pas évident de mettre des mesures efficaces en place. Elle déclare avoir refusé une offre du Premier ministre, qui souhaitait qu'elle rédige un nouveau rapport sur cette question : « *Des rapports, j'en ai déjà fait trois* (qui n'ont servi strictement à rien). *Aujourd'hui il faut agir.* » Pour elle, ce n'est pas l'administration fiscale qui est en cause, mais le fait qu'une enquête fiscale soit maîtrisée politiquement. Elle devrait finir par comprendre que de cette façon, c'est plus simple pour les ministres et parlementaires. Par contre, nul n'aborde jamais le problème de l'escroquerie fiscale qui, en France, est poussée à son paroxysme, alors qu'il ne se trouve aucun fonds disponible pour l'école, la santé, la police ou la justice. À moins qu'il n'y ait corrélation entre ces diverses anomalies ?

À l'UMP, les jeunes pousses ne sont guère plus évoluées que les anciens troncs plus ou moins ravagés par la maladie de la domination primaire. Un seul objectif reste en ligne de mire : le pouvoir et ses multiples privilèges. Ainsi, le bureau politique de ce rassemblement hétéroclite, a décidé d'un rappel à l'ordre à l'encontre de Guillaume Peltier, chef de file de la (Droite Forte). Il lui est reproché, alors que nul ne lui demandait son avis, les propos qu'il a tenu à l'encontre de NKM, au sujet de sa position – plus précisément son manque de position – sur le mariage gay. Peltier souhaite également que NKM ne soit pas désignée candidate du parti, pour les municipales de Paris en 2014. Ce n'est pas avec une relève de si piètre qualité, que l'on risque de sortir le pays de la merde où il se trouve enlisé, par la faute de ses maîtres à ne penser qu'à eux.

S'il n'a pas encore totalement assimilé le scénario du film, Peltier possède toutes les mauvaises qualités pour patauger dans le milieu nauséabond de la politique. Entre les années 1996 et 2000, il fait partie du Front national. Puis, après avoir tenté de se faire adouber par Charles Million, il rejoint Philippe de Villiers en 2001, qui le nomme responsable des jeunes du MPF. Pour se faire, il se met en congé de l'Éducation nationale qui le salariait depuis l'année 1999. Quelle fabuleuse carrière professionnelle ! En 2002, il est condamné à un an d'inéligibilité par le Conseil constitutionnel, qui avait été saisi par la Commission des comptes de campagne, suite aux élections législatives de cette même année, à l'issue de laquelle il n'avait péniblement obtenue que 2,89 % des suffrages exprimés, dans l'espoir de conquérir la sixième circonscription de la Marne.

Aucun doute, il possède l'ensemble des gênes de la politicaille.

Suite à une série d'événements indignes d'un mauvais film d'animation, il déclare se sentir plus proche des déclarations d'un Manuel Valls que des projets d'un Nicolas Sarkozy, qu'il considère comme un imposteur.

La Marne n'ayant pas fonctionné favorablement en sa faveur, nous le retrouvons candidat aux élections législatives de 2007, dans la 1ère circonscription d'Indre-et-Loire. Il n'obtient misérablement que 5,92 % des voix. Il se tourne alors vers Brice Hortefeux. Lors des élections municipales de 2008, en la bonne ville de Tours, il s'oppose au maire sortant, le PS Jean Germain, et à l'ancien ministre de la Culture, Renaud Donnedieu de Vabres. Nouvelle veste avec 8,44 % des suffrages. En juin 2009, il rejoint l'UMP, ce qui ne l'empêche pas de se faire sortir par le PS Claude-Pierre Chauveau, lors des élections cantonales à Tours-Sud, en 2011. En cette même année, il adhère à la cellule Ripostes, sous la haute responsabilité de Hortefeux, de façon à défendre le bilan de Sarkozy, en vue de la présidentielle de 2012. Ce qui ne l'empêche pas d'être de nouveau battu aux législatives, par le candidat PS Jean-Patrick Gille, toujours en Indre-et-Loire.

Un véritable boulet, ce mec ! Pour les partis auxquels il adhère, mais surtout pour la France si, par malheur, il parvenait à obtenir un poste à responsabilité.

JEUDI 23 – UN NOUVEAU COUP POUR RIEN.

Le dernier en date des sommets de Bruxelles, s'est terminé sans accoucher de décisions concrètes. Pas plus concernant l'énergie que la fiscalité, qui étaient pourtant les priorités du moment. Daniel Cohn-Bendit, que l'on est en droit d'apprécier ou non, mais qui reste l'un des rares politiciens à avoir encore la tête sur les épaules, constate qu'il s'agissait d'un sommet inutile avec des chefs de gouvernement inutiles. Ce n'est, hélas, pas une première.

Selon un rapport de la Cour des comptes, les défaillances de l'Éducation nationale ne proviennent pas d'un manque de moyens budgétaires, mais d'une mauvaise organisation interne, ainsi que d'une mauvaise gestion des professeurs. Quelle surprise ! Le premier qui parviendra à faire bouger le mammouth, comme disait Claude Allègre, recevra un panier garni contenant, entre autres délices, un saucisson artisanal de nos grand-mères bretonnes, fabriqué dans une usine du Massif central, ainsi qu'une terrine de pâté de cheval du sud-ouest.

Cazeneuve affirme, devant l'Assemblée nationale, qu'il est normal qu'environ huit mille contribuables français soient taxés à 100 % de leur revenu fiscal de référence. Face à de telles âneries, il ne serait guère surprenant que le nombre de ces généreux donateurs désignés d'office, s'amenuise durant les mois à venir. Cela ne constituerait qu'une suite logique à sa vision stalinienne et surannée de notre société. Pendant ce temps, le bougre continue de s'abreuver aux biberons de la République. C'est plus simple, moins risqué, et dénué de toute responsabilité personnelle.

Christine Lagarde, toute fière de ses exploits financiers, s'est présentée souriante et détendue, ce matin devant la Cour de justice de la République, qui juge les faits commis par les ministres durant l'exercice de leurs fonctions. Elle devra donner quelques explica-tions, de préférence pas trop alambiquées, sur sa décision de recourir, contre toute attente et toute logique, à un tribunal arbitral dans l'affaire Tapie. En son temps, cette procédure permit à ce dernier d'encaisser, sur le compte des contribuables, deux cent quatre-vingt-cinq millions d'euros. Avec le montant des intérêts et du préjudice moral (un comble) le total fut porté à quatre cent trois millions. Toutefois, après déduction des créances et arriérés fiscaux, il ne lui resterait plus à se mettre dans la fouille, qu'une modeste somme comprise entre deux cents et deux cent vingt millions d'euros. Sous toute réserve, bien entendu, étant donné qu'avec Tapie, il est assez compliqué de pouvoir consulter une comptabilité à jour. Espérons toutefois qu'on ne le croisera pas, d'ici quelque temps, en train de faire ses provisions aux Restos du Cœur.

VENDREDI 24 – ERIC DANS LA 5ème.

Pour sa seconde journée d'interrogatoire, devant la Cour de justice de la République, Lagarde s'est pointée avec le même sourire arrogant que la veille. En ces circonstances, le seul comportement inconvenant des individus composant les castes politiques, est en lui-même condamnable. Et puis, en vertu de quel droit un bougre ou une bougresse de cet acabit, peut-il se permettre de jouer ainsi avec le pognon des contribuables ? Cela étant, à l'issue de ces deux jours d'audition, Lagarde est ressortie avec le statut de témoin assisté, et échappe ainsi, peut-être provisoirement, à une mise en examen. Il est toujours possible de s'imaginer que certaines recommandations ont été transmises aux membres du tribunal car, deux Français obligés de démissionner de leur poste à la direction générale du FMI, à la suite, cela ne serait pas terrible pour l'image de la France au niveau international. Déjà que... Mais, nous savons tous que, depuis l'arrivée des socialos au pouvoir, la justice est totalement indépendante. Donc... !

Qui donc est un « témoin assisté » ? L'article 80-1 du code de procédure pénale est clair : un magistrat instructeur ne peut mettre en examen que des personnes à l'encontre desquelles il existe des indices graves ou concordants, rendant vraisemblable qu'elles aient pu participer, comme auteur ou complice, à la commission des infractions dont il est saisi. Intermédiaire entre simple témoin et mis en examen, la position de témoin assisté est moins incriminante, puisque peut être entendue sous ce statut toute personne contre laquelle il existe des indices rendant vraisemblable qu'elle ait pu participer, comme auteur ou complice, à la commission des infractions (Article 113-2). Ce statut intermédiaire a été introduit dans le code pénal en 1987 et renforcé en 2000. Par exemple, Jean Tiberi, ancien maire de Paris, a été témoin assisté dans le dossier des faux électeurs du 5ème arrondissement de Paris, avant d'être condamné.

En ce début de mois de mai, soixante-sept mille huit cent trente-neuf personnes sont incarcérées en France, dans des prisons pour majorité insalubres, et moins sécurisées que de nombreuses banlieues pourtant réputées infréquentables. Le problème est que la capacité de ces centres d'accueil est limitée à cinquante-sept mille deux cent trente-cinq places. Hollande et sa bande de bras cassés, bien aidés en cela, il est vrai, par les magistrats, ne sont décidément capables de ne battre que les seuls records que le monde entier ne nous envie pas. Fort heureusement pour le confort des populations carcérales, les politiciens et politiciennes qui devraient être enfermés, respirent encore librement l'air pur de nos cités.

Le rapporteur public du tribunal administratif de Paris, a recommandé aujourd'hui, l'annulation de la vente de l'hippodrome de Compiègne, validée dans un arrêté du 16 mars 2010 par Eric Woerth, ancien ministre UMP du budget. Il est estimé que cette vente par l'État impliquait l'adoption préalable d'une loi, ce qui n'a pas été le cas. Si un ministre ne respecte plus la loi, où allons-nous !?

SAMEDI 25 – MARCHE À L'OMBRE.

Anna Rosso-Roig, qui était candidate du PC dans les Bouches-du-Rhône, lors des dernières élections législatives, décide de rejoindre le FN, en prévision des municipales de 2014 à Marseille. Le premier secrétaire départemental du PC, Pierre Dharréville, se dit scandalisé. Pour si peu ?

Tous les partis extrémistes se ressemblent. Droite ou gauche, où se situe la différence ? Il est curieux, devant cet état de fait, que l'on ait toujours considéré le PC comme un parti fréquentable (de Gaulle puis Mitterrand n'ont-ils pas nommé des ministres communistes), alors que le FN ne soit bon qu'à vouer aux gémonies. C'est facilement oublier que les communistes sont responsables de l'assassinat de plus de cent millions d'innocents, soit plus que le total des morts de la Première et la Seconde Guerre mondiale. Comme référence, il est possible de trouver mieux. Lénine, Staline étaient donc plus fréquentables que Hitler ? Et que dire de Mao Zedong qui mit au point la méthode inédite de la révolution culturelle ! Comme l'a précisé l'historien Eric Hobsbawn, ce ne fut qu'une campagne contre la culture, l'éducation et l'intelligence. Comme ce n'était pas suffisant, ce dictateur cruel, pervers, criminel, fit également réapparaître l'anthropophagie dans l'empire du Milieu. Ce qui permit aux adeptes de cette technique diététique, style nouvelle cuisine chinoise, de prouver face au monde entier qu'ils étaient les dignes dirigeants de leur doctrine révolutionnaire. Donc de rester du bon côté des fourneaux. Il est admis que des dizaines de milliers de petits hommes jaunes, reconnus comme insuffisamment rouges pour l'époque, finirent leurs jours à la casserole dans cette période. Ou à la poêle, comme un simple jaune d'œuf. Afin de bien démarquer les classes sociales, les organes supérieurs, dont le foie véritable délice, devaient être réservés à l'alimentation des seuls dignitaires du Parti communiste qui, finalement, n'a jamais aussi bien porté son nom. Comment être plus proche du citoyen de base, que d'en manger un morceau ? Même chez les nazis, on ne dévorait pas les déportés internés dans les camps de la mort. Il est vrai qu'après quelques semaines de cure, il ne restait pas grand-chose à faire mijoter.

Ces comportements barbares, n'empêchent pas pour autant les héritiers gauchos qui se réfèrent de Staline ou Mao, d'être traités avec les honneurs dus à leur rang ! Comprenne qui pourra.

Afin de lutter contre le chômage, Hollande confirme vingt-quatre mille nouvelles suppressions de postes dans les armées, d'ici l'an 2019. Il s'imagine être encore sur le trône dans six ans ? Gouverner c'est prévoir, mais lorsque l'on même pas capable de prévoir son avenir, comment prévoir le futur de la Nation ? S'il se contente de consulter une voyante, il serait bien inspiré de changer de fournisseur.

DSK a été remarqué, en compagnie de sa nouvelle égérie, montant les marches du Festival de Cannes. On peut aisément en déduire que cette femme n'est pas une angoissée. Quant à l'ancien patron du FMI, ce ne sont toujours pas les scrupules ou le manque de dignité qui risquent de perturber son fonctionnement primaire. Sa présence eut été davantage justifiée lors d'un festival de cinéma X, où la récompense suprême pourrait être un phallus d'acier. Inoxydable de préférence.

DIMANCHE 26 – HISTOIRE DE CULS.

Désir accuse Copé d'irresponsabilité vis-à-vis de l'extrême droite, ce qui en fait un problème y compris dans son camp. Si les jugements de Désir représentaient un certain intérêt, nous le saurions depuis longtemps. D'autre part, il serait bien inspiré de s'occuper de son propre parti, où les élus connaissant des problèmes avec la justice ne cesse de s'allonger. Sans omettre les anciens condamnés, dont il fait partie. Et puis, magouiller avec l'extrême gauche, des gens qui se réfèrent des dirigeants communistes, les plus grands criminels de l'Histoire, c'est plus présentable ?

Mélenchon est justement réputé pour la délicatesse de ses propos. Commentant la récente chute de Marine Le Pen dans sa piscine, ce qui lui a occasionné une fracture du sacrum, il a jeté en pâture à ses fans : « *En attendant, je me casse le cul pour les ouvriers pendant qu'elle se casse le cul dans sa piscine.* » Difficile de faire mieux en cette période de festivités cannoises, pour décrocher la palme de la tirade saugrenue de la semaine.

LUNDI 27 – VENDU.

Les semaines se suivent et se ressemblent. C'est sans surprise. La nouvelle exception se nomme Gérard Dalongeville. Cet ancien maire PS d'Hénin-Beaumont, dans le Pas-de-Calais, comparaît à partir de cet après-midi devant le tribunal correctionnel de Béthune. Il est poursuivi pour détournement de fonds publics, faux et usage de faux, favoritisme et corruption. Il est passible de dix ans de prison et cent cinquante mille euros d'amende. Attendons maintenant le résultat des courses.

La construction de nouveaux logements en France, a de nouveau connu un ralentissement durant le premier trimestre de l'année. Elle devrait même atteindre, en 2013, son niveau le plus bas depuis très longtemps, avec une baisse d'environ 7,5 % par rapport à l'année précédente. Comme pour l'ensemble des dossiers traités par le gouvernement, nul ne peut douter un seul instant que la courbe ne puisse s'inverser dès 2014. Avec une véritable spécialiste comme Duflot aux manettes, formée dès sa prime jeunesse à l'étude et la gestion de ces dossiers, les sans-abri et les mal-logés peuvent espère voir un jour le bout du tunnel. Reste à connaître la décennie ?

Pourtant, Duflot avait commencé très fort sa carrière de ministre du logement, en proposant de céder à des municipalités, des parcelles pour y bâtir des logements sociaux. Par exemple, pour permettre à la ville du Havre de posséder un parc de 25 % de logements sociaux, contre 20 % actuellement, elle était prête à tout. Même au reste. Le plus ennuyeux est qu'au Havre, le quota était déjà de 35 %. Quelle formidable initiative ! Mais le meilleur reste à venir. Super-ministre désirait offrir 8 881 m² de « foncier public mobilisable » rue Lesueur. Or, la ville avait déjà acquis ce terrain le 7 juillet 2011, pour deux millions et huit cent mille euros. Idem pour un terrain de 13 000 m², coincé entre la voie ferrée et le boulevard de Stalingrad, acheté en décembre 2011, pour une somme avoisinant les huit cent mille euros. D'après la municipalité, compte tenu de son emplacement, il n'est même pas certain que ce terrain ait vocation à accueillir des logements. Enfin, un troisième terrain d'une superficie de 25 000 m² environ, avait également été proposé à la ville. Malheureusement, dame Duflot n'était pas au courant que ce terrain n'appartenait pas à l'État, mais à Réseau Ferré de France. Donner ce qui ne nous appartient pas, reflète véritablement une idéologie gauchiste.

Heureusement pour eux, malheureusement pour la France, la politique reste le moyen le plus sûr pour caser les incapables. Sinon, on en ferait quoi ?

MARDI 28 – RIEN DANS LE VENTRE.

Dans l'affaire Tapie/Adidas/Crédit Lyonnais/Lagarde, l'un des trois magistrats du tribunal arbitral qui a permis à Tapie d'encaisser un sacré pactole, a été placé en garde à vue. Il s'agit de Pierre Estoup, premier président honoraire de la cour d'appel de Versailles, qui à l'époque des faits, n'avait pas précisé qu'il entretenait des relations personnelles avec l'homme des sales affaires. En principe, mais uniquement en principe, pas de soucis pour lui, pas plus que pour d'autres, étant donné que selon Lagarde, tout a été fait dans le respect de la loi, et l'intérêt de l'État.

Dans cette même affaire Tapie/Adidas/Crédit Lyonnais/Lagarde, agrémentée du tribunal arbitral, l'avocat de Tapie, Maurice Lantourne, a été placé en garde à vue, mais a été relâché après quelques heures.

La Cour des comptes appelle le gouvernement à se concentrer sur des économies structurelles réalisées dans une perspective pluriannuelle. Le premier qui a tout compris, et propose une solution intelligente et réalisable, se verra proposer un parachutage dans une circonscription facile à remporter pour le PS, lors des prochaines élections législatives.

Alain Prost, qui a depuis longtemps compris à quel point les Français et leurs dirigeants étaient, pour majorité, des cons, parle de l'état catastrophique de la France : « *J'ai toujours désiré habiter ailleurs qu'en France, parce que j'étais incompris et pas respecté.* » Ô comme il est aisé de l'admettre ! « *Avec les sportifs et artistes installés comme moi en Suisse, nous parlons souvent de l'état catastrophique de la France et de l'image caricaturale des Français qui quittent le pays, considérés, la plupart, comme des lâches ou des escrocs.* » Parlant d'hérésie à propos du taux de 75 % d'impôts pour les hauts revenus, il tire son chapeau aux patrons des entreprises qui vivent encore en France : « *Les 75 %, c'est la goutte d'eau qui fait déborder le vase. Ce qui est grave c'est de ne jamais prendre de mesure positive. Le système politique basé sur l'assistance n'arrive pas à être réformé alors que la France est un pays qui a tout pour fonctionner : la compétitivité, les richesses, les industries et le tourisme. Je ne vois pas comment on peut sortir du gouffre actuel. Je ne suis pas certain que le gouvernement ni même François Hollande ne tiennent jusqu'en 2017, année de la prochaine échéance présidentielle.* »

Il semble avoir tout compris.

Le dicton du jour : « *Pour qui a compris qu'il ne fallait pas chercher à comprendre, il est plus facile de tout comprendre.* »

Pour majorité, le Français fait partie de la race des esclaves, ce qui le rend agressif et jaloux de ceux qui réussissent. Il est soumis, lâche et facilement intimidable. Pour le faire marcher à la baguette, la solution est fort simple ; il suffit de lui faire peur, car il panique devant tout et rien. Il a peur du loup, peur du gouvernement, peur des flics, peur des juges, peur des administrations, peur des impôts, peur des radars, peur des banquiers, des assureurs, des huissiers. Il a peur du lendemain, encore davantage du surlendemain ; il n'y aurait rien de surprenant à ce qu'il ait même peur de la veille. Il a peur de l'autre, peur de la peur de l'autre, peur que l'autre lui fasse peur, peur que son téléviseur tombe en panne, peur que le train arrive en retard, ce qui est pourtant coutumier, peur de manquer d'essence et de sucre, peur de maigrir, de grossir, peur qu'il pleuve trop ou pas suffisamment, peur de la hausse des prix, de l'inflation, peur de perdre au loto ou au quinté plus alors qu'il y est pourtant habitué. Il a peur que le diable le fasse cramer pour l'éternité alors qu'il se dit athée, peur que le Père Noël ne l'oublie dans sa hotte, peur que sa femme le trompe ce qui ne l'empêche pas d'être cocu, peur que son aîné se choppe la vérole, que sa cadette se fasse enceinter par une petite frappe de banlieue, que son beau-frère gagne plus que lui, que son voisin se paye une bagnole plus puissante que la sienne. Sans aucun doute, le Français est un trouillard de première et un jaloux maladif, c'est pourquoi il apprécie les perdants et les bons à rien. Il a également peur de payer, mais il casque quand-même, donc de ce côté-ci, pas de problèmes pour les racketteurs. De temps à autre, de façon à tenter faire croire qu'il n'a peur de rien, il fait la grève, défile dans les rues des quartiers populaires, parce que dans les quartiers chics on ne le laisse pas passer. Cela dure une journée, lorsqu'il s'agit pour les syndicats que de ne comptabiliser les forces éventuellement disponibles. Au maximum trois semaines, mais c'est exceptionnel, lorsqu'il hurle comme un forcené que les choses vont changer, car il ne cédera jamais. Mais finalement, il retourne au boulot en s'écrasant. Dans son immense majorité, le Français possède une grande gueule qu'il referme beaucoup plus rapidement qu'il ne l'ouvre. Donc il n'y a d'un côté rien à craindre, de l'autre rien à espérer. La principale préoccupation d'un Français est d'avoir peur d'avoir peur, tout en s'exhibant stupidement devant les autres, de façon à prouver qu'il n'a peur de rien. Cela fait peur, et n'est guère rassurant pour l'avenir. Ce qui fait que les politicards peuvent dormir tranquille s'ils le souhaitent.

MERCREDI 29 – À VOUS DE JUGER.

Les écolos ont refusé de voter la loi Fioraso, relative à l'enseignement supérieur. Ils considèrent qu'elle ne rompt pas suffisamment avec l'autonomie des universités, selon la sauce sarkozienne. Quand on aime, ce n'est pas comme lorsque l'on n'aime pas.

Une fraction de la fédération socialiste du Vaucluse aurait passé un accord avec le FN, lors des dernières législatives, dans l'intention de battre l'UMP. Deux triangulaires auraient ainsi été provoquées avec comme objectif, l'élection d'un candidat socialiste dans une circonscription et de Marion Maréchal-Le Pen dans l'autre. Malheureusement, et désormais cela arrange fort bien le PS pour nier cette magouille, le désistement de la candidate FN, deux heures avant le délai de réception des candidatures, n'a pas permis que cette stratégie fonctionne comme prévu, et seule la petite-fille du kaiser a été élue. Lorsque l'on n'aime pas, ce n'est pas comme lorsque l'on aime.

Finalement, dans l'affaire Tapie, le juge arbitre Pierre Estoup a été mis en examen pour escroquerie en bande organisée. Il reste à connaître les noms des autres membres de la bande, et à l'arrivée, ça risque de ne pas être triste. Pour Tapie, cette mise en examen est incompréhensible : « *Il y a dans ce dossier des choses que j'ignore pour que les motifs de la mise en examen soient si graves. Car escroquerie en bande organisée, cela veut dire que c'est très grave* », a-t-il constaté. Mais au fait, qui a encaissé le chèque ?

Dans l'affaire Bettencourt, Jean-Michel Gentil, juge d'instruction du dossier, risque d'être dessaisi. Il serait un proche de Sophie Gromb, l'une des expertes ayant conclu à l'état de faiblesse de l'héritière de l'Oréal. Mais nous devons continuer de faire confiance en la justice de notre pays. C'est la loi.

Le franco-libanais Ziad Takieddine, mis en examen dans l'affaire Karachi, a été placé en garde à vue. Il est soupçonné de vouloir fuir la France, alors qu'il est soumis à un strict contrôle judiciaire. Moyennant la somme dérisoire de deux cent mille euros, il s'est procuré un passeport diplomatique de République dominicaine. Pour sa santé, cette arrestation n'est peut-être pas plus mal. Un accident est si vite arrivé. En tous les cas, si un jour il a le temps de véritablement déballer tout ce qu'il sait, cela risque de faire mal au plus haut niveau de la République. Sauf si, par exemple, un accident cardiaque l'en empêche.

Pour que la France devienne une véritable république bananière à temps complet, il ne manque plus qu'un général Alcazar.

JEUDI 30 – LE BÛCHER DES VANITES.

Cela fait aujourd'hui 582 ans que Jeanne d'Arc a été brûlée vive place du Vieux Marché, à Rouen, alors qu'elle n'était âgée que de dix-neuf ans. Certes tout le monde s'en fout, mais dans la capitale de la Normandie, l'événement continue de se fêter chaque année. Pour la présente édition, à l'invitation du maire, Yvon Robert, et avec la bénédiction de Valérie Fourneyron, ministre des Sports, et ancienne première magistrat de la ville, les cérémonies commémoratives ont été présidées le samedi 25 par Vallaud-Belkacem, bien connue pour ses sentiments religieux profonds envers la religion catholique. Ce qui, bien entendu, n'a pas manqué de provoquer l'ire de diverses associations. Dont les adversaires du mariage gay. C'est un peu comme si l'on demandait à Christine Boutin d'effectuer un pèlerinage à La Mecque.

Qui était véritablement cette Jeanne de Domrémy ? Un petit retour de six siècles en arrière ne semble pas inutile, afin de présenter une version de l'histoire, pas plus absurde qu'une autre.

« Vers l'an de grâce 1412, en Lorraine, probablement dans la région de Domrémy-pas-encore-la-Pucelle, naquit une petite fille qui fut appelée Jeanne. Comme toute jouvencelle qui se respecte, elle débuta sa carrière professionnelle en qualité de vierge, mais

pas encore martyre. Neuf années avant la naissance de cette gamine, soit en 1403, le futur Charles VII vit le jour à Paris. L'Histoire officielle veut que ce souverain fût le fils de Charles VI et d'Isabeau de Bavière. En étudiant le dossier à la loupe, même une petite, il semblerait que la réalité soit sensiblement différente. Dès l'année 1392, Charles VI commença à sombrer progressivement dans la folie et, de fait, c'est son épouse Isabeau qui dirigeait le royaume de France. Il en allait de même niveau de ses activités érotico-reproductrices, puisque son royal époux n'était plus en mesure d'assumer le minimum requis. D'autant que la reine possédait un appétit sexuel débordant, et ne bénéficiait pas franchement d'une réputation de femme vertueuse. Pas plus que d'épouse fidèle. Une véritable gourmande. Ce n'est pas franchement désagréable lorsque l'on est un homme dans la force de l'âge, bien membré et en mesure d'effectuer régulièrement des tirs à répétition. Mais une jeune femme, jolie, bien roulée, qui baise comme une princesse, c'est comme un Maroilles bien avancé ; il est fort compliqué de pouvoir la conserver longtemps pour soi. Charles VII est, certes, répertorié dans les annales comme fils de Charles VI, mais dans le flou artistique qui entoure sa naissance, tout laisse à penser qu'il soit né de père inconnu, bien que probablement fort connu. Constatons par exemple qu'en l'an 1420, la reine Isabeau reconnut le roi Henri V d'Angleterre comme héritier officiel de la couronne de France, au détriment de son propre fils. Cela démontre le peu d'estime qu'elle accordait à son rejeton. Voire, pour le moins, les réserves qu'elle formulait quant à son authentique filiation valoisienne. Charles VII finit par grandir, tel un vil serf, ce qui lui permit d'épouser Marie d'Anjou qui, si l'on s'en rapporte à certaines chroniques du temps, ne se trouvait pas particulièrement gâtée par la nature de par son aspect physique. Le pouvoir de séduction de cette Dauphine du Viennois n'était pas son arme fatale.

En Lorraine, la petite Jeanne qui était devenue une ravissante jeune fille, et s'emmerdait royalement à longueur de journée en gardant les moutons de sa famille, commençait à faire courir la rumeur, comme quoi elle percevait des voix d'origine divine. Ce qui faisait bien rire l'ensemble de la communauté villageoise. Selon ses propos, sainte Catherine, patronne d'une bonne vingtaine de professions ainsi que des filles à marier, sainte Marguerite, *vierge et martyre, ainsi que l'archange saint Michel, protecteur de la Normandie, l'engageaient à prendre les armes puis, pour commencer sa carrière salvatrice, aller délivrer la ville d'Orléans, assiégée par les Anglais.* (Un archange est un ange en chef. Un peu comme un sergent-chef dans l'armée. NDLA). *Jamais, l'ingénue n'eut conscience que les pseudos voix venues du ciel, qu'elle se mit toutefois à accommoder à sa propre sauce, n'étaient que le fruit véreux issu de l'imagination fertile d'une bande de chenapans de sa paroisse qui, profondément dépités de ne point parvenir à lui faire sauter son pucelage, se réjouissaient de temps à autre à lui faire une bonne farce, pensaient-ils sans conséquences. D'aventure, la damoiselle, que la situation arrangeait au plus haut niveau, car celui lui conférait une certaine notoriété parmi les siens, prit son rôle très au sérieux, et parvint, à force de ténacité, à se faire introduire près le gentil roi. Parvenue devant Charles, elle lui affirma qu'elle était envoyée spéciale de Dieu lui-même, et que sa mission impossible consistait tout simplement à sauveur le royaume de France, en boutant l'Anglois hors du pays. Elle devait ensuite faire couronner officiellement le Valois, appelé alors roi de Bourges, car son autorité n'était acceptée qu'au sud de la Loire. Et encore pas partout. Lorsque Charles vit la jeune fille pour la première fois, et s'entretint en privé avec elle, il ne fut pas dupe de son discours, mais fut immédiatement subjugué, tant elle se trouvait être d'une grande beauté. Sitôt, il donna les ordres de façon à ce que toutes dispositions soient prises pour exaucer les souhaits de la jouvencelle. Cette décision était d'autant plus facile à prendre, qu'en la circonstance il ne s'exposait personnellement au moindre risque, tant sa situation semblait désespérée. Suite à cette première rencontre, les nuits royales devinrent hantées de rêves érotiques, durant lesquelles la mignonne occupait la position fondamentale. Lorsque finalement couronné, il apprit un jour que la source de ses fantasmes avait été capturée, et devait être livrée au bourreau afin d'être brûlée vive sur la place du Vieux Marché de Rouen, il imagina un stratagème diabolique. De connivence avec son confrère et néanmoins ennemi, le roi d'Angleterre, ainsi qu'avec le Cauchon d'évêque, Charles fit discrètement procéder à un échange standard entre deux des trois femmes de sa vie. La troisième de la série étant Agnès Sorel qui reçut, pour la première fois dans l'Histoire de France, le titre de Maîtresse officielle du roi. Pour cela, elle se vit offrir en remerciement de son dévoue-*

ment, le premier diamant du trésor de la couronne, en sus des royaux bijoux de famille de Sa Majesté.

C'est ainsi que Marie, reine de France et épouse légitime du roi, finit sur le bûcher le 30 mai 1431, en lieu et place de Jeanne. Ces formalités administratives simplifiées accomplies, Charles put enfin récupérer dans sa couche la jolie pucelle, qui ne resta plus que très peu de temps en possession de son hymen. Moyennant une participation financière substantielle, la manigance n'indisposa pas particulièrement les éminentes personnalités anglaises et françaises mouillées dans cette ténébreuse affaire, pour qui l'essentiel était, de toute façon, d'avoir une victime expiatoire à exécuter publiquement, et donc ne pas perdre la face. Cette permutation faisant suite aux origines plus que douteuses de Charles VII, n'eut finalement aucune répercussion fâcheuse sur le bon déroulement de la Guerre de Cent ans, qui en réalité dura cent seize ans, puisque commencée en 1337, sous le règne de Philippe VI, elle ne connut son épilogue qu'en l'an 1453. Ce sont dès lors les descendants de Charles VII et de Jeanne de Domrémy qui règneront sur la France, jusqu'en 1498, date à laquelle Louis XII, de la branche des Valois-Orléans, et arrière-petit-fils de Charles V, succédera à Charles VIII, décédé accidentellement sans enfant survivant, après avoir heurté violemment du front, un linteau de pierre dans un escalier du château d'Amboise. Il n'est pas impossible d'envisager que lors de cet accident, il ait été quelque peu aidé. »

Il s'est dit que, sur le bûcher, les dernières paroles de la suppliciée auraient été : « *Je veux descendre.* » À quoi le bourreau aurait répondu : « *Tu vas devoir attendre quelques minutes.* » Mais, bien entendu, rien n'est absolument certain.

Il est évident que cette version, plus que controversée et discutable, puisse indisposer grand nombre d'historiens. Dont certains sont connus et reconnus, comme étant d'éminentes personnalités. Mais dans les faits, qu'est-ce qu'un historien, si ce n'est un archiviste qui commente des évènements, auxquels il n'a pas participé, et décrit la vie, l'œuvre de personnages qu'il affectionne plus ou moins, en fonction de ses sensibilités, ses appréciations ou ressentiments. En l'occurrence, que celui ou celle qui est en mesure de fournir une bande sonore d'enregistrements des voix divines perçues par Jeanne d'Arc, n'hésite surtout pas à se faire connaître.

VENDREDI 31 – COMPREND QUI PEUT.

Afin de ne pas déroger aux bonnes vieilles habitudes, le chômage a augmenté de trente-neuf mille et huit cents nouveaux inscrits durant le mois d'avril. Soit environ mille trois cent trente par jour, compris les dimanches et jours fériés. Selon l'anti-pape François IV, cette situation est due au manque de solidarité envers les jeunes et les seniors, ainsi qu'au défaut de compétitivité. Ce pauvre type n'a toujours rien compris au film. Après une année passée à l'Elysée, ça devient grave. Vraiment très grave. On ne fait pas tourner le commerce et l'industrie avec de la solidarité auprès de telle ou telle fraction de la population, mais uniquement avec des bons de commande. Et pour obtenir des bons de commande, certes il est nécessaire d'être compétitif. Mais pour être compétitif, il est indispensable que le gouvernement cesse de matraquer les entreprises à outrance.

Il serait peine perdue que tenter d'expliquer cette évidence aux membres du gouvernement. Ils ne comprennent rien, ne cherchent pas à comprendre, sont incapables de comprendre et donc ne comprendront jamais.

Pendant ce temps, en Inde, une véritable catastrophe s'abat sur le pays. Pour l'année 2012, la croissance n'a été que de 5 % ! Le pire résultat de ces dix dernières années. Pour obtenir un tel chiffre, notre président et nos ministres seraient prêts à vendre leur âme au diable. Encore que pour majorité, cet article ne soit plus disponible depuis belle lurette.

La Commission de Bruxelles accorde deux ans de plus à la France pour ramener son déficit public à 3 % du PIB. Cela veut dire que durant cette période, la dette va continuer de gonfler. Et qu'ensuite, évidemment sous toute réserve, elle gonflera peut-être un peu moins, mais gonflera toujours. Ce qui est certain est que cela ne correspond pas, mais alors absolument pas, aux promesses électorales de Hollande, pas plus qu'aux déclarations de Moscovici qui avait affirmé péremptoirement le 14 juin 2012 que le déficit de la France serait ramené en dessous de 3% en 2013, grâce à une croissance retrouvée à hauteur de 1,7 %.

Il est interdit de se marrer.

Mis à part les encartés, qui peut désormais accorder le moindre crédit aux discours politiques ?

Marseille, plus deux. Corse plus un. Le score est désormais de onze à huit en faveur des Corses, mais les Phocéens tentent de revenir dans la partie. Lentement, mais ils reviennent.

JUIN

SAMEDI 1ᵉʳ – BOIRE UN PETIT COUP C'EST AGREABLE.

Stéphane Bern affirme avoir participé à un dîner, le 20 novembre 2011, en compagnie de Marc-Olivier Fogiel et Dominique Besnehard, durant lequel Copé lui a confié être à titre personnel pour le mariage gay : *« Quand je vois qu'en bon tacticien, il fait descendre des milliers de Français dans la rue, je me demande où est la parole des hommes politiques entre ce qu'ils peuvent dire en privé et ce qu'ils peuvent dire en public »* a-t-il précisé. Avec les relations et connaissances qu'il possède, Bern ne va quand même pas nous faire croire qu'il est resté persuadé de la sincérité, de l'honnêteté des hommes politiques, jusqu'en novembre 2011.

Ici Londres, les Français parlent aux Français : *« En France on aimait rire de tout, ce n'est plus le cas – Je ne suis pas venu ici pour une fiscalité qui n'est pas intéressante. J'ai choisi une destination de culture – J'en avais ras le bol d'être systématiquement pris pour cible en raison de mes amitiés avec l'ancien président de la République. Alors j'ai pris ma famille, on est parti et on est beaucoup plus tranquille. J'échappe à ce qu'il faut bien appeler une chasse médiatique. »*

Signé : Christian Clavier.

Le problème est que si cela continue de la sorte, il ne restera bientôt plus en France que des fonctionnaires, des politiques et des assistés. Ce qui assez souvent revient au même. Et pour faire bouillir la marmite, on fera comment ? Déjà que l'on n'a pratiquement plus les moyens de payer les notes de gaz... !

La vente de 10 % de la cave de l'Elysée a rapporté un peu plus de sept cent mille euros. Après règlement des frais, soit environ deux cent mille euros, la somme restante sera utilisée à renouveler la cave du palais, avec des vins moins prestigieux certes, mais que l'on n'hésitera plus à déboucher. Adieu Château Latour, Château Margaux, Château d'Yquem et Pétrus. Adieu Chassagne Montrachet, Chambole Musigny, Gevrey Chambertin et Meursault. Et tant pis pour les invités du souverain. Pour autant, devront-ils se contenter de s'abreuver avec des vins en provenance de divers pays de la communauté européenne ? On troque la qualité contre la quantité. Cela fait partie de la doctrine socialiste.

Ziad Takieddine, qui était soupçonné d'avoir voulu prendre la fuite à l'étranger, alors qu'il faisait l'objet d'un contrôle judiciaire, a été mis en examen et placé en détention provisoire. Il est poursuivi pour corruption d'agents publics étrangers, escroquerie, fraude fiscale et organisation d'insolvabilité.

La vérité est que, dans le monde entier, aucune affaire concernant les ventes d'armements ou relative aux marchés du pétrole (entre autres), ne se réalise sans versements de commissions occultes. Absolument aucune. Mais, de temps à autre, il se trouve au sein d'une filière, qu'un ou plusieurs intervenants ne respectent pas les règles du jeu, et oublient de redistribuer la part des enveloppes conséquentes qui ne leur étaient pas destinées. C'est ainsi que, par vengeance, des affaires qui n'auraient jamais dû être révélées aux non-initiés, se retrouvent à la une des journaux. Bien entendu, ces affaires sont jonchées de cadavres, telle celle relative à la vente des frégates de Taïwan. Quoi de plus logique !

Le plus surprenant dans ces histoires, est que certains juges, comme Renaud Van Ruymbeke, soient encore en vie.

Entre les dossiers Bettencourt, Tapie et Karachi, si tout le monde se met à déballer la vérité sur la place publique, ça risque de faire mal. Très mal. La conclusion la plus plausible reste toutefois que chacun va se calmer gentiment dans son coin.

Malgré le froid, le vent et la pluie qui sévissent sur la France, comme cela ne s'était jamais produit depuis des décennies, en dépit des alertes de toutes les couleurs émises par Météo France, les ministères et administrations plus ou moins concernés se mettent en branle-bas de combat, afin de protéger les populations contre les insolations et déshydratations. Ainsi, le niveau 1 du plan canicule vient d'être déclenché. Serait-ce, pour une fois, une vision sur l'avenir ?

DIMANCHE 2 – GUERRE DE RELIGION.

Si vous avez été dégoûté par UMP 1, qui opposait Copé et Fillon, vous allez vomir avec UMP 2, qui voit s'affronter dans l'arène politique, NKM qui s'est elle-même parachutée de Longjumeau à Paris, de façon la plus anti démocratique qu'il soit possible d'organiser, contre une bande de jeunes blancs-becs assoiffés de gloriole. Le seul but inavouable de l'intrigue, étant la seule conquête de la mairie de Paris, à des fins strictement personnelles. C'est consternant, immoral, ignoble. Inutile de commenter davantage ces faits avilissants. Les protagonistes de ces odieuses manigances sont assez grands – voire petits – pour se torcher eux-mêmes leur mauvaise publicité.

La tirade saugrenue de la semaine revient à Valls. Un récidiviste. Ce n'est d'ailleurs plus une tirade, mais un récit. Il affirme qu'il assumerait ses responsabilités si on lui proposait Matignon : *« À cinquante ans, j'ai la chance d'être ministre et d'assumer une responsabilité importante. Je reste très concentré sur cette mission. Elle est passionnante et j'ai envie de réussir, de rester longtemps à ce poste. Je fais de la politique, je suis ambitieux. Si, demain, on me proposait d'autres responsabilités, je les assumerais, bien évidemment. J'ai toujours pensé que j'avais la capacité d'assumer les plus hautes responsabilités de mon pays (sic). Mais il y a un président de la République, François Hollande, qui je l'espère est là pour longtemps.* [Hypocrite. NDLA]. *Il y a un Premier ministre, Jean-Marc Ayrault, qui fait bien son job.* [Menteur. NDLA]. *Et il faut de la constance et de la durée pour réussir. »* C'est fort probablement ce qui lui manquera le plus, pour parvenir à ses fins.

Il n'y a qu'en politique où l'on puisse faire carrière lorsque l'on est nul.

Une commission de l'Union européenne recommande la levée de l'immunité parlementaire de Marine Le Pen. En 2010, elle avait établi un corollaire entre les prières des musulmans dans les rues, et l'Occupation allemande. Certes, ce n'est ni judicieux ni de bon goût. Mais laisser ces rassemblements s'effectuer sur le domaine public, dans l'irrespect total des autres et de la loi, c'est clair-voyant ?

Dans ces conditions, que penser de ces citations, de ces décla-rations :

- « *Je ne connais pas d'islamisme modéré.* » Jeannette Bougrab, ancienne secrétaire d'État.

- « *Bientôt la France sera la colonie de ses anciennes colonies.* » Vladimir Poutine, président de Russie.

- « *Il n'est en effet pas possible qu'une paix ou qu'une coexistence ait lieu entre la religion islamique et les institutions sociales et politiques non islamiques. Il n'y a pas de principe de laïcité.* » Alija Izerbegovic, philosophe et ancien président de Bosnie.

- « *L'islam et le bolchevisme ont une finalité pratique dont le seul but est d'étendre leur domination sur le monde.* » Sir Bertrand Russel, philosophe gallois, prix Nobel de littéra-ture en 1950.

- « *En France, on protège ceux qui mettent le feu et on persécute ceux qui sonnent le tocsin.* » Alain, essayiste et philosophe français.

- « *Des millions d'hommes quitteront l'hémisphère sud pour aller dans l'hémisphère Nord. Ils n'iront pas en tant qu'amis. Ils iront pour le conquérir. Et ils le conquerront en le peuplant avec leurs fils. C'est le ventre de nos femmes qui nous donnera la victoire.* » Houari Boumediene, président algérien.

- *« Les mosquées sont nos casernes, les coupoles nos casques, les minarets nos baïonnettes et les croyants nos soldats. »* Recep Tayyip Erdogan, Premier Ministre turc.

- *« L'islam retournera en Europe en conquérant et en vainqueur. »* Cheik Youssef Al-Qaradâwî, égyptien membre du Conseil européen pour la recherche et la fatwa, membre de la confrérie des frères musulmans.

- *« Nous ne sommes plus dans une situation de non droit, il y a désormais des zones régies par un autre droit que le nôtre. »* Jacques Ansquer, président de la Banque alimentaire des Bouches-du-Rhône.

- *« Nous devons rompre avec l'idéologie victimaire qui inspire toute notre politique d'intégration, et qui a échoué. On demande aux peuples européens de disparaître ; c'est une entreprise terrifiante. »* Malika Sorel, écrivaine d'origine algérienne.

- *« Il existe un plan d'islamisation de la planète. »* Monseigneur Abba Athanasios, chef de l'église copte orthodoxe d'Alexandrie, dont le siège se trouve à Toulon.

- *« Ce type de problème actuel se déplace de celui de l'immigration vers celui de l'invasion. »* Valery Giscard d'Estaing, ancien président de la République française.

[Par décret n° 76-383, le regroupement familial fut rendu légal et institutionnalisé le 29 avril 1976. Giscard d'Estaing était président de la République et Chirac Premier Ministre. Comprenne qui pourra. NDLA.]

- *« Nous avons un très haut niveau de prospérité au Danemark. Nous serions obligés de l'abandonner si des gens n'ont qu'à mettre le pied dans la porte pour obtenir des avantages financiers sans avoir d'abord contribué à l'économie. »* Anders Fogh Rasmussen, homme politique et ancien chef du gouvernement danois.

- *« Un jour en Europe, l'islam sera assez puissant pour que les Européens regrettent d'avoir croisé son chemin. »* Christopher Caldwell, écrivain et journaliste américain.

- *« Le problème n'est pas de savoir si une majorité d'Européen sera islamisée, mais plutôt quel islam est appelé à dominer l'Europe. »* Bassan Tibi, sociologue syro-allemand.

- *« Aucun épisode depuis quinze siècles, ni la guerre de Cent ans, ni l'Occupation allemande n'ont constitué pour la patrie une menace aussi grave, aussi fatale, aussi virtuellement définitive en ses conséquences que le changement de peuple. »* Renaud Camus, écrivain français.

À cet instant, revient la citation attribuée à André Malraux : *« Le XXIème siècle sera spirituel ou ne sera pas. »* Et si c'était vrai ? Et si ce spiritualisme ne se trouvait être que tout simplement l'islam ? Si tel devient le cas, les politiciens français auront tout fait, depuis quarante ans, pour laisser disparaître notre civilisation érigée laborieusement par nos ancêtres, durant trois mille ans. Un grand merci !

LUNDI 3 – TOUT LE MONDE À POIL.

Il y à trois jours, JMA déclarait, avec toute la force qui le caractérise parmi les autres membres de sa secte, que mis à part le secteur du bâtiment, il faut que les auto-entrepreneurs soient rassurés, il n'y a pas d'inquiétude à avoir. Voilà qui est parler comme un chef. Un grand chef.

Ce qui semble certain, suite à un tel discours, est que les auto-entrepreneurs peuvent commencer à se faire du mouron.

Aujourd'hui est une grande journée pour Sylvia Pinel, ministre inutile de l'Artisanat. Car avant cette date inoubliable pour elle, qui la connaissait en dehors de la Haute-Garonne où elle a vu le jour, et le Tarn-et-Garonne, où elle a été élue députée. (Parti radical de gauche). En tous cas, pas ses petits camarades de travail, puisqu'il semble qu'en dehors de la politique, elle n'ait jamais pratiqué la moindre activité productrice. C'est pour dire si elle est du métier. En dépit des déclarations du Premier Ministre, elle vient d'affirmer qu'elle veut appliquer, à tous les secteurs soumis à une exigence de qualification, une obligation d'assurance, un enjeu de santé ou de sécurité pour le consommateur, par exemple la coiffure ou la réparation automobile, la limitation dans le temps du régime d'auto-entrepreneur. Une fois encore, une fois de plus, suite à cette joute verbale, il s'avère qu'il y a, pour le moins, un des deux protagonistes de trop au sein du gouvernement. Les plus avisés diront les deux. Mais le plus drôle reste à venir : cette pauvre petite inexpérimentée est née à L'Union, commune de Haute-Garonne. Cela ne peut s'inventer.

Le nombre d'immatriculation de voitures neuves en France, a encore reculé durant le mois de mai, avec un repli global du marché de 10,3 %. C'est devenu tellement habituel, qu'il ne se trouve plus aucun commentaire à rajouter. Mais à part ça, madame la marquise, tout va très bien tout va très bien.

Le quotient familial passera de deux mille à mille cinq cents euros en 2014. Ainsi, un million trois cent mille familles avec enfants, seront pénalisées de soixante-quatre euros par an. Encore une promesse odieusement trahie, car dans la réalité, il ne s'agit que d'un nouvel impôt lâchement déguisé. Le plus exécrable dans cette affreuse machination, est qu'au niveau familial, les caisses sont excédentaires. S'il existe un trou, c'est tout simplement parce que le gouvernement fait supporter par ce budget devant être logique-ment alloué aux familles, des charges qui n'ont aucun rapport avec son objet. Voler les plus démunis, la recette n'est pas nouvelle, mais elle est efficace, Normal : ils sont les plus nombreux. Y compris avec les socialos qui, il est vrai, ont été formé à la bonne école de Mitterrand et de Jospin. Tentons d'imaginer un seul instant, quelles seraient les conséquences de cette nouvelle perfidie, si un gouvernement de droite était en place.

Tout de même une bonne nouvelle pour terminer la journée mais, malheureusement, elle tombe en provenance de New-York. Dans le cadre de l'égalité entre les sexes, cet été les femmes pourront se promener les seins nus dans les rues de la ville. Une loi de 1992 l'autorisait déjà, mais les flics, toujours aussi zélés, avaient tendance à l'oublier. Ils jouaient probablement les voyeurs, mais désiraient conserver ce privilège pour eux seuls. Qu'attend donc Vallaud-Belkacem, spécialiste des droits de la femme, pour donner à nos concitoyennes l'autorisation de dévoiler leurs nibards dans les rues de la capitale ? Et puis, à titre personnel, peut-être qu'elle a au moins quelque chose de convenable à présenter aux Français ? Il est vrai que cette attitude n'est pas particulièrement recommandée par certaines idéologies.

MARDI 4 – DESTRUCTOR.

Pour la troisième fois, Jean-Noël Guérini a été mis en examen. Il devrait pouvoir bénéficier prochainement d'une carte de fidélité auprès des tribunaux. Il est également placé sous contrôle judiciaire pour, entre autres actions d'intérêt général, association de malfaiteurs. Pour autant, cette situation, qui pourrait être jugée pour le moins inconfortable pour certains, ne le gêne absolument pas pour conserver son poste de président du conseil général des Bouches-du-Rhône, et celui de sénateur. C'est quand-même beau la république, lorsqu'elle est française. Mais uniquement pour les élus.

Après un suspense insoutenable, NKM a été désignée tête de liste pour affronter la socialiste et grande amie personnelle de Hollande, Anne Hidalgo, lors des élections municipales de Paris en 2014. Elle peut indubitablement en retirer une grande fierté, une gloire immense. Son élection ne souffre d'aucune contestation possible. On a bien parlé de quelques fraudes par-ci par-là, mais le contraire eut été fort surprenant. Puis, c'est désormais sans conséquences. Elle a obtenu 58,16 % des suffrages exprimés par environ vingt-trois mille trois cents électeurs. Ce qui revient à dire qu'au sein de l'UMP, environ treize mille encartés souhaitent la voir devenir maire de la capitale. Elle bénéficie donc d'une monumentale légitimité indiscutable.

Paris compte actuellement deux millions et deux cent mille habitants. En fonction du nombre de voix qu'elle a obtenu, cela représente grosso modo un Parisien sur cent soixante-dix. Avec un tel résultat, elle ose encore venir se pavaner devant les médias. Encore une qui ne risque pas d'être étouffée par les scrupules. Quant à la dignité, on verra plus tard. Elle possède des dents si longues, que si elle était nommée conservatrice du château de Versailles, elle risquerait de rayer le plancher de la Galerie des Glaces.

Au sein de son propre camp, il est simplement considéré par de nombreux cadres, dont Patrick Buisson, ancien conseiller spécial de Sarkozy, qu'elle est la meilleure pour perdre. Affaire à suivre.

En Corse, le FNLC est décidé à déterrer la hache de guerre. Hugh ! Il se dit prêt à reprendre le combat si la situation n'évolue pas. Haro sur la France, puissance colonisatrice. Nous reprendrons les armes pour que la France reconnaisse nos droits nationaux. Nous dénonçons l'attitude ultra jacobine de la France. Si un jour – cela serait étonnant, mais n'a-t-on pas déjà vu des choses pire que cela qui ne se sont jamais produites – la Corse devenait indépendante, donc si la métropole cessait d'envoyer du pognon sans cesse, ils vivraient de quoi sur l'île ?

Une chose est certaine, pratiquement à chaque fois que Valls effectue un déplacement, il laisse derrière lui une situation plus calamiteuse qu'avant sa venue. Il semble, de toute évidence, l'un des seuls à ne pas s'en apercevoir.

MERCREDI 5 – PAIX À SON ÂME, S'IL EN AVAIT UNE.

Suite à la décision de la Commission européenne, de taxer les panneaux solaires fabriqués en Chine, le ministre chinois du Commerce annonce la mise en place d'une procédure antidumping et antisubventions, visant les vins produits au sein de l'Union européenne. La France est le premier exportateur de vins vers la Chine. Cent quarante millions de litres ont été vendus en 2012, pour un montant avoisinant huit cents millions de dollars. C'est ce que l'on appelle la réponse du berger à la bergère. Encore un grand bravo aux fonctionnaires de Bruxelles, pour leurs connaissances du commerce international.

C'est bien connu, une mauvaise nouvelle n'arrive jamais seule. Le problème est que depuis plusieurs mois, elles sont devenues légion. La Commission de régulation de l'énergie estime que les tarifs de l'électricité doivent fortement augmenter, de façon à couvrir les coûts de production et de commercialisation de l'électricité. Le tarif bleu EDF devrait augmenter entre 6,8 % et 9,6 % durant l'été. C'est devenu une habitude, la période des vacances est toujours propice pour piquer du fric à l'aimable clientèle. Puis, de 3,2 % en 2014. À cela il sera nécessaire d'ajouter un rattrapage de 7,6 %, qui pourrait être étalé dans le temps. Il serait fort intéressant que les comptes d'exploitation d'EDF soient étalés sur la place publique. D'autant que, selon la rumeur, le bénéfice de cette société se monte à quelques milliards d'euros pour l'année passée.

Cela ne devrait pas poser trop de problèmes aux écolos, puisqu'en fonction de leurs théories invérifiables, la planète se réchauffe. Donc pour se chauffer, ils consommeront moins d'énergie. Ceci compensant cela. Avec tout de même un léger bémol ; cela faisait bien des décennies qu'il n'avait pas fait aussi froid que cette année.

Yves Bertrand, ancien patron des Renseignements généraux, c'est-à-dire la police politique du pays, a été retrouvé mort à son domicile. Les causes du décès n'ont pas été révélées. Quelle surprise ! Ce qui est certain, est que cette disparition arrange les affaires de nombreuses personnes, y compris – surtout – au plus haut niveau de l'État. Il semble acquis que pour obtenir d'autres renseignements moins généraux, il faille attendre longtemps, longtemps.

Finalement, il a plus que probablement quitté la scène, de la même façon qu'il avait fait procéder pour tellement d'autres.

Aucune déclaration officielle ne sera faite.

JEUDI 6 – J'IRAI REVOIR MA NORMANDIE.

Le 6 juin 1944, commençait le Débarquement des troupes alliées sur les plages normandes.

De nombreux dirigeants de l'UMP, bien qu'ils n'en aient rien à foutre, se réfèrent encore du libérateur de Gaulle, soixante-neuf ans après cette entreprise colossale. Ces braves gens devraient commencer par étudier sérieusement l'Histoire de France. La vraie, pas celle racontée par des gaullistes. Le général n'a joué absolument aucun rôle dans cette organisation gigantesque. Comme tous les Français, il s'est contenté de prendre connaissance de l'information au moyen d'un récepteur TSF, à l'aube du 6 juin. Point final. Il ne connaissait pas même la date fixée par les alliés, pour lancer le début des opérations, et la façon dont il était prévu qu'elles se déroulent. Il s'est contenté de venir à Bayeux dix jours plus tard, lorsque la zone était redevenue calme, pour faire un grand discours, comme quoi la France serait libérée grâce à son action. Pour la circonstance, il avait fait recouvrir les cadavres de draps blancs, et des fleurs étaient placées un peu partout, afin d'égayer les lieux.

Bien avant l'apparition des écolos, de Gaulle se souciait déjà de l'environnement.

Il en va ainsi au cours de l'Histoire. De nombreux personnages rédigent eux-mêmes leur légende. Pour certains, ça fonctionne correctement ; pour d'autres, nettement moins bien.

Question débarquement d'informations rocambolesques, la journée a été particulièrement chargée. Une façon comme une autre de fêter ce jour anniversaire.

Une augmentation de quarante centimes par paquet de cigarettes doit prochainement émerger des cartons. Vingt centimes au 1er juillet et vingt centimes au 1er octobre. Et pour les étrennes du 1er janvier 2014, rien n'est prévu ? Bien entendu, pour la circonstance, le gouvernement ressort son éternelle rengaine comme quoi cette énième hausse de tarif représente une mesure préventive, de façon à protéger la santé des Français. La vérité est qu'il ne s'agit que d'une pratique habituelle et ordinaire pour piquer du fric. Si la santé des Français était une priorité pour le gouvernement, il se contenterait d'interdire la vente du tabac, qui représente un danger mortel pour ses adeptes, autrement plus important que toute autre drogue interdite.

Filippetti déclare avec assurance, que beaucoup de gens regardent désormais la télévision, d'autres façons que sur les écrans de télévision classiques. Si elle s'était renseignée avant de ramener sa science, elle aurait appris que selon les études de l'institut Médiamétrie, 98 % des téléspectateurs continuent de s'adonner à cette pratique, devant leur archaïque petit écran. Il n'est guère aisé d'être ministre de la Culture et se cultiver en permanence.

Pendant ce temps, Remy Pflimlin, PDG de France Télévisions, plaide pour une redevance modernisée. Ce n'est tout simplement qu'une façon alambiquée de préparer les contribuables à une nouvelle hausse de cette redevance. Mais attention ; que l'on ne s'y trompe pas, une redevance, ce n'est pas un impôt. Ni même une taxe !

La Commission des comptes de la Sécurité sociale, annonce que le déficit général sera plus élevé que prévu. Quelle surprise ! Pour 2013, les prévisions portaient sur un déficit de onze milliards et quatre cents millions d'euros. Ce n'était déjà guère florissant. Il devrait approcher, hélas, quatorze milliards et trois cent millions d'euros. Une simple petite erreur d'estimation de presque trois milliards d'euros. Dans le privé, pour bien moins que cela, on jetterait les mecs en cabane.

Malgré ses déclarations, la môme Batho tente toujours de faire des vagues – comme Duflot – mais pour l'immédiat, devrait se contenter d'apprendre à mener sa barque. Elle ne fait que ramer, pendant que les élus se gondolent devant les chalands qui passent. Elle est catégorique, il n'y aura aucune évolution dans le dossier des gaz de schiste. Pas même la moindre étude. Pourtant, un rapport présenté par l'Office d'évaluation des choix scientifiques et techniques, préconise d'étudier les ressources en gaz du sous-sol français. Il est même prévu que des parlementaires se rendent l'été prochain aux États-Unis, afin d'étudier les diverses solutions de forage envisageables.

Suite à cela, c'est officiel, en cas d'autorisation d'exploitation du gaz de schiste, les deux ministres écolos, Duflot et Canfin, quitteront le gouvernement. Enfin une bonne nouvelle pour terminer la journée. Surtout, qu'ils n'oublient pas d'emmener Batho dans leur embarcation, lorsqu'ils largueront les voiles.

En réalité, ils ne prennent pas trop de risques personnels, en balançant cette annonce fantaisiste. D'ici que le gaz de schiste soit exploité en France, il y à belle lurette que ces trois carriéristes, idéologues et archaïques, ne séviront plus dans les ministères.

VENDREDI 7 – BRADERIE DE LILLE.

Hier au soir, Fillon est revenu vendre sa camelote sur le petit écran. C'est-à-dire lui-même. Il est toujours déterminé à briguer l'Elysée en 2017, non par envie mais par devoir. Cette ritournelle, nous commençons à la connaître par coeur, elle est absolument identique à celle interprétée par ses concurrents. Il a également confirmé que les Français devaient accepter de faire des efforts. Exception faite pour les politiciens ? Là également, rien de neuf. Lorsque de Gaulle a pris le pouvoir en 1958, il tenait un discours identique. Cela fait cinquante-cinq ans que ça dure, ce qui n'empêche pas la France de sombrer chaque jour davantage dans le marasme.

De toute évidence, Fillon ne se souvient plus qu'il a été Premier ministre durant cinq années, et qu'il a laissé le pays dans un état bien plus désastreux qu'il ne l'avait trouvé. Comment faire confiance à un individu qui semble frappé par la maladie d'Alzheimer ?

À priori, Frédéric Cuvillier, ministre délégué aux transports, semble être un politicien plutôt fréquentable. Pas de condamnation à signaler, pas plus que de mise en examen. Pas même la moindre petite garde à vue. C'est suffisamment rare pour être rapporté.

Hélas, une méchante balourdise risque de gâcher la fête. Est-ce de son propre chef ou celui de son ministre de tutelle : Delphine Batho ? Ce qui est certain, est qu'une fois encore, l'amateurisme des membres de gouvernement risque de coûter cher à la construction navale française, déjà tant et tant sinistrée. Ce qui représente un comble pour un pays comme la France, qui possède une situation privilégiée et enviée, avec trois façades maritimes ouvertes sur le monde.

Alors que les chantiers STX de Saint-Nazaire négocient, dans le plus grand secret, la construction éventuelle de navires de croisières fluviales, voilà que des membres du gouvernement relaient officiellement des informations données stupidement par des médias irresponsables, et confirment la signature du projet. Ce qui, pour l'instant, est totalement erroné. Le contrat n'est pas encore signé et donc, loin d'être gagné. Il reste uniquement à espérer que les déclarations du ministre ne nuiront pas aux négociations en cours entre le chantier de Saint-Nazaire, et son client Viking River Cruises. Ce qui est certain est que l'information fait actuellement le tour du monde, et que les concurrents peuvent désormais, à moindre frais, mettre en place des stratégies pour faire échouer la conclusion heureuse de ce possible contrat pour STX France.

On revient toujours au point de départ ; si les ministres connaissaient le monde des entreprises, du commerce et de l'industrie, de telles situations ineptes ne verraient jamais le jour. Ce qu'ils peuvent être idiots ces mecs là. Tout cela pour passer au journal télévisé, et tenter de faire croire aux citoyens-électeurs, qu'ils se trouvent à l'origine de contrats commerciaux, et donc qu'ils sauvent des emplois.

Les politiciens peuvent créer du chômage, en alourdissant sans cesse les charges, impôts et prélèvements obligatoires sur les entreprises. D'ailleurs, ils ne s'en privent pas. Mais à aucun moment, ils ne sont en mesure de créer des emplois. Ou alors des emplois assistés inutiles, qui ne servent à rien d'autre, qu'espérer faire baisser les statistiques du chômage, mais coûtent une fortune aux contribuables.

Lors de la manifestation organisée à Paris, en mémoire du jeune homme mortellement blessé mercredi soir par des skinheads, NKM candidate UMP aux prochaines élections municipales de Paris, n'a pas manqué de se pointer, afin d'exploiter l'événement et soigner sa publicité. Quelle indécence ! Elle a été accueillie aux cris de dégage, t'as pas ta place ici, et s'est retrouvée contrainte de faire demi-tour, alors qu'elle s'attendait à être reçue à bras ouverts. Maigre consolation pour elle : Anne Hidalgo, candidate PS, a connu le même sort.

Alors que l'enquête progresse, et qu'il apparaît de plus en plus probable qu'il ne s'agit en fait que d'une triste mais banale affaire entre bandes de voyous et d'abrutis, les politiciens, toujours autant dénués de scrupules, tentent de récupérer et déformer cet assassinat en événement politique. Ils ne se comportent que comme des rapaces devant une carcasse de bovidé. C'est indigeste.

Le déficit de l'État s'est encore creusé de six milliards et neuf cents millions d'euros en avril. Le changement, ce n'était pas que maintenant ; c'est aussi chaque mois. Il est bien de savoir persévérer.

Les brasseurs sont en deuil. Martine, ils comptent sur toi. Pierre Mauroy est mort, il était âgé de quatre-vingt-cinq ans. Il était surnommé Gros Quinquin, le Rougeaud de Lille ou Gros Nounours. Avant de vivre confortablement, grâce à la politique, il exerça en tant que professeur d'enseignement technique, mais uniquement durant dix-huit mois. Il était :

-   Grand officier de l'ordre national de la Légion d'honneur.
-   Grand-croix de l'ordre national du Mérite.
-   Elu local de l'année 1993.
-   Marianne d'Or 1995.
-   Echarpe d'or de la sécurité routière 1995.
-   Commandeur de l'Ordre du Mérite de la République fédérale d'Allemagne.
-   Décoré de la Médaille commémorative d'Amérique latine.
-   Croix de l'Ordre Libertador San Martin (Argentine).
-   Chevalier de l'ordre de Léopold (Belgique).
-   Commandeur de l'ordre de la Couronne (Belgique).

- Grand-croix de l'Ordre Bernardo Higgins (Chili).
- Grand-croix du Lion de Finlande.
- Chevalier grand-croix de l'Ordre du Mérite de la République italienne.
- Grand cordon de l'Ordre du Cèdre (Liban).
- Décoré de l'Ordre du mérite (Pologne).
- Grand-croix de l'Ordre militaire du Christ (Portugal).
- Officier de l'Ordre national du Québec.
- Grand-croix de l'Ordre du Lion (Sénégal).
- Grand cordon de l'Ordre de la République de Tunisie.

Ce n'est pas si mal comme palmarès pour un socialiste. De quoi être placé en première ligne, pour voir défiler l'armée russe sur la place Rouge ou en Corée du Nord.

Nous nous souviendrons qu'avec la participation active de Jacques Delors au ministère des Finances, il restera le Premier ministre qui a dévalué le franc à trois reprises : 1981, 1982 et 1983. Ce fut les dernières dévaluations commises en France. Sans l'euro, il y a fort à parier qu'en cette année 2013, les économies des Français connaîtraient le même sort.

SAMEDI 8 – ON RIT JAUNE.

En visite d'État au Japon, Hollande a présenté ses condoléances au peuple chinois, pour les victimes de la prise d'otages d'In Amenas en Algérie, qui avait coûté la vie à dix Japonais.

À l'Elysée, on prétexte la fatigue. C'est vrai qu'après seulement une année sur le trône, il commence sérieusement à nous fatiguer le bougre.

Fière d'elle et de ses certitudes, NKM annonce qu'elle se prononcera avant le 14 juillet, quant au choix de l'arrondissement de Paris dans lequel elle souhaite se présenter, lors des élections municipales de 2014. Ce procédé est honteusement révoltant ; c'est prendre les électeurs pour quantité négligeable. Si la loi électorale était juste, voire simplement sensée, un tel comporte-ment serait rigoureusement prohibé. Il serait nécessaire de résider depuis un minimum de temps dans une commune ou une circonscription, avant d'émettre la prétention de se faire élire. Ces viles manœuvres pernicieuses ne sont guère reluisantes pour qui les pratique.

JMA et Valls sont tombés d'accord. Tournée générale. Une procédure est engagée de façon à dissoudre le groupuscule d'extrême droite « Jeunesses nationalistes révolutionnaires », suite à l'odieux assassinat d'un militant d'extrême gauche, mercredi dernier à Paris. Ce qui ne servira strictement à rien, sauf à faire croire à ceux qui l'acceptent, qu'ils sont capables de prendre des décisions cruciales lorsque la situation l'impose. Ou plutôt semble l'imposer. Dès la semaine prochaine, ces mêmes suppôts de Satan se retrouveront rassemblés sous une bannière relookée, avec en ligne de mire des objectifs inchangés : foutre le bordel n'importe où, n'importe quand, n'importe comment, pour défendre des causes qui échappent à tous, y compris à eux-mêmes. Fermez le ban.

Se pose ici une question non dénuée d'intérêt : pourquoi toujours faire la chasse aux mouvements d'extrême droite, et non pas à ceux d'extrême gauche ? Les assassins gauchistes sont donc des gens fréquentables ? Haro sur les extrémistes, mais sans sélection préalable.

DIMANCHE 9 – C'EST NOUVEAU, CA VIENT DE SORTIR.

Qu'on se le dise ! Hollande ne prendra pratiquement pas de vacances cet été, et il conseille à ses ministres d'en faire de même. Tout le monde au turbin, même les jours où la canicule s'abattra sur le ministère de l'Ecologie. Cette décision est fort regrettable. C'est lorsqu'ils ne bossent pas que les ministres sont les moins dangereux pour la patrie.

Lors de la finale du tournoi de tennis de Roland Garros, qui a vu Raphaël Nadal l'emporter face à David Ferrer, des manifestants sont parvenus à s'exprimer contre le mariage gay. Après avoir semé la zizanie entre les Français, après avoir créé des tensions avec l'Allemagne, Hollande parviendra-t-il à rééditer cet exploit envers l'Espagne ? Si cela continue ainsi, la France risque d'être prochainement encerclée par l'ennemi.

Nous apprenons la démocratie, pour nous c'est assez nouveau. La tirade saugrenue de la semaine pourra indubitablement trouver sa place dans le livre des records. Elle émane de Copé. Pour le plus grand malheur des Français, nous devons constater qu'il a, hélas, parfaitement raison. Mais avec un minimum d'intelligence, il aurait été bien avisé de la mettre en veilleuse.

LUNDI 10 – TOUT FEU TOUT FLAMME.

Il y avait hier deux législatives partielles, ce qui a permis au PS d'enregistrer deux défaites. D'après Vallaud-Belkacem, il faut relativiser compte tenu de la faible participation des électeurs à ces scrutins. Si l'on veut bien accepter ses conclusions, cela n'empêche pas sa formation de se ramasser deux râteaux supplémentaires. D'autre part, il ne semble pas inopportun de lui rafraîchir la mémoire : lors du second tour des élections législatives du 17 juin 2012, le PS est arrivé en tête en obtenant, en arrondissant, neuf millions quatre cent mille voix pour quarante-trois millions deux cent mille inscrits. Il n'est même pas question ici du nombre potentiel de Français en âge de voter. Ce qui veut dire que le PS est majoritaire en France, alors qu'il ne représente grosso modo qu'un Français sur cinq. Cette mascarade lui a pourtant donné l'occasion de se pavaner fièrement, en compagnie de ses petits camarades, tel Jules César revenant de campagne victorieuse. C'est bien la preuve que dans la démocratie à la française, le gouvernement de la majorité est imposé par une minorité. Pas de quoi se vanter.

Feuilleton Tapie/Lagarde/Crédit Lyonnais/etc... Dans ce nouvel épisode, le big boss d'Orange risque d'en voir de toutes les couleurs. Cet ancien directeur de cabinet de Lagarde a été placé en garde à vue. Jean-François Rocchi, ex-président du consortium de réalisation, chargé de gérer le passif du Crédit Lyonnais, suite à la faillite retentissante de cette banque, a également connu le même sort.

En 1993, l'institution philanthropique connue alors sous l'appellation de Crédit lyonnais, et présidée par Jean-Yves Haberer, encore un ancien énarque, parvint à cumuler cent trente milliards de pertes, ce qui lui permit de se retrouver en état de quasi-faillite. Courant de l'année 1996, une plainte fut déposée à l'encontre d'Haberer mais également de Jean-Claude Trichet, directeur du Trésor. C'est alors que, par le plus grand des hasards, quelques incendies fortuits au siège parisien du groupe, détruisirent une grande partie des archives entreposées sur place. Quelle catastrophe ! Les dossiers miraculeusement sauvés du désastre furent sitôt récupérés, déménagés et entreposés dans un hangar sur le port du Havre. Quand la poisse s'en mêle, rien ne devient possible. Pour preuve, un second incendie inexpliqué et inexplicable, vient réduire en cendres les archives rescapées du premier embrasement.

Fort heureusement, après avoir consulté les astres, et en prévision de problèmes imprévus toujours possibles, l'état-major du groupe avait judicieusement fait aménager une salle de marché de secours qui, par chance inouïe, ne fut pas endommagée par les brasiers. Cette initiative heureuse, permit aux dirigeants avisés de continuer à pratiquer leurs activités spéculatrices en toute quiétude, pendant qu'au Havre, le barbecue continuait de d'éliminer les dernières paperasses contaminées. Durant les travaux, les ventes continuent.

Pour l'ensemble de son œuvre, en février 2005, Haberer fut condamné, par la cour d'appel de Paris, à dix mois de prison avec sursis pour présentation de comptes inexacts, diffusion de fausses informations ou de nature trompeuse, et distribution de dividendes fictifs. La prison avec sursis, c'est de la prison que l'on ne fait pas, donc ça ne compte pas. C'est pourquoi cette peine fut assortie d'une condamnation financière exemplaire, et qu'Haberer se retrouva dans l'obligation de verser un euro de dommages-intérêts au Crédit Lyonnais.

Afin de se refaire une virginité, le Crédit Lyonnais est devenu Le Crédit Lyonnais. Ça change tout, sauf bien entendu pour l'aimable clientèle.

La suite au prochain numéro, mais il ne s'agirait pas que ce dossier se poursuive à ce rythme trop longtemps ; les prisons sont suffisamment surchargées par les temps qui courent.

Suite à une enquête lancée par Valls début mai, il ressort que Guéant aurait encaissé, au black, dix mille euros chaque mois, entre mai 2002 et l'été 2004, alors qu'il était directeur de cabinet de Sarkozy, ministre de l'Intérieur. C'est incroyable, il ne se trouve donc aucune personne disponible pour informer les politiciens que voler c'est n'est pas beau, bien que pour eux, travailler c'est trop dur. Comme le disait Édouard Hériot : la politique c'est comme l'andouillette, ça doit sentir un peu la merde, mais pas trop.

Il serait grand temps de désodoriser les ministères et autres lieux olfactifs de la république.

MARDI 11 – VEUILLEZ PRESENTER VOS TICKETS.

Lors de la cérémonie organisée aux Invalides, à la mémoire de Pierre Mauroy, il y en a au moins deux qui n'ont pas eu besoin de faire d'efforts, pour se pointer avec une tête d'enterrement : Jospin et Ayrault. C'est une attitude naturelle chez eux. D'autant qu'en la circonstance, il s'agissait d'un ancien Premier ministre. Naturellement, cette situation leur a donné l'occasion de réfléchir. Une fois n'est pas coutume. La mort reste ici-bas, l'unique justice égalitaire pour tous. Y compris pour ceux qui passent leur vie à pourrir celle des autres. Nos mandarins devraient cogiter avant de commettre leurs méfaits, car si Dieu existe, ils risquent de passer de sales moments après s'être présentés devant le tribunal de l'éternité.

Au cours de cette commémoration, Hollande a déclaré que la politique de rigueur de Mauroy, c'était la condition pour poursuivre la réforme. Cette réforme s'est déroulée entre 1981 et 1984, avant que Mauroy ne soit remplacé par Fabius. La substitution devenait urgente, car la situation de la France devenait de plus en plus désastreuse. Durant ce premier gouvernement, sous le règne du mystificateur Mitterrand, qui parvint donc à survivre trois années, il fut nécessaire de procéder à trois dévaluations, afin de tenter sauver les meubles. Un véritable exploit ! Quant à la fameuse réforme, mis à part la suppression de la peine de mort, et la retraite à soixante ans, qui est remise en cause trente ans plus tard, tellement elle est source d'énormes difficultés financières, où en est-elle exactement ?

Quel que soit l'époque, il est très compliqué d'assimiler les raisons pour lesquelles les populations doivent subir des politiques de rigueur, alors que les ministres et parlementaires continuent de se vautrer dans le stupre. Cette exécrable rigueur qui frappe tout le monde, à l'exception des organisateurs de rigueur et de crises. C'est logique, puisque ce sont les mêmes.

Dans le dossier Guéant, Valls annonce qu'il va transmettre les rapports à la justice. Lorsqu'il s'agit de régler ses comptes personnels, il est nettement meilleur que pour apporter des solutions aux problèmes des banlieues, de Marseille ou de la Corse. Il a tout intérêt à être net le lascar, parce que le jour où il n'occupera plus son poste privilégié, il risque fort de ne pas avoir à faire à des ingrats.

À Chalonge, en Isère, des écoliers âgés de quatre à dix ans ont été gratifiés d'une amende de soixante-dix à quatre-vingt-six euros, car ils n'étaient pas en mesure de présenter leur titre de transport au contrôleur, durant le parcours de trois kilomètres reliant l'établissement scolaire à la cantine. Ces documents étaient restés en classe et, de toutes les façons, l'abonnement est payé en début d'année scolaire. L'imbécillité humaine est à l'image de l'univers : sans limites et en expansion permanente chaque jour.

Une cellule de crise n'a pas été mise en place pour consoler les pauvres petites victimes de cette ahurissante ineptie, mais les CRS n'ont pas été envoyés pour calmer les parents. Ça compense.

Il est nécessaire de savoir qu'en région Rhône-Alpes, sur certaines lignes de transports en commun, il est recommandé de ne pas importuner quelques catégories de personnes, principalement chez les jeunes, afin de ne pas les perturber et ne pas créer de problèmes supplémentaires. Un contrôle mal accepté, et ça peut être plusieurs dizaines de bagnoles qui crament le soir même. Ce qui revient à dire que les petites frappes peuvent voyager à l'œil, sur le compte des passagers en règle. Car rien, absolument rien n'est gratuit en ce bas monde. Lorsqu'un individu ne paye pas un bien ou un service, c'est parce qu'un autre paye à sa place. Les dirigeants politiques sont bien placés pour le savoir.

MERCREDI 12 – EST-CE UNE FILLE OU UN GARCON ?

Michèle Tabarot, députée-maire UMP du Cannet, est une proche de Copé. Son frère, Claude Roch Tabarot, est accusé d'avoir organisé une vaste escroquerie immobilière. Il lui est notamment reproché d'avoir vendu des appartements qui n'ont jamais été construits sur des terrains, il est vrai, qui ne lui appartenaient pas, situés entre Grenade et Murcie. Le dossier est en cours d'instruction en Espagne, mais les victimes demandent l'ouverture d'une enquête relative au train de vie des membres de la famille, ainsi que sur le financement des activités politiques de la députée. Selon les rapports de la police espagnole, environ vingt-deux millions d'euros se sont volatilisés des caisses de la société Riviera Invest, créée pour la circonstance. Les autorités judiciaires s'intéressent aussi au financement des activités politiques d'un autre frère Tabarot, Philippe, secrétaire national de l'UMP, conseiller général des Alpes-Maritimes et candidat à la mairie de Cannes en 2014.

Suite au prochain numéro, mais à priori, les Tabarot semblent unis et super organisés, à l'inverse de leur famille politique.

Barbara Pompili est présidente du groupe EELV à l'Assemblée nationale. Son principal titre de gloire, est d'avoir présenté un amendement concernant l'enseignement obligatoire de la théorie du genre, dès l'école élémentaire. À la suite d'une pétition, et de nombreuses pressions exercées sur des parlementaires, elle a décidé de retirer provisoirement son amendement. Mais elle a annoncé qu'elle ne lâcherait rien. Dans un article paru dans *le Figaro*, elle affirme que ce n'est que partie remise. Elle promet de continuer le combat, mais plutôt à travers des associations qui porteront le débat dans les écoles. Dans la continuité, Peillon souhaite rendre obligatoire les cours d'éducation sexuelle pour tous les élèves à partir de six ans. Une partie de cet enseignement sera confiée à des associations LGBT (Lesbiennes, Gay, Bisexuel, Transsexuel). L'objectif de ces communautés minoritaires, étant de farcir le crâne de nos petites têtes brunes et blondes, comme quoi il est nécessaire de dépasser la binarité historique entre masculin et féminin.

Nous nous trouvons ici face à un nouveau motif supplémentaire, pour ne plus confier l'éducation de nos enfants à l'école de la République.

Cette idéologie décadente, nie la différence sexuelle et prétend que l'appartenance à la catégorie Homme ou Femme, n'est basée que sur un simple sentiment d'appartenance, indépendamment de toutes données anatomiques. D'ailleurs, un groupe d'experts – probablement nommés par eux-mêmes – favorables à cette thèse, s'est constitué, pour valider les futurs manuels scolaires, qui risquent ainsi de devenir de véritables outils de propagande contre-nature.

Combien de temps encore laisserons-nous ces collectifs, qui ne représentent qu'une infime partie de la population, détruire deux, voire trois mille ans d'une civilisation laborieusement édifiée par nos ancêtres ? Assurément, le XXIème siècle risque fort d'être marqué par le déclenchement du déclin de notre culture.

Les plus pessimistes ou optimistes, cela dépend dans quel état d'esprit on se trouve, s'accorderont à considérer que toutes ces prises de position, voire ces décisions, seront remises en cause ou même annulées d'ici quelques années, étant donné que, selon des calculs établis le plus sérieusement du monde, la France va connaître un immense chambardement au sein de sa population.

En 1968, la population française était d'un peu moins de cinquante millions d'habitants, dont 1,23 % de musulmans. En 2009, elle était de soixante-sept millions, pour 11,94 % de musulmans. Si cette courbe se poursuit, en l'an 2030 nous serons plus de soixante-dix millions d'habitants, mais les musulmans représenteront environ 40 % de la population.

Cela revient à dire que la France que nous connaissons aujour-d'hui, n'existera plus d'ici trois décennies, quatre au maximum, que l'égalité homme-femme ne sera qu'ancien souvenir, que la laïcité sera remise en question, et qu'il existe de fortes chances que la viande hallal soit devenue obligatoire à l'étal des bouchers. Autant dire que le mariage pour tous disparaitra plus rapidement qu'il n'a été instauré, et que l'enseignement de la théorie du genre, ne risquera pas de perturber les programmes scolaires.

Pourquoi nous retrouvons-nous face à cette situation ? C'est fort simple ; le corps électoral est composé, pour majorité, de citoyens animés par des principes républicains. Dans chaque camp, nous trouvons les noyaux durs qui ne varient pas dans leurs intentions, d'une élection à l'autre, quelles que soient les circonstances. Puis, les déçus du parti en place qui, une fois votent à droite, la suivante à gauche ou le contraire, dans l'espoir d'un changement évolutif favorable. Evolution qui, bien entendu, ne vient jamais. Une fois l'un, une fois l'autre, sur le plan strictement comptable, l'ensemble s'équilibre.

Désormais, ce qui dans la plupart des cas décide du résultat d'une élection, ce sont les voix des minorités. C'est pourquoi elles sont choyées, et que faute à ces magouilles bassement politicardes, elles se retrouvent en position de force. Tel le groupuscule vert qui ne pèse pratiquement rien au niveau national, mais sans qui Hollande n'aurait jamais été élu, et qui désormais dispose d'un pouvoir de nuisance étendu qui ne reflète en rien les besoins de la Nation et les désirs de la majorité des Français.

Il en a été de même depuis des lustres, avec les musulmans. Parti-culièrement ceux naturalisés français, à qui on a accordé des préro-gatives interdites aux citoyens français de souche, particulièrement au niveau local, et qui progressivement tenter d'imposer leurs règles au pays tout entier.

C'est pourquoi, si le cumul des mandats doit être interdit, de façon à assurer un véritable fonctionnement démocratique des institu-tions, le renouvellement ad vitam aeternam de ces mêmes mandats doit être rigoureusement honni.

Feuilleton Tapie, suite. Stéphane Richard et Jean-François Rocchi ont vu leur garde à vue levée. Pas pour les laisser partir en vacances dans le Pacifique, mais pour être présentés à un juge d'instruction. Il n'a fallu que très peu de temps au parquet pour mettre Richard en examen, pour escroquerie en bande organisée, mais l'interrogatoire commencera à l'hôpital où il a été admis, cause à une grosse fatigue.

Sans vouloir le porter sur la liste d'attente des candidats à la canonisation, il faut savoir que les pratiques utilisées lors d'interrogatoires, ne sont pas nécessairement recommandées pour la santé.

Cette fois, ça commence à véritablement sentir le roussi. Ce peut être le titre du prochain épisode en cours de tournage.

JEUDI 13 – COVOITURAGE.

La situation commençait à devenir suspecte. Finalement la logique est respectée ; une grève a été organisée par les syndicats SNCF, du mercredi 12, 20 heures au vendredi 14, 8 heures. Dans le Sud-Est, cette grève se poursuivra jusqu'au lundi 17 à 5 heures sur les lignes Marseille-Aubagne et Cannes-Nice. Le motif est le même chaque année : les cheminots refusent d'accepter les horaires d'été. Le plus grave est qu'ils ne veulent pas davantage des horaires d'hiver. Ce qui a pour conséquence d'infliger aux usagers qui se rendent au boulot, un minimum de deux grèves rituelles chaque année. Bien entendu, cela ne change strictement rien à rien. Surtout pour les pontes de la SNCF, ainsi que le ministre des Transports et ses sbires, qui ne se déplacement qu'à bord de véhicules avec chauffeur.

En France, lorsqu'il obtient une majorité, un parti politique représente environ un Français sur cinq. En démocratie, une majorité c'est 50 % plus un. Mais avec les mathématiques modernes revues et corrigées par l'Éducation nationale, il est possible d'effectuer les calculs de manière autre que basique. Avec les syndicats, la chanson n'est pas la même, car ils ne représentent pratiquement personne. Ou si peu, qu'il n'existe pour eux qu'un unique moyen de ne pas se faire oublier, c'est de foutre le bordel. Cela, ils savent faire. C'est à peu près tout.

Il ne reste qu'à attendre patiemment que le réseau ferroviaire français soit ouvert à la concurrence, et ainsi pouvoir se déplacer à bord de trains italiens, allemands ou belges qui respecteront les horaires.

Dans la rubrique bandes dessinées, Clément Weill-Raynal, journaliste de France 3, qui a eu le courage de filmer le mur des cons, artistiquement mis en images à l'intérieur des locaux du syndicat de la magistrature, et de le faire connaître au grand public, vient d'être sanctionné par son employeur. Il est condamné à une semaine de mise à pied sans salaire, et est sérieusement menacé d'un prochain licenciement.

Nous savons qu'en toute logique, il doit être désormais possible de traiter publiquement de con, le président de la République, les ministres et parlementaires, sans risque d'être inquiété devant un tribunal. C'est un grand pas en avant vers une justice égale pour tous.

VENDREDI 14 – PROMENADE DES ANGLAIS.

Dossier Roch Tabarot, suite : des résidents espagnols, vont porter plainte en France, contre Claude Roch Tabarot, pour escroquerie en bande organisée, et blanchiment d'argent. L'affaire risque de prendre du temps pour s'éclaircir, mais à l'arrivée les conclusions pourraient de ne pas être tristes.

Pierre Gattaz, futur président du Medef, parle du Code du travail français. Il comporte trois mille quatre cents pages de façon à pouvoir caser plus de quatre mille articles, plus une synthèse relativement brève concernant la jurisprudence, mais il ajoute que c'est insuffisant pour avoir une vue complète sur la législation actuellement en vigueur. C'est tellement alambiqué, que seuls de véritables spécialistes possèdent une chance de s'y retrouver. Et

308

encore…. Ce qui revient à dire qu'un employeur qui désirerait se conformer strictement à la loi, en étudiant scrupuleusement cet ouvrage théâtral, ne disposerait plus d'un seul instant disponible pour faire tourner son entreprise.

Pour les rédacteurs des articles, c'est différent, ils n'ont rien d'autre à foutre.

Selon le site Mediapart, Cahuzac serait également mouillé dans une affaire de corruption. Alors qu'il appartenait au cabinet du ministre de la Santé, Claude Evin, entre les années 1988 et 1991, et qu'il était en charge de l'attribution des scanners et IRM, il aurait profité de son poste pour encaisser des pots-de-vin, alors que normalement, il n'avait pas le droit. Le tarif (converti en euros) était de trente mille pour un scanner et soixante-quinze mille pour une IRM. Cela semble franchement correct comme marge, pour un VRP. Surtout au black.

Comme le font remarquer, avec pertinence, de nombreux habitants de Villeneuve-sur-Lot, pour nous c'est un bon maire, parce qu'il a fait des choses. Il est possible d'obtenir la liste ? Sauf erreur, il semble qu'un maire est élu justement pour faire des choses. C'est d'autant plus simple pour lui, que c'est avec le pognon de ses électeurs. Pas le sien. Pour Cahuzac, cette possibilité aurait été irréalisable, puisque son fric avait pris le chemin de l'exil.

Retraites : un sondage Le Figaro – LCI, nous apprend que 56 % des Français sont favorables à une stricte égalité de traitement entre le public et le privé. Donc, 44 % sont contre. Ce sont vraisemblablement les fonctionnaires et leurs conjoints.

Bernard Tapie s'est exprimé. Il n'était au courant de rien. Parole de Tapie. Donc aucun intérêt à musarder sur ses commentaires. Quant à Guéant, une enquête préliminaire vient d'être ouverte, au sujet des primes en espèces qu'il s'attribuait lui-même.

C'est incroyablement dingue, la façon dont les élus du peuple sont plongés dans l'ignorance la plus totale en France. Il peut se passer des tas de trucs plus ou moins bizarres dans le pays, et bien le président de la République n'est pas au courant, les ministres ne sont pas au courant, les députés ne sont pas au courant, les sénateurs ne sont pas au courant. Personne ne sait rien au niveau politique. C'est franchement préoccupant pour la survie de la Nation.

Après avoir matraqué la famille, voici venu le tour des anciens. Lorsque Sarkozy voulut mettre en place une nouvelle réforme des retraites, ce fut le tollé général du côté de l'opposition. Notamment chez les socialos qui hurlèrent à l'injustice, à l'inacceptable. Aujourd'hui, alors qu'ils paradent dans les hauts lieux de la République, ils commencent à préparer sournoisement une série de mesures, totalement en contradiction avec leurs discours irresponsables et prises de positions passées.

Suite au rapport Moreau, nous attendons donc avec une légitime impatience, les mesures qui seront prises par le gouvernement. Pour l'instant, JMA s'est contenté de promettre que les efforts ne seront pas écrasants. Ce qui ne veut absolument rien dire, mais provenant du Premier Ministre, nul ne s'attendait à autre chose. Il n'y aurait rien de surprenant que certaines mesures difficiles à faire avaler, voient le jour durant les mois de juillet et août. Quel que soit le gouvernement en place, c'est devenu une tradition de profiter de la période des congés, et de niquer les Français pendant qu'ils font trempette.

Juste pour rappel, les quatre premières réformes concernant les retraites, l'ont été à l'initiative de Balladur en 1993, Fillon en 2003, Xavier Bertrand en 2008 et Woerth en 2010. En 1995, Juppé a tenté d'aligner la durée de cotisation des fonctionnaires sur celle du privé, mais bien entendu, les syndicats ne lui en ont pas laissé la possibilité. Jusqu'à maintenant, absolument aucun gouvernement socialiste n'a osé prendre le dossier des retraites en considération. Les socialos se sont uniquement contentés de crier à l'hallali, lorsque le dossier revenait sur le devant de la scène, en se gardant bien de prendre une position ferme et tranchée.

Quel courage !

Fillon sort de sa léthargie. En déplacement à Nice, il confirme qu'il veut être le prochain roi de France. Quelle surprise ! Selon lui, il faut absolument baisser les charges sociales, il faut assouplir le Code du travail, il faut mieux rémunérer les enseignants, il faut inverser la courbe du chômage, il faut réduire l'immigration à son strict minimum, il faut que les aides sociales soient réservées aux migrants légaux présents depuis plusieurs années sur notre territoire.

Il n'était pas nécessaire d'aller à Nice pour déclarer ce que tout le monde sait depuis fort longtemps. Et puis, on ne lui demande pas ce qu'il faut faire, mais ce qu'il fera s'il est élu. Encore que cela ne change pas grand-chose, car les paroles de campagnes électorales ne valent pas un pet de lapin.

Le plus ennuyeux pour lui, mais surtout pour les Français, est qu'il doit être amnésique. Ce n'est pas un critère rassurant pour devenir chef d'État. Il ne se souvient pas qu'il a été Premier ministre durant cinq années, et que ces mesures, il avait la possibilité de les mettre en place. Tout en moins prendre les premières décisions en ce sens. Il est malgré tout parvenu à faire plaisir à Christian Estrosi et Eric Ciotti, en venant jouer les touristes sur le Promenade des Anglais. Ces deux-là, de la façon dont ils lui cirent les pompes, il ne fait guère de doute qu'ils sont à la recherche d'un maroquin, pour le cas où Fillon serait élu en 2017. Ce sont les marchands de cirage locaux qui vont être contents.

SAMEDI 15 – CHEF UN P'TIT VERRE, ON À SOIF.

Cocorico ! Chaque jour qui se lève, le coq gaulois, fier de sa position sociale, entame sa mélodie du bonheur ; il doit être sponsorisé par les organismes financiers, aux mœurs plus ou moins avouables, qui prêtent des écus à la France. Ce n'est pas possible autrement. Ou alors, cet orgueilleux gallinacé doit consulter un vétérinaire de toute urgence. Il peut s'égosiller notre oiseau rare, car la dette publique du pays s'accroît quotidiennement de trois cent vingt millions d'euros. Le fonctionnement de l'État n'est pas étranger à cette situation, puisque à elle seule, la dépense publique accapare 57 % du budget de la Nation. Sur la planète Terre, un seul pays fait pire ! Mais défense de réformer. On ne touche pas aux fonctionnaires, ils votent et sont trop nombreux, dans tous les sens du terme.

L'information ne commence à circuler que maintenant, car les journalistes se sont bien gardés de la publier dans le presse écrite, où de la faire circuler sur les ondes. En vertu de deux arrêts rendus par la Cour de cassation, en date du 5 avril dernier, la politique familiale du gouvernement est étendue à tous les enfants d'immigrés, compris ceux nés à l'étranger. Qu'ils fassent le choix de rejoindre leurs parents en France ou qu'ils décident de rester dans leur pays. Cette décision s'applique donc également aux enfants de pères polygames. Ces derniers pourront désormais, sans contourner la loi, bénéficier et faire bénéficier leurs progénitures, des avantages que l'on supprime progressivement aux Français.

À une époque où il vient d'être décidé de créer un nouvel impôt sur les allocations familiales, pour une partie de la population, cette mesure est profondément scandaleuse, et totalement dénuée de bon sens. Sauf, une fois encore, à faire preuve d'un excès de zèle et de complaisance, auprès de minorités.

Xavier Bertrand, qui commence à s'impatienter car 2017 n'arrive pas assez vite, trouve que le gouvernement tient Tapie dans son viseur et fait tout pour l'abattre. Certes, Bertrand a besoin de faire parler de lui, mais il aurait pu faire un effort et trouver autre chose. S'il attend après les dossiers Tapie pour l'aider à faire surface, il risque de rester immergé encore longtemps.

Six étudiants chinois en œnologie ont été victimes d'une agression à Hostens (Gironde). Immédiatement, Valls a réagit ; avec des paroles comme habituellement, car pour le reste, il ne sait pas faire. Pour l'occasion, il a ressorti sa chanson préférée. C'est simple, il connaît le texte par cœur, le problème est qu'il n'en a jamais contrôlé la signification. Pour le ministre de l'Intérieur, aucun doute, il ne peut s'agir que d'un acte xénophobe. Désormais, dès qu'une bande d'abrutis ou de fripouilles se met à sévir dans un coin, il ne parle que d'actes politiques ou racistes. Cela le réconforte dans ses statistiques concernant la délinquance, qui pourtant commencent, elles également, à ressembler au schéma d'une arrivée au haut d'un col dans le Tour de France.

Cette lâche agression s'est déroulée, alors qu'à Bordeaux commence Vinexpo. Le plus grand rendez-vous mondial bisannuel de la planète, puisque désormais, cette manifestation se tient à Hongkong une année sur deux. Il n'y a pas si longtemps, sur ordre du préfet, les contrôles d'alcoolémie au volant étaient supprimés dans la région, le temps de ce salon. En est-il toujours ainsi ? C'est fort possible ; il ne faut pas décourager les acheteurs étrangers. Encore qu'avec les socialos et les verts, il faille s'attendre à tout.

Le 15 juin est jour anniversaire de Johnny Hallyday. Soixante-dix printemps, déjà ! Pour un artiste qui ne devait durer que six mois, ce n'est franchement pas si mal. Comment donc passer cet événement primordial sous silence ! Paris c'est la Tour Eiffel, mais la France c'est Jojo. Il est indestructible notre rocker national. Une véritable institution. Depuis des décennies, partout où il se produit, il remplit les salles et les stades. À lui seul, il est capable en une seule soirée, de réunir cinquante fois plus de spectateurs payants que n'importe quel politicien alors que le récital est gratuit. Heureusement pour eux d'ailleurs, car s'ils faisaient casquer les entrées, nos amuseurs publics interprèteraient leurs ritournelles dans des salles quasiment vides.

Vers la fin des années 1950, le rock and roll est apparu en France. Une véritable révolution, avec Hallyday comme chef de file. Il faut avoir vécu cette époque pour savoir ce que cela représentait pour la jeunesse d'alors, dans un pays figé par la rigueur gaulliste, où des artistes comme Gilbert Bécaud et Charles Aznavour faisaient figure de voyous, devant la population bien-pensante.

Le temps d'écouter quelques quarante-cinq tours sur des électrophones Teppaz, et c'est un nouveau mode de vie qui s'installa pour toute une génération. Que ce soit dans la façon de parler, de s'habiller, de se comporter, de penser. De vivre, tout simplement.

La révolution de mai 68, avortée faute aux syndicats, trouve ici ses origines.

DIMANCHE 16 – L'HOMME QUI FAISAIT DES DETTES.

Si on n'investit que ceux qui n'ont pas été condamnés par la justice, on n'a plus de candidat dans les Hauts-de-Seine. Cette pensée hautement philosophique et réaliste, a été lancée par Balkany, maire de Levallois-Perret et bien entendu plusieurs fois condamné, durant la réunion de la commission nationale d'investiture de l'UMP, en prévision des futures élections municipales de 2014. Indubitablement cela mérite le titre de la meilleure tirade saugrenue de la semaine.

Il est une quasi-certitude ; dans un pays où les institutions ne permettent pas que des bandes mafieuses organisées puissent faire main basse sur la vie et les richesses de la Nation, un individu de cet acabit se verrait automatiquement refuser la possibilité d'accéder définitivement à tout poste de responsabilité politique. Même négligeable. Pas plus qu'à la présidence du moindre club sportif, style la belle gaule vigoureuse ou la joyeuse pédale du dimanche. C'est probablement ce que l'on nomme l'exception culturelle française.

Il y a pire encore : ces repris de justice ne se remettent pas en place eux-mêmes sur le fauteuil d'où ils ont été auparavant éjectés, afin de purger leur peine ; ce sont des citoyens qui se sont fait auparavant bien entuber, qui les réélisent. Incroyable mais vrai ! Il faut croire que de nombreux Français adorent se faire baiser profondément, ce n'est pas possible autrement. Finalement l'adoption de la loi sur le mariage gay prend ici tout son sens.

Quand est-il exactement de Balkany ? Pour qui recherche un animateur radio afin de créer une ambiance festive lors de soirées anniversaires, de mariages de tous types, de banquets d'anciens combattants ou de réceptions très privées, il ne faut surtout pas hésiter à le contacter. Il est également du métier. Après avoir joué les figurants dans un épisode de Commissaire Moulin, et avoir été condamné à quinze mois de prison avec sursis, deux cent mille francs d'amende et deux ans d'inéligibilité en 1996, jugement confirmé en appel l'année suivante, il se réfugia à l'île de Saint-Martin. Ce qui n'a qu'un lointain rapport avec le bagne de Cayenne. Durant cette retraite, anticipée mais provisoire, il reprit

314

et dirigea la principale radio de ce paradis antillais : RCI2, située en la citée de Marigot. Cela ne peut s'inventer. Un marigot est un bras de fleuve mort et marécageux, c'est également un bourbier aux contours mal définis. Tout un programme.

Balkany sera encore condamné, en juillet 1999, par la Chambre régionale des comptes de la région Île-de-France, à rembourser la modeste somme de presque cinq cent vingt-quatre mille euros, à la ville de Levallois-Perret. Ce montant correspondant aux salaires des employés municipaux qu'il utilisait pour son service particulier. Notamment lors de joyeuses réceptions données à son domicile personnel. Compte tenu de sa position de bienfaiteur de la commune, il lui sera accordé la possibilité d'étaler les règlements entre les années 2000 et 2006. Ce qui représente tout de même un versement mensuel de sept mille trois cents euro. Les revenus du citoyens Balkany provenant – officiellement – de ses activités politiques, il faut croire que durant cette période, les fins de mois ont été délicates au sein du couple.

En 2001, il fut réélu maire de Levallois-Perret mais, le 29 juillet 2002, le Conseil d'État confirma un jugement prononcé par le tribunal administratif de Paris, en date du 17 octobre 2001, annulant son élection car considérant qu'il était encore inéligible au moment du scrutin.
Qu'à cela ne tienne ; le 22 septembre de la même année, à l'occasion d'une élection partielle il fut réélu maire de Levallois, obtenant dès le premier tour 53,78 % des voix.

En 2012, il a reçu la palme de la commune la plus endettée de France, avec onze mille quatre cent quatre-vingt-quatre euros de dette par habitant, soit une augmentation de 306 % par rapport à l'année 2000.

Les habitants de Levallois-Perret qui ont concouru à la réélection de Balkany, peuvent être particulièrement satisfaits d'eux. Encore toutes les félicitations et les remerciements de la part des abonnés au Trésor public.

À Gramat dans le Lot, la Quercynoise Foies Gras recherche des employés de confession musulmane, pour faire l'abattage halal de palmipèdes gras. De sus, les postes sont proposés par les annonces de Pôle Emploi. Un comble. Cette initiative rend cette société coupable de discrimination à l'embauche. Certes, l'abattage halal ne peut être pratiqué que par des musulmans, si l'on désire obtenir la certification halal. Mais, l'article L1132-1 du Code du travail stipule « aucune personne ne peut être écartée d'une procédure de recrutement ou faire l'objet d'une mesure discriminatoire en raison de ses convictions religieuses. »

Ce n'est pas terminé. Les publicités vantant les produits commercialisés par cette entreprise, ne mentionnent nulle part qu'une partie de l'abattage est réalisée selon la méthode halal. Bien au contraire, puisque la Quercynoise s'engage et garantit le respect des procédés d'antan pour ses préparations culinaires. Elle affirme même qu'elle offre à son aimable clientèle la possibilité de lui faire découvrir toute la richesse et la diversité des plaisirs de la table du sud ouest, alors qu'elle diffuse des produits halals, sans en informer les consommateurs. De sus, la certification halal coûte entre dix et quinze centimes d'euro le kilo et, bien entendu, ce sont les acheteurs qui supportent ces frais supplémentaires qu'ils n'ont pas demandés.

Il ne fait aucun doute que l'affaire va se terminer rapidement et gentiment, sans problèmes particuliers. Mais tentons donc d'imaginer le véritable scandale que cela déclencherait, si un chef d'entreprise faisait savoir publiquement qu'il désire recruter du personnel catholique. Et bien c'est fort simple, il se retrouverait devant les tribunaux, avec face à lui, non seulement l'administration, mais également un monceau d'associations plus ou moins nuisibles, qui se porteraient partie civile et obtiendraient gain de cause.

LUNDI 17 – RENDEZ-VOUS AU PEAGE.

Les sociétés d'autoroute vont avoir accès au fichier SIV ; cela leur permettra de connaître les noms et adresses des conducteurs, à partir des numéros d'immatriculations des véhicules. Ainsi, ils pourront faire la chasse aux fraudeurs, qui s'arrangent pour ne pas se faire arnaquer aux péages, puis leur expédier une note de rappel à domicile, assortie d'une amende.

Cette mesure est totalement illégale et, Rémy Josseaume, avocat de l'association quarante millions d'automobilistes, a décidé de partir en guerre contre ce procédé inique.

C'est toute la filière qui est illicite. Les autoroutes ont été construites avec l'argent des contribuables mais dans la foulée, les péages ont été mis en place. Faire payer ce qui appartient au peuple, n'est qu'un procédé mafieux. Mais, en principe cela ne devait être que provisoire. En principe uniquement. Puis, ces mêmes autoroutes ont été vendues à des sociétés privées dont le but est de faire des bénéfices. Logique puisque c'est la raison d'être d'une entreprise.

Le problème est que depuis Napoléon III, la loi veut que l'État donne à tous ses citoyens, la possibilité de se déplacer gratuitement sur l'ensemble du territoire. De sus, la loi interdit que l'État vende des parties du territoire national à des personnes ou sociétés privées, à fin d'exploitation.

Les politiciens qui à l'époque, ont négocié la privatisation du réseau autoroutier, en toute illégalité s'entend, n'ont certainement eu à faire à des ingrats.

Mais à l'arrivée, c'est pourtant l'automobiliste qui se fait alpaguer par les flics et les pandores, lorsqu'il ne se soumet pas au racket organisé par ces associations de malfaiteurs.

Au fait, est-ce que la loi prévoit que des forces de police puissent être utilisées par des sociétés privées, puissent dresser des contra-ventions sur des autoroutes qui n'appartiennent plus à l'État ? C'est fort loin d'être évident mais, c'est bien connu, la raison du plus fort est toujours la meilleure.

À Villeneuve-sur-Lot, le successeur de Cahuzac sera UMP ou FN, mais pas PS. Le candidat socialiste a été éliminé au premier tour. Pour se marrer véritablement un bon coup, il faut attendre la déclaration de Vallaud-Belkacem. À moins qu'elle ne choisisse, pour une fois, de la mettre en sourdine. Ce qui serait préférable pour sa crédibilité, car depuis un an, pour huit élections législatives partielles organisées, les socialos se sont ramassé huit râteaux.

Au PS, on a trouvé le responsable de cette défaire : le parti écolo. C'est bien connu, les échecs sont toujours la faute des autres. Aussitôt, Duflot a immédiatement rejeté cette explication, trouvant cela lamentable. Pourtant, cette théorie n'est pas totalement stupide. Petit à petit, la majorité socialiste à l'Assemblé nationale se rétrécit comme peau de chagrin. Si cela continue ainsi, Hollande aura prochainement besoin des Verts pour avoir la majorité. Cette nouvelle défaite n'est donc que du pain béni pour la bande EELV. Le jour où les socialos ne seront plus majoritaires, ils auront besoin de l'apport des écolos, et alors ces derniers pourront pratiquer le chantage auprès de gouvernement, pour imposer leurs lubies. Démocratiquement parlant, c'est dégueulasse, mais politiquement c'est bien joué. Le vice politique, ils ont appris rapidement.

Ce lundi commencent les premières épreuves du BAC. Si les résultats sont sensiblement identiques à ceux de l'année 2012, environ 84 % des candidats repartiront avec le fameux sésame en poche. Pas de quoi paniquer en arrivant dans la salle d'examen.

Pour les recalés, qu'ils se consolent en pensant que Zinedine Zidane, Alain Delon, Christian Estrosi, Michel Drucker, Vanessa Paradis, Jean-Claude Decaux, Fabrice Lucchini, Jean-Paul Gaultier, Gérard Depardieu, Sébastien Loeb, Laurent Voulzy, Jo-Wilfried Tsonga, Alain Ducasse et François Pinault, entre autres célébrités, ne sont pas bacheliers. Finalement, cela ne les a pas empêché de réussir une belle carrière professionnelle.

Invité sur M6, Hollande, parlant des retraites, a confirmé l'allongement de la durée de cotisation sans que l'âge légal de départ ne change. Dès lors que nous vivons plus longtemps, notre durée de cotisation doit suivre pour le moyen et le long terme, car il faudra bien trouver des recettes. Je veux dire aux retraités qu'on ne touchera pas à leur retraite et qu'on sécurisera leur retraite. En langage clair cela ne veut rien dire, mais cochon qui s'en dédit.

Il a également ajouté qu'il souhaitait que Stéphane Richard reste à la tête d'Orange.

Nous le savons tous, depuis La Fontaine – encore lui – :

« Selon que vous serez puissant ou misérable
Les jugements de cours vont rendront blanc ou noir. » [Jean de La Fontaine, morale des *Animaux malades de la peste*]

MARDI 18 – LES GAULLISTES SE RAMASSENT À LA PELLE.

C'est aujourd'hui la Saint-Léonce. On trouve dans l'Histoire un Léonce évêque d'Antioche, un autre évêque d'Arles au 5ème siècle, et un Léonce empereur byzantin de 686 à 698. Le 18 juin est une date fort intéressante, car de nombreux événements historiques se déroulèrent en ce jour. En 1155, Frédéric Barberousse devint empereur romain germanique, en 1291 Alphonse III d'Aragon décéda, en 1694 lors de la bataille de Camaret, Vauban empêcha le débarquement des troupes anglo-hollandaises, qui n'avaient certainement pas été bénies par le curée de la commune, en 1742 Benoît XIV béatifia Jeanne de France, en 1931 naquit Michou, en 1939 Amanda Lear et en 1942 Paul Mac Cartney. En 2010 Marcel Bigeard s'en alla rejoindre les soldats français tués lors des défaites de Diên Biên Phû, de Suez et de la guerre d'Algérie. C'est également un 18 juin, que Napoléon Ier perdit la bataille de Waterloo (1815). Tout un symbole.

Pour les politiciens français, c'est le 18 juin 2012 qu'après Jean-Luc Mélenchon et Rama Yade la semaine précédente, Michèle Alliot-Marie, François Bayrou, Claude Guéant, Jack Lang, Frédéric Lefebvre, Nadine Morano, Eric Raoult, Marie-Ségolène Royal et Georges Tronc furent priés de dégager des bancs de l'Assemblée nationale, puis d'aller rejoindre les diablotins de leur espèce pour faire joujou.

En ce jour, pour ces braves gens, c'est le premier anniversaire de la pelle du 18 juin.

C'est également le 18 juin 2012, que Jean-Marc Ayrault présenta la démission de son premier gouvernement, et fut confirmé Premier ministre par François Hollande. La nomination officielle de ses subalternes interviendra par décret en date du 21 juin.

Il en est une qui, il y a un an, ne s'est pas éternisée à son poste de ministre de l'Écologie ; c'est Nicole Bricq. Mais pour elle, ce n'est déjà pas si mal de faire partie d'un gouvernement. Avant cette nomination, qui la connaissait au sein de la France profonde ? Nous nous souviendrons simplement que ses premières déclarations fracassantes concernaient son intention de faire cesser les recherches pétrolières au large de la Guyane. Encore une qui n'a rien compris au scénario. Si elle s'imaginait pouvoir lutter contre Shell ou Total, c'est que véritablement elle n'a pas la tête solidement plantée sur les épaules. Mais au fait, où se situait le danger, puisque d'après les écolos, il n'y a plus de pétrole ! C'est du grand n'importe quoi, car tous les professionnels de la filière pourront confirmer que les réserves connues à ce jour, permettent d'assurer le ravitaillement de la planète pour un minimum de trois siècles. Mais pas de panique, les recherches continuent.

En attendant Ayrault III ou Untel I, Nicole Bricq pourra se consoler quelques mois, en compagnie de la bonne vingtaine de ministres inutiles du gouvernement, avec le portefeuille du Commerce extérieur. Niveau compétences en la matière, le dossier est clos.

Une nouvelle fois, Pécresse a été prise en flagrant délit de mensonge. Elle affirme qu'en une année, Hollande a changé tous les modes de scrutin afin de permettre au FN d'avoir davantage d'élus. Il ne s'agit que d'une invention purement fantaisiste. Concernant les élections présidentielles, législatives ou régionales, les règles du jeu n'ont subi absolument aucune modification depuis mai 2012. Certes, comme tous les carriéristes, elle a besoin de faire parler d'elle pour préparer son futur personnel, mais pour ne pas se ridiculiser davantage, elle devrait commencer, c'est un minimum, par lire les journaux avant de miauler.

Le FN est présenté comme le diable qu'il convient de combattre sans cesse. C'est la priorité des priorités au PS comme à l'UMP.

C'est d'autant plus vrai que ces partis républicains, sont incapables de proposer des solutions sérieuses aux problèmes existants. Pas plus qu'ils ne respectent leurs engagements. Si le FN monte en puissance, c'est tout simplement parce que, depuis quarante ans bientôt, les élus et les ministères qui se succèdent font preuve d'incurie, d'incompétence, d'irresponsabilité. Sans même aborder les dossiers des escrocs de tous bords. Le résultat est que les électeurs désertent de plus en plus souvent les isoloirs, et ceux qui ont encore le courage de perdre leur temps en allant voter se portent toujours davantage vers les partis extrémistes.

Ce n'est pas en tirant à boulets rouges sur les ennemis politiques que l'on parvient à faire oublier ses propres déficiences, à masquer sa médiocrité.

MERCREDI 19 – IL N'Y À PAS DE MIRACLE.

Incroyable, mais vrai ! Chaque année, pour des raisons loin d'être évidentes, mais les traditions sont tenaces, les dockers marseillais s'amusent à bloquer totalement le port, durant des jours et des jours. Voire des semaines, avec les conséquences négatives pour la ville et la région, que cela engendre.

Afin de ne pas être en reste, les taxis de la ville protestent maintenant contre les navettes gratuites mises à disposition des croisiéristes, par les autorités du grand port maritime, entre les paquebots et la gare maritime de la Joliette, donc à proximité du centre-ville. Les taxis considèrent que c'est pour eux, un manque à gagner. Afin de se faire entendre, ils ont menacé de bloquer les portes du port durant un week-end, mais ont finalement renoncé à mettre leur menace à exécution, sous la pression des dockers qui n'apprécient pas de voir l'activité portuaire entravée !!!

Cette véritable histoire marseillaise mérite d'être inscrite dans le livre d'or de la ville.

Pour annoncer aux fonctionnaires que le point d'indice servant de base au calcul de leurs salaires, resterait gelé en 2014, le gouvernement a envoyé Marylise Lebranchu en première ligne. Certes, elle est ministre de la Fonction publique, mais Hollande pas plus que JMA n'ont osé prendre le risque de faire cette déclaration eux-mêmes. Cette mesure risque de faire *cinq* millions de déçus du hollandisme supplémentaires. Il commence à se dire par-ci par-là que l'automne risque d'être plus chaud qu'à l'habitude. C'est donc cela le réchauffement de la planète ?

Le plus incroyable reste que les Français n'aient pas encore repris la place de la Bastille, depuis plusieurs années.

Dans le sud-ouest de la France, les fortes pluies ajoutées à la fonte des neiges, font dangereusement monter le niveau des rivières. Plusieurs sont déjà sorties de leur lit, dont le Gave de Pau qui inonde actuellement la ville de Lourdes et ses Sanctuaires. C'est plutôt une bonne nouvelle pour les marchands d'eau miraculeuse, qui vont pouvoir reconstituer leurs stocks avant la période estivale.

Afin d'éviter de mauvais résultats au BAC, ce qui est susceptible de nuire à la réputation de l'enseignement dans la région, les inspecteurs de l'académie d'Orléans-Tours, ont demandé aux correcteurs de surévaluer les notes, lors de l'examen oral de français. Quand on pense aux pauvres lycéens qui ont perdu leur temps à réviser, ça fait mal. Bien entendu, Geneviève Fioraso, qui fait partie des ministres plus ou moins concernés par la question, a immédiatement désavoué cette information. Logique, ça entre dans la liste de ses occupations.

Ce qui voudrait dire, si cela était avéré, que sur les bords de la Loire, la fuite des cerveaux risquerait d'être restreinte dans les années à venir. Les bons s'en vont, les mauvais restent, c'est le proverbe qui le dit.

À qui lui demandait si elle arrêterait d'augmenter les impôts, pour le cas où elle remportait les élections municipales de Paris en 2014, NKM a répondu : « *Oui, ça il le faut.* » À considérer qu'elle soit élue, ce qui est loin d'être fait, il convient de remarquer qu'elle a déclaré il le faut, et non pas le ferait. Cette formule est tout en nuance politicienne, mais ne démontre surtout pas que cette possibilité fait partie de son programme. Il ne faut pas confondre.

JEUDI 20 – ON APPAREILLE.

Depuis une semaine, le site internet de Pôle Emploi ne fonctionne plus, à cause d'un problème de maintenance informatique.

Mais pourquoi donc, n'ont-ils pas engagé de techniciens spécialisés, pour l'entretien de leurs équipements ? Il en est tant qui cherchent du boulot !

Ainsi, il est devenu impossible, pour les demandeurs, de consulter les offres d'emploi. Quant aux employeurs à la recherche de personnel, ils ne peuvent davantage faire connaître leurs besoins. GAG !

Un dangereux criminel a été arrêté par la police et, après être resté six jours en garde à vue puis en détention provisoire, a été condamné, en comparution immédiate, à deux mois de prison ferme plus deux mois avec sursis et mille cinq cents euros d'amende. Le chef d'accusation est : rébellion, refus de prélèvement d'ADN, dissimulation de nom (il a dit s'appeler Bernard alors que son véritable nom est Nicolas Bernard-Busse), et dégradation de biens privés (il est arrivé en courant dans un restaurant pour se cacher, puis a renversé des tables, afin d'échapper aux policiers qui s'acharnaient sur lui pour le passer à tabac).

Le véritable délit est : courir sur les Champs-Elysées en criant Hollande démission, vêtu d'un sweat-shirt de la Manif Pour Tous.

Juste histoire de dire ; deux policiers qui l'ont arrêté, ont écopé chacun de mille euros d'amende pour étranglement et violence. Ne cherchez surtout pas d'informations complémentaires au Journal de vingt heures. Concernant les braqueurs du RER D, tous ont été condamnés avec sursis. Quant aux casseurs du Trocadéro (PSG), un seul a été condamné à deux mois ferme.

Il semble plus vraisemblable de supposer que ce jeune homme de dix-neuf ans, a eu la malchance de ne pas être immigré ou fils d'immigré, de s'appeler Nicolas Bernard-Busse, et de ne pas être un casseur, pas plus qu'un braqueur. Par les temps qui courent, ce sont des circonstances aggravantes devant un tribunal.

Les politiciens, les juges et les policiers réunis, représentent un seul motif de honte d'être Français. Sauf si l'on veut bien admettre que la France est en train de virer vers le totalitarisme marxiste-léniniste, alors que personne ne l'accepte plus dans le monde.

L'État français employeur est remarquable pour sa gestion exemplaire du personnel. À la SNCM, société contrôlée à 25 % par l'État, cinq cent quinze suppressions de postes sont programmées d'ici l'année 2018. Quant à la flotte, elle devrait être réduite à huit navires. Cette information fait suite à la condamnation de cette société par Bruxelles, de devoir rembourser deux cent vingt millions d'aides publiques jugées anticoncurrentielles.

Bien entendu, de nouvelles grèves se profilent à l'horizon sur le port marseillais. L'on comprend mieux désormais, la raison pour laquelle les organisateurs du Tour de France ont retenu la compagnie Corsica-Ferries, pour effectuer le transfert de leur barnum entre la Corse et le continent.

Dans son projet de réforme des retraites, Hollande souhaite privilégier les fonctionnaires. Quelle blague ! Ce sont les fonctionnaires les garants d'un régime. Pas les politiques, ils ne sont pas suffisamment nombreux. Il convient donc de les caresser dans le sens du poil. Sans les fonctionnaires, aucun régime ne tiendrait seulement un mois. Le début des concertations est prévu le 4 juillet. Une fourberie supplémentaire. Nous savons tous qu'en plein Tour de France, le président peut faire ce que bon lui semble. À son époque, lorsque le départ de la Grande Boucle était donné, de Gaulle avait coutume de dire : *« Je vais pouvoir faire ce que je veux durant trois semaines. »* Rien n'a changé depuis.

Hollande s'est rendu dans le sud-ouest, afin de réconforter les habitants de la région, durement frappés par les inondations. Pour redonner le moral aux sinistrés, ce n'est pas la panacée. Il se dit dans la région qu'il aurait profité de Lourdes, afin d'implorer Dieu de faire cesser la pluie, et que l'Eternel lui aurait répondu : *« J'arrêterai de tirer la chasse d'eau quand tu cesseras d'épandre de la merde partout. »*

VENDREDI 21 – C'EST RÂPE.

À l'occasion de la Fête de la musique, les mélomanes et poètes les plus chanceux, connaîtront peut-être, ce soir, le bonheur d'assister à quelques concerts gratuits, et de profiter pleinement des compositions artistiques produites par les rappeurs, telles :

Groupe 113 :

- *J'crie tout haut : J'baise votre nation*
  On remballe et on leur pète leur fion
  Faut pas qu'y ait une bavure ou dans la ville ça va péter
  Du commissaire au stagiaire : tous détestés !
  À la moindre occasion, dès qu'tu l'peux, faut les baiser
  Bats les couilles les porcs qui représentent l'ordre en France.

Groupe SNIPPER :

- *Pour mission exterminer les ministres et les fachos*
  La France est une garce et on s'est fait trahir
  On nique la France sous une tendance de musique populaire
  Les frères sont armés jusqu'aux dents, tous prêts à faire la guerre.

SALIF :

- *Allez-y, lâchez les pitts, cassez les vitres quoi*
  Rien à foutre, d'façon en face c'est des flics
  C'est U.N.I.T.Y., renoi, rebeu, babtou, tway
  Mais si on veut contrôler Paris, tu sais que ça sera tous ensemble
  Ça y est les pitts sont lâchés, les villes sont à chier, les vitres sont cassées
  Les keufs sont lynchés, enfin ça soulage, faut que Paris crame
  On redémarre la guillotine, pire qu'à Djibouti
  La France pète
  J'espère que t'as capté le concept

Groupe MINISTERE A.M.E.R. :

- *J'aimerais voir brûler Panam au napalm sous les flammes*
  Façon Vietnam tandis que ceux de ton espèce galopent 24
  heures par jour et 7 jours par semaine
  J'ai envie de dégainer sur des faces de craie
  Dommage que ta mère ne t'ait rien dit sur ce putain de
  pays
  Me retirer ma carte d'identité avec laquelle je me suis
  plusieurs fois torché.

Groupe SMALA :

- *Quand le macro prend le micro, c'est pour niquer la*
  France guerre raciale
  Guerre fatale oil pour oil, dent pour dent organisation
  radicale
  Par tous les moyens il faut niquer leurs mères Gouers
  C'est toi qui perd
  Flippe pour ta femme tes enfants pour ta race
  On s'est installé ici c'est vous qu'on va mettre dehors.

En cet instant, la question qui se pose, est de savoir si Aurélie Filippetti prévoit, à l'occasion du 14 juillet prochain, de décorer ces artistes dans l'Ordre des Arts et des Lettres. Ne serait-ce que pour les remercier de leur esprit d'intégration, et la reconnaissance qu'ils manifestent en faveur du pays qui les tolère : la France.

Pendant ce temps en Tunisie, un jeune rapeur, Weld El 15, a été condamné à deux ans de prison ferme pour insultes à la police à travers le texte de l'une de ses chansons. No comment.

« Lorsque les pères s'habituent à laisser faire les enfants, lorsque les fils ne tiennent plus compte de leur parole, lorsque les maîtres tremblent devant leurs élèves et préfèrent les flatter, lorsque finalement les jeunes méprisent les lois parce qu'ils ne reconnaissent plus au-dessus d'eux l'autorité de rien ni de personne, alors c'est là en toute beauté et en toute jeunesse le début de la tyrannie. » Platon. 427 – 347 av JC.

SAMEDI 22 – LA FONTAINE AU PETROLE.

Maître François par le fric alléché
Faisait un voyage au Qatar
Il espérait au pays des bâchés
Remplir ses poches de dollars

Le Président :

Salam aleikoum missiou li grand zémir
Li fatma li harem, isse ki labess salik ?
Li gaze i li pitrôle continuent di jaillir ?
Si grand bonheur pour vous, si fi beaucoup li fric

L'Emir :

Soyez le bienvenu monsieur le président
C'est grand honneur pour moi que de vous recevoir
Modeste est mon Etat, mais il est accueillant
Nous devons discuter, venez donc vous assoir
Si la langue française est pour vous un problème
Sur-le-champ je demande aide d'un traducteur
Mais si vous préférez m'infliger vos poèmes
Notre entretien sera conclu en moins d'une heure

C'est ainsi que Hollande rentra au pays, la valise à contrats aussi désespérément vide que les caisses de l'Etat.

DIMANCHE 23 – TOUS À LA SELLE.

Afin de terminer son voyage d'agrément à Doha sur une note gaie, Hollande a prôné la réciprocité économique entre la France et le Qatar. Il en fait exprès, il se shoote ou, une fois encore, il n'a pas été mis au courant ? Comment envisager une réciprocité entre un pays qui s'écroule sous les dettes colossales : la France et un pays qui croule sous les monceaux de dollars : le Qatar ? Le texte est court certes, mais mérite indéniablement d'être élevé au grade de tirade saugrenue de la semaine.

Il ne faut pas avoir la prétention de boursicoter, lorsque l'on ne possède que des pions pour jouer au Monopoly.

Ce dimanche, se courait le championnat de France cyclisme professionnel en Bretagne. Lors des reportages en direct sur l'A2, face au nom de chaque coureur, était placé un petit drapeau bleu blanc rouge, afin d'indiquer sa nationalité. L'initiative était heureuse car, cette année, c'est justement un coureur français qui a remporté le titre de champion de France.

Ce fourbe de Moscovici envisage une possible baisse limitée du Livret A, mais assure qu'il veillera personnellement à ce que son pouvoir d'achat soit préservé. S'il le dit, c'est que l'on peut dès à présent se préparer à subir une nouvelle arnaque. En 2012, l'inflation a été de 2 % selon l'Insee, alors que le taux d'intérêt du Livret A, est de 1,75 %. Ce qui revient à constater qu'actuellement, le citoyen qui place du fric sur son livret, perd déjà 0,25 % de son capital par an. Si le taux baisse de nouveau, la conséquence évidente sera que les dégâts s'accentueront davantage. C'est fort simple à comprendre pour qui n'a pas fait l'ENA. Selon les prévisions actuelles, il semblerait que l'inflation pour 2013 se situerait entre 1,5 et 1,75 %. C'est proprement écoeurant, mais à part détrousser les classes moyennes, voire les moins favorisées lorsque c'est encore possible, les socialos n'ont rien trouvé de mieux à faire.

« Les hommes politiques et les couches doivent être changés souvent, et pour les mêmes raisons. » Sir Bernard Shaw, prix Nobel de littérature 1925.

LUNDI 24 – DECORATIONS.

Tapie, ancien représentant de commerce loin d'être équitable (télévision), ancien chanteur (abandonné), ancien comédien (Coucou au-dessus d'un nid de voleurs) ancien président de club d'affaires footballistiques, ancien ministre (pas des Affaires étrangères), ancien mitterrandien affairé, ancien sarkozyste affairiste, prochainement ancien sous-rédacteur en chef provisoire de la Provence, mais toujours spécialisé en affaires véreuses, a été placé en garde à vue par les juges et les enquêteurs de la brigade financière, afin de déterminer le rôle qu'il a joué dans l'affaire du versement d'une somme colossale dans l'affaire du Crédit Lyonnais. À priori cela semble fort simple : il a encaissé plus de quatre cent millions d'euros sur le compte des contribuables, grâce à l'aimable participation désintéressée de personnages influents. Il ne se trouve pas ici de quoi le déstabiliser, c'est un habitué des lieux. Peut-être même va-t-il aller jusqu'à proposer un arrangement amiable ?

Offrir gracieusement des millions d'euros à Tapie, en réparation de préjudice moral, c'est un peu comme si l'on nommait Giscard d'Estaing président d'honneur de la SPA, si l'on décorait Chirac de la Médaille du Travail ou si l'on créait l'ordre du Courage politique pour en nommer Hollande Grand-Croix.

Le plus ennuyeux pour sa santé, que l'on dit désormais fragile, est qu'il commence sérieusement à lasser tout le monde le Nanard. D'autant qu'à priori, il serait plus que surprenant que chez les hollandistes, une proposition de reconversion soit accueillie au milieu de chants d'allégresse.

Ce qui est quasiment certain, est qu'il ne remboursera jamais le fric. Il connaît trop les procédures.

Pour sa vingt-cinquième année d'existence, le Press Club Humour et Politique a décerné ses prix, dont :

✓ Grand Prix de l'Humour politique 2013 : Gérard Longuet (Hollande est pour le mariage pour tous, sauf pour lui).

✓ Prix d'encouragement : Marisol Touraine (Il y a quand même des médicaments qui soignent).

✓ Meilleur tweet politique : Jean-Luc Mélenchon (Je suis plus nombreux que jamais).

✓ Prix-Nocchio : Jérôme Cahuzac (Pourquoi démissionner quand on est innocent).

Pour abus de pouvoir et prostitution de mineure, le tribunal correctionnel de Milan a condamné Berlusconi à sept ans de prison, assortis d'une interdiction d'exercer à vie un mandant public. La justice italienne serait donc plus implacable que son homologue français, à l'égard du personnel politique ? Certes, avant de se retrouver en cabane, il Cavaliere a la possibilité de faire appel de ce jugement. En fonction de son âge, si les délais sont aussi prompts qu'en France, il possède toutes les chances d'échapper au pénitencier. En l'attente, il a toujours la possibilité de reprendre son ancien métier, et s'en retourner pousser la barcarolle à bord des navires de croisières. Le Costa Concordia présente actuellement l'avantage d'offrir des locaux disponibles pour les répétitions.

MARDI 25 – FINS DE MOIS DELICATES.

Président de la Commission des finances, à l'Assemblée nationale, Gilles Carrez affirme que la France va devoir emprunter vingt milliards d'euros supplémentaires cette année, afin de couvrir son déficit en constante progression. Toujours plus haut, semble être la devise des ministres des Finances qui se succèdent à Bercy et ruinent le pays. Les deux tiers des emprunts réalisés, le sont auprès d'organismes étrangers. Heureusement que les paradis fiscaux existent, faute de quoi l'État devrait déposer son bilan au 31 décembre prochain.

Bien entendu, Bruno Le Roux, président du groupe socialiste, en cette même assemblé, a immédiatement réagi en affirmant le parfait contraire. Il ne reste qu'à attendre la fin de l'année pour connaître le nom du menteur le plus performant. La sélection ne sera pas évidente, vu qu'ils sont tous deux du métier.

Tapie, suite mais pas fin. Sa garde à vue vient d'être prolongée, et l'un de ses avocats, Maurice Lantourne, a été prié de le rejoindre. Ils sont désormais cinq dans cette situation dans ce dossier pour le moins sulfureux. Tapie et Lantourne faisant suite à Pierre Estoup, Stéphane Richard et Jean-François Rocchi. Est-ce que Guéant et Lagarde viendront les rejoindre prochainement ?

La Fédération internationale des ligues des droits de l'Homme et la Ligue française des droits de l'Homme ont décidé de porter plainte contre l'ex-capitaine de gendarmerie Paul Barril, pour complicité de génocide au Rwanda.

Le capitaine Barril est :
- ✓ Chevalier de l'ordre national du Mérite,
- ✓ Médaille de la gendarmerie nationale avec trois citations,
- ✓ Croix de la valeur militaire avec sept citations,
- ✓ Médaille d'honneur de l'administration pénitentiaire. Cette dernière décoration est parfaitement logique, puisqu'il a fait un stage à la prison des Baumettes de Marseille, après avoir été mis en examen pour association de malfaiteurs.

« On condamne celui qui tue une personne pour se défendre, mais on décore celui qui tue des millions d'innocents. » (Charlie Chaplin).

D'après un rapport de l'OCDE, les professeurs français figurent parmi les moins payés. Après quinze années de carrière, un enseignant allemand de même niveau, encaisse chaque fin de mois environ le double d'un Français. MAIS, le Français travaille nettement moins que ses collègues étrangers. Un professeur français travaille en moyenne six cent quarante-huit heures par an, contre sept cent quinze pour un Allemand et mille cinquante heures aux USA. Ceci expliquant partiellement cela. Le rapport ne précise pas si les jours de grève sont pris en compte.

Pour pallier à cela, Peillon a décidé de créer dix mille postes en contrats aidés, en sus des soixante mille déjà programmés par la loi sur la refondation de l'école. Ils seront affectés « spécifiquement » à l'enseignement secondaire. Pour le financement, il est prévu que le ministère des Finances soit doté d'un budget spécifiquement attribué à l'achat de tickets pour l'Euromillion. Si les résultats positifs se font trop attendre, il est prévu de faire contrôler les tirages par Guérini ou Cahuzac.

Laurent Blanc sera le prochain entraîneur du PSG. Mis à part ses afficionados, tout le monde s'en fout. La presse s'est déchaînée afin d'annoncer la bonne nouvelle aux pays francophones, ainsi dans Aujourd'hui en France de ce jour, nous pouvions lire : Laurent Blanc avait dit vrai. Le futur entraîneur du PSG est bien arrivé hier à Paris, un peu après 20 heures. L'ancien sélectionneur a posé les pieds à Orly-Ouest, en provenance de Bordeaux, où il réside, par le vol Air France 6273 qui a atterri à 20 h 6 sur l'aéroport parisien. Le champion du monde 1998 a été accueilli par Jean-Pierre Bernès, son agent, débarqué quelques minutes plutôt *(sic)* à 19 h 50, de Marseille. Tous les deux sont montés dans une berline aux vitres teintées conduite par un chauffeur et ont filé rejoindre leur hôtel dans la capitale. Etc…

Voici une information de première importance, qui ne pourra que réjouir les amoureux du sport.

MERCREDI 26 – ATTENTION, UN TRAIN PEUT EN CACHER UN AUTRE.

DSK a été auditionné cet après-midi, par une commission d'enquête sénatoriale sur les banques. Le personnage est éclecti-que. Dans l'image de la dignité de l'homme politique, Dominique Strauss-Kahn nous a fait faire un bond en arrière, il aurait été raisonnable de sa part de ne pas venir et il aurait été raisonnable de ne pas l'inviter. Ainsi parlait Gérard Longuet, spécialiste de la relaxe. Il a ensuite ajouté : *« Le gouvernement fait voter une loi sur la transparence, il y a dignité, probité, impartialité. »* Pour la dignité, on a Strauss-Kahn, pour la probité, on a Cahuzac. Qui vont-ils nous proposer pour l'impartialité ? Il reste donc une place à prendre ! Pourquoi ne pas organiser un grand jeu et désigner Longuet vainqueur.

L'Insee confirme que la France est bien entrée en récession. Après une baisse du PIB de 0,2 % enregistrée durant le dernier trimestre 2012, un résultat identique est à l'affiche pour le premier trimestre 2013. Cela se nomme de la constance dans l'effort.

Après les gaz de schiste, les transports. Si cela perdure, la France risque de devenir, dans les prochaines années, un pays sous-développé au sein de l'Union européenne. Le gouvernement a décidé de reporter à 2030, un nombre impressionnant de projets concernant la mise en chantier d'autoroutes, de lignes TGV et de liaisons fluviales. Nous sommes pourtant habitués, mais cette décision est d'une rare imbécilité. Comment un gouvernement provisoire qui, de toutes les façons et dans le pire des cas, ne sévira plus après 2017, peut-il émettre des prévisions à échéance de dix-sept années, alors qu'il est totalement incapable de respecter ses engagements à six mois.

Dans ce dossier, Raymond Couderc, maire de Béziers, donc directement concerné par l'autoroute Montpellier-Perpignan, rappelle que vingt millions d'euros ont été déjà dépensés pour les études des futures lignes LGV. Donc en pure perte, puisqu'il sera nécessaire, lorsque le temps sera venu, de repartir de zéro. Question d'accoutumance.

En matière de transport, il peut être fort intéressant de prendre en considération la démonstration suivante :

Nous savons que la distance standard entre deux rails de chemin de fer aux USA, est de quatre pieds et huit pouces et demi. Soit un mètre quatre cent trente-cinq.
Pourquoi donc, cet écartement a-t-il été retenu ?
Parce que les chemins de fer US ont été construits de la même façon qu'en Angleterre par des ingénieurs anglais expatriés, persuadés que c'était une bonne idée, puisqu'elle était la leur. Cela permettait en outre de vendre et faire circuler sur les rails US, des locomotives de fabrication britannique.
Jusqu'à présent, rien à dire. Nous ne nous trouvons tout simplement que face à un dossier commercial bien maîtrisé.
Mais pourquoi les Anglais ont-ils donc construit leurs propres chemins de fer à partir de ces bases ?
Parce que les premières lignes de chemin de fer furent construites par les mêmes ingénieurs qui construisirent les tramways, et que cet écartement était alors utilisé.
Pourquoi donc cet écartement avait-il été retenu ?
Parce que les techniciens qui construisaient les tramways avaient été formés par ceux qui avaient auparavant construit les chariots, et qu'ils ont, par conséquent, utilisé les mêmes caractéristiques techniques.

Oui, mais alors, pourquoi les chariots utilisaient-ils un tel écartement ?

Tout simplement parce qu'à l'époque, partout en Europe, les routes avaient des ornières et qu'un espacement différent aurait fréquemment causé la rupture des essieux des chariots.

Mais alors, pourquoi les routes présentaient-elles des ornières ainsi espacées ?

Cela remonte à l'empire romain, lorsque les premières grandes voies européennes dallées ont été construites, pour favoriser les déplacements des légions.

À cette époque, pourquoi les Romains ont-ils retenu cette dimension pour les routes ?

Parce qu'elle correspondait aux besoins des chariots et chars de guerre, tirés par deux chevaux. Ces chevaux galopaient côte à côté et devaient être suffisamment espacés entre eux, de façon à ne pas se gêner. Mais également, afin d'assurer la meilleure stabilité possible des matériels roulants, les roues ne devaient pas se trouver dans la continuité des empreintes de sabots laissées par les chevaux.

Nous trouvons ici la réponse à la question d'origine : l'espacement des rails US s'explique parce qu'il y a environ deux mille ans, en Europe, les chars romains étaient construits en fonction de la dimension du cul des chevaux élevés pour les besoins de la guerre.

Il existe une extension fort intéressante à cette histoire concernant le rapport entre l'espacement des rails des voies de chemin de fer aux USA, et l'arrière-train des chevaux romains.

Lorsque nous regardions, avant sa mise à la retraite, la navette spatiale américaine sur son pas de tir, nous pouvions remarquer les deux réservoirs additionnels attachés au réservoir principal de l'engin. La société Thiokol fabriquait ces réservoirs, dans une usine située dans l'Utah. Les ingénieurs qui les ont conçus, auraient souhaité les faire un peu plus large. Hélas, ces réservoirs devaient être expédiés par train jusqu'au site de lancement. La ligne de chemin de fer qui relie l'usine de construction à Cap Kennedy, devait pour cela passer sous des tunnels creusés dans les Montagnes rocheuses. Les réservoirs additionnels devaient donc emprunter ces tunnels, bien entendu plus larges que la voie de chemin de fer, mais insuffisamment pour permettre la libre circulation à des équipements ne correspondant pas aux gabarits existants.

Ce qui revient à dire que la conception de la navette spatiale, à ce jour le moyen de transport le plus sophistiqué qui n'ait jamais été conçu par l'homme, dépendait pour partie, de la largeur des culs de chevaux de guerre romains.

Tentez d'analyser cette démonstration, monsieur le ministre des Transports. Les petites idées administratives à court terme, n'ont jamais apporté le moindre début de commencement de solution aux problèmes existants. Encore moins à ceux à venir.

Pour autant, est-il possible d'imaginer que les futures autoroutes lunaires ou martiennes, soient un jour dimensionnées en fonction des mensurations d'un char Leclerc ou d'un avion Rafale ? Car ne nous leurrons pas, si un jour l'homme découvre des traces de vie dans l'univers, la première chose qu'il étudiera, sera la possibilité d'envahir les planètes, puis faire la guerre à leurs habitants, afin de voler leurs richesses.

Vallaud-Belkacem affirme qu'aucune décision concernant l'évolution de la fiscalité du diesel n'a été prise. Enfin une bonne nouvelle pour les automobilistes, de plus en plus rackettés. Les décisions ne seront prises qu'au cours de l'été. Aïe !!! Les piqûres occasionnées en juillet et août sont régulièrement les plus douloureuses. C'était trop beau.

Ziad Takieddine a craqué devant le juge Renaud Van Ruymbeke. Ce qui est relativement rare dans sa profession. Il a reconnu avoir financé la campagne électorale de Balladur, pour l'élection présidentielle de 1995, grâce à l'argent encaissé sur des rétrocommissions, lors de contrats d'armement passés entre la France et le Pakistan ainsi que l'Arabie Saoudite. Finalement, pour sa santé, il est plus en sécurité en cabane. Il dit s'être rendu en Suisse pour retirer d'importantes sommes d'argent sur ses comptes bancaires. Six millions de francs en trois voyages. Les valises d'argent liquide étaient remises à Thierry Gaubert, collaborateur de Nicolas

Sarkozy à la mairie de Neuilly. Effectivement, il n'est pas évident que ce micmac soit parfaitement légal.

JEUDI 27 – CORBEILLE DE DIVORCE.

Jean-Pierre Bechter, homme de paille au service de Serge Dassault, et accessoirement maire de Corbeil-Essonnes, a été mis en examen dans le cadre deux tentatives d'homicides, les 29 janvier et 19 février derniers, liées à un dossier d'achat de votes, corruption, blanchiment et abus de biens sociaux, lors des élections municipales entre 2008 et 2010. L'élection de Serge Dassault avait été invalidée par le Conseil d'État le 8 juin 2009, jugement confirmé le 7 septembre de la même année.

Dans le passé, l'avionneur a également été condamné par la justice belge, à deux ans de prison avec sursis, en 1998, pour corruption dans le cadre de l'affaire Agusta. Ce dossier a été révélé par les enquêteurs, après l'assassinat par balles du ministre socialiste belge, André Cools, en 1991. Il concernait la vente, au gouvernement belge, d'hélicoptères de combat fabriqués par la firme italienne Agusta. Elle entrainera la démission de plusieurs hommes politiques importants.

Si tous les politiciens mis en examen depuis le début de cette année, se retrouvent embastillés ensemble, Taubira va devoir faire preuve d'ingéniosité pour trouver des places disponibles. Etant entendu que le ministère de la Justice, comme les autres ministères, ne possède plus une thune de disponible pour investir. Peut-être qu'en organisant une souscription auprès des détenus, il serait possible de récolter quelques fonds pour agrandir les sites existants ?

VENDREDI 28 – À COURT DE COMPTES.

À partir de ce vendredi, la Chine imposera un droit de douane pouvant aller jusqu'à 37 %, sur les importations de toluidine, produit chimique fabriqué dans l'Union européenne. Cette nouvelle mesure de représailles, entre dans le cadre de la taxation des panneaux solaires chinois, par l'Europe. Décidemment, les plumitifs bruxellois sont hyper dangereux, voire carrément nuisibles, pour le commerce et l'industrie.

Les toluidines (car il en existe plusieurs) sont produites par distillation du goudron de houille. Elles sont utilisées dans la production de colorants artificiels, sont toxiques pour l'environnement et suspectées d'être cancérigène pour l'homme.

Ecologiquement parlant, c'est encore une mauvaise nouvelle pour la France, car il va être nécessaire de stocker les invendus.

La Cour des comptes prédit un dérapage du déficit public. Vu l'état actuel des finances, il n'est nul besoin d'être Madame Irma pour prédire l'avenir financier du pays. Voire l'avenir tout court. Inutile de s'attarder sur les détails de ce rapport. Cela devient lassant de ne voir que des chiffres rouges. L'avenir confirmera les détails.

Notons simplement qu'il est mentionné dans ce document finalement inutile, puisqu'il reste chaque année sans effets, qu'il y a trop de fonctionnaires en France. Si les experts ne font que s'en apercevoir, c'est que la situation est plus que grave ; elle est devenue carrément désespérée. Pire encore, JMA confirme ce rapport, mais refuse de se laisser imposer une politique. Pourquoi changer lorsque l'on enfonce le pays dans la récession et le désastre total, chaque jour davantage. Non seulement le Premier Ministre est archi nul, mais il est de sus carrément borné.

Les transporteurs routiers vont s'assoir sur une nouvelle taxe, allant de huit à quatorze centimes au kilomètre. Le but de la manœuvre est de faire payer les poids lourds, hors les autoroutes déjà rackettées. Pour ce faire, un boîtier électronique sera installé à bord de chaque véhicule, qui transmettra les informations à des satellites. À la suite de quoi, automatiquement, l'addition sera effectuée, en fonction des kilomètres parcourus ainsi que la taille du camion. Il ne restera plus aux entreprises de transport qu'à envoyer la monnaie.

Pour les automobilistes, c'est pour quand ; et les piétons, ils ont pensé aux piétons ? C'est un véritable délire, surtout pour les transporteurs qui se trouvent déjà en situation financière délicate, et ne sont pas certains de pouvoir supporter cette escroquerie additionnelle. Il est en effet loin d'être évident de pouvoir reporter le coût de cette plaisanterie fine sur les factures clients. Des dépôts de bilan sont à prévoir, mais bof ! Un peu plus ou un peu moins, où se situe le problème ?

Si l'on désirait, avec Tapie il serait possible de remplir plusieurs pages chaque jour. Notons simplement que Nanard a été mis en examen pour escroquerie en bande organisée, et placé sous contrôle judiciaire. Maurice Lantourne, l'un de ses avocats a connu le même sort. Quant au fric qu'il a encaissé, il est désormais bien à l'abri. Le Groupe Bernard Tapie Holding qui a encaissé deux cent quinze millions d'euros se trouve à Bruxelles, son jet privé est enregistré à Malte, le yacht bat pavillon de l'île de Malte, sa propriété de Saint-Tropez appartient à une société luxembour-geoise, le moulin de Breuil en Seine-et-Marne à une société anglaise et, pour en terminer avec cet inventaire, son hôtel particulier de Neuilly a été acheté par sa femme. Pauvre Tapie, il ne lui reste que son seul hôtel particulier de la rue des Saint-Pères dans le VIIème arrondissement de Paris qui, parait-il, serait enregistré en France. Une erreur ou un manque d'attention ?

Pour ce dossier, le plus simple semble désormais de faire un résumé chaque fin de mois. À l'instar du match Marseille-Corse.

SAMEDI 29 – AH LES FILLES, AH LES FILLES… !

Hollande se tâte. C'est son droit. Est-il nécessaire de convoquer le Congrès à Versailles qui, comme chacun le sait, représente un haut lieu républicain, pour présenter son projet de réforme de la constitution, alors qu'il risque d'être rejeté, faute d'obtenir une majorité politique. Ce qui la foutrait mal. De sus, cette soi-disant révision des institutions n'est devenue, au fil du temps, qu'une mini retouche absurde et incompréhensible pour les citoyens. Elle ne concernerait qu'une éventuelle réforme du Conseil supérieur de la magistrature, chargé en principe de donner son avis sur la nomination des magistrats. Une fois de plus, les grandes idées lumineuses de campagne électorale ont fondu comme neige au soleil. Fini le droit de vote des étrangers (ouf !), fini le changement de statut pénal du chef de l'État (Il aurait donc des choses à se reprocher ?) Quant à l'interdiction pour les présidents de la République renvoyés dans leurs foyers de siéger à vie au Conseil constitutionnel, elle s'est également évanouie. Logique : dans quatre ans au plus tard, il recevra sa carte d'abonné au club. Pourquoi donc se priver du pactole qui va avec situation où l'on ne risque pas d'être victime d'un accident du travail ?

Cette plaisanterie fine coûterait au budget de l'État la bagatelle d'environ trois cent mille euros, pour quelques heures de palabres inutiles ! Ce ne serait pas idéal pour la publicité du fromage de Hollande, déjà peu crédible.

En voyage aux Antilles en compagnie de son Premier ministre de mari, Brigitte Ayrault s'est exprimée devant des associations de jeunes et d'adolescents. À qui lui reprochait d'être envoyée en repérage par son mari, elle a répondu de façon autoritaire : Je ne suis pas télécommandée par le Premier ministre, il n'a pas eu son mot à dire. Nous la croyons, hélas, bien volontiers.

Lorsque l'on constate que les femmes se plaignent que la parité ne soit pas respectée, alors qu'elles sont deux à la tête de l'État, il y a de quoi se poser quelques questions. Y compris les membres des groupuscules féministes, dont Victor Hugo disait : une vraie femme est une femme qui avant tout n'est pas féministe. Et il s'y connaissait le père Victor, car si l'on s'en tient au tableau de chasse revendiqué par lui-même, il semblerait qu'au cours de sa carrière de galant homme, il ait partagé sa couche avec plus de dix mille dames de compagnie.

Faisons les comptes : il est mort à quatre-vingt-trois ans. Si l'on ôte vingt-trois années de prime jeunesse et de fin de vie, ce qui semble raisonnable, il reste soixante années. Cela représente vingt et un mille neuf cents jours. Afin de faciliter les calculs, mais également être réaliste, ôtons encore mille neuf cents jours représentés par les moments d'indisponibilité pour cause de fatigue, maladie, obligations professionnelles et autres occupations diverses et variées. D'autant que lorsque l'on pratique une activité sportive de haut niveau, il est indispensable de se régénérer les cellules régulièrement. Il reste donc vingt mille journées vacantes pour assurer les relations intimes, ce qui représente une partenaire nouvelle tous les deux jours. À ce rythme, même si, comme dit le proverbe normand, changement d'herbage réjouit les veaux, il est fortement nécessaire de bénéficier d'une santé d'acier pour combler dix mille dames en mal d'affection. Ce cher Victor, c'est qu'il a dû en cocufier des maris jaloux, inattentifs ou peu regardant sur l'emploi du temps de leurs chères épouses. S'il n'utilisait pas les services de nègres pour l'écriture, il devait en être tout autrement pour le rabattage du gibier.

Quant aux féministes, plutôt que se lamenter continuellement sur des problèmes inexistants, elles seraient bien inspirées de s'attaquer aux dossiers fondamentaux, tels :

- Pourquoi depuis la papesse Jeanne en 858, aucune femme n'est montée sur le trône de Saint Pierre ?

- Pourquoi seuls les hommes sont-ils autorisés à donner leur sperme ?

- Pourquoi dans les pièces de théâtre de boulevard, c'est toujours la bonne qui se fait enceinter ?

- Pourquoi les morues sont exploitées par les maquereaux, et non point le contraire ?

- Pourquoi un homme peut devenir sage-femme, alors qu'une femme ne pourra jamais être sage-homme ?

- Pourquoi en dehors du Portugal, les femmes ne portent-elles pas la moustache ?

Ici se trouvent les véritables sujets de débats sociaux et culturels. Cela étant, force est de constater que la situation est assez compliquée. Car mis à part 11 ou 12 % de la population, l'homme et la femme ont des buts diamétralement opposés : les femmes cherchent des hommes alors que les hommes cherchent des femmes. L'organisation d'un grand débat télévisé s'impose.

DIMANCHE 30 – À TON TOUR.

Le Tour de France est parti. C'est du pain béni pour Hollande, JMA et leur bande d'homos sapiens. Durant trois semaines, ils vont pouvoir continuer leurs absurdités, même accélérer le rythme, sans que nul ne bouge le petit doigt de la couture du short. Peur preuve, même à la SNCM, les syndicats ont annulé un préavis de grève. Du jamais vu ! Il sera intéressant de faire le point au soir du 21 juillet. Pas pour commenter le résultat des courses, mais simplement celui du classement des échappées ministérielles. Car ça risque de ne pas être trop encourageant pour la suite de la compétition.

Ils étaient cent quatre-vingt-dix-huit sur la ligne de départ, selon les organisateurs. Nous n'avons pas les chiffres du ministère de l'Intérieur. De toute façon, avec Valls pour contrôler le service des statistiques, les informations auraient été altérées.

Hollande est déterminé à frapper un grand coup. Une date à retenir. Nous savons tous qu'en France, nous devons participer à l'engraissement de deux millions de fonctionnaires inutiles, voire nuisibles. Il n'est donc pas bien compliqué de trouver des postes où il soit possible de faire des économies sur le budget de l'État. Il suffit tout simplement de le vouloir. C'est ce que le président a décidé. En 2014, quatorze mille quatre cents postes vont être supprimés dans la fonction publique. Malheureusement, douze mille neuf cent quarante-neuf nouveaux postes seront créés, dont cent un pour les seuls services du Premier Ministre. (Un véritable scandale). Ce qui représente mille quatre cent cinquante et un fonctionnaires en moins. Défense de rire, même de sourire.

La façon dont l'Union européenne exerce aujourd'hui une pression considérable sur le gouvernement, est la principale cause de la montée du Front national. Ainsi s'est exprimé le ministre du Redressement qui, non seulement ne redresse rien, mais de sus participe activement à accentuer l'affaissement général. Une façon comme une autre, pour Montebourg, de se déresponsabiliser, et faire porter par les autres la surcharge de ses insuffisances. Accessoirement celles du gouvernement auquel il appartient encore. La méthode n'est pas nouvelle, mais commence à sentir le réchauffé. Pour une tirade saugrenue, c'est une belle tirade saugrenue.

Pour les Juilletistes, les valises sont faites. Arrivés sur les lieux de leurs villégiatures, cela n'empêchera pas de nombreux vacanciers, de connaître quelques soucis financiers durant les jours de farniente passés sur les plages. À leur attention, voici une recette pouvant permettre d'arrondir le budget prévisionnel :

En se démerdant pas trop mal, il est possible de récupérer cinq cents euros chaque soir, sur le compte des casinos. Pour ceux qui ont la chance de partir un mois : trente fois cinq cents euros, cela représente quinze mille euros ! De sus, prendre du pognon aux établissements de jeux, c'est faire preuve de moralité. Ce sont les casinos qui sont immoraux.

Il existe toutefois un petit problème au départ ; il est nécessaire de pouvoir disposer d'une somme de douze mille sept cents euros dès le lancement de l'action. Il est bien entendu possible de se grouper, mais ce n'est pas systématiquement évident pour tous. Il existe toutefois une autre solution : diviser l'investissement par dix, mais dans ce cas, les gains ne représenteront plus de mille cinq cents euros. Ce qui est mieux que rien.

Explication : à la roulette, vous choisissez une table au hasard, puis vous misez cent euros sur une couleur. La noire ou la rouge, c'est sans importance aucune. Ce qu'il convient de faire, est de toujours miser sur la même couleur. Si la couleur jouée sort, vous gagner deux cents euros. Donc vous encaissez cent euros de bénéfice. Si elle ne sort pas, vous jouez de nouveau cette même couleur, mais en doublant la mise, donc deux cents euros. Si cette fois elle sort, vous encaissez quatre cents euros. En ôtant les trois cents euros investis, il reste toujours les cent euros de gain, égaux à l'investissement de base. Le procédé est fort simple, chaque fois que la couleur que vous avez retenue au départ sort, vous vous mettez cent euros dans la poche, soit le montant de la mise initiale. Lorsqu'elle ne sort pas, il convient tout simplement de la rejouer, en doublant le montant de la mise précédente. Alors dirons les plus septiques, pourquoi douze mille sept cents euros au départ (ou mille deux cent soixante-dix). La réponse est fort simple : 100 + 200 + 400 + 800 + 1 600 + 3 200 + 6 400 = 12 700. Ou donc 1 270 pour les plus gênés aux entournures.

Reste trois obstacles à franchir :

- Et si la couleur sélectionnée ne sortait pas jusqu'au septième jeu ? Très sincèrement, le risque est minime. Sept jeux avec toujours la même mauvaise couleur à l'arrivée, cela ne doit se produire que très rarement. Mais certes, le risque ne peut être nié.

- Bien évidemment, dans les casinos les croupiers connaissent la combine. Et ils n'apprécient guère. Les tripots ont été inventés pour piquer du fric, pas pour en distribuer. Donc, le conseil est de sa barrer vite fait, dès qu'une somme de cinq cents euros est encaissée, avant de se faire interdire de jeu. Est-ce légal ? Un casino n'étant rien d'autre qu'un sinistre repaire de brigands, rien n'est impossible.

- Enfin, il est indispensable de changer de casino chaque soir. Mais pour qui passe ses vacances sur une côte de quelque chose, cela ne représente pas un problème insurmontable, étant entendu qu'il existe nettement plus de chances de tomber sur un casing, plutôt que sur le siège d'une association de bienfaisance.

Après six mois de compétition, le mois de juin se termine sur un score de treize cadavres pour la Corse et douze pour Marseille. Un bruit court dans les quartiers situés au nord de la ville, comme quoi il serait demandé à Valls d'arbitrer. Il serait même question de lui offrir un sifflet en or. Si tel est le cas, il ne peut refuser cette offre alléchante. Il faut savoir saisir sa chance. Et puis, le jour où il lui faudra se recycler, il sera bienheureux de pouvoir placer ce souvenir sur sa cheminée.

JUILLET

LUNDI 1er – L'EAU DE MER EST CONTAGIEUSE.

Les juilletistes sont sur les routes. Dans un mois, ce sera le tour des aoûtiens. Une véritable catastrophe écologique ! Mais pourquoi donc les Verts ne luttent-ils pas pour la suppression des congés payés ? Rien ne peut polluer davantage, que ces millions de vacanciers jetés sauvagement durant les mois d'été, sur les réseaux routiers et autoroutiers de notre beau pays. Sans omettre qu'à cause de ces individus irresponsables, les côtes françaises sont désormais défigurées par des clapiers collectifs, à côté desquels la cahute de Robinson Crusoé ferait figure de palais oriental. Car il est nécessaire de les loger ces pollueurs en puissance. Plus grave encore ; ils pissent dans la mer, ce qui nuit fortement à la bonne qualité de l'eau, et par corollaire, la chair des poissons s'en trouve altérée. Cela se ressent au goût ; surtout ne mangez de poisson que durant les mois d'hiver. Et ce n'est pas tout, les juillettistes et aoûtiens se baignent dans une eau où un certain nombre d'entre eux est atteint de maladies contagieuses, où ils disséminent leurs virus et bactéries à tout va. C'est carrément dégueulasse. Allez hop, tout le monde à la baille, mais surtout prévoyez de bonnes assurances avant de partir vers la grande bleue, car vous allez partager la flotte avec des camarades de jeux frappés par des tas de saloperies peu rassurantes, tels l'acné, le zona, la gale, l'eczéma, l'érysipèle, les abcès cutanés et autres mycoses et staphylocoques. Puis, il y a encore les malades des poumons qui crachent dans la flotte, ceux qui sont perturbés par une indigestion ou une gastro, et se vidangent par tous les côtés. C'est l'horreur absolue. Les dirigeants EELV doivent prendre leurs responsabilités, et faire cesser immédiatement ces insanités. Il faut commencer par doubler, voire triper les prix des carburants, pour les véhicules de moins de dix chevaux fiscaux, durant les périodes de vacances, puis tripler également les tarifs des péages autoroutiers. Détruire les terrains de camping, dresser des barrages de fils barbelés électrifiés devant les plages. Si les écolos n'agissent pas rapidement, seul le MEDEF restera en course pour sauver la planète. Oui : sus aux congés payés.

À l'attention des vacanciers peu fortunés, sachez que des conditions particulièrement avantageuses sont proposées par les agences de voyages, à destination de la Syrie, l'Égypte, la Turquie et l'Ukraine. Pour la Corée du Nord, il faudra attendre encore un peu.

Depuis ce matin, la Russie interdit l'importation sur son territoire, de pommes de terre en provenance de l'Union européenne. Cela à cause de la présence de parasites des champs, dont les anguillules. L'avantage pour l'agriculture en Russie, est que le gel détruit un maximum de parasites. Ils ne peuvent pas avoir tout faux les Popofs. Mais bon, ici encore, une explication semble s'imposer. Lorsque l'on plonge les frites à deux reprises dans l'huile bouillante (une première fois pour les blanchir et une seconde pour les dorer), il ne doit plus rester un grand nombre de parasites ou bactéries en bonne santé.

Pour liquider les stocks, il serait une bonne idée que tout le monde se mette à manger ces fameuses frites au moins trois fois par semaine. Mais la question est beaucoup plus complexe que cela, car le ministère de la Santé, les écolos et de nombreuses associations sont présentes afin de veiller sur notre bien-être. Si la pomme de terre contient 0,5 % de lipides, transformée en frites, le taux passe à 11 %. Il convient donc, dans l'intérêt général, de faire interdire la consommation de frites pour le plus grand bien de tous. Face à une telle situation, il n'est pas évident de trouver le bon équilibre.

Le seul crédo de bon nombre d'illuminés, d'empêcheurs de tourner en rond, voire de tourner tout court, étant de toujours interdire davantage.

- Ne mangez pas gras, ne mangez pas salé, sucré, épicé, ne mangez pas de viande rouge. Ne mangez plus de alouf. Ne mangez pas de langue de bovidés, c'est dégueulasse, ça sort de la bouche. (Et les œufs ?) À la limite, ne mangez pas du tout. Ne vous droguez pas, même un tout petit peu, ce qui n'empêche pas qu'environ quatre millions de

Français s'adonnent à cette pratique culturelle. Ne baisez pas, tout au moins au minimum et surtout n'oubliez pas de chausser la capote made in England. Ne parlez pas la bouche pleine, n'avalez pas la fumée, d'ailleurs de fumez pas, mais pour autant n'oubliez pas de faire un détour par le bureau de tabac le plus proche, car on a besoin de votre pognon. Ne buvez pas de boissons alcoolisées, de boissons gazeuses, de sodas excitants, de café, de thé. Ne pétez pas pendant les discours du président de la République. Ne crachez pas dans la soupe, ne pissez pas dans les isoloirs, ne vomissez pas sur les panneaux publicitaires durant les campagnes électorales. Ne roulez pas trop vite ni trop lentement, si possible ne roulez pas du tout, ne passez pas la bande jaune y compris lorsqu'elle blanche, ne tournez pas à droite, pas davantage à gauche, ne stationnez pas. N'oubliez pas les péages illégaux. Ne téléphonez pas en conduisant. Ne vous faites pas tailler une pipe en roulant (la conduite voluptueuse est interdite par le code de la route). Ne marchez pas sur les pelouses, ne vous penchez pas par la portière, ne descendez pas du train avant l'arrêt complet. Ne vous exposez pas au soleil, ne restez pas à l'ombre, ne vous promenez pas sous l'orage, ne respirez pas lorsqu'il y a du brouillard, protégez-vous contre la canicule, le froid, la pluie, la sécheresse, le vent. Ne balancez pas de pavés sur la tronche des CRS, y compris lorsqu'ils vous agressent. Ne prenez plus de bain, pas trop de douches, ne tirez pas la chasse d'eau, ne vous brossez les dents qu'avec de l'eau recyclée, ne salissez pas vos vêtements de façon à ne pas avoir à les laver régulièrement. N'arrosez pas votre gazon, votre jardin, mais n'oubliez surtout pas de très bien arroser les terrains de golf destinés à ceux qui interdisent d'arroser. Ne lavez pas votre bagnole, même si elle est propre. Ne regardez pas la télévision, n'écoutez pas de musiques trop forte, d'ailleurs éteignez votre chaîne hi-fi, n'allumez pas la lumière, fermez le gaz. N'imprimez pas vos documents, ne chauffez pas votre intérieur l'hiver, ne faites pas fonctionner l'air conditionné l'été. Ne dites pas de mal sur vos saloperies de dirigeants. Bouclez votre ceinture (depuis cinquante ans aujourd'hui), bouclez là tout court, mouchez votre nez, dites bonjour à la dame, et casquez.

Mais surtout, ne tenez aucun compte de ce que ces troupeaux d'empêcheurs de tourner en rond tentent de vous imposer. Faites simplement ce que bon vous semble. Vous ne vous en porterez que mieux.

MARDI 2 – COCHON QUI S'EN DEDIT.

Jamais entendu au journal de vingt heures : l'Observatoire National de la Délinquance et des Réponses Pénales (ONDRP) a publié un rapport faisant la part des étrangers dans les multi mises en cause pour crimes et délits, en fonction des nationalités et de la proportion de mineurs. Ce dossier a été constitué à partir du fichier des antécédents judiciaires du ministère de l'Intérieur. Parmi les individus mis en cause, ayant commis un minimum de cinq délits et crimes dans la capitale et la petite couronne, durant les années 2009 et 2010, il ressort qu'un tiers sont des étrangers avec une proportion de mineurs délinquants hyperactifs de 53,4 %. La majorité est d'origine roumaine. Quant aux occupants des prisons, il est très difficile d'obtenir des chiffres exacts, ce qui n'est guère surprenant, mais il se dit qu'entre 70 et 80 % de la population carcérale serait d'origine africaine.

Chaque jour qui passe voit la situation de la France se détériorer toujours davantage. Pour l'année 2013, le budget alloué au remboursement de la dette du pays est de quarante-sept milliards d'euros, contre quarante-six pour l'Éducation nationale. Cette somme colossale n'est qu'uniquement utilisée pour payer les intérêts, étant donné que depuis 1974, l'État est totalement incapable de rembourser sa dette qui, à ce jour, se monte à mille huit cent quarante-cinq milliards d'euros. Soit 92 % du PIB. Le changement, non seulement ce n'est pas pour maintenant, mais pas davantage pour demain. Ni après-demain.

Pour rembourser sa dette aux échéances convenues, l'État ne connaît d'autres solutions qu'emprunter de nouveau. C'est ce que l'on appelle faire de la cavalerie. Procédé interdit par la loi. Ce qui revient à dire que depuis bientôt quarante ans, mis à partir ceux qui sont partis rejoindre le diable, tous les présidents, Premiers ministres et ministres concernés par la finance, c'est-à-dire pratiquement tous, devraient dormir en prison.

Cela ne les gêne absolument pas pour venir se pavaner sur le petit écran, et donner des conseils de gestion aux salauds de contribuables qui ne pensent qu'à tricher. Le pire est qu'ils n'ont même pas honte.

Se pose ici une question : et si, pour partie, ils en faisaient exprès de façon à faire tomber des thunes dans les caisses des banquiers et autres organisations financières situées en des paradis appelés fiscaux ? Ces gens-là sont les amis des politiciens, et non pas des citoyens lambda. À défaut d'être amis, ils bouffent dans les mêmes gamelles, ce qui revient au même.

Un rapport de l'Insee nous apprend qu'au début de l'année 2012, cent quarante et un mille cinq cents personnes – dont environ trente mille enfants – se trouvaient sans logement. La progression des SDF en France, a été de 50 % en 10 ans. C'est beau le progrès.

Heureusement, avec Duflot – enfin une véritable spécialiste pour manier la truelle – la situation doit être, depuis une année, en pleine évolution. Reste à savoir si ce sera positif ou négatif ? C'est très important car, nous le savons tous : quand le bâtiment va, tout va. Il ne reste qu'à attendre le prochain rapport de l'Insee sur la question.

Le Tour de France était ce jour à Nice. Lors du passage de la caravane publicitaire, des véhicules de la marque Cochonou, se sont fait caillasser. Nous ignorons quels sont les coupables de ces méfaits, Valls n'a pas précisé. Nous pouvons simplement supposer que ce sont des individus qui n'apprécient pas la viande de cochon ?

Ou alors, est-ce tout simplement le fait de consommateurs qui préfèrent déguster les produits Justin Bridou ?

Conclusion à l'attention des puristes en cochonneries et cochoncetés en tous genres : depuis le mois de mai de cette année, Justin Bridou et Cochonou appartiennent au groupe chinois Shuanghui International Holdings. C'est rassurant pour l'avenir de la charcuerie française.

MERCREDI 3 – DEBARQUEMENT.

On entend beaucoup parler de parité, mais c'est le plus souvent en pure perte, car le 3 juillet 2013 restera marquée comme étant une nouvelle journée de la femme. Existe-t-il une seule journée de l'homme ?

Le Président de la République, sur proposition de son Premier ministre, a mis fin aux fonctions de Delphine Batho, à la tête du ministère de l'Ecologie. À part les écolos, qui s'en plaindra ? Avec son idéologie archaïque dans une main, son arrogance dans l'autre, elle s'en est allée prendre le métro, telle une simple militante rémunérée qu'elle n'a jamais cessée d'être. Pour une fois qu'elle avait trouvé un job, elle se fait virer après seulement une année de grabuge. Pour se consoler, elle encaissera treize mille neuf cents euros d'allocations chômage, durant une période de six mois.

Une fois encore, il est prouvé que la formation professionnelle ne fonctionne pas correctement en France.

Son tort est d'avoir critiqué ouvertement le budget en baisse, qui serait alloué à son ministère pour l'exercice 2014, alors que ses insupportables palabres n'étaient sans cesse orientés que vers les économies pour tout et pour tous. En un mot, faites ce que je vous dis, mais ne faites pas ce que je fais.

Pour une fois que Hollande et JMA font preuve d'autorité, nous ne saurions leur reprocher. Même si, en l'occurrence, il ne s'agissait que de tirer sur une ambulance, ce qui est toujours préférable à un corbillard. Question de réputation.

Bien entendu, NKM en a profité pour ramener sa science afin de commenter l'événement, alors qu'elle a déjà tant à faire pour tenter de redorer son blason. Sous réserve qu'il ait été déjà doré. L'ex ministre de l'écologie estime que la manière dont cette éviction du gouvernement s'était faite, en disait long sur la personnalité de François Hollande. Il a fait acte d'autorité pour pas cher. C'est facile d'être fort avec le faible et faible avec le fort.

Ne s'agirait-il pas ici de propos féministes ?

Cela étant précisé, force est de constater qu'au sein du gouvernement actuel, se trouvent de nombreux ministres qui, pour le moins, ont raconté et racontent encore autant d'absurdités que Batho, et sont toujours en place.

Dans la foulée, Vallaud-Belkacem ne souhaitait pas être en reste de propos absurdes. En cherchant bien, elle a fini pour trouver un sujet de palabres particulièrement intéressant : le football face à la danse. Selon elle, il existe actuellement en France, beaucoup plus de filles qui jouent au football que de danseuses. Voici un sujet qui devrait pouvoir mobiliser les débats de l'Assemblée nationale durant la période estivale. Ces propos sont, non seulement stupides, mais totalement faux. Il existe en France environ quarante mille filles qui pratiquent le football, alors que l'on trouve plus de quatre millions d'adeptes de la danse, dont 70 % sont des femmes ou des jeunes filles. Elle va devoir réviser sa copie, si elle souhaite être sélectionnée lors d'une séance de rattrapage.

JEUDI 4 – OBLIGÉ DE FAIRE LA MANCHE.

Philippe Martin est le nouveau ministre de l'Ecologie et des trucs qui vont avec. À part un bref passage à la société immobilière SARI, nous ne trouvons à l'intérieur de son CV, que des occupations administratives ou politiques au sein du PS. Le jour où il sera prié de retourner vers ses occupations antérieures, il retrouvera sans problèmes le dur labeur des élus en provenance des administrations.

Pierre Condamin-Gerbier, ex-cadre de la banque suisse Reyl & Cie, témoin dans l'enquête concernant le dossier Cahuzac, assure avoir remis à la justice française, une liste d'une quinzaine de noms de personnalités françaises détenant un compte en Suisse. Il s'agirait d'ex-ministres et ministres actuellement en poste.

Concernant l'attitude du fisc français, face aux personnalités mises en cause, Condamin a déclaré : il n'y a pas pire aveugle que celui qui ne veut pas voir. Ce n'est ni nouveau, ni original, mais peut laisser supposer que ce n'est pas demain matin la veille que ce document sera affiché dans les lieux publics. Pas même dans les chiottes publiques.

Parlant de Hollande, Sarkozy aurait dit à l'une de ses relations : « Tu l'as vu, ce petit gros ridicule qui se teint les cheveux ? T'en connais, toi, des hommes qui se teignent les cheveux ? » Pourtant, il est avéré qu'avant son passage à la télévision, en janvier 2012, l'ex avait subi une analyse rhétorico-capillaire, prouvant que lui aussi, se teignait les tifs.

Les politiciens et les tribunaux ; série en cours. Eric Woerth et Patrice de Maistre, ex homme de confiance de Liliane Bettencourt, ont été renvoyés devant le tribunal correctionnel, pour trafic d'influence. Il est reproché à l'ex ministre d'avoir fait obtenir à de Maistre, une Légion d'honneur en échange d'un emploi pour sa femme. Si la justice s'attaque maintenant aux détails, cela ne risque pas de désengorger les tribunaux. D'autant qu'une Légion d'honneur, cela ne veut rien dire, mais surtout ne coûte rien à l'État. Pour une fois qu'il n'était pas question de détournement de fonds !

Les comptes de campagne de Sarkozy, pour les présidentielles de 2012, ont été invalidés par le Conseil d'État. Tout laisse à supposer que cette décision a été prise, alors que l'ancien président de la République se trouvait en voyage d'affaires, puisqu'il appartient de droit à cette institution. Ou plutôt appartenait, puisqu'il a démissionné immédiatement. Les politiciens sont incapables de tenir les comptes, mais pour les régler s'y entendent à merveille.

Cette petite plaisanterie va coûter la bagatelle de onze millions d'euros à l'UMP, dont la situation financière n'est déjà guère florissante. Ils ne sont même pas capables de tenir convenablement leur propre comptabilité ; dans ces conditions, comment envisager qu'ils puissent gérer sainement les comptes du pays ? Face à cette situation imprévue, Copé a décidé de prendre le taureau par les cornes, puis lancer un appel au secours. En quelque sorte, il va organiser un UMPthon. N'oubliez pas le guide s'il vous plait. Toutes les devises et modes de paiements sont acceptées : chèques, cartes de crédit, espèces en euros, dollar et francs suisses.

Les dates d'ouverture de la chasse se situent, pour le plus grand nombre de chasseurs, courant du mois de septembre. Pour les sarkozystes, c'est le début juillet qui a été retenu par les socialos. Pour la gauche, l'opposition, garante d'un minimum de fonctionnement démocratique des institutions, n'a pas lieu d'être. Cette doctrine s'apparente au totalitarisme.

Qu'en est-il exactement des quelques petits avantages inhérents à la position de président puis ancien président de la République ?

C'est de Gaulle qui en fixa les modalités, lorsqu'il parvint à reprendre le pouvoir en 1958. Le Grand décida qu'il conserverait une rémunération identique à celle de son prédécesseur, René Coty, dernier président de la IVème République. Le montant net était alors égal à celui du vice-président du Conseil d'État, et correspondrait aujourd'hui à environ dix mille euros chaque mois. Il est actuellement d'environ treize mille euros, après avoir fait un petit saut vers les dix-huit mille durant l'ère sarkozyenne. Pas de quoi crier véritablement au scandale.

Pour faire du pognon, mieux vaut passer chez Michel Drucker le dimanche après-midi, même si le produit à vendre est de bien piètre qualité.

On peut toutefois remarquer que la totalité de cet argent peut immédiatement être placée en banque, puisque pour le président, tout est pris en charge par l'Elysée. Gîte et couvert avec électricité, gaz, eau chaude et froide à tous les étages, voitures de fonction avec chauffeurs et gorilles apprivoisés et tutti quanti. Le président dispose également de résidences secondaires à Rambouillet et Brégançon, qui lui permettent de fuir les bruits et ragots de la capitale, les balourdises ministérielles et ainsi se ressourcer. Depuis Sarkozy, il dispose en prime du pavillon de la Lanterne à Versailles, réquisitionné par l'ex au détriment de son fidèle Premier Ministre, car tel était son bon plaisir.

Question retraite, par la loi numéro 55-366 du 3 avril 1955, il est prévu le versement d'une pension annuelle d'un montant brut d'environ soixante-trois mille de nos actuels euros. Et puis, tout ancien président possède le privilège de siéger au Conseil Constitutionnel. Au niveau du fonctionnement des institutions, cela ne sert pratiquement à rien, mais permet à l'heureux bénéficiaire d'encaisser un petit pactole estimé à cent cinquante mille euros chaque année.

Financièrement, le plus ardu pour les contribuables reste pourtant à venir. Depuis la jurisprudence Fabius en 1985, le président sortant bénéficie d'un appartement ou bureau de fonction meublé et équipé, d'une voiture de fonction avec deux chauffeurs, deux gardes du corps et sept collaborateurs permanents. Bien entendu, son domicile privé se trouve sous la surveillance de la police. Il voyage gratos sur les lignes d'Air France en classe affaire, et est hébergé gratuitement dans les ambassades et consulats de France lorsqu'il se rend à l'étranger.

Mine de rien, l'ensemble de ces petits privilèges revient à la modeste somme d'un million cinq cent mille euros chaque année. Ce qui, actuellement, représente un total annuel de quatre millions cinq cent mille euros supporté par l'État, puisque nous conservons précieusement au chaud trois anciens présidents de la République. Pratiquement le salaire annuel de trois cent trente-cinq smicards. En échange de quoi ?

VENDREDI 5 – ATTENDONS.

Le déficit commercial de la France s'est fortement creusé durant le mois de mai. Le solde négatif entre les importations et les exportations repasse au-dessus de la barre des six milliards de déficit, ce qui représente un total de soixante-trois milliards pour les douze derniers mois. Après Delphine Batho, il serait grand temps de virer Nicole Bricq de son ministère du Commerce extérieur car, de toute évidence, elle n'est pas taillée pour le turbin. Au fait, c'est quoi son job dans la vie civile ?

À l'unanimité, les dirigeants du syndicat FO ont décidé la mobilisation générale des troupes disponibles, pour la seconde semaine du septembre. Ils rejoignent ainsi la CGT, Solidaires et la FSU. Mais que fait donc la CFDT ; les cadres se font bronzer sur les plages de sable blanc du Pacifique ? À n'en point douter, la rentrée risque d'être chaude, très chaude. Si un remaniement ministériel est sournoisement organisé durant l'été, les heureux bénéficiaires pourraient être celles et ceux priés de retourner vaquer vers leurs paisibles activités coutumières.

Pour l'instant, il ne s'agit qu'organiser une journée de grève. Donc cela ne servira strictement à rien sur le front des revendications. Comme habituellement, une manifestation de ce type n'est destinée qu'à recenser les forces éventuellement prêtes à se lancer dans un conflit plus généralisé. Pour l'immédiat, il ne reste qu'à attendre patiemment durant deux mois.

Pour un être humain, le temps perdu à attendre est une question fondamentale. Dans le courant d'une vie, combien de jours, de semaines, voire de mois passons-nous à attendre ?

La vie commence par neuf mois de perdus à attendre la naissance. Attendre, attendre, attendre encore. Attendre de grandir pour aller à l'école, puis attendre l'heure de la récrée, de la sortie, le mercredi, les week-ends et les vacances. Attendre le résultat des examens, attendre de trouver un job. Attendre que les portes s'ouvrent, attendre d'être servi, d'être reçu, que le spectacle commence. Attendre d'obtenir un rendez-vous, attendre une place disponible, attendre un papier, un coup de tampon, un dossier, attendre la réception de ses virements bancaires. Attendre que la soupe soit chaude ou qu'elle refroidisse, attendre parce qu'il n'est pas encore l'heure, alors qu'elle change continuellement. Attendre que le feu passe au vert, que le passage à niveau s'ouvre, que les bouchons sautent, qu'une place de parking se libère. Attendre que le printemps revienne, que la pluie cesse, que la neige fonde, que le jour se lève, que la nuit tombe. Il faut encore attendre un taxi disponible, l'autobus, le train, l'avion. Attendre que les juges délibèrent, attendre le résultat des courses, le tirage du loto, l'arrivée du Tour de France. Attendre le résultat des élections, attendre que les autres aient fini d'attendre. Nous perdons une grande partie de notre temps à attendre dans des files d'attente, en attendant la mort. En vérité, la vie n'est rien d'autre qu'une vaste salle d'attente, à l'extrémité de laquelle il n'y a rien de bon à attendre.

En attendant, nous attendons toujours de savoir combien de temps nous allons devoir encore attendre, avant que le gouvernement réponde à notre attente, car nous souhaitons logiquement savoir ce qui nous attend. Quant aux élus de la République, espérons que ceux-là ne perdent rien pour attendre. Nous attendons de voir.

SAMEDI 6 – DEBRE OU DE FORCE.

À 9 heures ce matin, l'UMPthon a déjà récolté six cent trente mille euros. Pour un début, ce n'est pas si mal. Vu l'acharnement socialo qui s'abat sur Sarkozy, il semble conseillé aux plus généreux donateurs, de faire dans la discrétion. Faute de quoi un contrôle fiscal n'est pas à exclure dans les prochaines semaines.

Certes, on retrouve l'UMP Jean-Louis Debré, à la tête du Conseil Constitutionnel. Mais pour lui, emmerder Sarkozy fait partie de ses occupations favorites, de ses plaisirs intimes. Jean-Louis a vraiment hérité de son père, l'amer Michel, inventeur de la maudite Constitution de la 5ème République. Encore un super marrant, celui-là ! D'ailleurs, ça se lisait sur son visage. Nul ne peut se refaire ; celui qui possède une tronche de clown blanc ne pourra jamais jouer les augustes.

En juin 1940, Michel Debré fut fait prisonnier par les Allemands, mais parvint à s'évader. Fervent admirateur de la stratégie lumineuse imposé par le généralissime Weygand, encore davantage appréciée par la Wehrmacht, il parvint rapidement à se faire nommer membre du Conseil d'État, et pour ce faire, prêta serment au maréchal Pétain. Durant l'Occupation, le Conseil d'État n'était rien d'autre qu'une machine répressive impitoyable, destinée à traquer les Juifs et les communistes. Rien que du banal en somme. En février 1943, sentant que le vent allait tourner en faveur des Alliés, il rejoignit les rangs gaullistes. Il n'est jamais trop tard pour se bien faire remarquer. À sa décharge, reconnaissons qu'il fut loin d'être le seul à emprunter cet itinéraire de secours, face aux prémices de la débandade allemande. De Gaulle, peu regardant quant à la sélection de ses proches collaborateurs, lorsque cela servait ses desseins, le chargea immédiatement d'établir une liste de personnages dévoués à sa personne, immédiatement en mesure de remplacer les préfets alors en poste, dès qu'il serait parvenu à prendre le pouvoir. Un coup d'État, cela se prépare minutieusement. Rien de doit être laissé au hasard.

En 1945, toujours selon les ordres du Grand Charles, ce jacobin pur sucre pur fruit, échafauda les plans d'une grande école d'administration : l'ENA. La plus grande catastrophe politico-intellectuelle franco/française du XXème siècle, allait dès lors se mettre en branle, comme le fera remarquer plus tard DSK, qui parvint toutefois à éviter le piège en étant recalé lors de l'examen d'admission. Près de soixante-dix années plus tard, nous continuons malheureusement, de subir les affres du personnel formé par cet établissement calamiteux. C'est le communiste Maurice Thorez, revenu de sa villégiature moscovite où, depuis le 8 novembre 1939, il s'était réfugié piteusement sous le faux nom d'Ivanov, qui signa officiellement les décrets fondateurs de ce bahut irrationnel. C'est ce que l'on nomme vulgairement une alliance de circonstance.

Le petit Mimi se trouvait toujours aux côtés du général, lorsque ce dernier réussit son nouveau coup d'État en 1958. Immédiatement, il consacra son temps à la rédaction de la Constitution antidémocratique de la 5ème République, dont il deviendra le premier Premier ministre. Un tel dévouement valait bien ça.

En 1962, il se présenta aux élections législatives en Indre-et-Loire. Battu, il se tourna fort logiquement vers l'île de La Réunion, dont il devint député en mai 1963. Il fera dès lors preuve d'un humanisme exemplaire. Ainsi, il fit arracher à leurs parents, mille six cents enfants réunionnais, de façon à les placer en métropole, avec mission, dès qu'ils seraient en âge de procréer, de repeupler certains départements ruraux, telle la Creuse, qui avaient tendance à se dépeupler.

En 1981, il se présenta aux élections présidentielles, histoire de mettre des bâtons dans les roues du char giscardien, mais n'obtint péniblement que 1,66 % des voix. Ouf !

Michel Debré a été conseiller municipal, maire, conseiller général, député, sénateur, ministre de la Justice, ministre de l'Economie et des Finances, ministre des Affaires étrangères, ministre de la Défense, et donc Premier ministre. Un véritable parcours du combattant. Comble pour un anti-européen primaire, il est même parvenu à se faire élire député européen en 1979. Il n'est pas toujours évident de renoncer aux énormes avantages liés à la fonction que l'on combat officiellement.

Alors qu'il occupait l'hôtel des Maquignons, Debré créa ce que l'on nomme depuis, le cabinet noir de Matignon. Bien entendu, les archives de cette officine malfaisante ne peuvent être consultées dans le rayon librairie d'un supermarché. Il est donc excessivement compliqué de pouvoir s'attarder, même quelques courts instants, sur les activités philanthropiques de cette institution barbouzarde. Ce qu'il semble possible d'affirmer, sans risques graves de commettre une erreur, est que depuis soixante années, si tous les coups tordus ourdis par cette organisation maléfique pouvaient être publiés, cela ferait le bonheur d'un éditeur de Série noire, tant il serait nécessaire de remplir les pages d'un nombre impressionnant de volumes.

UMPthon, suite. En trente-six heures, la somme récoltée approche le million d'euros. Il n'en manque plus que dix pour récupérer le manque à gagner occasionné par le Conseil Constitutionnel.

Pour faire pendant à la Fête de la rose, organisée chaque année par le PS, les dirigeants de l'UMP ont décidé de créer la Fête de la violette. Cette manifestation de grande ampleur, a réuni en ce samedi, environ deux mille sympathisants dans le village de La Ferté-Imbault, situé dans le département du Loir-et-Cher. Soit environ le double du nombre d'habitants de cette agréable petite commune, que tous les Français connaissent. Il convient de préciser que pour obtenir un tel résultat, des familles entières se sont déplacées depuis Marcilly-en-Gault, Saint-Viâtre, Selles-Saint-Denis ou Méry-sur-Cher. De toute évidence, on manque d'ambition et d'audace à l'UMP.

La bonne idée aurait été d'organiser un spectacle grandiose au Stade de France, puis convaincre Johnny Hallyday de se produire gratuitement sur scène. Quatre-vingt mille spectateurs réunis sous la bannière de l'UMP, prêts à mettre chacun cent euros dans le nourrain du parti, cela aurait été une première en politique. Et vraisemblablement une dernière. Même si, pour leur immense majorité, les spectateurs se seraient déplacés pour voir leur idole, et non pas sauver les derniers meubles négociables du triumvirat Sarkozy/Copé/Fillon, reconstitué pour l'occasion.

DIMANCHE 7 – EAU DE LOURDES.

La neuvième étape du Tour de France, s'est courue entre Saint-Girons et Bagnères-de-Bigorre. Pour l'occasion, quelques communes sinistrées lors des récentes inondations ont été traversées, dont Saint-Béat et Bagnères-de-Luchon. Grand sportif devant l'Eternel, François Hollande s'est rendu sur place afin d'encourager les forçats de la route, et soigner sa publicité. Voir ainsi des sportifs gagner leur vie à la sueur de leurs fronts, ça le change un peu de l'Elysée. Voire de la politique tout court. En fonction du planning relaxe de cette journée particulière, le président s'est abstenu d'annoncer de mauvaises nouvelles. Un week-end sans taxes ni impôts nouveaux, ça s'arrose sans modération.

Malgré le climat estival qui s'est désormais bien installé, Marie-Ségolène Royal tremble. Elle a peur d'être oubliée. Pour cela, elle est venue s'exprimer sur l'antenne de BFM/TV, alors qu'une partie des Français sont à la plage, une autre ne s'intéresse qu'au Tour de France, et les derniers n'en ont rien à foutre de ses états d'âme. Elle est véritablement peu inspirée quant au choix de la date, pour tenter une réapparition. Il faut arrêter les augmentations d'impôts (c'est original), il ne faut plus de hausse d'impôts (nous avions compris), il faut donner de la sécurité aux chefs d'entreprise (on demande une feuille de route, c'est à la mode), il faut faire rentrer l'évasion fiscale (des noms), il faut réduire les multiples « strates » administratives en France (mieux vaut éviter, si elle souhaite que la majorité des fonctionnaires votent à gauche).

Il faut, il faut, il faut. Nous n'avons pas besoin des politiciens pour nous dire ce qu'il faut faire. Nous le savons tous. La seule question qui se pose est, pourquoi ne font-ils pas ce qu'il faut faire, alors qu'ils déclarent qu'il faut le faire ? Peut-être ne savent-ils pas comment faire ?

Coucou, revoilà Moscovici. Il ose déclarer, le plus sérieusement du monde, que le gouvernement a trouvé le bon équilibre entre la réduction des déficits et le soutien à la croissance. Juste pour rappel, les déficits ne cessent d'augmenter chaque jour, depuis qu'il squatte Bercy, quant à la croissance elle se nomme désormais récession. Il se présente pourtant fort satisfait de lui, alors qu'il devrait se contenter de raser les murs. Comme cela n'était pas suffisant, il a ajouté que la hausse des prélèvements obligatoires pour l'an prochain, ne dépasserait pas 0,3 du PIB, et que 2014 serait la dernière année où ils augmenteraient. Il avait déjà promis cela pour l'année en cours, nous connaissons tous ce qu'il en est advenu. Indubitablement, il mérite la paternité de la tirade saugrenue de la semaine.

LUNDI 8 – DES MOTS ET DES MAUX.

À Nice, le maire est en colère. Très en colère. Les gens du voyage se sont installés illégalement sur les terrains de football de la ville. À sa demande de les voir partir, les responsables de la communauté lui ont répondu : *« Non, non, on est là pour trois semaines et c'est nous qui vous imposons, monsieur le maire, de rester là pendant trois semaines.* » Avant d'énumérer les mesures qu'il compte mettre en place, Estrosi a précisé sur l'antenne d'Europe 1 : je vais mettre des caméras partout pour surveiller leurs moindres faits et gestes. On va noter ceux qui rentrent, ceux qui sortent, à quelle minute, à quel moment et ce qu'ils vont faire dans la ville. Je vais relever les plaques d'immatriculation les unes après les autres, je fais un référé devant le tribunal à titre conservatoire pour pouvoir saisir les véhicules. Ces belles et grosses voitures avec lesquels ils tirent leurs belles et grosses caravanes pour lesquelles il faudrait aux Français parfois une vie pour avoir les mêmes. Le maire de Nice a dit ensuite avoir présenté une facture de six cent vingt mille euros, conséquence des dégâts causés par les caravanes sur les terrains de foot sur lesquels les gamins ne pourront pas jouer à la rentrée. Non seulement ils vont partir, mais avant de partir, ils vont payer. Et s'ils ne payent pas, on saisira les véhicules et on les vendra pour pouvoir rembourser ce que les contribuables niçois et français n'ont pas à payer.

Une solution logique et efficace serait d'envoyer les agents du fisc enquêter. Seulement c'est techniquement impossible ; ils ont bien trop peur de se faire casser la gueule, puis les syndicats y sont opposés. C'est plus simple d'emmerder les pauvres types.

Bien entendu, les âmes bien-pensantes ont immédiatement réagi. Eduardo Rihan Cypel, porte-parole du PS : ce sont des propos invraisemblables. Christian Estrosi appelle carrément à des pogroms. On a l'impression d'avoir un milicien et non pas un élu de la République qui s'exprime. Eric Coquerel, du Parti de gauche : ce que fait monsieur Estrosi, ce n'est pas républicain. Valls n'a pas manqué de pousser également sa ritournelle. Normal, il se croit payé pour ça. Il a crié haut et fort, mais uniquement à l'attention de celles et ceux qui sont encore prêts à l'entendre, que les propos de Christian Estrosi sur les gens du voyage étaient l'émanation d'une politique passée qui a fait mal à la France. Il a également parlé d'amalgame et de stigmatisation. Logique ; ce sont des mots à la mode dans les actuels discours politiciens.

Remarquons qu'il existe toutefois certains mots et expressions de gauche ou de droite. Au centre, ça dépend s'il y a du vent, si l'année est bissextile ou si le Beaujolais nouveau fait 12°. Par exemple, globalement est de gauche. Camarade, capitaliste (affreux), chômeur, commission (créer une), concertation, défilé (de la République à la Bastille), dialogue, exploitation (des travailleurs), grève, occupation, partage (du bien des autres), patronat, récupération, réunion, synthèse, sont le plus souvent gauchisants.

Alors que bilan, Bourse, capital, exploitation (des lieux de production), intérêts, licenciement, orientation, se situent plutôt à droite.

Enfin il existe les polyvalents, tels charges, contributions, cotisations, impôts, prélèvements, redevances, taxes ainsi que nous ne sommes pas responsables des erreurs commises par les gouvernements précédents.

Quant à régler la question des gens du voyage, il existe une solution très simple pouvant être mise en place rapidement, par les politiciens au grand cœur : qu'ils les accueillent chez eux, et tout le monde sera content.

Il en est ainsi monsieur Estrosi. Dans le même temps, on interdit aux saloperies de contribuables français de marcher sur les pelouses.

La hausse de 160 % des taxes sur la bière, instituée en janvier dernier, commence à porter ses fruits. Principalement au niveau des prix à la consommation. Conséquence directe : la production est en plein ralentissement. Moins 16,40 % de ventes auprès des cafés et restaurants, et moins 20,50 % pour la grande distribution.

Encore un grand bravo à l'inventeur de cette idée remarquable. À moins qu'elle ne soit collective.

L'UMP Pierre Bédier, ancien secrétaire d'État de Jacques Chirac, a retrouvé son siège de conseiller général des Yvelines. Il avait été condamné, en 2009, à une peine d'inéligibilité de six années, pour corruption passive. 2009 + 6 = 2015. Mais avec les mathématiques modernes, allons donc savoir.

Quant à Charles Pasqua et ses associés, ils ont tous été relaxés par le tribunal correctionnel de Paris, dans l'affaire de détournement de biens, au sein du programme pétrole contre nourriture, institué en Iraq par l'ONU. Plusieurs procès restent à venir en divers pays, dont les USA. Il sera fort instructif d'effectuer un rapprochement entre les différents verdicts.

MARDI 9 – GUERRE DE RELIGIONS.

Le ramadan commence aujourd'hui. Début des commentaires, suite et fin. Si l'on parlait autant du carême dans les médias, l'immense majorité des GIPE [gaucho-intello-parigo-écolo] hurleraient au scandale. Cela devient franchement lassant. Alors, pour le moins, tentons de rétablir l'équilibre en utilisant le silence.

Encore que, en réfléchissant bien, calquer ici quelques pensées de nos grands philosophes et écrivains, concernant l'islam, puisse représenter une option fort édifiante :

- *« Tous les germes de la destruction sociale sont dans la religion de Mahomet. »* (François-René de CHATEAUBRIAND).

- *« La religion de Mahomet, la plus simple dans ses dogmes, semble condamner à un esclavage éternel, à une incurable stupidité, toute cette vaste portion de la Terre où elle a étendu son empire. »* (Nicolas de CONDORCET).

- *« L'islam, c'est la polygamie, la séquestration des femmes, l'absence de toute vie publique, un gouvernement tyrannique et ombrageux qui force de cacher sa vie et rejette toutes les affections du cœur du côté de l'intérieur de la famille. »* (Alexis de TOCQUEVILLE).

- *« Si l'on préfère la vie à la mort, on doit préférer la civilisation à la barbarie. L'islamisme est le culte le plus immobile et le plus obstiné, il faut bien que les peuples qui le professent périssent s'ils ne changent pas de culte. »* (Alfred de VIGNY).

- « *L'islam ! Cette religion monstrueuse a pour toute raison son ignorance, pour toute persuasion sa violence et sa tyrannie, pour tout miracle ses armes, qui font trembler le monde et rétablissent par la force l'empire de Satan dans tout l'univers.* » (Jacques Benigne BOSSUET).

- « *L'islam est contraire à l'esprit scientifique, hostile au progrès ; il a fait des pays qu'il a conquis un champ fermé à la culture rationnelle de l'esprit.* » (Joseph Ernest RENAN).

- « *L'influence de cette religion paralyse le développement social de ses fidèles. Il n'existe pas plus puissante force rétrograde dans le monde.* » (Winston CHURCHILL).

- « *Je fus impressionné par la parenté du national-socialisme avec l'islam et cette impression n'a fait que se préciser et s'affermir depuis.* » (Hermann von KEYSERLING).

- « *Je n'ai rien contre l'islam, parce que cette religion se charge elle-même d'instruire les hommes, en leur promettant le ciel s'ils combattent avec courage et se font tuer sur le champ de bataille : bref, c'est une religion très pratique et séduisante pour un soldat.* » (Heinrich HIMMLER).

- « *C'est le grand phénomène de notre époque que la violence de la poussée islamique. Sous-estimée par la plupart de nos contemporains, cette montée de l'islam est analogiquement comparable aux débuts du communisme du temps de Lénine.* » (André MALRAUX).

L'UMPthon a déjà encaissé, en ce début de journée, la somme de deux millions et demi d'euros. Pour arroser ça, Sarkozy s'est rendu au siège du parti. Il a tenu à préciser que le jour où il voudra revenir, il nous préviendra. Revenir où ? Il a également jugé indécent de parler de la présidentielle de 2017, alors que les Français souffrent. C'est Copé et Fillon qui ont dû apprécier. Accessoirement Bertrand, Le Maire, Wauquiez et NKM.

Cette année, la ville de Paris va encaisser cent soixante-huit millions d'euros de plus que prévu, grâce aux cotisations sur la valeur ajoutée des entreprises, ainsi que douze millions supplémentaires sur les impôts directs locaux : taxe d'habitation et taxe foncière. C'est Bernard Gaudillère, adjoint aux finances, qui a annoncé la bonne nouvelle. (Uniquement pour la municipalité).

Les chiffres tronqués d'origine, avaient été communiqués par le ministère des Finances. C'est pour dire s'ils sont fiables, au sein de cette organisation maléfique. Ils ne sont même pas capables d'élaborer des dossiers conformes, au niveau des recettes. Alors concernant les dépenses... Il est vrai qu'il est pour le moins compliqué de demander à ces plumitifs de présenter une situation conforme, alors qu'ils sont totalement incapables de se compter eux-mêmes. Nul n'est en mesure de dire combien de fonctionnaires sont émargés par le ministère des Finances ! Elle n'est pas jolie cette histoire ?

Le ministère des Finances communique : progressivement, les déclarations d'impôts ainsi que les règlements, devront être effectués au moyen d'Internet. Ce sera toujours ça de boulot en moins à faire pour les agents de l'État. Concernant les sept millions de foyers qui ne possèdent pas d'ordinateur : devront-ils demander à leur banquier de leur accorder un crédit pour faire l'acquisition d'un ordinateur, ce qui fera autant de TVA à récupérer pour l'État, tout en contribuant à faire tourner la machine industrielle dans les pays du Sud-Est asiatique ou est-ce que le ministère des Finances, dans sa grande mansuétude, offrira généreusement un appareil aux personnes démunies ? Dans ce second cas, pour mettre la mesure à exécution, l'État devra également emprunter.

JMA a présenté son plan d'investissement d'avenir, doté de douze milliards d'euros répartis sur dix ans. Durant cette période, cela ne représente jamais qu'un milliard et deux cent millions d'euros par an. Pas de quoi crier sur les toits. Mais surtout, pour concrétiser ces intentions, encore faut-il disposer de cette somme chaque année. Il est vrai que le Premier Ministre actuel ne risque pas d'être concerné longtemps par cette mesure.

Au nombre des annonces, on découvre la généralisation d'ici à l'an 2020, de la mise en place du compteur électrique intelligent Linky.

Un compteur intelligent : et si on lui confiait un ministère ? Trois millions d'exemplaires de ce nouvel appareil, qui doit permettre de réaliser des économies d'énergie, seront installés avant 2016.

« Tout sera payé par EDF », précise son PDG, Henri Proglio. Compte tenu de la Fête nationale, et par respect envers la République, il n'y aura pas de tirade saugrenue dimanche 14 juillet. C'est donc ce mercredi qui a été retenu pour décerner la palme peu académique de la semaine, et son auteur n'est pas un politicien. C'est assez rare pour être signalé.

Tout sera payé par EDF, soit. Mais qui facture ces investissements à ses clients ? À priori, il semblerait que ce soit EDF, non ? L'augmentation prochaine des tarifs est là pour le démontrer. Finalement, il s'avère que Proglio est également taillé pour faire de la politique.

MERCREDI 10 – REMBOURSEZ.

En 2012, Pôle Emploi a versé, par erreur, près de huit cent douze millions d'euros aux chômeurs inscrits dans ses registres. Jean-Louis Walter, médiateur de cette institution revue et corrigée par on ne sait qui, propose une refonte des règles. C'est vraiment utile ? Lorsque l'on constate que JMA et son équipe de tontons flingueurs, ne savent plus quoi inventer comme saloperies pour piquer notre pognon, et qu'ils sont totalement incapables de faire fonctionnement correctement leurs propres administrations, il y a là de quoi être totalement dégoûté.

Comme de bien entendu, l'État va demander aux bénéficiaires de ces erreurs impardonnables, de rembourser les sommes trop perçues. En gros, cela représente, en moyenne, six cents euros par personne, selon l'arithmétique administrative. Ce qui est d'une stupidité inconcevable, car cela ne veut absolument rien dire. Pour certains, le compte est bon, pour d'autres l'encaissement est moindre, pour d'autres encore, nettement plus. Mais ce qui est certain, est que pour tous, l'argent est déjà reparti dans le commerce. Ce qui revient à dire que face à cette situation, dont ils ne sont pas responsables, certains chômeurs devront se conter d'un quart de tranche de jambon chaque soir, dès le 15 de chaque mois, en lieu et place de la demie habituelle.

Dans le privé, celui qui fait une erreur, non seulement la paie cash, mais de sus, les administrations se précipitent sur lui pour lui coller des taxes et amendes supplémentaires afin de lui apprendre à gérer correctement ses affaires, puis récupérer la monnaie susceptible d'être encore disponible.

Chez les fonctionnaires : que nenni ! Ils peuvent faire n'importe quoi, ils ne sont responsables de rien. En toutes occasions, ce sont les autres qui casquent. Quant aux syndicats, ils se gardent bien de prendre position en faveur des plus déshérités. Il est hors de question de se fâcher avec cinq millions de fonctionnaires à 80 % gauchos.

C'est dégueulasse.

Le gouvernement a décidé de dissoudre trois groupes d'extrême-droite : Troisième voie, Jeunesses nationalistes révolutionnaires et Envie de rêver. Pour les groupes d'extrême-gauche : toujours rien à signaler. Pour eux, sur les ondes, dans la presse écrite, tout va bien, merci. Il n'y aurait rien de surprenant à ce que cette décision gouvernementale soit orientée. Tout au moins, il est possible de le supposer.

JEUDI 11 – COUSIN COUSINE

La crise, vous avez dit la crise ; quelle crise ? Le magazine Challenge rapporte que les cinq cents premières fortunes de France ont vu leur richesse globale augmenter de près d'un quart en une seule année. Un record depuis l'année 1996. Le montant total s'établit à trois cent trente milliards d'euros ; il a quadruplé en dix ans, représente 16 % du PIB de la France, et 10 % du patrimoine financier de la population.

Un dixième de la richesse du pays, appartient à un cent millième de la population française.

Confirmation : la crise n'a pas été inventée pour nuire aux plus riches. Est-ce véritablement surprenant ?

Depuis quelques semaines, Montebourg était relativement calme. Cela ne pouvait durer plus longtemps. En tant que trublion, il se doit de défendre âprement son image de marque. Après avoir longuement réfléchi au moins trente secondes, il s'est décidé à refaire parler de lui, en invoquant une future exploitation des gaz de schiste. On arrivera avec la technique, dans très peu de temps, au gaz de schiste écologique. À première vue, ça ne sera pas facile, mais s'il le dit, il est possible d'envisager que la concrétisation de ses marottes ne soit pas programmée pour les mois à venir.

C'est dingue ce que les hommes – et les femmes – peuvent raconter comme absurdités, lorsqu'ils ramènent leur fraise dans des domaines où ils n'y connaissent strictement rien. Bien entendu, cette affirmation a immédiatement réveillé certains élus du PS et des Verts, alors qu'ils étaient tranquillement en train de faire une sieste bienvenue sous le soleil retrouvé de juillet. Même JMA a osé prendre le risque de recadrer Montebourg qui possède un énorme avantage sur Batho et bien d'autres ; s'il se fait virer, il va tellement foutre le bordel, qu'il peut se permettre de nombreuses incartades, sans autre risque minime que de se faire rappeler gentiment à l'ordre. C'est aussi cela la célébrité.

De toutes les façons, en dépit des interdictions actuelles, le gaz de schiste sera un jour exploité en France. L'on peut considérer cela comme une certitude. Comme toujours, les politiques ne font que retarder le progrès, qu'il soit technique, scientifique ou au niveau de l'évolution de la société.

C'est normal ; ce n'est qu'à partir de l'ignorance des populations, que les politiques peuvent assurer leur prédominance sur les populations.

Tapie continue de faire parler de lui ; ce n'est guère original. Passons sur ses affaires pour le moins scabreuses, qui commencent carrément à fatiguer la France entière. Dans sa situation, il émet malgré tout la prétention de se lancer de nouveau dans la politique, de toute évidence en vue des municipales de 2014. Pour ce faire, il a contacté Jean-Michel Baylet, qui a décliné poliment l'invitation avant même d'étudier le dossier.

Le président du Parti radical de gauche n'est, semble-t-il, plus classé par la liste des cinq cents premières fortunes profession-nelles de France mais, financièrement parlant, ça va pour lui. Merci. Pour Tapie, nous ne savons plus trop où il en est. Après la mise sous séquestre de ses biens – ou tout au moins une partie – que lui reste-t-il réellement ? Côté euros, francs suisses, dollars et autres devises, nous ignorons donc, à la date de ce jour, si ces deux zigotos jouent encore dans la même cour. Par contre, au niveau des tribunaux, rien ne les empêche d'unir leurs compétences.

Une information d'une importance capitale vient de tomber : Christine Boutin a démissionné de son fauteuil de présidente du Parti chrétien-démocrate. C'est donc qu'il en existe un ? Elle entend désormais préparer une liste, dont elle serait bien entendu numéro un, en vue des élections européennes de 2014. Oser tenter une telle aventure, alors qu'elle soufflera ses soixante-dix bougies à cette époque, c'est vachement gonflé. Que les salariés qui combattent les nouvelles dispositions qui seront prochainement mises en place par le gouvernement, quant à l'âge du départ en retraite, prenne donc exemple sur cette femme exemplaire, toute dévouée au service de l'État.

Tout à fait par hasard, il se trouve que député européen est à ce jour, pour un ou une élu, la meilleure placarde qui puisse exister, pour arrondir confortablement ses fins de mois. Mais ce n'est pas une raison pour voir le mal partout.

Christine Martin, devenue Christine Boutin après avoir épousé son cousin germain, ce qui, en d'autre temps, lui aurait valu l'excom-munication, est également l'auteur, à ses temps perdus, d'une œuvre littéraire en six volumes, dont le plus important, niveau philosophique : Je ne suis pas celle que vous croyez, mérite vérita-blement le détour. À consommer toutefois avec modération, surtout pour qui ne souhaite pas gâcher ses vacances.

VENDREDI 12 – C'EST COMMENT QU'ON FREINE ?

L'Iran et la Syrie ont présenté leur candidature pour siéger au Conseil des droits de l'homme de l'ONU. Quel progrès !

Juppé, co-fondateur de l'UMP n'est pas content du tout. Au moment où l'UMP a plus que jamais besoin d'unité et de solidarité, les meilleurs d'entre nous ne trouvent rien de mieux que d'échanger quelques gracieusetés et d'engager la bataille de 2017. Super génial. C'est sa réponse à Fillon, qui ne comprend toujours rien à rien, ne pense qu'à sa gueule, et avait déclaré auparavant : ne pas pouvoir vivre congelé (en un seul mot), au garde-à-vous, dans l'attente d'un homme providentiel.

Si l'on n'a que Fillon pour sauver la France, autant se suicider immédiatement. Ça fera gagner du temps.

Henri Guaino parle lui, carrément de trahison à l'égard des militants UMP. Pas de soucis Riton, Fillon n'est pas dangereux, il peut tout être, sauf le prochain président de la République.

Valls veut encore limiter les limitations de vitesse. Ses facéties sont sans limites. Il juge inéluctable que l'on passe à 120 km/h sur les autoroutes, 80 km/h sur les routes nationales et 70 km/h sur le périphérique parisien. À noter qu'il n'est pas directement concerné, puisque son chauffeur a le droit, voire le devoir, de ne pas respecter le code de la route.

Encore un petit effort, et il sera suffisant de fabriquer des Solex en France. D'autant que la marque renaît et produit de nouveau en France.

Concernant la vitesse des véhicules mis en vente sur le marché, aucun problèmes, ça peut monter jusqu'à 260, 280 km/h, voire davantage, mais uniquement au compteur. C'est comme si un épicier vendait une boîte de sucettes à des enfants, et leur interdisait ensuite de les déguster. Avec toutefois une différence de taille ; plus la voiture est puissante, c'est-à-dire en mesure de route vite, plus l'État vole d'argent aux automobilistes, en conservant toutefois son droit d'interdiction total sur ces salops de rackettés !

SAMEDI 13 – TIREZ LA LANGUE ET DITES A.

Fitch Ratings, dernière grande agence financière à conserver le triple A à la France, vient de baisser sa note d'un cran. Ils ne sont pas les plus rapides dans cette officine. Ce qui est proprement scandaleux, est que ce soient des sociétés privées qui gèrent financièrement l'État français. Ce n'est pas le seul, certes, mais commençons par nous intéresser à ce qui se passe à l'intérieur de nos frontières. C'est pour dire à quel point les présidents et ministres qui se succèdent à la gouvernance de notre pays depuis quarante ans, ne sont que des hyper nuls. Les beaux discours n'y changeront absolument rien ; lorsque l'on est endetté jusqu'au cou, le seul droit qui subsiste est celui de fermer sa gueule, et non pas d'emmerder les autres. C'est-à-dire les citoyens français.

Valls veut mettre en place une synthèse nouvelle entre un réformiste assumé et une République intransigeante. Pour cela, il défend l'action du gouvernement, pas seulement parce qu'il en est un des ministres, mais parce qu'il sait que la voie empruntée est la bonne. À cette époque de l'année, il ne devrait pas traîner dans les bals de pompiers avant de prendre la parole.

Six cent cinquante-six personnes vont entrer ou être promu dans l'Ordre de la Légion d'honneur, à l'occasion de la Fête nationale. Roselyne Bachelot est l'une des bénéficiaires de ces gamineries. Nous pouvons en déduire que Hollande s'est personnellement occupé de son cas, tant elle taille de croupières à Sarkozy, depuis qu'elle n'est plus ministre.

DIMANCHE 14 – LA FETE GACHEE.

Au début de son quinquennat, Nicolas Sarkozy a décidé, fort probablement suite aux conseils proférés par ses conseillers en mauvais conseils, de mettre un stop à la garden-party de l'Elysée, organisée chaque année dans les jardins du château. Quelle imbécilité ! Pour une fois que les politiques ne dépensaient pas l'argent de l'État uniquement pour leur bon plaisir, cette décision n'apparait pas particulièrement judicieuse. Au sein de la foule plus ou moins hétéroclite des invités, se trouvaient des personnes qui, plus jamais de leur vie, n'auront l'occasion de participer à une réception en un tel lieu. Avec en prime une photo à placer dans l'album de famille. Etant bien entendu qu'il est impossible d'inviter soixante six millions de Français officiellement répertoriés, la présence de quelques citoyens peu habitués à ce genre de manifestation marquait le coup. Cela faisait républicain. Lors de sa dernière organisation, cette petite sauterie a coûté la bagatelle de sept cent trente-deux mille huit cent vingt-six euros. Ce n'est certainement pas en économisant cette somme, que l'on va éviter à la France de tomber en faillite. D'ailleurs, il est déjà trop tard ; c'est fait.

Et puis, combien rapportait cette réception ? Le ou les traiteurs payaient la TVA sur les montants des factures. Ils payaient des extras qui remettaient immédiatement l'argent encaissé dans les circuits commerciaux, et non pas à la Bourse. Employeurs et employés payaient des charges sociales. Idem pour les fournisseurs de boissons rafraîchissantes et de champagne. Combien d'invités passaient auparavant par un salon de coiffure, un parfumeur, un magasin de vêtements, de chaussures, avant de fouler le gazon républicain. Voire un magasin de sous-vêtements appropriés, en prévision de rencontres inopinées toujours possibles en un tel lieu. Ce ne sont pas les exemples qui manquent. Indubitablement, chaque invité faisait indirectement tomber beaucoup plus de thunes dans les caisses de l'État, qu'il n'en coûtait à la République d'organiser cette festivité. Malheureusement, dans notre beau pays, chaque fois qu'un événement est susceptible de faire fonctionner la machine économique, il se trouve systématiquement des irresponsables pour tout détruire. C'est lamentable.

Abordant les agapes, durant les années 1970, alors que Valéry Ier régnait sur la France, une grande fête à Neu-Neu avait été organisée au palais de l'Elysée. Pour la circonstance, le souverain avait convié de nombreux artistes et pseudo-intellectuels. Le grand, l'immense Michel Simon, avait alors décliné l'invitation. Lorsque les médias lui demandèrent la raison pour laquelle il n'avait pas souhaité participer à cette soirée mondaine, il avait fièrement répondu qu'il ne s'asseyait pas à la même table que les voleurs. En ce temps pas si lointain, il restait encore des mecs, des vrais.

Elle est véritablement bizarre cette coutume de faire défiler des militaires et leur matos, en cette journée. Car c'est justement pour lutter contre le pouvoir et ses outrances, que la Révolution française est née. Or, aucun autre symbole ne représente autant le pouvoir absolu que les militaires.

Les révolutions ne sont que rarement d'essence populaire et, hélas, les résultats obtenus sont le plus souvent fort éloignés des espoirs entrevus. Elles trouvent le plus souvent leurs fondements au sein des classes bourgeoises, et non point populaires. Les peuples ne possèdent pas suffisamment de ressources morales, d'audace, de bravoure, voire tout simplement d'intelligence pour entreprendre les grands chambardements.

Ainsi, Karl Marx lui-même était issu de la grande bourgeoisie. Son père était avocat et était propriétaire de vignobles dans la vallée de la Moselle. Quant à sa mère, née Henriette Pressburg, elle était la tante des frères Gerard et Anton Philips, créateurs de la société éponyme. Cela ne l'a pas empêché d'être marxiste, mais il lui sera beaucoup pardonné, car pour lui, c'était de naissance.

Une révolution peut généralement se résumer en une simple histoire de grand vizir qui veut devenir calife à la place du calife, et où à l'arrivée, le peuple se fait systématiquement entuber.

Si l'on survole, même à basse altitude, les principaux personnages qui ont animé la Révolution de 1789, nous découvrons que Danton était le fils d'un procureur, qu'il n'était qu'un politicien véreux et sans scrupules, vénal, avide de pouvoir et de puissance. Il encaissa des subsides importants provenant de la cour, ce qui lui permit, entre autres avantages sociaux, de rembourser les emprunts qu'il avait contractés pour acheter sa charge d'avocat, soit soixante-dix-huit mille livres. Le concernant la seule question qui reste en suspens à ce jour, est de connaître combien ses activités de révolutionnaire lui ont rapporté.

Robespierre, avocat surnommé l'incorruptible, n'était en réalité qu'un odieux dictateur imbu de sa personne. Il fut le principal instigateur de la Grande Terreur, qui vit périr sur l'échafaud, ainsi que lors de massacres savamment organisés selon ses vœux les plus sincères, plus de cent mille Français, avant qu'il ne contrôle personnellement le bon fonctionnement de la guillotine.

Marat, fils d'un pasteur défroqué, était médecin du comte d'Artois. Il est considéré comme étant responsable des massacres de septembre 1792, destinés à éliminer les ennemis de (sa) révolution. Alors qu'à partir de Londres, et avec la bénédiction du gouvernement anglais, il organisait une contre-révolution royaliste.

Quant à Honoré-Gabriel Riquetti, comte de Mirabeau, il n'était rien d'autre qu'une fieffée crapule. Il était d'une laideur repoussante, ce qui faisait dire à son père qu'il avait engendré le neveu de Satan. Coupable de multiples escroqueries, il fut interné à différentes reprises, à la demande de sa propre famille. D'abord en la prison du fort de Vincennes, puis au fort de Joux, d'où il parvint à s'évader. En novembre 1992, on découvrit dans l'armoire de fer que Louis XVI possédait en la prison du Temple, les preuves irréfutables que Mirabeau négociait en secret, depuis fort longtemps, avec le roi, et trahissait la Révolution contre monnaies sonnantes et trébuchantes.

Remplacer Louis XVI par la Terreur, n'était pas nécessairement une idée lumineuse. Surtout pour porter un empereur sur le trône, quelques années plus tard. Le plus souvent, la première conséquence d'une révolution est de remplacer un emmanché par un enfoiré. Ou le contraire. Finalement, il n'y a pas de quoi décréter un jour férié pour arroser ça.

Pour résumer la situation, il est possible d'affirmer, sans grand risque de se tromper, que les instigateurs, les organisateurs de la Révolution de 1789, n'étaient rien d'autre que de fieffés salopards.

LUNDI 15 – LE TRAIN-TRAIN QUOTIDIEN.

Après s'être fait huer, lors de sa descente des Champs-Élysées, Hollande a renoué avec la conférence de presse traditionnelle du 14 juillet. Lamentable. S'il est un conseil à lui proférer, c'est de changer très rapidement d'oculiste, puis de porter un sonotone. Car il se trouve être actuellement en France, l'un des seuls à ne pas voir la réalité d'une situation générale qui se dégrade un peu plus chaque jour, à ne pas entendre le peuple qui gronde.

Il joue avec les feux d'artifice pépère François.

Suite au déraillement du train Corail Paris-Limoges, en gare de Brétigny-sur-Orge, certains témoignages révèlent qu'à peine une heure après le drame, une cinquantaine de petits salopards s'en sont pris à la police, tentant de forcer les barrages mis en place. Des médecins et des journalistes rapportent que leurs téléphones portables et leurs bagages leur ont été dérobés. De source policière (discrète) nous apprenons même que plusieurs dizaines de passagers du train ont été victimes d'odieux larcins.

Deux compagnies de CRS ont été nécessaires pour ramener l'ordre mais, fort heureusement, UN mineur a été interpellé pour « outrage, vol et violence en réunion ». Il s'agissait donc d'une réunion avec une seule personne. Ouf, nous pouvons respirer !

Pour l'occasion, Valls s'est bien gardé de venir se pavaner devant les médias.

Quelques dizaines de militants de Greenpeace, sont parvenus à pénétrer à l'intérieur de la centrale nucléaire de Tricastin, et à déployer des banderoles dénonçant la dangerosité des lieux. En dehors du fait que cette manifestation folklorique ne risque pas de se trouver à l'origine d'un nouveau jour férié, elle démontre tout de même que la sécurité du site n'est pas assurée, et que le premier groupe de terroristes venu, en visite dans la région, peut transformer la vallée du Rhône en Tchernobyl bis. Et là, sincèrement, ce n'est guère rassurant.

MARDI 16 – AMIS DONNEZ.

UMPthon : à la date de ce jour, cinq millions d'euros sont tombés dans la caisse de cette organisation philanthropique, au service de la France et des Français. Ça commence à faire beaucoup d'argent. D'ici à ce que Copé, Fillon et consort commencent à se chamailler pour mettre au point les procédures de répartition, il n'y a que quelques faux bulletins de vote à franchir.

La commission Cahuzac a entendu Taubira, Valls et Moscovici. Les conclusions de ces trois pauvres ministres à qui l'on cache tout et l'on ne dit rien, peuvent se résumer ainsi : la justice a fonctionné normalement ainsi que nous avons fait tout ce qui était en notre pouvoir. Pour l'occasion, il est navrant d'apprendre que des ministres de la République ne disposent que d'aussi peu de pouvoir et de réseaux d'informations, pour les aider à remplir à peu près correctement leur mission ! Dans ces conditions, à quoi sert que les citoyens puissent être sans cesse espionnés, contrôlés, fliqués, épiés par la police politique et les administrations, si les informations ne remontent pas ?

À Carcassonne, un engin explosif a explosé au siège du PS de l'Aude. Des inscriptions sur la façade du local, visaient Le Foll et la politique agricole gouvernementale. C'est anecdotique.

Dans la nuit du 15 au 16 octobre 1959, alors qu'il rentrait chez lui, après avoir dîné à la brasserie Lipp, François Mitterrand suspecte une voiture de le suivre. Il décide alors d'arrêter sa 403 Peugeot, et se réfugie derrière un buisson dans le jardin de l'Observatoire. Bien lui en prend, puisqu'après lui avoir laissé le temps de se mettre à l'abri, les poursuivants criblent son véhicule de sept balles.

Quelques jours plus tard, le journal Rivarol publie un témoignage de Robert Pesquet. L'ancien député gaulliste déclare alors qu'il est l'auteur d'un faux attentat qui aurait été commandité par Mitterrand en personne, dans le but de soigner sa publicité qui n'était pas au plus haut. La justice inculpe alors Mitterrand pour « outrage à magistrat », pour avoir caché ses rencontres avec Pesquet. En 1966, la loi d'amnistie initiée par le gouvernement de

Georges Pompidou, permet de clore le dossier. La justice décide également de classer la plainte initiale de Mitterrand par un non-lieu. Pourtant Mitterrand persiste et signe. Après avoir perdu en appel, il se pourvoit en cassation, puis finalement se désiste. Le futur président ne sera condamné qu'à payer les frais et dépens.

Seuls les mauvais esprits trouveront ici matière à faire un rapprochement entre ces deux faits divers. Mais ce qui est certain, est que la cote du PS a besoin de remonter dans les sondages.

UMPthon : la cagnotte continue de se remplir confortablement. Ainsi, les camarades de la section du PC d'Oullins, près de Lyon, ont décidé de faire un don aux forces réactionnaires, pour les aider à redresser leurs comptes. Selon Bertrand Mantelet, secrétaire de la cellule locale des forces du progrès, il s'agit d'une action républicaine et politique. C'est pourquoi la journée se termine avec un magot de cinq millions et un euro, puisqu'un chèque d'un euro a été expédié par les cocos, au siège de l'UMP.

MERCREDI 17 – DETOURNEMENT DE FONDS.

La Cour des comptes évalue à près de quatre milliards d'euros, le montant des épargnes placées sur des contrats d'assurance-vie ou des comptes bancaires, non réclamé par leurs propriétaires, vraisemblablement décédés ou devenus introuvables. Alors que la France compte environ vingt mille citoyens âgés de plus de cent ans, le nombre de comptes encore ouverts, appartenant à des centenaires, s'élève à plus de six cent soixante-dix mille.

Mais que va-t-on bien pouvoir faire de tout cet argent-là ?

C'est fort simple. Etant entendu que les banquiers sont beaucoup plus rapides que les administrations, y compris le ministère des Finances pourtant spécialiste es rapines, les frais de gestion se chargent de rétablir l'équilibre. Allez hop, circulez, il n'y a plus rien à consulter.

Cela étant précisé, si l'on demande aux banquiers la façon dont est utilisé l'argent placé sur les comptes assurance-vie, ils sont tous unanimes à répondre : l'État nous le confisque, pour le remboursement de sa dette. À aucun moment, ces importantes sommes ne sont utilisées dans les circuits financiers classiques, par exemple pour le financement d'entreprises. Voilà pourquoi les intérêts ne sont pas taxés.

Le CNN – Conseil national du numérique – déconseille au gouvernement de mettre en place une taxe spécifique sur le secteur du numérique. Cela prouve que le projet est en cours, et qu'il ne tardera pas à se concrétiser.

Une fois encore, une fois de plus, nous devons nous attendre tous à nous faire niquer.

Le 22 juillet prochain, je participerai au pèlerinage vers la grotte de Sainte-Marie-Madeleine à Plan d'Aups. Car l'an dernier le mouvement la Manif pour tous est parti de là. J'étais dans la grotte en quête de vérité. Mado la pécheresse m'a pris la main pour que j'aie la force de prendre la tête du mouvement. Signé Frigide Barjot. Il ne serait guère étonnant qu'elle soit reçue prochainement par le pape François. Puis, dans quelques décennies, il sera probablement nécessaire de trouver une date disponible dans le calendrier, pour fêter la sainte Frigide.

JEUDI 18 – PRENEZ-EN DE LA GRAINE.

Le groupe américain Monsanto, a décidé de retirer ses demandes d'homologation de culture d'OGM dans l'Union européenne, à l'exception du maïs MON810. La Commission européenne a confirmé avoir enregistré ce dossier.

La société Monsanto, a commencé ses activités humanitaires au service des affamés, en fabriquant de la saccharine, destinée à être balancée dans le breuvage biologique Coca Cola. Puis, après un passage par le caoutchouc, l'aspirine, le nylon, les phosphates et l'aspartame, elle s'est spécialisée dans la production de l'Agent orange, qui est à l'amendement des sols, ce que Sébastien Chabal est à la broderie anglaise. Quant à l'aspartam, il s'agit d'un composé de phénylalanine, d'acide aspartique et de méthanol (alcool de bois). Demandez-donc à votre médecin traitant, ce qu'il en pense. On en trouve dans un millier de produits alimentaires dont les sodas et le chewing-gum. Le défoliant Agent orange fut déversé sans retenue aucune par les Américains, à partir de l'année 1961, durant la guerre au Viêt-Nam, avec l'aimable autorisation du président J.F. Kennedy. Durant dix années, l'armée US a ainsi empoisonné dans ce pays, plus de quatre cent mille hectares de terres cultivables. Quarante ans après la cessation de ces activités agricoles, les cancers continuent de se développer à la vitesse grand V, dans les endroits traités avec précaution par l'US Air Force, et les malformations à la naissance y sont plus nombreuses que partout ailleurs dans le monde. Sauf peut-être dans la région de Tchernobyl, et depuis peu celle de Fukushima. Encore qu'au Japon, la situation soit différente ; depuis bientôt soixante-dix ans, ses habitants possèdent, suite aux expériences de Hiroshima et Nagasaki, de nombreuses connaissances en la matière.

Ce n'est pas tout. L'immense majorité des semences produites et commercialisées par Monsanto, est résistante à l'herbicide Roundup qui, par le plus grand des hasards, est également fabriqué par cette firme. Comme si tout cela n'était pas suffisant, il est avéré que les OGM empêchent la germination des semences de la seconde génération. Pas cons les mecs. Terminé le bon temps où les agriculteurs commençaient, dès le début des moissons, par entreposer leurs semences pour l'année suivante. Désormais, les agriculteurs désirant pratiquer les cultures OGM devront, chaque année, acheter leurs semences. Et où sont-elles disponibles ces petites graines : tout simplement chez Monsanto.

Un qui va être satisfait, c'est José Bové. Encore que si l'on réfléchit bien, sans les OGM, il n'aurait jamais été connu des foules. Ce qui revient à dire que sans Monsanto, Bové ne serait jamais devenu député européen le 7 juin 2009. Cette position représente une situation autrement plus confortable, que passer des heures interminables dans les champs, pour un salaire de misère en fin de mois.

VENDREDI 19 – TOUCHEZ PAS AUX PILLEURS.

Un rapport policier rapporte que des vols d'effets appartenant à des victimes de l'accident ferroviaire de Brétigny, le 12 juillet, ont bien eu lieu. Le document relate qu'à l'arrivée de la CRS 37, les hommes devaient repousser des individus, venus des quartiers voisins, qui gênaient la protection des véhicules de secours, en leur jetant des projectiles. Certains de ces fauteurs de troubles avaient réussi à s'emparer d'effets personnels éparpillés sur le sol ou directement sur les victimes.

Valls n'est toujours pas au courant, quant à Cuvillier, ministre des Transports, il qualifie ces incidents minimes d'actes isolés. Il ne s'agirait pas de perturber les fripouilles, les casseurs. Car la situation pourrait dégénérer rapidement dans les banlieues. Mieux vaut rançonner les braves gens ; c'est plus simple et ça rapporte davantage.

SAMEDI 20 – PASSAGE À TABAC.

Il n'existe pas que les indices du CAC 40, du Nasdaq ou du Dow Jones pour nous informer sur l'évolution des marchés financiers. Depuis l'an 1986, l'indice Big Mac compare le prix du burger le plus célèbre de la planète, à travers cinquante-huit pays. Le quotidien britannique *The Economist* vient de publier le dernier rapport concernant le prix moyen de ce produit de grande consommation. Et là, nouvelle catastrophe : en Europe, seul un gourmet finlandais paie son plat préféré plus cher qu'un Français. Selon plusieurs instituts économiques, ces données sont la preuve évidente du décrochage de la compétitivité en France.

Moralité, lorsque vous passez la frontière pour faire le plein de votre réservoir, boire une bonne bière et acheter vos cigarettes, n'oubliez surtout pas de vous sustenter sur place, dans l'un des multiples établissements de la chaîne McDonald's. D'autant que vous n'y trouverez aucune différence ; dans le monde entier, à l'exception de l'Inde, ce sandwich des temps modernes est conçu de façon identique, en utilisant les mêmes ingrédients.

Toujours aussi préoccupée par la santé de ses concitoyens, ce qui représente une grande première pour un personnage politique, Marisol Touraine souhaite étendre le champ des interdictions de fumer à plusieurs lieux encore libres, dont les parcs, les plages, à l'intérieur des cités universitaires et devant les écoles. Elle a oublié les rues, les avenues, les boulevards, les places publiques, les impasses, les marchés, les fêtes foraines, devant les églises, cathédrales, temples et synagogues, (devant les mosquées, on ne touche pas), les montgolfières, les chiottes, le bar de l'Assemblée nationale, les égouts, les souterrains, les bordels, les véhicules, les campements des gens du voyage, les décharges publiques, les déchetteries, lors des feux de la Saint Jean ainsi que dans les fabriques de cigares et cigarettes.

Le 1er avril 1972, lors du journal télévisé de 20 heures, Léon Zitrone annonça qu'il serait prochainement interdit de fumer dans les lieux publics. Avant que les téléspectateurs ne s'aperçoivent qu'il ne s'agissait tout simplement que d'un poisson d'avril, ce fut la consternation générale dans le pays. Quarante années plus tard, la fiction et l'affliction sont devenues réalité. Parole de non-fumeur.

Mieux encore, lors de l'émission télévisée la plus populaire de l'époque : Trente-six chandelles, le célèbre présentateur Jean Nohain, remercia publiquement les fumeurs, le 17 mars 1958, pour avoir fait tomber dans les caisses de l'État, la somme de trois cents milliards de francs l'année précédente. Merci aux fumeurs, lança-t-il joyeusement sur les ondes.

C'était le bon temps. L'insupportable totalitarisme sectaire et administratif ne s'était pas encore abattu sur le peuple de France.

La seule chose quelque peu rassurante, où tout au moins qui puisse nous consoler temporairement, est de savoir que les parasites qui passent leur vie à emmerder celles et ceux qui bossent pour les entretenir, finiront, eux-aussi en viande avariée pour nourrir les asticots. C'est peu mais c'est toujours ça. Même si les petites bêtes qui font le ménage ne sont pas aux normes.

DIMANCHE 21 – TOUS EN SELLE.

Philippe Martin, nouveau ministre de l'Ecologie l'affirme : la centrale nucléaire de Fessenheim fermera définitivement ses portes, au plus tard le 31 décembre 2016. Rendez-vous est pris pour fêter l'événement tous ensemble tous ensemble, tous, tous. Pour qui espère gagner quelques euros, il est toutefois préférable de miser sur une autre alternative.

Lors d'une visite surprise en Corrèze, qui a tout de même permis de mobiliser plusieurs centaines de gendarmes et policiers, Hollande s'en est allé saluer le couple Chirac. Il a trouvé l'ancien président plutôt en bonne forme. Il est vrai que pépère connaît très bien les lieux, puisque du temps de sa présidence à la tête du département, il louait régulièrement aux Chirac le château de Bity, afin d'y organiser de somptueuses festivités sur le compte des contribuables.

Quant au château de Bity, il continue d'être placé sous surveillance policière, ce qui représente un budget annuel pour l'État de plus de quatre cent mille euros.

Le Tour de France s'est terminé ce jour, après une parade semi-nocturne sur les Champs-Élysées. Cette année encore, cet événement sportif et commercial considérable, de niveau mondial, aura permis de constater que, juste derrière les politiques, les reporters sportifs sont les amuseurs publics qui déblatèrent le plus de contresens. Rapporter une liste, même partielle, des citations carrément débiles entendues sur les ondes durant trois semaines, serait trop long et fastidieux. Sous réserve d'ailleurs d'avoir tout entendu, tout noté.

Il n'en reste pas moins vrai qu'à événement exceptionnel, récompense exceptionnelle. Le titre tant envié de la meilleure tirade saugrenue de la semaine est donc décerné, à titre collectif, aux professionnels de la presse, spécialisés dans le domaine de la pédale.

De par le comportement carrément débile, d'un certain nombre de spectateurs massés sur les bords des routes, tout au long de l'épreuve, on éprouve le sentiment que pratiquement tous les abrutis de la Communauté européenne se regroupent chaque année en France, durant cette période estivale. Une sorte de congrès itinérant de la connerie humaine.

LUNDI 22 – LA CHANCE TOURNE.

Il y a quatre-vingt ans aujourd'hui, par décret était créée la Loterie Nationale. Le premier tirage eut lieu le 7 novembre suivant, et l'heureux gagnant du gros lot, Paul Bonhoure, coiffeur à Tarascon, encaissa un joli pactole de cinq millions de francs, ce qui correspond à environ trois millions trois cent mille euros actuels. Il avait acheté le billet numéro 18 414, série H. (À l'attention des superstitieux.)

Il se rendit à Paris pour encaisser le montant de son gain, fut reçut avec les honneurs dus à son nouveau rang, et descendit les Champs-Élysées tel un chef d'État. Rentré à Tarascon, il fit refaire à neuf son salon de coiffure, puis l'offrit à son commis, Albin Bin, dit Binbin. Il vécut ensuite comme un pacha pendant trente-deux ans, avant de s'éteindre en 1965.

Actuellement, la Française Des Jeux, héritière de la Loterie Nationale, réalise un peu plus de douze milliards de chiffre d'affaires par an (année de référence 2012), ce qui en fait la troisième loterie mondiale.

Deux petits conseils à l'attention des futurs gagnants : premièrement, n'écoutez jamais les conseils des autres. Secondement, encaissez discrètement votre argent, et barrez-vous vite fait à l'étranger. Sinon les rapaces du fisc ne perdront pas de temps pour s'occuper de votre cas.

Selon les informations en provenance de la Banque mondiale, les dix pays où les habitants sont les plus riches du monde sont, dans l'ordre : la Norvège, le Qatar, la Suisse, l'Australie, le Koweit, le Danemark, la Suède, le Canada, Singapor et les États-Unis.

Juste histoire de dire, avant que ne commence la Première Guerre mondiale, la France était la première puissance économique mondiale.

Quant aux huit pays les plus corrompus de la planète, ils se nomment : Sierra Leone, Libéria, Yémen, Kenya, Cameroun, Zimbabwe, Libye, et Mozambique. Dans cette seconde liste, la France ne figure toujours pas. Surprenant.

Un pic de chaleur est attendu ce lundi en Ile-de-France. Conséquence de quoi, la préfecture de police de Paris, lance une alerte à la pollution. Il ne s'agirait pas de contribuer à la disparition progressive de la couche de trioxygène, molécule triatomique formée de trois atomes d'oxygène, dans l'instabilité se manifeste par une tendance à l'explosivité lorsqu'il se concentre. Pour les non-initiés : l'ozone, qui intercepte 97 % des rayons ultraviolets du Soleil dans la troposphère, et est considéré comme particulièrement polluant, lorsqu'il se trouve dans l'atmosphère, près du sol. Il agresse les cellules vivantes, principalement le système respiratoire des animaux, l'homme y compris, est susceptible de brûler les végétaux, et est responsable du phénomène de corrosion accélérée des polymères. Respiré en trop grande quantité, l'ozone est hautement toxique et provoque des quintes de toux.

S'il vous plait, prenez garde à la couche d'ozone.

MARDI 23 – CARNET ROSE.

Chaque jour dans le monde, naissent environ trois cent cinquante-trois mille enfants. Soit sensiblement cent trente millions par an. À l'intérieur de cette rubrique de faits divers, Monsieur William Windsor et madame, née Kate Middleton (soit environ cinq cents kilogrammes), ont la joie et le plaisir d'annoncer la naissance de leur premier rejeton, de sexe masculin. Pour l'instant, il se prénomme officiellement X. Il est pourvu d'une tête équipée d'un nez, une bouche, deux yeux et deux oreilles. Il possède également deux bras, deux jambes, et un service trois pièces semble-t-il normalement constitué. Ce qui est un atout particulièrement appréciable, lorsque l'on prend en considération la tâche qui sera la sienne, quand il sera parvenu en âge de procréer. Car cette fonction représentera l'essentiel de ses activités. Il pisse et chie correctement dans ses couches. Le communiqué ne précise pas si le nouveau-né est nourrit avec des produits chimiques conventionnels ou s'il bénéficie de l'avantage de pouvoir téter le liquide nutritionnel produit naturellement par les nichons de sa maman, tels les pis d'un paisible bovidé.

La recette de l'UMPthon continue d'évoluer. La somme de sept millions et un euros vient d'être atteinte. Malgré cela, un vent de révolte souffle au sein des rangs de l'UMP. Il se trouve que, si Sarkozy a personnellement mis la main au carnet de chèques pour participer au redressement des finances de son parti, il ne s'est mouillé que d'un montant de sept mille cinq cents euros, alors qu'il s'était porté caution solidaire de la totalité de l'emprunt. On était bon à rien pendant la campagne, maintenant on est bons à payer ses dettes, entend-on à droite et à droite. Les mécontents ont la possibilité de changer de parti, c'est une coutume fréquente en politique. Et ça tombe bien, car au centre on embauche.

MERCREDI 24 – AU THEATRE CE SOIR.

Nouvel interrogatoire de Cahuzac, par ses ex confrères de l'Assemblée nationale. Il n'a absolument aucun souvenir d'une quelconque réunion avec Hollande. De son côté, Hollande n'était pas à Paris le jour de la réunion qui n'a pas été organisée. C'est bien la preuve qu'il n'y en a pas eu. Quant à, Moscovici, il ne se souvient plus que Cahuzac a été son ministre délégué ; dans ces conditions, comment aurait-il pu être en possession de la moindre information ? Reste Ayrault mais, comme lui également n'est au courant de rien, les membres de la commission d'enquête parlementaires, par dix voix contre huit, ont décidé qu'il était totalement inutile de perdre du temps à l'auditionner. Donc la situation est claire et nette.

Le chômage est reparti à la hausse en juin, avec quatorze mille neuf cents nouveaux inscrits. Mais la situation est moins grave que si elle était pire. Parole de Hollande. Pourquoi donc être préoccupé par ce problème ?

Il est pourtant une constatation évidente ; Hollande, Ayrault, Sapin and Co peuvent toujours chanter que la courbe de la croissance s'inversera pour la fin de l'année en cours, techniquement, c'est impossible. Pour qu'un début de retournement de la tendance puisse s'opérer, il est indispensable que le pays connaisse une croissance d'au minimum 1,5 % pour l'année en cours. Et pour l'instant, nous ne connaissons que la récession.

Comme l'a déclaré Jean-Claude Mailly, numéro un de FO, *« nous attendons le redémarrage économique comme on attend Godot. »*

Pour faire baisser le nombre d'inscrits à Pôle Emploi, il ne fait aucun doute que le gouvernement aura recours à la magouille qui consiste à créer des emplois aidés, le plus souvent économiquement inutiles, qui ne feront que continuer à amplifier les déficits.

Il est bien grande tristesse qu'un pays aussi riche que la France, puisse être ainsi mis à sac par des bandes d'ignorants, de surcroît, imbus d'eux-mêmes.

Le suspense insoutenable entourant les prénoms du petit Windsor, vient de prendre fin. Ce n'est pas trop tôt. Il se prénommera George Alexander Louis. Encore un dossier plié. Mais au fait ; et chez les Grimaldi ? Pourtant, Charlène a été engagée pour assurer la descendance de la marque.

JEUDI 25 – LE TRAVAIL N'EST PAS LA SANTE POUR TOUS.

Où l'on reparle de Balladur, l'homme qui, une fois dans sa vie, a osé braver tous les dangers de la capitale en prenant le métro. Quelle aventure, quelle audace ! Un réquisitoire supplétif pour détournement de fonds publics et recel, a été délivré par les magistrats du parquet de Paris. Sa Suffisance, alors qu'il était Premier Ministre, aurait utilisé les fonds spéciaux de Matignon, à des fins personnels, de façon à financer, pour partie, sa campagne présidentielle de 1995. L'argent de la magouille pakistanaise n'était donc pas suffisant ? Il peut tout de même dormir sur ses deux oreilles ; avant qu'il ne soit jugé, nous serons tous passés de vie à trépas.

Le plus ennuyeux dans cette histoire, est de constater une fois de plus, que les négriers des temps modernes – les dirigeants politico-financiers – utilisent les procédés frauduleux qu'ils condamnent eux-mêmes. Ce qui revient à dire qu'ils se permettent de disposer à leur gré de l'argent des contribuables, alors qu'ils interdisent à ces mêmes contribuables de pouvoir utiliser selon leurs besoins et envies les revenus qu'ils tirent de leur travail.

Ce n'est pas du travail que tout cela. Le travail dont on peut dire :

- Le travail devient un délit, lorsque l'État proxénète n'encaisse pas ses commissions à ne rien foutre au passage.

- La France est le seul pays où les travailleurs cessent de faire la grève, afin de pouvoir partir en vacances.

- Le gouvernement finit toujours par trouver de l'argent pour tout, sauf pour payer ceux qui travaillent à la production des richesses.

- Plutôt que tenter nous expliquer qu'ils cherchent des solutions pour créer des emplois, les politiciens seraient bien inspirés de ne pas se rendre responsables de la destruction des jobs existants.

- La différence fondamentale entre un travailleur syndiqué et un non syndiqué, est que le non syndiqué ne paye pas de cotisations syndicales.

- Lorsqu'ils travaillent, les politiciens ne pourront jamais être aussi fatigués qu'ils nous fatiguent.

- Un président de la République qui change son Premier ministre, est comme un président de club de football qui vire son entraineur. Pourquoi l'avoir recruté s'il n'est qu'un bon à rien ?

- Les dirigeants syndicaux ne risquent pas d'être directement concernés par la pénibilité au travail.

- Si l'on travaillait dans les entreprises privées, sur le modèle des administrations, il y a belle lurette qu'elles seraient toutes en faillite.

- Quel est le nom du dernier ministre du Travail à être décédé des suites d'un accident du travail ?

- Celui qui s'acharne au travail, c'est qu'il n'a rien d'autre à foutre.

VENDREDI 26 – EST-CE QU'IL À UNE GUEULE D'EMISPHERE.

JMA a déserté Matignon quelque temps, afin de se rendre dans l'hémisphère sud. Une façon comme une autre de déguiser un séjour touristique en déplacement professionnel. La programmation de son voyage l'a emmené vers la Corée du Sud, avant la Nouvelle-Calédonie. C'est alors qu'un problème survint ; phonétiquement, en sud-coréen, Ayrault signifie difficile ou érotique. Difficile, passe encore, surtout pour les autres. Mais érotique, il sera nécessaire de faire preuve de beaucoup d'imagination pour les personnes intéressées. Le Premier ministre a déjà connu un problème de ce type en mai dernier, avec les Arabes. Phonétiquement toujours, Ayrault peut vouloir dire pénis. Les médias arabophones s'étaient alors trouvés dans l'obligation de modifier la prononciation de son nom, lors de son voyage au Maghreb.

Il semble de plus en plus évident qu'il faille, selon les saisons, le conserver au frais ou au chaud à la maison, et ne pas le laisser partir seul le pauvre. Il fait pitié finalement. Ce qui est certain, est qu'il n'existe pratiquement pas une seule entreprise française qui accepterait de l'engager en tant que VRP. S'il se trouvait une exception, il conviendrait de ne pas le casquer à la commission, car dans le cas, les fins de mois seraient pour le moins délicates au sein de la famille Ayrault.

JMA a profité de son déplacement pour dénoncer le coût des frais bancaires en Nouvelle-Calédonie. Pour dire cela, il aurait pu s'éviter un si long voyage avec les décalages horaires qui risquent de la perturber encore davantage, et se contenter d'une simple déclaration devant les médias, à partir de son palace parisien.

SAMEDI 27 – LE SCHISTE ERRA.

Les juges en charge de l'affaire dite du Carlton de Lille, ont décidé de renvoyer DSK en correctionnelle, en compagnie de douze autres personnes, pour proxénétisme aggravé en réunion. Proxénétisme, nous savons tous à quoi cela correspond. Mais aggravé : c'est lorsque les conventions collectives ou les tarifs syndicaux ne sont pas respectés ? Quant à réunion, pour ce type d'activités, il est nécessaire d'être plusieurs, non ?

En Angleterre, seize opposants au gaz de schiste, ont été arrêtés par la police, alors qu'ils manifestaient sur le site de Balcome, dans le sud du pays. George Osborne, ministre des Finances, a annoncé que son gouvernement ferait de la Grande Bretagne, le leader de la révolution du gaz de schiste. Une fois de plus, la France risque de se positionner sur le marché, alors que le monde industriel sera déjà passé à l'étape suivante.

Dans notre beau pays, des groupuscules irresponsables, constitués de gens totalement incompétents en la matière, font le forcing pour interdire les recherches en ce sens. Il serait presque sensé de dire qu'ils ont raison, puisqu'ils dictent leur loi au gouvernement. Aux USA, d'importants gisements sont exploités depuis plus d'un siècle, dans les bassins des Appalaches et de l'Illinois. Il semblerait que l'on n'y déplore aucune catastrophe annoncée par les Verts. En Europe, en sus de la Grande-Bretagne, l'Allemagne, l'Autriche, le Danemark, l'Espagne, la Hongrie, la Pologne et la

Suède mettent tout en œuvre pour accélérer les processus d'études et de recherches.

Ils sont tous plus débiles que les écolos français dans ces pays ? Dans notre société, hyper polluée avant tout par la bêtise humaine, l'espérance de vie augmente chaque année, mais uniquement dans les pays qui souffrent du modernisme tant décrié par les Verts. Elle est en moyenne de quatre-vingt-deux ans à Singapour, au Japon ou à Hong-Kong, de quatre-vingt environ en France, Italie ou Espagne, contre quarante au Zimbabwe et au Lesotho, trente-huit en Zambie et trente-deux au Swaziland. Inutile d'aborder les cas des indiens d'Amazonie ou des Pygmées, car il n'existe aucune statistiques fiables ou tout simplement consultables. Mais l'on peut sérieusement imaginer qu'en ces régions du globe, vivre jusqu'à trente ans doit représenter un véritable exploit.

Il est nécessaire de bien s'enfoncer cette vérité dans le crâne ; le jour où les scientifiques découvriront les moyens adéquats pour éradiquer le cancer, le SIDA et autres maladies pernicieuses, cela ne se produira pas en Papouasie ou au sein des peuplades aborigènes. Mais bien dans des pays industrialisés. Quant aux écolos, de toutes les nuances plus ou moins vertes, ils sont bien heureux de pouvoir soigner leurs affections avec des molécules de synthèse, lorsque le besoin se fait sentir. Exception faite pour les traumatismes incurables de la raison.

Le Terrien sait parfaitement s'adapter à son environnement. La conclusion qui s'impose est qu'il est donc préférable de croiser des raffineries et des centrales électriques sur son chemin, lorsque l'on se déplace en bagnole répandant son CO_2 dans l'atmosphère, plutôt que respirer l'air pur au beau milieu des forêts amazoniennes bourrées d'insectes à la piqûre mortelle, et autres serpents venimeux. Sans omettre les grenouilles de la famille des dendrobates ou des phyllobates, qui sont les animaux dotés de la substance la plus toxique de la planète. Le venin produit par ces charmantes petites bestioles de couleurs chamarrées, qui ne mesurent que de deux à sept centimètres, est deux cents fois plus puissant que la morphine et deux cent cinquante fois plus puissant que le curare. À consommer avec modération.

L'ensemble de ces considérations n'empêche pas, loin s'en faut, de savoir apprécier Dame Nature lorsqu'on la découvre dans une configuration primaire bien conservée, Voire mise en valeur ou protégée intelligemment par l'homme.

DIMANCHE 28 – QUELQU'UN M'A DIT.

Le site Internet de la fondation Carla Bruni a été pris en charge par le budget de l'État, alors que Sarkozy était président. Jusque-là, pas de quoi en faire un drame. Coût de l'opération : quatre cent dix mille euros, ce qui change tout. Selon des créateurs de sites, le coût réel d'une telle opération se situe en dessous de la barre des dix mille euros. Ce qui représente tout de même une différence de quatre cent mille euros. Une pétition, qui a déjà recueilli cinquante mille signatures, circule actuellement, pour que le couple Sarkozy-Bruni rembourse cette somme. On peut toujours rêver...

Il n'y a pas, cette semaine, de tirade saugrenue digne d'être rapportée. C'est la saison des vacances... Par contre, en voyage à Rio, le pape François a déclaré : « *Ne laissez pas les autres être les acteurs du changement à votre place.* » Cette phrase méritait amplement d'être citée. Puisse le pape être suivi dans cette démarche. Y compris en France. On peut toujours rêver.

LUNDI 29 – MACEDOINE DE MAUVAIS MOTS.

En déplacement à Ljublijana, en Slovénie, alors qu'il voulait probablement parler de la Macédoine, lors de la conférence de presse qu'il donnait, Hollande a donné un cours de géopolitique sur la Macédonie, pays qui, bien entendu, n'existe pas. Il est grand temps que le président prenne des cours du soir, et révise l'Histoire de l'Europe.

Les supporters de Flanby pourront se consoler en constatant que leur idole a enfin réalisé quelque chose : il a inventé un nouveau pays.

Où l'on reparle d'une nouvelle hausse de la CSG. En quatorze mois, Hollande et sa bande de détrousseurs publics sont devenus de véritables professionnels de l'escamotage. Ils vont encore nous piquer combien cette fois, ces aigrefins ?

Mais que va-t-on donc pouvoir faire pour se débarrasser de ces mecs-là ! On ne peut même pas envisager de ressortir la guillotine, étant donné que depuis Mitterrand, c'est interdit.

Pas de plage pour Hollande et son très proche entourage. Les vacances se passeront cette année au pavillon de la Lanterne, contiguë au parc du château de Versailles qui, comme chacun le sait, représente un haut lieu républicain. Ce séjour royal permettra peut-être de donner quelques idées au président, puisque Sarkozy et Carla Bruni y passèrent leur nuit de noces, en février 2008.

MARDI 30 – ATTAQUE DE LA DILIGENCE.

C'est bien connu, pour obtenir la vérité sur une information, il ne faut surtout pas écouter les politiciens qui ne sont que des menteurs professionnels, ni davantage les médias spécialisés dans la manipulation des foules. Dans le dossier du déraillement d'un train à Brétigny, quelques commentaires pour le moins bizarres commencent à circuler dans la région parisienne.

Les rails de la gare de Brétigny auraient été vérifiés le 4 juillet. Neuf jours plus tard, quatre gros boulons qui serreraient très fort une éclisse sautent, juste après le passage du train précédent, dont le conducteur n'a rien remarqué d'anormal. Ces quatre longs boulons ont gentiment tourné sur eux-mêmes, en même temps, avec leurs rondelles de serrage. Une fois déboulonnée, l'éclisse qui pèse environ dix kilos, après avoir enjambé le rail, va s'installer seule, juste au milieu de l'aiguillage, là où il y a le plus de chances que ça fasse dérailler le convoi. Lorsque les policiers arrivent sur place, ils se retrouvent face à une bande de jeunes bien sympathiques, qui semblent porter secours aux victimes. Mais très rapidement, les flics se rendent compte que ces individus, déjà présents sur place au moment de l'accident, sont là pour dépouiller les victimes, y compris des cadavres. Avec l'arrivée des pompiers, ces braves petits lancent des projectiles vers les camions venus pour apporter les premiers secours. Mais pas de panique, les ministres l'ont déclaré : il ne s'agissait que de quelques actes isolés. On ne va tout de même pas affoler la population pour si peu.

Ça ressemble à s'y méprendre à une attaque de diligence. Un véritable scénario de western. Sauf que les Indiens n'avaient pas de plumes sur la tête, et que les secours ne sont pas arrivés avec le 7ème de Cavalerie. Résultat : six morts pour quelques portefeuilles, quelques bijoux, quelques portables.

Mais chut, il ne faut surtout pas le dire. Ça pourrait créer des problèmes dans les banlieues si calmes de nos grandes villes.

Nous appelons au refus de la violence et à la libération des prisonniers politiques, y compris celle de l'ancien président Morsi. Ainsi s'adresse ce jour la France à l'Égypte, par l'intermédiaire de Laurent Fabius, ministre des Affaires étrangères. Nos dirigeants devraient bien se mettre cela dans la tête : les Égyptiens n'en ont rien à foutre de leurs déclarations. De sus, lorsque l'on est totalement incapable de gérer les affaires de son propre pays, avant de s'occuper de celles des autres, on commence par tenter remettre un peu d'ordre à la maison.

MERCREDI 31 – BILAN PROVISOIRE.

Nous ne sommes qu'uniquement fin juillet, et déjà, nous entendons parler du bilan de la saison touristique qui, semble-t-il, ne s'annonce pas mirobolant. Quelle surprise ! Comment les Français pourraient-ils dépenser l'argent que le gouvernement ne cesse de leur voler ? C'est chaque année la même rengaine, après trente jours de saison estivale, on commence à tirer des plans, alors qu'à l'étranger, les stations balnéaires continuent de se remplir jusqu'à la fin de l'année. C'est franchement lamentable, surtout lorsque l'on dispose à la vente des meilleurs produits de la planète.

La facture énergétique a augmenté de 6 % en 2012, ce qui représente une moyenne de deux cents euros par ménage. Mais soyez tous rassurés, pour l'année en cours, l'augmentation sera nettement plus importante. Une hypothèse devient de plus en plus certitude, tout cela va finir par créer un gigantesque court-circuit. Reste à connaître l'époque où il sera provoqué.

Le mois se termine avec une progression de deux points pour Marseille, qui passe donc à quatorze, alors que la Corse augmente également son score de deux unités, et parvient ainsi à quinze. Après sept mois de compétition acharnée, la Corse mène toujours, mais seulement d'un cadavre. La situation n'est toutefois pas figée, puisqu'il reste cinq mois de compétition.

Malgré cela, Valls affirme que placer Marseille en Zone de Sécurité Prioritaire, ne serait pas efficace. C'est sa réponse à la demande d'Eugène Caselli, président de Marseille Provence Métropole. Certes, on parle toujours de crimes lorsqu'il s'agit de Marseille ou de la Corse. Mais nous ne connaîtrons jamais le nombre d'assassinats perpétrés par la police politique, à la demande de l'État ! Quant aux vols, qui peut battre les records gouvernementaux ? Donc, selon la logique Vallsienne, Marseille ne peut être placé en ZSP que lorsque Paris le sera. Il n'y a rien à faire, rien à espérer avec les politicards de toute espèce.

Que les citoyennes et citoyens qui n'ont pas eu les moyens de se faire bronzer durant le mois de juillet, se consolent. Comme tout un chacun, ils auront eu droit, grâce à Hollande, JMA et leur bande d'incompétents, aux bienfaits de la saison estivale :

1er juillet – augmentation du gaz, des amendes et des fourrières. Le taux de TVA sur les services à domicile est passé de 7 à 19,6 %. Augmentation des cotisations patronales d'assurance chômage

9 juillet – le gouvernement a donné son accord pour une augmentation des tarifs de l'électricité pour les particuliers, de 5 % en août et 5 % (minimum) en août 2014. Ce qui représentera une augmentation globale de 28 % depuis 2006. JMA a décidé de lisser ces augmentations sur plusieurs années, afin de préserver le

pouvoir d'achat des ménages !!! Oser annoncer cela, c'est véritablement se foutre de la gueule des clients.

Afin de tenter justifier ces nouvelles hausses, le gouvernement précise qu'elles ne sont que les conséquences des augmentations qui n'ont pas été appliquées par le gouvernement Fillon. Difficile d'aller plus loin dans l'abjection.

15 juillet – nouvelle augmentation de vingt centimes sur le prix du paquet de cigarettes. La fédération des buralistes belges, italiens et espagnols, remercie chaleureusement Hollande, JMA et leur troupeau de bons à nibe.

31 juillet – la « taxe Chirac » sur les billets d'avions va s'envoler en 2014. S'agissant d'aéronefs, quoi de plus logique. Une augmentation de l'ordre de 12 ou 13 % est dans l'air. Cette invention date de l'année 2006, et participe à l'aide au développement des pays pauvres. Donc, plus l'on voyage en avion, plus les habitants des contrées les plus déshéritées de la planète, sautent de joie. Qu'en pensent les écolos ? Si vous ne croyez pas celle-là, il est possible de vous en raconter une autre.

Pour clore le mois dans la joie et la bonne humeur, il convient de rapporter un fait négligé par les médias ; un crime odieux, diabolique, d'une scélératesse inouïe. Que l'on en juge un peu. A Lavelanet, commune du département de l'Ariège, un maraîcher s'est permis de vendre à des acheteurs abusés, des tomates d'une race non recensée au catalogue officiel de l'administration.

Depuis des siècles, nos ancêtres avaient pour habitude, après chaque récolte, chaque floraison, de conserver précieusement des petites graines, afin de les replanter l'année suivante. Certes, cette méthode vieillotte ne représente plus obligatoirement une garantie d'évolution innovatrice. Surtout dans le contexte de bouffe industrielle qui condamne désormais les citoyens des cités urbaines, à devoir se sustenter au moyen de produits chimiques au goût insipide, et aux qualités nutritives suspectes. Il n'empêche que, depuis des millénaires, cette forme d'agriculture primitive, a permis à la race humaine de se développer sur Terre, dans des conditions fort acceptables, tout en prenant plaisir à déguster des fruits et légumes de première qualité.

Donc, ce répugnant personnage a pris la liberté de ne pas respecter ce catalogue officiel, malheureusement en vigueur, mettant ainsi en danger la santé d'une foule de consommateurs crédules. Heureusement, un commissaire de la brigade de la répression des fraudes veillait au grain, si l'on ose dire, et s'est vite aperçu de la supercherie. En fonction des pouvoirs qui lui ont été attribués, il a pu sévir immédiatement, afin de rétablir l'ordre imposé. Ainsi, une amende de quatre cent cinquante euros a été dressée, à l'encontre de ce dangereux malfaiteur, qui avait osé braver la loi républicaine, en plantant ses propres semences douteuses. Bien évidemment, par la même occasion, la vente de ses produits frelatés a été immédiatement stoppée, et les denrées toxiques saisies.

En l'an 1954, selon la sainte bible administrative, huit cent soixante seize denrées consommables étaient inscrites dans le catalogue, par des fonctionnaires qui ignorent tout du plaisir représenté par la consommmation d'aliments frais, cultivés naturellement avec passion. En 2002, la liste ne comportait plus que cent quatre vingt deux produits. Pourquoi donc en sommes-nous arrivés à une telle situation grotesque ? Et bien, tout simplement, pour empêcher progressivement les agriculteurs d'utiliser leurs propres semences, et ainsi se retrouver dans l'obligation de passer par une société spécialisée, afin de se procurer les petites graines. La commercialisation des OGM, entre bien entendu dans ce cycle infernal, puisque les céréales récoltées chaque année, sont stériles.

Une façon comme une autre d'instituer, à tous les niveaux, un monopole sur les produits de consommation, puis obliger les producteurs terriens à passer à la caisse. Donc casquer de la TVA.

La mauvaise bouffe obligatoire pour tous, c'est pour demain. Et de sus, elle coûtera très cher.

Les prix des semences, techniquement bientôt toutes obligatoires, deviennent tellement onéreux, que l'on se demande parfois, pour quelle raison les trafiquants de drogues ne laissent-ils pas tomber leurs petits commerces de produits prohibés, alors qu'un marché particulièrement juteux leur tend les bras, en toute légalité.

Qui donc a déjà calculé le prix, au kilogramme, de graines de tomates, radis ou cornichons ?

Le jour où l'on se décidera à mettre les cons sur orbite, certains spécimens de la race humaine n'ont pas fini de tourner.

AOÛT

JEUDI 1ᵉʳ – IL PREND EGALEMENT LES TICKETS RESTAURANT.

Le mois d'août commence de la façon dont juillet s'est terminé, avec la confirmation de l'arnaque sur le taux d'intérêt du livret A qui, c'est donc confirmé, passe de 1,75 % à 1,25 % !
Les prévisions de l'inflation réelle pour l'année en cours étant de 2 % minimum, cela revient à constater que, pour un particulier, lorsqu'il va prêter son argent aux banques, non seulement cela ne lui rapportera rien, mais de sus il va désormais y laisser des plumes. Nos mandarins appellent cette magouille un placement. Dans le privé, la mise en place de telles méthodes mafieuses enverraient leurs initiateurs devant les tribunaux.

Ce qui n'empêche pas Moscovici, guère étouffé par les scrupules, d'expliquer aux soit disant épargnants, que cette mesure a été mise en place dans leur intérêt. Ce qui, selon ses théories, revient à dire que, plus l'État détrousse les citoyens, plus ils sont heureux. Il semble qu'à l'occasion, les sommets de l'ignominie aient été une fois de plus atteints.

La direction d'Air France annonce son intention de supprimer deux mille cinq cents emplois en 2014. Selon la CGT, en quatre ans, ce sont entre douze mille et quinze mille emplois qui auront été supprimés par la compagnie aérienne. Première remarque, entre douze mille et quinze mille, il existe une marge de trois mille postes. Que sont devenues les personnes qui les occupaient ? Peut-être que chez Air France, le DRH se trouve dans la même position que celui du ministère des Finances : il ignore totalement combien de salariés se trouvent sous sa responsabilité. Secondement, combien de passagers Air France transportait-elle en l'an 2000, combien en transportera-t-elle en 2013 ? Ensuite, combien d'avions ont été victimes d'accidents techniques chaque année, durant cette période ? Combien se sont écrasés au sol, depuis le début de cette vague de licenciements ? Et si, tout simplement, Air France s'alignait sur la Lufthansa, et autres compagnies aériennes étrangères !

C'est à partir de ce matin que la nouvelle arnaque sur l'intérêt du livret A se met en place. Afin de tenter justifier cette mesure inique, le gouvernement précise que cette contribution servira à financer la construction et la rénovation thermique de logements sociaux. Fermez le ban. Cette histoire rappelle une nouvelle fois, sur le fond, l'obligation de la vignette automobile inventée par Guy Mollet en 1956. En principe, l'argent récolté par ce biais, devait permettre de créer un fonds de solidarité pour les anciens. Bien entendu, les retraités n'ont jamais vu la couleur de l'argent. Dans la réalité, la création de ce nouvel impôt – supprimé par le gouvernement Jospin en 2000 – eut comme premier effet de faire reculer les ventes d'automobiles, avec toutes les conséquences négatives que cela engendra. Ainsi, dans la liste des dégâts provoqués, le montant du nouvel impôt récolté, fut inférieur au seul manque à gagner de TVA provoqué par cette création absurde.

Que des techniciens spécialisés, les mecs !

VENDREDI 2 – LES NOUVEAUX PROXÉNÈTES.

Selon une étude réalisée par l'Institut économique *Molinari* et l'agence *Ernst & Young*, il ressort que les Français sont ceux qui travaillent le plus de temps dans l'année pour le compte des impôts : pratiquement sept mois. Ce n'est en effet qu'à partir du 27 juillet qu'un salarié français commence à travailler pour lui. Le niveau de vie d'un Français est le plus pénalisé au monde par l'impôt ; à ce niveau, cela se nomme du proxénétisme.

Françaises, Français, pour éviter de vous faire ainsi gruger, à partir de 2014, inscrivez-vous à Pôle Emploi les sept premiers mois de l'année, et ne commencez à bosser qu'à partir du 1er août. Voire le 1er septembre, si vous choisissez de commencer votre année professionnelle par un mois de congés payés.

La nouvelle loi de programmation militaire, qui sera présentée demain vendredi en Conseil des ministres, et définit les moyens d'actions de l'armée, pour les années 2014 à 2019, prévoit la suppression de vingt-quatre mille postes supplémentaires. Le problème pour les bidasses, c'est Pôle Emploi car, c'est tout bête, mais en France, il n'existe qu'une seule armée française. Donc, ça risque de ne pas être évident pour qu'ils se recasent. Il ne leur reste que les délocalisations. On embauche en Tunisie, en Égypte, en Syrie, en Israël, en Iran, en Iraq, en Afghanistan et en Corée du Nord.

Dans le cadre de cette nouvelle loi, l'avion de combat *Rafale* va voir ses livraisons diminuer. De onze unités annuelles jusqu'à présent, le projet n'en prévoit que vingt-six pour les six prochaines années. Ce qui fait quarante aéronefs en moins pour l'avionneur Dassault. Qu'en pense le jeune sénateur Dassault de quatre-vingt-huit ans ? Le gouvernement estime qu'une, voire deux ou trois commandes en provenance de l'étranger, notamment de l'Inde et du Brésil, doivent permettre d'équilibrer la situation.

Lorsque l'on connaît le niveau des talents de VRP de nos ministres, c'est loin d'être gagné d'avance.

Pour les ennemis de la France, le temps sera bientôt venu de pouvoir nous attaquer sans risques de problèmes particuliers. Comme en 1940.

Le Conseil des ministres est terminé. Le président et ses sbires se barrent en vacances. À priori, on pourrait pousser un grand ouf de soulagement. Mais ne réjouissons pas trop vite ; les politiques sont comme les sales gosses. Lorsque l'on ne les a pas entendu raconter une connerie depuis un quart d'heure, c'est qu'ils sont en train d'en faire une autre.

Il en est une qui n'a pas oublié de ramener sa fraise, avant de se barrer faire bronzette, c'est –Vallaud-Belkacem. Il est vrai que c'est son métier, à défaut qu'elle soit du métier. Elle a défendu la façon de gouverner de François Hollande ; logique, c'est son chef de service, elle n'a pas l'intention de paumer ses privilèges dès maintenant. Elle affirme de sus que les résultats sont au rendez-vous. S'il s'agit de l'augmentation du chômage, de la dette de l'État et des prix à la consommation, c'est la réalité. Pour le reste, elle a préféré ne pas insister. Ensuite elle a déclaré que le climat n'était plus le même. Qu'en pense-donc les écolos ? Pour terminer, elle a parlé de quelques éléments d'optimisme sur le plan économique. Probablement qu'elle venait de consulter son relevé de compte bancaire.

SAMEDI 3 – LISTE DES ACCESSOIRES.

Ministre ou non, on a tous besoin de se reposer. Signé Benoît Hamon. S'il était capable de se rendre compte à quel point les Français se reposent lorsque les ministres sont en vacances, il serait capable de rester, rien que pour nous emmerder davantage. Les ministres qui ne servent strictement à rien, aurons également droit à des vacances. Il n'y a aucune raison qu'il n'en soit pas ainsi, même s'ils sont plus nombreux que les incompétents. Ainsi fonctionne la Hollandie ; les copains d'abord. Les vrais et les faux, tous dans la même gamelle.

Par ordre alphabétique et non d'apparition à l'écran, voici les meilleurs exemplaires significatifs du système mis en place :

- ARIF Kader, ministre délégué aux Anciens combattants. On ne peut dire qu'il soit véritablement débordé par le travail. Les anciens de 14-18 sont tous morts. Les survivants de 39-45 ne sont guère nombreux, puisque les plus jeunes ont tous dépassés les quatre-vingt-dix ans. Reste les anciens du Viêt-Nam et de l'Algérie qui ne sont pas légion. Pourtant, lors des obsèques de Roland de la Poype, en la cathédrale Saint-Louis des Invalides, le 31 octobre 2012, il n'a pas daigné effectuer le – court – déplacement qui aurait pu lui permettre de représenter le gouvernement. Roland de la Poype était pilote de chasse dans la glorieuse escadrille « Normandie-Niémen » durant la Seconde Guerre mondiale. Un as des as comme l'on dit, puisqu'il détient seize victoires confirmées. Il était également Compagnon de la Libération, Héros de l'Union soviétique et Grand-Croix de la Légion d'honneur. Cette absence n'a pas été appréciée par les Américains et surtout les Russes – qui avaient délégué pour la circonstance les anciens Chœurs de l'Armée rouge –. Après la guerre, de la Poype s'est lancé dans l'industrie ; il est l'inventeur des emballages plastiques, par exemple le berlingot DOP pour le groupe l'Oréal, mais également pour l'industrie alimentaire. Il est le créateur de la carrosserie de la Citroën Méhari et fondateur du Marineland d'Antibes. Peut-être aurait-il fallu organiser la cérémonie à la Grande Mosquée de Paris, pour être honoré de la présence du sieur Arif ?

- BENGUIGUI Yamina, ministre de la Francophonie. C'est un groupe de rapp ? N'oubliez surtout pas de réserver pour le prochain spectacle.

- BERTINOTTI Dominique, ministre déléguée à la Famille. Nous pouvons donc considérer que son ministre de tutelle aux Affaires sociales, ne prend en charge que les célibataires, les veuves et veufs, ainsi que les orphelins.

- BRICK Nicole, ministre du Commerce extérieur. À ne pas confondre avec le commerce intérieur. Lorsque l'on connaît le déficit du commerce extérieur de la France, il aurait été préférable de ne pas recréer ce poste, disparu depuis 1990.

- CANFIN Pascal, ministre délégué au développement auprès du ministre des Affaires étrangères. Hollande a besoin des écolos ; pas question de se mettre à dos le groupuscule vert. Alors on a inventé ce bidule inutile pour en caser un.

- CARLOTTI Marie-Arlette, ministre déléguée chargée des personnes handicapées. Cette ancienne collaboratrice de Jean-Noël Guérini – une sacrée référence – ne ferait-elle pas doublon avec Michèle Delaunay, ministre déléguée chargée des personnes âgées et de l'autonomie ?

- CAZENEUVE Bernard, ministre délégué au Budget. Pas évident de succéder à Jérôme Cahuzac ; question de réputation. Nous pouvons en déduire que le ministre de l'Economie et des Finances est totalement incompétent pour établir un budget ?

- CONWAY-MOURET Hélène, ministre déléguée chargée des Français de l'étranger. Il n'existe pas suffisamment de fonctionnaires au ministère des Affaires étrangères ? Pas suffisamment d'ambassades de France et de consulats à l'étranger ? Niveau occupations professionnelles, il semblerait qu'elle doive s'occuper de l'Assemblée des Français de l'étranger, qui se réunit deux fois chaque année.

- DELAUNAY Michèle, ministre déléguée, chargée des personnes âgées et de l'autonomie. Ce poste ne ferait-il donc pas doublon avec celui de Marie-Arlette Carlotti, ministre déléguée chargée des personnes handicapées ? De toute façon, ces problèmes sont, logiquement, déjà pris en charge par le ministère des Affaires sociales et de la Santé, placé sous la haute responsabilité de Marisol Touraine. Ce n'est plus un doublon, mais une triplette. Ainsi organisées, elles pourraient toutes trois participer à des concours de pétanque.

- ESCOFFIER Anne-Marie, ministre déléguée auprès du ministre de la Réforme de l'État, de la Décentralisation et de la Fonction publique, chargée de la Décentralisation. Deux ministres pour s'occuper d'une décentralisation que nous ne verrons jamais, il fallait oser le faire.

- FIORASO Geneviève, ministre de l'Enseignement supérieur et de la Recherche. Il existe déjà un ministre de l'Éducation nationale ; pourquoi un ministre de l'Enseignement supérieur ? Il n'y a pas suffisamment de fonctionnaires au sein de cette administration, pour s'atteler aux tâches dictées par le ministre ? Quant à la recherche, comme disait de Gaulle : des chercheurs qui cherchent, on en trouve, mais des chercheurs qui trouvent, on en cherche.

- GAROT Guillaume, ministre délégué chargé de l'agroalimentaire. À quoi ce poste peut-il bien correspondre, puisqu'il existe déjà un ministre de l'Agriculture, de l'agroalimentaire et de la Forêt, en l'occurrence Stéphane Le Foll. Garot est surtout connu pour être le fils de l'ancien député européen Georges Garot, et neveu à la mode de Bretagne de Pierre Méhaignerie. Sa cousine d'attachée parlementaire se nomme Rachel Méhaignerie.

- HAMON Benoît, ministre délégué à l'Economie sociale et solidaire et à la Consommation. Encore un qu'il était nécessaire de caser, de façon à lui éviter de foutre le bordel. C'est l'unique raison pour laquelle ce truc a été inventé.

- LAMY François, ministre délégué chargé de la Ville. Laquelle ? Et pour s'occuper de quoi ? N'y-a-t-il pas déjà un ministre de l'Intérieur, un ministre du Logement, un ministre des Transports ? Et les campagnes dans cette histoire ?

- MARTIN Philippe, ministre de l'Ecologie, du Développement durable et de l'Energie. Un ministère qui ne sert strictement à rien. L'Ecologie est l'affaire de tous, et doit être prise en compte dans chaque ministère. Nul n'est besoin de placer un ministre polluant supplémentaire pour cela. D'autant que concernant l'énergie, personne ne prendra en compte ses désidératas. Pour ce qui est du développement durable, il était possible de refiler le bébé à Montebourg et son redressement productif. Cela aurait fait une ligne de plus sur sa carte de visite. C'est tout.

- MONTEBOURG Arnaud, ministre du Redressement productif. Hollande et Ayrault ont dû, de toute évidence, se creuser ce qui leur sert de cervelle pour inventer un tel bidule. Le Redressement productif ! Même DSK, pourtant considéré comme un grand spécialiste du redressement, n'y est pas parvenu. On ne découvre que de l'improductif dans les milieux politiques. Le président et son Premier ministre n'avaient pas le choix. Ou ils le casaient dans un ministère ou ils subissaient ses lubies. Depuis maintenant quinze mois, Montebourg s'acharne surtout à faire parler de lui, à se faire prendre en photo, à jouer les vedettes de série télévisée. Pour le reste, RAS.

- PAU-LANGEVIN George, madame est ministre déléguée chargée de la Réussite éducative. À quoi sert ce truc : nul n'est en mesure de répondre. Ou alors, c'est que Peillon n'est en mesure de se charger que des échecs.

- PELLERIN Fleur, après les ministères du Travail et de l'Emploi, de l'Artisanat et du Commerce, du Commerce extérieur, du Redressement productif, de l'Economie sociale, voici le ministre délégué chargé des PME, de l'Innovation et de l'Economie numérique. Six ministres pour fabriquer des chômeurs ; cela ne fait pas un peu trop ?

- PINEL Sylvia, ministre de l'Artisanat, du Commerce et du Tourisme. Formée à la rude école de Jean-Michel Baylet, et fière de l'être. Si elle prend exemple sur son mentor, elle risque de connaître de sérieux problèmes.

- REPENTIN Thierry, ministre délégué aux Affaires européennes. Parce que Fabius, il est bon pour l'Afrique, l'Amérique, l'Asie, mais pour l'Europe, il est carrément nul.

« En politique, ce qui est inutile est souvent nuisible. » Jacques Bainville, journaliste, historien et académicien français.

Il existe une différence fondamentale entre les politiciens et les citoyens lambda ; ils ont un besoin impératif du peuple pour vivre confortablement, alors que sans eux, la vie pourrait être belle pour tous. Cela ne les empêchera pas de terminer bouffés par les asticots.

Pendant ce temps, en Allemagne, Angela Merkel dirige un gouvernement composé de quinze ministres !!!

DIMANCHE 4 – AVEC DES PETITES GENS, ON FAIT UN PETIT PAYS.

Comme chaque année à la même époque, le JDD publie sa liste des personnages préférés des Français. En numéro un, nous découvrons Jean-Jacques Goldman ! Si l'on compte sur lui pour sauver le pays, le moins que l'on puisse dire est que ce n'est pas gagné d'avance. Celui qui, le premier, découvre la justification de cette promotion, gagne un exemplaire de son nouvel album en deux volumes, dont la seconde partie sortira vers la fin de ce mois. Quelquefois, le hasard fait vraiment bien les choses.

Au sujet des chanteurs, pour un certain nombre d'entre eux, avec la voix qu'ils possèdent et les textes qu'ils débitent, leur principal mérite est d'avoir osé se lancer dans le métier.

De la seconde à la dixième place, nous trouvons, dans l'ordre, Omar Sy, Sophie Marceau, Jean Dujardin, Gad Elmaleh, Simone Veil, Jean Reno, Francis Cabrel, Dany Boon et Yannick Noah. Dans ce document classé secret défense de rire, figurent également, comme de coutume, Florence Foresti, Jamel Debbouze, Mimie Mathy, Patrick Sébastien, Jean-Pierre Pernaut, Patrick Bruel et Michel Drucker.

Et les politiques dans tout cela ? Mis à part Simone Veil classée sixième, mais qui n'exerce plus aucune fonction, pas plus qu'elle ne pèse désormais sur le destin du pays, nous pouvons contempler la remontée fulgurante de Nicolas Sarkozy, qui passe à la vingtième place, plus que probablement à cause du rejet massif du barnum hollandiste. Ce pauvre Hollande qui, décidemment fait de plus en plus pitié, et ne se trouve qu'en quarante-quatrième position. Ce qui n'est guère glorieux pour un président en exercice.

Ils étaient pourtant nombreux sur la ligne de départ, à pouvoir prétendre solliciter puis espérer récupérer les voix des sondés : Bertrand Delanoë, couloir de bus – François Fillon, réserviste – Cécile Duflot, salade de fruits – Manuel Valls, eau gazeuse – Pierre Moscovici, prestidigitateur – Roselyne Bachelot, vaccin – Jean-Luc Mélenchon, artiste de variété – François Baroin, présent – Eva Joly, accusatrice – Delphine Batho, erreur de casting –

Jacques Chirac, grand corps malade – Rama Yade, arriviste repartie – Arnaud Montebourg, agitateur de série C – Nadine Morano, fan – Michel Sapin, guirlande de Noël – D.S.K., stand de tir – Jean-Marc Ayrault, bonjour tristesse – Marie-Ségolène Royal, membre de la famille – Bernard Kouchner, vestige – Christiane Taubira, fusée Ariane – François Bayrou, béret basque – Martine Aubry, retour vers le futur – Jean-François Copé, membre actif – Olivier Besancenot, affranchi – Jean-Louis Debré, père fouettard – Najat Vallaud-Belkacem, rapporteuse – Claude Guéant, avis de recherche – Alain Juppé, ancien combattant – Christian Estrosi, golfeur – Vincent Peillon, mauvais élève – Benoît Hamon, objet – Jean-Louis Borloo, caviste – Valérie Pécresse, sourire – Laurent Fabius, brocanteur – Benoît apparu, nouveau-né – Marine Le Pen, fille à papa – Jean-Pierre Raffarin, sixties – Aurélie Filippetti, liseuse – Brice Hortefeux, pompier de service – Claude Bartolone, impatient – Dominique Galouzeau, fatalité – Harlem Désir, futilité – Daniel Cohn-Bendit, recyclé – Jérôme Cahuzac, garde suisse – Lionel Jospin, porté disparu – Jack Lang, souvenir.

Pendant ce temps, les Français oublient, par ignorance ou stupidité, voire les deux, Jean-Marie Le Clézio, Pierre Soulages, Jean Nouvel, Luc Montagnier, Daniel Buren, Laurent Lantieri, Pierre Boulez et bien d'autres encore qui, eux, sont connus et reconnus dans le monde entier, pour leurs travaux et leurs talents.

Sans vouloir être forcément désagréable, force est de constater que nous sommes véritablement mal barrés. Pauvre France !

À mourir de rire ou de tristesse. Moscovici affirme que la France allait connaître, en 2014, la première année de véritable croissance de son PIB depuis 2007. L'objectif c'est 0,8 %, puis passer à 1 %, 1,5 % et pourquoi pas 2 % dès 2015. Rendez-vous sont donc pris pour le 31 décembre 2014, puis 2015, afin de contempler la liste des exploits réalisés par cet illusionniste. Ce qui est certain, est que par ce biais, le Mosco cherche à gagner un délai de dix-sept mois. D'ici là, sait-on jamais… !

En attendant, et compte tenu des résultats pitoyables obtenus depuis mai 2012, la tirade saugrenue de la semaine lui est attribuée. D'autant que l'ensemble des indicateurs est orienté vers la continuation de la dégradation de la situation en France pour les prochaines années. Et ce ne sont certainement pas des déclarations ministérielles d'une banale stupidité qui feront évoluer favorablement le futur du pays.

LUNDI 5 – J'Y SUIS, J'Y RESTE.

Duflot reconnaît publiquement qu'elle a failli quitter le gouvernement, après l'éviction de Batho. Hélas pour la France, elle est restée bien accrochée sur son fauteuil ministériel. On a beau être écolo, pour autant on n'abandonne pas aisément une confortable position privilégiée.

Après la libération à Dreux, de trois condamnés, faute de place en prison, le gouvernement demande des explications au parquet. L'opposition se dit choquée et indignée. Question indignation, l'état-major de cette bande de nuisibles serait bien inspiré de rectifier le tir, face à son comportement présent et passé. Pour les membres du gouvernement, par Valls et Taubira interposés, il ne serait pas superflu de profiter de la période des vacances, pour la mettre également en sourdine. Ça ferait, provisoirement, beaucoup de bien aux citoyens, lassés d'être agressés sans cesse par des discours de bonimenteurs.

« Il n'est pas de mal plus honteux que des discours artificieux. » Eschyle.

MARDI 6 – ATTENTION AUX RADARS.

En voyage à La Roche-sur-Yon, Hollande a fièrement déclaré que nous étions dans une phase d'accélération. De quoi ? Il n'a pas précisé. Il a ensuite ajouté qu'il y avait quelque chose qui se passait dans l'économie. Incroyable mais vrai. Pour déblatérer de telles niaiseries, il avait la possibilité de rester dans son palais royal, entouré de ses proches.

Il est à remarquer que le monarque ne semble pas trop rassuré sur son cas personnel, lors de ses voyages d'affaires. C'est ainsi qu'il n'effectue ses déplacements que dans des municipalités socialistes. Pourtant, nous étions tous convaincus qu'il voulait être le président de tous les Français.

MERCREDI 7 – UNE BELLE SONNERIE.

Selon les grands experts de la Commission européenne, la France est le sixième pays le plus cher du vieux continent, pour le tarif des appels téléphoniques. Une véritable surprise ; question prix, nous sommes habitués à être les plus chers.

Les écoutes illégales de la police politique sont-elles incluses dans le tarif ?

JEUDI 8 – COUSCOUS POUR TOUT LE MONDE.

C'est la fin du ramadan. Les musulmans vont pouvoir fêter l'Aïd El-Fitr, qui correspond à l'an 1433 de l'Hégire. Les médias nous ont rabattu les oreilles sur ce non-événement républicain depuis plusieurs jours, allant même jusqu'à préciser que pour l'année 2014, le ramadan commencera le 28 juin et se terminera le 28 juillet. Concernant le Carême : rien, toujours rien. C'est maintenant une certitude, la France a de fortes malchances de devenir une république islamique durant les proches décennies.

VENDREDI 9 – POUR QUELQUES MILLIARDS DE MOINS.

Claude Goasguen, député UMP, conseille à Hollande de profiter de ses vacances en prenant une semaine de réflexion, afin de lire le dernier rapport du FMI. Ce document demande au gouvernement français de réduire son déficit public, soutenir la reprise et baisser la dépense publique plutôt qu'augmenter sans cesse les impôts. Ils sont drôles au FMI, c'est justement tout le contraire de ce que les socialos savent faire.

Pour preuve, l'INSEE rapporte que la production industrielle a chuté, en France, de 1,4 % durant le mois de juin. Quant au déficit de l'État, il continue de creuser son ornière, atteignant cinquante-neuf milliards et trois cent millions d'euros à fin juin, soit deux milliards et six cent millions de plus que pour l'année 2012, à la même époque.

SAMEDI 10 – LEVEZ LE VOILE.

D'après un sondage Ifop pour *le Figaro*, 78 % des Français sont opposés au port du voile dans les universités. 22 % sont pour, dont 21 % de musulmans.

Après la guerre au Mali et la guerre des chefs, voici la guerre des œufs. Chacun se bat avec les armes dont il dispose. Depuis le début de cette semaine, les producteurs bretons ont détruit des centaines de milliers d'œufs devant des bâtiments administratifs, afin de manifester contre les prix de vente qui leur sont imposés par la grande distribution, soit environ cinq centimes l'unité, soit trente centimes la boîte de six, alors que le prix d'achat minimum pour le consommateur se situe vers un euro cinquante. Soit un coefficient de cinq !

Mais pourquoi donc les producteurs d'œufs ne refusent-ils pas de vendre leurs produits aux grands groupes alimentaires, et ne créent-ils pas leur propre réseau de distribution auprès de détaillants ?

Le député Jean Lassalle continue son tour de France. Ses premières conclusions sont dramatiquement négatives. Dans sa longue marche à la rencontre des citoyens français, il ne s'attendait pas à se retrouver face un tel rejet massif de la Communauté européenne, qui apparaît comme une plateforme avancée d'une nébuleuse financière où se forment des politiques qui abîment le pays. « *Les Français ne croient plus à rien, nous rejettent massivement, nous, les politiques* » précise-t-il. Ils ne font plus confiance aux élites surtout si elles sont reliées à Paris et Bruxelles. Pour conclure, il ressent un sentiment pire que le désespoir : de la résignation.

Rien ne bien surprenant dans tout cela. Il est évident que les politiciens à la mode actuelle sont en train de vivre leurs dernières années. Ils sont les seuls à ne pas s'en apercevoir ou à rejeter volontairement ce qui saute aux yeux de tous. Quand, comment seront-ils déboulonnés de leurs piédestaux ? Par qui, par quel système seront-ils remplacés ? Nul n'est actuellement en mesure de répondre à ces questions. La suite sera peut-être plus dramatique encore, mais s'il est une certitude, est qu'ils ne seront que les seuls responsables devant l'Histoire, des futurs cataclysmes qui ne manqueront pas de s'abattre sur le monde.

DIMANCHE 11 – C'EST MOI LA CHEFTAINE.

Taubira déclare ne pas supporter avoir un patron. Mais pour qui se prend-elle ? Que cela lui plaise ou non, sur le papier elle en a deux : le président et le Premier ministre. Même s'ils ne sont guère représentatifs de la fonction qu'ils occupent individuellement. Mais surtout, son employeur principal est le peuple français qui la paye, l'entretien, lui permet financièrement d'assouvir ses pulsions. Et à qui, comme tout élu, elle doit des comptes. Contrairement à ce que les ministres et parlementaires s'imaginent ou veulent faire croire, ils sont à notre service et non l'inverse.

En vacances en Corse, Moscovici avait l'occasion de se faire oublier quelques jours. Eh bien non, c'est plus fort que lui. Il s'est senti obligé d'en rajouter une couche. Bien qu'il ait reconnu publiquement devoir admettre que ses prévisions de croissance pour l'année en cours devaient être revues à la baisse – ce qui ne surprendra personne – il estime que le PIB évoluera entre – 0,1 % et + 0,1 % tout en assurant que le pays était bien sorti de la récession. D'après lui, la France amorce une reprise qui sera durable, de plus en plus forte et créatrice d'emplois !

Pour la rentrée, il lui est fortement conseillé de changer ses calculatrices ou ses services de renseignements. Voire les deux de concert. Puis, relire ses discours avant de prendre la parole. Une fois encore, il hérite de la tirade saugrenue de la semaine. Et de sus avec palme, car entre le 14 juillet et le 15 août, il ne risque pas de captiver les foules avec ses tartines indigestes. Y compris au sein de ses rares admirateurs. S'il devait encore bénéficier de ce privilège une fois supplémentaire, il serait ensuite déclaré hors concours pour le reste de l'année.

LUNDI 12 – LAISSEZ VENIR À MOI LES PETITS ENFANTS.

Le montant de la « réserve parlementaire » se situe grosso-modo entre cent trente-quatre et cent quarante-huit millions d'euros. Il est plus que compliqué d'obtenir des chiffres exacts. Rien de surprenant pour cette magouille, qui représente un comble de malhonnêteté, puisqu'il s'agit du fric des contribuables. Ce magot parfaitement illégal ou pour le moins immoral, est utilisé au black par les députés et sénateurs dans leurs circonscriptions. Ils font ce qu'ils veulent du pognon selon leurs désirs, leurs lubies, leurs besoins personnels. Ils n'ont aucun compte à rendre, aucun justificatif à présenter. Il n'est même pas interdit d'imaginer qu'ils puissent prendre une commission au passage. Selon la position du parlementaire, du nouvel élu au président de groupe, le montant de l'enveloppe allouée à chacun, peut varier entre dix mille et trois cent mille euros annuellement. Quand même !

Ce qui revient à constater que les parlementaires qui font et votent les lois, puis interdisent aux commerçants et chefs d'entreprises de mettre en place de telles pratiques avec leur propre argent, se permettent, eux, de faire pire avec l'argent des autres.

C'est malproprement dégueulasse.

Cette semaine Hollande se repose, c'est Ayrault qui prend la relève pour faire la tournée des popotes. Il n'est pas évident de pouvoir se vendre durant cette période où, traditionnellement, les Français n'en ont carrément rien à foutre de la politique et des politicards. Déjà qu'en temps normal, mis à part les derniers abonnés aux clubs, il ne se trouve pratiquement plus personne pour avaler leurs salades.

Pour commencer, JMA a reçu dans les jardins de Matignon – le parc privé le plus important de la capitale – trois cents enfants, âgés de huit à douze ans, privés de vacances. Ils auraient certainement préféré visiter le zoo de Vincennes, mais pour l'instant, il est en travaux de rénovation. Pour autant, nul ne pourra reprocher au Premier ministre de prendre des risques inconsidérés. Ce n'est peut-être que dans l'intention de se roder, et tenter de se relancer après la rentrée des classes. Car depuis quinze mois, le bougre n'a guère progressé dans son discours et sa méthode. Simplement, du vide il est passé au néant.

MARDI 13 – LES FEUX DE L'AMOUR.

Le torchon brûle entre Valls et Taubira, au sujet du projet de réforme pénale, actuellement en préparation par la Chancellerie. Bien entendu, Valls chante sur les toits de Paris que la hache de guerre est enterrée, et qu'il ne prévoit pas d'attaque imminente de la diligence de la garde des sots. Mais personne n'est dupe ; nous savons pertinemment tous, que ces deux personnages de feuilleton télévisé ne s'apprécient guère. C'est le moins que l'on puisse dire.

Résumé des épisodes précédents. Hollande ne sait pas prendre de décision ; il se retrouve chef d'entreprise, alors qu'il était programmé pour faire une carrière de scribouillard. Ayrault est tout content de lui mais ne comprend pratiquement rien à rien, et sa préoccupation première est de connaître la date où il sera prié de retrouver son camping-car, pour découvrir une France profonde qu'il ne connaît même pas superficiellement. Les deux personnages ont un point commun : ils possèdent le même tailleur, qui leur refile des costards bien trop grands pour leur carrure, alors qu'un short leur suffirait largement. Valls n'est préoccupé que par un seul but, piquer la place d'Ayrault en l'attente de ceindre la couronne de France. Moscovici se trouve dans une situation identique, mais l'un et l'autre ne pensent qu'à leur tronche, leur carrière. Il est loin d'être évident que leurs désirs seront exaucés, car Hollande ne peut se permettre de nommer à Matignon, un lascar qui ait une forte personnalité. Ou tout au moins, plus forte que la sienne. Ce qui n'est pourtant guère compliqué à dénicher. Taubira, indépendantiste guyanaise aux idéologies malsaines, n'est préoccupée que par son petit personnage, et ne supporte pas d'avoir à rendre des comptes à un supérieur, tout président ou Premier ministre soit-il. Le parasite Montebourg, totalement imbu de sa personne, lorgne également sur Matignon. Pour lui, cela sera véritablement compliqué, car il est taillé pour faire présentateur de jeux télévisés, pas pour être ministre. Encore moins Premier ministre. Et puis, Hollande préférerait pouvoir s'en débarrasser, mais comment faire pour qu'ensuite, il ne foute pas le bordel partout. Il semblerait que Touraine ait également les dents longues. D'ailleurs, elle n'hésite pas à les montrer. Mais, comme JMA, elle ne semble pas davantage taillée pour évoluer à ce niveau. Les autres attendent une promotion ou une lettre de remerciements pour services rendus à la Nation. Pendant ce temps, Fabius, qui se demande ce qu'il fait au beau milieu de cette troupe de branquignols, enregistre l'étendue des dégâts, et attend qu'il se passe quelque chose. Mais quoi ?

Michèle Alliot-Marie a profité de l'occasion pour ramener sa science, probablement dans l'espoir de ressusciter un instant. Elle demande ce que fait le Premier ministre, et souhaite qu'il intervienne afin d'arbitrer le différent qui existe entre ses deux sous-fifres. Il doit se marrer le JMA. Surtout que ce n'est pas si souvent que cela doit lui arriver. Car les déclarations de MAM, personne n'en a rien à cirer. Qui se souvient même de sa vie, son œuvre ? Et puis, tenter de se remettre sur le devant de la scène alors que le week-end du 15 août approche, n'est pas nécessairement une preuve de bon sens.

Dans ce dossier chaud, Ayrault s'est contenté de dire qu'il n'y avait qu'une seule ligne au gouvernement. Le problème, est qu'au bout ils ont oublié de mettre un hameçon.

MERCREDI 14 – LU DANS LE MARC DE CAFE.

Avec un rebond de 0,5 % du PIB, pour le second trimestre, c'est la fête dans les ministères. Même si les big boss sont en vacances. Ce sont des signes encourageants de reprise paraît-il. Cette affirmation restera toutefois à confirmer dans les prochains mois, en l'attente du bilan annuel au 31 décembre prochain. D'autant que durant cette même période, vingt-sept mille huit cents emplois en été supprimés.

Le plus bidonnant dans cette histoire, est que ce chiffre est totalement inattendu. Même Moscovici n'avait pas prévu cela ; c'est pour dire. Décidemment, la preuve est évidente qu'il devient de plus en plus compliqué de prendre les déclarations du Nostradamus socialo au sérieux.

D'ailleurs, Nostradamus lui-même se trompait régulièrement.

Ainsi, selon les interprétations de Jean-Charles de Fontbrune, il avait prédit le dernier et le plus grand des rois pour la France de la fin du XXème siècle :

> *Un chef du monde le grand CHIREN sera :*
> *PLUS OULTRE après aymé craint redoubté :*
> *Son bruit et los les cieux surpassera,*
> *Et du seul titre Victeur fort contenté.*

Traduction : « *Le grand Henri sera un chef du monde. De plus en plus il sera aimé, craint et redouté. Sa renommée et ses louanges passeront par-dessus les cieux et se contentera du seul titre de vainqueur.* »

Toujours selon Nostradamus, les étapes fondamentales du grand Chiren seront les suivantes :

- Son arrivée à Rome.
- La guerre contre la Libye (!)
- La reconquête de la France depuis l'Espagne jusqu'à l'Italie.
- Son établissement en Avignon, capitale.

416

- La guerre en Mer Noire.
- Il réconcilie des Français. (Bon courage)
- Défaite de l'armée russe en Italie.
- Défaite des forces russo-musulmanes dans les Alpes.
- Son sacre à Reims.
- Son alliance et sa défense de l'Église catholique.
- La libération de l'Occident jusqu'en Israël.
- Sa lutte contre les forces musulmanes. (Raté)
- Sa présence en Égypte.

Nous l'avons échappé belle ! Car entre Chiren et Chirac, la confusion peut s'établir aisément de façon abracadabrantesque.

JEUDI 15 – AVE MARIA.

C'est traditionnellement lors des journées fériées, correspondant à des célébrations religieuses, que l'on dénombre le plus de morts sur les routes. Surtout lorsqu'elles sont situées un mardi ou un jeudi, c'est-à-dire assorties d'un pont qui, à l'occasion, peut se transformer en viaduc pour convois funéraires : Noël, Pâques, la Pentecôte, l'Ascension, le 15 août et la Toussaint. Alors que ces fêtes ont été instituées pour glorifier Dieu, Jésus, Marie, Joseph et tous les saints qui font partie de l'association, il s'avère que, catholiques ou non, de nombreux citoyens profitent de l'occasion pour s'aérer les bronches sur le compte de la Sainte Famille, et se retrouvent à l'arrivée, soit en enfer, soit au paradis. C'est selon. Au contraire des autres fêtes, pour le 15 août on ne parle généralement que de la date, car s'il était question d'Assomption, il ne se trouverait que bien peu de citoyens pour faire le rapprochement entre l'origine de ce jour férié et la date de sa célébration.

L'essentiel restant de profiter d'un jour de plus à travailler en moins.

Les fêtes religieuses sont la seconde cause en France d'accidents de la circulation. Juste derrière les accidents mortels provoqués par les 70 % de non-alcoolos qui sévissent sur le réseau routier. C'est pourquoi il est conseillé de se confesser avant de prendre la route.

C'est plus important que de souffler dans les pneus ou contrôler la pression d'un éthylomètre. Ou le contraire.

Plus on réfléchit, moins les religions apparaissent crédibles. Elles représentent, avec les idéologies, les deux pires inventions engendrées par la race humaine. Encore qu'entre religion et idéologie, la marche ne soit pas haute. Heureusement que les dirigeants communistes n'ont pas eu l'intelligence de se rapprocher des églises catholique et orthodoxe, car à présent, il est plus que probable que leurs héritiers régneraient sur l'Europe entière, avec tous les ravages qui en découleraient. Déjà que... !

VENDREDI 16 – VOUS POUVEZ FAIRE UNE REMISE ?

D'après un rapport du Centre d'études prospectives et d'informations internationales (CEPII), le fait d'acheter des produits « made in France » représente une dépense supplémentaire mensuelle, comprise entre cent et trois cents euros, pour les ménages français. N'en déplaise à Montebourg qui, il est vrai, n'est pas directement concerné, étant donné que pour lui, tout est gratos, consommer français coûte très cher.

Dans la longue série des fourberies politiques de l'été, Copé propose un débat sérieux et objectif, sur le quinquennat de Sarkozy. Bien entendu, dans ce micmac, Fillon se trouve également en ligne de mire. Le but, officiellement affiché, est de retrouver la confiance des Français d'ici 2017. Copé impose toutefois deux conditions à l'organisation de cette mascarade. La première est de ne pas faire de ce débat un procès personnel contre Sarkozy et Fillon qui a été son Premier ministre durant cinq années. Qui oserait en douter ? La seconde est de mettre à profit ces discussions pour ne servir exclusivement que l'avenir – dont le sien – même si ce débat tire les enseignements du passé.

Il n'est pas à un coup tordu près le bougre.

SAMEDI 17 – LA GUERRE DES GAUCHES.

Mélenchon, co-président du Parti de Gauche, affirme que Marine Le Pen a contaminé Valls, qui chasse désormais sur les terres du Front National. Il est donc rentré de ses vacances en Amérique du Sud ? Il affirme également que Hollande est le premier pourvoyeur du FN, de par la démoralisation et la démobilisation qu'il répand.

Un politicien qui parle de morale, c'est paradoxal, alors que durant toute sa carrière, il ne fait qu'agir sournoisement, ne pratique que le cynisme, l'indécence et la fourberie. Et pourquoi ne pas rajouter la dignité pendant qu'il y est ? Allons Jean-Luc, un peu de calme.

Non content de lui, Mélenchon affirme également que Hollande a divisé tout le monde : la gauche, les syndicats et son propre gouvernement. Diviser pour régner, c'est vieux comme le monde, et il n'existe pas d'autres possibilités pour parvenir à ses fins, puis rester en place. Il n'est donc pas au courant ? C'est surprenant ; à la limite dramatique.

Bien entendu, le PS n'a pas tardé à réagir, par la voix de son porte-parole, David Assouline. *« Jean-Luc Mélenchon n'a d'ennemis qu'à gauche, et cela commence à plus que se voir. Ses rentrées politiques et ses tentatives de rebond se suivent et se ressemblent : haro sur les socialistes. »* Ouf ! Nous respirons, Mélenchon pratique aussi le diviser pour régner. Assouline continue en expliquant que cette dernière provocation ne nous fera pas changer de ligne ni d'attitude, parce que l'intérêt du pays comme celui des progressistes est dans le rassemblement. Mais qui sont donc ces progressistes, où sont-ils, comment agissent-ils, pourquoi ?

Quant au rassemblement, la chanson commence à être légèrement éculée. Certes, des rassembleurs ça se ramasse à la pelle. Mais des rassemblements, ça se fait rare, très rare. De fait, chaque rassembleur ne rassemble que lui-même. Si tel n'était pas le cas, nous nous en apercevrions.

DIMANCHE 18 – CARNAVAL À FRANGY.

Les vacances se terminent et les stupidités recommencent. Sous réserve qu'elles aient totalement disparues de la scéne publique durant quelques jours. À Frangy-en-Bresse, Montebourg a organisé sa Fête de la Rose, afin de refaire parler de sa – toute – petite personne avant les autres. Pour l'occasion, il avait convié Bartolone qui, le temps d'une apparition, s'était travesti en ami sincère. Quel carnaval ! Le plus dramatique, ce n'est pas que ces agitations burlesques soient organisées, mais qu'il se trouve des citoyens pour y assister. Il est vrai que si l'entrée est gratuite et qu'il y a un coup à boire, ceci peut expliquer cela.

La Fête des bons à rien, des imbéciles, des escrocs, des incompétents, des minables, c'est pour quand ?

Le classement de Shanghai des universités mondiales, a rendu ses conclusions annuelles. Comme de coutume, ce sont les USA qui arrivent en tête, avec dix-sept universités classées dans les vingt premières. La France ne compte que trois établissements dans le top cent : Université Pierre et Marie Curie, Paris VIème (37ème), Université Paris Sud, Paris XIème (39ème), Ecole normale supérieure (71ème). Quant à l'Ecole Polytechnique, elle n'occupe que le 212ème rang ! Heureusement que l'ENA ne figure pas dans ce classement, car nous pourrions nous retrouver derrière le Zimbabwe et la Somalie.

Geneviève Fioraso, ministre de l'Enseignement supérieur et de la Recherche constate que la France ne s'en sort pas si mal et grignote des places. Cette semaine, la tirade saugrenue est décernée à cette quasi-inconnue du grand public. Lorsque le politique ne se contente pitoyablement que de la médiocrité, c'est que la Nation n'a plus rien à espérer.

LUNDI 19 – LES MONTAGNARDS SONT LÀ.

Pastichant François Mitterrand, Laurent Wauquiez a gravi les pentes du Mont-Mézenc, en compagnie de volontaires qui n'avaient rien d'autre à foutre, en ce dimanche ensoleillé. Il en a profité pour commenter le séminaire gouvernemental qui sera organisé cette semaine, sur la France de l'an 2025. Il a qualifié cette initiative de surréaliste vu les difficultés actuelles, et a suggéré à Hollande de s'occuper de 2014. Ce n'est pas totalement stupide, mais le président ne parvient même pas à résoudre les problèmes de l'année en cours, alors pour l'an prochain, cela apparaît dès maintenant comme une tâche insurmontable. Quant à l'année 2025, il y a belle lurette qu'à cette époque, Hollande, Ayrault et consorts seront rangés dans les réserves du magasin aux mauvais souvenirs. Donc ils ne seront pas concernés. En dépit de tout ce qu'ils peuvent tenter d'imaginer actuellement, cette idée ne servira strictement à rien. Mais il est vrai qu'il est nettement plus aisé d'amuser la galerie en se penchant sur des événements qui n'auront jamais lieu, plutôt que s'attaquer aux problèmes existants.

Cela devient une mode de grimper une colline, lorsque l'on est politicien. Ce n'est pas compliqué, c'est gratuit, et c'est toujours bon pour la publicité. Comment, quand le premier attroupement de ce genre a-t-il été organisé ?

En 1946, une bande de copains issus de la Résistance, décidèrent de monter ensemble la roche de Solutré, d'abord à Pâques, puis à la Pentecôte, à cause des conditions météorologiques. C'est alors que Mitterrand décida de se joindre à eux. Cette ascension de près d'une heure devint, à partir de 1981, un lieu de rendez-vous à ne pas manquer, pour les journalistes et les m'as-tu-vu, en quête de petites phrases inutiles.

Qu'en est-il véritablement de la légende résistante mitterrandienne ?

Il semblerait que Danielle Emilienne Isabelle Gouze, née en 1924 à Verdun (c'était prémonitoire), soit entrée en résistance dès l'année 1941. Elle aurait été utilisée comme agent de liaison. C'est son ami intime, Henry Fresnay, membre de la droite nationaliste, qui l'emmena avec lui au sein de cette organisation clandestine. À l'époque, les communistes français étaient alliés des nazis, de par les conséquences du pacte germano-soviétique. Quant aux socialistes, ils préféraient s'investir dans les tentatives de rapprochement avec Pierre Laval et le gouvernement de Vichy. En ce temps, la famille Gouze habitait justement Vichy. Madeleine, sœur de Danielle, qui deviendra Christine Gouze-Renal pour les milieux intellectuels, puis épousera Roger Levy, plus connu sous le nom de commissaire Navarro, travaillait à la Commission de censure cinématographique pour le compte du gouvernement Laval, selon une version, ou était entrée dans la Résistance selon une autre. Il est également possible que Roger Levy Hanin ait rejoint les rangs gaullistes, en s'engageant dans l'aviation. Mais ce n'était qu'en 1944, alors que les jeux étaient faits depuis longtemps. Il ne faisait partie que d'un convoi qui, loin d'être exceptionnel, n'en était pas moins conséquent.

Il est toujours très délicat d'aborder les questions se rapportant à la Résistance. Tout d'abord parce que de 1940 à juin 1944, l'immense majorité de la population française s'était ralliée au maréchal Pétain. Ce qui, d'aucune façon, ne veut dire que les Français étaient tous pro-allemands. Bien au contraire. Mais le maréchal était perçu comme l'homme, le chef qui était resté sur place, afin de tenter sauver ce qui pouvait l'être encore, alors que les autres responsables politiques ou considérés comme tels, s'étaient barrés à l'étranger. Ce n'est qu'après le Débarquement de juin 1944 en Normandie, et la prise du pouvoir par de Gaulle, que les rangs de la Résistance se gonflèrent comme rivière en crue après la fonte des neiges.

C'est plus probablement à Vichy, et non à Cluny, comme le raconte le petit socialiste illustré, que Madeleine présenta sa sœur Danielle à Mitterrand. Le futur président de la 5ème République était alors proche de Pétain, et deviendra même secrétaire d'État aux Anciens combattants dans le gouvernement Laval. Cela lui valut l'honneur de recevoir la Francisque – N° 2202 – des mains même du maréchal, après avoir été parrainé par ses amis de la Cagoule, Gabriel Jeantet et Simon Arbelot.

À l'attention des non-initiés, la Cagoule était une organisation fasciste, qui entretenait des liens étroits avec le gouvernement de Benito Mussolini, et favorisait la livraison d'armes aux troupes du général Franco en Espagne. En sus des personnages déjà cités, on pouvait y côtoyer entre autres célébrités, Marcel Déat, Joseph Darnand, Pierre Michelin – fils de l'un des fondateurs de la célèbre marque de pneumatiques – Jean Bassompierre, célèbre pour avoir été membre de la division Charlemagne au sein de la Waffen-SS ou André Bettencourt (époux de Liliane). Le père de cette-ci, Eugène Schueller, fondateur de l'Oréal, était le trésorier payeur général du groupe. Rien que du beau monde en vérité.

François Mitterrand ne se retrouvait pas en terrain inconnu, au milieu de ce rassemblement, puisqu'en 1936, il appartenait déjà aux mouvements d'extrême-droite qui combattaient farouchement le Front Populaire de Léon Blum.

Entre Danielle et François, ce fut immédiatement le coup de foudre. Mitterrand deviendra ensuite coutumier du fait.

Henri Fresnay avait une compagne. Arrêtée en 1942, elle parvint à s'évader et se réfugia chez les Gouze. Elle pensait y être peinarde, puisqu'ils étaient apparemment vichystes. Elle fut pourtant de nouveau arrêtée par la Gestapo le 28 mai 1943. Dans la foulée, les membres de la famille Gouze furent également arrêtés, puis longtemps questionnés par Klaus Barbie en personne, à l'exception toutefois de Danielle. Dans le procès-verbal d'instruction de Barbie – retrouvé en février 1983, après son arrestation – on découvrit qu'il appréciait Danielle, car charmante, divinement exquise, et qu'il n'éprouvait nulle intention, nul besoin de la questionner. Finalement, il fit rapidement libérer tous les membres de la famille Gouze. C'est depuis bien connu, Barbie était un homme d'une grande délicatesse, toujours prêt à rendre service, lorsque l'occasion se présentait.

Suite à cette arrestation générale, assortie d'une improbable libération, la famille quitta Vichy, pour s'installer à Cluny. En 1944, Mitterrand se rendit dans cette ville de Saône-et-Loire, afin de demander la main de Danielle à son père. Entre temps, et il était fort loin d'être le seul, il avait réalisé que le vent tournait en faveur des Alliés, et avait pris le parti de la Résistance. Il collabora quelque temps avec le réseau de Charles Pasqua, dit Prairie, qui lui confia la responsabilité de la fabrication de faux tampons allemands, afin d'officialiser des papiers contrefaits.

Ainsi peuvent naître des vocations.

Afin de se présenter dignement face à son futur beau-père, et se donner de la prestance, Mitterrand avait adopté le surnom de Marland, et surtout, s'était lui-même promu au grade de capitaine.

Après la guerre, le couple Mitterrand continua de fréquenter les milieux d'extrême-droite, particulièrement l'avocat Jean-Louis Tixier-Vignancourt, dont le secrétaire particulier était le jeune Jean-Marie Le Pen. Pour réussir en politique, il n'existe qu'une seule recette : sauter dans le bon wagon au moment opportun. Les Mitterrand s'aperçurent bien vite que leurs ambitions ne pouvaient trouver source d'épanouissement au sein de l'extrême-droite. C'est pourquoi, et seulement alors, qu'ils décidèrent de rejoindre les rangs socialistes. Ils entraînèrent avec eux Charles Hernu, ex-chef du Bureau de la propagande ouvrière du gouvernement Laval. Il semblerait que Roland Dumas faisait également partie du convoi, en tant qu'ex-membre des Jeunesses vichystes, section de la Forêt du Troncais. Mais rien ne peut être affirmé, faute de preuves évidentes. Puis, l'intéressé a toujours démenti ce fait.

Fort souvent, un petit retour en arrière permet de mieux comprendre le présent.

MARDI 20 – UN SIECLE DE BALIVERNES.

Mis à part une demi-journée de perdue en salamalecs, il n'est rien ressorti de positif du séminaire concernant la France de 2025. Qui pouvait s'attendre à un autre résultat ? Grâce au gouvernement, nous savons qu'en 2025, nous aurons douze ans de plus ; c'est tout.

Le plus navrant dans cette histoire, est que l'idée ne vient même pas du président ou son Premier ministre. Elle a été tout simplement empruntée à Raymond Poincaré. Il y a exactement un siècle, donc en août 1913, à la demande du président Poincaré, les ministres avaient planché sur la France de 1925 et exprimé leur vision de l'avenir et leurs ambitions.

Notre équipe de bouffons actuelle, n'est même pas capable de générer ses propres idées.

Le compte-rendu de ce séminaire a été retrouvé dans un numéro du quotidien Le Temps. [Un grand merci à Hérodote. NDLA.] En voici quelques morceaux choisis :

(Dans un bref message d'introduction, le président Poincaré a rappelé les grands enjeux de l'heure : le sort de l'agriculture, suspendu à une concurrence outre-atlantique exacerbée et pour tout dire déloyale ; l'élévation du niveau d'instruction de tous les jeunes Français, dans le cadre d'un enseignement laïque ; le retour à l'ordre républicain dans les faubourgs menacés par la violence anarchique ; enfin, le maintien de la paix, grâce à une armée nombreuse et bien équipée et des alliances solides.)

(Il a aussi souligné les atouts de notre pays : son rayonnement culturel et scientifique qui fait de Paris le phare de la civilisation, devant Vienne, Berlin et même Londres, y attirant les plus grands esprits de la planète ; le potentiel militaire et économique de l'empire colonial, encore largement sous-exploité ; enfin, sa puissance financière qui fait de Paris le banquier du monde et garantit à nos concitoyens de très confortables rentes.)

(Louis Barthou, président du Conseil, a évoqué le climat international. Il a rappelé la crise d'il y a deux ans, en 1911, à propos du Maroc. Le gouvernement de cette époque, dirigé par Joseph Caillaux, a calmé le jeu en faisant à l'Allemagne de grandes concessions. Nous devons admettre que ces concessions ont écarté pour longtemps le risque d'une conflagration générale. Restons tout de même vigilants et préservons la paix en renforçant notre armée, de façon à dissuader quiconque de nous agresser.)

(Il a ensuite enchainé en insistant sur le projet qui tient le plus à cœur au président et à lui-même : l'élévation de deux à trois ans de la durée du service militaire obligatoire et son extension à tous les jeunes Français, y compris les ecclésiastiques.)

(Intervention de Jean Morel, ministre des Colonies : en 1925, l'Afrique et l'Indochine en particulier nous apporteront par millions des travailleurs et des soldats susceptibles de soutenir nos jeunes gens. Elles nous apporteront aussi le pétrole, le charbon, le coton et le caoutchouc indispensables à notre industrie et notre armée. Aucun autre pays sur le continent ne dispose de pareils atouts. C'est une force de dissuasion incontestable.)

(Le ministre du Commerce Alfred Massé se réjouit de la perspective d'une nouvelle décennie de paix. Depuis 1896, le monde civilisé connaît une forte croissance économique doublée d'un exceptionnel climat de paix, seulement troublé par quelques conflits périphériques, notamment dans les Balkans. Les échanges internationaux ont pris une ampleur jamais connue à ce jour. Cette mondialisation des échanges est la meilleure garantie de la paix. Les intérêts commerciaux et industriels de nos pays sont désormais tellement imbriqués qu'une guerre est devenue impossible.)

Un an plus tard, la Première Guerre mondiale était déclarée. Preuve que les politiciens sont toujours de grands visionnaires.

En provenance d'Allemagne, voici une information qui ne pourra que réjouir les exterminateurs des créations de Dame Nature : l'invention du sexe indéterminé. Après le masculin et le féminin, le troisième sexe est arrivé. À partir du 1er novembre prochain, les parents pourront, s'ils le souhaitent, faire porter sur les actes de naissance de leurs nouveaux nés, la mention « intersexuel » dans la rubrique sexe. Il est à prévoir qu'arrivé à sa majorité, l'individu pourra décider, soit de se faire cisailler le service trois pièces s'il est un mâle, soit se faire greffer celui d'un autre s'il est femelle. Et pourquoi ne pas profiter des deux, comme les escargots ? Seule certitude, il va être nécessaire de rajouter une ligne sur les documents administratifs.

Gérard Dalongeville, ex-maire d'Hénin-Beaumont, a été condamné à quatre ans de prison, dont trois fermes, pour détournement de fonds publics. Il a immédiatement décidé de faire appel de ce jugement. Et oui, les amis se font rares lorsque l'on est dans la merde. Mais peut-être réserve-t-il quelques surprises pour le prochain procès. S'il raconte tout, la fédération PS du coin risque de connaître quelques soucis. Parce que seuls les imbéciles peuvent croire qu'un maire, quelle que soit la taille de la commune, puisse seul, détourner des sommes importantes.

Il n'a pas perdu de temps, il commence à balancer le Gérard. Il faut dire que les responsables de la fédération socialiste du Pas-de-Calais ne lui ont pas fait de cadeaux. Probablement qu'ainsi, ils espéraient se dédouaner. Allant même, dans leurs commentaires perfides, affirmer que la condamnation de leur ex-associé était une bonne chose. Il se pourrait que certains camarades socialos, membres de la bande locale, soient en train de commencer à chier dans leur froc. Affaire à suivre. Encore que la situation ne soit pas simple, car à l'époque des faits, le patron du PS se trouvait être un certain François Hollande. Et il se dit par-ci par-là, que l'individu possède des relations bien placées.

Michel Sapin déclare que dans le dossier des retraites, l'aligne-ment public privé n'était qu'un faux semblant qui ne rapporterait rien (à l'État). Il ne comprend rien ou il en fait exprès ? Il s'agit ici essentiellement d'une question de justice sociale. Pourquoi privilé-gier telle catégorie plutôt qu'une autre. C'est simple, non ? La vérité est différente ; les fonctionnaires sont environ cinq millions en France. Encore un record. Et ils votent. Pour majorité à gauche. CQFD.

MERCREDI 21 – QUE C'EST BON LA BOUILLABAISSE !

Dans la rubrique des attraction-foraines, le stand de tir marseillais attire toujours davantage les amateurs ministériels. Après les derniers jours plus que mouvementés qu'a connus la cité phocéenne, Valls avait décidé de se rendre sur place, une fois encore, pour dire la même chose qu'à l'accoutumée. On ne change pas une méthode qui perd. Tout le monde s'en fout, mais il semble apprécier l'air de la Méditerranée, c'est déjà ça pour ses bronches Pour l'occasion, contentons-nous de remarquer que les résultats de ses précédents déplacements sont restés, sans surprises, parfaitement stériles. JMA n'a pas apprécié cette nouvelle mise en scène personnelle de son ministre de l'Intérieur, et a décidé d'effectuer également le déplacement en compagnie de quatre ministres supplémentaires : Touraine, Carlotti, Taubira et Duflot. Il n'aura échappé à personne qu'en la circonstance, la présence de ces inutilités était paradoxalement indispensable.

Pourtant ça change tout ; pas au niveau de la criminalité, bien entendu. Car la série en cours va se poursuivre. Mais pour Valls, qui se prend ici un véritable camouflet en pleine tronche. De l'avis de ses collègues, il commence à occuper beaucoup trop souvent les écrans de télévision et les unes des journaux. Cet homme devient dangereux pour le Premier ministre en place et les aspirants au poste. Politiquement parlant, il devient indispensable de le recadrer. Juste après mentir et piquer notre pognon, s'échanger des peaux de bananes représente l'activité que les politiciens pratiquent le mieux. Pour le reste, prière de s'en remettre aux divinités.

À l'occasion, les Marseillais ont eu droit à des discours d'une affligeante banalité. Rien que du copier-coller. Cela mis à part, RAS. Encore un voyage à mettre sur le compte des pertes et profits, mais uniquement dans la colonne pertes qui commence à saturer.

La collecte nette sur le livret A, a nettement ralenti en juillet. Incroyable mais vrai. La chute se monte à 82 % sur un an. Espérons que les Français iront encore plus loin dans leurs réflexions, et n'accepterons pas de se faire niquer indéfiniment par cette fripouille de Moscovici qui, quoi qu'il arrive, ne risque pas d'être frappé par une crise qui n'existe que superficiellement pour les membres de sa caste.

Une crise, c'est lorsqu'une organisation d'escrocs internationale, n'encaisse plus que quatre-vingt-dix-neuf milliards d'euros ou de dollars (toutes les devises sont acceptées) contre les cents habituels. Mais généralement, la situation ne s'éternise pas indéfiniment. Pour les pauvres, la crise n'est que d'une banalité coutumière. Lorsqu'il existe – soit disant – des problèmes créés de toutes pièces par le monde politico-financier, on leur pique le peu qu'il leur reste. Et lorsqu'il n'y a pas de crise officiellement proclamée, ils se font racketter sur les maigres avantages qu'ils peuvent tirer de la situation.

Conclusion évidente : les pauvres sont les moins frappés lorsqu'il y a crise ou pseudo-crise, car pour eux, quelle que soit la conjoncture, cela ne change rien. Quoi qu'il se produise, quoi qu'il arrive, ils se font baiser. Ils ne possèdent rien d'autre que le droit de fermer leur gueule et se faire détrousser.

JEUDI 22 – LES FÊTES À NEUNEU.

Les écolos se réunissent pour trois jours à Marseille, afin de célébrer leurs journées d'été. Martin, Duflot et Canfin seront présents. Il se confirme donc qu'ils n'ont rien à foutre dans leurs ministères respectifs ces trois farceurs. Encore que, finalement, ils soient nettement moins dangereux pour le pays, lorsqu'ils se contentent de jouer les touristes, et vont s'aérer les bronches sur le bord de la grande bleue. Ce divertissement va leur offrir la possibilité de ressortir Eva Joly de la naphtaline. Quant à Mamère, il préfère s'abstenir de faire le déplacement, car n'ayant pas de temps à perdre. Il révise ses cahiers de vacances ? Comme à l'accoutumée, nous devons nous attendre à des déclarations irréalistes et lourdement idéologiques, à défaut d'être judicieuses.

Bien que n'étant pas verte, Taubira était l'invitée d'honneur de cette petite sauterie. Deux déplacements dans la même ville en deux jours, il faut croire que, comme Duflot, elle apprécie le climat méditerranéen. Le ministre de l'ex-bagne de Cayenne n'a pas perdu de temps pour ressortir les publicités vantant son programme consistant à vider les prisons. L'enfermement incessant crée du danger pour la société, a-t-elle osé proclamer. Il est vrai qu'elle est bien loin d'être directement concernée par la délinquance, car lorsqu'elle se déplace, les services de sécurité sont mobilisés à outrance. Elle aurait donc plein de choses à se reprocher pour avoir ainsi besoin de se faire protéger ? N'en déplaise à cette charmante personne, installée confortablement aux frais de la princesse à l'intérieur de son palais provisoire de la place Vendôme, un criminel derrière les barreaux est moins dangereux pour la société, qu'en liberté dans la nature et armé jusqu'aux dents.

« Pour donner de l'attrait à une prison, il faudrait qu'elle ne fût pas gratuite. » Pierre Mac Orlan. C'est bien dit. Plutôt que libérer les racailles, il serait nettement plus sensé de leur faire casquer leur pension.

Et si l'on profitait de l'occasion pour reparler un peu de Taubira ! Quelques décennies en arrière, notre ministre de la Justice rasait les murs, car son mari d'alors, Roland Delannon, avait tenté de paralyser la Guyane française, en faisant exploser le dépôt pétrolier de Cayenne. Il s'était ensuite réfugié dans la forêt amazonienne, mais finalement arrêté, il passa dix-huit mois de détention à la prison de la Santé. Ses études terminées dans le pays colonisateur, Taubira rentra en Guyane pour s'engager aux côtés de son époux comme militante indépendantiste, et pour cela adhéra au mouvement guyanais de décolonisation Moguyde. C'est ainsi qu'elle prit part aux émeutes de Cayenne, ce qui la contraignit, elle également, à vivre dans la clandestinité. Tous les deux jours, je devais changer de lieu, tout en trimbalant un bébé de deux mois, dira-t-elle plus tard.

En 2009, en compagnie d'Elie Domota, nous pouvions la contempler, alors qu'elle se réjouissait officiellement des importants désordres qui paralysaient la Guadeloupe.

Voilà qui représente un pedigree absolument remarquable pour être nommée ministre de la Justice. Maintenant, qu'elle ne supporte pas Valls, ministre des policiers, cela peut se comprendre aisément.

Pour mémoire, chaque année en France sont commis plus de cent vingt mille vols avec violences, plus de trois cent soixante-cinq mille cambriolages et près de quatre cent mille agressions physiques violentes. La plupart des coupables n'est jamais retrouvée.

Par contre, vous avez tout intérêt à ne pas oublier de glisser les petites piécettes dans les bandits-manchots placés vicieusement, telles des prostiputes, sur les bords des trottoirs. Car si vous dépassez le temps alloué, vous risquez de gros ennuis financiers. Pour surveiller ces engins racketteurs, à l'inverse des problèmes de sécurité des personnes et des biens, ce n'est pas le personnel qui manque.

Avec toutefois une différence de taille. Pour les amateurs, un tapin vous en donnera pour votre pognon. Avec les parcmètres, c'est tout en pure perte.

Il y a quelques temps, *l'Express* a révélé que son conseiller spécial au ministère, se nommait Jean-François Boutet. Conseiller spécial, cela ne veut bien évidemment rien dire. Sauf que le sieur Boutet se trouverait être également le compagnon à la ville de la garde des sceaux et des sots. Cette situation a été démentie par les intéressés mais, ce qui est certain, est que *l'Express* a confirmé l'information et que, pas plus Taubira que Boutet, n'ont déposé plainte en diffamation. Ils sont pourtant bien placés pour intervenir en ce sens. Ils possèdent des relations influentes dans la justice.

Boutet est déclaré au ministère de la Justice, comme conseiller spécial, à plein temps. Plus que probablement avec le salaire qui accompagne cette fonction superflue. Cela ne le gêne pourtant pas pour continuer à exercer son métier d'avocat au Conseil d'État et à la Cour de Cassation. Gilles Thouvenin, président de l'ordre des avocats pour ces deux institutions, a pris, bien entendu, la défense de son confrère, et a fièrement déclaré : ce cumul ne pose aucun problème. Cela existait déjà au 20ème siècle ! Encore un progressiste.

En l'attente d'une probable future taxe carbone, Martin, ministre de l'Ecologie, a annoncé le lancement par le gouvernement d'une contribution climat énergie. L'appellation est pratique à utiliser, car elle ne veut rien dire. Il est donc possible de la ressortir en maintes occasions, selon les circonstances. Mais attention, a-t-il précisé, il ne s'agit pas d'un impôt nouveau. Lorsque l'on relit son discours, il apparait que c'est exact ; il ne s'agira pas d'un impôt mais d'une contribution, ce qui change tout.

Ainsi, selon l'épître de saint Ecolo, le fait de piquer toujours davantage de pognon aux contribuables, va permettre de réduire la pollution ! Selon Vallaud-Belkacem, qui n'en est plus à une absurdité près, il ne s'agit pas de créer une nouvelle taxe, mais de verdir des taxes déjà existantes. Il faut être totalement inconscient pour sortir une telle ânerie. Elle serait bien inspirée de se protéger la tête, lorsque le soleil tape un peu fort en été. Le problème est que le froid ne lui réussit pas davantage.

Cette bande d'irresponsables n'est donc pas au courant que la France est déjà le pays où le citoyen est le plus imposé de la planète ?

Juste histoire de rafraichir la mémoire des socialos, il ne semble pas inutile de rappeler que, lors de la kermesse 2009 du PS, Marie-Ségolène Royal avait déclaré, face au projet de contribution climat-énergie lancé par Sarkozy, et sous les applaudissements des cadres de son parti : il s'agit d'une mesure injuste, historiquement décalée, insupportable, qui va assommer des familles n'ayant pas le libre choix de rouler propre.

VENDREDI 23 – UN PEU DE POESIE.

Pour trois jours, les socialistes se retrouvent, eux également, mais à La Rochelle, pour leur université d'été. Ils apprécient cette ville, probablement à cause de la mouclade ainsi que le Pineau des Charentes. (Le restaurant Chez André est à recommander). C'est sans nul doute un pur effet du hasard, mais, c'est bien connu, ce dernier fait généralement bien les choses. Et c'est fort heureux ; c'est pourquoi toutes ces réunions futiles évitent constamment des communes telles Hénin-Liétard, Hazebrouck ou Florange. Simple constatation. Question ambiance, et en dépit des sourires affichés, ils vont continuer de se tirailler en eux. Ça fait léger, certes, mais c'est toujours ça de pris. Durant les instants où ils se dénigrent, se détruisent mutuellement, ils n'emmerdent pas le populo.

Niveau perte de temps, la meilleure solution est de se rallier au panache vert de Mamère, et passer sous silence l'ensemble des discours incohérents et insensés qui vont s'enchaîner durant cette kermesse archaïque, pour encartés soumis.

Par contre, pour l'occasion, il ne semble pas inutile de rappeler un texte écrit par le chansonnier Pierre-Jean Vaillard en mai 1984. Pour le réactualiser, il suffira simplement de remplacer mythe errant par fromage de Hollande, et 1984 par 2014. Mais tout y est.

Vous nous avez bien eus en mai quatre-vingt un
Avec vos sortilèges, vos rires et vos promesses.
Vous vendiez du bonheur comme on vend un parfum
Et oui, deux ans plus tard...vous nous bottiez les fesses.
Le bon peuple de gauche caressait l'or des songes,
Il le sait maintenant, ce n'était que mensonges !
Le chômage s'installe, le franc est chancelant,
Le dollar au zénith, le super à cinq francs.
Le pays incrédule gît au sol, pantelant.
Ah ! Ne claironnez plus vos avancées sociales,
Nous sommes tous meurtris par vos ponctions fiscales.
Votre grand argentier nous prend bien pour des cons
En réclamant toujours et encore du pognon !
Tout le monde est saisi par un affreux vertige,
Un cauchemar atroce devant nos caisses vides ;
Expliquez-nous comment, vous avez en deux ans,
Endetté le pays pour plus de cinquante ans !
Vous rabâchez sans cesse cet éternel refrain :
C'est la faute à la droite, et aussi aux Ricains !
Et tant que vous y êtes, pourquoi pas aux putains ?
Il faut savoir, messieurs, quelquefois dans la vie
Reconnaître ses torts, ses erreurs, ses oublis,
Et non se réfugier dans un défi hargneux.
Les vrais hommes publics sont francs et courageux.
Nous allons sans détour et sans ambiguïté
Vous servir tout de go, vos quatre vérités :
Vous êtes des charlots, des guignols, des manants.

Et votre chef débile, le triste « mythe errant » !
Homme au visage pâle et au regard fuyant,
Ce bouffon d'opérette qui trône à l'Elysée
Est de toute l'Europe, devenu la risée !
Arrêtez vos salades et vos propres mensonges,
La coupe amère est pleine, elle va déborder.
Halte là ! Ça suffit ! Foutez le camp, partez !
Nous n'aimons pas, Messieurs, passer pour des cocus,
Et nous vous chasserons à coups de pied au cul !

À Marignane, un homme qui tentait de s'interposer face à deux braqueurs qui attaquaient un bar-tabac, est décédé dans un hôpital de Marseille, suite à des blessures par balles.

Nous constaterons, d'une part, que le déplacement dans la région de cinq ministres, dont le Premier, courant de la semaine, a eu des retombées positives remarquables. D'autre part, ce nouveau crime a permis à Valls de passer une fois de plus à la télévision, afin de raconter des faussetés.

Un crime de plus dans les Bouches-du-Rhône, c'est tout bénéfice pour la mise en scène publicitaire du ministre de l'Intérieur et des extérieurs.

SAMEDI 24 – LIBERTE, LIBERTE CHERIE.

À soixante-quatorze ans, Chevènement sort de sa léthargie, lui qui s'était vu refuser l'entrée de l'enfer par Satan, après avoir été plongé dans un coma durant huit jours, suite à un accident lors d'une opération en 1998. Il conseille à Duflot d'apprendre le sens de l'État qui lui fait défaut aujourd'hui. C'est bien connu dans les milieux politiques, le ministre du préfabriqué est avant tout préoccupée par le sens de sa carrière. Pour le sens de l'État, elle s'imagine qu'elle aura probablement le temps de voir plus tard. Elle doit faire l'effort de comprendre ce qu'est l'État. Probablement que c'est un problème qui la dépasse, un problème qui est aussi celui des Verts, a-t-il ajouté. Elle devra l'apprendre, ce dont elle est capable, car c'est une femme intelligente et par ailleurs sympathique. C'est sa conclusion ; ah le faux-cul. Plutôt que raconter de tels boniments, il aurait pu rester couché.

C'est reparti pour Taubira. Elle annonce la création d'une peine de probation, hors prison. Nous créons une peine de probation, qui est une peine en milieu ouvert, restrictive de liberté que nous appelons la contrainte pénale, a-t-elle déclaré, tout en ajoutant que cette peine ne concernerait que les délits punis de cinq ans de prison ou moins et que les juges pourraient, bien entendu, prononcer à la place des peines de prison. Dans la foulée, elle a précisé qu'elle allait installer le mois prochain l'observatoire de la récidive, afin de disposer des (outils fins) pour mesurer le phénomène.

Parce que les condamnations ne sont plus mentionnées sur le casier judiciaire ?

Elle a terminé son sermon en confirmant qu'elle supprimerait les peines [plancher], qualifiant son projet de réforme sérieuse, rigoureuse, qui assure la sécurité des Français.

C'est une évidence pour tous, les criminels en liberté sont moins dangereux pour la société, qu'enfermés derrière les barreaux.

Ainsi, Galip Kurum, l'un des trois meurtriers de la jeune policière Kitty Van Nieuwenhuyssen, à Villers-sur-Marne, suite à un braquage en 2007, était comme ses deux complices, Noureddine Cheikhni et Hassan Lasir, des multirécidivistes en liberté conditionnelle. La famille de la victime doit, sans aucun doute possible, apprécier les avancés sociales de Taubira. Mais le meilleur reste à venir. Depuis 1999, Kurum touche une allocation d'invalidité, suite à l'attaque à main armée d'un bureau de poste, car lors de ce braquage, il a été touché par une balle. Selon la législation, une personne qui perçoit une indemnité de l'assurance maladie la conserve même en cas de crime et de détention.

Ce qui revient à constater que ce malfaiteur encaisse une pension d'invalidité depuis 1999, suite à un accident du travail : le braquage d'un bureau de poste !

DIMANCHE 25 – AUX ARMES MARSEILLAIS.

Tout conduit à considérer que Damas est responsable de l'attaque chimique. Il s'imagine quoi le père François, que sur le plan international, ses chansonnettes vont être prises en considération, alors qu'il se montre incapable de gérer son propre pays, et de contrôler ses ministres. Qu'il commence donc par faire le ménage chez lui. Ça ne sent peut-être pas le gaz, mais ça commence à véritablement sentir le roussi.

Olli Rehn, vice-président de la Commission européenne, avertit Hollande et sa bande de racketteurs : Les hausses d'impôts en France ont atteint un seuil fatidique. Lever de nouvelles taxes aurait pour effet de casser la croissance et de peser sur l'emploi. [Déjà que….] La discipline budgétaire doit passer par une baisse des dépenses publiques et non par de nouveaux impôts. Il y va de l'avenir de la France et de sa crédibilité budgétaire. Avec un gouvernement composé de sinistres individus que ne comprennent rien à rien, il peut toujours déclarer ce qu'il veut le haut fonctionnaire bruxellois. Puis, augmenter les impôts, en créer de nouveaux, ils ne savent rien faire d'autre les mecs. Si on leur retire cette activité, ils vont faire quoi ?

D'autant que pour l'année 2014, le programme est déjà préparé. Au 1er janvier prochain :

-   Hausse de la TVA normale de 19,6 à 20 %.

-   Hausse de la TVA intermédiaire (hôtellerie, restauration, etc…) de 7 à 10 %.

-   Hausse de la TVA pour les services à la personne de 5,5 à 20 %.

-   Taxe exceptionnelle (!) sur les hauts salaires, pour les deux prochaines années (!!) au taux de 75 %.

-   Baisse du quotient familial qui passera de 2 000 à 1 500 euros par demi-part supplémentaire.

- Création d'une contribution climat-énergie.

- Probable surtaxe sur le gazole professionnel.

- Hausse de la CSG entre 0,2 et 0,5 %.

- Hausse de 3,8 à 4,5 % des frais de notaires pour les droits de mutation.

- Projet d'une taxe sur les appareils connectés pour toute personne ayant un accès à Internet.

- Projet de relèvement du taux de taxation des dividendes.

- Projet de hausse des cotisations patronale.

Indubitablement, la tirade saugrenue de la semaine revient à JMA. Pour clore le discours superflu de son déplacement inutile à Marseille, tout fier de lui, il a osé déclarer : « *Marseille a besoin de la France, mais la France a besoin de Marseille.* » C'est beau, c'est grandiose. Parce que les Marseillais ont demandé leur indépendance ? Ou alors, est-ce tout simplement parce que les trafiquants marseillais fournissent le marché parisien en produits hallucinogènes ? Si le Premier Ministre boit ou fume, il devrait bien vite arrêter. Si tel n'est pas le cas, qu'il consulte le plus rapidement possible un urgentiste.

Quelle qu'en soit la circonstance, il est invraisemblable que l'on puisse entendre un Premier ministre étaler officiellement autant de déraison. Espérons que ce lamentable épisode n'a pas été retransmis par les chaînes de télévision étrangères. La France n'a véritablement pas besoin d'exporter de telles bouffonneries, pour se faire ridiculiser davantage.

LUNDI 26 – UNE FAMILLE EN OR.

D'un pas ferme et décidé, JMA attaque les dossiers des retraites. Espérons qu'il ne détruira pas ce qu'il reste sur son passage. Le peuple de France lui saurait gré de ne surtout pas oublier qu'il est désormais entré dans sa soixante-quatrième année, et que pour lui, le temps d'aller visiter la France avec son Combi est pratiquement venu. En toute logique, Valls devrait se charger de lui rappeler régulièrement son droit de postuler à une retraite bien méritée, ce qui ne pourrait que combler, provisoirement, une majorité de citoyens.

Il va donc se lancer maintenant dans la mise en place de procédures, contre lesquelles il militait fermement, lorsqu'il se trouvait dans l'opposition. C'est ça le véritablement changement.

Au sujet des retraites, il existe une solution toute simple pour éviter l'enfermement en maison mortifère : il suffit de devenir criminel avant de parvenir à l'âge fatidique où l'on est tout juste considéré comme un légume crachant au bassinet financier d'exploitants de la décadence physique. En prenant soin, bien entendu, d'être certain de se voir condamné à une peine de prison supérieure à cinq années. Sinon, Taubira remet les délinquants en liberté.

Les avantages de devenir taulard sont nombreux : rien à payer pour l'hébergement en chambre sécurisée avec télévision. Eau, gaz et électricité gratuits, examens dentaires et médiaux, soins et médicaments nécessaires toujours sans bourse délier. Promenades accompagnées pour les moins valides, fauteuil roulant pour les plus atteints. Placement sous surveillance vidéo, donc assistanat médical immédiat en cas d'urgence. Literie changée régulièrement, linge lavé et repassé également. Accès à une bibliothèque, salle d'exercice, piscine, lieu de culte. Possibilité de se plaindre au directeur de l'établissement, lorsque les dispositifs mis en place pour l'hébergement ne sont pas conformes aux besoins ressentis par les pensionnaires.

Tout est gratos ou presque.

Ainsi, depuis le 1er janvier 2012, un détenu souhaitant louer un téléviseur, doit débourser dix-huit euros chaque mois, contre trente-six auparavant. Une petite ristourne de 50 % offerte par l'administration bienveillante. Pendant ce temps, à l'hôpital, la moyenne est de trois euros par jour, soit quatre-vingt-dix par mois, pour avoir le bonheur d'apprécier les émissions culturelles de Patrick Sébastien, Nagui, Vincent Lagaffe ou Michel Drucker.

Mesdames et messieurs, si vous êtes catalogués dans la longue liste des criminels, vous pourrez bénéficier, totalement à l'œil, de tous les avantages qui sont progressivement retirés aux personnes âgées, honorablement connues. C'est beau le social, dans ce pays où les administrations protègent celui qui met le feu, et emmerdent celui qui tire le signal d'alarme. Si vous êtes un bon citoyen-contribuable honnête, sachez que l'État vous exploitera jusqu'à l'heure de votre dernier souffle. Puis, même après, puisque les factures des pompes funèbres sont assujetties à la TVA.

L'État taxe la mort !!!!

Trois mois après l'entrée en vigueur du décret d'application de la loi autorisant le mariage gay, cinq cent quatre-vingt-seize unions civiles entre personnes du même sexe ont été célébrées. Cela représente environ 1 % du total des mariages prononcés durant cette période. Voilà comment, en utilisant une minorité, Hollande parvient à créer des problèmes au sein de la majorité des Français. Cela se nomme de la diversion.

Chaque année, un jury de journalistes se réunit, afin d'établir le palmarès des plus mauvais élèves en politique. Pour l'année en cours, les lauréats désignés sont :

- Langue de bois d'or : Harlem DESIR.

- Couac d'or : Arnaud MONTEBOURG.

- Melon d'or : Manuel VALLS.

- Langue de vipère d'or : Laurent FABIUS et Jean-Christophe CAMBADELIS à égalité.

- Lèche-cul d'or : Bruno LE ROUX.

- Planqué de l'année : Benoît HAMON.

- Recalé de l'année : François REBSAMEN.

- Blagounette hollandaise de l'année : bien entendu François HOLLANDE. Le 21 juin 2013, au Salon du Bourget, le président aide Serge Dassault dans les escaliers et lui dit : C'est l'État qui soutient Dassault…..Comme d'habitude.

Il est à noter que c'est la cinquième année consécutive qu'Harlem Désir, Premier secrétaire du PS, obtient cette haute récompense. Il est question qu'il soit désormais considéré comme hors concours, de façon à laisser place à l'un de ses petits camarades de jeux. Le second sur le podium 2013 était David Assouline, porte-parole du parti.

MARDI 27 – BOULE DE CRISTAL OU BAVE DE CRAPAUD ?

Comme prévu, les plans de JMA concernant les retraites, n'ont fait pratiquement que des mécontents ; le Premier ministre n'a sorti de sa boîte magique que des hausses de cotisations et d'impôts. Selon la CGT, ce sont des mesures anti-jeunes. Pour le MEDEF, les décisions prises ne sont pas acceptables. Fillon décrit un désastre pour le pouvoir d'achat des actifs et pour le niveau des retraites. Nous pouvons aisément le croire, car question baisse du pouvoir d'achat des Français, il est véritablement spécialiste. Eric Woerth, qui pourtant ne risque pas d'être directement concerné, trouve que ce sont des décisions pitoyables, et que le Premier ministre a fait preuve d'une grande lâcheté politique. Etc, etc…

Le plus invraisemblable, est que ce plan pour magasin de farces et attrape-nigauds, se projette sur les années 2020, et même jusqu'en 2035. C'est totalement aberrant, d'une stupidité inouïe. Ce pauvre Ayrault, qui occupe Matignon tel un chien dans un jeu de quilles, se trouve, logiquement, dans l'incapacité totale de prévoir quels événements se dérouleront en France dans les mois à venir. Par contre, il se croit en mesure de prédire l'avenir pour les vingt prochaines années.

L'ensemble de ces imbécilités finit par devenir lassant.

Simple constatation : si durant les dernières décennies, Mitterrand, Jospin et Aubry, les grands prêtes du socialisme à la française, n'avaient pas créé la retraite à soixante ans, ainsi que la semaine de trente-cinq heures, nous ne serions pas maintenant englués dans une telle situation bordélique.

L'Europe et spécialement la France, sont devenues la plus importante fabrique de normes du monde. La plupart du temps ça ne sert à rien, ça ne rapporte rien, ça emmerde tout le monde, ça coûte plus cher que ça ne rapporte et ça freine considérablement l'économie. Ce n'est pas possible autrement, ça doit permettre à certains minus de bander correctement. Après nombre de conciliabules, la France reste à ce jour, le seul pays de L'Union européenne à bloquer les immatriculations des modèles Mercedes des classes A, B, CLA et SL. Cela, pour une sombre histoire de fluide réfrigérant R1234yf qui, selon nos grands esprits fonctionnarisés, représente un danger pour la santé, l'environnement ou la sécurité routière. Bien entendu, rien n'est prouvé, aucun problème ou accident n'a été enregistré à ce jour, concernant l'utilisation de ce produit, mais de temps à autre, il est nécessaire de faire plaisir aux Verts, de façon à leur faire croire qu'ils existent. Quitte à créer une pagaille supplémentaire à l'intérieur des circuits commerciaux. Nous n'en sommes plus à quelques centaines, voire quelques milliers de chômeurs supplémentaires.

MERCREDI 28 – L'ARME FATALE.

C'est sans aucune surprise que les chiffres du chômage sont de nouveau tombés. En juillet, il a encore augmenté de 0,2 %, avec six mille trois cents inscrits supplémentaires. C'est le vingt septième mois consécutif que cette liste de sinistrés de la

République s'allonge. Mais il n'existe aucune raison de changer de cap, car c'est mieux que si c'était pire. Donc Hollande et les membres du gouvernement sont satisfaits. Ils sont toujours les seuls.

La France et la Corée du Nord, sont les deux seuls pays au monde, où le chef de l'État peut jouer à la guéguerre, sans en référer auparavant à quiconque. Après le Mali, il semble que Hollande ne va pas se priver de cette possibilité de diversion, en engageant la France en Syrie, dans des opérations vouées à l'échec dans le temps, et avec de possibles retombées internationales dramatiques, que nul n'est en mesure de prévoir à ce jour. La France est prête à punir ceux qui ont gazé des innocents. Le massacre chimique de Damas ne peut rester sans réponse, a affirmé le président, devant les ambassadeurs français réunis à l'Elysée. Où le caporal va-t'en guerre trouvera-t-il l'argent pour financer cette expédition absur-de : mystère. Déjà qu'il se trouve dans l'obligation d'emprunter du pognon à l'étranger – une partie dans des paradis fiscaux – pour casquer les fonctionnaires de son propre pays ! Côté positif, le porte-avions Charles de Gaulle se trouve actuellement en état de naviguer. Espérons que si ce fier bâtiment est engagé dans le conflit, il ne sera pas la cible des missiles ennemis, car nous n'en avons qu'un seul de ce type. Et, bien entendu, pas les moyens d'en faire construire un autre.

Certes, Bachar El Assad n'est guère une référence. Il fait même carrément partie des sinistres individus à ne pas enregistrer dans son carnet d'adresses. Pour autant, dans la liste des inepties effectuées par Sarkozy durant son quinquennat, nous n'oublierons pas qu'il invita cette horreur de la nature à participer au défilé du 14 juillet 2008, dans la tribune officielle. Bien vu Nicolas !

Pendant la durée des opérations, les médias pourront inonder leurs journaux écrits, parlés et télévisés, d'autres sujets que la dette du pays, le chômage, les augmentations d'impôts, les problèmes des retraites, de la police, de la justice, des hôpitaux ou de l'école. C'est pour le gouvernement, une chance inespérée. Quant à Hollande, peut-être espère-t-il pour la circonstance, récolter une étoile supplémentaire sur son képi, à défaut du bâton de maréchal.

Les experts et spécialistes en tous genres vont également profiter de la situation pour ressortir de leurs tranchées, et nous expliquer comment vont se dérouler des opérations non encore programmées.

Les guerres sont devenues indispensables au fonctionnement de l'industrie des pays dits développés. Sans l'industrie d'armement, l'économie US s'écroulerait immédiatement. C'est la raison fondamentale pour laquelle les Américains ont un besoin vital de se trouver sans cesse de nouveaux ennemis, dès qu'un problème semble résolu dans un coin de la planète ronde. Pas de guerres, pas de business. Le massacre d'innocents, reste à ce jour la méthode la plus efficace, la plus rentable pour faire fructifier des capitaux déjà bien mal acquis. Elles représentent également une excellente recette pour effacer les dettes.

La principale différence entre un criminel de guerre et un héros, est que le criminel se trouve systématiquement dans le camp des perdants. La guerre en elle-même, est un crime contre l'humanité. Nul ne peut en douter. Hitler, Mussolini, Franco, Staline et Mao, pour ne citer que les meilleurs, n'étaient que d'odieux criminels. Alors que Julius Oppenheimer et ses proches collaborateurs, responsables du projet Manhattan, qui se solda par le largage de deux bombes atomiques sur Hiroshima et Nagasaki, sur ordre du président Harry Truman, sont tous catalogués dans la rubrique des bienfaiteurs de l'humanité. Sauf probablement au Japon.

« On condamne celui qui tue un homme pour se défendre, et on décore celui qui tue des millions d'hommes. » Charly Chaplin.

Dès à présent, commandez le catalogue des festivités, gratuit et en couleurs. Vous y retrouverez les noms des dictateurs et chefs d'États irresponsables, la liste des généraux impliqués dans les opérations de massacres, les noms des principales batailles, les reproductions au 1/43ème des armes et munitions, les détails des uniformes et décorations, les nombres de morts, de disparus et de blessés graves, ainsi que des clichés de cadavres pris sur place par les envoyés spéciaux. Enfin, en dernière page, vous découvrirez une photo de famille d'un soldat inconnu.

JEUDI 29 – BIENVENUE AU CLUB.

Qui a osé proclamer que Valls n'était pas socialiste ! En une année, les naturalisations ont augmenté de 14 %. Durant cette période, près de quatre-vingt mille demandes de naturalisation ont été acceptées. Pour faire des chômeurs supplémentaires, des assistés ou tout simplement de nouveaux électeurs pour le PS ? La dépêche ne précise pas.

Hollande vient de déclarer – officiellement – que tout doit être mis en œuvre pour une solution politique en Syrie. Mardi, il affirmait le contraire. Si la France doit encore supporter la présence d'un tel polichinelle à la tête de l'État durant quatre années, ce sera un véritable drame pour la Nation. Pendant le déroulement de ce spectacle lamentable, le perfide Bachar El Assad doit se marrer comme un petit fou, à l'intérieur de son palais. D'autant que David Cameron vient de se prendre un sacré camouflet en pleine tronche, puisque les députés britanniques s'opposent à une intervention armée en Syrie. Bien entendu, le Premier ministre de Sa Très Gracieuse Arrière-grand-mère anglaise, s'est engagé à respecter cette décision.

Si cela ne saute pas forcément aux yeux, ce genre de décision marque la différence entre le fonctionnement d'une démocratie et celui d'une république bananière. Même si le spectacle désolant donné en représentation, s'apparente davantage à un spectacle de variétés, plutôt qu'à de la politique.

En fait, que reproche-t-on véritablement à Bachar ; et bien tout simplement d'avoir fait assassiner plusieurs centaines de personnes au moyen de gaz toxiques. Car pour la centaine de milliers de victimes innocentes qui ont perdu la vie depuis deux ans, sous les balles et les obus, aucun problème. Il peut, s'il le souhaite, continuer le carnage en toute quiétude.

Et si, tout simplement, la décision de le punir venait du fait qu'en utilisant des gaz, il n'achète pas d'armes conventionnelles aux principaux pays producteurs ? C'est-à-dire, dans l'ordre :

- ❖ Les USA, qui détiennent 30 % du marché mondial sur les dix dernières années.
- ❖ La Russie, 26 %.
- ❖ L'Allemagne, 8 %.
- ❖ La France, 7 %.
- ❖ La Chine, 4 %.
- ❖ Le Royaume Uni, 4 %.
- ❖ L'Italie, 2 %.
- ❖ Israël, 2 %.
- ❖ La Suède, 2 %
- ❖ L'Ukraine, 2 %.

Pour conclure ce roman, provisoirement bien entendu, supposons que l'Amérique décide de faire marche-arrière : il aurait bonne mine notre petit caporal de réserve, avec ses déclarations intempestives et irréfléchies.

VENDREDI 30 – AU SUIVANT.

Ania Lisewka, jeune Polonaise de vingt printemps, veut absolument entrer dans le livre des records. Pour ce faire, elle a décidé de coucher avec cent mille hommes. Il est possible dès à présent de s'inscrire sur son site Internet. Compte tenu des indispositions, indisponibilités, maladies et autres petits problèmes personnels, si l'on retient trois cents jours d'activités corporelles par an, durant une période de quarante années, cela représente une moyenne de huit partenaires journaliers. Nous sommes bien loin des dix mille femmes revendiquées par Victor Hugo. Petite précision en passant, elle est déjà bien enrobée. Ne tardez pas trop à rejoindre la file d'attente.

Delanoë accuse NKM de mentir sans cesse. Alors que la prétendante au trône de Paris fait état d'une hausse de 40 % des impôts depuis l'arrivée de la gauche au pouvoir, le maire pour encore quelques mois, affirme que les impôts à Paris sont les plus faibles de toutes les grandes villes de France. Ce qui n'est pas surprenant, puisque la majorité des dirigeants politico-financiers du pays résident dans la capitale. Effectivement, les impôts n'ont augmenté que deux fois : 9 % en 2009 et 8 % en 2010. Ces hausses ont été annoncées lors de la campagne municipale de 2008, précise Delanoë, qui conclut en affirmant que Madame Kosciusko-Morizet ne connaît pas du tout les dossiers parisiens. Ce qui n'est guère surprenant non plus, puisque jusqu'à peu de temps encore, elle était maire de Longjumeau.

Hollande juge que le temps est venu de faire une pause fiscale, grâce à l'engagement de substantielles économies. Il « gage » également que nous pourrons revoir légèrement à la hausse la prévision de croissance pour 2014, dans le cadre du projet de budget présenté fin septembre. Il conclut par un fatal n'imputons pas au gouvernement Ayrault ce qui a été décidé par d'autres. Il y avait fort longtemps que les hausses et créations d'impôts nouveaux, que nous avons subis depuis quatorze mois, n'avaient pas été imputées à Sarkozy. Ça nous manquait. Les socialos n'ont même pas le courage d'assumer leurs actes.

Concernant la pause fiscale, il n'a rien précisé ; ni la date de mise en application, ni la durée, ni comment. Rien ! Pour les écono-mies : lesquelles ? Pas davantage d'informations. Quant à la croissance pour 2014, il ignore totalement si elle sera présente au rendez-vous. Encore un inutile effet d'annonce. Un de plus.

SAMEDI 31 – LINGE SALE EN FAMILLE.

Patricia Cahuzac, ex-épouse de notre ex-fermier général, a été mise en examen pour fraude fiscale et blanchiment. C'est chaque fois la même chose. Lorsque les membres d'un couple ou d'une même famille ne sont pas capables de régler leurs affaires entre eux, c'est invariablement le fisc qui en profite pour se sucrer. Pourtant ces deux-là étaient superbement bien placés pour connaître le mécanisme infernal du service des rackets.

Le mois de juillet s'était terminé sur le score de quinze cadavres pour la Corse, contre quatorze pour Marseille. Net et sans appel possible. Par contre, il va être très délicat, pour le mois d'août, d'établir un résultat définitif. Si, pour la Corse, le chiffre est resté inchangé, ce qui est carrément surprenant, il en va tout autrement pour Marseille, pour diverses raisons :

- ❖ Le 9, un blessé grave. Il se trouve dans un état désespéré
- ❖ Le 15, deux blessés graves. Ils se trouvent dans des états désespérés.

Doivent-ils être comptabilisés ?

- ❖ Le 10, un jeune homme de vingt-trois ans a été retrouvé dans un état désespéré, près de la gare Saint-Charles. Il a eu la carotide tranchée par une arme blanche, et est décédé le lendemain. Le suspect a été arrêté, il s'agit d'un certain Ali A..., déjà connu des services de police.

Il semble logique de l'enregistrer, même si apparemment, il ne s'agit pas d'un règlement de compte entre malfrats.

Cela nous amène à quinze cadavres pour Marseille.

- ❖ Le 18, un jeune homme de dix-huit ans a été poignardé lors d'une rixe en centre-ville. Selon la police, ses jours n'étaient pas en danger. En dépit de ce pronostic de fins connaisseurs, la victime est décédée le lendemain.

Nous voici parvenus à seize.

Juste pour la petite histoire locale, ses agresseurs se sont rendus dans un hôpital afin de se faire soigner. Estimant qu'ils attendaient trop longtemps pour que l'on s'occupe de leurs cas, ils ont porté un coup de couteau à un infirmier qui avait la malchance de se trouver justement là.

- ❖ Le 20, un homme a été retrouvé mort, criblé de balles, au volant de sa voiture.

Et de dix-sept.

❖ Le 22, un homme grièvement blessé par balles, est décédé à l'hôpital, après s'être interposé face à deux hommes qui attaquaient un bar-tabac. Un suspect a été arrêté, il s'agit d'un certain Marouen R..., un multi-récidiviste qui n'était majeur que depuis quelques heures au moment des faits.

Ce drame s'est déroulé sur la commune de Marignane, mais il semble pourtant logique de le prendre également en compte. Marignane, c'est la grande banlieue de Marseille.

Ce qui nous amène à dix-huit.

❖ Le 30, un homme très grièvement blessé par balles de Kalachnikov. Comme pour les deux premiers accidentés du mois, il semble préférable d'attendre le résultat des soins, avant de le comptabiliser définitivement sur la liste officielle.

Encore toutes nos félicitations à Ayrault et aux membres de son gouvernement, qui se sont spécialement déplacés à Marseille pour remettre de l'ordre dans la cité. Et bien entendu, un grand bravo supplémentaire pour Valls, spécialiste du grand banditisme.

Hip hip hip ; hourra !

Donc, score final bien que probablement provisoire : Marseille dix-huit, Corse quinze. Les Marseillais reprennent l'avantage.

Dans l'autre match de l'année, qui oppose Valls à Taubira, c'est le ministre de la Justice qui l'emporte d'une courte tête. Le ministre de l'Intérieur doit se contenter, pour l'immédiat, de choisir entre avaleur de couleuvres et bouffeur de chapeau. Mais il prépare déjà sa revanche.

SEPTEMBRE

DIMANCHE 1ᵉʳ – PROBLEME DE CONSTITUTION OU DE PSYCHIATRIE ?

Simple rappel : conformément à la Constitution française, le président de la République est le seul chef des armées. Vive de Gaulle ! Donc, en l'état actuel de la situation, the big boss a le pouvoir d'intervenir en Syrie, si bon lui semble, sans solliciter auparavant le consentement des parlementaires français. Dans ces conditions, à quoi servent-ils ?

Même Obama doit consulter le Congrès, avant de donner ordre de lancer ou non ses bombinettes sur la population syrienne. Car, ne nous leurrons pas, dans tous les cas Bachar sera préservé. C'est un bon client qui paye cash.

La Constitution actuelle, a été taillée sur mesure pour un dictateur, Charles XII, par Michel Debré. D'ailleurs, à l'époque, Mitterrand et l'ensemble de ses acolytes gauchistes hurlaient tous au scandale contre cette 5ᵉᵐᵉ République, et décriaient le caractère pernicieux du nouveau régime qui se mettait en place. Bien entendu, dès que les comiques de la piste aux étoiles socialistes montèrent sur les tréteaux, en 1981, ils se gardèrent bien de modifier un seul iota des articles qui ne leur convenaient pas, lorsqu'ils se trouvaient dans l'opposition. Faut pas déconner non plus.

Puisqu'il est question de Michel Debré, le père du grand malade et du toubib qui, probablement, tente de le soigner, il ne semble pas superflu de s'arrêter le temps de quelques lignes sur son parcours du combattant.

Un super marrant celui-là. D'ailleurs ça se lisait sur son visage. On ne peut se refaire ; celui qui possède une tronche de clown blanc ne peut jouer les augustes.

En juin 1940, Debré fut fait prisonnier par les Allemands, mais réussit à s'évader. Fervent admirateur de la stratégie lumineuse du généralissime Weygand – appréciée surtout des nazis – il parvint à se faire nommer membre du Conseil d'État, et pour ce faire, prêta serment de fidélité au maréchal Pétain. Le Conseil d'État était, sous l'Occupation, une machine répressive impitoyable envers les Juifs et les communistes. Rien que du banal en quelque sorte. En février 1943, sentant que le vent allait tourner en faveur des Alliés, il rejoignit les rangs gaullistes. Pour sa défense, constatons simplement qu'il fut alors loin d'être le seul à emprunter cet itinéraire bis, face aux prémices de la débandade allemande. En somme, il faisait partie des bisons futés de l'époque. De Gaulle, peut regardant quant à la sélection de ses collaborateurs, lorsque cela le servait, le chargea immédiatement d'établir une liste de préfets en mesure de remplacer ceux en place, dès qu'il serait parvenu à prendre le pouvoir. Un coup d'État doit être préparé sérieusement, rien ne doit être laissé au hasard.

L'air de rien, le Grand nomma, alors qu'il était président de la 5ème République, plusieurs ministres qui auparavant avaient servi le gouvernement de Vichy. Entre autres célébrités, Chaban-Delmas, Couve de Murville et donc Debré. Tous trois devinrent Premier ministre. Quant à l'opposant Mitterrand, il finira tout simplement président de la République.

En 1945, toujours sous les ordres de Charles XII, ce jacobin pur sucre pur fruits, échafauda les plans d'une grande école d'administration : l'ENA. Dès lors, la plus grande catastrophe politico-intellectuelle franco/française du XXème siècle se mettait en marche. Près de soixante-dix années plus tard, nous continuons de subir, malheureusement, les impéritis du personnel formé par cet établissement calamiteux. C'est Maurice Thorez, revenu de sa villégiature moscovite où, depuis le 8 novembre 1939, il s'était réfugié piteusement sous le faux nom d'Ivanov, qui prit la relève de Debré, et signa officiellement les décrets fondateurs de ce bahut irrationnel.

Le petit Mimi était toujours aux côtés de de Gaulle, lorsque celui-ci réussit son nouveau coup d'État en 1958. Il se consacra dès lors à la rédaction de la constitution antidémocratique de la 5ème

République, dont il deviendra le premier Premier ministre. Un tel dévouement valait bien une récompense.

C'est donc de par la grâce de Michel Debré, que Flanby peut aujourd'hui jouer à l'apprenti dictateur.

En 1962, Debré se présenta aux élections législatives en Indre-et-Loire. Battu, il se tourna fort logiquement vers l'île de la Réunion, dont il devint député en 1963. Il fera très rapidement preuve d'un humanisme à toute épreuve. Que l'on en juge un peu. Il fit arracher à leurs parents, mille six cents enfants réunionnais, de façon à les placer en métropole avec mission, dès qu'ils seraient en âge de procréer, de repeupler certains départements qui avaient tendance à voir leur population décroitre. La Creuse par exemple. Une véritable abjection.

En 1981, il se présenta aux élections présidentielles, mais n'obtint péniblement que 1,66 % des voix. Surprenant ?

L'amer Michel a été conseiller municipal, maire, conseiller général, député, sénateur, ministre de la Justice, de l'Economie et des Finances, des Affaires étrangères, de la Défense et donc Premier ministre. Une carrière bien remplie. Comble pour un anti-européen, il est même parvenu à se faire élire député européen en 1979 ! Il est loin d'être évident de se priver des énormes avantages liés cette fonction, d'autant qu'en matière de politique, chacun sait ce que valent les convictions.

Alors qu'il était Premier ministre, c'est lui qui créa le trop célèbre cabinet noir de Matignon. Bien entendu, les archives de cette officine malfaisante ne peuvent être consultées. Il est donc excessivement complexe de pouvoir s'attarder sur les activités philanthropiques de cette association barbouzarde. Ce qu'il est possible d'affirmer, sans grand risque de se tromper, est que depuis des décennies, si tous les coups tordus ourdis par cette organisation maléfique pouvaient être publiés, cela ferait le bonheur d'un éditeur de série noire, tant il serait nécessaire de publier un nombre important de volumes.

Au rang des célébrités éternelles, la France a connu Charlemagne, Louis XIV et Napoléon I°. Mais elle est également la patrie d'Intervilles, Disneyland Paris, le théâtre de guignol, Achille Zavatta, Bernard Tapie et Jacques Mesrine. Montebourg se place, sans contestation possible, dans cette seconde catégorie. Et encore par compassion. Il ose déclarer, sans rire : « *Je suis fatigué des élections, et après le poste de ministre, la présidentielle est la seule élection à laquelle j'envisage de me présenter un jour.* » Puisse-t-il au moins, pour une fois, respecter sa parole. Pour terminer la semaine et débuter le nouveau mois, la tirade saugrenue hebdomadaire lui est donc décernée. Et c'est amplement mérité. Il fait partie de ces politiciens actuels qui n'ont encore rien compris à l'évolution du monde dans lequel nous vivons. Pour cette race de parasites archaïques, l'avenir se situe, certainement plus rapidement qu'ils ne le pensent, dans un musée d'anthropologie, voire même de préhistoire. Quant au fait qu'il en ait marre des élections (non présidentielles), cela démontre qu'il est loin d'être persuadé d'être réélu s'il se présentait de nouveau devant les électeurs. De nombreux Français ont, eux également, marre de lui, ses frasques et ses incompétences. S'il se barre, Dieu soit loué, ce sera bien la première fois de sa carrière qu'il contenterait une foule de citoyens.

C'est la rentrée partout. Donc, à la télévision, Michel Drucker revient. Vivement lundi prochain.

LUNDI 2 – L'HOMME QUI EN SAVAIT TROP.

La droite exige un vote du Parlement sur la Syrie. La droite ne se souvient plus de la guerre sarkozyenne en Libye. À l'époque, Sarkozy, sans ne rien demander à quiconque, était parvenu à faire taire définitivement Kadhafi, un enfoiré de première certes, mais reçu quelques années auparavant en grandes pompes à Paris, par ce même Sarkozy. Objectif atteint, pour ce qui concerne de possibles révélations, plus qu'ennuyeuses pour le président alors en place. Sauf grand déballage toujours possible des survivants provisoires.

Pour le caporal m'as-tu-vu, les affaires se compliquent. Alors qu'il espérait que l'expédition sur la Syrie lui permettrait d'enfin se faire reconnaître au niveau international, voici que la guerre risque, au moins provisoirement, d'être annulée. Une véritable catastrophe pour pépère. Peut-être est-il né sous le signe de la malchance ? Qu'il se fasse ridiculiser une fois de plus, passe encore, c'est son problème. Mais pour la France, ce n'est pas ainsi qu'elle retrouvera un jour une certaine crédibilité au niveau planétaire.

Quant à Ayrault, le voici qu'il en rajoute une couche. Le bombardement chimique commis le 21 août par le régime du président Bachar al-Assad est un acte irréparable qui ne restera pas sans réponse de la France. On se demande bien de quoi il se mêle celui-là ! Il s'avère totalement incapable d'assumer correctement sa fonction, alors qu'il commence par prendre des cours de gestion, avant de s'occuper de ce qui se passe en Syrie. D'ailleurs de quel droit ? En vertu de quelles règles internationales, Hollande et son premier sous-fifre peuvent-ils se permettre de prendre une telle initiative désastreuse, dont le monde entier se moque ?

Cela faisait longtemps que Vallaud-Belkacem n'avait pas ouvert sa bouche pour ne rien dire. Celui qui est le chef des Armées, c'est le président de la République. S'il en vient à décider un vote, il le fera mais rien ne peut lui imposer. Et patati et patata. Aucun commentaire à ajouter à ce qui n'est qu'une non-déclaration.

En l'état actuel de la situation, il semble indispensable de créer un service administratif chargé de l'achat de jouets Playmobil, de façon à ce qu'Hollande, Ayrault et leurs petits camarades puissent faire joujou peinardement à l'Elysée ou à Matignon, sans risques de déclencher des cataclysmes.

Il fut un ministre carrément nul, mais reconnaissant et fidèle envers celui qui lui avait permis en son temps, de parvenir à ce stade de la compétition. C'est suffisamment rare pour être rapporté. Brice Hortefeux avait réuni ce dimanche à Arcachon, les membres de son association : Les Amis de Sarkozy. Nous aurons plus de deux mille participants, avait-il fièrement claironné. Hélas, ils n'étaient qu'une cinquantaine. Parmi les absents remarqués, à défaut d'être remarquables, citons : François Fillon, Bruno Le

Maire, Xavier Bertrand, Nathalie Kosciusko-Morizet, Laurent Wauquiez, Henri Gaino, Eric Ciotti et Valérie Pécresse. Que des individus que ne roulent que pour eux et ne pensent déjà qu'à l'année 2017. Pour la France, ils verront plus tard. Là n'est pas leur problème.

MARDI 3 – VIVEMENT LES GRANDES VACANCES.

C'est l'heure de la rentrée des classes. Hier, les professeurs des écoles se sont réunis dans chaque établissement scolaire, afin de consulter le tableau des vacances pour la période 2013-2014, et noter précieusement les dates à retenir. Ils ont également abordé un dossier important : celui des grèves. Quand auront-elles lieu cette année ? En principe, et compte tenu de la situation générale, les premières ne devraient pas trop tarder. Il convient toutefois, si possible, d'éviter les longues journées d'hiver. Défiler dans les rues lorsque la température est négative, ce n'est bon ni pour la santé, ni pour le moral.

Peillon est tout content, tout fier de lui. Heureusement, car il en faut au moins un dans ce cas, au sein de l'Éducation nationale. Ses réformes vont être appliquées, c'est en tous cas ce qu'il est permis de supposer. Ce sera mieux, ce sera pire qu'avant ? Ce sera pareil ? Il est possible d'envisager que ce soit pratiquement la même chose au niveau des résultats, mais en légèrement plus mauvais. Il en va toujours ainsi. Il convient donc de respecter les traditions, y compris lorsqu'elles sont néfastes à l'ensemble de la communauté. L'essentiel, est d'avoir une loi qui porte son nom.

Il serait fort instructif de savoir qui, au sein de l'Éducation nationale, rédige les programmes scolaires : des fonctionnaires issus de l'enseignement ou des fonctionnaires administratifs ? Lorsque l'on constate la façon dont l'ensemble fonctionne, ainsi que les résultats obtenus, il est permis d'avoir quelques idées concernant la réponse. Autre question : selon l'évangile laïc du saint ministère syndicalisé, donc sous toute réserve, il y avait en France, en mai 2012, douze millions d'écoliers et étudiants, pour un million de fonctionnaires recensés au sein de l'enseignement public. Le rapport serait donc de un à douze, ce qui à priori semblerait parfaitement acceptable. Mais quel est donc le pourcentage de bureaucrates dans ce million d'employés ?

Problème supplémentaire : le fait d'emmerder les mômes avec des devoirs à faire à la maison, est d'une débilité monstrueuse. C'est un peu comme si l'on demandait à un cuisinier d'emmener chez lui la vaisselle sale afin de la laver, puis la ramener propre le lendemain matin au restaurant ou à la cantine. Ou à un conducteur d'autobus de regagner son domicile avec son véhicule, pour faire la vidange et le graissage durant le week-end. Cela provoquerait des grèves illimitées, alors que les gamins, s'ils refusent de passer leurs soirées à apprendre à la maison ce que l'école ne leur a pas enseigné durant la journée, ils risquent de se ramasser une bonne paire de torgnoles.

Pour les pauvres petits qui vont subir leur première rentrée à la grande école, c'est en ce jour maudit que les emmerdements vont véritablement commencer à leur tomber sur la tête. Fais ceci fais cela, fais pas ci fais pas ça. Et ça ira de mal en pis, tout au long de leur vie. Après les instituteurs, le jeune apprenti contribuable sera emmerdé par les professeurs, quand il désirera passer l'examen du permis de conduire, il sera emmerdé par un inspecteur trop heureux de le recaler, s'il entre dans l'armée, il commencera par être emmerdé par des sous-officiers trop cons pour gravir l'échelon supérieur, au sein d'une entreprise, il sera emmerdé par des petits sous chefs calamiteux, incapables de devenir de véritables chefs. Dès qu'il encaissera un peu d'argent, il sera emmerdé par les employés du fisc qui lui piqueront chaque année plus de la moitié de son salaire, il sera emmerdé par les flics, les gendarmes, les douaniers, les juges, puis toutes les administrations sans exception aucune. Il sera encore emmerdé par les banquiers, les assureurs, et autres organisations financières sataniques, puis enfin, pour couronner le tout, par des politiciens sans scrupules, imbéciles et incompétents. Comme si tous ces cauchemars n'étaient pas suffisants, il sera sans cesse épié, surveillé, fliqué, numéroté, contrôlé, espionné par la police politique.

Le plus drôle dans cette histoire, est que nul n'est à l'abri des emmerdements créés vicieusement par les autres. Le flic emmerde le gendarme, l'inspecteur du travail emmerde le chef d'entreprise, le percepteur emmerde le salarié, le juge emmerde le politique qui emmerde tout le monde. Le douanier emmerde le militaire, le banquier emmerde son client, l'assureur emmerde l'assuré ; dans ce dernier cas, nous nous trouvons face à une certaine logique. Les assureurs sont là pour piquer du fric, pas pour rembourser les sinistres. Il est bien évident que pour chaque cas, la réciproque est assurée. En conclusion, nous vivons dans une société au tout le monde emmerde tout le monde, mais en exploitant une hiérarchie bien établie. Plus on se trouve placé en équilibre sur un barreau élevé de l'échelle des classes sociales, plus il est possible d'emmerder son prochain.

Quatre-vingt-dix-neuf fois sur cent, dès qu'un être humain possède une parcelle de pouvoir entre les mains, il en profite pour l'utiliser à mauvais escient. C'est dramatique !

Il est un sujet dont on ne parlera jamais assez, mais qui pourtant revêt une importance considérable. Ce sont les récits que l'on fait aux enfants, dès leur plus jeune âge. Ah elle est jolie cette littérature enfantine, bondée de méchantes fées, de sorcières adipeuses et de brigands sans scrupules. Que l'on en juge en peu : Blanche-Neige s'envoyait en l'air avec sept nains, Pinocchio n'était qu'un sale petit menteur, la Belle au bois dormant n'était qu'une fainéante qui ne pensait qu'à roupiller et Cendrillon laissa intentionnellement tomber sa pantoufle, de façon à attirer l'attention d'un jeune prince, puis le détourner de son droit chemin. Le Petit Chaperon rouge vécut des aventures effroyables au sein d'une ambiance toute empreinte de sexualité, de violence et d'anthropophagie. Alice n'était qu'une petite gourgandine insouciante et extravagante. Quant au Chat Botté, il n'était qu'un fripon, un tricheur, qui ne pensait qu'à s'approprier le pouvoir et la fortune d'autrui.

Sont-ce donc des personnages à donner en exemple à la jeunesse de notre pays ! Abonnez plutôt vos enfants à Playboy. C'est un magazine nettement plus sain pour la santé du corps et de l'esprit de votre progéniture. De sus, les photos sont superbes.

Bien entendu, il existe la censure, la défense de vendre certains produits aux mineurs. Mais s'il est un domaine de plus où les textes ne servent strictement à rien, ce sont bien ces interdictions de vendre des boissons alcoolisées ou des bouquins de cul aux plus jeunes. Que croyez-vous qu'ils fassent lorsqu'ils sont confrontés à cette situation : eh bien c'est fort simple ; ils envoient les plus de dix-huit ans faire les approvisionnements. Ce qui compte, c'est la prévention, l'information. Le reste n'est que foutaise. Mais tentez-donc de faire comprendre cela à des politiques et des fonctionnaires !

À l'école, il n'y a pas si longtemps encore, nous apprenions que la vie ne pouvait exister dans les grands fonds marins, pas plus que dans l'univers. La vie ne pouvait exister nulle part ailleurs que sur Terre, et encore, dans les seules conditions que nous connaissons quelque peu. Que les nombreux volcans éteints ne se réveilleraient jamais. Et patati et patata. Il en était de même, et cela perdure, concernant les causes et le déroulement de la Seconde Guerre mondiale, pour laquelle il n'est toujours enseigné que 80 % de mensonges. Les enseignants ont un point commun avec les politiques : pour majorité, il ne faut jamais croire en ce qu'ils racontent.

MERCREDI 4 – TROUS DE MEMOIRE.

Lors d'un déplacement dans un lycée professionnel du Loiret, JMA venu spécialement sur place pour encourager les amateurs, a bien entendu, prononcé un discours. C'est simple et ça ne mange pas de pain. Le problème est que, lorsqu'il a voulu présenter sa ministre George-Paul Langevin, il ne se souvenait plus de l'intitulé de son ministère. C'est cette même ministre, qui s'est trouvée dans l'obligation de lui souffler à l'oreille qu'elle était ministre chargée de la Réussite éducative, et que c'est lui qui avait inventé ce poste superfétatoire. C'est bien la preuve évidente que dame Langevin occupe un ministère coûteux mais parfaitement inutile. Si elle ne pouvait être que la seule dans ce cas !

Qui connaît Joachim Gauck ? Il s'agit tout simplement du président de la RFA. Voici un oubli de réparé. En ce jour, il est venu en France, afin de commémorer, en compagnie de François Hollande, le soixante-dixième anniversaire du massacre de six cent quarante-deux innocents par la division SS Das Reich, dans le paisible village d'Oradour-sur-Glane. Grossière erreur ou manque d'information ? Cette tragédie s'est déroulée le 10 juin 1944, donc soixante-neuf ans en arrière.

Petit cours d'Histoire, non inutile.

Suite au Débarquement de Normandie, le 6 juin, 1944, et après des heures de réflexions, Hitler ordonna aux troupes allemandes, stationnées dans le sud de la France, de rejoindre d'urgence le nouveau front ainsi créé. La division SS Das Reich, qui se trouvait dans la région de Toulouse, faisait partie des troupes concernées par cet ordre, et se mit immédiatement en marche, pour un trajet qui devait durer deux jours, trois au maximum.

C'est ici que la Résistance française entra en action, dont la formation Alsace-Lorraine, où semble-t-il, se trouvait le colonel Berger, dit André Malraux. Ou le contraire. Après de multiples escarmouches, le général de la division décida de prendre la direction de Limoges.

Retour sur Malraux. Après avoir coulé des jours heureux sur la Riviera française, à partir de janvier 1941, il passa à la Résistance fin mars 1944. Il était temps. Pour ce faire, il se nomma colonel, et prit contact avec les réseaux des départements de la Dordogne et de la région. Il s'inventa un passé glorieux, et fit croire à chaque chef de réseau, qu'il en dirigeait un autre. À l'époque, les portables n'existaient pas. En réalité, il ne fut jamais commandant de la moindre unité.

Il fut tout de même arrêté par les Allemands en juillet 1944, mais se retrouva libre le 19 août suivant, lorsque les nazis quittèrent la ville de Toulouse, où il était interné.

Ainsi s'achève l'histoire du glorieux passé de Résistant d'André Malraux.

Cela ne l'empêcha pas de se faire octroyer diverses décorations, dont la médaille de compagnon de la Libération, la croix de la Libération, la croix de guerre et la médaille de la Résistance, après avoir fait croire à tous, qu'il était entré en résistance dès 1940.

Simple rappel ; parmi ses titres de gloire, Malraux fut également condamné à de la prison ferme, pour avoir volé et revendu plus d'une tonne de pierres sculptées, sciées au temple de Banteay Srei, à Angkor.

Donc, dans l'après-midi du 10 juin 1944, la division *Das Reich* prit ses quartiers dans le village d'Oradour-sur-Glane, non loin de Limoges, après avoir perdu plus de trente heures, à cause des attaques de la Résistance. Tout a été conté et raconté sur les odieux massacres, qui se solderont par la mort de six cent quarante deux victimes innocentes.

Plusieurs versions existent, quant à l'origine de ce drame. Mais la plus plausible reste celle de rapports de la police allemande, retrouvés après la Libération de Limoges. Une action passagère de la *SS-Panzerdivision Das Reich* a fait une impression visible sur la population. Le commencement des mesures de représailles a provoqué un soulagement sensible et a influencé le moral de la troupe favorablement.

Est-il nécessaire d'ajouter un commentaire !

Environ trois mois après ce drame odieux, le général Sudre, qui commandait la 1ère division blindée en Haute-Saône, vit arriver devant lui une voiture d'enfant poussée par des soldats français. Un l'intérieur du véhicule blindé improvisé, se trouvait le colonel von Alweyden qui, blessé aux pieds, se trouvait dans l'impossibilité de se déplacer seul. Von Alweyden, était chef d'état-major du général von Brodowski, responsable des tueries d'Oradour.

Le général fut capturé quelques jours plus tard, alors qu'il s'était endormi dans une grange. Peu de temps après, il fut abattu par une sentinelle FFI, alors qu'il cherchait à s'évader.

Dans les projets de réformes de l'enseignement, une bonne idée de Peillon serait d'emmener tous les adolescents de France visiter Oradour-sur-Glane, ainsi que l'ossuaire de Douaumont. Ça donne à réfléchir quant au comportement des politiques et des militaires. Ce qui n'est pas forcément une bonne idée pour eux.

JEUDI 5 – CIRCULEZ, IL N'Y À RIEN À CROIRE.

Il y a un an, avait lieu la « tuerie d'Annecy ». Si vous souhaitez des informations complémentaires, vous pouvez tenter de vous adresser près des R.G. Sinon suite et fin.

Une indiscrétion nous apprend, seulement ce jour, que dans la nuit du 12 au 13 août dernier, une prise d'otages a eu lieu à l'hôpital Nord de Marseille. Un voyou, en possession d'un pistolet amené par un ami, a fait régner la terreur dans le service où il se trouvait pour y être soigné, après avoir été blessé par balles lors d'un règlement de compte. Cette fripouille est ensuite rentrée tranquillement à son domicile, sans être inquiétée, et son arme n'a pas été retrouvée puisque non recherchée. Petite précision sans importance, l'individu est bien connu des services de police. Le contraire eut été étonnant. Aucune poursuite à son encontre n'a été formulée, étant donné que les membres du personnel hospitalier victimes de cette odieuse affaire n'ont osé porter plainte, par peur de représailles.

Une fois encore, vive Valls et ses policiers. Il est vrai que le ministre de l'Intérieur est surtout à l'aise devant les caméras de télévision. Encore un petit effort, et son temps d'antenne dépassera celui de Michel Drucker.

Aujourd'hui s'ouvre à Saint-Pétersbourg, donc sur les terres du camarade Poutine, la réunion du G.20. Comme habituellement, il n'en sortira absolument rien de concret. Même, surtout concernant le dossier syrien. Cela pourra permettre à Hollande de s'imaginer, le temps d'une mascarade, qu'il représente un pion important sur l'échiquier mondial. Mais il sera bien le seul à y croire.

Question mensonges d'État, pépère a encore bien des leçons à recevoir des États-Unis. Car en ce pays, cela fait partie, non seulement des traditions politiques, mais représente une nécessité pour déclarer des guerres, donc faire tourner la machine économique et industrielle.

Cette stratégie a été inaugurée en 1848 par le président James Polk, qui transforma un banal incident frontalier en véritable invasion ennemie, ce qui lui permit d'agresser le Mexique, et ainsi s'approprier les territoires qui deviendront ensuite la Californie, l'Utah, le Nouveau-Mexique et l'Arizona. Pas mal !

La série se poursuivit avec l'affaire de l'explosion du cuirassé USS Maine, en rade de la Havane, le 15 février 1898, qui donna prétexte à l'armée américaine d'écraser l'armée espagnole, et ainsi faire main basse sur les vestiges de l'empire colonial espagnol. Une commission d'enquête, en 1911, reconnaîtra officiellement que l'explosion à bord du navire n'était qu'accidentelle.

Il y eut ensuite le torpillage du paquebot *Lusitania*, par un sous-marin allemand, le 7 mai 1915, qui entraîna la mort de plusieurs citoyens américains, ce qui permit de monter l'opinion contre l'Allemagne. En 1972, l'ouverture des archives confirma la déclaration des Allemands qui affirmèrent, au moment des faits, que les Anglo-Saxons utilisaient les passagers du navire comme des boucliers humains, afin de masquer un trafic d'armes.

En août 1964, une fausse attaque de deux destroyers américains dans le golfe du Tonkin, permit au président Lyndon Johnson de lancer des raids aériens sur le Nord-Vietnam.

En 1991, la première guerre du Golfe fut organisée, suite aux accusations d'une infirmière koweitienne, de meurtres de nourrissons dans les maternités irakiennes, devant toutes les chaînes de télévision US. Il s'avéra ensuite que ce récit était parfaitement mensonger, et que l'infirmière n'était autre que la fille de l'ambassadeur du Koweït à Washington.

Pour en terminer – provisoirement – avec cette énumération incomplète, le 5 février 2003, le Secrétaire d'État américain, Colin

Powell, présenta devant le Conseil de Sécurité de l'ONU, une ampoule contenant une poudre blanche supposée être de l'anthrax, dangereux poison utilisé dans la fabrication d'armes chimiques. Il fut prouvé par la suite, que les armes de destruction massive détenues par Saddam Hussein, dangereuses pour la paix du monde, n'existaient pas. C'est ainsi qu'en avril 2003, une coalition anglo-américaine déclara la guerre à l'Iraq, pour la seconde fois.

Et maintenant ?

VENDREDI 6 – VODKA POUR TOUT LE MONDE.

Le G 20 est terminé ; on s'en fout. Comme à l'habitude, il n'est rien ressorti de positif de ce carnaval burlesque. Mais ce n'est pas si grave, puisque c'était prévu. Heureusement pour les finances de la France, c'est Poutine qui régalait. C'est toujours ça d'écono-misé. La principale différence marquante avec les précédentes réunions, est que cette fois, la photo de famille désunie était composée d'individus qui, pour majorité, ne pouvaient cacher leur inimitié réciproque. Quant à Hollande, il semblait totalement désemparé. À le regarder au beau milieu de ce ramassis de parasites, le sentiment qui en ressortait était son apathie et son irritation d'être considéré comme quantité négligeable. Après seize mois d'inactivité, il devrait pourtant être accoutumé au fait.

Concernant le problème syrien, Voici un bref résumé de situation, publié par le Financial Times, le 22 août :

« L'Iran soutient Assad, alors que les pays du Golfe sont contre Assad. Assad est contre les Frères Musulmans. Les Frères Musulmans et Obama sont contre le général Sissi. Seulement voilà ; les pays du Golfe sont pro-Sissi. Si, si. Ce qui revient à constater qu'ils sont contre les Frères Musulmans. Quant à l'Iran, elle est pro-Hamas oui mais le Hamas soutient les Frères Musulmans. Donc, Obama soutient les Frères Musulmans, pen-dant que le Hamas est ennemi des États-Unis. Cela n'empêche pas les pays du Golfe d'être pro-Américains. Ensuite, la Turquie est, avec les pays du Golfe, contre Assad ; pourtant, la Turquie est

pour les Frères Musulmans et contre le général Sissi. Ce même général Sissi est lui, soutenu par les pays du Golfe ! »

Celui qui a compris quelque chose à l'affaire, c'est qu'il a mal lu le compte rendu qui en est fait.

Et encore, vu de l'Amérique, cette analyse ne reflète pas la réalité des problèmes réels existant entre les diverses communautés. Car dans ce pays, de terribles animosités règnent entre Arabes musulmans et Arabes chrétiens. Et ce n'est pas tout, car les musulmans eux-mêmes sont divisés entre sunnites, chiites, druzes, ismaéliens et alaouites. Ces alaouites ne représentent qu'environ 10 % de la population, mais contrôlent le pays et ses richesses, à travers Bachar et son gang de salopards. Les chiites eux, possèdent leur propre milice : le hezbshaytan qui ne manque pas une occasion de faire régner la terreur. À cela s'ajoute la population kurde contre laquelle les islamistes les plus radicaux ont déclaré le jihad. Comme si tout cela n'était pas suffisant, Al-Qaïda se charge en sus de faire régner la terreur partout où c'est possible, dans l'espoir de s'approprier le territoire après la chute de Bachar. Quant aux juifs, pas très nombreux il est vrai, ils se contentent de faire les comptes.

Pourtant, pépère n'en démord pas. Malgré les sondages qui donnent environ deux Français sur trois, opposés à une intervention en Syrie, il s'obstine à vouloir jouer au petit soldat, quelque puissent en être les conséquences. De toute évidence, les seize mois passés à l'Elysée lui ont gonflé le ciboulot.

La situation était grave avant mai 2012. Elle devient carrément désespérée.

SAMEDI 7 – CRISE ; VOUS AVEZ DIT CRISE ?

Durant le désastre général, les gros comptes continuent de progresser. En France, le nombre de millionnaires a augmenté de 6,4 % en 2012. Ils sont désormais quatre cent trente mille. En dollars, il est vrai. La France se trouve ainsi au sixième rang mondial, derrière les USA (+ 12 % sur la même année), le Japon, l'Allemagne, le Chine (+ 14 %) et la Grande Bretagne.

Les millionnaires sont douze millions dans le monde. Soit environ la population d'un pays comme le Sénégal. Durant le pseudo crise, c'est-à-dire entre les années 2007 et 2012, les plus grosses fortunes de la planète ont vu leur capital augmenter de 20 %.

Et nos dirigeants osent encore prétexter cette crise qui n'existe pas, pour nous dépouiller toujours davantage !

C'est carrément odieux !

Durant les années 1950 / 1960, le clan Guérini régnait sur la pègre marseillaise. Leurs nombreuses relations intimes avec les milieux politiques, particulièrement Gaston Defferre, leur facilitaient grandement la tâche. Les Guérini étaient natifs d'un petit village de Corse, appelé Calenzana. Par le plus grand des hasards, Jean-Noël Guérini, actuel président du conseil général des Bouches-du-Rhône, est lui aussi natif de Calenzana. Mais, la main sur le cœur, il affirme ne pas être apparenté avec la famille d'Antoine et Mémé Guérini. C'est tout juste s'il en a entendu parler. S'il le dit..... Puis, dans un village peuplé par environ deux mille habitants, tous les administrés se nommant Guérini ne peuvent pas se connaître.

Ce matin, un meeting organisé à Marseille, réunissait le préfet de région, le préfet de police, Jean-Claude Gaudin, maire de la ville, Michel Vauzelle, président de la région PACA, et bien entendu Jean-Noël Guérini, président du département, afin de trouver une solution aux assassinats et autres règlements de compte qui égayent la cité phocéenne depuis des années. De la même façon que les précédentes conférences de ce type, cela ne changera rien à la situation présente et future. L'essentiel est de le savoir.

De cette inqualifiable mascarade, le plus révoltant reste la présence de Guérini au sein de cette haute assemblée, alors qu'il est actuellement plusieurs fois mis en examen, notamment pour prise illégale d'intérêts, trafic d'influence, association de malfaiteurs, détournement de fonds publics et licenciement abusif.

Il s'en est fallu de peu que la réunion soit organisée à la prison des Baumettes. Pendant ce temps, dans les quartiers nord de la ville, les petites frappes étaient pliées en deux de rire. D'ici qu'ils arrosent l'événement avec un ou plusieurs nouveaux cadavres, il n'y a pas loin.

D'ailleurs, Patrick Mennuci, député PS du secteur, a dénoncé la présence de Guérini à ce colloque, réclamant au minimum pour la circonstance, une certaine forme d'exemplarité.

Pour clore les débats, Guérini a déclaré qu'avec le temps, Dieu reconnaîtra les siens. D'ici qu'il soit proposé à la béatification, il n'y a qu'une rafale de kalachnikov à éviter.

Il n'existe même pas de mots suffisamment grossiers dans la langue française, pour décrire cet odieux carnaval, cette répugnante mise en scène. Mais comment de tels individus peuvent-ils encore dénicher des citoyens pour se faire élire ? C'est carrément désespérant.

DIMANCHE 8 – *I HAVE À DREAM.*

Les festivités marquant la nouvelle année juive ont été organisées par l'écrivain Marek Halter, en présence de nombreuses personnes du monde politique, dont Ayrault, Montebourg, Taubira, Pécresse ou Kouchner. Hollande a fait savoir à l'aimable assistance que, si son agenda le lui permet, il sera présent l'an prochain.

Sauf erreur toujours possible, il semble qu'aucun membre du gouvernement ne se soit déplacé pour fêter le nouvel an chrétien, en compagnie du clergé parisien.

« Il faut continuer le rêve français. » Signé Ayrault. Il est complètement inconscient ou il le fait exprès ? Certes, la situation n'était guère reluisante avant mai 2012, mais depuis, son rêve s'est transformé en véritable cauchemar. Pour la première fois, la tirade saugrenue de la semaine est décernée avec palme. Tout commen-

taire serait superflu, tellement nous atteignons ici les sommets de l'ineptie et de l'inconvenance.

La stupidité a cela de commun avec les satellites lancés par la fusée Ariane : une fois mis sur orbite, il devient excessivement compliqué de les stopper.

Un dessin humoristique paru dans la publication suisse « 24 heures », sous le titre à propos de la décision d'aller punir Bachar El Assad, montre un porte-avions géant de l'US Navy, voguant sur les flots bleus. Juste devant l'étrave, se trouve Hollande aux commandes d'un minuscule pédalo, arborant fièrement le drapeau tricolore.

Question de passer pour des cons à l'étranger, c'est gagné une fois de plus.

LUNDI 9 – AVIS À LA POPULATION.

Peillon est tout fier de lui. Et il y a de quoi. À dater de ce jour, toutes les écoles, collèges et lycées devront afficher, dans un endroit visible (de préférence. NDLA), la charte de la laïcité à l'école, sortie en ligne directe de ses pensées collectivistes tourmentées. Parce que ces dernières années, la laïcité chère à Jules Ferry n'était plus respectée par les enseignants ? Surprenant ! Il est pourtant question, dans les textes officiels, d'école laïque, gratuite et obligatoire. Ce que Peillon n'a pas précisé, c'est que Jules Ferry, à l'instant où il a décidé de la création de l'école républicaine, avait également à l'esprit de freiner, autant que faire se pouvait, la progression des idées socialistes qui commençaient véritablement à gangrener les milieux éducatifs. Mais là, ça devient trop compliqué pour sa crédibilité déjà bien entamée, face aux enseignants.

Le ministre de l'Éducation aurait pu faire apposer sa photo en bas à gauche du document, mais il s'est abstenu. Peut-être par modestie ?

Nous apprenons ce jour que, selon certains spécialistes en spécialités particulières, l'apocalypse annoncée n'a pas eu lieu le 21 décembre 2012, tout simplement à cause d'une erreur de calcul de la prophétie maya. Mais pourquoi donc utiliser des calculettes ? La véritable fin du monde serait en fait prévue pour 2027. D'après d'autres experts, la prophétie de Saint-Malachie, vieille de cinq siècles, prédit que le pape qui succédera à Benoît XVI sera le dernier avant la fin du monde.

Longue vie au pape François.

Cette prophétie, publiée pour la première fois en 1595, affirme que le 112ème pape serait le dernier. Benoît XVI étant le 111ème pape de l'histoire chrétienne, et compte tenu de la proximité des deux dates : 2013 / 2027, ces deux prédictions peuvent, théoriquement, se regrouper.

Avis aux victimes des politiciens, de certaines catégories de fonctionnaires, des militaires, des flics, des juges, des huissiers, des banquiers, des assureurs et autres associations mafieuses : à dater du 1er janvier 2027, vous pourrez commencer à réfléchir sur les moyens à mettre en œuvre pour régler vos comptes personnels, sans vous préoccuper de possibles retombées ennuyeuses, puisque tout doit disparaître.

MARDI 10 – LE TRAIN-TRAIN HABITUEL.

Une mallette rouge, potentiellement pleine de secrets d'État, a été laissée sans surveillance plusieurs minutes, sur une tablette, dans un train reliant Londres à Edimbourg. Il s'agissait de celle du Premier ministre anglais, David Cameron, qui s'était absenté quelques instants à la voiture-bar.

Cela démontre une fois encore, la différence existant au niveau des déplacements ministériels, entre la France et les autres nations européennes. Dans notre beau pays, le déplacement d'un ministre mobilise des moyens exceptionnels, tant au niveau humain que matériel. Avec bien entendu, les factures également exceptionnelles qui accompagnent le voyageur et son escorte de privilégiés inutiles.

La France est une république, le Royaume Uni une monarchie. Mais le train de vie princier des ministres est réservé aux élus de la République française.

Marisol Touraine a décidé de créer l'Observatoire national du suicide. Chaque année en France, environ deux cent vingt mille tentatives sont recensées, causant la mort de dix mille désespérés. Dorénavant, avant de tenter se suicider, il sera obligatoire de se faire inscrire dans les registres d'une nouvelle administration. Un véritable progrès social.

Il reste à savoir si de nouveaux fonctionnaires seront engagés pour tenir cette officine ou si l'on puisera parmi les oisifs. Quant au montant de l'inscription, il n'a pas été précisé. Cette formalité sera peut-être gratuite ?

C'était aujourd'hui le premier jour de grève après la rentrée. De la même façon que les précédentes de ce type, cette manifestation n'aura absolument aucune répercussion sur les objectifs du gouvernement. Les dirigeants syndicaux le savent pertinemment, mais ils continuent sur leur lancée stérile, uniquement pour tenter de recenser les foules disponibles. Les grèves d'une seule journée ne servent qu'à ça. Puis, bien entendu, emmerder les citoyens tributaires de certaines administrations ou entreprises étatisées.

Comme à l'accoutumée, le nombre des manifestants varie du simple au double, selon qu'il émane de la police ou des organisations syndicales. Mais une chose est certaine : même en s'en tenant à la seule comptabilité syndicale, le chiffre retenu, soit environ trois cent trente mille volontaires pour la France entière, ne représente qu'un échec cuisant. Ce qui n'a rien de surprenant, puisque les organisations syndicales françaises ne comptent qu'un minimum d'encartés.

La différence entre un salarié syndiqué et un non syndiqué, est que le non syndiqué ne paye pas de cotisation annuelle. Pour le reste, c'est identique.

MERCREDI 11 – ROULEZ PETITS BOLIDES.

Si vous provoquez ou êtes victime d'un accident de la circulation, si votre véhicule tombe en panne, de préférence arrangez-vous pour que cela se produise en quelque lieu particulier. Sous réserve, bien entendu, que vous fassiez partie d'une certaine catégorie de citoyen.

Département du...
Actions Sociales Territoriales

GARAGE X....
84200.........

Madame, Monsieur.

Dans le cadre de ses politiques d'insertion, notamment par le biais de l'Aide Personnalisée de Retour à l'Emploi (APRE), l'Assemblée Départementale a décidé de financer les frais liés à l'insertion professionnelle des bénéficiaires du RSA. J'ai donc le plaisir de vous informer qu'après avis de la commission territoriale, j'ai donné un avis favorable à la demande de « Réparation véhicule » formulée par Monsieur Rachid B. pour un montant de 442,50 €.

Cette somme vous sera réglée par le Département sur présentation d'une facture à adresser à...

Monsieur Rachid B. vous réglera directement la somme de 87,00 € représentant son apport personnel.

Je vous prie de croire, Madame, Monsieur, à l'assurance de ma meilleure considération.

No comment.

Le budget 2014 a été présenté ce matin. Il ne prévoit pas de nouvelles hausses des impôts pour l'an prochain. Y compris pour la TVA et la CSG. Petite précision : ces nouvelles hausses étaient déjà prévues avant la publication de ce document, et seront appliquées à dater du 1er janvier prochain.

Pour nous entuber, ils sont du métier les mecs. Uniquement pour nous entuber ; le reste n'est pas de leur ressort.

Selon ce troupeau d'incompétents, la croissance pour 2013 sera de 0,1 %, et le déficit de 4,1%. Pour l'année suivante, ces chiffres seront respectivement de 0,9 % et 3,6 %. Ces informations sont totalement dénuées d'intérêts, puisqu'elles ne sont interprétées que par des guignols qui ne comprennent rien aux paroles qu'ils chantent.

Où l'on reparle de la catastrophe du déraillement d'un train à Bretigny-sur-Orge, le 12 juillet dernier, qui avait causé la mort de sept personnes puis occasionné de nombreux blessés. La justice reconnaît – enfin – une quarantaine d'anomalies constatées lors de l'enquête préliminaire dont : scène du drame non protégée, scellés judiciaires non conformes et pièces à conviction égarées.

Quoi de plus normal ?

Et si l'on reprenait en compte l'hypothèse d'une attaque de la diligence par les petites frappes des banlieues, de façon à détrousser les voyageurs ?

Valls aurait donc quelque chose à nous cacher ? À défaut de protéger les citoyens, il doit avant tout protéger ses statistiques personnelles...

JEUDI 12 – QUOI MA GUL, QU'EST-CE QU'ELLE À MA GUL ?

Jérôme Cahuzac a été, de nouveau, mis en examen. Cette fois ci, cela concerne une simple déclaration mensongère de patrimoine.

Sur un plan nettement plus général, si la justice se décide à mettre en examen, tous les élus qui ont fait ou font de fausses déclarations de ce style, il ne restera plus grand monde pour siéger en Conseil des ministres, à l'Assemblée nationale ou au Sénat.

La commission des lois du Sénat, a rejeté le projet de loi interdisant le cumul d'un mandat parlementaire avec un mandat exécutif local.

Pour les politiciens bien en place, rien ne doit changer : tout pour eux, le reste pour les autres.

Qu'ils aient enfin le courage d'arrêter de nous parler de démocratie, dans ce pays limite totalitaire.

Dans la liste noire des cumulards, publiée par la revue *l'Express*, nous découvrons que le recordman de France se nomme Michel Delebarre, sénateur-maire de Dunkerque, avec vingt-six mandats et fonctions. Viennent ensuite Yves Jégo, député de Seine-et-Marne avec treize, Jean Germain, sénateur-maire de Tours avec douze, Martin Malvy, président du Conseil régional Midi-Pyrénées, avec également douze et Pierre Jarlier, sénateur du Cantal avec onze mandats et fonctions. Jean-Michel Baylet, sénateur du Tarn-et-Garonne, ainsi que Christian Estrosi, député-maire de Nice doivent se contenter de dix mandats et fonctions.

Avec autant de pain sur la planche, il n'est guère étonnant que, lorsque ces élus du peuple se décarcassent, ils fassent n'importe quoi. (Pour les autres).

Dans la série, mis à part les impôts nouveaux, il n'y aura pas de nouveaux impôts en 2014, le gouvernement planche sur la possibilité de créer des taxes supplémentaires pour tenter de limiter la casse du déficit de la Sécurité sociale. Les premières idées lumineuses sont orientées vers les boissons énergisantes, les cigarettes électroniques, l'aspartame et les vins transformés, qui sont considérés comme des produits dangereux pour la santé.

Ces Messieurs et dames du gouvernement semblent oublier facilement que les produits les plus cancérigènes pour les citoyens, ce sont eux !

Pendant que Duflot invente de nouvelles taxes, en créant la garantie universelle des loyers (GUL), donc à encourager les mauvais payeurs à faire casquer leurs dettes par les autres, les députés ont adopté un amendement instituant des pénalités de retard pour les locataires, en cas de retard de versement du loyer et des charges. Le texte suggère une pénalité de 5 % sur le montant des sommes dues, pouvant aller jusqu'à 30 % pour le non-versement du dernier mois avant la fin du bail.

Les contradictions entre les deux programmes, prouvent une fois encore que l'on est capable en France, d'aller toujours plus loin dans l'incohérence et le ridicule.

VENDREDI 13 – SOS JUSTICE.

Deux proches de Balladur, Nicolas Bazire et Pierre Mongin, ont été mis en examen pour détournement de fonds publics, dans l'enquête sur le financement de la campagne présidentielle de l'ex Premier Ministre, en 1995. Apparemment, Édouard ne se prépare pas une retraite peinarde. D'autant que les socialos ne sont pas forcément des fans de Sa Suffisance, pour prendre sa défense, via la justice de Taubira.

Le Parquet de Nice a mis en examen, pour homicide volontaire, le bijoutier niçois qui a abattu, mercredi dernier, un braqueur qui venait de l'attaquer, le frapper et le dévaliser. Il est également assigné à résidence avec bracelet électronique.

La justice française protégerait-elle donc la racaille ?

Quant aux flics et gendarmes, ils sont super efficaces pour piquer du pognon aux automobilistes qui se font flasher à 54 km/h au lieu de 50 ou surveiller les bandits manchots, appelés parcmètres, qui font les putes sur les trottoirs, mais pour faire appliquer la loi dans les quartiers chauds, ce n'est pas pour demain la veille. En ces lieux, ils ne se déplacent pas. Ils ont bien trop peur de se faire démonter la gueule.

Surtout un vendredi 13. Ça ne porte pas systématiquement chance à tous.

472

SAMEDI 14 – EN AVOIR OU PAS ?

Après avoir déposé plainte, au commissariat du XVIème arrondissement de Paris, pour violences conjugales, l'ex-compagne de Lilian Thuram, a retiré celle-ci. Il est vrai que l'ancien footballeur doit être élevé au rang d'officier de la Légion d'honneur mardi 17, en présence de Taubira. La situation n'aurait pas été convenable, avec un dossier judiciaire en cours sur son porte-bagages.

À Nice, plus d'un million de signatures de soutien en faveur du bijoutier, mis en examen pour homicide volontaire, ont déjà été enregistrées sur Facebook. La justice populaire est généralement emprunte de bon sens, à l'inverse de celle des professionnels du lamentable spectacle des prétoires.

Pascal Durant, secrétaire national d'EELV, a lancé ce jour un ultimatum au président de la République. Il lui donne six jours pour s'engager concrètement dans une politique de transition énergique. Le moment est particulièrement bien choisi pour Hollande et Ayrault, afin de démontrer ce qu'ils ont dans le ventre et ailleurs. S'ils acceptent cet affront sans réagir, ils seront encore moins crédibles face aux Français, qu'ils tentent actuellement de le faire croire.

D'autant que dans le dossier syrien, les Américains et les Russes sont parvenus à un accord, sans n'avoir jamais consulté, le moindre du monde, le petit soldat Hollande, qui aurait été bien inspiré de ne pas s'immiscer dans une affaire qui dépasse largement ses frêles épaules de boy scout. Ou tout simplement ne le concerne pas. Il a essayé de faire croire qu'il était un grand chef. Une fois de plus, il démontre que, sur le plan international, il ne fait partie que du personnel de service, et qu'on l'appellera lorsqu'on aura besoin de lui pour faire les courses. Uniquement.

Selon le sénateur américain John McCain, cet accord russo-américain, met Hollande dans une position politique inconfortable. Ce n'est pas un problème, il a l'habitude.

C'est que nous devons nous attendre à tout, et à rien, avec les présidents de la 5ème République :

- Charles de Gaulle : il se prenait pour Napoléon Ier. Mais en tant que militaire, n'a gagné aucune bataille. Comme politicien, n'a pas créé le Code civil.

- Georges Pompidou : il se prenait pour Georges Pompidou. Un honnête homme, pour autant que cela soit possible en politique. Ce qui n'a pas empêché que l'on lui cherche des embrouilles injustifiées. Il n'est pas interdit d'admettre que sa disparition prématurée représenta une perte préjudiciable pour la France.

  Il eut le courage de lancer à la face des fonctionnaires : « *Arrêtez d'emmerder les Français.* » Malheureusement, sa supplique n'a pas été entendue, et cette situation merdique ne cesse de s'amplifier.

- Valery Giscard d'Estaing : il se prenait pour Louis XV. Hélas pour lui, heureusement pour la France, il ne resta collé sur son trône de pacotille que durant sept années. Sept années de trop, diront ses détracteurs. Quant à la main de justice du souverain, il nous l'a mise là où ça fait le plus mal.

- François Mitterrand : il se prenait pour Dieu le Père. Il ne fut que prince de la mystification. Quelques idées socialistes pour faire joli, dans la main gauche. Un plan comptable capitaliste dans la main droite. Le premier à véritablement avoir mis le pays sur les rails de l'endettement à outrance.

- Jacques Chirac : il se prenait pour un supporter et un gastronome. Programme dans l'ensemble respecté. Pour le reste, rien ne bien particulier à signaler, s'il n'est que son inaction amena Jospin à Matignon. On dit merci à Galouzeau de Villepin. Il refusa d'engager les troupes françaises en Iraq. À ce jour, nous ignorons encore s'il prit cette décision seul, totalement sain de corps et d'esprit ? C'est plus que préoccupant.

- Nicolas Sarkozy : il se prenait pour le nouvel empereur d'Occident. N'eut pas le temps de se faire couronner. Il a endetté la France à un rythme particulièrement soutenu, sans pour autant faire évoluer le schmilblick. Est à ce titre, ainsi que pour son comportement puéril d'enfant gâté, responsable du retour des socialos. Tous les comptes se trouvant dans le rouge, ces derniers ne devraient toutefois pas être dépaysés.

- François Hollande : ignore encore pour qui il peut se prendre. Peut-être tout simplement un Normand exilé en Corrèze, puis parachuté à Paris, à cause de la bite en acier inox de DSK. À l'instar de son mentor Mitterrand, il n'est socialiste que par accident. Dans leur majorité, les Français s'attendent au pire, ils ne risquent donc plus de surprises désagréables.

DIMANCHE 15 – SI RIEN N'EST FAIT.

Hollande a parlé. Mais il n'a rien dit. Ce n'est guère surprenant, puisqu'il n'a rien à dire, en dehors de ses mensonges et niaiseries coutumières. Bonne nuit les petits, faites un gros dodo et à demain. Le marchand de fables est passé.

« Si nous intervenons en Syrie, il existe un risque de troisième guerre mondiale. Si nous n'intervenons pas en Syrie, il existe un risque de troisième guerre mondiale. » Signé Marie-Ségolène Royal, au cours de la même interview. Sans contestation possible, la tirade saugrenue de la semaine lui est attribuée.

De toutes les façons, la citoyenne Royal n'est pas plus informée de l'évolution de la situation en Syrie, que le premier citoyen venu. Comment Obama pourrait-il l'en informer, alors qu'il ignore totalement qu'elle existe ? Déjà qu'il ne daigne même pas prendre en considération les lamentations de Hollande !

Comme s'il n'avait rien d'autre à foutre, Ayrault se lance dans des commentaires futiles, au sujet des tentatives de rapprochement entre Fillon et le FN. Il demande aux dirigeants de l'UMP, de clarifier leur position sur le sujet, car ils sont en train de jouer avec le feu : c'est dangereux pour les Français, c'est dangereux pour la France. Certes, l'ex-Premier ministre est prêt à vendre son âme au diable pour espérer devenir un jour président de la République, mais pour l'immédiat, que l'actuel squatter de Matignon se contente de prendre en charge les problèmes sérieux qui s'entassent journellement sur son bureau, sans qu'il soit capable d'apporter le moindre commencement de début de solution fiable, plutôt que perdre son temps à jouer les journaleux. On lui demande de bosser, si possible intelligemment, pas de jouer à *Tintin et les Picaros*.

Et puis, diaboliser l'extrême-droite est une chose, mais la question qui se pose n'est pas le Front national en lui-même, mais pourquoi le Front national.

Ensuite, s'en prendre à l'extrême droite, lorsque l'on va à la pêche aux voix des organisations d'extrême gauche, cela n'est pas bien glorieux. Qu'elles soient d'un bord ou de l'autre, les organisations idéologiques extrémistes ne sont pas plus recommandables les unes que les autres. Y compris les Verts qui sèment la pagaille dans le pays, alors qu'ils ne représentent qu'eux-mêmes. C'est-à-dire bien peu de monde.

LUNDI 16 – ALORS, ÇA GAZE ?

Environ un millier de personnes se sont rassemblées ce jour à Nice, afin d'apporter son soutien au bijoutier mis en examen pour homicide volontaire. La justice des caciques nous donne le droit de nous faire agresser, braquer, voler, frapper, mais pas de répondre.

« Après le bonheur de commander aux hommes, le plus grand bonheur n'est-il pas de les juger ? » Beaudelaire.

Les inspecteurs de l'ONU ont rendu leur rapport. Il existe des preuves flagrantes d'usage de gaz sarin, lors du massacre du 21 août près de Damas. Ils ajoutent que des armes chimiques ont été utilisées sur une échelle relativement grande, depuis le début du conflit en Syrie. Lors de cette terrible journée, environ mille quatre cents personnes ont été massacrées.

Toutefois : le rapport ne désignera pas directement les responsables de l'utilisation de cette arme terrifiante, étant entendu que le mandat des enquêteurs ne prévoyait pas qu'ils puissent s'intéresser à ce sujet. À supposer qu'il s'agisse d'extraterrestres, on ne va tout de même pas se mettre à dos le reste de l'univers, juste pour faire plaisir à Hollande.

La loi de séparation entre l'Église et l'État prévoyait l'obligation pour ce dernier, de s'engager à assurer l'entretien du patrimoine. Hors, depuis plusieurs années, la République détruit une partie de ce patrimoine, sous prétexte de manque de financements. Pendant ce temps, des municipalités, des conseils généraux et régionaux votent d'importants crédits pour la construction de centres musulmans dits culturels, alors qu'ils ne sont que cultuels. Ce qu'interdit formellement la loi. Les élus contournent les textes en faisant construire un minuscule bâtiment prétendument culturel, et en y accolant une mosquée. Ceci, bien entendu, avec les deniers publics. Par exemple, la grande mosquée d'Épinay-sur-Seine, dont le coût de construction d'environ douze millions d'euros, a été supporté partiellement par les contribuables.

À Marseille, le projet d'une grande mosquée vient d'être validé. Les opposants évoquent un budget de vingt millions pour la ville !

MARDI 17 – BIENTÔT À 100 %.

Un grand malheur – un de plus – risque de s'abattre sur la France. Duflot place le travail des écologistes au sein du gouvernement dans la durée. Mais sans les macarons. J'ai toujours placé notre travail dans la durée. Quant on est écologiste, on ne croit pas qu'on va faire changer les choses en claquant des doigts. Cela étant précisé, il est toujours possible d'espérer qu'à ce stade de la compétition, elle ne fasse que prendre ses désirs pour des réalités. Elle est tellement heureuse d'être ministre, qu'en dépit de ses convictions affichées, elle doit être prête à subir quelques camouflets, de façon à conserver son maroquin contre vents et marées. Même noires. Pour autant, rien ne peut l'assurer d'être assise confortablement son siège éjectable pour encore de long mois.

Moscovici, qui n'en est plus à une imposture près, assure que l'endettement de la France allait atteindre un maximum avant de décroître. Il n'a précisé ni quand ni comment. Il a également insisté sur le fait que le gouvernement actuel devait assumer l'ardoise laissée par les précédentes majorités. Parce qu'il n'était au courant ? Une façon comme une autre, de tenter masquer ses insuffisances.

De sus, il a oublié de rappeler qu'au nombre des chefs de gouvernements qui ont endetté la France, on trouve dans l'ordre : Mauroy, Fabius, Rocard, Cresson, Bérégovoy et Jospin. Sauf erreur toujours possible, il semblerait que ces éminents personnages étaient étiquetés socialo, non ? À cette liste prestigieuse, il sera prochainement nécessaire de rajouter Ayrault, puis son remplaçant qui ne saurait tarder.

Selon *le Figaro*, ce taux d'endettement de la France atteindra plus de 95 % du PIB fin 2014. Dans ces conditions, il serait intéressant que monsieur le ministre nous explique clairement la façon dont il va s'y prendre, alors que l'État n'est même plus capable de payer les intérêts de sa dette, sans contracter de nouveaux emprunts.

Afin de se donner une idée de l'étendue des dégâts, cela représente une dette d'environ trente mille euros par habitant, du nouveau-né au centenaire.

Malgré ce cataclysme, les mecs continuent de nous déverser leurs ritournelles indigestes, sans même éprouver le moindre sentiment de honte. Quelle abjection !

Environ deux cent cinquante masseurs kinésithérapeutes, vont offrir des consultations gratuites aux élèves de CM1, CM2 et 6ème, afin de les sensibiliser au mal de dos, causé par des cartables trop lourds. Le poids moyen d'un cartable de collégien est de plus de huit kilos, soit environ l'équivalent d'un pack de six bouteilles d'eau sur le dos. Les canettes de bière sont moins lourdes. Selon les recommandations des kinésithérapeutes, reprises par une directive du ministère de l'Éducation nationale, un cartable qui dépasse 10 % du poids d'un enfant, représente un réel danger pour sa santé. Chaque année, le mal de dos coûte plus de deux milliards d'euros à la Sécu.

Des rapports, des conseils, des recommandations, des directives, des consultations, des sensibilisations, on sait faire. Mais cesser d'emmerder les mômes avec le travail à faire à la maison, cela relève du domaine de l'impossible. Il semblerait nécessaire d'engager de nouveaux fonctionnaires administratifs à l'Éducation nationale, afin qu'ils se penchent sur la question, et essaient de tenter étudier la possibilité de penser à la façon de pouvoir trouver une ébauche de début de solution à ce problème.

MERCREDI 18 – ERRATUM

Lorsque JMA prend la parole, c'est bien connu, tout le monde tremble. Surtout les contribuables lambda. Lors de sa précédente intervention télévisée, Hollande a parlé de pause fiscale pour 2014. Le Premier ministre tient à préciser qu'une très légère erreur s'est glissée dans la rédaction du texte de cette allocution. Bien qu'il ne s'agisse que d'une banale étourderie, le coupable sera châtié comme il se doit. Il fallait comprendre, pour l'année 2015, et non pas 2014. Pour l'année en cours, les ménages se sont déjà assis sur une ardoise de dix milliards d'impôts supplémentaires. Pour l'année prochaine, on parle déjà de treize à quatorze milliards de ponctions additionnelles.

Les victimes de ces nouvelles rapines apprécieront.

S'il est une association où le chômage ne risque pas de venir perturber les activités saisonnières pour les années à venir, c'est bien les *Restos du Cœur*.

Question courbe du chômage, *Air France* confirme la suppression de deux mille huit cents postes au sein de ses effectifs, pour les mois à venir.

Ici se pose un véritable dilemme : est-ce que les personnels visés étaient payés à ne rien foutre depuis des années, où sera-t-il désormais souhaitable, niveau sécurité, d'éviter de voler sur les avions de cette compagnie ?

Camarades syndiqués à la CFTC, n'oubliez pas de régler votre cotisation annuelle dans les délais impartis, car l'un de vos guides suprêmes risque d'avoir besoin de quelques fonds pour payer ses avocats dans un proche avenir.

Camille Abboche, secrétaire général adjoint de la CFTC pour la SNCM, vient d'être mis en examen pour trafic d'armes et de stupéfiants entre Marseille et la Corse. Dans sa situation, il est certainement préférable pour sa santé d'être incarcéré, plutôt qu'être laissé en liberté dans les rues de la cité phocéenne. Une kalachnikov est si vite arrivée. Les Baumettes affichent certainement complet, puisqu'il a été placé en détention à la prison de Luynes.

Dans cette affaire, trois autres navigants de la compagnie, et onze terriens ont également été arrêtés. Pour autant, est-ce qu'une nouvelle grève sera prochainement organisée au sein de la compagnie ?

Un rapport parlementaire, présenté par la députée socialiste Maud Olivier, propose de pénaliser le recours à la prostitution tout en abrogeant le délit de racolage public à l'encontre des prostituées.

Si, pour se venger de cette entrave à l'exercice de leur profession, les tapineuses balancent la liste de leurs fidèles clients, ça risque de créer quelques remous désagréables au sein des ménages, chez certains notables. Notamment des élus.

Serait sanctionné le fait de solliciter, d'accepter ou d'obtenir des relations de nature sexuelles d'une personne qui se livre à la prostitution, y compris de façon occasionnelle, en échange d'une rémunération ou d'une promesse de rémunération, mais également en l'échange d'un logement. Le rapport préconise également une peine complémentaire : un stage de sensibilisation aux conditions d'exercice de la prostitution, sur le modèle des stages de sensibilisation à la sécurité routière. Avec des exercices pratiques à la clé ?

Pour une belle bécasserie, c'est encore une belle bécasserie. Le jour où la prostitution n'existera plus, il sera recommandé aux femmes seules de ne plus sortir de chez elles. Il sera indispensable de mettre des flics à la sortie de toutes les écoles, les collèges, les lycées, les églises, les supermarchés, et les salles de spectacles. Et même les champs de courses, parce que jusqu'à présent, à la sortie des nocturnes à Vincennes et Longchamp, ça se bouscule méchamment aux portillons des fourgons clos.

Dans ces conditions, qui surveillerait les radars, les parcmètres ? Qui piquerait le pognon de ces salauds d'automobilistes ?

Tout cela pour ne rien dire, car il n'est qu'une chose à combattre dans cette affaire ; c'est le proxénétisme. Mais ici la situation se complique, car les flics ne sont pas systématiquement disponibles pour ce genre de mission.

Erratum (bis) : à l'issue du Conseil des ministres, Vallaud-Belkacem a déclaré : « *Nous commençons bel et bien dès l'année 2014 la pause fiscale, qui se confirmera en 2015.* » Hollande et Ayrault ne jouent donc pas dans le même orchestre ?

La seule certitude qui s'impose, est qu'il ne s'agit que d'un mensonge supplémentaire, étant donné qu'à la date du 1er janvier prochain (ils ne perdent pas de temps les salopards), la liste des augmentations qui entreront en vigueur est déjà programmée.

JEUDI 19 – LE JEUDI À BAMAKO, C'EST LE JOUR DE BAVARDAGE.

Comme convenu à l'avance, en dépit des discours officiels, les sénateurs ont voté contre le projet de loi sur le non-cumul des mandats, pour ce qui les concerne ! Vingt-cinq sénateurs PS, se sont opposés aux recommandations officielles du gouvernement. De toutes les façons, c'est sans importance aucune, puisque c'est à l'Assemblée nationale que la loi sera adoptée ou non.

Où il est prouvé, une fois de plus, que dans la liste des économies réalisables rapidement, la suppression du Sénat représenterait une initiative heureuse, puisque cette institution désuète ne sert strictement à rien. Sauf, bien entendu, à engraisser certains parasites de la société.

Pour se faire applaudir, Hollande est parti faire un discours au Mali. En France, cela devient de plus en plus compliqué pour lui, de rassembler les foules sans se faire conspuer. D'ailleurs, dans son propre pays, il évite désormais les déplacements à risques. Il a profité de l'investiture d'Ibrahim Boubacar Keïta pour effectuer ce petit voyage d'agrément. Ah ! Qu'il aurait aimé être entouré d'autant de chefs d'État, lorsqu'en juin 2012, il descendit les Champs-Élysées sous la pluie, dans son petit costard étriqué.

Au sujet des troupes françaises qui devaient réintégrer leurs casernements fin mars dernier, six mois plus tard, les militaires attendent toujours leurs visas pour embarquer. De toute évidence, à cause de problèmes administratifs.

Pour détruire les armes chimiques qu'il ne possède pas, Assad réclame un délai d'un an, assorti d'une prime de participation d'un milliard de dollars, afin de couvrir les frais engendrés par le processus. Donc ce sera tout bénéfice pour lui ? Au cours des devises de ce jour, cela ne représente que sept cent quarante millions d'euros. Allez Hollande, il ne faut pas hésiter à demander un petit effort supplémentaire aux Français, pour prendre en charge cette œuvre humanitaire. Et puis, se serrer la ceinture, cela devient une habitude pour les contribuables de notre pays. Bientôt ils seront si maigres, que leurs pyjamas ne comporteront plus qu'une seule rayure… !

Bachar peut éventuellement bénéficier de circonstances atténuantes puisque, le plus sérieusement du monde, il a affirmé qu'il ne souhaitait pas prendre de risques inconsidérés niveau environnemental, en détruisant les armes interdites. Duflot et consorts apprécieront.

Il n'y a pas que les impôts d'État qui soient en permanence, revus à la hausse. Au niveau des impôts locaux, les actes de prouesse enregistrés sont également intéressants.

Voici la liste des huit villes les plus performantes en la matière, entre 2007 et 2013. Les pourcentages représentent les moyennes annuelles durant ces six années :

VILLE	TAXE D'HABITATION	TAXE FONCIÈRE
PARIS	+ 4,7%	+ 9,4%
RENNES	+ 4,4%	+ 4%
LE MANS	+ 4,4%	+ 4%
SAINT-DENIS	+ 4,3%	+ 5,2%
MARSEILLE	+ 4,3%	+ 2,7%
CLERMONT-FERRAND	+ 4,2%	+ 4,7%
NICE	+ 4,2%	+ 3,9%
METZ	+ 3,9%	+ 4,3%

Ce n'est pas le seul privilège de l'État, que se charger de vider les bourses des citoyens ; les administrations territoriales sont également en mesure de réaliser de tels exploits.

VENDREDI 20 – EST-CE GRAVE DOCTEUR ?

Fillon, en voyage d'agrément à Moscou, prend l'initiative de critiquer la position de la France en Syrie. Poutine risque d'en mourir de rire. Depardieu également. Vodka pour tout le monde. Cher Vladimir, la France souhaite retrouver son indépendance et sa liberté de jugement et d'actions vis-à-vis des États-Unis !

Se rendre à l'étranger pour vilipender ainsi le président de la République de son pays, c'est une première. Et il ose se prendre pour un homme d'État, le mec ! Quelle honte !

Hollande à Bamako, se félicite d'avoir gagné la guerre. Il est certain qu'en face, l'ennemi n'était pas équipé comme l'armée russe ! Même sans carburant dans le réservoir, un engin blindé français sera toujours plus redoutable qu'un lance-pierre.

C'est notre unité, notre solidarité qui ont permis d'infliger de lourdes pertes aux groupes djihadistes... Nous avons gagné cette guerre, mais nous devons rester vigilants, et blablabla et blablabla... !

Pour une fois qu'il trouve un auditoire, ne gâchons pas son plaisir.

Mais passons aux choses sérieuses ; certainement à la recherche de son bâton de maréchal, voilà que ce petit soldat, bien que chef des armées françaises par accident, rêve désormais de faire joujou à la guerre en Centrafrique.

Et ce n'est pas tout. L'Afrique n'étant pas suffisante pour faire étalage de son savoir, de retour dans son pays d'origine, il annonce vouloir réduire de 50 % la consommation d'énergie d'ici 2050. Parce qu'il s'imagine qu'à l'âge canonique de 96 ans, il aura encore à cette époque, un minimum d'influence sur l'évolution de la société française ?

Eh oui, Mesdames et Messieurs, l'heure est grave grave. Vraiment très grave... !

SAMEDI 21 – LE PETIT SOLDAT SE MET AU VERT.

Stéphane Le Foll n'est pas content. Et il le fait savoir. Les industriels du tabac, notamment la firme Philip Morris, ont fiché les députés européens, de façon à déterminer lesquels sont susceptibles d'être soudoyés. Comme notre actuel ministre de l'Agriculture a été élu député européen à deux reprises (2004 et

2009) il se considère touché par cette initiative commerciale, et dénonce une atteinte à la vie privée.

Que soixante-six millions de Français soient sans cesse poursuivis, fichés, espionnés par la police politique, cela ne l'émeut point le moindre du monde. Mais que l'on puisse s'en prendre aux privilèges des soixante-quatorze élus français confortablement installés, par intermittence, au parlement de Bruxelles, voilà qui le touche profondément. Même si c'est pour leur bien ?

Lors de la conférence environnementale, Nicolas Hulot a accueilli plutôt favorablement, les propos du petit soldat Hollande, orientés vers l'accélération de la transition énergétique. Cette mesure peut éventuellement s'avérer urgente car, en l'état actuel des connaissances des professionnels de l'industrie pétrolière, la planète risque de manquer d'or noir d'ici trois ou quatre siècles.

Il n'y a donc pas de temps à perdre. L'heure est grave.

Quelle est exactement la couleur du catalogue dans lequel il soit possible de référencer Nicolas le globe-trotter ? *La Redoute, Les Trois Suisses, Vitrine Magique* ? Peut-être tout simplement Verbaudet ? À priori, il ne transpire pas véritablement la crédibilité, le bonhomme. Compte tenu de son vécu touristique, il semble qu'une carrière de promoteur chez un voyagiste ou auprès d'un syndicat d'initiatives, eut été mieux adaptée à ses compétences.

Pour majorité, à part vouloir faire interdire tout et n'importe quoi, n'importe où, n'importe quand et n'importe comment, ils savent accoucher de quoi les petits individus verts ? Il serait en sus fort instructif de savoir si, pour confirmation de leurs engagements, ils accepteraient de vivre personnellement à partir des bases idéologiques et totalitaires qu'ils tentent d'imposer aux autres. Et là, il est plus que permis d'émettre des doutes.

Un fruit vert est un fruit qui n'est pas mûr. Ce n'est pas pour autant qu'il ne peut être véreux.

Pour débattre sérieusement de questions techniques, il est nécessaire d'être technicien de haut niveau. Pas amuseur public ou politicien incompétent. Ce qui fort souvent revient au même.

Prenons par exemple les hydrocarbures de schiste. L'ensemble des organisations qui n'y comprennent rien, fait actuellement le forcing pour interdire les recherches en ce sens. Ce que l'on sait, est que d'importants gisements sont exploités depuis plus d'un siècle dans les bassins des Appalaches et de l'Illinois aux États-Unis, sans qu'à la date de ce jour, la moindre catastrophe ne soit venue endeuiller ou pourrir ces régions. En Europe, les principales réserves semble-t-il connues, se situent en France et en Pologne. Justement, en Pologne les processus de recherches s'intensifient. Mais également en Allemagne, en Autriche, au Danemark, en Espagne, en Hongrie, au Royaume-Uni et en Suède.

Une fois de plus, la France risque de louper le bon wagon. Tout cela pour faire plaisir à un groupuscule qui ne représente qu'à peine un électeur sur cinquante-cinq inscrits. Un Français sur quatre-vingts. Lors des dernières élections législatives de 2012, les Verts n'ont en effet récolté que huit cent vingt-neuf mille voix pour quarante six millions d'inscrits, et soixante six millions de citoyens. Ce qui leur a permis d'obtenir dix sept sièges à l'Assemblée nationale. Alors que pour un nombre de voix légèrement supérieur, le FN n'a que deux députés.

« Dans un régime totalitaire, ferme ta gueule. En démocratie, parle toujours ! » Woody Allen.

Il n'empêche que pour leur être agréable, JMA dans son discours de clôture de la deuxième conférence environnementale, a affirmé qu'il allait créer deux nouveaux impôts : la taxe carbone et une contribution – inattendue – sur le nucléaire. Comment, à partir de quels critères : il n'a pas précisé. Pour le Premier ministre, cela se nomme une pause fiscale.

Conclusion évidente : avec un impôt nouveau, un moteur diesel pollue moins, une centrale nucléaire risque nettement moins de connaître des problèmes environnementaux.

Ce qui est certain est qu'une fois encore, une fois de plus, c'est le citoyen lambda qui va faire les frais de ces manigances.

Il conviendrait d'effacer la devise actuelle de la République, sur les frontispices des monuments nationaux. De remplacer liberté égalité fraternité par taxes impôts prélèvements.

DIMANCHE 22 – MÉCHANT CAPITALISTE.

Appelé auprès du gouvernement serbe, afin d'apporter ses précieux conseils pour tenter de sortir le pays du marasme économique où il se trouve, DSK a affirmé qu'il existait de réels problèmes, mais qu'il était possible de trouver des solutions. Alors là c'est parlé ! À la lecture de ce rapport de haute tenue technique, nous constatons immédiatement que monsieur est un fin spécialiste. Nous ignorons combien il a pris de pognon pour présenter une telle conclusion, mais ça valait franchement la peine qu'il effectue le déplacement. À moins qu'il ne se soit fait payer en nature ?

La tirade saugrenue de la semaine est donc décernée à cet éminent économiste distingué.

Jacques Attali est un expert polyvalent. Dans les premiers mois de ce que les dirigeants politiques nomment la crise, afin de mieux nous entuber, il avait prédit, entre autres prophéties, la fin prochaine de l'euro. C'est pour dire si ses analyses doivent être prises au sérieux.

Par contre, il n'est pas sectaire, car ses rapports sont destinés aussi bien à la gauche qu'à la droite. Attali est avant tout un républicain. Dans le dernier document qu'il vient de remettre à Hollande, il prône un capitalisme patient. C'est la tête de gondole de ses quarante cinq propositions. Ce à quoi le président à répondu que la finance on ne lui demande pas d'être vertueuse, on lui demande d'être fructueuse. Pour un socialo qui n'aime pas l'argent, il fait tout de même montre d'un minimum de connaissances capitalistiques.

LUNDI 23 – FORCE DE NUISANCE.

NKM a déclaré très sérieusement : en cas de duel FN-PS, lors des prochaines élections : je ne renvoie pas dos à dos les uns et les autres. Pas de consigne, mais je vous dis moi ce que je fais, dans ce cas moi je vote PS. Elle fait ce qu'elle veut, nous n'en avons rien à foutre. Mis à part la destination des encartés, en vertu de quel droit républicain, un politicien peut-il se permettre de donner des ordres aux électeurs ? Ordres qui ne sont d'ailleurs, et fort heureusement, que fort rarement suivis à la lettre. Le citoyen dans l'isoloir ne possède donc pas le droit de choisir ? Le vote est avant tout un acte citoyen individuel.

Pour Pascal Durant, ça sent la fin de règne. Le chef (il y en a donc un ?) EELV annonce qu'il ne se représentera pas pour se succéder à lui-même, à la tête du parti vert, lors du prochain congrès de novembre. Il semblerait qu'il ait été poussé vers la sortie par Hollande et Ayrault, suite à l'ultimatum qu'il a lancé il y une dizaine de jours au président de la République, quant à l'évolution du dossier de la transition énergétique.

Certes, les ministres verts avaient la possibilité de prendre sa défense, mais ils sont tellement heureux de faire partie du gouvernement, qu'ils préfèrent jouer leurs cartes personnelles, plutôt que se ranger derrière leur chef de file officiel.

En Allemagne par exemple, les Verts sont avant tout des écologistes. En France, ils ne sont prioritairement que des politicards carriéristes, comme tous les autres. La différence est de taille.

Les feuilles d'impôts commencent à tomber dans les boîtes à lettres, et là, grosse malheur pour les Français ! La pilule est difficile à avaler. Le changement c'est maintenant, avait promis Hollande. S'il est un seul point pour lequel il a respecté sa parole, c'est bien l'augmentation des taxes et impôts. Car pour le reste, rien d'intéressant à signaler. Auparavant, le socialisme c'était prendre aux riches pour donner aux pauvres. Désormais, c'est prendre à tout le monde, surtout aux pauvres, pour ne donner à personne.

Il doit y avoir des fuites !

Pour l'année prochaine, afin de tenter réduire le montant des escroqueries, dans la ligne personnes à charge, inscrivez donc : les réfugiés, les sans-papiers, les taulards, les toxicomanes, les chômeurs, les émigrés, les syndicalistes, les fainéants, les politiciens et les branleurs.

Ça ne coûte rien d'essayer.

Un qui doit faire la tronche, une fois encore, c'est Hollande. Angela Merkel a été réélue. Elle va exercer son troisième mandat d'affilée, ce qui ne risque pas d'arriver à notre président de pacotille. La France va encore perdre la guerre contre l'Allemagne.

Car, ne nous y trompons pas ; sans les alliés, nous aurions perdu les deux Guerres mondiales. Ou plutôt la première, étant donné que la seconde n'aurait pas eu lieu.

À Paris, le Premier ministre bénéficie d'un appartement privé de plus de trois cents m², situé dans un magnifique palais. En Allemagne, après le turbin, Angela Merckel rentre le soir dans son logement privé dont elle paie le loyer, les factures d'eau et d'électricité. Comme chacun de sa quinzaine de ministres.

En France, c'est la vie de château pour trente huit ministres. (Y compris le Premier). C'était juste histoire de dire.

MARDI 24 – LA JUSTICE EST AU PARFUM.

Pour la quatrième journée consécutive, les Shebab, ou ce qu'il en reste, continuent de faire régner la terreur dans le centre commercial de Westgate à Nairobi. On parle de dizaines de morts et disparus, et de centaines de blessés. Aussi longtemps que l'on n'aura pas pris les mesures exceptionnelles qui s'imposent, au niveau mondial, pour exterminer radicalement les islamistes intégristes (est-ce un pléonasme ?) ces troupeaux de lâches seront toujours présents pour s'en prendre à des innocents et les massacrer.

Le plus surprenant dans cette histoire, est que notre petit soldat n'ait pas encore pris certaines dispositions irrationnelles, pour intervenir personnellement à la tête de ses armées. Peut-être un manque de munition ou de carburant pour déplacer les troupes ?

Les juges sont satisfaits, les dirigeants syndicaux sont heureux. Sephora devra désormais fermer les portes de son magasin de l'avenue des Champs-Élysées, à vingt et une heure.

Restent les vendeuses salariées du groupe ; elles se disent dégoûtées, outrées par ce jugement. Elles étaient volontaires pour travailler de nuit, moyennant un supplément de salaire, et bien non. Désormais, grâce à la justice et aux organisations syndicales staliniennes, elles devront s'asseoir sur ce petit pécule complémentaire, qui les arrangeait bien en fin de mois.

C'est une véritable honte. Les magistrats et syndicalistes irresponsables qui se trouvent à l'origine de ce scandale, auraient été bien inspirés, pour une fois, de réfléchir simplement quelques secondes. Car c'est uniquement grâce l'argent des salariés, que leurs virements de fin de mois sont assurés. Le jour où il ne restera que des improductifs, le pognon on le prendra où ? Et ce n'est pas tout, Sephora parle maintenant de supprimer une quarante d'emplois. À ce rythme, il n'est pas impossible d'envisager que de nombreux magasins, de nombreuses entreprises, continuent logiquement d'aller voir ce qui se passe ailleurs qu'en France.

Le pays s'installe tout doucettement mais surement, dans la dégénérescence.

MERCREDI 25 – UN FRANÇAIS PARLE AUX FRANÇAIS.

Noël Mamère quitte EELV. Seul Noël Mamère va sortir les Kleenex. Nous pouvons supposer que, s'il avait été ministre, il se serait bien gardé d'agir de la sorte.

À l'instant où Sarkozy recommence à parler à la France, les magistrats de Bordeaux ont rendu leur verdict. Dans l'affaire Bettencourt, l'ex reste sous le coup d'une procédure risquant de le mener devant un tribunal correctionnel, pour abus de faiblesse. Aïe, ça coince, parce que d'autres dossiers attendent encore le petit Nicolas : Tapie – sondages de l'Elysée – Libye et Karachi.

Feuilleton à suivre attentivement. Mais sait-on jamais ?

JEUDI 26 – JE PRENDS AUSSI LES TICKETS RESTAURANTS.

Si l'on en croit Bernard Tapie, ce qui ne sera pas facile : *« Hollande fait tout pour que je n'existe plus, il est beaucoup plus pervers que vous ne le pensez. » Contrairement à Moscovici, il a compris qu'il n'avait rien à gagner à m'accabler publiquement. C'est une personnalité redoutable et importante. Faut pas sous-estimer le mec.*

Il a ensuite dénoncé un acharnement du pouvoir socialiste qui cherche à saisir tous ses biens et ses comptes en banque.

Il existe deux façons d'analyser ces propos. Que les socialos cherchent à lui piquer son pognon, cela ne fait aucun doute. Mais que Nanard se rassure, ils ne s'en prennent pas qu'à lui. Mis à part piquer le fric des Français, il n'est d'ailleurs pas évident que cette bande d'individus malfaisants sache faire autre chose.

Quant à affirmer qu'il s'agit de son argent, il faudrait voir à ne pas déconner outre mesure. Du pognon, il n'en a jamais eu, le Nanard. Ou si peu. Il s'est toujours contenté d'exploiter celui des autres. C'est certainement la raison pour laquelle il a été ministre.

VENDREDI 27 – L'ART EST PUBLIC.

Peillon et Filippetti lancent ce jour l'opération *Un établissement, une œuvre* Espérons qu'ils ne feront pas placarder leurs photos dans les écoles et collèges – les pauvres gosses !

Ces œuvres, sont issues des FRAC (Fonds régionaux d'art contemporains), qui sont des collections publiques créées en 1982, en même temps que les Régions, de façon à permettre à l'art contemporain d'être présent partout en France.

C'est gratuit, il n'y a rien à vendre, a déclaré Peillon lors du lancement de cette opération dans une école primaire de Toulouse. Même pour Jules Ferry, il n'y a jamais eu d'opposition entre lire, écrire, compter et permettre à tous les enfants d'avoir accès aux plus beaux des arts, a-t-il ajouté. C'est vrai ; pour une fois que quelque chose est gratuit, ne boudons pas notre plaisir.

Joey Starr, immense artiste contemporain, spécialisé dans le rapp, mais également connu pour avoir été condamné une douzaine de fois par la justice, a été admis à l'hôpital militaire du Val-de-Grâce, quartier des VIP cela va de soi, après avoir été victime d'un malaise, semble-t-il après avoir consommé une surdose d'alcool ou de drogue. Voire les deux.

Il va devoir remercier l'armée française, lui qui clamait, il y à quelques années, ce texte d'une poésie éclatante :

> *Quelle gratitude devrais-je avoir pour la France ?*
> *Moi Joey Starr qu'on considère comme un barbare*
> *Donc j'encule tous ces moutons de fonctionnaires*
> *Tous ces pédés de militaires*
> *Qui pendant oui presque plus d'une année*
> *M'ont séquestré, malmené*
> *Sous prétexte de faire de moi*
> *Un homme, un vrai*
> *Avec les couilles dans le béret*
> *Avec le cerveau dans le paletot*
> *Et à la place du cœur*
> *Une saloperie de drapeau...*

Samuel Johnson – probablement le plus distingué des hommes de Lettres de l'Histoire de l'Angleterre – se contentait d'écrire : « *Le patriotisme est l'ultime refuge d'un idiot.* »

SAMEDI 28 – LE CAMPING C'EST DUFLOT.

Des mal-logés, militants de l'association Droit au logement (DAL), se sont installés sur la place de la République à Paris, où ils entendent rester une semaine, afin de protester contre le projet de loi Duflot.

Ce n'est pas gentil. Duflot était tout heureuse de voir une loi porter son nom, et voilà que l'on vient lui gâcher son plaisir. Dans quel monde vivons-nous !

Pour la – toute – petite histoire, le porte-parole du Dal se nomme Eyraud. Mais avec un E.

La Gauche durable, nouveau mouvement qui rassemble vingt-cinq parlementaires PS, invite le gouvernement à être solidaire de sa majorité et fustige la polémique inutile et vaine sur l'intégration des Roms. Les mesures de justice sociale ou fiscale sont assourdies par la musique du ras-le-bol fiscal, qui ne laisse plus place à l'explication. Il existe une absence de délibération collective sur le poids respectif de la fiscalité des entreprises et des ménages. Par temps de crise, c'est hypersensible. Il faut de la lisibilité, pas un jeu de bonneteau. Et pour conclure, elle invite Hollande à revenir vers son pacte présidentiel qui comporte soixante engagements, semble-t-il oubliés.

Chez les socialos, la solidarité a toujours été le mot d'ordre.

DIMANCHE 29 – EX AEQUO.

Septembre est le mois de la rentrée des classes. Il eut donc été surprenant que Peillon n'exploite pas la situation à des fins personnelles, pour continuer de faire parler de lui, et ainsi soigner sa publicité. Ou tout au moins tenter. Face aux critiques qui s'abattent sur lui, concernant les nouveaux rythmes scolaires, il a affirmé que si des élèves étaient fatigués, ce n'était pas faute à sa réforme, mais simplement parce qu'elle était mal comprise ou qu'il y avait trop de pression sur les enfants.

Cela mérite bien le titre de tirade saugrenue de la semaine.

Benoît Hamon, inutile ministre délégué à l'Économie sociale et solidaire, est à l'image de ses associés syndicalistes à l'idéologie surannée ; il n'a rien à vendre. Leur seule façon d'exister est donc de foutre le bordel. Face aux magasins de bricolage qui ont ouvert ce jour, malgré une interdiction du tribunal de Bobigny, le pseudo ministre les a mis en garde. Trois simples mots qui suffisent à lui décerner également le titre de tirade saugrenue de la semaine.

C'est la première fois de l'année qu'il semble impossible de départager deux sélectionnés.

Il est vrai que pour Hamon, le travail ce n'est pas sa spécialité. Dans sa vie, il n'a jamais rien fait d'autre que militer et errer au sein des milieux politiques. Certes il n'est pas, loin s'en faut, le seul dans ce gouvernement, mais ce n'est pas une raison. Qu'il se contente de faire la sieste durant les heures d'ouverture de son ministère bidon, serait une très bonne chose pour les Français.

Quant aux décisions des juges, suite au comportement primaire des dirigeants syndicaux, qui interdisent à des salariés de travailler, alors qu'ils sont volontaires, il y a fort à parier qu'il ne soit pas possible de voir de telles sottises se mettre en place, en dehors de la France. Lorsque la loi est scélérate, elle doit être changée. Faute de quoi les citoyens mécontents doivent logiquement s'assoir dessus.

Si l'on se réfère aux juges et aux dirigeants syndicaux qui, de fait, ne dirigent pratiquement plus rien, le travail dominical sera désormais interdit. Conséquence de quoi, il va falloir fermer les postes de police, les gendarmeries, les prisons et les centres de secours, y compris les pompiers. Fermer les pharmacies, cliniques, hôpitaux et maison de retraite, les ambulances, les transports en commun, les stations service, les bars, cabarets, hôtels, restaurants et discothèques, les cinémas, théâtres, cirques et autres salles de spectacles. Les musées, expositions et monuments telle la Tour Eiffel. Les péages illégaux sur les autoroutes, les fleuristes et les cimetières. D'ailleurs, pourquoi fermer les cimetières ; les occupants ne risquent pas de se barrer. Il n'y aura plus d'informations disponibles, puisque les journaux ne paraîtront plus, que les chaînes de radio et télévision resteront muettes. Si l'on prive les Français de Patrick Sébastien et de Michel Drucker, la révolte risque de gronder bien vite. Cela se comprend aisément, la culture c'est essentiel. Il va être également nécessaire d'interdire aux paysans de traire leur bétail le dimanche. Quant au côté sportif de l'affaire, les joueurs et les arbitres resteront à la maison, ce qui permettra aux supporters de se cogner sur la gueule entre eux, sans avoir à payer leur droit d'entrée dans un stade. De sus, ils n'auront même pas le loisir de pouvoir aller se faire tailler une petite pipounette par une tapineuse, à la fin d'un match, puisqu'en toute logique, elles devraient, elles également, être privées du droit d'exercer leurs activités artistiques le jour du Seigneur.

Finalement, c'est grâce à de tels événements que l'on apprend que les dirigeants syndicalistes gauchos, sont également catholiques. Peut-être désirent-ils préserver leur droit le plus absolu d'assister à la messe basse, la grand-messe, vêpres et complies, en ce jour réservé à Dieu ?

Ce qui est certains est que, voir des syndicats se battre comme des chiffonniers, alors que personne ne leur a rien demandé, afin d'empêcher des salariés de travailler, c'est une première mondiale. Tout cela sous le prétexte futile de faire parler d'eux ! C'est affligeant.

En conclusion, les politiciens ne pourront plus déblatérer leurs absurdités habituelles dans des meetings, ce qui permettra aux citoyens-électeurs d'obtenir une journée de repos. C'est la seule bonne nouvelle de l'histoire.

Et si tout simplement, la meilleure idée était de fermer définitivement l'ensemble des organisations syndicales ?

LUNDI 30 – PLANETE FOOT.

Valérie Fourneyron, ministre des Sports, confirme que la taxe sur les hauts revenus s'appliquera bien aux clubs de football, mais que son montant sera plafonné à 5 % du chiffre d'affaires, afin de tenir compte de la fragilité de son modèle économique.

L'ex-maire de Rouen, s'y connaît particulièrement en football. Le FCR, club de sa ville, qui avait gagné le droit, sur le terrain, de jouer en seconde division cette saison, a finalement déposé le bilan, après avoir été rétrogradé en division d'honneur par les instances dirigeantes nationales, faute de pouvoir présenter des comptes corrects.

En Italie, un jeune politicien de soixante-dix-sept ans, connu sous le nom de Berlusconi, qui devrait en toute logique loger en prison jusqu'à la fin de ses jours, bien qu'il ait été Premier ministre, a provoqué la démission de cinq ministres de son parti politique, plongeant ainsi son pays dans une nouvelle crise politique profonde.

Vive le roi !

Un seul tué en Corse ce mois ci. C'est peu. Cela nous amène à un total provisoire de seize cadavres. Une fusillade a bien eu lieu dans le centre d'Ajaccio, mais on ne recense pas le moindre mort. Donc, ça ne compte toujours pas. Peut-être conviendrait-il de donner ½ point pour les blessés ?

À Marseille, le fils de José Anigo, directeur sportif de l'OM, s'est fait descendre. Une histoire de transferts ? Autre affaire : un homme d'une vingtaine d'années a été abattu à La Ciotat. Dans la confrontation qui oppose la région Corse à Marseille, il semble logique de ne pas prendre en compte que la seule préfecture des Bouches-du-Rhône, mais la totalité du département. À la fin septembre le total est donc de vingt cadavres.

Toujours à Marseille, une fusillade a fait trois blessés par balles, dans le centre ville. À ce niveau, match nul avec la Corse.

OCTOBRE

MARDI 1ᵉʳ – TRANSPORT PAS COMMUN.

À dater de ce jour, les transporteurs se trouvent dans l'obligation de mentionner sur leurs bordereaux, la quantité de CO_2 rejetée dans l'atmosphère, lors de leurs opérations commerciales. Bien entendu, mis à part le fait de tenter se rendre intéressant, pour quelques ministres et fonctionnaires superflus, cela ne servira strictement à rien. Mais cela fait désormais longtemps, que nous avons l'habitude de subir ce genre de crétinerie.

Ainsi, une famille de quatre personnes habitant Lille, pourra, avant de passer à table, calculer à quelle hauteur se trouve sa part de responsabilité dans la fonte des glaces de l'océan Arctique, en consommant un paquet de riz camarguais. Pour connaître le résultat, il sera nécessaire de diviser la totalité des rejets de CO_2 du camion qui a transporté cette denrée entre Marseille et le Nord de la France, par le poids du riz cuisiné, par rapport à l'ensemble de la cargaison. Les calculs seront plus compliqués, lorsque le camion transportera en sus du riz, du pastis de Marseille, du saucisson d'Arles et du nougat de Montélimar.

Il n'y a que les ahuris pour croire un seul instant que cette nouvelle mesure débile puisse concourir à la protection de l'environnement. Les ahuris dont, de son temps, Gorges Brassens chantait : « *Le temps ne fait rien à l'affaire, quand on est con on est con.* »

Georges était un grand poète.

Petite précision sans grande importance, mais... Les véhicules et aéronefs de la République ne sont pas concernés, pas plus que la fusée Ariane et le matos roulant, flottant et volant militaire.

Il semblait calme et détendu Hollande, sur les images présentées par les journaux télévisés de vingt heures, lors de son déplacement à Cherbourg. La vérité est quelque peu différente. Plusieurs centaines de salariés de DCNS, des CMN, de l'hôpital de la ville et du groupe Areva, étaient venus manifester contre l'État et sa politique de l'emploi et de santé publique.

« Un message ne vaut jamais l'information personnelle que l'on va prendre soi-même. » Eschyle.

Marie-Ségolène Royal se rappelle aux bons souvenirs de ceux qu'elle peut encore intéresser. J'appelle les ministres à rassembler leurs compétences (pour ceux qui en ont. NDLA) plutôt que soustraire les compétences les unes des autres. Il faut faire preuve de discipline collective et ce n'est pas le cas, déplore-t-elle.

Elle est pourtant superbement bien placée pour savoir qu'en politique, le plus important est de ne penser soi-même. Le reste, tout le reste, n'est qu'accessoire pour cette caste parasitaire.

Dans la liste des augmentations qui n'auront pas lieu, la Poste annonce que les prix des timbres augmenteront de trois centimes en janvier selon certaines sources, de 3 % selon d'autres. Mais pas de soucis, l'augmentation sera bien effective. Il faudra penser à envoyer ses vœux avant le 31 décembre 2013.

Ils ont de la chance les Américains. Faute d'un accord au Congrès sur le vote du budget, l'administration fédérale a mis huit cent mille fonctionnaires en congé sans solde. En voici une méthode résolument efficace pour faire des économies.

En France, on pourrait se permettre de virer deux millions de salariés de l'État, sans que l'organisation du pays n'en subisse la moindre conséquence fâcheuse. Bien au contraire. Etant entendu, qu'il n'est nullement question de dénigrer ici le personnel médical, les enseignants, les pompiers, etc... Mais uniquement ceux qui sont payés à ne rien foutre, voire encore pire, ceux qui passent leur vie professionnelle à emmerder ceux qui bossent pour les entretenir : les malades du tampon encreur.

Le tampon encreur est devenu l'accessoire fondamental de notre nouvelle société de type débilement avancé. Mais qui donc n'a jamais été victime de cet accessoire administratif démoniaque ? Rien ne peut désormais se réaliser sans la présence, l'empreinte de cet auxiliaire étatique devenu, au fil du temps, l'instrument de torture le plus utilisé dans le monde.

Le tampon encreur est au citoyen lambda, ce que le CRS ou le gendarme mobile est à la berceuse enfantine.

Il en existe des carrés, des rectangulaires, des ronds, des ovales, des triangulaires et des hexagonaux des tampons. Ils peuvent être noirs, bleus, rouges, violets ou verts. On en trouve également avec deux couleurs. C'est plus décoratif, mais c'est plus cher. Parce que le coup de tampon, ça se paye. Le plus souvent à des tarifs prohibitifs. Ils sont omniprésents, il y en a partout. Il est devenu totalement impossible de se déplacer en quelque endroit de la planète, sans tomber sur un tamponneur de profession. C'est peut-être même une vocation ? Même en des lieux où les membres de la congrégation ne savent ni lire, ni écrire. La preuve : si vous avez voyagé en de nombreux pays, consultez donc votre passeport ; vous aurez de très fortes chances d'y trouver des traces de tampons à l'envers. Ah quel bonheur d'être un vrai tam, d'être un vrai pon, d'être un vrai tamponneur. Fabricant de tampons représente un véritable métier d'avenir. Que le ministère du Travail se décide enfin à former du personnel spécialisé en quantité suffisante. Ici se trouve une véritable piste pour aider à résorber partiellement le chômage.

MERCREDI 2 – SUITE MAIS PAS FIN.

L'État a assigné au civil, Bernard Tapie, pour faute. C'est vague ! Dans cette ténébreuse affaire, qui dit vrai, qui dit faux ? Ce qui semble certain, est que toutes les parties mentent. Ce qui est encore plus certain, est que l'État cherche avant tout, à faire main-basse sur les quatre cents millions d'euros que Nanard s'est mis dans la poche au passage, histoire de rigoler. Pour ce qui est la justice on verra plus tard. Voire jamais.

Dans cette affaire, si Tapie avait été bien élevé, capable de faire montre d'un minimum de reconnaissance, il aurait expédié une lettre de remerciement à tous les contribuables français.

Les jours se suivent et se ressemblent pour Hollande. Après s'être fait vilipender à Cherbourg, il s'est fait siffler et huer à Cournon-d'Auvergne, où il était venu au Sommet de l'élevage, afin de faire étalage de ses connaissances pour traire les vaches à lait. Pour la poule aux œufs d'or, il faudra encore attendre.

Désormais, avant de prononcer des âneries, les ministres devront solliciter l'accord d'Ayrault. Il est vrai qu'en matière de niaiseries, il s'y connaît le bougre. Il faut bien qu'il serve à quelque chose. Cela risque de laisser des temps libres aux médias, pour communiquer des informations dignes d'intérêt. Ce qui changerait un peu de l'ordinaire.

Pour Berlusconi, ça sent le sapin politique. Tels les rats avant un naufrage, ses amis quittent son navire et ne suivront donc pas ses consignes. Cela doit faire pousser un grand ouf de soulagement à de nombreux Italiens. Il est vrai que le 10 octobre prochain, il risque l'exclusion ainsi que la déchéance de son immunité parlementaire de sénateur. On peut être ami dans la vie et ennemi en politique. Ou le contraire. C'est de toute façon sans importance aucune.

JEUDI 3 – BOULEVARD DU PALAIS.

Toni Musulin a été libéré de la prison de la Santé. À partir de cet instant, la situation devient fort compliquée pour lui. Voire critique. Car le compte n'y est pas. Sur le magot de presque douze millions d'euros qu'il était parvenu à détourner, il manque toujours deux millions et demi. Non seulement il va avoir continuellement les flics sur le dos, mais de sus, la pègre risque de ne pas lui faire de cadeaux, dans le ferme espoir de pouvoir mettre la main sur le pactole avant les limiers. Espérons, pour lui, qu'il sera suffisamment malin pour éviter ces embûches. Mais ça ne sera pas facile.

Pour Sarkozy, également connu sous le nom de Raymond dans les milieux artistiques, l'automne s'annonce pluvieux. La Cour d'appel de Paris autorise trois juges à se pencher sur son cas dans l'affaire Karachi. Il est soupçonné de s'être rendu complice d'une violation du secret de l'instruction, du secret professionnel, et de recel, en marge du volet financier de ce business.

Il ne s'agit ici que d'un aimable hors-d'œuvre. Les choses sérieuses devraient logiquement suivre avec, probablement, l'aimable participation de Balladur.

Justement, on reparle de Balladur. Ou plutôt de René Galy-Dejean, ancien trésorier de Sa Suffisance, lors de la campagne présidentielle de 1995. Cet expert-comptable vient d'être mis en examen pour complicité de détournement de fonds publics. Mais qui donc étaient ses complices ?

Galy-Dejean, ex-député du X5ème arrondissement de Paris, a plusieurs fois déclaré qu'une partie de l'argent utilisé pour cette campagne publicitaire, avait été financée par les fonds secrets de Matignon, et une autre grâce à des détournements de commissions sur des contrats d'armement avec l'Arabie Saoudite et le Pakistan.

Cette mise en examen intervient après celle de Pierre Mongin, chef de cabinet de Balladur au moment des faits, et celle de Nicolas Bazire, ancien directeur de la campagne présidentielle dont il est question. Mongin est désormais PDG de la RATP, et Bazire dirigeant de LVMH.

La politique ouvre de nombreuses portes.

VENDREDI 4 – SILENCE ON TOURNE.

Le HCSP – Haut conseil de la santé publique – (ça existe donc également ce truc là ?) préconise de limiter les niveaux sonores et de distribuer gratuitement des protections auditives dans les concerts et discothèques. Première remarque : la gratuité n'existe pas. N'a jamais existé. Lorsque c'est gratuit pour l'un, c'est qu'un autre doit payer à sa place.

Par exemple, si les employés d'EDF ne casquent pas au juste prix l'électricité qu'ils consomment, c'est tout simplement parce que les abonnés ordinaires payent plus cher leurs factures, qu'ils ne le devraient en toute logique. Toute autre explication n'est que mensongère. Il en va de même pour les employés de la SNCF qui font payer leurs places par les autres passagers, lorsqu'ils se déplacent par le rail.

Donc, qui devrait payer ces protections auditives, si ce projet voyait le jour ? Et bien c'est tout simple : les prix des entrées subiraient une augmentation.

Secondement, acheter un billet, souvent à prix fort, pour se rendre à un concert ou en discothèque, et se mettre un casque sur les oreilles pour ne pas entendre la musique, cela relèverait plus de la psychiatrie que de la protection de la santé.

Mais ce n'est pas tout. Le Conseil machin préconise également de rendre obligatoire l'installation de zones de récupération auditive, qui seraient des salles acoustiquement protégées, avec des niveaux sonores réduits sur une surface d'au moins 10 % de la surface totale de la manifestation.

Il va être nécessaire de prévoir un agrandissement du Stade de France et du Théâtre antique d'Orange. Ce sera gratuit ?

Prochaine étape, le port obligatoire de lunettes noires dans les salles de cinéma. Pour les musées et expositions de peinture, il faudra attendre encore un peu.

Ils sont payés les mecs, pour sortir de telles imbécilités ?

SCOOP : Hollande est revenu vivant d'un périlleux déplacement en Corse !

Il est vrai que d'impressionnantes précautions avaient été mises en place. Il serait fort intéressant de connaître le prix de revient de cette petite visite de routine. Question balivernes, le président n'a rien raconté de positif, ni même de nouveau. La routine.

Suite à son discours durant laquelle il a promis que, grâce à lui, la criminalité allait connaître de mauvais jours, nous tenterons de comptabiliser le nombre de crimes commis dans l'île, durant les trois prochains mois.

Selon les Français, le palmarès de villes de France, où il fait bon vivre, s'établit ainsi :

- Toulouse.
- Bordeaux.
- Nantes. (Malgré Ayrault).
- Grenoble.
- Rennes.
- Lyon. (Malgré Aulas).
- Marseille. (Malgré les Kalachnikov).
- Montpellier.
- Nancy.
- Strasbourg.

À partir de quels critères ? Et puis, nous pouvons logiquement penser qu'à Toulouse, se sont les Toulousains qui ont été sondés, de même pour Bordeaux et les autres villes. Mais a-t-on interrogé les habitants de Strasbourg sur ce qu'il pensait de la vie à Biarritz ou ceux de Nice pour la ville de Brest ?

Quant aux villes les plus endettées, Levallois-Perret tient toujours le flambeau, avec onze mille quatre cent quarante sept euros par habitants. C'est bien fait pour les électeurs, qui ont réinstallé à la mairie un repris de justice.

Pour se donner une idée de l'étendue des dégâts, la seconde ville la plus endettée du pays est Cannes, avec son Festival et ses trois mille sept cent trente-trois euros par tête de pipe.

SAMEDI 5 – SUPERMAN.

Afin de faire le moins de mécontents possibles, il est indispensable de toujours taper sur les mêmes. Cette formule pourrait – également – être une devise de la République.

Dans cette logique, une nouvelle enquête préliminaire vient d'être ouverte par le parquet de Paris, à l'encontre de Bernard Tapie. Elle concerne des transferts de fonds « suspects » sur les comptes de la société Blue Sugar, qui appartiendrait à Tapie et son fils Laurent.

Le problème, est que Nanard indique ne pas connaître cette société. Peut-être, tout simplement, ne se souvient-il plus avoir participé à la création de cette entreprise de ventes en ligne ? Car Laurent affirme la présence personnelle de son père, dans le capital de la société, à hauteur de 25 %. Il précise ensuite que les mouvements d'argent constatés n'ont rien d'illégaux.

Il ajoute également que les sociétés où le nom de Tapie n'apparait pas dans leur capital, on ne les emmerde pas. Sans prétendre vouloir canoniser la famille Tapie, sur ce dernier point, il n'a pas forcément tort.

Afin de faire gagner du temps – donc de l'argent – à toutes les personnes plus ou moins concernées, ne serait-il pas possible de regrouper tous ces affaires au sein d'un seul et unique dossier Tapie ?

Il se dit dans la presse espagnole, mais rien n'est confirmé, qu'Anne Gravoin, violoniste et épouse de Manuel Valls, serait une femme comblée. Enfin, peut-être provisoirement. Apprenant que 20 % des Françaises aimeraient avoir une aventure torride avec son mari, elle aurait déclaré Manuel mérite ça et même beaucoup plus. Aujourd'hui, je sais que de nombreuses femmes veulent coucher avec lui, mon grand amour. Il serait donc meilleur au plumard qu'à l'Intérieur ? Même si le ministre a la santé, il serait fort étonnant qu'il puisse faire face à une telle demande, si elle se confirmait. Ou alors, il lui faudrait démissionner et se gaver de Viagra. Et encore ! Ce qui ne semble pas faire partie des projets de ces amoureux pragmatiques, qui rêvent d'installer, un jour, leur lit conjugal à l'Elysée.

Une fois encore, il se confirme que Valls est bien un vrai politicard. Il ne pense qu'à sa tronche, c'est donc qu'il est véritablement du métier.

DIMANCHE 6 – ILS CONNAISSENT LA CHANSON.

Si j'ai bien compris, désormais Valls devra obtenir l'autorisation de Matignon avant de pouvoir tenir des propos racistes. Cette pensée lumineuse provient de la cervelle éclairée de Xavier Cantat, compagnon à la ville de Cécile Duflot, et frère d'un célèbre chanteur. Cette tirade saugrenue de la semaine est parue sur Twitter, mais très rapidement, le compte @xaviercantat a été supprimé. Il est depuis inaccessible. Sur ordre de Matignon également ?

Et si le couple Duflot/Cantat, se contentait de s'occuper de leurs quatre enfants, dont la petite dernière : Térébentine !

À l'attention des citoyens peu informés des choses de l'écologie, donc en principe de la nature, la térébenthine est une oléorésine tirée par incision de certains arbres. Il existe la térébenthine de Chio, obtenue à partir de la sève du pistachier térébinthe, la térébenthine de Bordeaux provient de la résine du pinuspinaster. (En français le pin maritime). La térébenthine des Vosges, est extraite du Picea abies, la térébenthine de Venise est la résine du larixoccidentalis, la térébenthine du Canada vient de l'abies balsamea, et enfin la térébenthine d'Alsace est extraite du sapin argenté.

Ils sont véritablement impayables les écolos. Une excellente idée serait qu'ils cessent de respirer une minute sur deux. Cela ferait autant de rejets de dioxyde de carbone en moins dans l'atmosphère et, de par la force des choses, ils se tairaient la moitié du temps. Ce qui permettrait de supprimer par deux les sommes d'absurdités qu'ils peuvent balancer à tout va, sans, le plus souvent, aucun fondement justifié.

Puisque c'est aujourd'hui dimanche, juste un petit rappel, histoire de se marrer un peu. C'est si rare dans notre société merdique, que le pouvoir politique impose à la population.

À l'occasion du 14 juillet 2012, alors qu'elle n'était encore que toute jeun ministre, mais si heureuse de l'être, Duflot retroussa les manches et entreprit un travail de toute première nécessité. C'est ainsi qu'elle décerna trente décorations dans l'ordre de la Légion d'honneur. Dix sept à des associatifs et professionnels du logement, et treize à des élus locaux, dont Dominique Voynet. Bizarre ; elle n'avait pas encore son joujou celle-ci ? Bien entendu, les heureux bénéficiaires de ce hochet impérial étaient tous de gauche.

Ce qui fit dire au député UMP, Lionnel Luca : Cécile Duflot lutte contre le réchauffement en arrosant de décorations ses camarades pour qu'ils restent bien Verts ! C'est ça le changement.

Sachez monsieur Luca, que les ministres établissent toujours leurs listes de priorités.

Ce n'est pas terminé, car quelques leçons d'histoire naturelle, prioritairement à l'attention des écolos, peuvent toujours s'avérer utiles.

De nouveaux insectes font leur apparition chaque année en France. Lorsqu'un citoyen ordinaire, part en voyage en Afrique, Asie ou en quelque point de la Voie lactée, si son intention est de ramener une ou plusieurs plantes exotiques, histoire de décorer son intérieur, dès son arrivée sur le sol français, il devra systématiquement faire contrôler puis passer ses végétaux par une station de décontamination. Cela est impossible avec les milliardaires et politiciens qui se déplacent à bord de jets privés. Tentons d'imaginer un fonctionnaire des douanes exigeant d'un émir ou d'un ministre, qu'il puisse perdre son temps en formalités douanières et sanitaires futiles !

Ainsi est arrivé en France, entre autres parasites, le moustique-tigre, vecteur du chikungunya.

Le phénomène n'est guère nouveau. Durant le règne de Louis XIV, Colbert avait fort bien compris – lui – que pour avoir une France indépendante, commercialement et militairement puissante, elle devait disposer d'une marine forte, présente sur toutes les mers de la planète. Le pin des Landes – donc le pinuspinaster pour les collectionneurs de térébenthine – était alors utilisé en très grande quantité pour la construction des navires. Afin de disposer d'un maximum de matière première, Colbert, qui fut avant Jean-Marc Ayrault, l'un des plus grands ministres que la France ait connus, fit planter cet arbre dans la région méditerranéenne. Malheureusement, afin de gagner du temps, il fit venir des plants plutôt que des graines. Par la même occasion, il importa dans cette région, le parasite que l'arbre abritait sous son écorce. Dans les Landes, cette cochenille était combattue de façon naturelle par un prédateur qui ne se trouvait pas – et ne se trouve toujours pas – dans le Sud-Est. Ici se trouve l'origine de la maladie du pin maritime qui sévit toujours dans les départements des Alpes-Maritimes et du Var.

Il est fort regrettable qu'à cette époque, il n'y ait point eu de Voynet, de Duflot, de Hulot ou de Placé pour conseiller Colbert. Encore que sur des sujets précis, scientifiquement avérés, les écolos ne se manifestent que rarement.

« Celui qui parle ne sait pas, celui qui sait ne parle pas. » Lao Tseu, philosophe chinois, 5ème siècle avant JC.

Ian Brossat, élu communiste du XVIIème arrondissement de Paris et chef de file des élus communistes et du Parti de Gauche à la mairie de la ville, propose la création d'un camp pour les Roms, dans le très huppé XVIème arrondissement de la capitale. Mais pourquoi donc ne pas commencer par l'arrondissement où il est élu, et ainsi donner l'exemple ? Et puis, pourquoi même ne propose-t-il pas d'en accueillir quelques-uns à son domicile personnel ?

La réponse peut paraître simple et logique : dans le XVIème se trouve le Bois de Boulogne, ses huit cent quarante six hectares, ses hippodromes, son jardin d'acclimatation, ses prostiputes et ses travelos brésiliens. C'est tout de même autre chose que les bretelles du périphérique.

LUNDI 7 – SUPER 95 OU 98 ?

Moscovici a annoncé deux nouvelles au MEDEF. Une bonne et une mauvaise. La bonne : devant la fronde du patronat, il renonce à créer une nouvelle taxe sur l'excédent brut d'exploitation des entreprises, dans le projet de loi de finances 2014. Pour 2015, on verra. Cette nouvelle rapine devait rapporter deux milliards et demi d'euros à l'État.

La mauvaise : pour remplacer cet impôt qui donc ne verra pas le jour, le patron des détrousseurs publics va créer une surtaxe temporaire sur l'impôt des sociétés, qui va rapporter deux milliards et demi d'euros à l'État. Ce qui change tout. En la circonstance, il faut également savoir apprécier le mot temporaire.

Moscovici pratique à merveille l'art de se foutre de la gueule du monde pour piquer du fric. Mais, est-il seulement capable de faire autre chose ?

En Syrie, une équipe d'experts en désarmement, a commencé la destruction des armes chimiques, ainsi que le démantèlement des installations de production. C'est le côté folklorique de l'histoire, mais ça n'arrange pas forcément les affaires de Hollande, qui espérait fermement pouvoir jouer au cow-boy dans cette région du globe, afin de détourner l'attention des Français, quant à la situation catastrophique où se trouve leur pays.

Sur le plan international, et en dépit de ses déclarations fracas-santes, tout le monde se moque éperdument des états d'âme du petit soldat français. S'il tient absolument à faire joujou à la guerre, qu'il se fasse offrir des maquettes de navires militaires, et qu'il s'amuse dans les bassins des Tuileries ou du Luxembourg. Cela semble de son niveau.

Concernant la crise syrienne, par rapport aux informations déversées sur les ondes, la vérité est quelque peu différente. Les écolos n'ont pas été tenus au courant mais, la découverte du nouveau bassin gazier du Levant, dans les eaux israéliennes, libanaises et chypriotes, face à la Syrie, ont modifié quelque peu la donne. Les premières estimations font état de gisements contenant plus de dix sept mille milliards de m^3 de gaz, ainsi que d'un milliard et sept cent millions de barils de pétrole. Roulez tranquilles automobilistes, pas de panique. Il ne s'agit ici que d'une infime partie des réserves mondiales connues à ce jour. N'en déplaise à Duflot et sa troupe folklorique. Quant aux réserves offshores situées dans les eaux territoriales syriennes, nul n'est actuellement en mesure d'en dévoiler le moindre détail. Ou plutôt ne le souhaite.

Mais le plus important reste encore à venir. En Syrie, se trouve l'ancienne base militaire soviétique de Tartous. Le port a été réaménagé afin de recevoir des navires à fort tirant d'eau, comme les tankers et les méthaniers. Ce n'est pas par hasard. Ces installations sont prévues pour l'exploitation et l'entretien des navires de commerce, puis accessoirement utilisées pour le transfert d'armes et munitions à destination des organisations terroristes, officiellement ennemies des puissances occidentales.

En juillet 2011, un accord fut signé entre l'Iraq, l'Iran et la Syrie, pour la construction d'un pipeline de cinq mille six cents kilomètres de long, capable d'amener les ressources pétrolières iraniennes et iraquiennes vers le bassin méditerranéen, via justement le port de Tartous. Ce qui représentait un problème concurrentiel de taille pour les pays du Golfe. Malgré la pression des monarchies arabes sur les Occidentaux, particulièrement les USA, de façon à empêcher l'arrivée massive de pétrole et de gaz iraniens vers la Syrie, il s'avéra que le déclenchement d'une guerre contre l'Iran était très risqué, et qu'une nouvelle attaque contre l'Iraq n'était pas plus envisageable. Voire inutile. Ne restait donc que la Syrie de disponible.

Par le plus grand des hasards, quelques jours après la signature de l'accord de construction du pipeline entre ces trois pays, l'Armée syrienne libre fut créée, financée bien entendu par les puissances pétrolières du golfe Persique. Ici se trouve la seule origine de la guerre civile syrienne. Toute autre explication n'est que mensongère. Il ne suffisait alors, pour les Américains, qu'à dénicher une raison valable pour intervenir en Syrie. Ce qui tarda un peu trop, au goût des yankees. Finalement, la découverte d'utilisation d'armes chimiques par le clan Assad, fut une véritable bénédiction.

Néanmoins, Poutine, en fin politicien, et après s'être fait prier maintes et maintes fois, finit par accepter un accord avec les puissances occidentales, destiné à détruire l'arsenal chimique de Bachar al-Assad. Ce qui n'était pas prévu à l'origine. Pour les USA, plus de possibilité de déclencher une nouvelle guerre afin de faire tourner l'économie du pays, et pour la France, en dépit de ses discours lamentables, pas d'attaque envisageable pour le petit soldat Hollande, afin de faire diversion sur ses problèmes intérieurs et son incapacité à les résoudre.

Pour la Russie et l'Iran, c'est déjà gagné, puisque la construction du pipeline est quasiment achevée dans l'ancien empire perse, et qu'il va maintenant poursuivre inexorablement sa route vers le port de Tartous.

Quel sera le prochain épisode de ce feuilleton ?

Ce qui est certain, est que les braves gens qui voyaient les armées occidentales aller batailler en Syrie, afin d'empêcher le massacre de populations innocentes, en seront, une fois de plus, pour leurs frais.

Le pétrole, le gaz, les dollars, la puissance, il n'y a que cela qui entre en ligne de compte pour les dirigeants politiques de la planète. Qu'il s'agisse d'Obama, de Poutine ou du petit soldat Hollande et son escouade de bonimenteurs, ils n'en ont strictement rien à foutre que de pauvres gens puissent se faire massacrer. Que ce soit au moyen d'armes chimiques ou d'armes classiques agréés aux normes des différentes Conventions de Genève.

« Un homme politique ne dit jamais ce qu'il pense. » Adolf Hitler.

Certes, l'individu n'est pas une référence, mais la citation est juste.

MARDI 8 – ET ÇA CONTINUE ENCORE ET ENCORE.

La gestion financière des communautés territoriales, n'est pas davantage à donner en exemple à la jeunesse de notre pays, que celle de l'État.

Entre les années 2007 et 2012, les taxes foncières ont connu des hausses totalement exorbitantes. Soit une moyenne nationale de 21, 17 % ! Durant cette même période, l'inflation a été de 8,18 %, le SMIC horaire brut a été augmenté de 11,37 %, et les loyers du secteur privé ont augmenté de 8,23 %. Le record appartient à la ville de Paris, avec une hausse de 67,90 % !!! À Nantes, le chiffre est également révélateur, et fort intéressant – pour le maire, pas pour la population – avec plus 30,64 %. On fit merci Delanoë, merci Ayrault.

Valls a inauguré ce jour à Forbach, en coordination avec Flanby, une série de déplacements destinée à combattre le FN. Dans cette ville, Florian Philippot, vice-président du Front national, sera candidat lors des prochaines élections municipales de 2014.

Ce procédé est véritablement scandaleux, détestable. Le président de la République et le ministre de l'Intérieur, n'ont donc rien d'autre à foutre, que combattre des Français, sous prétexte qu'ils ne font pas partie de leur concentration de minables ? C'est pour faire front contre des citoyens de leur propre pays, que ces oiseaux de mauvais augure ont été élus ?

Espérons que, le moment venu, les électeurs sauront apprécier cette méthode éhontée à sa juste discrédition.

Le groupe Alcatel-Lucent prévoit la suppression de dix mille emplois dans le monde, dont neuf cents en France. Ce qui a fait dire à Ayrault : le gouvernement sera particulièrement vigilant et exigeant sur la mise en œuvre du plan de restructuration de cet équipementier. Il ne fait aucun doute que les dirigeants de cette société vont consulter notre Premier ministre, avant de mettre en place leur nouvelle stratégie.

Après dix-sept mois passés à Matignon, JMA ne comprend toujours rien à rien. Son cas est véritablement plus que désespéré.

Dans le volet abus de faiblesse du dossier Bettencourt, Sarkozy a bénéficié d'un non-lieu. Selon les magistrats instructeurs, les charges retenues contre l'ex-président sont insuffisantes pour le renvoyer devant un tribunal correctionnel.

Pour en arriver là, il aura été nécessaire de mobiliser trois juges, pour une enquête qui a duré deux ans et demi, ainsi que des dizaines de policiers. Quatre perquisitions ont été effectuées, et vingt deux heures d'interrogatoires et de confrontations ont eu lieu.

Dans ce contexte, qui pourra nous faire croire que les juges ne souhaitaient pas, avant tout, aller à la pêche au gros ! En tous cas, cela peut nous permettre de comprendre, partiellement, pourquoi la justice est débordée. D'ailleurs, pour Jean-Paul Garraud, ancien député UMP et président de l'Association professionnelle des magistrats, cette affaire jette le discrédit sur l'institution judiciaire. Parce que ce n'était pas le cas auparavant ?

Un politicien peut se retrouver devant les tribunaux. Voire en prison. Ce ne sont pas les exemples qui – hélas – manquent. La situation est identique pour les flics. Mais pour les juges, que nenni. Ils peuvent faire ce qu'ils désirent, quand ils le désirent, en toute impunité. Ils protègent avant tout leur caste, et pour cela, refusent de se juger entre eux.

Pour en terminer, Jean-François Copé se dit satisfait de cette conclusion heureuse, et ajoute être aux côtés de Sarkozy. Il est vrai que son nom avait été cité dans le dossier. Ceci pouvant expliquer cela. Par contre, un qui fait vraiment la gueule, c'est Fillon.

MERCREDI 9 – LES JOLIES COLONIES DE VACANCES.

Suite au décès de Patrice Chéreau, atteint d'un cancer du poumon, l'inutile ministre déléguée aux Personnes âgées, Michèle Delaunay, a déclaré (tweet) *« N'est ce pas la cigarette qu'il faudrait vendre en pharmacie et fermer dans le coffre à toxiques ? »* La classe. Sincères condoléances à la famille.

Selon JMA, la France a retrouvé des marges de manœuvres en matière budgétaire. Comme il n'a peur de rien, surtout pas du ridicule, il s'est permis d'ajouter que la France avait accumulé des déficits très importants et qu'il fallait les réduire. C'est une question d'indépendance. Nous avons demandé des efforts aux Français, ils sont utiles. Pour terminer, il a répété la promesse phare de Hollande consistant à inverser la courbe du chômage d'ici la fin de l'année. À travers de telles déclarations, on ressent immédiatement le savoir-faire de l'ancien professeur.

Concernant le chômage, il ne nous reste que onze semaines à attendre, pour constater l'étendue des dégâts. Patience.

Mais pour les marges budgétaires, à part les nouveaux impôts, taxes et prélèvements qui continuent de s'accumuler, sans d'ailleurs ne rien changer, où donc se trouvent les marges ? Lorsqu'il est arrivé à Matignon, la dette de la France se montait à mille huit cent milliards d'euros. Elle est maintenant d'environ mille neuf cent cinquante milliards. Ce qui revient à dire qu'en gros, il n'a fait que poursuivre le rythme soutenu de Sarkozy.

Il n'a même pas honte de raconter de telles imbécilités.

Puisqu'il est question d'Ayrault, contentons-nous de constater à quel point il est socialo.

Le Premier ministre possède à Sarzeau, petit ville du Morbihan, une résidence secondaire. Jusqu'ici, pas de quoi crier au scandale. Cette maison, est gardée en permanence par une quinzaine de gendarmes équipés de quatre fourgons et d'une voiture. Lorsque le Maître des lieux daigne venir se ressourcer, c'est-à-dire rarement – on est si bien à Matignon – un hélicoptère vient compléter le dispositif. Il ne s'agit ici que d'un exemple parmi tant d'autres. Dans ces conditions, doit-on encore s'étonner qu'il n'y ait pas suffisamment de gendarmes disponibles, pour prendre en charge les problèmes de la délinquance ?

JEUDI 10 – DU BOIS DONT ON FAIT LES PIPES.

Ce soir, Davis Pujadas recevra Jean-François Copé, lors de son émission télévisée Des paroles et des actes. Il semblerait que Najat Vallaud-Belkacem fasse également partie du casting. La pauvre ; face à ce vieux briscard de la politique, elle risque, une fois de plus, d'être plutôt juste, alors qu'elle n'en a pas encore terminé avec sa période d'apprentissage. Pour être bon comédien, il ne suffit pas d'apprendre ses textes par cœur, il faut également être capable de les réciter puis d'improviser.

Pour être réaliste, il serait préférable de changer le titre de cette série humoristique, et la renommer (Des paroles et des paroles.) Heureusement, il y a un excellent western sur la troisième chaîne.

Une mesure importante – pour le gouvernement – du projet de loi sur les retraites, a été supprimée par erreur. Il s'agit du texte prévoyant de reporter de six mois la revalorisation annuelle des retraites. Celle-ci devenant effective le 1er octobre en lieu et place du 1er avril. Les socialos ne savent plus quelles saloperies inventer, pour détrousser les Français, et masquer leur impéritie. Tentons de nous imaginer leur réaction, si Sarkozy avait osé prendre une telle initiative. C'est profondément dégueulasse.

La raison de cette pitrerie est simple : huit députés gauchos se sont – officiellement – gouré de bouton lors du vote ! Ils manquent d'imagination au PS. Le texte a donc été repoussé par quarante quatre voix contre et seulement trente neuf voix pour. Ce qui n'est pas un drame, puisque le texte sera représenté une seconde fois.

Par contre, cela nous permet de constater que pour étudier ce texte important, seulement quatre-vingts trois députés étaient présents.

Les autres se trouvaient au bois de Boulogne ou celui de Vincennes ?

Au sujet des retraites : où se trouve la preuve que l'État, de loin le premier employeur du pays, avec ses cinq millions de salariés, verse bien à l'URSSAF, le montant de ses cotisations patronales ? Voire, tout simplement, le montant des prélèvements sur les salaires de son personnel ?

Cette question est fort intéressante, merci de l'avoir posée.

Le MRAP va déposer plainte devant la Cour de justice de la République, contre Manuel Valls, pour incitation à la haine raciale. Il s'en fout Valls. Avec les lois Taubira, il sait qu'il ne risque pas de dormir en taule.

Et puis, comme le disait George Bernard Shaw, « *L'homme le plus inquiet d'une prison est le directeur.* »

VENDREDI 11 – ON L'À DANS LE CUL.

L'OMS veut éliminer progressivement les thermomètres à mercure d'ici l'an 2020. Selon cet organisme, le mercure est l'une des dix principales substances chimiques très préoccupantes pour la santé publique. Si l'on veut bien admettre cette théorie, notons que le mercure, on ne se le met pas directement dans les endroits sensibles du corps, mais à travers une protection en verre. Pour les Français, rien à craindre, avec les divers gouvernements qui se succèdent depuis quarante ans, les passages sont faits depuis longtemps.

L'ex-ministre Michèle Alliot-Marie, MAM pour les connaisseurs, ainsi que son père, son visés par une enquête sur des mouvements de fonds suspects entre des associations liées à l'office du tourisme de Saint-Jean-de-Luz, et l'hôtel de Chantaco. Une information judiciaire a été ouverte à Nanterre, le 13 juin dernier, pour abus de confiance. MAM, désormais première adjointe UMP de cette ville, détient des parts dans cet établissement hôtelier de luxe. Les sommes en jeu seraient de l'ordre de deux cent mille euros. Quand même !

Attendons la suite, mais cette affaire arrive à point nommé pour le PS, avant les prochaines élections municipales. Voire pour le FN.

Quelques citations délicates retrouvées, au fil de la lecture d'anciens journaux :

- « *Fabius est le pire de tous, notre pire adversaire. Il ne pourra jamais être ministre des Affaires étrangères à cause de son « non » au référendum.* » (François Hollande).

- « *Franchement, vous imaginez Hollande président ?* » (Laurent Fabius).

- « *L'une des caractéristiques de François Hollande, c'est de considérer que le mensonge est une pratique normale en politique.* » (Claude Allègre).

- « *Arrêtez de dire qu'il travaille, François Hollande n'a jamais travaillé. Il ne fout rien.* » (Martine Aubry).

- « *Le point faible de François Hollande, c'est l'inaction. Les Français peuvent-ils citer une seule chose qu'il aurait réalisée en trente ans de vie politique ?* » (Marie-Ségolène Royal).

- « *Hollande, c'est le premier secrétaire qui a tout raté !* » (Pierre Moscovici).

- « *Je n'ai pas oublié que François Hollande a immobilisé le parti pendant dix ans. Comment peut-il aspirer à diriger la France ?* » (Arnaud Montebourg).

- « *Montebourg est peut-être brillant, mais il n'est pas fiable.* » (François Hollande).

- « *Hollande est une couille molle !* » (Martine Aubry).

- « *Hollande, un dirigeant fermé aux idées nouvelles !* » (Arnaud Montebourg).

- « *À part les lunettes, il n'a pas changé grand-chose !* » (Manuel Valls).

- « *Montebourg, des convictions ? Je ne sais pas. Ce qui est sûr, c'est qu'il joue perso. Un homme de coups. Ce qu'il propose, c'est une coquille vide.* » (Jean-Marc Ayrault).

- « *Valls n'a qu'un pas à faire pour aller à L'UMP.* » (Arnaud Montebourg).

C'est fou comme on s'aime au PS. Cela n'empêche pas certains ennemis internes de siéger ensemble au Conseil des ministres, et de singer des risettes collectives devant les photographes. Pitoyable.

SAMEDI 12 – ÇA NE COMPTE PAS.

D'après les chiffres officiels publiés par l'Insee, cent quarante mille emplois ont disparu, uniquement dans le secteur marchand, depuis une année. Pour le seul second trimestre 2013, trente-quatre mille six cents postes ont été détruits.

Voici qui nous éloigne véritablement des cinquante mille chômeurs en moins, donnés en exemple au mois d'août dernier, par le ministre du Chômage. Chiffre, il est vrai, fortement rectifié, après avoir constaté une erreur informatique. C'est pour dire si l'on peut se fier aux déclarations gouvernementales.

De toutes les façons, avec les chiffres, il est toujours possible de raconter n'importe quoi. Même le bilan comptable d'une société commerciale peut être différent, selon l'expert qui le présente.

On peut tout faire, on peut tout dire avec les chiffres. Les mathématiques sont fantaisistes. Par exemple, pour ne faire qu'un, il est nécessaire d'être au moins deux. Lorsqu'une personne en interpelle une autre, en lui annonçant : j'ai deux mots à te dire, elle en a déjà utilisé sept. Les trois mousquetaires étaient quatre. Lorsque l'on dit se mettre en quatre, on le fait seul. Lorsque l'on parle de huit jours, cela veut dire une semaine, pourtant une semaine c'est sept jours. Il en va de même pour une quinzaine, qui correspond à deux semaines, et deux semaines c'est quatorze jours. Le grand huit, c'est plus qu'un huit normal ? Chez un écailler, lorsque l'on achète une douzaine d'huitres, on en trouvera généralement treize au déballage, si le vendeur est bon commerçant. Quel cadeau : le chiffre treize porte généralement malheur ! Que dire encore du Pastis 51 qui ne fait que 45° d'alcool. Quant à la Guerre de Cent ans, elle a duré cent seize ans.

Qui croire ?

Histoire de s'amuser un peu – c'est si rare par les temps qui courent – si vous multipliez 111 111 111 par 111 111 111, vous obtiendrez 12345678987654321. Bizarre, non ? Pour en terminer avec ce paragraphe récréatif, multipliez donc 142857 par 2, 3, 4, 5, 6, 7 et 9. Résultats surprenants garantis.

Entendu à Marseille, à l'entrée d'une exposition : *« Ciseaux et couteaux interdits. Colt et Kalachnikov vous pouvez entrer. »* Rigoureusement authentique ! (J'y étais. NDLA.)

DIMANCHE 13 – RIGUEUR À L'ELYSEE.

Lors d'un spectacle qu'il donnait en la ville de Toul, Guy Bedos a traité Nadine Morano de « conne, de connasse et de vulgaire. » Il est vrai que question vulgarité, chez les Bedos on connaît la musique. Principalement la seconde génération. Immédiatement, Morano a déclaré qu'elle allait porter plainte pour injures. Ce qui est facile à comprendre ; le sens de l'humour n'a jamais été un trait caractéristique de cette politicarde. L'humour est réservé aux gens intelligents. Puis, dans ce genre de situation, quoi de plus sensé que feindre l'indifférence. Mais cela, les politiques ne savent pas faire.

Il semble que, de toute évidence, cette ancienne ministre de quelque chose, ne se soit jamais remise de son cuisant échec, lors des législatives de 2012, après – déjà – avoir été battue aux municipales de 2008 où, à Toul, sa liste n'était arrivée qu'en troisième position. Cette sanction, la France l'a supporté sans problèmes, elle non. Cela doit développer chez elle, un instinct d'agressivité latent. Elle est frustrée, aigrie, cela se lit sur son visage.

N'étant plus désormais que conseillère générale de Lorraine, cela va lui laisser du temps libre pour préparer son dossier.

Le tarif des dépannages sur les autoroutes et voies express augmentent. Quelle surprise ! Sur les autoroutes, on ne demande bien de quoi l'État se mêle, puisqu'elles sont – illégalement – privatisées. De cent dix neuf euros et soixante-quinze centimes, il faudra désormais sortir cent vingt et un euros et dix huit centimes de sa poche, pour recevoir la visite d'un garagiste, lorsque la situation l'imposera.

Pour imposer des chiffres d'une telle stupidité, il ne serait guère étonnant que la décision soit sortie, une fois de plus, de la cervelle d'un énarque. Voire de plusieurs, car pour trouver ça, ils ont certainement réfléchi en comité, durant de longues journées.

Cette semaine, la tirade saugrenue est remplacée par une annonce. Ce qui ne vaut guère mieux. En 2014, afin de donner l'exemple, l'Elysée va réduire son train de vie de 2 %. En gros, cela correspondra à l'inflation. Pour autant, dans un élan républicain, la présidence de la République s'appropriera définitivement le pavillon de la Lanterne, mais délaissera le Fort de Brégançon dans le Var, jugé probablement trop populaire pour Sa Grandeur. Ou inconfortable.

Histoire courte du pavillon de la Lanterne : lorsque, éreinté par tellement d'efforts démesurés, le président de la République décide de se ressourcer, il a la possibilité de s'installer à l'intérieure de cette coquette résidence, située dans le parc du château de Versailles. Elle a été construite en 1787 par le prince de Poix, capitaine des chasses et gouverneur de Versailles. En 1959, de Gaulle décida de l'affecter au Premier Ministre. Entre 1988 et

1991, le très socialiste Michel Rocard venait régulièrement y passer ses week-ends ; c'est pourquoi il fit construire une piscine et un court de tennis. Pour conserver la forme, rien ne vaut le sport. Il ne serait d'ailleurs guère étonnant que, pour parvenir à ses fins, il ait soudoyé la direction des Monuments historiques. Le non moins socialiste Lionel Jospin et son épouse, résidèrent régulièrement, eux aussi, en cet endroit béni des Dieux, lorsque Yoyo était Premier ministre, entre les années 1997 et 2002. Il avait le choix entre la cité du Val Fourré à Mantes-la-Jolie, et Versailles. Il opta pour Versailles.

C'est Nicolas Sarkozy qui s'appropria la Lanterne, au détriment de son futur Premier ministre. Entre ses deux ennemis intimes, l'histoire commençait plutôt mal. Entre le moment où un nouveau président est élu, et celui où il prend possession du palais de l'Élysée, c'est-à-dire où il est investi officiellement, se passe une période de transition de huit à dix jours. Ces journées particulières permettent au sortant, entre autres flibusteries, de faire ses cartons, de façon à embarquer illégalement des documents d'État. Concernant Sarkozy, il exploita de sus ces quelques jours, pour détruire le courrier qui arrivait – déjà – à l'attention de son successeur. Ce n'est pas trop classe. Avant même d'être consacré officiellement nouveau grand sachem, la première mesure qu'imposa Nicolas Ier fut de réquisitionner ce fameux pavillon, pour son propre compte. Il ne perdit pas de temps pour en jouir, puisqu'il passa en ce lieu divin, son premier week-end de futur président de la République, les 12 et 13 mai 2007.

S'adressant à François Fillon, Jean-Pierre Raffarin lui déclara quelques jours plus tard : « *Avec la perte de la Lanterne, tu as perdu le meilleur du job.* »

Si l'on veut établir une comparaison valable, raisonnable avec l'Allemagne, il est judicieux de prendre en exemple les services de la Chancellerie, puisque c'est Angela Merkel qui dirige le pays.

Le budget de l'Élysée culmine à cent treize millions d'euros. Celui de la Chancelière, à trente six millions et quatre cent mille. Ce qui représente une différence effarante de soixante seize millions et six cent mille euros, sur le dos des contribuables français !

522

Pour en arriver là, l'Elysée emploie environ neuf cents personnes, contre trois cents à la Chancellerie. Le parc automobile présidentiel est composé de cent vingt véhicules : trente sept en Allemagne. L'Élysée dispose de cinq avions et trois hélicoptères. Angela Merkel se déplace en train ou sur les lignes aériennes régulières.

Question de carrément se foutre de la gueule des Français, c'était véritablement une annonce stupide.

LUNDI 14 – LE FOOT C'EST LE PIED.

Un sondage nous apprend que 82 % des Français ont une mauvaise opinion de l'équipe de France de football. 73 % les trouvent grossiers, 84 % individualistes et 86 % trop payés.

Avant de botter en touche, voici quelques réflexions sélectionnées dans le langage des footballeurs. Afin de ne pas mettre leurs familles respectives dans la douleur et la peine, les noms des auteurs ne sont pas communiqués :

- *J'aimerais jouer dans un club italien comme Barcelone.*
- *Je peux jouer du pied droit comme du pied gauche, je suis amphibie.*
- *Ma sœur attend un enfant, je ne sais pas encore si je vais être tonton ou tata.*
- *Les gars, vous vous mettez tous en ligne en suivant l'ordre alphabétique par taille.*
- *Formez des duos de trois joueurs.*
- *Alignez-vous en cercle.*
- *C'est la goutte d'eau qui met le feu aux poudres.*
- *Il a raison d'aller au PSG, il va doubler son salaire par quatre.*
- *Ça ne me gênerait pas qu'on perde tous les matches tant qu'on gagne le championnat.*
- *Nous n'avons pas marqué de buts mais le football, c'est pas marquer, c'est gagner qui compte. C'est notre entraîneur qui l'a dit.*

- *56 cartons jaunes dont 5 rouges pour tous les marches aller, c'est peu.*
- *En foot, il n'y a qu'une seule possibilité : gagner, perdre ou faire match nul.*
- *On ne sait pas qui va gagner, on vous le dira après la finale.*
- *Tous les grands pays européens seront représentés, l'Allemagne, l'Italie, l'Angleterre et le Japon.*
- *J'ai été très surpris lorsque le sélectionneur a frappé à ma sonnette.*
- *Je dois beaucoup à mes parents, surtout à mon père et à ma mère.*

Pour terminer cette prose, quelques réponses à des questions de journalistes :

- Question : *vous préférez l'herbe ou l'Astroturf ?* (C'est une pelouse synthétique.)
- Réponse : *je ne sais pas, je n'ai jamais fumé d'Astroturf.*

- Question : *pendant votre séjour en Grèce, avez-vous visité l'Acropole ?*
  Réponse : *je ne me souviens plus de toutes les discothèques où je suis allé.*

- Question : *selon vous, qui va gagner l'Euro de foot ?*
- Réponse : *je vois bien le Brésil.*

En vue des prochaines élections municipales à Marseille, une primaire était organisée par le PS. Vingt mille sept cent trente-quatre personnes se sont dérangées pour voter. Ce qui représente autant d'euros, au minimum, pour la caisse locale du parti. La sénatrice Samia Ghali a obtenu 25,25 % des voix, Patrick Mennucci, député et maire des 1er et 7e arrondissements de la ville, 20,65 %. Ils s'affronteront donc lors d'un second tour.

Quant au ministre Marie-Arlette Carlotti, elle n'arrive qu'en troisième position, avec 19,52% des suffrages exprimés. Grosso modo, elle fait le même score que Hollande ou Ayrault dans les sondages. Pour sa défense, elle affirme qu'elle a trouvé devant elle un clientélisme généralisé. Elle n'était donc pas au courant que les élections se déroulaient toujours ainsi ? Ce n'est pas la peine de faire partie du gouvernement, pour dire une telle ânerie. À moins que, tout simplement, elle n'ait été sélectionnée qu'à cause de cela.

Question élections, il y avait meilleur à se mettre sous la dent en ce week-end. À Brignoles, Laurent Lopez, candidat du Front national, a remporté l'élection cantonale partielle, avec 53,9 % des voix, contre 46,1 % pour son adversaire UMP. Le PS étant rejeté depuis le premier tour.

À droite comme à gauche, les mandarins de la politique ressortent, pour la circonstance, leurs ritournelles habituelles, parce que ceci, parce que cela. Ils ne comprennent toujours rien à rien. Quelle tristesse ! Ce n'est pas le FN qui est en cause. Mais pourquoi le FN ? Les nantis de la politique refusent tout simplement d'admettre la vérité : les Français sont plus que las d'être gouvernés, depuis des décennies, par des bandes de malfrats, de sales égoïstes qui ne pensent qu'à eux, d'imbéciles et d'incapables, qui ne savent rien faire d'autre que mentir, créer du chômage, inventer des impôts et endetter le pays comme jamais il ne l'a été dans toute son histoire.

Rendez-vous l'an prochain pour les élections européennes, puis municipales. Il risque fort de se trouver de nombreuses gueules de bois au réveil. Mais il sera trop tard. S'il n'est déjà trop tard.

MARDI 15 – OH LA MENTEUSE, EST-ELLE AMOUREUSE ?

Vallaud-Belkacem continue de déblatérer n'importe quoi. Certes, c'est sa spécialité, mais cela devient lassant. Elle déclare que durant le quinquennat de Sarkozy, le nombre de chômeurs augmentait de mille personnes chaque jour. Ce qui est absolument faux. Selon les chiffres communiqués par Pôle Emploi en août 2013, la moyenne journalière, entre juin 2007 et mai 2012, était de cinq cents nouveaux inscrits. Ce qui n'est déjà pas si mal, certes.

Mais les bobards de cette diseuse de mauvaise aventure, portent sur une différence de plus de neuf cent mille personnes.

Second mensonge dans cette même déclaration totalement stupide, puisque contrôlable. Toujours selon ses affirmations, cette moyenne s'établit désormais à deux cents cinquante nouveaux chômeurs chaque jour. Toujours d'après Pôle Emploi, c'est en réalité sept cent quarante chômeurs supplémentaires chaque jour, qui ont été recensés depuis l'arrivée de Hollande à l'Elysée.

Ce qui se construit sur le mensonge ne peut pas durer. Marc Levy. OUF !

L'absurdité administrative française est à l'image de l'univers. Incommensurable et en constante expansion. Un directeur d'auto école fait savoir : l'administration lui demande de repeindre la porte des toilettes de son local professionnel aux couleurs conventionnelles, à destination des malvoyants. Il est également prié d'agrandir ce local, de façon à ce que les handicapés moteurs puissent fréquenter ce lieu de distraction en compagnie de leur fauteuil roulant. Incroyable mais vrai.

Denis Gautier-Sauvagnac, ancien patron de l'UIMM, a confirmé devant le tribunal correctionnel de Paris, que les syndicats étaient bien les bénéficiaires de nombreuses enveloppes d'argent liquide de la puissante fédération patronale de la métallurgie. Ces contributions étaient une forme d'appui que, depuis des décennies, l'UIMM apportait à des organisations de salariés et patronales, a-t-il ajouté.

Ces aides se présentaient sous deux formes. La première, sous forme de chèques, concernait des achats d'espaces publicitaires à prix d'or ou des locations de stands, également à prix d'or ou encore l'achat de journaux syndicaux. Mais cela n'était pas suffisant, c'était un prétexte qui avait ses limites. Le reste était donné en liquide, de façon plus discrète.

Pour présenter des comptes sérieux et honnêtes, les organisations n'ont plus d'autre choix qu'augmenter le montant des cotisations auprès de leurs rares abonnés, étant donné qu'il serait plus que surprenant qu'elles parviennent à récolter de nombreux nouveaux adhérents.

« *Je crois qu'une fronde sociale qui arriverait à se généraliser serait le meilleur rempart à la montée du FN.* » Signé : Olivier Besancenot. Dans un premier temps, il ne serait pas superflu qu'il développe son argumentation. C'est quoi une fronde sociale ? Ensuite, et sauf erreur toujours possible, n'est-il pas lui-même représentant d'un parti totalitaire ! De gauche certes, mais pour les populations, entre le totalitarisme de gauche et celui de droite, où se situe la différence ? À cet instant, il ne semble pas inutile de rappeler à cet ex-candidat à l'élection présidentielle, que le communisme représente la plus grande catastrophe humanitaire du XXème siècle, avec cent ou cent vingt millions de morts. Plus que l'ensemble des deux guerres mondiales.

Fillon qui ne sait plus quoi faire, quoi dire, pour faire parler de lui, explique que le résultat de l'élection partielle de Brignoles, reflète le ras-le-bol fiscal des Français. Il est vrai qu'au niveau de la fiscalité, il s'exprime en spécialiste, puisque son passage à Matignon a été surtout marqué par une augmentation de plus de soixante milliards d'euros de taxes, impôts et prélèvements nouveaux.

Pourtant, n'ayant pas peur du ridicule, il propose l'organisation d'un référendum contre l'assommoir fiscal. Du jamais vu, du grand art. Mais où donc est-il allé chercher une telle idée ? En gros, cela revient à dire que la question posée aux électeurs et trices, serait : « *Voulez-vous payer encore plus d'impôts ou souhaitez-vous que ceux-ci diminuent ?* » Le suspense serait insoutenable.

Lorsque l'on se souvient que ce mec-là a été Premier ministre durant cinq années, ça fait frémir.

En ce jour de fête, Ayrault et Valls se sont déplacés, afin de célébrer l'Aïd el Kebir, en compagnie de musulmans. C'est bizarre ; personne ne se souvient de leur présence en la cathédrale de Paris, lors du Vendredi Saint ou du dimanche de Pâques. Ce qu'il ne faut pas faire, pour espérer récolter les voix islamistes, lors des prochaines élections.

La bassesse du socialisme, c'est de poursuivre, non pas le plus grand bien, mais le moindre mal. Paul-Jean Toulet, poète et écrivain français.

Doit-on en déduire que ce soir, les nombreux cuisiniers au service de JMA, vont s'affaire autour de gigots et carrés d'agneaux ?

MERCREDI 16 – RETOUR VERS LE FUTUR.

L'Agence nationale sanitaire (Anses) nous informe que l'exposition aux ondes électromagnétiques peut provoquer des modifications biologiques sur le corps, mais les données scientifiques disponibles ne montrent pas « d'effet avéré » sur la santé. En conséquence, il n'est pas nécessaire de modifier la réglementation qui fixe des seuils limites. Il est néanmoins recommandé de limiter l'exposition aux ondes, en particulier celles des téléphones mobiles, surtout pour les enfants et les utilisateurs intensifs.

C'est noté. Pour autant il ne faut jamais oublier que l'être humain possède des facultés d'adaptation insoupçonnables. Que serions-nous, que deviendrions-nous, sans ce privilège exceptionnel ?

Prenons l'exemple d'un individu qui aurait vécu au XVIIème siècle. Comme dans un mauvais roman de science-fiction, il ressuscite, et se retrouve un vendredi soir à 18 heures, au beau milieu de la place de la Concorde à Paris. À l'instant coutumier où l'on ouvre précipitamment les grilles des cages en acier, pour un grand lâché de fauves excités dans la nature. Question nature, il ne s'agit, bien entendu, que d'une image figurative. Il ne fait aucun doute que le pauvre bougre serait immédiatement victime d'une crise d'apoplexie, et s'en retournerait sur l'heure retrouver ses compagnons d'éternité. Ce qui lui éviterait bien des déconvenues.

L'homme du XXIème siècle parvient à supporter dorénavant les considérables chambardements qui le cernent insidieusement, tout simplement parce que l'adaptation s'est opérée de façon progressive. Étalée sur moult générations. Pour tout changement, toute évolution, positive comme négative, nous avons besoin du temps qui, seul, nous permet de supporter l'insupportable. Encore que bien souvent, si l'on nous laissait le choix, nous saurions éviter sans difficultés, les obligations ineptes que nos potentats nous font subir. Pour le moins, l'évolution s'est opérée sur vingt siècles, si l'on s'en tient à notre ère moderne. CQFD.

Vous pouvez ouvrir vos portables.

Les exploitants agricoles sont excédés. Près de huit mille vols ont été recensés dans les campagnes, depuis le début de cette année. Soit une hausse de 7,5 % par rapport à l'année précédente. Les bandes organisées responsables de ces larcins, revendent ensuite les produits récoltés, vers l'étranger

Il faut comprendre Valls, il ne peut visiter les îles dans la journée, passer à la télévision le soir, et surveiller les champs durant la nuit. Lui également, a droit au repos. Pareil pour les gendarmes qui, physiquement, ne sont pas en mesure de se cacher sans cesse derrière des radars matin et soir, faire la chasse aux automobilistes mal garés, et ensuite courir derrière les truands dès la nuit tombée.

Il y a des choix à faire. Et ils ont été faits.

JEUDI 17 – MARÉCHAL NOUS VOILÀ.

Marion Maréchal-Le Pen a demandé à Harlem Désir, Premier secrétaire du Parti socialiste, de sanctionner Jean Bourdeau, assistant parlementaire du sénateur PS Jean-Pierre Michel, pour l'avoir traitée de conne et de salope.

« Connaissant l'attention particulière que vous portez à la condition de la femme et à la lutte contre la misogynie, comme cela a été relevé lors de l'incident fort regrettable du caquetage à l'Assemblée nationale, je vous saurais gré de mettre vos actes en cohérence avec vos paroles et de sanctionner ce type de propos

indignes du débat public. Je ne doute pas que vous prendrez les dispositions nécessaires afin de faire respecter l'image de la femme au sein de votre parti, notamment lorsqu'il s'agit d'une élue du peuple. »

Il ne reste qu'à attendre les désirs de Harlem. Quant au sénateur Michel, il s'est contenté d'évoquer la liberté d'expression, en affirmant qu'il ne s'agissait que d'humour.

Toutes les femmes sont en mesure de l'affirmer, c'est particulièrement drôle de se faire traiter de « salope ».

Il n'en reste pas moins vrai que devoir gaver des parlementaires pour assister à de telles représentations pitoyables représente un véritable gaspillage.

Un ex-capitaine de la gendarmerie de Fréjus, paraît en correctionnelle pour avoir détourné quatre-vingt-quinze kilos de résine de cannabis saisie en décembre 2007. Il lui est également reproché d'avoir rédigé un faux procès verbal de destruction. Il faut les payer plus cher les gendarmes. Ainsi, ils n'auront plus besoin de se lancer dans le trafic de drogue pour assurer les fins de mois. Ce pandore aura de nouveau l'avantage de fréquenter un tribunal correctionnel en février prochain. Cette fois ci à Bastia, où il lui est reproché d'avoir accompli des faits similaires, alors qu'il commandait la section de recherche de Haute-Corse, avant sa mutation dans le Var.

Si l'on comprend bien la situation, lorsque l'on est officier de gendarmerie, pour un premier trafic de drogue, la sanction c'est la mutation ? Si l'on accepte de retenir cette formule, il aurait été nettement plus judicieux d'envoyer cet individu dans la Creuse ou en Corrèze, plutôt que sur la Riviera.

À Marseille, la guerre est déclarée entre Samia Ghali et Patrick Mennuci. Il est vrai que l'enjeu est de taille. Devenir maire de la seconde ville de France, n'est pas une mince affaire. Sous réserve, bien entendu, de virer Gaudin, qui soufflera ses soixante-quinze bougies l'an prochain.

C'est une évidence ; le changement passe par la jeunesse et le renouvellement des cadres.

Il est au moins une question sur laquelle les deux protagonistes de la série évitent de s'étendre, c'est le cas Guérini. Et pour cause ; il n'est franchement pas à donner comme référence le président du Conseil général des Bouches-du-Rhône. Et là où le bât blesse, est que l'une comme l'autre ont fait partie du système Guérini. Ils peuvent d'ailleurs, tous deux, remercier leur ex-chef de gang, pour les avoir mis en place. Mais ils ne s'en souviennent plus. À la limite, ils ne sont même pas certains d'avoir croisé un jour sur leur chemin, l'encore patron du département.

VENDREDI 18 – ET UN CONSEIL DE PLUS, UN.

C'est une grande journée pour l'Éducation nationale. Ayrault et Peillon installent aujourd'hui, le Conseil national éducation économie. Ce bidule est destiné à dynamiser les relations entre l'école et le monde économique ! Ils ont véritablement des idées formidables nos ministres.

Avant d'en arriver à ce stade de la compétition, il ne serait pas superflu que les élèves sachent déjà lire, écrire et compter correctement. Mais il paraît que c'est prévu.

Ce Conseil – de la plus haute importance stratégique pour l'avenir du pays – sera [Chargé d'animer une réflexion prospective sur l'articulation entre le système éducatif et les besoins du monde économique, ainsi qu'un dialogue permanent entre leurs représentants sur la relation entre l'éducation, l'économie et l'emploi. Il pourra faire des recommandations, donner des avis, solliciter des expertises et porter des projets.] Mais ce n'est pas tout. Le CNEE, présidé par Jean-Cyril Spinetta, devra également favoriser le dialogue et la connaissance des initiatives, car souvent, il y a des postures de deux côtés, avec de la méfiance parfois, de la méconnaissance souvent. L'un des objectifs sera de développer des initiatives qui existent déjà mais sont parcellaires.

Au sujet de Spinetta, soixante-dix ans, hélas ancien énarque, sera-t-il rémunéré pour faire profiter la France de ses lumières ? Après avoir été PDG d'Air France-KLM, il est maintenant président du Conseil de surveillance d'Areva, et siège au conseil d'administrations d'Alcatel-Lucent (aïe), Saint-Gobain et GDF Suez. En 2008, il n'était que le quarante et unième patron le mieux payé de France, avec seulement un million et demi d'euros annuel. Il est donc fort aisé de comprendre qu'il ait besoin d'assurer l'avenir de sa famille.

Le dicton du jour : « *Un conseil ; n'écoutez jamais les conseils des conseilleurs.* »

Pour tout complément d'information, prière de s'adresser à monsieur le ministre de l'Éducation nationale, 110 rue de Grenelle – 75357 Paris SP 07. Mais il n'est pas évident que les réponses aux questions posées – s'il y a – soient plus faciles à assimiler, que la raison d'être de ce nouveau club de loisirs pour clientèle sélectionnée.

Eric Woerth est convoqué, le 24 octobre prochain, à paraître devant la Cour de justice de la République, dans l'affaire de la vente, dans des conditions douteuses, d'une parcelle de cinquante sept hectares, avec hippodrome et golf, dans la forêt de Compiègne. L'ensemble pour le modeste prix de deux millions cinq cent mille euros. Soit, en gros, quatre euros et quarante centimes le mètre carré. Une superbe affaire. Surtout pour l'acquéreur. De nombreux acheteurs potentiels, doivent amèrement regretter de ne pas être parvenu à glisser le nom de Woerth dans leurs carnets d'adresses.

L'audition pourrait durer deux jours, et se solder par une mise en examen.

Oui, décidemment il grand temps que Taubira mette en place un plan d'agrandissement des prisons, car de nombreux élus risquent de venir perturber la belle organisation mise en place par le ministre de la Justice. Ou de l'injustice, c'est à chacun d'apprécier.

Chez IBM France, six cent quatre-vingts neuf postes vont être supprimés. L'entreprise emploie actuellement neuf mille sept cents personnes dans l'Hexagone, alors qu'elles étaient plus de vingt six mille, fin des années 1990.

Le problème est qu'à l'issue d'un Comité central d'entreprise extraordinaire, les syndicats CFDT, Unsa et CGT, ont indiqué que neuf cent soixante quatre s'étaient portés volontaires pour foutre le camp. C'est désormais une certitude, entre le boulot et le pognon, les Français choisissent le pognon.

Une blague circule actuellement sur Internet : le fils de Fabius, celui de Taubira et de Touraine sont dans une voiture. Qui conduit ? Réponse : la police.

SAMEDI 19 – LES JOLIES COLONIES DE VACANCES.

Les nouvelles vacances scolaires sont arrivées. Ouf ! Depuis début septembre, il était grand temps que cela se concrétise. Car avec Peillon, il faut s'attendre à tout. Surtout au pire. Il est franchement usant pour tous, ce mec. Cela va peut-être permettre aux collégiens et lycéens de se calmer un peu, car un vent de panique commence à souffler fort, très fort, sur l'Elysée et Matignon. Généralement, que ce soit les étudiants ou les salariés, ils ne sont pas suffisamment stupides pour faire grève durant les congés. Surtout à cette époque de l'année où la pluie est monnaie courante. Si tel n'était pas le cas cette fois, ce serait le premier changement notable, hors racket fiscal, depuis que Hollande est installé sur son trône de pacotille.

Dans notre beau pays de France, l'éducation nationale est, au sein même de l'appareil d'État, le premier employeur pour le nombre de ses salariés. Il se dit même – mais cela reste à vérifier – qu'elle serait l'une des plus importantes administrations au monde, juste entre l'armée chinoise et l'armée russe.

Le ministère de l'Éducation nationale emploie environ un million quatre cent mille personnes. Ce chiffre se répartit en deux catégories de personnels : les enseignants, soit grosso modo neuf cent mille salariés, puis les administratifs, qui sont au nombre d'au minimum cinq cent mille.

Et oui, pour faire fonctionner deux enseignants, il est nécessaire d'avoir un administratif virgule quelque chose. C'est incroyable, mais il en est ainsi.

Selon une commission d'enquête de l'Assemblée nationale, plus de trente sept mille salariés n'apparaissent que dans la seule colonne « *dépense de personnel* ». Personne ne sait exactement ce qu'ils font, où ils sont, à quoi ils servent. Ce qui est certain, est qu'ils n'ont jamais enseigné. Il se dit même que, parmi ces employés du ministère, trente mille seraient en fait des agents électoraux du PS. Bien entendu, cela reste à vérifier.

Il y a aujourd'hui en France, quatre cent soixante mille élèves de moins qu'en 1991. Par contre, on recense deux cent quarante sept mille enseignants supplémentaires. Tout cela pour voir chaque année, plus de quatre cent trente neuf mille jeunes terminer leur scolarité sans aucune formation digne de ce nom.

Par exemple, on dénombre plus de deux cent mille étudiants en sciences humaines et sociales dans les facultés, alors que le nombre de places à pourvoir dans ce domaine est inférieur à dix mille chaque année.

Constatons simplement qu'en s'attaquant aux changements des rythmes scolaires, dont pratiquement personne ne veut, Peillon s'est conduit comme un dangereux déviationniste, et s'est ainsi évité de prendre en charge des problèmes autrement importants. Mais il est content de lui, cela se lit sur son visage. C'est déjà ça. D'autant que lorsqu'il se sera fait virer, il pourra mettre bien en vue *sa loi Peillon,* dans sa bibliothèque. En l'attente bien entendu, de se trouver un nouveau job rémunéré à la hauteur des talents qu'il ne possède pas. Par exemple député européen. C'est facile et ça rapporte gros.

Histoire de n'oublier personne en route, les fonctionnaires représentent en France, 27 % de la population active ayant un emploi, alors que pour les autres pays du G8, on ne dépasse jamais les 13%. Ce qui revient à constater (pas à dire) que là où l'on met un fonctionnaire à l'étranger, il est nécessaire d'en coller deux en France. C'est une très bonne chose pour les statistiques du chômage.

Week-end gâché pour Valls. Alors qu'il espérait se remettre de ses émotions en se la faisant coquette aux Antilles, voici que l'expulsion de Léonarda l'oblige à écourter son déplacement publicitaire. Adieu le rhum agricole, le punch, les ananas et les bananes flambées. Quelques remarques s'imposent dans ce dossier. Un : ses amis et associés PS siégeant en sa compagnie au Conseil des ministres, sont particulièrement heureux de pouvoir exploiter la situation en lui plaçant quelques peaux de bananes sous les semelles. Deux : comme à l'habitude, Hollande se montre totalement incapable de prendre une décision sérieuse et sensée. Trois : Ayrault ne sait pas davantage où il en est. Quatre : la loi est la loi, certes, et elle doit – en principe – être appliquée. Il n'empêche que si le préfet et les flics impliqués dans ce circus, avaient été capables de faire preuve d'un minimum d'intelligence et de discernement, cette affaire n'aurait jamais été révélée face à la population.

Il n'y aurait rien d'étonnant à ce qu'il y ait de la mutation dans l'air.

DIMANCHE 20 – ICI ON RASE GRATIS.

Finalement, pépère a parlé ; comme à son habitude, pour ne rien dire. Il autorise Léonarda à rentrer en France, afin d'y terminer ses études, mais seule. Celle-ci ayant déclaré qu'elle ne reviendrait qu'accompagnée de sa famille, il ne reste qu'à attendre de voir qui sortira vainqueur du combat. Pour l'instant, contentons-nous de remarquer que le président ne doit pas être surchargé ces derniers temps, pour s'intéresser personnellement à un dossier qui n'a absolument aucune raison de remonter jusqu'à l'Elysée.

C'est bien grand malheur pour la France, que voir un tel individu président de la République.

Pendant ce temps, les étudiants n'en démordent pas ; ils veulent voir Léonarda revenir en France avec sa famille. Si l'on ne conserve que la partie pragmatique du dossier, Léonarda Dibrani plus ses cinq frères et sœurs, ainsi que leurs parents, cela fait huit personnes. Ils débarqueraient de nouveau sans savoir où se loger, donc il serait nécessaire de leur offrir un toit. Ils n'ont pas d'argent, pas de travail. Donc ils bénéficieraient d'aides en tous genres. C'est bien la solidarité, mais il semble qu'il y ait des limites. Surtout pour un Etat qui n'a que des dettes à offrir à ses propres citoyens, et qui sans cesse, rogne sur leurs droits, alors qu'ils cotisent et ont déjà cotisé aux caisses sociales durant des années.

- Est-il normal que pour un Français, l'âge de la retraite sous repoussé, alors que tout étranger de plus de soixante cinq ans, n'ayant jamais travaillé, ni donc cotisé en France, puisse bénéficier d'une retraite mensuelle de sept cent quatre-vingts euros, dès son arrivée sur notre territoire ?

- Est-il normal que notre Sécurité sociale, financièrement en faillite, continue de payer à l'étranger, sans ne posséder le moindre justificatif, des retraites mensuelles à des descendants de retraités morts depuis des années. Notamment en Algérie, le pays où l'on trouve des centenaires potentiels à foison ?

- Est-il normal qu'une famille nombreuse étrangère, soit prioritaire pour obtenir un logement social, quand un jeune couple français doit attendre des années ?

- Est-il normal que la France entretienne des milliers de polygames, certains percevant plus de dix mille euros chaque mois, sans travailler, alors que cette polygamie est interdite ?

- Est-il normal que l'on accueille chaque année, plus de deux cent mille étrangers non qualifiés, dont notre économie n'a nul besoin, alors que nous avons déjà plus de cinq millions de chômeurs ?

- Est-il normal que l'Aide Médicale d'État prenne en charge deux cent vingt mille sans papiers, chaque année, pour un coût moyen individuel de trois mille cinq cents euros ?

- Est-il normal que des étrangers puissent bénéficier de la CMU et d'une mutuelle gratuite, lorsque des millions de Français doivent renoncer à cette mutuelle, car ils ne possèdent pas les moyens financiers de payer les cotisations. Et donc renoncent à se soigner ?

Il serait possible d'allonger cette liste de plusieurs pages encore.

Il peut exister une réponse semble-t-il fiable à cette situation intolérable : selon la police politique, environ 88 % de la population musulmane aurait voté socialiste en 2012 !

En la circonstance, il existe peut-être une solution pour clore le dossier Léonarda, sous réserve, bien entendu, qu'elle soit légale. Plutôt que défiler et chanter dans les rues, sous la bannière d'organisations extrémistes gauchos qui exploitent grossièrement la situation, pourquoi les manifestants ne se regrouperaient-ils pas, et ne prendraient-ils pas en charge les frais occasionnés par l'entretien de cette famille ? Elle n'est pas bonne cette idée ?

Durant les travaux, les ventes continuent ; Fillon le félon continue de dénigrer Sarkozy. Ce type possède une mémoire courte. Donc il est bien français. Il ne se souvient plus que, sans l'ex-président de la République, il ne serait rien. Ou si peu. Dans tous les cas, certainement pas au premier plan du rebutant spectacle politicard qui nous est infligé.

Après avoir été scout, ce qui semble un itinéraire recommandé pour faire dans la politique, Fillon est entré dans la carrière en 1981. En cette année 2013, cela fait donc trente deux ans qu'il nous taxe de sa présence par le biais de sectes politiciennes. Exception faire du trône de France, il a déjà réalisé un tour complet des prérogatives électives ; le contraire eut d'ailleurs été surprenant. Dans le cadre de sa prospérité bien ordonnée, telle sa coiffure, il a été maire, conseiller général puis président du Conseil général de la Sarthe, conseiller régional puis président du Conseil régional des Pays de la Loire, député, sénateur, plusieurs fois ministre, puis enfin, hélas, Premier ministre, par la grâce du tsar Nicolas Ier. Le voici désormais député de Paris, ce qui ne le gêne absolument pas pour continuer d'être, officiellement, conseiller municipal de Solesmes, ainsi que président de la communauté de commune de Sablé-sur-Sarthe. Que voici un bel exemple de démocratie à la française. C'est rebutant. Mais au fait, s'il se rend à toutes les réunions liées à ces fonctions, qui supporte les frais de déplacements ?

La tirade saugrenue de la semaine, vient cette fois de l'étranger. Elle risque d'être également celle de l'année. Difficile d'aller plus loin dans l'abjection, même s'il s'agissait, en l'occurrence, que de se foutre de la gueule du monde. Bachar Al-Assad estime *« que le prix Nobel de la paix devait lui revenir »* ! Il a également déclaré au journal libanais Al-Akhbar, proche du Hezbollah, *« qu'il ne regrettait en rien sa décision de renoncer à son arsenal chimique. Même si cette démarche constitue un échec moral et politique, dans le sens où les armes chimiques syriennes étaient une carte négociable qui contrebalançait le nucléaire israélien. »*

LUNDI 21 – ET VIVA ITALIA.

La famille Dibrani a résidé de nombreuses années à Fano, ville italienne située en bord de mer, dans le centre du pays. Voici ce qu'en pense Stefano Aguzzi, maire de cette commune :

- La ville a logé cette famille dans une ancienne école, mais il n'était pas facile de traiter avec Resat, le père.

- Les enfants ne fréquentaient que très peu l'école, même s'ils étaient inscrits. Leur père les envoyait mendier. Ils vivaient dans la rue. Pourtant, les assistants sociaux lui ont dit qu'il y avait un risque que les enfants lui soient enlevés, s'il continuait de refuser de les envoyer à l'école.

- Nous lui avons indiqué qu'il ne pouvait pas continuer à vivre ici sans rien payer. Nous lui avons précisé les règles à observer s'il voulait pouvoir rester ici.

- Le journal *Fatto Quotidiano* a, de son côté, publié samedi une interview de Primo Ciarlantini, un bénévole local qui avait tenté d'aider la famille Dibrani, toujours à Fano. Selon celui-ci, Resat Dibrani a choisi de quitter l'Italie à cause de cette dernière menace : *« Resat a décidé d'aller en France lorsque la question qu'il puisse perdre la garde de ses filles a été évoquée. Les autorités de la ville voulaient prendre la garde de ses filles et leur donner la nationalité italienne, mais il n'a pas accepté. »*

- Primo Ciarlantini ajoute *« qu'il avait tenté d'aider le père à trouver du travail, mais que la personnalité de ce dernier était problématique. Il tenait deux jours, et après se disputait avec tout le monde. Il vivait au jour le jour, et faisait des tournées pour récupérer de la ferraille.. »*

Question scolarité, il apparaît qu'en France, la matière où Léonarda était la plus appliquée était l'absentéisme. Comme en Italie.

Suite au duel fratricide qui opposait Samia Ghali à Patrick Mennucci, c'est le second nommé qui aura l'avantage d'affronter Jean-Claude Gaudin, lors des élections municipales de 2014. Niveau poids, avec ses cent kilos sur la balance, la compétition devrait s'équilibrer avec son prochain adversaire. Mais, dès à présent, les principaux perdants sont Hollande et Ayrault, dont les noms ont été copieusement sifflés, lorsqu'ils ont été cités lors de la réunion d'après matche. Quant à Gaudin, il ressort – déjà – vainqueur de cet affrontement inter PS, puisque les électeurs de Ghali ont déjà fait savoir qu'ils voteraient pour l'actuel maire de Marseille.

Ça commence bien.

Force est de reconnaître que, devoir passer ses week-ends et ses vacances dans un camping-car, niveau superficie disponible, ce n'est pas la panacée. Pour JMA, la corvée est terminée. Alors qu'il prêche à tous vents les économies budgétaires, le JDD nous apprend qu'il a fait procéder à des travaux de rénovation au château de Souzy-la-Briche, situé dans le département de l'Essonne, à une quarantaine de kilomètres au sud-ouest de Paris. Est-ce en prévision d'une exposition prochaine, pour sauver un chef-d'œuvre en péril : que nenni !

Il ne s'agit en l'occurrence, que de faire mettre aux normes du Premier ministre, pour la modeste somme de cinquante six mille euros, l'une des demeures les plus secrètes de la République. Ainsi, lors des journées du patrimoine, cet édifice national n'a été ouvert qu'une seule fois au public.

Désormais, Ayrault et madame, peuvent venir se ressourcer tranquillement en ce haut lieu républicain, qui comporte plusieurs dizaines de pièces, situé au centre d'un domaine de trois cents hectares, avec forêt, parcs, chapelle du XIIème siècle, multiples annexes, ainsi qu'un bassin alimenté par un canal de deux cent cinquante mètres de long. Pour son service, le très socialiste JMA dispose de gardiens, lingères, jardiniers, cuisiniers et palefreniers. L'ensemble est, bien entendu, géré par le ministère de la Culture. Pour parvenir dans les lieux, une entrée est aménagée au fond du parc, loin de la grille principale et des regards indiscrets.

Mais pourquoi donc des palefreniers ? La réponse est simple : ce château abrita clandestinement, entre les années 1981 et 1995, Anne Pingeot, et sa fille Mazarine. Entre socialos, on se retrouve. La fille de Mitterrand aimait les chevaux, et ceux-ci sont encore soignés en ces lieux, mais toujours sur le dos des contribuables.

Juste histoire de dire, l'une des premières décisions d'Ayrault, lorsqu'il fut nommé Premier ministre, fut de faire effectuer des travaux dans les appartements privés de l'hôtel Matignon, pour la modeste somme de soixante huit mille euros.

Comme l'a fait remarquer le maire de la commune : « *On en est réduit à constater depuis peu, le nez en l'air, un ballet d'héli-coptères au-dessus du village. De temps à autre. Rien de plus.* »

La différence entre l'ancien régime et la république bananière actuelle, est qu'alors, le train de vie pharaonique des nobles n'était pas caché à la population.

Prochain rendez-vous au Grand Trianon ?

MARDI 22 – TOUCHEZ PAS AU GRISBI.

Avant le passage à l'euro, les mendiants demandaient : « *Vous n'avez pas un ou deux francs pour manger ?* » Désormais c'est : « *Vous n'avez pas ou deux euros ?* » Parmi les citoyens lambda, ces gens représentent la seule catégorie sociale qui ait tiré quelques bénéfices de la nouvelle monnaie. Ils ont multiplié leurs recettes par 6,5 %. Et net d'impôts.

Parce que, même à la Commission européenne, là où se joue le budget de l'Europe, il manque deux milliards sept cent millions d'euros pour boucler la fin d'année. Martin Schulz, président du Parlement européen, a d'ailleurs parlé d'un risque de « *cessation de paiement vers le quinze novembre.* » De nombreux parlementaires ont été ébahis en apprenant la nouvelle. Pour la majorité, c'est logique, puisqu'ils ne se déplacent que rarement. Ce qui a fait dire à Daniel Cohn-Bendit : « *Il y a quelque chose de bizarre dans cette histoire. Vous n'allez pas me dire que la Commission européenne a découvert vendredi après-midi qu'elle n'avait plus d'argent. Quelqu'un se fout de notre gueule dans cette histoire !* »

Encore un machin qui coûte bien plus cher aux contribuables, qu'il ne leur rapporte de satisfactions ou d'avantages.

N'en déplaise au fourbe Moscovici, ses bobards et les taux usuriers qu'il impose sur les placements basiques, les résultats sont là : pour la première fois depuis novembre 2011, les retraits ont été supérieurs aux dépôts sur le Livret A, durant le mois de septembre. La différence entre les retraits et les placements atteint un solde négatif de un milliard cinq cent soixante millions d'euros. Il en va de même pour le Livret de développement durable qui, pour la même période, affiche une décote de cinq cent vingt millions d'euro. L'apprenti sorcier de Bercy, ne semble pas encore avoir compris qu'à force de détrousser les Français, il risque de se ramasser un sacré retour de manivelle dans la tronche. Il ne mérite pas davantage.

Cela faisait bien longtemps que l'on n'avait plus entendu parler de Léotard. Le survivant des deux frères les plus célèbres de la famille. C'est bien connu, les bons s'en vont et les mauvais restent. Le parquet de Paris a ouvert une enquête préliminaire à son encontre, pour faux témoignage, dans l'affaire de l'attentat de Karachi qui avait causé la mort de quinze personnes en 2002, dont onze ouvriers de la DCN. Dans ce même dossier, il est également question de rétrocommissions susceptibles d'avoir servi au financement occulte de la campagne de Balladur en 1995.

Léotard et son compère Balladur, risquent de faire l'objet d'une saisine de la Cour de justice de la République. Finalement, il se pourrait que Balladur laisse plus de traces de sa vie politique en tant que malfaisant personnage, plutôt que ministre.

Encore un bon, le Léotard. Il se présente comme étant descendant direct de la sœur de Charlemagne. Nous attendons tous, avec une légitime impatience, les résultats des examens ADN, pour avoir confirmation de cette révélation époustouflante. Après avoir viré la robe de mure des bénédictins, il se lança dans la politique, afin de « *laver l'honneur de son père, fortement critiqué pour ses agissements, lors de la rupture du barrage de Malpasset en 1959.* » S'il se trouve encore en vie, quelques journalistes de Radio Luxembourg ou Radio Monte-Carlo, présents à la mairie de Fréjus au moment des faits, le dialogue reste ouvert.

Durant sa carrière, il a pratiquement trahi tous ses amis, ce qui est la caractéristique fondamentale d'un lascar qui fait de la politique son métier. En septembre 1997, il démissionna de la mairie de Fréjus, officiellement pour consacrer son temps à la campagne des élections régionales. En réalité, il était mis en cause dans une affaire de faux tampons préfectoraux, découverts à la mairie de la ville. En 2004, il a été condamné à dix mois de prison avec sursis pour le financement illicite de parti politique et blanchiment d'argent. Puis, en mai dernier, à trois mille sept cent cinquante euros d'amende par le tribunal de grande instance de Draguignan, pour outrage à agents publics dans l'exercice de leurs fonctions.

La suite au prochain numéro.

MERCREDI 23 – MALUS MALUS.

Une mauvaise nouvelle supplémentaire. Le grand malheur, est que nous n'attendons plus autre chose d'autre. Voici maintenant la confirmation du nouveau dispositif du bonus-malus pour les automobilistes. Pour les véhicules qui émettent plus de 201 g de CO^2/km, la soustraction va passer de six mille à huit mille euros. Ce malus augmentera également de trois cents à cinq cents euros pour les modèles entre 141 et 145 g/km, et de cent à deux cent cinquante pour les modèles émettant de 136 à 140 g. Un nouveau malus frappera aussi les véhicules rejetant entre 131 et 136 g, qui étaient épargnés jusqu'à présent.

Dans la seconde catégorie, les véhicules émettant entre 60 et 90 g verront la prime passer inversement de cinq cent cinquante euros à cent cinquante euros.

Enfin dans la troisième et dernière catégorie de salauds de pollueurs, les véhicules émettant entre 90 et 105 g, qui bénéficiaient jusqu'à présent d'un bonus de deux cents euros, n'auront plus le droit que pleurer.

Ce n'est que du malus. Beurk !

Il reste, fort heureusement, la solution de faire immatriculer les bagnoles à l'étranger.

En Islande, par exemple. Cet Etat insulaire européen, situé dans l'Atlantique Nord, est peuplé par environ trois cent mille habitants. Certes, à priori, tout le monde se fout de ce pays, bien qu'il ait déposé sa demande d'adhésion à l'Union européenne en juillet 2009.

En 2008, suite à une gestion exécrable de leurs dirigeants, les principales banques du pays se retrouvèrent pratiquement en faillite. Elles étaient incapables de rembourser les dettes colossales qu'elles avaient contractées auprès d'établissements financiers, situés principalement en Grande Bretagne et aux Pays Bas. Conséquence de quoi, la Bourse suspendit ses activités, et le pays se retrouva pratiquement en banqueroute. Le gouvernement décida alors de nationaliser les plus importantes banques.

En 2009, comme la situation économique désastreuse persistait, les protestations citoyennes prirent une telle ampleur, que le gouvernement n'eut d'autre solution que démissionner. Des élections anticipées furent organisées. Une loi fut adoptée, qui permit de proposer à la Grande Bretagne et aux Pays Bas, le remboursement de la dette échelonné sur une durée de quinze années. Il était également prévu que toutes les familles islandaises devraient participer mensuellement, durant cette période, au remboursement des emprunts qui se montaient, grosso modo, à une somme en couronnes islandaises représentant environ trois mille cinq cent millions d'euros, augmentée d'un intérêt de 5 %.

C'est le coup classique. Les dirigeants créent des dettes puis, lorsque la situation vire à la catastrophe, ils demandent aux populations de se serrer la ceinture, afin de faire les frais de leurs absurdités et leurs malversations.

L'Islande n'est pas la France. Dans ce pays, ils se trouvent des citoyens qui ont des couilles. En 2010, la population redescendit de nouveau dans la rue, et exigeât que cette loi soit soumise à référendum. Le Président se retrouva ainsi dans l'impossibilité de ratifier le texte, et n'eut d'autre solution qu'organiser effectivement une consultation populaire. Le résultat fut que 93 % des votants se prononcèrent en faveur du non-paiement de la dette. Les escrocs n'avaient plus d'autre solution qu'aller se faire foutre. Dès lors, un nouveau gouvernement entama les investigations nécessaires, pour régler juridiquement la crise. Interpol fut sollicité, la chasse aux truands s'organisa. De nombreux responsables furent arrêtés, jugés et emprisonnés. D'autres parvinrent à s'enfuir en des pays accueillants, mais se retrouvèrent, eux aussi, dans l'impossibilité de continuer de sévir.

Une nouvelle Constitution fut rédigée. Pour ce faire, vingt-cinq citoyens, sans filiation politique, furent élus, parmi les cinq cent vingt-deux candidats majeurs qui se présentèrent au suffrage.

Début de l'année 2011, l'Assemblée constituante nouvellement élue, commença ses travaux. À partir des informations collectées auprès de l'ensemble des collectivités territoriales, elle soumit un projet de Grande Charte, qui fut approuvé par le Parlement.

Voici un exemple – presque – parfait de fonctionnement d'une véritable démocratie.

- Devant la pression de la rue, démission forcée de l'ensemble du gouvernement.
- Nationalisation des banques responsables de la crise.
- Organisation d'un référendum, de façon à ce que la population puisse se prononcer, quant aux décisions économiques fondamentales à mettre en place.
- Arrestation et emprisonnement des véritables coupables du marasme.
- Rédaction d'une nouvelle constitution par les citoyens du pays.

Ne recherchez surtout pas, dans les archives des journaux de vingt heures ou dans la presse écrite, la moindre trace de ces événements.

JEUDI 24 – AUX VOLEURS !

Mais que fait donc la police ? Il faut arrêter et enfermer ces escrocs, avant qu'ils ne mettent la France à feu et à sang. De sus, pour éviter de se faire détrousser, il devient de plus en plus urgent, pour la jeunesse de notre pays, de se barrer hors de nos frontières. C'est devenu une évidence incontournable.

De nouvelles mesures éhontées ont été adoptées pour spolier toujours davantage les épargnants français. Un taux de 15,5 % va être appliqué sur l'intégralité des gains constitués depuis 1997 (année de l'invention de l'escroquerie à la CSG), donc avec effet rétroactif, sur les produits issus des plans d'épargne en action de plus de cinq ans, sur les primes versées avant le 26 septembre 1997, sur les contrats d'assurance-vie multi-supports de l'épargne salariale, sur les primes versées dans le cadre des comptes et plans d'épargne logement, ainsi que sur les intérêts acquis sur les plans d'épargne logement de moins de dix ans, souscrits avant le 1er mars 2011.

Résultat des courses : six cent millions d'euros vont de nouveau disparaître des poches des épargnants français. C'est dégueulasse. C'est même pire que cela. Mais après tout, pourquoi ces voleurs se priveraient-ils, puisque personne ne bouge ?

Marie-Ségolène Royal n'a peur de rien. Pas même du ridicule. C'est ça la *bravitude*. Elle pose simplement vêtue d'un vêtement, qui pourrait être une chemise de nuit, armée d'un seul drapeau tricolore pour impressionner les foules, comme si elle se préparait à aller combattre au Mali. Ce cliché est destiné à enjoliver une interview donnée au journal *Le Parisien*. Il est possible d'en déduire que la rédaction bénéficiait de quelques colonnes disponibles, avant de boucler l'exemplaire qui va être mis dans les kiosques. Cette photo s'apparente au chef d'œuvre de Delacroix : *la Liberté guidant le peuple*. Avec toutefois une différence de taille ; sur la célèbre toile de l'artiste, le personnage central offre une jolie paire de nibards au regard de ses admirateurs. Puisque son leitmotiv est « *Osez, Monsieur le Président* », pourquoi donc n'a-t-elle pas commencé par montrer l'exemple ?

C'est reparti à la hausse qui, dans la réalité, n'avait jamais cessé, si l'on tient compte des problèmes informatiques rencontrés durant le mois d'août, à cause du « bug SFR ». Ce fameux problème technique, qui avait redonné le sourire de façade aux membres du gouvernement. Enfin à certains, car compte tenu de l'ambiance toxique qui règne entre les ministres ou supposés tels, le malheur des uns fait régulièrement le bonheur des autres. La réciproque étant bien réelle. Le chômage est remonté de façon spectaculaire en septembre, avec soixante mille nouveaux inscrits. À ce jour, la France compte 8,1 % de chômeurs en plus, qu'il y a un an. C'est cela également l'effet Hollande. Mais surtout, pas d'affolement, la courbe s'inversera avant la fin de l'année. Promis juré. Il va quand même être nécessaire de trouver des solutions rapidement, car il ne reste plus que neuf semaines pour atteindre l'objectif.

Il est à craindre que la vieille recette des emplois aidés inutiles et coûteux, ne soit ressortie des tiroirs, afin de masquer partiellement la vérité.

VENDREDI 25 – ERRER SANS BUT.

Les clubs de football professionnels de Ligue 1 et 2, ont décidé de se mettre en grève, durant le dernier week-end du mois de novembre. Ils entendent ainsi protester contre le projet de taxer à 75 %, les revenus supérieurs à un million d'euros annuel. Etant entendu que ce sont les clubs qui s'assoiront sur la note. Remarquons au passage que, pour certains virtuoses du ballon rond, cette somme est quelquefois atteinte mensuellement.

Mais que vont donc devenir les supporters et les hooligans, du 30 novembre au 2 décembre prochain ? Peut-être noieront-ils leur chagrin dans l'alcool. À moins que nous n'assistions à un baby-boom vers la fin du mois de novembre 2014 !

Certes, il ne se trouve pas ici de quoi s'apitoyer sur la misère du monde. Mais du plus riche au plus pauvre, remarquons simplement que tout le monde y passe avec les socialos. Surtout les plus pauvres, car ils sont, et de loin, les plus nombreux. Il ne se passe plus un seul jour, sans qu'un nouvel impôt, une nouvelle taxe ou un nouveau prélèvement ne vienne gâcher la soirée des citoyens français, alors qu'ils n'auront bientôt plus de quoi acheter des épinards, étant entendu que cela fait quelques mois, qu'ils les mangent sans beurre.

Tout cela pour quels résultats ? Les caisses de l'État sont toujours aussi désespérément vides, et le montant colossal de la dette ne fait que gonfler sans cesse. Pour preuve, dès le début de la semaine prochaine, l'État va devoir trouver entre six et sept milliards d'euros sur les marchés financiers plus ou moins fréquentables, afin de faire face aux urgences, dont le paiement des intérêts des emprunts existants. Il n'y a plus d'argent pour l'école, la santé, l'armée, la justice ou la police. D'ailleurs, fait rarissime, le syndicat de police Alliance, vient d'appeler à une *« mobilisation nationale de la voie publique »* pour le 13 novembre prochain, à Paris, afin de manifester contre la baisse d'une indemnité allouée aux élèves officiers, ainsi que contre le report de neuf mois de la revalorisation salariale prévue dans les accords signés par le précédent gouvernement. Est-ce que Valls animera le cortège ? Tout le suspense se trouve ici. C'est insoutenable.

Une journée sans PV, enfin une bonne nouvelle pour les victimes parisiennes du gouvernement. Espérons simplement que le mouvement s'étendra en provinces.

Dans le cadre d'un dossier récemment mis à jour sur son site internet, le ministère des Affaires sociales et de la Santé communique les actions à mettre en œuvre avant de se suicider :

- *Contacter un service d'urgence :*
  Le Samu 15 ou le 112
  SOS Médecin
- *Ou consulter :*
  Votre médecin traitant
  Un spécialiste en psychiatrie ou psychologue
  Un centre médico-psychologique de secteur
- *Appeler un dispositif d'écoute :*
  SOS amitié
  SOS suicide phénix
  Fil santé jeunes

À noter que pour les SDF, il ne va pas être évident de se rendre sur le site internet du ministère ou recharger leurs portables avant de téléphoner. Pas plus que pour les étrangers qui ne parlent pas le français, où les abonnés qui n'ont pas été en mesure de payer leurs factures à temps, et voient leurs lignes interrompues.

Hollande est optimiste. Mais uniquement pour le Mali. Il peut se le permettre puisque l'on ne risque pas d'aller contrôler sur place. Il espère que *« les élections législatives du 24 novembre prochain, pourront être organisées en sécurité.* » Il espère ! Il n'en est même pas certain. Pendant qu'il lance fièrement ce commentaire à la face du monde, qui ne l'écoute même pas, les soldats français continuent d'être engagés dans ce pays, alors que le petit soldat avait affirmé, dans un premier temps, que les opérations militaires seraient terminées pour la fin mars, puis fin juin dans un second, et que les militaires rentreraient dans leur pays pour fêter en famille le 14 juillet, le 15 août, le 11 novembre, Noël et le réveillon de la Saint-Sylvestre.

SAMEDI 26 – NE COUPEZ PAS.

Selon le journal allemand Der Spiegel, le téléphone portable d'Angela Merkel était espionné par les Américains depuis dix ans. Pour la durée, cela ne risque pas d'arriver à Hollande. Le président français devra se contenter des quelques derniers mois écoulés. Encore un motif de vexation supplémentaire, par rapport à sa collègue allemande de turbin. Ils sont bizarres nos mandarins ; ils donnent des ordres pour que nous soyons tous, sans exception aucune, espionnés sans cesse dans nos moindres faits et gestes, et lorsqu'ils apprennent que ces procédés barbouzards leur sont également appliqués, ils s'égosillent en poussant des cris d'orfraies, pour dénoncer les méthodes éhontées, dont ils sont eux-mêmes instigateurs. Dans cette histoire, afin de ne pas mettre à mal leur crédibilité déjà bien entachée, un minimum de bon sens aurait voulu qu'ils commencent par la mettre en sourdine et fassent dans la discrétion. Mais ils n'ont toujours pas trouvé la recette.

C'est bien connu, l'on ne prête qu'aux riches. Pour les pauvres, c'est inutile ; ils n'ont pas l'habitude d'avoir de l'argent. Ils ne sauraient qu'en faire. Il se dit que Woerth aurait fait bénéficier Tapie d'une légère ristourne fiscale, contre l'avis du ministère des Finances qu'il dirigeait à l'époque de la transaction, pour un montant se situant entre cinquante quatre et quatre-vingts trois millions d'euros. Mais où sont donc passés les vingt neuf millions de différence entre ces deux sommes ?

Bien entendu, Tapie affirme que « *tout est absolument faux* » allant même jusqu'à ajouter qu'il aurait payé sept millions en trop. La France lui en sera reconnaissante. Quant à Woerth, déjà préoccupé ces temps-ci par l'affaire de l'hippodrome de Compiègne, il s'est refusé à tous commentaires, ne répondant simplement aux questions des journalistes : « *Peut-être un sujet après l'autre non ? Ce serait mieux.* »

Il se sentait nettement mieux assuré, lorsque son job consistait à emmerder puis escroquer ses concitoyens.

Lors d'une séance à l'Assemblée de la communauté urbaine de Marseille, Patrick Mennucci a demandé aux participants de l'applaudir, pour sa récente victoire aux primaires du PS, en vue des élections municipales de l'an prochain. Un participant, Bruno Gilles, lui a rétorqué, *je vais plutôt crier Samia, Samia.* Mennucci lui a alors répondu : « *Ça sera bien la première fois que tu seras gentil avec une Arabe.* » Bien entendu, à droite on a immédiatement crié au racisme.

Si l'on accepte de reconnaître que ces propos ne sont pas forcément de très bon goût, surtout pour un élu, il se pose ici une question de fond, non dénuée d'intérêt : le mot *arabe* serait donc une insulte ? Car on peut dire, sans risque aucun de réprimande, un Corse, un Alsacien, un Breton, un Allemand, un Slave, un Ibère, un Africain !

À méditer. Pour les Français de souche depuis les Croisades, le contexte est différent, étant donné que pour de nombreux immigrés, nous ne sommes que de sales français.

DIMANCHE 27 - CA DEPASSE LES BORNES.

Les agriculteurs bretons ont manifesté contre l'écotaxe poids lourds, qui doit vider encore un peu plus leurs trésoreries. Face à cette nouvelle affaire de racket, et devant le tollé général, il est fort probable que le gouvernement enclenche la marche arrière, avant les chauffeurs de camions. De nouvelles manifestations sont prévues pour le week-end prochain. Attention camarades socialos, la révolte gronde.

Concernant les nouvelles surtaxes sur les livrets et assurances-vie, ici également il semblerait qu'Ayrault et sa bande de détrousseurs, envisagent un début de détricotage. Selon Matignon, *« Il convient de stabiliser les règles en matière de fiscalité de l'épargne. Des améliorations peuvent être apportées pour le PEL et le CEL. »* Ils possèdent dans leurs gènes tous les ingrédients pour se ridiculiser les lascars.

Copé n'en revient pas. Il pensait pouvoir se débarrasser facilement de Fillon, mais voici qu'un sondage lui apprend que 73 % des Français ont une mauvaise opinion de sa personne. Les sondés estiment qu'il est *« trop perso, arrogant, arriviste, démagogique, autoritaire, antipathique et sectaire. »* Il apparaît pourtant tout auréolé des caractéristiques nécessaires pour être un politicien de premier plan. Pour autant, il est loin d'être prouvé que Fillon aura plus de fion, et saura exploiter la situation. Attendons le prochain sondage le concernant. Cela ne devrait pas trop tarder.

Où l'on reparle de Leonarda. D'ici à ce quelques bouquins soient en préparation, il n'y a que la frontière du Kosovo à franchir. Et pourquoi pas Hollywood ? Les membres de la famille Dibrani pourraient demander à Montebourg de lui apporter son aide, car question mise en scène, il sait comment exploiter les caméras.

Le Figaro détaille les montants des aides en toutes sortes, que les Dibrani ont perçues depuis leur arrivée en France, courant de l'année 2009. S'éterniser sur les détails serait sans intérêt. Seule cette conclusion reflète une bien triste vérité : *« Quelle catastrophe financière qu'être né en France, et posséder la nationalité française depuis des générations. D'avoir un frère ou un cousin tué durant la guerre d'Algérie, un père, des oncles, qui ont passé leur jeunesse dans les camps allemands, un grand-père aveugle de guerre. »*

Alors que les chiffres du chômage sont en hausse de 1,9 %, pour le mois de septembre, Hollande a osé fièrement déclarer : *« Il y a une évidente décélération, par rapport à ce que nous constations il y à un an. Nous sommes sur le bon chemin. »*

C'est tellement consternant, que mis à part le titre de la tirade saugrenue de la semaine, aucun commentaire ne s'impose.

LUNDI 28 - EN VERT EN CONTRE TOUT.

S'il en est un de plus à ne surtout pas jouer gagnant, c'est Jean-Vincent Placé. Comme tous les membres de sa secte verte, il est susceptible de devenir hyper dangereux pour l'avenir du pays, si on lui laisse la possibilité de sévir davantage. Il vient d'annoncer, le plus sérieusement du monde, qu'il était persuadé que si le gouvernement cédait sur l'écotaxe, il ne faudrait pas s'étonner qu'il n'ait plus d'autorité sur rien. Il n'a pas encore remarqué que ce gouvernement naviguait à vue, sans cohésion, sans aucun ordre de marche, sans aucun plan de bataille sérieusement préparé ? Que sa crédibilité était de plus en plus mise à mal, pour cause évidente d'incompétence notoire. Il est vrai qu'à titre personnel, il n'est pas davantage crédible.

Placé est né en 1968. En 1992, donc à l'âge de vingt quatre ans, il s'engagea en politique. Depuis il n'a rien fait d'autre. Ce qui revient à constater qu'à l'image de ses collègues politiciens professionnels, amis ou ennemis, il ne sait rien faire. Il ne connaît rien à rien, ne comprend rien au monde du travail, du commerce et de l'industrie. Alors il lui reste les impôts et les taxes comme sujet de discussion. Hormis bien entendu, l'évolution de son plan de carrière.

Il serait, à titre d'exemple, fort intéressant de connaître l'opinion de ce groupuscule idéologue, quant à la lutte contre les insectes vecteurs de maladies, au moyen d'insecticides de synthèse. L'OMS prévoit, dans les prochaines années, une augmentation du nombre de personnes infectées par la fièvre jaune, se situant entre deux et trois millions. Le paludisme est responsable d'environ un million de décès chaque année. L'on recense trois cent mille nouveaux cas d'individus atteints par la maladie du sommeil, également chaque année. Contrairement à ce que l'on pourrait croire, la filariose lymphatique, l'encéphalite japonaise, le typhus et le choléra, n'ont pas été rayés de la carte médicale de la planète. Entre autres nouveaux arrivants, nous bénéficions désormais des bienfaits du chikungunya ; la mortalité est actuellement estimée à un cas pour mille personnes contaminées. Mais pas d'affolement, l'insecte responsable de ce nouveau fléau prolifère correctement.

La solution basique, avant d'attendre que nombre d'hommes, de femmes et d'enfants soient infectés par les piqûres d'insectes, est bien évidemment de procéder à d'importantes campagnes d'éradication des moustiques et autres insectes volants identifiés ou non, au moyen de produits appropriés.

- Quelle est donc la position écologiquement officielle de la mouvance verte, quant à l'utilisation de ces produits chimiques ? Acceptent-ils que l'on pulvérise ces solutions liquides dans la nature, afin d'éliminer le plus grand nombre possible d'insectes nuisibles ou préfèrent-ils laisser des populations entières périr tranquillement des maladies transmises par ces charmantes petites bestioles ?

Le dicton du jour : « *Un fruit vert est un fruit qui n'est pas mûr ; ce n'est pas pour autant qu'il ne peut être véreux* ».

MARDI 29 – LES VOYAGES NE FORMENT PAS QUE LA JEUNESSE.

Hollande est en ce jour de gloriole, en visite officielle en Slovaquie. Il est le premier président français à se rendre dans ce pays, depuis vingt ans. C'est-à-dire depuis que la Slovaquie est devenue indépendante. Concernant la vision internationale du déplacement, rien de plus à signaler. Par contre, loin de ses bases, le président risque de se faire applaudir. C'est peut-être la raison pour laquelle il tente de se ressourcer à l'étranger de temps à autre. Pour lui, le changement passe également par-là. Car en France, avec trois Français sur quatre, mécontents des piètres représentations qu'il donne, en compagnie de sa troupe folklorique, et alors que sa cote d'impopularité bat tous les records, sa position devient carrément insoutenable. Jusqu'à quand pourra-t-il tenir ainsi ?

Finalement, au sein de ce contexte totalement négatif, la seule à avoir fait une bonne affaire, semble être Marie-Ségolène Royal. Il est vrai également, qu'elle est suffisamment grande pour se ridiculiser toute seule.

Il n'est pas impossible, de sus, que ce voyage d'agrément présidentiel arrange fortement le petit soldat, car avec les problèmes créés par les nouvelles soustractions arbitraires, il laisse Ayrault à Paris, pour se démerder avec l'écotaxe. Le Premier ministre – pour une fois qu'il sert à quelque chose – a annoncé la suspension de cet impôt censé entrer en vigueur le 1er janvier prochain. Une maille à l'endroit, une, deux puis trois ou quatre mailles à l'envers, sur le fond cela ne fait plus rire personne. Pourtant, une fois de plus, la quasi-totalité des Français en meurt de rire. Ou de désespoir. Cela dépend de la façon dont on analyse la question.

Résultat, personne n'est satisfait : les futurs rançonnés qui désirent purement et simplement l'annulation de cette mesure, et non son report. Les écolos qui ne savent rien proposer d'autre que des taxes assassines, et voient dans ce retrait, un désaveu de leurs lubies malsaines. Les verts pâles vont officiellement faire la gueule, chanter leurs rengaines habituelles, puis vont finalement subir, de peur de perdre leurs ministères. C'est devenu une pratique rituelle. Les élus PS – principalement les élus municipaux – qui voient d'un mauvais œil la possibilité que des mairies puissent leur échapper l'an prochain. Quant aux cadres de l'UMP, après avoir hurlé à l'hallali contre les rackets fiscaux organisés par le gang hollandais, ils dénoncent maintenant le retournement de veste du gouvernement. Il est vrai qu'ils se trouvent à l'origine de cette invention diabolique.

On le croyait en cure de sommeil, mais que nenni. Pour masquer ses insuffisances, le vil Montebourg s'en prend à l'Allemagne qui, selon lui, accapare l'euro. Si tel était le cas, cela démontrerait que les membres du gouvernement allemand seraient moins stupides que leurs homologues français. Il ajoute que la monnaie est « *un outil mercantile, sous manipulation politique, qui n'appartient pas aux banquiers centraux »*. Il a trouvé cela tout seul ou il convoqué les membres de son cabinet ? Ensuite, il dénonce la surévaluation de la monnaie européenne qui s'échange, ce jour, contre 1,3785 dollars. Il propose de remplacer l'euro par des cacahuètes, des cartes d'adhésion au PS ? Bref ; tous les malheurs qui accablent la France, c'est la faute des autres. Il devrait chercher de toute urgence, un nouveau parolier pour rédiger les textes de ses ritournelles démodées.

À Londres, la Bourse va adopter un [indice islamique]. C'est David Cameron lui-même, qui a annoncé la bonne nouvelle. Selon le Premier ministre britannique, *« cela signifie la création d'un nouveau moyen de découvrir des opportunités de finance islamique. L'indice des valeurs islamiques réunira les entreprises répondant aux principes d'investissements traditionnels de l'islam. Le Trésor est actuellement en train de plancher sur le lancement des premières obligations islamiques pour un montant d'environ deux cents millions de livres. »* Soit environ deux cent trente-quatre millions d'euros.

Les islamistes n'ont plus besoin d'ourdir des plans pour conquérir l'Europe. Les dirigeants du vieux continent, se chargent de leur offrir sur un plateau doré. Les générations futures apprécieront.

Le dicton du jour : *« Le danger n'est plus le bruit des bottes, mais le silence des babouches. »*

MERCREDI 30 – SCANDALE À L'ITALIENNE.

À la question : *« En droit, quel âge a un mineur de 15 ans ? »*, voici la réponse de la Direction de l'information légale et administrative : *« Mineur signifie : qui est moindre, qui est plus petit. En droit, l'expression « mineur de 13, 15 ou 16 ans » est donc employée pour parler de quelqu'un qui a moins de 13, 15 ou 16 ans. Un mineur de 16 ans, désignera un jeune qui a moins de 16 ans. Un mineur de 15 ans, un enfant qui a moins de 15 ans, un mineur de 13 ans, un enfant de moins de 13 ans. Un mineur sans aucune précision est un enfant ou un jeune qui a moins que l'âge de la majorité.* »

Fin de la démonstration.

Le report de l'écotaxe représente l'exemple parfait des méthodes de gestion désastreuses utilisées par les gouvernements de la 5ème République, depuis des décennies. Encore que cette fois, nous atteignons les sommets de l'ineptie. Preuve que les ministres sont de parfaits irresponsables. À moins qu'il ne s'agisse que de magouilles, et que donc ils le fassent volontairement. Mais cela semble difficile à croire.

La société Ecomouv' a été officiellement chargée par l'État, de l'installation des portiques racketeurs. Cent quatre-vingts pour la première série, et deux cent cinquante bornes. Ainsi que de la gestion technique et financière de l'ensemble. En contrepartie, cette entreprise devait, en quelque sorte, être payée à la commission. Pour ce faire, elle a également investi en matériel informatique complexe et coûteux, et a recruté du personnel. Question déontologie, une fois de plus, la méthode est plus que discutable. Voire carrément douteuse. La rupture unilatérale du contrat va obliger l'État à verser des pénalités colossales à cette société. On parle même d'un total de huit cent millions d'euros, correspondant au montant des investissements. Ce qui est certain, est que cette entreprise va être payée, dès le début de l'année 2014, pour des services qu'elle n'effectuera pas, à hauteur de cinquante millions d'euros par trimestre. Elle en aurait perçu soixante-dix, si l'écotaxe était entrée en vigueur. La différence est que ces euros auraient alors été prélevés dans les caisses des entreprises de transport routier, alors que maintenant, ces cinquante millions trimestriels, seront soustraits sur les comptes des contribuables.

À tout cela, risque de s'ajouter un manque à gagner pour l'État, frôlant le milliard d'euros.

Mais ce n'est pas terminé. Au sein de ce micmac, le principal scandale se situe au niveau de la société Ecomouv SAS. Cette entreprise, créée spécialement pour la circonstance, est contrôlée à hauteur de 70 %, par le groupe italien Autostrade per l'Italia. Le contrat initial prévoyait l'exclusivité d'exploitation par ce groupe, de l'organisation malfaisante ecotaxée, pour une durée de onze ou treize ans. (Selon les sources). Les prévisions étaient, pour cette entreprise philanthropique, de dégager chaque année, un bénéfice de quatre cent quarante millions. Soit environ cinq milliards sur une période d'environ douze ans.

Eh oui, Mesdames et Messieurs, sur la durée d'un peu plus d'une décennie, l'écotaxe était prévue pour gonfler les comptes d'une entreprise italienne aux méthodes mafieuses, à hauteur de 70 % de cinq milliards. Cela bien entendu, sur le dos des contribuables français, et par la grâce, non pas de Dieu, mais de quelques membres du gouvernement Fillon. Par exemple, les ministres de l'écologie. Etant bien entendu que le président de la République, ainsi que le Premier ministre, ne pouvaient être non informés de la combine.

Mais à qui donc profite le crime ? Tentons de réfléchir un peu ; quels ont été les ministres de l'Ecologie entre les années 2007 et 2012 ?

En conclusion, ce qu'il faut retenir de cette histoire, est que la pollution n'est qu'un prétexte pour piquer du fric. Est-ce que les camions enverront moins de CO_2 dans l'atmosphère, après être passé sous un portique espion ?

La libération de quatre otages retenus au Niger, voilà qui fait les affaires d'Hollande et ses piafs. Durant quelques jours, les médias vont occulter tout ce qui fâche, pour ne se concentrer que sur cet événement. Quelques heures de détente, ça fait du bien. N'oublions pourtant pas que, si ces malheureux ont été libérés, ce n'est pas financièrement du fait du gouvernement français, puisque le président français a affirmé, à différentes reprises, qu'en aucun cas, la moindre rançon ne serait payée. On parle pourtant d'un montant de vingt ou vingt-cinq millions d'euros, versé aux ravisseurs.

À moins que l'employeur de ces personnes, en l'occurrence la société Areva, n'ait mis la main au compte bancaire ? Ce qui n'aurait rien de surprenant car, au Niger, se trouvent des réserves fabuleuses d'uranium. Et il est hors de question de rigoler avec les choses sérieuses. Cela n'empêche pas Hollande et Fabius, de tirer parti de la situation, et se mettre en avant dans la conclusion de cette bien triste affaire. Business is business, OK, mais cela démontrerait que finalement, mieux vaut dépendre du secteur privé, plutôt que des administrations françaises. Un véritable scoop !

Hollande, quant à lui, peut dormir tranquille. Il ne risque pas d'être enlevé, car personne n'accepterait de casquer la rançon pour sa libération. Pour les kidnappeurs, la seule solution pour prendre du pognon serait la menace de le libérer, si un joli pactole ne leur était pas versé chaque fin de mois. Un seul impayé, et hop, on le réexpédie en France !

JEUDI 31 – *IN VINO VERITAS.*

Pour une fois, Hollande n'est pas responsable ; la planète se dirige tout droit vers une pénurie de vin. Comme si la liste des problèmes présents et à venir n'était pas déjà suffisante, voici que s'annonce une véritable catastrophe ! Selon une étude de la banque améri-caine Morgan Stanley, la production mondiale de ce divin nectar a culminé en 2004. Depuis, elle ne cesse de décliner, alors que la demande est de plus en plus importante. L'Australie, le Chili, l'Argentine, l'Afrique du Sud et la Nouvelle Zélande, devraient pouvoir tirer parti de cette situation nouvelle, alors que la position des pays européens devient précaire, étant donné que le maximum de production possible semble atteint.

Attendez-vous à une montée prochaine des cours. Et des taxes, bien entendu.

Il ne s'agirait pas que le président Hollande ait l'idée de faire organiser un grand banquet, afin de célébrer l'an prochain, le centième anniversaire de la déclaration de la Première Guerre mondiale, sur le modèle d'Emile Loubet, car il risquerait de connaître quelques déboires. Que l'on en juge.

Le 22 septembre 1900, afin de fêter la venue du XXème siècle, ainsi que l'inauguration de l'Exposition universelle de Paris, le président Loubet décida d'inviter tous les maires de France, à participer à un banquet géant. Vingt deux mille neuf cent soixante cinq répondirent à l'appel. Les festivités furent organisées dans les jardins des Tuileries. Des tentes furent installées, sous lesquelles furent dressés sept kilomètres de tables. Trois mille employés assurèrent le service, dont onze chefs placés sous les ordres du grand cuisinier de l'époque, Etienne Chabot, et du pâtissier Jean-François Potel. Dans l'inventaire des produits servis, l'on découvre :

- Mille deux cents litres de mayonnaise.
- Trente sept mille cinq cents bouteilles de vin. (Preignac, Saint-Julien, Haut Sauternes, Beaune Margaux Jean Calvet 1887.
- Champagne Montebello.
- Trente hectolitres de café.
- Mille cinq cents bouteilles de Fine Champagne.

Afin de réaliser ces agapes, cent vingt-cinq mille assiettes furent utilisées, ainsi que cent vingt six mille verres. Nous pouvons donc en déduire que mille furent cassés, probablement à cause de la tremblote.

Le menu était ainsi composé :

- Hors d'œuvres.
- Darnes de saumon glacées parisienne.
- Filet de bœuf en bellevue.
- Pain de caneton de Rouen.
- Poularde de Bresse rôtie.
- Ballotine de faisant Saint-Hubert.
- Salade Potel.
- Glaces sucrées.
- Desserts variés.

Ils avaient bon appétit les élus de l'époque ! Et puis, pendant qu'ils se gavaient, ils n'emmerdaient personne. C'était toujours ça. On peut penser que le soir, dans les bois de Boulogne et Vincennes, la main d'œuvre spécialisée n'a certainement pas chômé.

De nos jours, il serait impossible d'organiser de telles fêtes. Finalement, ce que l'on appelle le progrès, n'est que du recul.

En Corse, aucun cadavre supplémentaire n'est à signaler. Un mois vierge en quelque sorte. Le score reste donc bloqué à seize. Par contre, on dénombre deux nouveaux macchabées à Marseille. Ce qui nous amène à vingt deux. Les Bouches-du-Rhône se détachent. Les techniciens spécialisés du département connaîtront-ils la même réussite que l'an passé, face à ceux de l'île de Beauté ? Il reste encore deux mois aux Corses, pour tenter de combler leur retard.

NOVEMBRE

VENDREDI 1ᵉʳ – PAR TOUS LES SAINTS DU PARADIS ET DE L'ENFER !

En 2013, le nombre de demandeurs d'asile en France, dépassera le chiffre de soixante-dix mille. Pour chaque nouvel arrivant, il est versé une Allocation temporaire d'attente (ATA) de trois cent trente six euros chaque mois. En 2007, le coût annuel de ce système représentait quarante sept millions d'euros, en 2012 le montant est passé à cent quarante neuf millions. L'on parle maintenant de deux cent quatre-vingts millions pour l'année en cours. Mais ce n'est pas tout ; la majorité de ces gens est logée à l'hôtel, ce qui représente une dépense totale annuelle d'environ six cent soixante-dix millions d'euros.

Pendant ce temps, un Français qui a un job mal rémunéré, et rencontre des problèmes financiers pour payer son loyer, et Dieu sait s'ils sont nombreux dans ce cas, risque de se faire expulser de son logement, et se retrouver à la rue. Cela se confirme jour après jour : il devient de plus en plus pénalisant d'être né Français.

Le candidat Hollande avait promis que la durée de régularisation de chaque dossier ne dépasserait pas six mois. Malheureusement, force est de constater qu'actuellement, il est nécessaire d'attendre six cents jours en moyenne, pour voir une affaire se conclure. Environ 20 % des demandeurs obtiennent gain de cause. Mais la majorité des déboutés n'en reste pas moins en France. Ils sont ainsi, environ quarante mille nouveaux cas chaque année, à vivre dans la parfaite illégalité mais, telle la famille de Leonarda, il est possible de se présenter au *deuxième guichet exceptionnel,* mis en place en novembre 2012, par la circulaire Valls, afin d'obtenir gain de cause provisoire. Cela permet de rester en France et vivre aux frais de la princesse encore plusieurs mois, voire quelques années.

Lorsqu'un pays dispose des moyens nécessaires, il peut se permettre bien des fantaisies, y compris de mauvais goût. À la différence près que, pour réaliser l'ensemble de ces tours de magie, l'État français se trouve dans l'obligation d'emprunter.

C'est aujourd'hui la Toussaint. Mais la majorité des citoyens s'en fout comme du nœud de cravate de Hollande. Pour eux, le plus important est de bénéficier d'un jour férié, voire d'un pont, qui fera de ces quelques jours, le week-end le plus meurtrier de l'année sur le réseau routier. Enfin en principe, car c'est ainsi que cela se passe chaque année, mais les traditions sont tenaces.

Le 1er novembre, l'Église catholique honore tous ses saints, répertoriés ou non. En toute logique, cette fête chrétienne devrait disparaître du calendrier d'ici trois ou quatre décennies. L'origine de la Toussaint remonte semble-t-il au 5ème siècle. Mais ce n'est qu'en 835, que le pape Grégoire IV ordonna que cette fête soit célébrée chaque année, le 1er novembre, dans l'ensemble du monde chrétien. Dans la foulée, l'empereur Louis le Pieux confirma que la Toussaint serait fêtée sur tout le territoire de l'empire caro-lingien.

De temps à autre, il n'est pas superflu de se référer à l'Histoire de notre pays, de notre civilisation, avant qu'elle ne soit emportée par un probable raz-de-marée

SAMEDI 2 – TU VIENS MON CHOU ?

C'est aujourd'hui la fête des morts. Ils doivent être bien contents de savoir que l'on pense à eux, au moins une fois dans l'année. Un dicton nous apprend : « *le jour des morts ne remue pas la terre, si tu ne veux ressortir les ossements de tes pères.* » Donc en ce jour, haro sur le matériel agricole. À l'exception des Bretons qui exposent leurs équipements, face à la préfecture de Quimper : pavés, barres de fer, palettes en bois, pots de chrysanthèmes et autres accessoires spécialisés dans la lutte contre les parasites.

Jusqu'à présent, côté vestimentaire, les Bretons nous les connaissions surtout pour leurs chapeaux ronds. Le bonnet rouge était une exclusivité du commandant Cousteau, avant qu'il ne partage l'océan avec les espèces qu'il a tant filmées. Désormais, ce couvre-chef est devenu le signe de ralliement des révoltés de l'Armorique. La principale question qui se pose, est de savoir si cette jacquerie va se propager dans les autres provinces.

Face à cette situation explosive, comme à son habitude, Ayrault n'a pas tardé à réagir de façon particulièrement efficace. Il propose que « *tout le monde se retrouve pour un pacte sur l'avenir de la Bretagne.* » Comme chantait Dalida, « *Encore des mots, toujours des mots, les mêmes mots.* »

Il est beaucoup question de prostitution ces derniers temps. Vallaud-Belkacem est encore allé s'occuper de ce qui ne la regardait pas. Il est vrai que ce qui la concerne réellement, c'est quoi ? Puis, c'est bien connu, les histoires de cul, il ne faut jamais y mettre le nez ; ça sent la merde. Résultat, elle est encore allée inutilement allumer un incendie, alors que le feu couve déjà partout. La prostitution existe depuis la nuit des temps, et ce n'est certainement pas cette petite inconsciente qui pourra y changer quelque chose. Fort heureusement d'ailleurs, car la misère sexuelle est une réalité, et sans la prostitution, il ne fait aucun doute que les statistiques de la criminalité exploseraient.

Ce n'est pas contre la prostitution qu'il est nécessaire de lutter, mais contre le proxénétisme. Et c'est ici une toute autre histoire. Ce n'est pas du proxénétisme, lorsque l'État pique chaque année, plus de la moitié des revenus d'un salarié ? Ce n'est pas du proxénétisme que de faire bosser un employé pour mille euros par mois ?

De fait, il se trouve deux sortes de tapineuses. Les premières sont volontaires. Elles ont fait un choix, et préfèrent commercialiser leur corps et leurs compétences, plutôt qu'aller s'emmerder dans un bureau à la con, se faire harceler par des petits sous-chefs minables ou se cramponner derrière la caisse d'un supermarché, tout cela pour un salaire de misère. Qui oserait leur en tenir grief ? Les secondes, plus nombreuses, sont exploitées, contre leur gré, par des réseaux mafieux. C'est ici et seulement ici qu'il convient d'agir. Mais c'est également ici que tout se complique. Car les macs et les flics marchent très souvent de concert. S'il n'en était pas ainsi, cela fait belle lurette que le proxénétisme sexuel battrait de l'aile.

Dans tous les cas, si ces dames balançaient les noms de leurs clients, il y aurait de sacrées surprises. Y compris, surtout, dans les rangs de ceux qui les méprisent.

Le dicton du jour : « *Les mecs qui vont aux putes toute leur vie, s'empressent de les dénigrer, dès qu'ils ne peuvent plus bander.* »

Nous découvrons donc un manifeste des trois cent quarante trois salauds, en référence à celui des trois cent quarante trois salopes. Première remarque : pourquoi le mot salope s'écrit-il avec o, et salaud avec au ? Seconde, lorsqu'en 1971, les salopes, elles-mêmes déclarées, se lancèrent dans la bataille, il s'agissait de manifester contre l'interdiction de l'avortement. Ce qui n'avait absolument aucun rapport avec le fait d'avoir envie de se faire tailler une pipe par un ou une prostipute, dans le bois de Boulogne. Ils mélangent tout, ces mecs qui, pour l'instant, ne sont que dix neuf à avoir signé ce document.

Un homme qui aime jouir des plaisirs de la vie, est un épicurien. Une femme, c'est une salope.

Ce matin, deux journalistes de Radio RFI ont été enlevés dans la région de Kidal, au nord du Mali. J'en libère quatre et j'en reprends deux. Il va être nécessaire de ressortir les calculettes, afin de déterminer qui va devoir mettre les mains au porte-monnaie, afin de casquer les rançons. Dès le départ de l'action, nous savons tous que ce ne sera pas l'État, puisqu'il n'a plus une seule thune disponible. Ou alors, il faudrait que le gouvernement lance un nouvel emprunt.

DIMANCHE 3 – LES MEFAITS DE LA VODKA.

Mauvaise nouvelle : les deux journalistes enlevés au Mali, ont été lâchement assassinés par des sauvages. En leur mémoire, Hollande va réunir des ministres pour une réunion de crise. Ça saute aux yeux de chacun ; ça va tout changer, car la crise il connaît.

Ces derniers jours, Ayrault est allé se ressourcer en Russie, afin de procéder à un échange de vues sur le fonctionnement d'une démocratie, avec Poutine et Medvedev. Il ne devrait en ressortir que du positif. Et puis, en cette période qui commence à sentir la poudre, s'éloigner quelques temps de sa Bretagne, ne pourra lui faire que plus grand bien.

Habituellement, un responsable politique se déplace à l'étranger, pour discuter avec ses homologues des relations internationales. Notre Premier ministre par intérim : non. Nous pouvons en déduire qu'à ce niveau, il n'était pas à la hauteur de l'événement ou n'avait rien à raconter de crédible.

À Moscou, JMA s'est contenté d'expliquer ses problèmes intérieurs :

- *C'est très important de rappeler que la France est un pays démocratique, et que le droit de manifester existe.*
- *En même temps, on ne peut pas construire si on s'engage dans une espèce de spirale de la violence.*
- *La suspension de l'écotaxe a permis d'apaiser et de construire un espace de dialogue.*
- *La majorité garde les moyens de poursuivre ce qu'elle a engagé, malgré les résistances et les conservatismes. Il y a un cap et nous allons le tenir.*
- *Il n'y aura pas de faille dans la majorité, au moment du vote du budget.*
- *On a souvent parlé d'un remaniement avec le chef de l'État. Il n'y a pas d'actualité sur ce point.*
- *Quoiqu'il arrive l'an prochain, le gouvernement ne perdra pas la majorité.*
- *L'art de la politique ce n'est pas de commenter au jour le jour.*

C'est lamentable. Une véritable montagne russe de non-sens. Ce comportement irresponsable n'entre pas dans la tradition des règles républicaines. Pour faire ces déclarations, il pouvait se contenter du perron de l'hôtel de Matignon. Il est vrai qu'en Russie, il pouvait raconter ce qu'il voulait ; la majorité de son auditoire ne comprenait pas la langue, et les autres n'en avaient rien à foutre. À sa décharge, pour une fois, il semblait heureux d'avoir un public pour suivre sa prestation, car en France, cela fait des mois que personne n'écoute plus ses calembredaines.

Par conséquent, il convient de lui attribuer le titre de la tirade saugrenue de la semaine, assortie d'une palme, car en l'occurrence, le comportement du Premier ministre est carrément déplacé.

LUNDI 4 – AH LES FILLES AH LES FILLES.

« Quel crédit prêter à NKM en matière de gestion des deniers publics ? » Cette déclaration provient d'Anne Hidalgo, et il sera bien difficile de lui en tenir grief. Car dans le contrat que l'ancienne ministre de l'Ecologie a signé avec la société Ecomouv, avec la bénédiction de Fillon, son chef de bande, il apparaît de plus en plus évident que, quoi qu'il arrive, cette association humanitaire sera la grande bénéficiaire de l'opération. Se mettre un minimum de cinq, voire six milliards d'euros dans la poche en une douzaine d'années, sur le dos des salauds de camionneurs, avec l'aval de l'État français, ce n'est pas tous les jours qu'une telle occasion se présente. Où donc se situe les questions écologiques au sein cette combine ? Et tout cela sans contrepartie ? Si tel est le cas, cela démontre, sans discussion possible, que Kosciuko-Morizet est d'une incompétence notoire incroyable. Compte tenu de l'évolution de la situation, les routiers voient le dossier évoluer financièrement de façon favorable pour eux. Car désormais, ce sont tous les contribuables français qui vont s'assoir sur la facture.

Niveau des portiques, lorsque l'on admire les structures des bâtiments du ministère des Finances, on se dit qu'une prochaine action anti escroqueries gouvernementales, pourrait voir s'embraser ce bijou de l'architecture contemporaine.

Qu'est devenu Valls durant les manifestations anti-gouverne-mentales qui ont eu lieu à Quimper et Morlaix, où la sous-préfecture du département a été mise à mal ? C'est fou comme il sait se faire discret, lorsque l'incendie couve. Oui pour jouer la vedette à la télévision, non lorsqu'il y a le feu sur le plateau. Il s'est contenté de déclarer que les violences étaient inacceptables, mais qu'il comprenait la légitime inquiétude des Bretons. Ça c'est parlé. Il n'a pas encore compris qu'en Bretagne, il ne s'agit que de braises, mais que le sinistre risque de s'étendre rapidement à tout le pays !

Le dicton du jour : *« Qui brûle un feu rouge est emmerdé, qui brûle un portique est considéré. »*

Sur sa lancée, Vallaud-Belkacem poursuit la lecture de ses comtes pour handicapés mentaux. *« Nous maintiendrons le cap tracé par le président de la République »,* affirme-t-elle ! Nous : c'est qui ? Pas l'immense majorité des Français en tous les cas qui, à 75 %, sont plus que lassés de subir à la passerelle d'un bâtiment qui prend l'eau de partout, un commandant à côté duquel celui du Costa Concordia pourrait faire figure de marin expérimenté. Quant au cap, quel cap ? Elle est bien la seule à en deviner un vague tracé, alors que l'équipage ne navigue qu'à vue, se contentant chaque matin, de colmater les brèches dans la coque.

Les marins d'eau douce du gouvernement ne font plus rire personne car, c'est devenu une évidence, chaque jour qui passe nous rapproche d'un véritable naufrage. Pour l'exercice d'alerte, il est devenu totalement inutile de rassembler tous les passagers sur le pont. L'armateur ne dispose même plus des fonds suffisants pour acheter les bouées et les canots de sauvetage.

Pendant ce temps, Duflot continue de la mettre en sourdine. Ce qu'elle désire ardemment, avant toute chose, est de conserver son portefeuille ministériel, et envisager, si les circonstances le lui permettent, une évolution de carrière. Si cela devait se réaliser, ce serait un très grand malheur supplémentaire pour la France. Pour parvenir à ses fins, elle est prête à tout accepter, absolument tout. Quel courage politique !

MARDI 5 – LE PROCHAIN PORTIQUE SE TROUVE À COMBIEN DE BORNES ?

À l'île de La Réunion, une nouvelle route verra sa construction commencer vers la fin de l'année 2014 : la NRL : Nouvelle Route du Littoral. Elle remplacera, partiellement, l'ancienne route, relativement récente, qui subit régulièrement d'importants éboulements. Les services de l'État n'avaient pas imaginé un seul instant que ces désastres puissent se poursuivre, après l'inauguration d'une nouvelle voie de circulation. Il est vrai que pour un prix de revient moyen de trente huit millions d'euros le kilomètre sur un total de trente-quatre, il n'y avait pas de quoi en faire un drame. Car la NRL va battre, pour la circonstance, un record de France : celui du kilomètre le plus cher jamais réalisé jusqu'à présent, soit cent trente trois millions le kilomètre, sur une distance plus courte il est vrai, puisqu'uniquement de douze kilomètres. Tout de même, cela représente un joli pactole d'un million six cent soixante mille euros au total, pour l'entreprise heureuse bénéficiaire du marché.

Est-il possible de connaître la raison société de cette société, et les noms de ses principaux actionnaires ?

À Roanne, des militants CGT arrivent de toute la France, afin d'assister moralement cinq camarades révolutionnaires, qui ont refusé le prélèvement ADN que leur impose la justice, suite à une condamnation pour dégradations. Ils encourent un an de prison et quinze mille euros d'amende. Le tribunal correctionnel étudie l'affaire ce jour. Après le gouvernement, quel sera le comportement des juges ; également un pas en avant puis deux en arrière ? À moins que jurisprudence il n'y ait, et que le fait d'appartenir à un syndicat gaucho, permette désormais de tout casser en parfaite impunité.

Ecotaxe, suite : depuis le début des mouvements de contestation des escroqués potentiels, quatre portiques ont été détruits, ainsi que onze bornes. Coût d'une borne, deux cent cinquante mille euros, soit un total de deux millions et sept cent cinquante mille euros. Coût d'un portique, entre cinq cent mille et un million d'euros. C'est selon. Donc prix moyen, sept cent cinquante mille euros. Multiplié par quatre, égal trois millions. Total des dégâts : cinq millions et sept cent cinquante mille euros. Et tout laisse à supposer que la série soit en cours. Par contre, les mecs et les gonzesses qui ont pondu ces inepties, continuent de se pavaner tranquillement, comme si aucun événement notable ne s'était produit.

Avec ce bâton merdeux, il ne s'agit une fois de plus que de mensonges et autres pratiques politiciennes rebutantes. Lorsqu'il est prêché que le pognon ainsi récolté devait être utilisé à l'entretien et la construction de routes et lignes de chemin de fer, c'est totalement absurde. Il n'existe qu'une seule caisse de l'État ; aucune recette n'est affectée à un dossier particulier, à partir d'un impôt. De sus, dans le pays où le citoyen est déjà le plus racketté de la planète, n'est-il pas prévu dans le budget de l'État, qu'il puisse être nécessaire de réparer ce qui se dégrade, et construire ce qui manque ?

Dans cette affaire, Borloo se fait bien calme ces jours-ci. Il est vrai que dans le cadre du mariage pour tous, son union avec Bayrou lui prend beaucoup de temps. Nous attendons maintenant la date du divorce. Parce que finalement, le Basque ne représente pratiquement plus rien sur l'échiquier politique.

MERCREDI 6 – JE TE TIENS PAR LA BARBICHETTE.

Au PS, on se réveille. Tardivement certes, mais la situation l'impose. Et puis, l'occasion est trop belle de pouvoir faire porter un joli costard trois pièces, voire un tailleur, à certains membres du précédent gouvernement. Il est bien évident qu'Ayrault et sa clique connaissaient, dès le début, parfaitement le dossier écotaxe/Ecomouv. Mais puisqu'ils espéraient en tirer financièrement parti, ils s'écrasaient. Avec le mouvement des bonnets rouges bretons, voilà que la vérité s'étale sur la place publique, ce qui n'était pas prévu à l'origine de la magouille. Dans ces conditions, tout le monde se refile la garde du bébé et la responsabilité du choix de la nounou. Rien que du classique.

Nous ne remercierons jamais suffisamment les Bretons, pour avoir fait éclater publiquement, ce qui n'est qu'un véritable scandale financier.

Pour Fillon, c'est encore un point un moins. Ce qui permet à Copé d'en rajouter une couche, en demandant que toute la lumière soit faite, comme si, lui également, n'était pas au courant de ce montage invraisemblable. Quant à NKM, il n'est pas impossible qu'elle puisse déjà voir s'éloigner la mairie de Paris, avant même le début officiel de la campagne électorale. Afin de tenter se faire oublier, elle se lance dans une dissertation sur le nombre de jours pollués dans la capitale, mais il y a fort à parier que ce n'est certainement pas ainsi qu'elle parviendra à faire oublier ses actions antérieures.

Qu'elle se mette bien cela dans la calebasse : pour les Français, la pollution politique – la plus sournoise – c'est trois cent soixante cinq jours par an.

Pour l'occasion, nous avons entendu un député déclarer : « *À aucun moment, l'État ne demande à une entreprise privée de collecter l'impôt.* » Encore un, c'est une évidence, qui n'a jamais travaillé de sa vie. S'il avait géré un commerce, une société, il saurait que chaque fin de mois, tout chef d'entreprise doit effectuer, gratuitement, le boulot d'un agent du fisc en récoltant la TVA avant de la reverser à l'État. Ils acceptent de bosser gratuitement les fonctionnaires ? Il est vrai que pour le commerçant ou le chef d'entreprise, c'est différent ; non seulement on ne lui laisse pas le choix, mais s'il commet une erreur, il est sanctionné.

Ce type est sans aucun doute un GIPE : 25 % gaucho, 25 % intello, 25 % parigot et 25 % écolo. Mais 100 % bon à rien.

Justement, ce jour quelques journaux font leurs titres avec le retour du racisme. Bien entendu, le racisme est idiot. Mais une question non abordée se pose : pourquoi nos intellos parigots occultent-ils toujours le problème du racisme anti-français ? Car il est nettement plus fréquent d'entendre parler de sale blanc, plutôt que de sale noir ou sale arabe. C'est une réalité volontairement ignorée ou par manque d'informations ? Se faire traiter de sale Français dans son propre pays, c'est un comble, non ? À moins que la formule soit tolérée.

Une publicité Roc-Eclerc nous apprend que cette société spécialisée dans les réjouissances familiales, propose des prix particulièrement compétitifs pour les inhumations. Ils sont drôles les publicistes ; pour celui ou celle qui se trouve dans la boîte en bois, les tarifs ne représentent plus une priorité !

Le dicton du jour : *« Pour qui souhaite être regretté après sa mort, mieux vaut être pauvre. »*

JEUDI 7 – AH LES P'TITES FEMMES, LES P'TITES FEMMES DE PARIS.

La folle rumeur du jour : Marie-Ségolène Royal serait pressentie pour succéder à Peillon, au ministère de l'Éducation nationale. Dans un futur gouvernement Ayrault (?). Une simple histoire de famille recomposée en fait. Il faut savoir que dans la logique du non-cumul des mandats, Peillon envisage plus que sérieusement de se présenter devant les électeurs, lors des prochaines élections européennes. Une façon comme une autre de se préparer un avenir peinard, car là où il se trouve actuellement, il ne risque pas de s'éterniser. Et puis, député européen, c'est un non-job de première classe super-hyper-bien-casqué, il n'est pas indispensable de se déplacer pour passer à la caisse chaque fin de mois, et les responsabilités sont quasi inexistantes, si l'on veut bien faire abstraction des longs débats concernant les dimensions des étiquettes devant être collées sur les pots de confitures, le diamètre des barreaux de cages pour animaux dans les zoos et les dimensions ergonomiques des chiottes dans les trains. Absolument véridique !

Récapitulons : Hollande président, Hidalgo à la mairie de Paris, puis Royal à l'Éducation nationale, cela ne resterait qu'une simple histoire de famille. Mais dans ces conditions, ne serait-il pas possible de créer un nouveau ministère inutile pour Trierweiler ? Un de plus, cela ne se remarquerait même pas. Et puis, le procédé resterait dans la tradition socialiste. Souvenons-nous d'Edith Cresson, à ce jour unique femme Premier ministre que notre beau pays eut l'honneur et la joie d'accueillir à ce poste de haute responsabilité. À l'époque, le bébête show l'avait représentée en panthère, affublée du doux nom de *Amabotte*. Ce qui lui fit dire que cette émission de variété était sexiste. Quant au député UDF François d'Aubert, il se contenta de comparer la période où cette excellente collaboratrice mitterrandienne exerçait ses talents de chef du gouvernement, à celle de Louis XIV et de madame de Pompadour. Allant jusqu'à parler de *régime pompadourien.* Rien que cela. Certes, toute peine mérite salaire, mais cela n'empêcha pas le président de la République de la renvoyer dans ses foyers, après seulement dix mois et une quinzaine de jours passés à Matignon. À croire qu'elle ne devait pas être particulièrement douée pour le job. Qu'elle se rassure, elle ne fut pas et n'est toujours pas, à ce jour, la seule dans ce cas. Mitterrand lui annonça la couleur un 2 avril, car il est vraisemblable que la veille, elle aurait été persuadée qu'il ne s'agissait que d'un canular.

Il ne reste de son passage à ce poste, que trois citations d'une haute tenue philosophique :

- L'homosexualité est proche des coutumes anglo-saxonnes.
- La Bourse, j'en ai rien à cirer. (La Bourse, pas les bourses. NDLA.)
- Les Japonais sont des fourmis laborieuses.

Mauvaise nouvelle pour terminer la journée. L'agence Standard et Poor's a dégradé la note de la France, qui passe de AA+ à AA. Il est plus que désolant que des agences privées puissent ainsi se permettre de noter des Etats. Mais à qui la faute ! Lorsque l'on n'est qu'un cancre, le seul droit qui subsiste est celui de subir puis fermer sa gueule.

Et encore, ils sont énormément de chance de gérer les affaires de l'État les mecs. Donc d'être totalement irresponsables de leurs actes. S'ils se trouvaient à la tête d'entreprises privées, pour beaucoup moins que cela, ils finiraient embastillés.

C'est la seconde fois depuis 2012, que cette note est abaissée. Malgré l'évidence, Ayrault juge que ce n'est pas grave. Il est vrai que cela n'affectera en rien son train de vie impérial. Moscovici affirme que ce n'est pas juste. Il attendait quoi ; être remercié pour l'ensemble de son œuvre ? Quant à Hollande, il préfère consacrer son temps à l'organisation des cérémonies commémoratives qui marqueront, l'an prochain, le centième anniversaire de la déclaration de la Première Guerre mondiale. Pour lui, s'occuper des morts représente nettement moins de risques pour sa santé, que prendre en charge les problèmes des vivants. D'ici à ce que la poursuite de sa carrière ne se termine dans une tranchée, il n'y a qu'une contre-attaque populaire à lancer.

Il n'empêche que, contre vents et marées, le président continue d'affirmer qu'il va persévérer dans sa stratégie. Le hic, est qu'il est absolument le seul à la connaître. Si l'on veut bien admettre que c'est mieux que rien, ça ne représente franchement que bien peu de Français concernés. Sauf bien évidemment, pour payer le montant des dégâts à l'arrivée.

Quant à Moscovici, qui ne sait plus quelles saloperies inventer pour piquer du fric. Quelques informations – gratuites – devraient lui permettre de réviser ses leçons :

Par exemple, en France, l'administration fiscale compte environ cent trente cinq mille fonctionnaires. Environ, car à l'intérieur même de ce grand foutoir dilapidateur, nul n'est en mesure de confirmer le chiffre exact de salariés. C'est pour dire si la gestion est exemplaire ! Aux USA, les agents du fisc ne sont que quatre-vingts mille pour cinq fois moins d'habitants ! On dénombre dans nos villes et nos campagnes, environ soixante unités locales du fisc pour un million d'habitants, contre huit en Allemagne et en Grande-Bretagne, et cinq en Espagne. Ce qui fait que le coût du recouvrement des recettes fiscales est, dans le beau pays de France, le double voire le triple de celui de l'Allemagne ou de l'Italie. Aux USA, ce coût est de carrément six fois moins élevé qu'en France. Il serait possible de continuer cette énumération durant encore de nombreuses pages.

Les économies seront réalisables en France, le jour où les ministres le décideront. Il ne s'agit qu'uniquement une question de le vouloir. Ce jour correspond à celui où les gouvernements cesseront de prendre les contribuables pour des cons. Apparemment, ce n'est pas pour demain la veille.

VENDREDI 8 – DU BEAU DU BON DU BONNET.

Une indiscrétion nous apprend que les bonnets rouges, symbole sélectionné soigneusement par les membres de l'organisation qui lutte pour la suppression de l'écotaxe et pour l'emploi en Bretagne, sont fabriqués sous la marque Armor-Lux, certes, mais pas dans les ateliers de Ploumazout ou Kerpétrol. Ils sont importés d'Écosse, pays où ils sont confectionnés. Scotch pour tout le monde. Entre Celtes, on se comprend. Ça la fout franchement mal, non ? Il ne manquerait plus que l'on apprenne que les choux-fleurs et les artichauts de Roscoff proviennent de Taïwan !

Les Balkany de nouveau face à la justice. Une enquête préliminaire vient d'être ouverte pour blanchiment de fraude fiscale. Encore toutes nos félicitations aux électeurs de Levallois-Perret, qui ont permis à ces escrocs patentés de revenir gérer leur commune, après avoir été déjà condamnés par la justice. Ils n'ont finalement eu que ce qu'ils méritaient ; même qu'ils ne se sont pas fait suffisamment baiser. Car à Levallois, ce n'est un secret pour personne que le couple Balkany mène train de vie princier, aux frais des administrés.

Le pire, est qu'il existe de fortes chances, pour que le maire de cette commune soit réélu l'an prochain. Cela sera bien fait pour la gueule des électeurs.

Après la Bretagne, le Nord. La révolte des portiques s'étend, lentement mais surement, à l'ensemble de la France. Il n'y a que Hollande et sa bande de bras cassés qui soient incapables de s'apercevoir que le peuple, enfin, va réagir face à leurs agissements coupables.

Va-t-on ressortir la guillotine ? En attendant, tous à la Bastille.

En dépit du léger incident technique, indépendant de leur volonté, qui a vu la notation de la France se dégrader une nouvelle fois, Moscovici est fier de lui et Cazeneuve sûr de lui. Ils sont donc contents tous les deux. Il est vrai que dans l'histoire, il ne s'agit pas de leur pognon, mais du notre. Ce qui change tout.

Pourtant, Holger Schmeding, de la banque allemande Berenberg, possède une autre vision de la situation. Selon cette éminente personnalité des circuits financiers : *« il est de plus en plus clair que le vrai problème de l'Europe, c'est la France. »* D'après la Commission européenne, et bien que le gouvernement français claironne sur les toits, que le déficit public sera ramené en dessous de 3 % du PIB, en 2015, ce déficit sera de 3,7 % minimum pour cette même année.

Pour Jean-Michel Six, directeur du service économique de Standard et Poor's, il est indispensable que la France réduise son endettement à moins de 80 % de son PIB, alors que le ratio approche actuellement les 95 % ! Quant à Daniel Gros, directeur du Centre for European Policy Studies (CEPS) de Bruxelles, *« le poids de l'État dans l'économie française est beaucoup trop lourd. Les dépenses publiques françaises représentent 55 % du PIB, soit plus de la moitié des richesses générées chaque année dans le pays. C'est par exemple, dix points de plus qu'en Allemagne. »*

Mais à part ça, tout va très bien. Et puis, de toutes les façons, pourquoi changer ce qui ne fonctionne pas correctement ?

SAMEDI 9 – ARRÊTE TON CHAR.

Il y a quarante trois ans, le général de Gaulle qui, de fait, n'était qu'officiellement colonel, s'éteignait à l'âge de quatre-vingts ans. Il aurait pu faire un effort pour survivre deux jours de plus, et mourir le 11 novembre ! Cela aurait été classe. Comme chaque année, pour commémorer l'événement, il va y avoir bousculade à Colombey-les-Deux-Églises. Pour l'UMP, Fillon sera présent, le

FN sera représenté par Filippot et le PS par Hidalgo. Mélenchon fera-t-il parvenir un mot d'excuse ? Valls, qui adore encombrer le petit écran, fera-t-il le déplacement ? Dans quelques mois, commence un marathon électoral qui va durer trois ans. Il ne s'agirait pas de louper la moindre occasion de se faire remarquer. Quitte à être ridicule.

De Gaulle se présentait comme l'inventeur de l'utilisation des armes blindées, dans les guerres modernes. C'est en réalité le général Estienne qui est à l'origine de cette stratégie, nouvelle pour l'époque. Le Grand Charles s'est contenté de piquer l'idée.

Selon des scientifiques britanniques, le pharaon Toutankhamon serait mort des suites d'un accident de char. Son chauffeur ne respectait probablement pas les limitations de vitesse. C'est classique à ce niveau. Faites ce que je dis, mais ne faites pas ce que je fais ; c'est toujours d'actualité.

Le neuropsychiatre Boris Cyrulnik affirme que « *Hollande joue la comédie de l'authenticité, mais reste définitivement un hésitant authentique, signe évident de son empathie.* » Ne le répétez pas, car cela pourrait encore accroître sa cote d'impopularité dans les sondages. Encore que cette possibilité va devenir de plus en plus difficile à atteindre.

Charles Aznavour s'est confié sur France Info. Il reconnaît avoir payé, en liquide bien entendu, des hommes politiques corrompus, pour échapper au fisc. De droite, de gauche et du centre, précise-t-il. Un peu d'humilité Charles. Il ne faut pas sans cesse avoir la prétention de se mettre seul sur le devant de la scène. De nombreux artistes et sportifs ont eu recours aux mêmes méthodes, sans pour autant venir le claironner sur les toits.

DIMANCHE 10 – L'ADITION S'IL VOUS PLAIT.

Il n'y a pas que les politicards qui se vautrent dans les déclarations à la con. « *Les musulmans, quand ils prient, se tournent vers la Mecque et Marine, quand elle parle, se tourne vers les cons.* » Cette pensée hautement philosophique ne sort pas de l'esprit, mais de la bouche de Laurent Ruquier. Qui plus est, sur France 2, chaîne publique de télévision. Bien entendu, cette semaine il sera bien difficile de trouver pire pour décerner le titre de la tirade saugrenue à cet individu de mauvais aloi. Mais de sus, il est absolument scandaleux qu'il puisse continuer de sévir sur le petit écran, suite à un comportement aussi inacceptable. (Je ne suis pas FN. NDLA).

La semaine qui vient de s'écouler, a vu le gouvernement s'engager dans cinq milliards de dépenses imprévues et donc, non budgétées. Trois milliards pour les transports marseillais, afin d'emmerder Gaudin avant les prochaines municipales, un milliard pour le pacte d'avenir de la région Bretagne, et un milliard généré par son recul sur l'écotaxe, et la note à payer pour la réfection des infrastructures détruites (portiques, bornes et radars). Il sera nécessaire ensuite de prendre en compte les indemnisations qu'il va falloir envoyer à la mafia italienne, pour non-respect, par le gouvernement français, du contrat signé pour la gestion de cet incroyable micmac.

Seulement voilà ; il n'y a déjà plus une seule thune disponible pour payer ce qui est prévu, alors pour les nouvelles dépenses imprévues, on fait comment ? Certes, cette somme ne représente qu'environ cent euros par citoyen français adulte, et risque de se conclure par l'invention d'un nouvel impôt. Mais il va devenir nécessaire d'avoir recours à un bureau d'études, car les idées novatrices vont se faire de plus en plus rares à dégoter. C'est bizarre que ces guignols n'aient pas encore pensé à taxer l'air que l'on respire.

Et ce n'est pas terminé. L'État va emprunter quatre milliards et demi d'euros afin de solder, par anticipation, l'ardoise issue du naufrage du Crédit Lyonnais. L'échéance était au 31 décembre 2014, mais il paraît que les conditions sont actuellement avantageuses pour la France. Nous sommes tous très heureux de le savoir.

Un commerçant, un entrepreneur ou un gérant de société qui a des dettes, l'État, tel un rapace, expédie ses hommes de main pour lui voler le peu qu'il lui reste. Mais lorsque c'est ce même Etat et ses sbires qui sont responsables d'un désastre, la méthode est simple : ce sont les contribuables qui doivent s'assoir sur l'addition. À l'arrivée, ce véritable scandale – un de plus – qui a vu le jour durant le règne du socialo de façade Mitterrand, va connaître sa conclusion sous la présidence d'honneur du socialo Hollande. La boucle est bouclée. Le bilan se monte à deux cent vingt trois euros par Français ou huit cent douze pour chaque contribuable imposé.

Quarante-quatre : c'est le nombre de radars vandalisés en Bretagne, depuis le début du mois de novembre. Plus de la moitié se trouve totalement hors d'usage.

À raison d'environ quatre cents PV journaliers, au prix moyen de quatre-vingts dix euros, un bandit manchot placé sur le bord d'une route ou autoroute, laisse un bénéfice approximatif de trente six mille euros par vingt quatre heures. Ça c'est du business ! À noter que l'État possède un peu plus d'un quart du capital du groupe Safran, fabricant de ce précieux petit joujou, ainsi que des horodateurs. Il touche donc des deux côtés.

Le prix moyen d'un radar étant de trente mille euros, une seule journée de racket suffit donc à couvrir les frais de remplacement de cette invention satanique. C'est donc une tromperie monumentale que d'affirmer que ces destructions vont coûter une fortune aux contribuables. Il ne s'agit en l'occurrence, et une fois de plus, que préparer l'avenir pour la mise en place de nouvelles rapines.

Bien entendu, certains affirment, chiffres précis à la clé, que les radars ont sauvé des vies. Il serait fort intéressant que l'on nous explique la façon dont il est possible de calculer le nombre d'accidents qui n'ont jamais eu lieu ?

LUNDI 11 – POUR QUE CE SOIT LA DERNIERE.

Le 11 novembre 1918, l'armistice mettait fin à la Première Guerre Mondiale. La cessation officielle des hostilités eut lieu la onzième heure du onzième jour du onzième mois de l'année. Etait-ce pour faire joli dans les livres d'Histoire ? Pas totalement ; seule l'heure fut retenue en ce sens. Pour le reste, les négociateurs décidèrent de la date du 11 novembre, en référence à la présence de Saint Martin dans la culture française. C'est le 11 novembre 397, que furent célébrées les funérailles de Saint Martin, décédé trois jours auparavant. Quelques secondes avant que les clairons annoncent officiellement la bonne nouvelle, un soldat français fut tué. C'est ce que l'on nomme la rigueur militaire. Ce véritable carnage causa la mort de plus de huit millions de personnes, ainsi qu'environ six millions de mutilés.

L'armistice fut conclu pour une durée de trente six jours, mais sera régulièrement renouvelé jusqu'à la signature du traité de Versailles, le 28 juin 1919. Dès le lendemain, les Allemands, qui n'avaient pas été conviés pour la signature de ce traité de paix, selon les ordres invraisemblables de Clemenceau – une première mondiale – commençaient à mettre en place les préparatifs de la Seconde Guerre mondiale.

Sans Clemenceau, la guerre aurait pu cesser dès 1917, préservant ainsi la vie de plusieurs centaines de milliers de soldats car, courant de l'année 1917, L'impératrice Zita d'Autriche avait demandé de signer une paix séparée avec la France. Possibilité que le Tigre refusa. Il ne désirait qu'étoffer sa gloriole et mettre l'Allemagne et l'empire à genoux devant Sa Personne.

Pour une autre raison, la Première Guerre mondiale avait la possibilité de cesser bien avant l'armistice du 11 novembre. Dès 1916, L'Allemagne se retrouva en manque de minerais de fer. Ce qui était fort préjudiciable pour la fabrication d'armes. Fort heureusement pour les Teutons, les mines de Lorraine approvisionnaient régulièrement l'ennemi en matière première. Ainsi, les précieuses matières premières étaient transportées par voies ferrées jusqu'au port de Dunkerque, où elles étaient chargées à bord de cargos, destination Hambourg. Jamais, un dirigeant politique français ne leva le petit doigt pour interdire cet odieux trafic.

Clemenceau exigea d'être enterré debout. Grave le mec, comme le dit la jeunesse de notre époque. Il n'est même pas évident que les lombrics ont apprécié.

Prévert disait : *« Quelle connerie la guerre ! »* Certes, et malheureusement pour les peuples, les dirigeants politiques et financiers de la planète n'ont pas encore trouvé d'activités plus lucratives pour se remplir les poches, que les massacres d'innocents.

Il serait fort intelligent, donc pratiquement inenvisageable, qu'un ministre de l'Éducation nationale prenne un jour l'initiative de faire organiser deux déplacements à tous les enfants de France. L'un à Douaumont, le second à Oradour-sur-Glane. Là où se situent les preuves irréfutables de la folie meurtrière des classes dirigeantes de la planète.

Après la cérémonie commémorative à l'Arc de Triomphe, alors qu'Hollande descendait les Champs-Élysées, afin de rejoindre son petit pied à terre, il a été conspué par quelques manifestants, aux cris de Hollande démission, non à la dictature socialiste ou Hollande ta loi on n'en veut pas. Parmi cette cinquantaine de manifestants selon la police, soixante treize ont été interpellés, toujours selon la police. Il devient urgent de demander à Peillon qu'il fasse interdire l'étude des mathématiques modernes dans les écoles de flics.

Question moral, les soirées doivent commencer à être bien tristes à l'Elysée. Depuis le début de ce mois, Hollande a encore perde trois points dans les sondages, passant ainsi à 79 % de mécontents. Il serait étonnant que le président n'entre pas prochainement dans le Guinness des records. Après tout, il a bien droit à un petit prix de consolation. Puis, pour une fois que cela ne coûtera rien aux contribuables, ne faisons pas la fine bouche.

Le président devrait suivre les conseils de Nabilla. À l'occasion d'une interview accordée au site Aufeminin.com, elle a déclaré : *« Je trouve ça triste pour un président de ne pas avoir de buzz. Il faudrait qu'il fasse un truc..... une sextape, j'sais pas. Faut qu'il fasse un truc sinon, François, on va l'oublier.* » Ensuite, parlant de Campagne intime, le documentaire de Farida Khelfa qui suivait Carla Bruni et Nicolas Sarkozy dans leur quotidien, elle avoue que ce film l'a laissée comme deux ronds de flan. *« Quel copieur ce Sarko. Elle est chelou Carla Bruni, j'ai trouvé. Elle se fait filmer à ne rien faire de la journée. En fait, elle fait de la téléréalité, comme moi. »*

MARDI 12 - GOUVERNER C'EST PREVOIR (DE S'ENRICHIR.)

Ce matin, l'ensemble des médias se mobilise autour des huées, sifflets et quolibets qui ont accompagné Hollande, au cours de son mini déplacement de routine, lors des commémorations de l'armistice du 11 novembre 1918, à l'Arc de Triomphe. À défaut de lui avoir réchauffé le cœur, avoir rallumé la flamme lui a peut-être permis de se réchauffer les mains. Mais pas un seul, n'aborde le pourquoi de cette situation dramatique. Et si tout simplement, les Français en avaient plus que ras-le-bol d'être dirigés, depuis quarante ans, par des guignols, des idiots, des escrocs, des bons à rien, des voyous dont le seul leitmotiv et de toujours piquer davantage de pognon, de pondre de rebutantes interdictions et de nouvelles normes imbéciles. Tout cela pour assister au recul permanent de la France, sur le plan international.

Faisant fi de la réalité du moment, JMA qui, décidemment ne comprendra jamais rien à rien, continue de discourir comme si tout se déroulait pour le mieux dans le meilleur des mondes, comme s'il possédait les capacités pour gérer le pays de manière sensée, alors que sa véritable place est de surveiller des élèves dans une cour de récréation. Chaque jour, la France doit emprunter six cent millions d'euros sur les marchés financiers – dont une partie dans des paradis fiscaux – afin de faire face aux dépenses courantes. Chaque semaine, l'État doit casquer environ un milliard d'euros, uniquement pour payer les intérêts de sa dette.

Dans le secteur privé, on jette des honnêtes gens en pâture devant les tribunaux, pour beaucoup moins que cela. Il est vrai également que l'on ne prête pas des sommes d'une telle importance à des gens sérieux.

Ici se pose une question grave, très grave. Pour se retrouver face à une telle situation catastrophique, il n'existe que deux solutions. La première, est que la France ait été gérée, depuis approximativement quarante années, par des bons à rien, des incapables, des irresponsables. Ce n'est plus une hypothèse, mais un constat. Pour ce premier point, il est donc inutile de chercher une réponse à la question posée. Ce n'est qu'une évidence.

Pour la seconde ; et si certains politicards en faisait exprès ? S'il ne s'agissait – pour partie – que d'un plan savamment organisé ? Car les patrons, voire les parrains, des organisations financières plus ou moins douteuses, certaines pratiquement mafieuses, qui encaissent ces intérêts, sont automatiquement très proches des présidents et des ministres. Ici, une étude approfondie s'impose.

Le dicton du jour : « *Si je dois cent mille euros à mon banquier, c'est mon problème. Si je lui devais cent millions d'euros, ça serait le sien.* »

Le pauvre bougre d'Ayrault ne voit rien venir, alors que çà et là, on entend même parler de révolte, voire de climat prérévolutionnaire. À priori de tels mouvements de grande ampleur semblent, à ce jour, impossibles à mettre en place. Pour ce faire, il faudrait de vrais leaders qui restent pour l'instant introuvables. Ceux qui, éventuellement, seraient capables de faire avance le schmilblick, ont bien trop peut de se mouiller et donc compromettre leur éventuelle carrière politicienne. Le seul qui soit capable d'allumer le feu, c'est Johnny Hallyday. Mais acceptera-t-il de remonter sur scène pour craquer une allumette ?

Eternel Jojo, qui a eu la chance inouïe d'interpréter la chanson la plus rentable de l'histoire, question rapport nombre de mots/prix, avec *Optique 2000*.

Les révolutions par les armes, engendrent généralement beaucoup plus de négatif que de positif. Remplacer Louis XVI par la Terreur, n'était pas nécessairement une idée lumineuse. Surtout pour poser un empereur sur le trône, quelques années plus tard. La première conséquence d'une révolution, est surtout de remplacer un enfoiré par un emmanché. Ou le contraire, ce qui revient au même. Il n'y a pas ici de quoi instituer un jour férié. Pour les amateurs de BD, il ne s'agit tout simplement que de l'histoire du grand vizir, qui veut devenir calife à la place du calife.

La seule question qui se pose, lorsque la coupe déborde est : comment procéder autrement ?

Les Belges devraient pouvoir nous fournir une réponse, au moins partielle. Durant des mois, ils ont vécu sans gouvernement central. Cela ne les a pas empêchés de manger des moules frites et boire de la bière. Cela démontre également que, durant plus de cinq cents jours, ils n'ont pas été emmerdés par de nouvelles taxes, de nouveaux impôts, de nouvelles lois sataniques. Oignon piqué d'un clou de girofle sur le waterzoi : sans ministres à gaver durant cette période, avec l'ensemble des parasites qui gravitent autour, cela leur a permis de réaliser quelques économies substantielles. Par les temps qui courent, ce n'est pas négligeable.

La Syrie s'est engagée, face à la communauté internationale, à détruire le stock d'armes chimiques qu'elle ne possède pas. Car en politique, tout est possible. La véritable question qui se pose est, comment va-t-elle s'y prendre ? Lorsque l'on sait qu'en France, deux cent trente tonnes de munitions chimiques datant de la Première Guerre mondiale n'ont pas encore été traitées, cela laisse songeur. Il est même possible d'affirmer que la situation est pour le moins cocasse. D'autant que, chaque année, entre dix et vingt tonnes de ces armes sont encore retrouvées sur les champs de bataille du nord et de l'est de la France.

MERCREDI 13 - IL N'Y A PAS DE QUOI RIRE.

Ayrault fait savoir qu'il a l'intention de déposer plainte contre l'hebdomadaire *Minute,* à cause de sa couverture du jour, où l'on découvre une photo de Taubira ornée du texte : « *Taubira retrouve la banane.* » Certes, niveau du bon goût, il y aurait de quoi disserter de longues heures. Mais si le lascar imagine qu'il va ainsi parvenir à détourner notre attention, et faire oublier ses incohérences et ses incapacités chroniques, il se carre le majeur dans l'œil jusqu'au coude. Pour l'occasion, il se confirme, une fois de plus, qu'il ne possède pas le moindre sens de l'humour. L'humour, dont Sidonie Gabrielle Colette disait : « *Il est impossible de vivre avec des gens qui n'ont pas le moindre sens de l'humour.* » Quant à Louis Pauwels, il a écrit : « *Là où il n'y a pas d'humour, il y a les camps de concentration.* »

En la circonstance, le véritable problème c'est qu'Ayrault est Premier ministre. Et ça fait froid dans le dos. Ne lisait-on pas sur des pancartes, lors de récentes manifestations : « *Non à la dictature socialiste ?* »

Pour conclure, lorsque l'on consulte la signification *avoir la banane,* on découvre : avoir le sourire, avoir la pêche. C'est condamnable ? Lorsque le Canard enchaîné avait publié en titre : « *Sarko a peut-être la banane, mais la France est au régime »,* il ne reste pas le moindre souvenir d'une quelconque plainte déposée contre ce journal satirique. JMA serait bien inspiré de s'attaquer aux choses sérieuses, plutôt que jouer les victimes, mais il apparaît de plus en plus évident qu'il n'en possède pas la moindre capacité.

Dans la nuit du 27 au 28 octobre 2012, suite à une violente tempête, le ferry *Napoléon Bonaparte* rompait ses amarres. Un peu plus d'une année plus tard, le Bureau Enquêtes Accidents de mer vient de rendre son rapport. Il est inutile de s'attarder à la lecture de ce document fastidieux, mais il est un point sur lequel cet organisme n'insiste pas outre-mesure : c'est l'absence du bord, au moment des faits, des officiers et marins responsables du navire à quai. C'est qu'à Marseille, si l'on s'en prend à la CGT, l'ensemble du port devient victime de grèves, dont nul ne connaît l'issue. Alors chacun y va avec des pincettes, avec les dirigeants de cette organisation destructrice. C'est invraisemblable, mais en France, les pouvoirs publics rampent devant des groupuscules gauchistes archaïques, qui ne représentent pourtant que bien peu de monde.

En dehors de nos frontières, la France continue d'être la risée du monde entier. Ainsi, en Suisse, on se gausse de la politique fiscale actuellement mise en place par le président de la République. Chez les Helvètes, une vidéo satirique rencontre un véritable succès depuis quelques jours. On y voit Hollande, monté sur une bicyclette et affublé d'un chapeau de canotier, vocaliser sur l'air du célèbre *Je Chante*, de Charles Trenet : « *Je taxe, je taxe soir et matin, je taxe sur mon chemin.* » Puis, il poursuit par : « *Je m'en fous que le monde entier me trouve fou. Je m'en fous, ils sont jaloux... Les riches et ceux qui se lèvent le matin, j'men fiche ils servent à rien. De toute façon, pour faire des emplois, en France, nous on a l'ENA.* »

JEUDI 14 – LE CAP DE MAUVAISE ESPERANCE.

La politique hollando/ayraultaise continue de porter ses fruits avariés. L'Insee annonce ce jour un repli de 0,1 % minimum du PIB, pour le troisième trimestre 2013. De son côté, l'OCDE publie un rapport accablant sur la compétitivité de la France. Ce document dénonce les tares les plus profondes de l'économie hexagonale. Cela va de l'excès de réglementations, à la baisse du niveau de l'éducation des jeunes, en passant par le manque de formation des adultes et le passage à la semaine de trente cinq heures. Bien entendu, la fiscalité pesant sur les entreprises françaises – la plus élevée d'Europe – n'est pas oubliée.

Conclusion de l'OCDE : « *La dégradation de la compétitivité française apparaît avant tout comme le symptôme des faiblesses économiques sous-jacentes de la France. Pour y remédier, l'organisation recommande à la France, non seulement de réformer sa fiscalité, son marché du travail, de mieux former ses jeunes et ses salariés, mais aussi de rendre son secteur public plus efficace, de renforcer la recherche et l'innovation, et d'accroître la concurrence dans les industries de réseau et le commerce de détail.* » Pas de quoi en faire un drame, surtout qu'Hollande l'a promis, les bonnes nouvelles sont pour la fin de l'année. Il ne reste donc que six semaines à patienter.

Il est grand temps que le bonheur socialiste gratifie enfin les Français, car ce matin un nouveau record historique vient de tomber ; la cote d'impopularité du président et son Premier Ministre atteint désormais le chiffre effarant de 85 %. Le plus curieux, est qu'il puisse encore se trouver 15 % de satisfaits dans le pays, car c'est bien loin de représenter le nombre d'encartés au PS.

Le dicton du jour : « *Il n'est pire ignorant que celui qui refuse de voir la réalité.* »

Le mauvais sort, c'est bien connu, s'acharne toujours sur les mêmes. L'administration fiscale s'intéresse, de très près semble-t-il, au patrimoine financier du couple Balkany. Celui-ci est constitué outre l'appartement de Levallois-Perret, du palais Dar Gyucy à Marrakech, de la villa Pamplemousse sur l'île franco-néerlandaise de Saint-Martin aux Antilles, ainsi qu'une propriété de quatre hectares, le Moulin de Cossy, situé à Giverny dans l'Eure. Quoi de plus logique que se rapprocher de la mémoire de Claude Monet, lorsque l'on possède la fibre artistique. Le Moulin de Cossy est une villa de mille mètres carrés sur quatre étages, avec piscine, hammam, court de tennis, bar et salle de gymnastique, le tout au sein d'un décor de qualité exceptionnelle, selon un ancien invité des lieux.

Le dicton du jour : « *Pour qui désire s'enrichir, il est nécessaire de trouver une autre activité que le travail.* »

La politique n'étant pas un travail, il est prouvé que les Balkany ont fait le bon choix.

Le pape Français est en danger. La puissante mafia calabraise le considère désormais comme une cible privilégiée. « *Si les parrains de la pègre pouvaient lui faire un croche-patte, ils n'hésiteraient pas.* » : C'est en ces termes, qu'un magistrat anti-mafia italien a lancé un avertissement en direction du souverain pontife.

Il faut dire que ce pape possède des idées bizarres. Il s'est mis en tête d'imposer la transparence aux différentes institutions financières du Vatican. L'IOR, principale banque des lieux, est très critiquée pour sa totale opacité. Il lui est notamment reproché de ne pas respecter les critères internationaux de transparence, dans le cadre de la lutte contre le blanchiment d'argent et l'évasion fiscale. Il n'est un secret pour personne, au sein de la haute finance internationale, que certaines organisations mafieuses recyclent l'argent de la criminalité, grâce aux excellentes relations qu'elles entretiennent avec l'Église. En 2012, les bénéfices enregistrés par la banque du pape, ont été de quatre-vingts sept millions d'euros. Quatre fois plus que l'année précédente. C'est peut-être la grande fatigue ressentie, due aux travaux comptables, qui a poussé Benoît XVI vers la sortie ?

VENDREDI 15 – L'ENA S'EXPORTE.

En Laponie, la direction du célèbre hôtel Icehotel de Jukkasjärvi, entièrement élaboré avec de la glace, annonce que l'établissement (reconstruit chaque hiver) sera équipé cette année d'alarmes incendie, à la demande des autorités suédoises. L'établissement ouvrira ses portes le 6 décembre prochain, et restera ouvert jusqu'au 13 avril. Le prix d'une nuitée se situe entre deux cent douze euros en chambre simple, jusqu'à huit cent trente six euros pour la suite la plus luxueuse.

[Publicité gratuite. NDLA.)

En France, la prochaine étape pourrait être l'obligation, pour les plagistes, d'installer des lampes à bronzer sur les plages de la Riviera, durant les mois de juillet et août.

Le Sénat a rejeté le projet de loi de financement de la Sécurité sociale 2014. Le texte a recueilli cent trente neuf votes favorables, contre cent quatre-vingts neuf contre. C'est bizarre ; la majorité n'est pas à gauche au sein de cette assemblée ? Et puis, Ayrault et ses sbires n'ont-ils pas, à différentes reprises, affirmé que le PS était un parti ou régnait l'unité ?

La vérité est qu'à l'approche des élections de l'an prochain, certains socialos ressentent une véritable trouille de se faire éjecter, et commencent, face à leurs électeurs, à se démarquer du hollandisme qui, bientôt, ne représentera plus qu'un lointain souvenir. Sous réserve que ce mouvement ait un jour existé.

Cela devient insupportable. Depuis plusieurs jours, sur les écrans de télévisions, on ne voit que des images des Philippines. Certes, ce pays a été victime d'un typhon d'une puissance colossale, et les dégâts causés sont considérables. Mais est-il pour autant nécessaire de présenter des images d'une telle atrocité, à l'instant où l'on va passer à table ? Lorsque l'on a une belle côte de bœuf ou une langouste en préparation, cela coupe l'appétit de voir des gens mourir de faim.

Le nombre de nouveaux pauvres est en constante augmentation. Quoi de plus logique ? Les plus riches s'enrichissent toujours davantage, et l'État vole de plus en plus d'argent.

L'air de rien, en temps de crise artificielle, sournoisement organisée par les détrousseurs patentés que nous connaissons tous, les pauvres sont les seuls à ne pas s'apercevoir qu'il existe une différence fondamentale entre le manque et l'opulence. Lorsque crise il y a, les gouvernements cherchent quelles combines nouvelles ils vont pouvoir manigancer pour détrousser davantage les classes les moins favorisées. Mais lorsque tout va bien, enfin pas trop mal, ces mêmes citoyens ne sont pas invités au partage du butin. Il en ressort donc une évidence : les plus humbles sont les citoyens qui supportent le moins difficilement une crise, puisque pour eux, la privation ne représente qu'un phénomène d'accoutumance.

Il ne s'agit ici que d'une question d'équilibre. Lorsque le peuple se serre la ceinture d'un cran, ses potentats la desserrent de deux. L'essentiel est que l'on retrouve le même poids sur chaque plateau d'une balance, où le fléau ne se situe pas systématique au centre.

Le dicton du jour : « *L'État réprime le vol, car il n'accepte pas la concurrence.* »

SAMEDI 16 – PERSISTE ET SIGNE.

En dépit de toute vision réaliste, Ayrault continue sur sa lancée, et assure qu'il ne reculera pas sur les réformes entreprises par son gouvernement. Que cela concerne les rythmes scolaires, les taxes et impôts nouveaux, écotaxe, hausse de la TVA, etc... Comme il ne semble avoir peur de rien, surtout du ridicule, il ose même promettre que les efforts demandés aux Français ne seront pas vains.

Un contrôle ne sera pas superflu d'ici quelques mois.

Très cher Monsieur Ayrault.

Lorsque j'écris très cher, j'ose espérer que vous comprendrez qu'il ne s'agit que du prix de revient, pour les Français, de votre présence à l'hôtel de Matignon.

Suite à un coup savamment préparé, le 1ᵉʳ juin 1958, le général de Gaulle était de retour aux affaires – il attendait cela depuis janvier 1946 – et devenait ainsi le dernier président du Conseil de la 4ᵉᵐᵉ République.

Le 21 décembre de la même année, il accédait à la présidence de la 5ᵉᵐᵉ République, en fonction donc d'une nouvelle Constitution, concoctée aux petits oignons pour Sa Grandeur, et bien entendu uniquement selon ses désirs. Cette Constitution, limite dictatoriale, fut alors brocardée de toutes parts par vos ancêtres socialistes, ainsi que leurs alliés de façade communistes.

Evidemment, arrivé en 1981 à l'Elysée, Mitterrand se garda bien d'en modifier les règles élémentaires. Il se contenta d'exploiter et jouir des articles qui lui répugnaient alors. La même remarque pourrait éventuellement s'appliquer à Hollande, mais il n'est pas certain qu'il ait encore eu suffisamment de temps disponible pour étudier attentivement le texte.

Le 8 janvier 1959, Michel Debré devenait premier Premier ministre de la 5ème République. Son premier job consista, bien entendu, à s'adresser à la population. Discourir, mentir et brigander, sont les trois activités essentielles d'un politicien. Dans son allocution, il expliquait ou tentait d'expliquer aux Français, que la situation du pays était catastrophique, que la cause en était due à la mauvaise gestion des précédents gouvernements, que des efforts allaient être demandés à tous (à l'exception de ceux qui demandent aux autres de faire des efforts) afin de relever le pays, et que dans cinq ans, tout irait mieux. Il ne précisa pas pour qui.

Nous sommes en 2013, et cette lamentable comédie, cela fait cinquante quatre année qu'elle perdure. Car après Debré, tous les Premiers ministres ont tenu le même discours. Absolument tous. De quelque bord soient-ils. Et nous savons déjà, bien avant qu'il ne soit désigné, que le prochain chef du gouvernement, non issu de la tribu socialiste, nous abreuvera de palabres identiques. Que pouvons-nous constater de positif en contrepartie ; c'est fort simple : le néant. Ou plutôt que du négatif, puisque la situation de la France et des Français ne cesse de se détériorer jour après jour. Et ce n'est certainement pas après les dix huit mois déplorables que vous venez de nous faire subir, que la moindre lueur d'espoir risque d'apparaître à l'horizon que vous continuez d'assombrir.

Tout est facile pour vous et les individus de votre caste. Par impéritie, incompétence, inaptitude, vous créez des dettes. Ensuite, vous vous contentez de faire payer les autres, en toute impunité.

Petit à petit, vous nous privez des libertés chèrement acquises par nos aïeux. À quoi ces viles manœuvres vous serviront-elles, lorsque vos corps en putréfaction seront bouffés par les vers ?

Si, comme vous le prétendez, vous aimez la France, vous et votre équipe d'histrions, faites vos valises, et réintégrer bien vite vos foyers. Pour résumer : renoncez à vos privilèges dignes de l'ancien régime et dégagez ! Il n'est absolument pas certain que vos remplaçants seront plus doués, plus compétents, plus honnêtes que vous et votre bande de pieds nickelés. Il ne faut pas rêver. Mais il existe au moins une certitude : pire c'est impossible.

Une formule de politesse étant habituelle pour terminer une lettre, recevez mes salutations, mais surtout pas distinguées et encore moins sincères.

Jusqu'à l'ONU, chacun y va de son refrain, pour condamner les attaques racistes proférées contre Taubira. Mais aucun aborde la question dans sa probable réalité : et s'il ne s'agissait pas d'attaques racistes, mais tout simplement contre la politique qu'elle tente de mettre en place ? Les slogans utilisés n'étant, certes, pas sélectionnés judicieusement.

Au PS, les listes pour les européennes viennent d'être dévoilées. C'est sans surprise que l'on découvre Désir et Peillon têtes de listes. En voilà déjà deux de recasés et assurés de ne pas connaître des fins de mois délicates, tout en ne rien foutant. En toute logique, ils ne devraient donc pas s'éterniser encore bien longtemps aux postes qu'ils occupent actuellement.

Que ce soit pour les élections nationales ou autres, il est totalement inutile de se déplacer pour balancer son bulletin dans l'urne. Avec la Constitution de la 5ème République, les dés sont pipés dès le départ. Quand un mec ou une gonzesse entre en politique, et qu'il atteint un niveau convenable dans la hiérarchie, quel que soit le poste qu'il occupe, en principe il est peinard pour trois ou quatre décennies. Ils ont le culot d'appeler ça une démocratie.

Cela n'inspire guère confiance, ces appellations composées de seules initiales EELV, FN, PC, PC, UMP, pour ne citer que les plus rebattues, les plus ironiques, les plus obscures. L'on peut dissimuler tout et n'importe quoi derrière ces réductions ; ça sent l'arnaque. Et puis, si les résultats des élections étaient susceptibles de changer la face du monde, cela fait belle lurette que les politicards les auraient supprimées.

DIMANCHE 17 - LES VOYAGES NE FORMENT PAS QUE LA JEUNESSE.

En ce dimanche, la tirade saugrenue de la semaine est décernée, à titre collectif, aux membres de l'équipe de France de football, mauvais joueurs et entraineur confondus. Sans omettre les membres de la Fédération, président en tête. Comme l'a fait remarquer Emmanuel Petit, qui a appartenu à une génération autrement plus talentueuse et intelligente que celle présente, *à la fédération, on parle de tout sauf de football*. Cela se ressent jusque sur le terrain.

Aucune citation particulière n'a été retenue, tellement la liste des imbécilités entendues est fournie. Cette équipe ne mérite pas que l'on s'attarde davantage sur son cas.

Un communiqué de l'Elysée annonce fièrement que Francis Collomp, otage français retenu au Nigéria depuis bientôt une année, a été libéré. Grand bien lui fasse ; c'est également une excellente information pour sa famille et ses proches. Hollande n'a, bien entendu, pas raté l'occasion d'annoncer la bonne nouvelle dans la joie et la bonne humeur, à partir d'Israël, où il se trouve actuellement en déplacement professionnel. Ou en voyage d'agrément, nous ne savons pas trop.

Pour se faire applaudir, il semble qu'il lui faille s'éloigner de plus en plus souvent, des frontières de son pays.

Petite précision indispensable ; le sieur Collomp n'a pas été libéré, mais a su intelligemment profiter d'un instant favorable pour s'évader. En l'occurrence la prière de ses geôliers. Le président n'est vraiment par verni. Dès qu'une bonne nouvelle arrive, qu'il tente de l'exploiter à son profit, il s'avère finalement que le gouvernement français n'y est pour rien.

Des vacances s'imposent pour le pauvre Flanby. Tiendra-t-il jusqu'à Noël ?

Cazeneuve, chargé au sein de l'équipe de tristes sires qui règne encore sur la France, de nous piquer le maximum de fric possible, voire impossible, se trouve aujourd'hui dans l'obligation de passer aux aveux. Pour l'année 2013, les recettes fiscales de l'État seront inférieures de cinq milliards et demi d'euros, aux prévisions. Cela, malgré les inventions de nouveaux impôts, additionnées aux augmentations de ceux existants. Bien entendu, le gouvernement ne doit endosser aucune responsabilité dans l'affaire. Il ne s'agit tout simplement, selon sa bible, que du résultat d'une mauvaise conjoncture.

À aucun moment, ce zigoto n'accepte de reconnaître que la conjoncture, elle est créée par celles et ceux qui gouvernent, pas ceux qui subissent. Non seulement ils sont archinuls, mais ils n'acceptent même pas de reconnaître leurs incapacités à gérer les affaires du pays. Finalement, en réfléchissant un tout petit peu, cela peut se comprendre. Lorsque l'on est bon à rien, on ne le braille pas sur les toits.

LUNDI 18 - TRAVAIL D'EQUIPE.

« Pourquoi y a-t-il quelque chose plutôt que rien ? » Cette pensée philosophique et particulièrement sensée, est de Gottfried Wilhelm von Leibniz. (1646 – 1716).

S'il n'y avait eu que le néant, Hitler, Mussolini, Salazar, Franco, Staline, Mao, Pinochet, Castro et Ceausescu, pour ne citer que les meilleurs dans leur catégorie, n'auraient jamais existé. Remarquons au passage, que le XXème siècle fut particulièrement prolifique dans la fabrication de mecs pourris jusqu'à la moëlle.

Mais plus grave encore ; les dictateurs, qu'ils se réclament de droite ou de gauche, ce qui revient strictement au même pour les peuples, ne pourraient rien entreprendre de nuisible pour les Terriens, sans l'appui des flics ou des militaires. Le plus souvent les deux de concert. Ce qui revient à constater que, dans un régime dictatorial, il ne s'agit pas de dénoncer un homme et ses quelques acolytes dévoyés, mais une organisation totalitaire imposante, contrôlée par des bandes d'enculés, certes, mais bien aidée en cela par des volontaires, avides de détenir une parcelle de pouvoir, et impatients de jouir en faisant souffrir les autres. Conclusion évidente : ce sont les hommes en uniformes qui permettent d'imposer les systèmes, y compris les plus putrides. Un dictateur seul n'est rien.

Pas de quoi être fier d'être un homme, étant entendu que dans cette liste de fumiers, ne se trouve aucune femme. Ce n'est certainement pas par hasard. Dans leur immense majorité, les femmes sont nettement moins pourries que les hommes.

À la suite de cette démonstration, la question qui se pose véritablement est : quelles seraient les réactions, dans la France de 2013, des policiers et militaires français, si un emmanché de première classe tentait de prendre le pouvoir par la force ou la ruse ? Il ne se trouve pas ici matière à rire, pas même à sourire. En l'état actuel de la situation, rien ne prouve qu'il soit totalement impossible, dans un avenir plus ou moins lointain, qu'une telle conjoncture ne se produise.

Alors ?

Durant son voyage promotionnel en Israël, Hollande a réaffirmé que « *la France ne cédera pas sur le nucléaire iranien !* » Parce qu'il s'imagine encore que les mollahs vont lui demander son avis, alors qu'il n'est même pas foutu de s'occuper de la centrale de Fessenheim. Ils doivent bien se marrer à Téhéran.

Nadine Morano, ancienne ministre de Sarkozy, affirme que François Mitterrand « *n'a jamais voulu nommer François Hollande au gouvernement, parce qu'il ne le jugeait pas suffisamment compétent.* » Elle ne fait que s'en apercevoir ? La concernant, il est vrai qu'étant elle-même particulièrement compétente, ses talents ne lui ont pas permis d'être réélue députée, lors des élections législatives de 2012. Toujours selon Morano, il semblerait qu'Aubry a d'autre part déclaré en son temps, que Hollande lui avait laissé le Parti socialiste à l'état de cadavre à la renverse.

Sauf à être encarté au PS, on s'en fout totalement. Le plus préoccupant est que, derrière l'actuel président, la France risque de n'être plus qu'un champ de ruines.

La Banque de France a publié les chiffres concernant les défaillances d'entreprise sur un an (Période août 2012 / août 2013). Elles se montent à soixante deux mille cinq cents. 90 % concernent des entreprises de moins de dix salariés. Encore un record battu par le gouvernement Ayrault. Les secteurs les plus touchés sont les services à la personne, les coiffeurs, les soins de beauté ainsi que la restauration.

Avec les prochaines hausses de la TVA, il ne serait guère étonnant que l'année 2014 voie encore augmenter le nombre de faillites.

MARDI 19 – SI TU VAS À RIO.

L'écotaxe est reportée à 2015. Ce qui ne satisfait ni ceux qui sont pour, c'est-à-dire qui ne sont et ne seront jamais concernés personnellement sur le plan financier, ni ceux qui sont contre, et restent persuadés qu'ils devront, tôt ou tard, mettre la main au porte-monnaie. Les seuls heureux dans cette affaire, sont les mafiosi italiens qui se frottent déjà les mains. Ils vont se prendre plein de pognon à ne rien foutre durant au minimum une année. Les contribuables français adressent toutes leurs félicitations aux politiciens UMP et PS pour leur grande sagesse, et leurs parfaites connaissances des dossiers. À moins qu'il ne s'agisse, tout simplement, que d'un coup fourré, savamment étudié. À la limite, cela ne serait pas pire. Ne serait-il pas préférable d'être dirigé par des truands plutôt que des bons à nibe. Certes, le risque de subir des cumulards n'est pas exclu, mais la question mérite au moins d'être posée.

Conclusion provisoire, ce dossier relève-t-il pour l'instant du grand banditisme ou de la psychiatrie ?

Depuis ce matin, les Français sont suspendus au résultat du match qui opposera ce soir l'équipe de France de football, à celle d'Ukraine. Une place pour la Coupe du Monde qui aura lieu au Brésil l'été prochain est en jeu.

Que croyez-vous qu'il arriva en l'attente du coup d'envoi : c'est simple, rien. C'était pourtant le moment ou jamais, pour Ayrault et sa clique, de pondre un nouvel impôt. Et bien ces farceurs, de mauvais goût il est vrai, n'y ont même pas pensé. Ils sont pitoyables.

La direction de l'information légale et administrative (Premier ministre), précise :

« La dénomination d'une personne physique, qui a pour objectif l'identification de cette personne, comporte deux éléments : le nom de famille et le prénom qui distingue la personne au sein d'une famille.

Le prénom n'appartient pas à la personne qui le porte. Un prénom existant peut être choisi par d'autres parents, sans restriction. Rien n'interdit à des parents de donner à leur enfant un prénom pouvant évoquer une marque commerciale ou être utilisé comme tel.

Toutefois, il existe des limites au choix du prénom par rapport notamment à l'intérêt supérieur de l'enfant. (Prénom ridicule par exemple).

Par ailleurs, rien n'interdit à une société commerciale de désigner un de ses produits par un prénom, cette utilisation connaissant des limites liées à la protection de la notoriété. Il ne faut donc pas que l'utilisation du prénom en tant que marque soit source de confusion susceptible, dans l'esprit du public, d'engendrer un préjudice pour le titulaire du prénom et que l'association du prénom et du nom soit marquée par une réelle notoriété. La confusion n'est avérée que dans deux cas :

- *La rareté ou l'originalité d'un prénom fait que le public l'assimile automatiquement à une personne déterminée.*

- *Un prénom porté par une famille précise ou un prénom «
classique » mais rendu célèbre car attaché à une personnalité connue du public. »*

En ce mardi 19 novembre, jour de la saint Tanguy, l'administration française vient encore d'effectuer un grand pas en avant dans
le recul de sa compréhension.

Par exemples, sont fortement déconseillés :

- AFFLI Jean
- BALLA Tom
- CEITUNEBONNE Marc
- DUSSOPE Alain
- ECONO Mick
- FIRMERIE Alain
- GROUPELECTRE Eugène
- HOULE Marc
- IHOVISUEL Aude
- JEULU Dick
- KELBONSAINTE Honoré
- LEHOMME Lino
- MELANIE Zette
- JADOFRIGO Laurent
- MILKA Laurie
- NOFARINGITTE Larry
- OXERA Phill
- PRESSO Ernest
- QUANTHEHAMPE Anne
- ROULANBU Guy
- SANPEPIN Clémentine
- TOUSSORET Jim
- UROBINET Aude
- VAGEDUJOUR Harry
- YAPLUDARE Jean
- ZADE Annie

MERCREDI 20 – DE TOUTES LES COULEURS.

Les Bleus ont gagné. Il faut dire que les jaunes étaient verts de peur en entrant sur la pelouse du Stade de France. La première conséquence de cette victoire, est que Hollande risque de remonter un tantinet dans les sondages. Ce qui lui permettra, au moins pour quelques jours, de voir la vie en rose. Pour le président, provisoirement, tout n'est donc pas aussi noir que la grisaille de la France le laisse présager.

Pour autant, que les supporters ne se réjouissent pas trop rapidement. Car à l'instant présent, les footballeurs français n'ont gagné que le droit de faire le voyage jusqu'au Brésil. C'est une fois sur place que les véritables problèmes vont survenir, étant donné qu'ils ont toutes les malchances de se retrouver devant d'autres pointures, que l'équipe d'Ukraine.

En gros, les Bleus risquent de nous en faire voir de toutes les couleurs, en faisant chou blanc.

Encore qu'avec le blanc, il convient d'être prudent, de se méfier. Parce que finalement, est-ce que le blanc est une couleur ? Et puis, exception faite de la neige, rien n'est blanc. Et encore, uniquement lorsqu'elle vient de tomber. Car elle devient vite sale. Pas même le blanc des œufs, avant qu'il ne soit monté en neige, n'est blanc. Avant d'être travaillé, le blanc des œufs est d'un jaune clair translucide. Le vin blanc non plus n'est pas blanc. Selon les cépages et les crus, il est plutôt jaune. Ce qui semble logique, étant donné que le raisin blanc n'est pas blanc, il est vert/jaune. Pareil pour le tigre blanc du Bengale qui n'est pas blanc, puisqu'il est marqué de rayures noires. Quant au blanc-seing, s'il était blanc, il serait illisible. Lors d'une élection, un vote blanc est représenté par une enveloppe bleue, à l'intérieur de laquelle ne se trouve aucun bulletin blanc. De toutes les façons, un bulletin blanc n'a jamais existé. Il se trouve automatiquement le nom d'un candidat ou d'une liste inscrit dessus. Pareil pour l'arme blanche, qui n'a de blanc que le nom. Quant aux balles à blanc, elles sont fabriquées avec du métal qui ne peut être blanc – puisqu'il n'en existe pas – avant de devenir rouge à force d'être chauffé à blanc. Un véritable paradoxe !

Si l'on réfléchit bien à toutes ces questions, il se trouve de quoi passer nombre de nuits noires, blanches.

Et ce n'est pas terminé. Même Blanche Neige n'était pas blanche. D'ailleurs l'homme blanc n'est pas blanc. L'homme blanc n'a jamais existé ; il n'est que blanc cassé. Et les cassures sont très variées. Ça va du pâlichon au rouge sanguin, y compris chez les blancs becs. Pareil pour l'homme jaune, qui n'est pas jaune. Quant à l'homme rouge, nul n'en a jamais rencontré.

À la limite, le Mont Blanc est blanc, mais uniquement en les lieux où les alpinistes amateurs n'ont pas encore balancé leurs détritus sur la neige.

Ces remarques peuvent être reprises pour toutes les couleurs. La mer Rouge n'est pas rouge. Le fleuve Rouge n'est pas rouge. La place Rouge n'est plus rouge. Le sang bleu est rouge. Et puis, si le bleu avait existé un jour dans le sang rouge, il ne s'en trouverait pas davantage de nos jours dans les veines et artères des familles royales, que d'eau potable dans les égouts de Paris. Avec toutes les histoires de cul qui ont émaillé l'histoire des dynasties, les filiations officielles ne sont plus que chimères. Le fleuve Bleu n'est pas bleu. Le fleuve Jaune n'est pas jaune. Le fleuve Orange n'est pas orange. La ville d'Orange n'est pas orange. Le cap Vert n'est pas vert. La boite noire d'un avion est orange. C'est de toute évidence, des fonctionnaires qui ont inventé cette ineptie. Quant aux touches blanches d'un piano, elles sont également utilisées pour jouer les notes noires d'une partition : ce n'est pas du jeu. Et le jambon blanc ; il est blanc le jambon blanc ? Quant au blanc, le linge vendu en solde dans les grands magasins, après les fêtes de fin d'année, dans le but de continuer à remplir les tiroirs caisses, on en trouve de toutes les couleurs. Il existe du blanc de couleur bleue, de couleur verte, de couleur rose, jaune ou mauve.

En botanique, c'est la même chose. Un laurier de couleur blanche est nommé laurier rose. Une rose qui possède des fleurs blanches, n'est qu'une rose.

Le blanc reste également un problème de première importance, pour un peintre. Si l'artiste souhaite peindre un homme noir, c'est simple ; il prend de la peinture noire. Même si de nos jours, les contrôleurs de la pensée humaine ont décidé que l'homme noir ne serait plus noir, mais homme de couleur. Ne leur en déplaise, l'homme noir est peut-être un homme de couleur, mais de couleur noire. Donc, si un artiste ne prend qu'un tube de couleur blanche pour peindre un homme blanc sur une toile blanche, il n'aura reproduit qu'un homme invisible. Cela se nomme l'art moderne. À la limite, il sera possible de peindre le blanc de l'œil avec de la peinture blanche, mais sous réserve que l'individu représenté soit sain et en bonne santé. C'est probablement pour ces raisons, que les indiens d'Amérique nomme l'homme blanc « visage pâle ».

Nous sommes marrons avec toutes ces histoires de couleurs. Encore que le marron soit le seul fruit qui porte le nom de sa couleur. Exceptionnellement, le marron est marron. Mais attention, lorsque l'on s'en ramasse un, on risque de repartir avec un œil au beurre noir ou des ecchymoses bleues.

Tout cela pour en conclure qu'avec les Bleus, il existe de fortes chances de n'y voir que du bleu, mais que l'on risque d'être encore marron.

JEUDI 21 – APRES LES BLEUS, VIVE LES ROUGES.

La bonne nouvelle de la journée : le Beaujolais nouveau est arrivé. La mauvaise : dès la fin de l'après-midi, les flics et les pandores vont se planquer un peu partout sur le bord des routes, avec des éthylotests. Il faut bien continuer de trouver du pognon quelque part. C'est le même cirque chaque année. Plus les résultats seront financièrement positifs, plus ils seront arrosés dans les commissariats et les gendarmeries.

Le dicton du jour : *« Boire et conduire non, conduire puis boire oui. »* (Ou alors, il est nécessaire de se faire offrir un chauffeur).

Une pétition de soutien envers Taubira, a recueilli plus de cent mille signatures, dont celles de Jane Birkin et de Josiane Balasko. Une façon comme une autre, de rappeler qu'elles sont toujours vivantes. C'est bien, c'est très bien. Mais quid des soixante cinq millions et neuf cent mille Français qui n'ont pas signé ?

Le tireur qui a semé la panique à Paris, depuis vendredi dernier, mais encore davantage dans les rédactions, a été arrêté. Il s'agit d'Abdelhakim Dekhar, déjà condamné en 1998, dans l'affaire Rey-Maupin. Quatre années de cabane, pour avoir participé à une série de crimes qui s'est soldée par cinq morts, dont trois flics, cela ne semble pas très cher payé.

S'il est possible d'établir une comparaison, c'est relativement plus souple, question, emmerdements, que de dépasser la vitesse autorisée de vingt km/h.

Le jour (si) où les fous d'Allah iraniens posséderont la bombinette atomique, après Israël, la deuxième salve sera réservée à la France. Après le discours inintéressant et parfaitement inutile – voire nuisible – psalmodié par Hollande, lors de son périple dans la région, cela ne fait aucun doute. À force de rechercher un endroit où il se trouve encore quelques individus pour entendre ses absurdités, il va finir par faire fâcher la France avec le reste du monde.

Lors de l'allocution prononcée par l'ayatollah Ali Khamenei, hier jeudi, celui-ci a accusé Paris d'avoir *« cédé aux Etats Unis, et s'être mis à genoux devant le régime israélien, en empêchant, par son intransigeance, la conclusion d'un accord lors des premières négociations de Genève. »*

Fort heureusement, en Israël, avant de déblatérer n'importe quoi, on agit. C'est peut-être grâce aux Juifs, que la France évitera, dans l'avenir, d'être rasée de la planète.

« Le non-cumul des mandats, est une grande révolution qui va changer en profondeur les pratiques politiques de notre pays » assure Valls. Question révolution, il serait bien inspiré de se préoccuper des mouvements contestataires qui ne cessent de s'étendre dans le pays. Pour ce qui est du non-cumul des mandats, il ne peut, certes, être contesté par les démocrates dans sa déclaration. La question le concernant personnellement, est qu'il

est persuadé de passer prochainement par Matignon, avant de grimper sur le trône de France. Si son plan d'avancement de carrière se casse la gueule, il risque fort de regretter ses propos.

VENDREDI 22 – LES TONTONS N'ONT PLUS DE PÈRE.

Cela fait aujourd'hui cinquante ans que John Fitzgerald Kennedy s'est fait estourbir à Dallas. Depuis une semaine, il ne se passe pas un journal télévisé ou radiophonique, qui n'aborde cet événement. Donc rien à rajouter de particulier concernant cet épisode de l'Histoire US. D'autant que les informations rapportées sont quelquefois fantaisistes.

Par contre, un demi-siècle plus tard, le mythe Kennedy continue de fonctionner à merveille. C'est toujours omettre de rappeler que les Kennedy n'étaient qu'une famille de fripouilles, dont le père du président assassiné, Joseph, fit fortune dans les trafics d'alcool, après s'être acoquiné avec la mafia de Chicago. Pour le seconder dans ce business, il s'était associé à John F. Fitzgerald, maire de Boston, dont il avait épousé la fille.

Durant la Seconde Guerre mondiale, John Kennedy et ses trois frères, s'engagèrent dans l'armée US, alors que leur père était pro-hitlérien. Comme une immense majorité d'Irlandais, il espérait fermement que les Allemands allaient totalement libérer leur île de la présence anglaise.

Le patrouilleur à bord duquel le futur président était commandant, avec le titre de lieutenant de vaisseau, fut coulé par un navire japonais. Immédiatement, Joseph Kennedy, qui possédait RKO, alors la plus importante société américaine de production de films de série B, exploita la situation, et fit tourner un long métrage à la gloire de son fils. La véritable histoire fut, bien entendu, revue et corrigée par ses soins.

Parmi les nombreuses pistes entourant l'assassinat de JFK, celle menant vers le grand banditisme, est l'une des plus plausibles. C'est en effet grâce à l'argent et l'influence de la Mafia, qu'il put être élu, mais il semblerait qu'il ait oublié de renvoyer l'ascenseur après être parvenu au pouvoir suprême. Ce qui ne lui fut pas pardonné. On a beaucoup parlé de l'influence du duo infernal constitué de Franck Sinatra et Dean Martin, dans cette affaire. Les deux artistes, d'origine italienne, étaient très proches de la Mafia italo-américaine, et il apparaît plus que probable qu'un contentieux existait alors entre eux et le clan Kennedy.

Comme tous les protagonistes de l'histoire sont partis rejoindre le paradis ou plus vraisemblablement l'enfer, il ne reste que les supputations à se mettre sous la dent. Et ça fait un demi-siècle que ça dure.

Quant à l'image du bon époux et père de famille, elle est à mettre au musée de la mystification. Le président Kennedy n'était qu'un coureur de jupons sans scrupules, qui ne respectait rien, surtout pas sa femme. La plus célèbre de ses conquêtes étant Marylin Monroe, qu'il partageait toutefois avec son frère Bob. Il est souvent rapporté que l'avion présidentiel, Air Force One, avait été aménage en véritable bordel volant, pour le seul bon plaisir du big boss.

JFK : doit-on se méfier des individus souvent présentés par les trois seules initiales de leurs noms et prénoms, dont la dernière lettre se termine par un K ?

« Les cons, ça ose tout ! C'est même à ça qu'on les reconnaît. » Cette célèbre réplique prononcée par Lino Ventura, dans les *Tontons flingueurs* est passée à la postérité, comme le film de Georges Lautner. Le cinéaste est parti rejoindre Michel Audiard, son dialoguiste, et ses acteurs fétiches. S'ils parviennent de nouveau à se réunir avec Lino Ventura, Bernard Blier, Jean Lefèvre et Francis Blanche, Dieu ne risque pas de s'ennuyer durant les prochaines décennies. Sans vouloir être systématiquement nostalgique du temps passé, où sont maintenant les réalisateurs, les dialoguistes, les comédiens de ce calibre ? À quelques rares exceptions près, les fortes personnalités artistiques talentueuses sont en voie de disparition, où s'expatrient. Il ne restera bientôt plus que du formaté, à l'image désolante de notre époque, où le pouvoir politique et les administrations se consacrent principa-

lement à la fabrication d'un modèle unique, bas de gamme. Des petits robots dans l'attente de l'arrivée des petits hommes verts ?

Quant aux cons qui osent tout, pour établir une liste à peu près crédible, il suffit de lire les journaux et de décortiquer l'activité politique du pays.

Faut r'connaître, c'est du brutal.

SAMEDI 23 – QUEL BORDEL !

Selon Abdallah Zekri, président de l'Observatoire national contre l'islamophobie, les actes islamophobes ont augmenté de 11,3 %, sur les neuf premiers mois de l'année. Les agressions contre des femmes voilées sont de plus en plus nombreuses. Et si, tout simplement, il ne s'agissait que d'actes commis par des musulmans envers leurs femmes, qu'ils ne considèrent que comme des esclaves ? Chut ! Il ne faut pas le dire.

Par contre, on n'aborde jamais les actes de vandalisme commis à l'encontre des monuments religieux catholiques, en France.

Cherchez l'erreur.

S'il en est un qui semble peinard actuellement, c'est Bachar el-Assad. En Syrie, il continue de faire exterminer la population, sans que quiconque ne se manifeste. Il devrait pourtant trembler, car Hollande l'a prévenu qu'il allait se mettre en colère. Le dictateur syrien en rigole encore, car il le sait ; les finances de la France ne permettent plus de seulement remplir les réservoirs de carburant, des navires et avions militaires. Pour ce faire, il faudrait que la France emprunte aux pays arabes, où demande des délais pour le règlement des factures de pétrole. Et là, ça ne sera pas facile comme le dit sans cesse Hollande.

S'ils s'en trouvent que se marrent comme des petits fous, en lisant les discours ineptes de Vallaud-Belkacem, ce sont les proxénètes espagnols. *« En France, tout est un peu plus hypocrite, mais c'est tant mieux pour nous »* affirme l'un des gérants du Paradise, boîte à putes située à La Junquera, à quarante kilomètres de Perpignan. Le Paradise, super bordel disposant de quatre-vingts chambres, est l'un des plus fréquentés du coin, parmi les trente-quatre répertoriés dans la province de Gérone. *« Sanctionner le recours à une prostituée par une contravention à mille cinq cents euros, comme l'envisagent les députés français, c'est ridicule,* affirme t-il. *Mais que la France interdise la prostitution, est une bonne chose pour nous, car les clients français viendront ici. »* C'est d'autant plus intéressant qu'en Espagne, l'essence, le tabac, les vêtements et les vins sont, comme par hasard, nettement moins chers qu'en France. Où comment joindre l'utile à l'agréable.

Il n'y a pas qu'en Espagne que les réseaux de prostitutions se frottent les mains. En Belgique, Luxembourg, Allemagne, Suisse, Italie et Brésil, pays frontaliers de la France, la situation est pratiquement identique.

Il ne s'agit pas ici d'applaudir le proxénétisme, mais simplement de constater qu'une fois de plus, en dehors de nos frontières, tout le monde se fout de la gueule des Français. Ce n'est certainement pas par hasard, mais à force, ça commence à devenir véritablement lassant.

Et si ces dames acceptaient de dévoiler les noms de leurs clients les plus connus, les plus assidus. Par exemple certains parlementaires qui vont voter pour l'application du projet de loi ? Il y aurait vraisemblablement là, de quoi bien se marrer. Côté financier de la farce, ce n'est certainement pas un problème pour eux ; ils doivent probablement faire passer ces débours dans leurs frais de représentation ?

En Bretagne, entre six mille et treize mille manifestants ont défilé dans les rues de Rennes, Lorient, Saint-Brieuc et Morlaix, selon les sources. Le temps qui passe ne fait rien à l'affaire, y compris pour les recenseurs de mécontents. *« Quand on est con on est con. »* Pourquoi ces gens-là défilaient-ils dans les rues des villes bretonnes ? On ne sait trop, sauf pour affirmer qu'ils ne sont pas d'accord. À l'ouest, rien de nouveau.

L'absurdité de ces mouvements, est représentée par le fait que les dirigeants de tous bords, opposés à la non-politique du gouvernement, sont totalement incapables de s'entendre entre eux, alors que l'instant est particulièrement propice pour faire sauter la baraque. Mais non, chacun préfère jouer son petit sous-chef dans son coin. C'est d'autant plus lamentable que les syndicats, dans le secteur privé, ne représentent qu'à peine 1 % des salariés. Donc qu'ils ne sont considérés que comme des moins que rien. L'occasion est pourtant belle de tenter se faire reconnaître avec un minimum de considération. Pauvres mecs !

DIMANCHE 24 – METRO, KOSCIUSKO, BOBO.

La tirade saugrenue est cette semaine carrément invraisemblable. Un véritable sommet de bêtise. Pour parler des avantages représentés par le métro parisien, Nathalie Kosciusko-Morizet a évoqué ces derniers jours : « *Des rencontres incroyables dans le métro parisien, notamment sur les lignes 13 et 8* » qu'elle assure emprunter souvent. « *Le métro est pour moi un lieu de charme, à la fois anonyme et familier. Je ne suis pas en train d'idéaliser le métro, c'est parfois pénible, mais il y a des moments de grâce.* »

Y compris lorsque l'on se fait peloter les fesses, voler son portable ou tabasser ?

Elle aurait voulu nous dire qu'elle n'utilisait jamais ce mode de transport, qu'elle ne s'y serait pas prise autrement. Lorsque l'on sait que des individus atteint d'un tel niveau de platitude, sont élus et risquent de le rester encore pour plusieurs années, cela fait peur à la France.

Une idée lumineuse pour elle, serait que la direction de la RATP lui fasse passer une audition, de façon à ce qu'elle puisse ensuite planter son orchestre dans une station, pour interpréter ses calembredaines. Sur la ligne 8, la station *Filles du Calvaire* peut lui être recommandée ou *Invalides* sur la 13.

Selon saint Jean-François Copé, sauveur de la France en devenir, « *Jean-Marc Ayrault est devenu le maillon faible d'un gouvernement, qui est lui-même sur un bateau ivre.* » Et patati et patata. Certes, il n'existe pas actuellement matière à être rassuré quant à l'avenir du pays, mais s'il ne reste que le programme de Copé pour remettre la France sur des rails parallèles, autant réserver immédiatement sa place pour le prochain voyage vers mars.

Le dicton du jour : « *Parler lorsque l'on n'a rien à dire, reste l'occupation principale d'un politicien.* »

Il n'y a pas que la Garde républicaine qui défile à cheval dans les rues de Paris. En ce dimanche, des milliers de cavaliers ont manifesté dans les rues de la capitale, contre la hausse de la TVA à 20 %, qui va lourdement frapper leur profession, dès le 1er janvier prochain.

LUNDI 25 – ESPIONS LEVEZ-VOUS !

Une information digne d'un Etat totalitaire vient de tomber ! Que l'on en juge un peu : le gouvernement français s'apprête à faire voter un projet de loi de programmation militaire, dont certaines dispositions étendent les possibilités de capter les données numériques de dizaines milliers de personnes par an. En résumé, l'ensemble de la population. Ce qui revient à dire que la police politique, pourra avoir accès à toutes – absolument toutes – les données traitées par les opérateurs d'Internet et de téléphonie.

De la Liberté chérie de la Marseillaise, il ne reste que les paroles. Car pour la réalité du texte, on peut tous aller se faire mettre. D'ailleurs pour partie, cette méthode dictatoriale est déjà en usage puisque, pour un internaute qui enregistre des films ou chansons à partir de son installation informatique, il risque de se faire condamner.

C'est bien la preuve évidente que la police politique espionne les ordinateurs des particuliers.

Etait-il nécessaire que nos aïeux se fassent massacrer, par dizaines de millions, au cours du XXème siècle, pour arriver là ? Que la honte et le déshonneur soient sur les élus du peuple qui voteront ce texte.

Il semblerait, selon les déclarations feutrées de ministres plus ou moins concernés, que JMA aurait décidé, seul, de mettre un plan de réforme de la fiscalité sur les rails, sans en informer quiconque. Pas même le président de la République. Pour une fois qu'il tente d'entreprendre quelque chose, il met carrément à côté de la plaque. Il n'est pas interdit de penser que cette initiative malheureuse, risque tôt ou tard de lui retomber sur le coin de la tronche. D'ailleurs, avec un président normal, il aurait déjà été prié de faire ses valises.

De sus, il a osé – ça s'arrose – organiser la première réunion de cette petite plaisanterie fine, en compagnie d'organisations syndicales. C'est-à-dire avec des groupuscules qui ne sont pas directement concernés par la manoeuvre. Jusqu'à présent, les projets de lois – bons ou mauvais – ainsi que leurs votes, étaient du domaine des parlementaires.

Il va devenir nécessaire de modifier la Constitution.

Comme de bien entendu, 66 % des Français interrogés n'accordent absolument aucune confiance au Premier ministre, pour mener à son terme, cette *éventuelle* forme. Il est vrai que si l'on ajoute les extraordinaires lenteurs administratives qui feront suite aux semaines passées pour organiser les premiers entretiens destinés à trouver les bonnes formules pour préparer les négociations, cela fera bien longtemps qu'Ayrault aura quitté Matignon pour retrouver sa bonne ville de Nantes.

Les *Restos du Cœur* ouvrent ce jour leurs portes. Cette association caritative, créée à l'initiative de Coluche en 1985, inaugure, fort malheureusement, sa vingt-neuvième édition. Cette année, il est prévu d'offrir environ un million de repas. Ce chiffre est en constante augmentation. Que dire de plus, s'il n'est que les politiciens se foutent carrément, comme de leur première promesse électorale non tenue, de l'état de détresse où se trouve une nuée de citoyens. Le comble, est que s'il existe des pauvres, c'est qu'ils les ont créés !

MARDI 26 – VERT, COULEUR DU DESESPOIR.

« J'ai pris la lourde décision de ne pas me représenter en mars, pour ne pas me résoudre à des compromis. » Cette déclaration est de Dominique Voynet, qui est maire de Montreuil depuis 2008. C'est beau ; c'est même grandiose. Si l'on analyse quelque peu sa situation, la vérité semble tout de même légèrement différente. En 2017, s'appliquera – en principe – la loi sur le non cumul des mandats. Et comme elle fut sénatrice jusqu'en 2011, il n'est pas impossible d'admettre qu'elle souhaite retourner vers cet établissement pour politiciens à recaser. D'autant que, lorsque l'on fait les comptes, il apparaît clairement qu'il est nettement plus intéressant de siéger au Palais du Luxembourg, plutôt que rester premier magistrat d'une ville.

CQFD.

L'ex-présidente de la méridienne verte commença sa vie professionnelle dans le milieu médical, et se spécialisa dans l'anesthésie. Ce qui pourrait expliquer la suite de son parcours tourmenté. Alors qu'elle se présentait aux élections présidentielles de 1995, elle n'obtint péniblement que 3,31 % des voix au premier tour. Score guère encourageant pour préparer un plan de carrière menant jusqu'à l'Elysée. C'est pourquoi, en 2002, ses collègues environnementaux lui préfèrent Noël Mamère qui lui, porta le score à 5,24 %. C'était toujours ça de pris. C'est pourquoi, en toute logique politicarde, les Verts ressortirent Dominique de la Naphtaline pour les présidentielles de 2007. Et là, catastrophe : elle n'atteignit minablement que 1,57 % des suffrages. Elle décida alors de changer de décors, et jeta son dévolu vers de nouvelles missions dangereuses devant, espérait-elle, lui permettre de consoler ses peines.

Auparavant, entre les années 1989 et 2004, elle avait été élue locale de France Comté. Née à Montbéliard, il est possible d'en déduire qu'il existait jusqu'ici une certaine logique. Cette position lui permit surtout de tenter se faire un nom, puis devenir seconde spécialité régionale, après la fameuse saucisse de même nom, fumée à la sciure de bois, et délicieuse à consommer avec des lentilles ou de la salade. Verte de préférence. C'est ainsi qu'elle parvint à se présenter puis se faire élire à la position confortable de député européen, entre 1989 et 1991. De quoi pouvoir peinardement ouvrir un plan épargne/logement.

Sa région natale étant réputée pour son climat rigoureux, elle émigra vers la Seine Saint-Denis où, précautionneuse, elle parvint à devenir sénateur dès septembre 2004. Prudence est mère de sureté. Donc, suite à son échec retentissant lors des présidentielles de 2007, elle décida de donner un nouvel élan à sa carrière d'héroïne salvatrice de la planète bleue, noire de monde, tout en conservant l'objectif de la repeindre en vert, dans le but que les populations puissent voir la vie en rose. Remettez-nous ça la patronne, un petit jaune pour tout le monde. Ainsi, elle prit le risque, somme toute mineur, de s'attaquer à la maire de Montreuil, et pour cela jura/cracha devant ses électeurs potentiels, que si elle était élue, elle se dévouerait corps et âme (mon Dieu !) totalement à sa commune d'adoption. Cela pouvait sembler crédible, puisqu'elle avait toujours soutenu un *éventuel* projet de loi, concernant le non cumul des mandats, en concordance avec les statuts des Verts, qui interdisent de coiffer plusieurs casquettes les unes sur les autres.

Fais ce que je te dis, mais ne fais pas ce que je fais. Elle s'appliqua cet adage à elle-même. Devenue maire de Montreuil en mars 2008, en dépit de ses promesses et engagements politiques, elle entra en rébellion contre sa parole donnée, ainsi que contre le règlement de son parti et, quelle surprise, refusa de démissionner de son mandat de sénateur.

Rien que du classique, rien de révolutionnaire là-dedans.

Il y a plusieurs années, au temps où la verte Voynet était encore interviewée, elle déclara un jour, toute fière d'elle, sur les ondes de France Inter : qu' « *il fallait en France, accorder un statut officiel à l'épouse du président de la République, à l'instar des pays d'Europe du Nord.* » Il serait fort intéressant de connaître les avantages que peuvent en retirer les épouses des présidents du Royaume Uni, des Pays-Bas, de Belgique, du Luxembourg, du Danemark, de Suède ou de Norvège ?

La France se remettra-t-elle de cette décision, lourde de conséquences pour son futur ?

Le Drian annonce l'envoi d'un millier de soldats français en Centrafrique. Il en reste encore de disponibles ? Et pour le montant des frais occasionnés par cette lubie, où va-t-on trouver les liquidités ?

MERCREDI 27 – LA JUSTICE SELON LE GOUVERNEMENT FRANÇAIS.

- Il est 22 heures 30 dans un petit village de Provence. Daniel, plombier de 52 ans, arrive à petite vitesse à un stop, au volant de sa Renault Mégane. Il freine, regarde à droite, à gauche. Il ne voit personne à l'horizon, ralentit encore puis redémarre. Surgit alors un gendarme bien planqué, qui n'attendait que l'occasion de sévir. Il fait signe à Daniel de s'arrêter. Le pendore explique à Daniel que son véhicule ne s'est pas totalement immobilisé au stop. Résultat des courses : cent trente-cinq euros d'amende et quatre points de perdus sur son permis de conduire.

- À quelques kilomètres de ce délit insupportable, commis par un individu hyper dangereux pour la société, dans les quartiers Nord de Marseille, M.B., « *récidiviste bien connu des services de police* », de profession chômeur de naissance, s'amuse au volant d'un 4X4 BMW X6 flambant neuf, au prix catalogue de cent vingt mille euros. Il arrive devant le commissariat de police, accélère encore, et passe sous le nez des policiers qui n'interviennent pas. M.B. peut continuer ainsi tant qu'il le souhaite, car il sait qu'il n'a rien à craindre.

- Un récidiviste qui conduisait sans permis, à Carcassonne, se fait contrôler par hasard par la police. Placé en garde à vue, l'individu insulte les policiers, se jette sur eux, et tente même d'en étrangler un. Les policiers le remettent en liberté. Quelques heures plus tard, ce même malfaiteur est arrêté par le vigile d'un supermarché, alors qu'il venait d'agresser une personne et lui voler son téléphone portable. La police vient le chercher, puis le relâche de nouveau. Il rentre alors chez lui, s'équipe d'une matraque, et retourne au centre commercial. Pour se venger, il s'attaque alors physiquement au personnel. Après sa troisième arrestation dans la même journée, il lui est signifié, avant d'être relâché, qu'il *pourrait* être jugé selon la procédure de comparution immédiate.

- Une jeune fille se promène place de l'Horloge à Avignon. Soudain, elle sent des bras puissants s'emparer d'elle. Un homme la plaque contre un mur, puis tente de la violer. Heureusement, un passant témoin de la scène, alerte la police qui parvient à arrêter l'agresseur. Il s'agit de Sélim A., déjà condamné soixante trois fois par la justice. Mais à chaque fois, il a été systématiquement remis en liberté.

- Des policiers décident d'interpeler des trafiquants de drogue qui sévissent au grand jour dans la cité des Tarterêts. (Essonne). Soudain, une soixantaine de *jeunes* surgissent des immeubles alentour. Ils ont le visage dissimulé et sont armés de barres de fer. L'un d'eux, empoigne un policier, lui arrache son casque, et l'immobilise au sol. Aidé de plusieurs complices, il essaye de tuer le malheureux policier à coups de marteau sur la tête. Le policier a juste le temps de se protéger avec ses mains. Grièvement blessé, il est miraculeusement sauvé par des collègues. Les coupables sont arrêtés et déférés devant le juge. Cinq jours plus tard, le verdict tombe : le juge décide de tous les remettre en liberté. Les d'un agresseur en était pourtant à la dixième condamnation en justice.

Alors que Peugeot vient de fermer son usine d'Aulnay, et qu'il est demandé aux salariés de PSA d'accepter des sacrifices, le patron du Groupe, Philippe Varin, qui prendra sa retraite le 1er avril 2014, après quatre années de durs labeurs, va pouvoir bénéficier d'une retraite chapeau de vingt et un millions d'euros. *« Rien que de très normal »* annonce la direction, qui souligne que *« Philippe Varin a consenti des efforts sur sa rémunération. »* Quelle aubaine pour le groupe ! Quant aux résultats obtenus, il semble préférable de nos pas trop s'étendre sur le sujet, tellement ils sont catastrophiques.

C'est ce qui s'appelle se foutre de la gueule du monde.

MAIS ! Face au tollé général provoqué par cette situation invraisemblable, en fin de journée, le sieur Varin a décidé de faire abstraction de ce pactole. Il se murmure ici et là, que c'est Hollande en personne, qui lui aurait prodigué quelques conseils de bienséance. Il ne fait aucun doute que d'ici quelque temps, lorsque cette histoire sera passée aux oubliettes, une petite gratification viendra compenser ce manque à gagner.

Le marché de l'immobilier s'écroule en France. On dit merci qui ? Le nombre de logements neufs mis en chantier, entre novembre 2012 et octobre 2013, est en net repli de 9 %, par rapport à la même période précédente. Et ce n'est pas terminé : pour les mois à venir, le nombre des permis de construire accordés, toujours pour les logements neufs, a chuté de 23 %, entre août et octobre, comparé à la même période un an plus tôt.

Quant le bâtiment ne va pas, rien ne va. Ce n'est qu'une simple constatation.

Service-Public.fr, cite officiel de l'information légale et administrative communique : *« la plateforme téléphonique du 39 19 qui a pour objectif d'orienter les femmes victimes de violences est ouverte du lundi au samedi de 9 heures à 22 heures. »*

« Ce numéro est gratuit depuis tous les téléphones fixes (et certains mobiles). Il est invisible sur les factures adressées par les opérateurs de téléphonie. Cette plateforme d'écoute anonyme est censée répondre à toutes les formes de violences (physiques, verbales ou psychologiques, agressions sexuelles et viols). Il s'agit

de permettre aux femmes victimes de violences, grâce à une information appropriée sur les démarches à suivre et sur le rôle des intervenants sociaux. »

Avis aux femmes battues : essayez de faire le maximum pour ne pas vous faire dézlinguer le portrait, entre le samedi 22 heures 01, et le lundi matin 9 heures 01. C'est pourtant le dimanche, lorsque les sauvages ne bossent pas, qu'ils disposent de davantage de temps pour laisser libre cours à leurs instincts bestiaux primaires. Surtout lorsqu'ils sont défoncés comme des terrains de manœuvres.

JEUDI 28 – CARNET ROSE.

Dans le cadre des festivités organisées par les services du grand banditisme organisé, le gouvernement français est heureux de vous annoncer le baptême de la *Taxe annuelle pour la gestion des eaux pluviales urbaines.*

« Les propriétaires sont redevables de la taxe. La taxe n'est pas répercutable directement sur les locataires. Il conviendra d'échanger entre propriétaires et locataires, toute information concernant d'éventuels dispositifs de rétention ou de limitation de débit ou de traitement des eaux pluviales, ainsi que l'évolution des surfaces imperméabilisées, afin de justifier de bonnes pratiques et de dresser l'état du terrain au regard de la problématique eaux pluviales, afin de pouvoir bénéficier d'abattements. »

Prochains épisodes : la taxe sur les grosses chaleurs, la taxe sur le gel, sur la neige, sur le verglas, le brouillard, la foudre et les tempêtes.

Pour prendre encore plus de pognon, ils devraient instituer une taxe sur la connerie. Elle est très répandue.

Rappelons simplement que Fabre d'Eglantine, révolutionnaire assoiffé de sang, mais surtout affairiste dénué de tous scrupules, auteur de la célèbre chanson *Il peut bergère* fut guillotiné le 5 avril 1794. Cela fera trois cent vingt ans, en avril prochain. Ça s'arrose.

La justice française a ordonné aux fournisseurs d'accès et moteurs de recherches Internet, de bloquer les sites streaming de films et séries. La présence décision doit s'appliquer, sans délai, et au plus tard dans les quinze jours, à dater de la signification de la présente décision.

Petite précision : les fournisseurs d'accès et moteurs de recherches Internet, ont déjà bloqué les sites streaming de films et séries, depuis quelque temps.

En Allemagne, le moral des consommateurs se porte de mieux en mieux. Ici se trouve la preuve évidente qu'il est bénéfique, pour un pays, de perdre deux guerres mondiales en trente ans. Ce n'est pas pour autant que la France puisse se présenter en vainqueur, car sans les alliés, nous serions allemands depuis maintenant quatre-vingt-quinze ans. Donc nous serions plus riches.

Selon l'institut GfK, la situation devrait continuer de s'améliorer au cours des prochains mois. L'indice retenu devrait être de 7,4 points, soit son niveau le plus élevé de puis six ans. *« Les consommateurs s'attendent visiblement à ce que la progression de l'économie allemande, d'un rythme modéré actuellement, prenne de plus en plus d'ampleur au cours des prochains mois »* a commenté l'institut dans un communiqué.

Selon les dernières prévisions de croissance des cinq « Sages » qui conseillent le gouvernement allemand, une hausse de 1,6 % du PIB est attendu en 2014, après 0,4 % cette année.

Le doyen des juges d'instruction du Tribunal de grande instance de Paris, a jugé irrecevable, la plainte déposée par Xavier Kemlin en avril dernier, contre Valérie Trierweiler. Le plaignant considère pourtant cette affaire comme un véritable scandale d'État. En effet, la copine du président qui, légalement, ne représente absolument rien d'autre qu'un citoyen lambda, est pourtant logée, nourrie, et dispose de six personnes pour son service personnel, employées à temps complet à l'Elysée, donc payées par les contribuables.

Peut-être qu'elle entre dans les statistiques de l'inversion de la courbe du chômage, promise par Hollande, pour la fin de cette année ?

Xavier Kemlin annonce que si cela est nécessaire, il ira jusqu'en cassation.

Dans tous les cas, une chose est certaine ; en dehors de la France, une situation de ce genre ne risque pas de se produire. Vive la république bananière française !

VENDREDI 29 – RETOUR VERS LE STALINISME.

Avis aux amateurs de tatouages. Désormais, pour les couleurs chatoyantes, c'est terminé. Grâce à l'action admirable du gouvernement, les adeptes de cet art devront désormais se contenter du noir et du blanc. Après l'interdiction de fumer, d'aller aux putes, de boire un bon coup, il ne sera plus possible de se faire tatouer sa propre peau, comme chacun peut le souhaiter.

Et ce n'est pas terminé. L'on commence à parler désormais de la possibilité d'installer une boîte noire – en gros un mouchard – à l'intérieur des voitures neuves. Cela revient à dire que ce projet verra le jour. Il ne reste qu'à déterminer la date. Aucune contestation possible, ce gouvernement possède le sens des priorités.

C'est honteux, scandaleux, dégueulasse. Ce n'est rien d'autre que de l'espionnage politique. Et pourquoi pas également un mouchard dans nos plumards, pour contrôler les moments où l'on baise, et dans quelles positions ?

C'est limite bizarre qu'ils n'aient pas encore pensé à taxer les éjaculations.

Monsieur le président, messieurs les ministres, messieurs les parlementaires, vous semblez oublier l'essentiel. C'est le peuple qui vous nourrit, et non point l'inverse. Vous êtes à notre service et non point l'inverse. Vous avez des comptes à nous rendre et non point l'inverse. Si des mouchards doivent être installés dans les véhicules, il est indispensable qu'ils soient mis en place prioritairement dans vos voitures de fonction, étant donné que ces berlines sont la propriété de la République, et non point la votre. Il est donc totalement logique que nous puissions contrôler que vous n'utilisez pas ces berlines à titre personnel. Par exemple pour vous rendre au Bois de Boulogne ou de Vincennes.

Juste pour mémoire, en Allemagne, un ministre qui utilisait son véhicule de fonction durant les week-ends, s'est retrouvé dans l'obligation de démissionner.

C'est face à des décisions d'une telle hardiesse, que l'on peut admirer le travail en profondeur effectué par JMA et sa clique. Ils auraient pu, par exemple, s'attaquer à certains détails négligeables, tels le chômage ou la réduction de la dette de l'État. Eh bien non ; ils ont osé prendre en charge les dossiers les plus importants, tels le mariage gay ou les couleurs des touages. Ils sont vachement gonflés les mecs !

C'est maintenant au tour des auto-écoles de manifester leur mécontentement. À Paris, ils bloquent partiellement le boulevard périphérique. Principal motif des revendications : les lenteurs administratives avant de pouvoir permettre aux élèves de passer l'examen du permis de conduire. C'est fort surprenant.

Il est classique, entre autres aberrations, de voir un dossier de demande adressé à une préfecture, revenir à l'auto-école, sept semaines plus tard, accompagné d'un refus. Motif : la signature du document est bleue alors qu'elle doit être apposée à l'encre noire. C'est qu'il en faut du temps pour analyser une couleur. Peut-être qu'ils n'embauchent que des daltoniens dans ces services ?

S'adressant aux fonctionnaires, Pompidou disait « *Arrêtez d'emmerder les Français.* » Malheureusement, il n'a jamais été entendu.

Gérard Vignol, maire UDI de Wasquehal, a été condamné à dix huit mois de prison avec sursis, et trente mille euros d'amende, pour détournements de fonds publics, par le tribunal correctionnel de Lille. Son épouse, employée par la mairie de cette même ville, a été condamnée à huit mois avec sursis, et seulement cinq mille euros d'amende.

Encore un nom à rajouter sur la liste des élus, exceptionnellement condamnés par la justice.

Le dicton du jour : *« Les citoyens les plus heureux en France sont les croyants, car ils sont persuadés que les sinistres individus qui leur pourrissent la vie seront dévorés par les flammes de l'enfer pour l'éternité. »*

SAMEDI 30 – CE N'EST PLUS DE LA VALLS, C'EST DU ROCK.

Les cambriolages et les vols à la tire continuent d'augmenter en France, selon le dernier bilan mensuel de l'Observatoire national de la délinquance et des réponses pénales. (ONDPR).

Les fonctionnaires ne peuvent être partout à la fois. Il s'agit de faire un choix. Et le choix du gouvernement, c'est de faire du fric. L'essentiel des missions reste donc concentré sur la surveillance des parcmètres et des radars. C'est facile, ça rapporte gros, et c'est vachement moins dangereux que faire la chasse aux truands ou aux petites frappes, dans les quartiers louches.

Justement, dans ce contexte, nous apprenons que l'appartement de Rama Yade, situé à Garches, dans les Hauts-de-Seine, a été cambriolé. Pour l'instant, la police ignore si l'ex-ministre était visée. Effectivement, c'était peut-être un voisin qui se trouvait dans le collimateur des voleurs ? Ce qui est certain, est que les cambrioleurs sont repartis sans emporter des biens de valeurs, alors que le logement a été totalement retourné et fouillé. Bien entendu, une enquête a été ouverte.

Qui pouvait avoir intérêt à commettre un tel délit :

- Le PS. ?
- L'UMP ?
- Le FN ?
- Les Verts ?
- La police politique ?
- Des SDF ?
- Les abonnés au Journal de Mickey ?
- Les éjaculateurs précoces ?
- Une autre association ?

À Glasgow, en Ecosse, un hélicoptère de la police s'est écrasé sur un pub. Huit morts ont été retrouvés, et trente deux personnes sont hospitalisées, dont certaines dans un état grave. Dans un monde où les livreurs de pizzas sont plus efficaces que les flics, niveau rapidité d'intervention, on ne va pas crier au scandale parce que, pour une fois, les policiers se trouvaient être les premiers arrivés sur le lieu du drame.

Aucun nouvel assassinat à comptabiliser durant ce mois, en Corse. Même dans l'Île de Beauté, les traditions se perdent. C'est désespérant. Nous resterons donc à seize macchabées. Dans le département des Bouches-du-Rhône, trois nouveaux cadavres sont partis rejoindre leurs collègues de travail. Ce qui porte le total à vingt-cinq. Il ne reste qu'un mois aux Corses pour tenter de refaire leur retard, mais avec neuf morts en moins, la mission semble quasiment impossible.

Suite au congrès de Caen, Emmanuelle Cosse a été élue secrétaire nationale d'Europe Ecologie-Les Verts. Signe particulier : militante. Cette promotion fait suite, bien entendu, à de multiples intrigues pas systématiquement avouables. Sauf à être encarté, tout le monde s'en fout, car les écolos ne représentent qu'un groupuscule mineur. Ce qui ne les empêche pas de semer la zizanie dans le pays, face à Hollande qui n'ose intervenir, tant il a la trouille de perdre leurs voix, lors des votes à l'Assemblée nationale.

Dans la foulée, nous apprenons que 74 % des Français ont une mauvaise opinion de Cécile Duflot. Quelle surprise ! Le ministre du Logement est la personnalité politique la moins populaire du gouvernement parmi les douze testées par BVA, 69 % trouvent qu'elle est une mauvaise ministre, et qu'elle représente un handicap pour le gouvernement.

Parmi les *qualités* retenues à son égard, nous découvrons qu'elle est jugée : *trop perso – arriviste – bobo – incontrôlable – trop politicienne – arrogante et sectaire.* Quelle carte de visite ! Avec de telles références en poche, il lui sera compliqué de trouver un job, lorsqu'elle se fera éjecter de la bande à Ayrault.

Dicton pour finir le mois : *« Sans les politiciens, les militaires et les religions, la Terre serait un véritable Paradis. »*

DÉCEMBRE

DIMANCHE 1ᵉʳ – ÇA FOUT LES BOULES.

Comme chaque année au mois de décembre, les rues de nos cités vont briller de mille feux, dès la nuit tombée. Cela se poursuivra jusqu'au réveillon de la Saint-Sylvestre, puis encore durant les premiers jours du mois de janvier. Mais que font donc les écolos ! N'est-ce donc pas un gaspillage énergétique insensé que toutes ces illuminations. Cela doit cesser immédiatement : haro sur les fêtes de fin d'année !

La première mesure à prendre, est de reporter Noël au solstice d'été, le jour où la nuit est la plus courte, soit généralement le 21 juin. Il en est ainsi, un jour c'est un jour, une nuit c'est une nuit, mais dans un jour il y a le jour et la nuit. Donc de réduire considérablement la consommation d'électricité sur toute l'étendue du territoire national, que ce soit pour le secteur public ou privé. La seconde idée serait d'arrêter l'année le 28 décembre, puis commencer la suivante le 3 janvier. Que d'économies seraient ainsi réalisées !

Même les groupuscules Verts n'y ont pas pensé. Cela permet de constater, une fois de plus, qu'ils n'ont rien de nouveau à proposer, pour tenter de crédibiliser leur présence.

Petite remarque sans grand intérêt, à l'attention des écolos de toutes les tendances vertes, et Dieu sait si elles sont nombreuses : plusieurs substances sont maintenant interdites de séjour, dans la composition des produits lessiviels. Conséquence de quoi, il devient nécessaire de laver deux ou trois fois le linge, avant de parvenir à faire disparaître les tâches les plus rebelles, notamment celles occasionnées sur les chemises et tee-shirts, par la consommation des plats du jour dans les cantines pompeusement renommées restaurant. Résultat : davantage de consommation d'eau et d'électricité. Pour une mesure clairvoyante, c'est une mesure d'une clairvoyance remarquable ! Ce qui est certain, est que les fabricants de produits chimiques remercient les Verts bien pâles, pour cette initiative progressiste.

Également bravo, pour l'interdiction de la distribution gratuite de sacs plastiques dans les supermarchés. À l'arrivée, on trouve toujours autant de ces produits en circulation ; la seule différence est que maintenant, il est nécessaire de les payer. Peut-être que certains écolos possèdent des actions, dans une fabrique d'emballages synthétiques ?

Est-ce que Hollande mérite de se voir décerner – encore – la palme de la meilleure tirade saugrenue de la semaine ? C'est délicat, car il est tout de même président de la République ; il doit donc posséder quelques relations bien placées. Et pour lui, les mauvaises notes ne cessent de s'accumuler. Nous allons finir par croire qu'il en fait exprès. Il semble donc incongru d'insister lourdement ; il est suffisamment grand pour se décrédibiliser seul. Puis c'est parfois une bonne chose, que de savoir faire preuve de mansuétude. Toutefois, pour qui désire être plus amplement informé, il suffit de consulter l'actualité politique du jeudi 28 novembre. Ça vaut la peine de consacrer quelques brefs instants à la lecture de la prose politicienne hollandaise de cette journée.

Mais attention : ce n'est pas une obligation.

Le cas de l'Islande a déjà été abordé. Pourtant, une suite s'impose. Le gouvernement de ce pays a annoncé la mise en place d'un plan pour alléger les dettes des ménages qui ont contracté un emprunt immobilier, pouvant aller jusqu'à vingt quatre mille euros. Environ 80 % des ménages vont bénéficier de cette mesure. Mais, tous les citoyens vont tirer profit de la situation, et voir leur pouvoir d'achat accru, grâce à l'excellente croissance économique enregistrée, a déclaré le Premier ministre, Sigmundur David Guunlaugsson. (Pas évident à retenir.) Ce plan était la principale promesse électorale du Parti du progrès (centre), victorieux aux élections législatives du mois d'avril dernier.

Qui a osé dire que tous les politiciens ne tenaient jamais leurs promesses ; en France, certes, c'est monnaie courante, mais hors de nos frontières, c'est totalement différent.

Marisol Touraine annonce une baisse de la TVA sur les préservatifs. Ne riez pas, c'est sérieux. Et surtout c'est génial ; les infidèles vont pouvoir baiser un peu plus souvent pour le même prix. Est-ce que cette mesure sera financée par l'amende de mille cinq cents euros, qui doit être infligée aux clients des tapineuses ? Cela n'a pas été précisé.

Dans le même temps, nous apprenons qu'Emilie est née ce matin à six heures, sur l'île de Sein. En un tel, lieu, tout laisse à supposer que le bébé sera allaité par sa maman. Question approvisionnements, c'est préférable, surtout en cette période de l'année, où la mer est souvent agitée. Cette information revêt une importance primordiale, alors qu'il est précisé que c'est la première naissance, depuis trente cinq années, sur cette île.

La vie d'épouse de pêcheur impose de nombreux moments de solitude, donc de frustration. Et malheureusement, le manque de résultats suit. Comment faire pour tromper son mari, parti en mer pour nourrir sa famille grâce à son dur labeur, sur un territoire de cinquante-six hectares au maximum, et peuplé selon l'Insee, par environ cent quatre-vingts habitants l'hiver, sans se faire remarquer du voisinage ?

À Paris, le Front de gauche organisait ce jour une manifestation contre la fiscalité débordante. Selon les grands chefs rassembleurs, plus de cent mille personnes ont participé à cette marche anti-impôts. Sept mille, selon la police. Tout commentaire est inutile, tellement nous atteignons ici les sommets du ridicule. D'un côté comme de l'autre, ils ne changeront hélas jamais.

LUNDI 2 - COURRIER DU CŒUR.

Très cher Père Noël.

Je dois humblement t'avouer que cela fait maintenant plusieurs décennies que j'éprouve le sentiment d'avoir véritablement cessé de croire en ton existence. Ce qui est par ailleurs, fort regrettable, car je te dois quelques instants à classer parmi les plus merveilleux de ma vie.

Toutefois, ayant conservé une âme d'enfant, il subsiste en moi un léger doute. Aussi minime soit-il. C'est pourquoi, à tout hasard, je me permets de te faire parvenir cette petite lettre intimiste.

À titre personnel, pour Noël, je ne te demande aucun cadeau, aucune faveur particulière. Ton dur labeur, même s'il n'est que saisonnier, est et doit rester prioritairement réservé aux enfants. Ils en ont tant besoin, avant de subir les dures réalités de la vie, imposées par les castes dirigistes.

Simplement, une idée est venue germer dans ma tête : lorsque ta tournée sera terminée, ta hotte sera aussi vide que le compte bancaire d'un salarié, après le passage des fermiers généraux. Pourquoi donc faire le voyage retour à vide, s'il existe une possibilité de rentabiliser ce déplacement ?

Ne te serait-il pas possible d'emporter François Hollande et Jean-Marc Ayrault avec toi, sur un coin de ton traineau, afin de les laisser ensuite se reposer tranquillement au centre de la Laponie, entre les ours bruns, les gloutons et les rennes. Là où la température peut descendre jusqu'à moins 40°C l'hiver ? Bien entendu, le peuple de France, dans sa grande mansuétude, assurerait la fourniture de vêtements appropriés et de boissons chaudes. Au contraire de leurs dirigeants, les gens du peuple possèdent une âme. Cela représenterait, de sus, un cadeau royal que tu offrirais aux Français, qui en ont tant besoin, en cette période anormalement restrictive.

Par avance, je te remercie de bien vouloir prendre mon courrier en considération, tout en te précisant qu'en cas de réponse positive de ta part, la lettre de remerciement qui te sera ensuite adressée, comportera des millions de signatures.

Je te prie de croire, très cher Père Noël, à l'assurance de ma profonde admiration et ma reconnaissance éternelle.

Un ami qui t'admire profondément, et ne souhaite que le bonheur de ses semblables.

D'après un sondage Ifop/Le Figaro, 57 % de Français trouvent qu'il y a trop de fonctionnaires dans notre pays. 43 % pensent le contraire ; ils sont probablement fonctionnaires. Rappelons tout simplement que, au sein des pays du G8, les fonctionnaires représentent 13 % de la population active, contre 27 % en France. Ce qui revient à constater que, là où il est nécessaire de mettre un fonctionnaire à l'étranger, il est obligatoire d'en mettre deux en France. Bonne sieste. Dans le meilleur des cas, car les gratte-papier sont nettement plus dangereux lorsqu'ils se réveillent.

Voici un exemple tout simple, du pouvoir de nuisance représenté par la bureaucratie : nous entrons actuellement dans l'ère des éoliennes marines. Lorsqu'un marché a été attribué, il est nécessaire de mettre en place l'ensemble des procédures administratives locales, avant d'entreprendre les travaux d'installation. Pour l'ensemble de ces formalités, le délai est d'environ deux années en Grande Bretagne ou en Allemagne, contre six voire sept années en France. Pendant que les pays industrialisés exportent leurs productions, les fonctionnaires françaises fabriquent des normes.

Cela ne donne pas l'envie d'entreprendre. D'ailleurs, plusieurs sociétés concernées ont déjà fait savoir que, si les conneries conti-nuaient ainsi, elles iraient fabriquer le matos hors de nos frontières.

MARDI 3 - DIRECT DU GAUCHE.

Nous apprenons que l'interview de Mélenchon, réalisée dimanche dernier par TF1, était mise en scène de toutes pièces par la maison Bouygues. Elle a en effet été enregistrée à 13h05, alors que la manifestation antifiscale du meilleur comédien de la troupe gauchiste, ne débutait qu'à 13h30. Sur ce document, on découvre également que seuls quelques manifestants se trouvent derrière lui, et aucun sur les côtés. Ce qui est parfaitement logique, puisque le départ du cortège ne se trouvait qu'à environ cent cinquante mètres plus loin, et que donc, ces figurants ne se sont déplacés qu'uniquement pour être présents sur le film publicitaire, tourné à la gloire de ce personnage de mauvaise bande dessinée.

TF1 serait donc devenu gauchisant, depuis le départ de Sarkozy ?

Note : soixante et onze sur cent. Selon le rapport de Transparency international, c'est l'indice de perception qui est attribué à la France, et qui permet de faire de notre pays, le 22° moins corrompu de la planète, parmi cent sélectionnés. Ce n'est pas si mal, finalement. Ou peut-être tout simplement chanceux. Car si les experts avaient pris le temps d'approfondir davantage leurs travaux, tout laisse à supposer que nous aurions perdu encore quelques places dans cette liste funèbre. Ce qui est certain, est qu'en Europe, pour une fois, la France se place tête de série.

C'est si rare que ça méritait d'être signalé.

Juste histoire de dire, le classement des pays les moins corrompus s'établit ainsi (pour les meilleurs) :

1° - Danemark et Nouvelle-Zélande.
3° - Finlande et Suède.
5° - Norvège et Singapour.
7° - Suisse
8° - Pays-Bas.
9° - Australie et Canada.
11 - Luxembourg.

Et donc, la France se trouve en 22ème position. Mais que fait la police ?

Il est à remarquer qu'au sein de ce classement, plusieurs pays sont classés dans la liste noire des paradis – dits – fiscaux. Et si l'on répertoriait plutôt les pays où se pratique l'escroquerie fiscale à outrance ? Dans ce cas, une seconde fois, la France arriverait en tête.

Mais pourquoi donc montre-t-on du doigt ces paradis fiscaux, alors que leurs résidants ne se sentent absolument pas lésés. Bien au contraire. Est-ce que les citoyens d'Andorre, de Gibraltar, de Guernesey, de l'île de Man, de Jersey, du Liechtenstein, du Luxembourg, de Monaco, de San-Marino ou de Suisse se plaignent de payer moins d'impôts, et de jouir paradoxalement d'un pouvoir d'achat plus élevé qu'ailleurs ?

Une seule et unique constatation s'impose pour les populations lambda : plus on paye d'impôts, plus on vit mal. Il en ressort une certitude ; en France il doit y avoir des fuites. Il semble maintenant grand temps d'élire un plombier à la présidence de la République.

D'après Le Drian, le chaos s'est installé en Centrafrique. La France, gendarme autoproclamé de l'Afrique, va militairement prendre la situation à son compte, pour tenter de rétablir un ordre républicain. Défense de rire. Financièrement, l'ONU devrait participer à la casse. Enfin, c'est ce que l'on dit du côté du gouvernement, mais c'est encore fort loin d'être une certitude. Encore une fois, le petit soldat Hollande va dilapider l'argent que le pays ne possède pas, pour faire joujou à la guéguerre, et s'occuper de ce qui ne la regarde pas. Simple petite remarque à l'attention du ministre de la Défense : le chaos commence également à s'installer en France. Est-il possible de faire appel aux casques bleus, et présenter la note à l'ONU. Ne serait-ce que pour faire régner l'ordre républicain dans les banlieues ?

En règle générale, selon le pays, éventuellement ce que renferme son sous-sol, un tyran n'est pas traité de la même façon par la communauté internationale. Au Mali, au Centrafrique, assassiner n'est pas bien. En Corée du Nord, c'est accepté, en Iran également. En Syrie, c'est finalement toléré.

L'Insee confirme qu'en France, le taux de chômage atteint désormais 10,5 % de la population active. Il est en hausse de 0,1% pour le troisième trimestre 2013. Il semblerait que cette administration ne respecte pas la courbe décidée par le président de la République. Un changement s'impose à la direction de cet organisme.

Alors qu'en France, les rappeurs, le plus souvent d'origine étrangère, s'en donnent à cœur joie pour insulter le pays qui les accueille, sans que le moindre ministre ne lève le petit doigt, en Tunisie, Weld el-15 vient d'être condamné à quatre mois de prison ferme, pour atteinte aux bonnes meurs et outrage à fonctionnaires de police. Il lui est reproché d'avoir *chanté* des textes insultants pour les autorités, et d'avoir adressé des gestes obscènes envers des policiers, lors d'un concert à Hammamet.

Lorsqu'il sortira de cabane, il aura la faculté, s'il le souhaite, de poursuivre sa carrière artistique en France. Un accueil chaleureux l'attend au ministère de la Culture.

MERCREDI 4 - V.S.O.P.

Selon JMA, la droite n'a rien fait pour la Bretagne entre les années 2002 et 2012. Tout à fait confidentiellement, si cette situation délétère ne pouvait se résumer qu'à cette unique province, les difficultés seraient plus simples à résoudre. « *Arrêtez de nous faire la leçon, l'incompétence et l'impuissance, ça suffit !* » a-t-il répondu au député UDI, Thierry Benoit, qui l'interrogeait sur le problème breton.

Il est vrai que, niveau incompétence, si l'on accepte d'occulter le futur aéroport de Nantes, Ayrault sait de quoi il parle. Par contre, s'il décide de mettre en place un pacte en faveur de la Bretagne, pourquoi ne pas adopter de mesures identiques envers l'Alsace, l'Auvergne, la Normandie, les Landes, le Nord, les Alpes, les

Vosges, la Corse, les Pyrénées ou autres régions ? Une explication rationnelle, serait la bienvenue.

Sauf s'il désire dépecer le pays en parcelles indépendantes.

En février 2011, quelques semaines avant d'annoncer sa candidature à la tentative de sélection primaire socialiste, en vue des futures élections présidentielles, François Hollande se faisait opérer de la prostate. Sans conséquence et sans suivi médical annonce aujourd'hui l'Elysée. Niveau santé, si tel est le cas, et bien très sincèrement, tant mieux pour lui. D'autant que s'il devait disparaître prématurément, il laisserait derrière lui de nombreuses veuves et orphelins. Mais alors, pourquoi avoir caché cette intervention bénigne durant bientôt deux années ? Pourquoi faire une telle annonce maintenant ? À moins qu'il ne s'agisse tout simplement que d'une tradition socialiste, puisque nous avions déjà connu une situation sensiblement identique avec François Mitterrand.

Et puis, s'il y a polémique quant au bien fondé de cette annonce, et les commentaires qu'elle déclenche, rappelons qu'avant même d'être élu, le président lui-même s'est engagé à publier son bulletin de santé tous les six mois. Nul ne lui a imposé cette procédure. Remarquons simplement que c'est encore une promesse non tenue. Il est fort contrariant qu'une fois de plus, nous constations que le mensonge fait intrinsèquement partie de la vie politique française. Certains pensent que ça commence à représenter beaucoup de mauvais exemples.

Doit-on pourtant en conclure que la prostate est un organe de gauche ; ce qui voudrait dire qu'avec les socialos au pouvoir, le destin de la France est suspendu à cette petite glande du système génital présidentiel. Niveau purement médical, les pros se tâtent. Les autres sont dubitatifs. Finalement, et pour résumer succinctement la situation, le résultat des élections de l'année 2012, s'est, si l'on ose dire, joué en amont entre la bite en acier inox de DSK, et la prostate réticente de Hollande.

Ça fait léger, très léger, comme arguments, et comme programme.

En l'occurrence, rappelons-nous cette phrase prononcée par Clemenceau : « *Il y a deux choses qui ne servent à rien : la Belgique et la prostate.* »

Nous pouvons désormais en déduire que Hollande est protégé – officiellement – par l'appellation VSOP : Vieux Socialiste Opéré de la Prostate.

Toujours dans la rubrique intime, les députés ont adopté le nouveau projet de loi sur la prostitution. Avant d'entrer en vigueur, le texte devra toutefois passer par le Sénat, fort probablement en juin prochain. Dépêchez-vous, il ne reste que six mois pour profiter des offres promotionnelles. Passé ce délai, le client devra s'acquitter d'une contravention de mille cinq cents euros, en sus du prix d'achat du service. C'est ça le proxénétisme, le vrai.

Niveau des libertés individuelles, il devient même interdit de faire ce que l'on veut avec son sexe. Encore un véritable scandale supplémentaire, à verser au compte de Hollande, et son équipe d'obscurantistes. Que cela plaise ou non, cette nouvelle mesure toxique s'inscrit dans la transformation de l'État français en système totalitariste.

Il ne fait aucun doute que la situation ainsi créée à partir de l'été prochain, ne va poser que de nouveaux problèmes, plus que délicats à gérer. Les rubriques faits-divers dans les journaux, risquent d'exploser. Tout cela, pour une loi inique certes, mais inapplicable dans la pratique. Car pour traquer le client, comment faire pour mettre un mouchard au cul de chaque pute, afin de surveiller son petit commerce ? Et puis, où se trouve le flic qui n'acceptera pas de fermer les yeux, en l'échange d'une petite gâterie ?

In fine, ce sont encore les citoyens français habitant près des frontières, qui vont le mieux tirer parti de la situation. Après les approvisionnements en boissons alcoolisées et cartouches de cigarettes, c'est maintenant au tour de la pipette franchouillarde de s'expatrier. C'est encore une partie de notre culture qui va foutre le camp.

JEUDI 5 - C'EST CAÏMAN LA MÊME CHOSE.

Grâce à CrocBite (morsure de croco), premier fichier mondial recensant les attaques de crocodiles, destiné au biologistes, aux gestionnaires d'espaces naturels, mais également aux particuliers, il est désormais possible de connaître la date, le lieu, le sexe et l'âge de chaque victime, mais également l'espèce du saurien mis en cause, lors de ces confrontations entre l'homme et l'animal sauvage. S'il vous revenez de vacances en Afrique ou en Australie, et qu'il vous manque un bras ou une jambe, connectez-vous sur Crocodile-attack.info. Vous aurez ainsi toutes les chances de découvrir la localisation, ainsi que le surnom affectif du crocodile, dont l'estomac contient une partie de votre anatomie.

Le général Aussaresses vient de mourir, à l'âge de quatre-vingt-quinze ans. Il était sorti de la réserve qui sied à sa position, au début des années 2000, en affirmant la nécessité de la torture, durant la guerre d'Algérie. Quelle surprise ! De toute évidence, il avait déjà perdu, à cette époque, une grande partie de sa matière grise. La torture, le viol et les assassinats d'innocents, ont toujours été, et sont toujours pratiqués par tous les militaires de la planète. De quelque camp soient-ils. Si Massu et Bigeard étaient encore de ce monde, ils *pourraient* confirmer que la torture était pratiquée sans discernement, par les hommes placés sous leurs ordres. Mais chut ; ça il ne faut pas le dire.

Cette débauche de paroles incongrues, valurent à Aussaresses d'être exclu de l'ordre de la Légion d'honneur par le président Chirac. S'il fallait virer tous ceux qui n'ont pas mérité ce colifichet, il y aurait bien des vides dans les rangs des collectionneurs de breloques. Une condamnation pour apologie de la torture, en 2004, viendra ternir la retraite de cet officier supérieur, puisqu'il écopera d'une amende de sept mille cinq cents euros. Un drame financier insoutenable pour lui et sa famille.

Puisqu'il est question de militaires, et que la recherche – de plus en plus complexe – de fric, constitue toujours davantage l'emploi du temps prioritaire d'un bon nombre de ministres, il ne semble pas inutile de leur rappeler qu'en France, le total cumulé de généraux en activité et à la retraite, relatif au nombre d'habitants, arrive en seconde position dans le monde, juste derrière le Mexique.

Certes, ça fait joli lors du défilé du 14 juillet, mais est-ce véritablement nécessaire ?

Cela faisait quelque temps que l'on ne parlait plus de la Corse dans les faits divers ; ça ne pouvait plus durer. Dans la soirée, les casernes des groupements de gendarmerie d'Ajaccio et de Bastia, ont été les cibles d'attentats. Aucune victime n'est à signaler. Donc cela ne peut être pris en compte dans les statistiques.

Ce qui a permis à Valls de sortir de sa – très courte – retraite. Il a assuré *« qu'il ne céderait pas d'un seul pouce, face à la criminalité corse. »* On ne demande qu'à le croire, seulement les statistiques ne plaident pas forcément en sa faveur. Peut-être devrait-il changer de méthode ?

Ou de métier, pour autant que l'on puisse considérer ses activités comme une profession.

C'est sans surprise que des prostituées ont manifesté leur colère, près de l'Assemblée nationale, contre la loi visant à pénaliser leurs clients. Les principaux slogans entendus étaient : *« On est putes, on est fières, Belkacem c'est la guerre – Touche pas à mon client – La prohibition n'est jamais la solution. »* Les membres de ce gouvernement, se montrent totalement incapables d'apporter le moindre début de commencement de solution aux principaux problèmes qui gangrènent notre société, ce qui risque de la faire exploser d'ici quelque temps. Mais pour tout ce qui est inutile et nuisible, ils sont fortiches. Encore un petit effort, et il ne restera plus que quelques encartés socialos pour ne pas espérer une révolution prochaine.

Après les grosses fortunes, les artistes, les industriels, les scientifiques, verra-t-on prochainement des ministres fuir la France, lorsqu'ils entendront chanter la Carmagnole ?

Le dicton du jour : *« Lorsque l'on a été putain ou ministre, on conserve le titre toute sa vie. »* Avec la différence notoire que, le mec qui va se faire éponger chez les tapineuses, il choisit de donner son pognon à qui il veut. Avec les politicards, c'est une obligation de les entretenir, sans obtenir le moindre plaisir en échange. Bien au contraire.

VENDREDI 6 - QUAND LE VIN EST TIRE, IL FAUT LE BOIRE.

Moscovici est tout fier de lui. Il est vrai qu'il ne lui faut pas grand-chose, pour qu'il se mette à jouer les petits coqs. Il annonce par monts et par vaux, tout auréolé de sa gloire autoproclamée, que le déficit de la France s'est établi à quatre-vingts six milliards d'euros au 31 octobre, en amélioration de près de neuf milliards, par rapport au chiffre de fin octobre 2012. Quel exploit !!! La modestie, l'humilité, ce n'est pas son truc à Mosco. Pas plus que le sens des réalités.

Il aurait été préférable de présenter le dossier dans sa phase réelle, et donc annoncer : « *Depuis le début de l'année, nous avons encore creusé le déficit de l'État, pour une somme de quatre-vingt-six milliards d'euros supplémentaires.* » Tout doucement, on se rapproche des deux mille milliards. Ça va probablement s'arroser comme il se doit, à Bercy.

C'est reparti pour le petit soldat Hollande. Les interventions militaires ont commencé en Centrafrique. Selon Fabius, la durée des opérations n'excédera pas six mois. On peut lui faire confiance. La preuve, un grand nombre de soldats français engagés au Mali, qui devaient être rentrés en France, fin mars dernier, se trouvent toujours sur place.

Alors qu'il se présente comme le libérateur des pays africains, soumis aux dictatures militaires ou religieuses, souvenons-nous simplement de cette citation de Bossuet : « *Dieu se rit des hommes qui déplorent les effets des choses dont ils chérissent les causes.* »

Dans le même temps où il jouait au stratège militaire, Hollande présidait le sommet franco-africain à l'Elysée. Est-ce pour ces raisons qu'il a envoyé Ayrault en Chine, durant quelques jours ? Espérons que les dossiers commerciaux avaient été superbement préparés, et que les industriels qui accompagnaient le Premier ministre étaient à la hauteur de l'évènement, car si l'on a que JMA pour ramener des commandes à la maison, autant fermer les entreprises françaises exportatrices, sans perdre de temps.

Le jour où il ne sera plus Premier ministre, il est plus que recommandé aux employeurs potentiels, de ne pas l'engager au sein d'un service commercial. Il est vrai qu'avec ce qu'il encaissera, il sera à l'abri du besoin.

Dans la série, il n'y aura pas de nouvelles augmentations, le prix du gaz va se prendre environ plus 0,5 % en janvier prochain. Ce qui est grave, est que nul ne prête plus la moindre attention à ce genre d'information. Question d'habitude.

Après le palais de l'Elysée, l'hôtel de Matignon met en vente une partie de sa cave. Pas tout ; faut pas déconner non plus. Pour l'occasion, remarquons à quel point Ayrault est triste. Tout est triste chez lui. Ce n'est pas la peine d'être né dans le pays du Muscadet, pour se trimballer une telle tronche funèbre. Il a une tête triste, un comportement triste, une démarche triste, ses discours sont d'une tristesse affligeante. S'il savait apprécier le bon vin, il ne se comporterait pas ainsi, c'est certain. Ou alors, c'est qu'il cache bien son jeu.

Nous nous trouvons véritablement en période de disette, enfin pour certains. Ainsi, au Sénat, la cave est passée de trente mille bouteilles de vin en l'an 2000, à environ dix mille actuellement. Le caviste en chef tient à préciser que les grands crus (Petrus, Cheval Blanc, Margaux, Romanée Conti, etc...) ont été achetés durant les années 1990, lorsque les crédits alloués à la cave se montaient grosso modo à un million cinq cent mille francs par an. Mais aujourd'hui, le budget ne s'élève plus qu'à cinquante mille euros annuellement. C'est chouette de connaître la façon dont est utilisé l'argent des impôts. Allez, encore une fois, ça s'arrose.

Quant à l'Assemblée nationale, là également le budget a été revu à la baisse. La cave ne compte plus que quinze mille bouteilles, et le budget vin est passé de soixante mille euros en 2012, à quarante mille en 2013.

Un problème se posera pour les générations d'élus suivantes. Car si députés et sénateurs continuent de picoler autant, mathématiquement, les parlementaires des prochaines décennies ne pourront plus profiter de se rincer le gorgeon à l'œil, avec des bons crus.

Même à ce niveau, les traditions se perdent.

Pour qui souhaite rester pragmatique, un léger complément d'information s'impose. Les vins, tous les vins, y compris les plus grands crus millésimés, finissent tôt ou tard par se déprécier. En un mot, ils deviennent imbuvables. De toute évidence, la raison de cette vente, après celle du palais présidentiel, n'a pas été organisée dans un but publicitaire face aux citoyens crédules – encore que – ou surtout dans l'intention de récupérer quelques subsides qui, de toutes les façons, ne changeront rien à rien, mais pour se débarrasser de bouteilles, pour majorité, devenues impropres à la consommation. CQFD.

Mais, dirons certains, c'est de l'escroquerie. Et bien, pour une fois, non. Pour un acheteur de grands crus exceptionnels, ces bouteilles représentent des pièces rares, tels des tableaux, des sculptures ou des timbres poste. Ainsi, lors d'une réception donnée par un collectionneur, les convives doivent se préparer à se contenter d'admirer les étiquettes. Ce n'est franchement pas drôle.

SAMEDI 7 - ASTERIX EN CORSE.

Suite au décès de Nelson Mandela, tous les chefs d'État de la planète se comportent comme s'il s'agissait d'une véritable surprise, alors que l'ex-président d'Afrique du Sud ne survivait, depuis des mois, que grâce à l'acharnement thérapeutique. Alors, bien entendu, chaque politicien y va de sa petite phrase historique. Sait-on jamais, ça peut toujours être utile, dans un plan d'évolution de carrière. Même les sportifs s'en mêlent. Ainsi, Lilian Thuram, coutumier du fait, a fait savoir au monde que « *ce qu'on doit garder de Nelson Mandela, c'est que l'égalité se gagne, elle ne se donne pas.* » C'est beau, c'est grandiose. Mais pas forcément digne d'un grand penseur. De toute évidence, Thuram n'a pas été informé que l'égalité n'existe pas, et n'existera jamais. Pour un être humain, de quelque pays soit-il, elle s'arrête au jour de sa naissance, et point final. Neuf mois de tranquillité pour des années d'injustices. Il en est ainsi. D'autre part, rien ne se donne, absolument rien, c'est une certitude. Lorsque c'est gratuit pour l'un, c'est uniquement parce qu'un autre paie à sa place. S'il n'avait pas fait footballeur, il aurait pu faire philosophe, mais finalement il s'est contenté du talent de ses pieds. Ça rapporte nettement plus.

Même dans la nature, l'égalité n'existe pas. Si vous avez des petits oiseaux dans votre jardin, vous allez leur donner des graines à becqueter. Si vous découvrez des souris, vous ferez tout votre possible pour les flinguer. En Occident, un chien possède de fortes chances d'être bien traité, de dormir dans son panier, puis bénéficier d'une alimentation correcte. En Chine, il risque de finir en plat du jour. Un dauphin est protégé, alors qu'un thon finit généralement en boîtes. C'est ainsi.

La phrase du jour : « *Le lit est l'endroit le plus dangereux du monde, puisque 99 % des gens y meurent.* » Mark Twain.

Valls est ce jour en Corse. C'est désormais une certitude, il aime les départements du sud de la France. Cela se constate dans le choix de ses déplacements. Qui pourrait l'en blâmer ? Il a évoqué « *les résultats spectaculaires obtenus au cours des derniers mois. Des gangs, des clans, des groupes ont été démantelés, des individus sont tombés. Nous nous attaquons aux causes-mêmes de la criminalité, des mafias qui veulent prendre sous leur emprise la Corse.* »

Il serait fort instructif qu'il communique des noms, car à priori, les exploits réalisés par la police et la gendarmerie l'ont été dans la plus grande discrétion. À moins qu'il n'impose le secret défense, dans la lutte contre la criminalité. Secret défense et secret d'État sont les meilleures combines existantes, pour cacher la vérité au peuple.

Quant aux mafias qui veulent prendre la Corse sous leur emprise, elles ne sévissent que sur le plan local, et ne se combattent généralement qu'entre bandes rivales. Elles sont donc nettement moins dangereuses que les mafias politiques qui mettent l'ensemble de la population française sous coupe réglée, et se comportent comme si le pays leur appartenait.

Il serait fort intéressant de connaître le montant de cette petite escapade publicitaire, en avion privé, dans le seul but inavoué de passer, une fois de plus, aux journaux télévisés.

À quant l'avènement d'une véritable démocratie française, où il serait impossible d'être politicien de carrière ?

DIMANCHE 8 - SAGA AFRICA.

Alors que le sommet pour la paix en Afrique s'ouvrait à l'Elysée, Hollande y est allé de son discours de bienvenue. Logique, celui qui reçoit, doit faire face à certaines obligations protocolaires. *« La France retient, en cet instant même, le message d'espoir pour tous les peuples du monde que Mandela a porté. Ce message, il nous oblige et la France le fera, à sa place, tout ce qu'il faut pour être digne. Mais aujourd'hui, c'est Nelson Mandela qui préside les travaux de ce sommet. »* Parler de paix, au nom de Mandela, à l'instant même où les troupes françaises se positionnent au Centrafrique, y fallait y penser. Question discours, il ne semble pas incongru de conseiller au président de changer son équipe de rédacteurs ou, pour le moins, que certains arrêtent de boire.

Pourtant le meilleur reste à venir : *« La France et l'Europe souhaitent être davantage associées au destin de votre continent »*, a ajouté le président français, devant les chefs d'État africains réunis. Aucun doute possible, le squatteur de l'Elysée mérite – encore – le prix de la tirade saugrenue de la semaine. Comme pour le Mali, parler d'Europe dans cette affaire, relève de la pure fiction. La France est seule dans ces conflits. Elle ne bénéficie d'aucun soutien logistique, matériel ou financier de la part de ses alliés européens. Pas plus d'ailleurs que des Etats-Unis. Les affirmations du président sont totalement fausses, et en parfaite contradiction avec la réalité.

Dans le même temps, où le président déclarait que l'intervention française était destinée à permettre l'organisation d'élections libres et pluralistes, son ministre des Affaires étrangères, Laurent Fabius, tenait à préciser *« qu'il ne serait pas facile d'organiser des élections très vite en Centrafrique, vu que l'état-civil a été détruit. »*

Et ça continue ; Hollande n'est toujours pas informé de tous les évènements qui se produisent dans le monde. Et bien ce n'est pas normal. Il devrait porter réclamation.

Est-ce pour toutes ces raisons que, selon un sondage réalisé par Polling Vox, il est qualifié d'injuste et de faible ? À suivre.

Dans ses bagages, Ayrault a emporté Martine Aubry en Chine. Pour un stage de formation ? Il devrait pourtant se méfier, car elle lorgne de plus en plus avidement sur son logis princier de Matignon. Commentant des sondages, paraît-il favorables à sa personne, la maire de Lille en a profité pour déclarer : *« Ça me fait plaisir, les Français se disent que j'ai apporté quelque chose. »* C'est exact ; nous lui devons la loi sur les trente cinq heures par semaine, qui a ajouté une pagaille invraisemblable dans un marché du travail déjà en péril.

Lors de ce déplacement, JMA a déclaré avoir besoin de dix ans pour réussir la réforme fiscale, qu'il vient de mettre à la mode, en paroles. Dans un premier temps, il avait affirmé qu'il avait prévu d'inscrire cette réforme au projet de loi de finances 2015. Ensuite, il avait modéré ses propos en indiquant que la réforme prendrait *« le temps nécessaire, c'est-à-dire le temps du quinquennat. »* Le voici arrivé maintenant à deux quinquennats. Déjà, oser se projeter sur 2017, dans sa position c'est faire preuve d'un manque flagrant de réalisme. Mais dix ans, c'est carrément invraisemblable ; il s'imagine encore sévir en 2022 ! Pauvre de lui !

Assemblée nationale. PLFR 2013 – (N° 1547) – AMENDEMENT
N° 410 :

« *Les créances détenues sur la Société nouvelle du journal*
L'Humanité *au titre de prêt accordé le 28 mars 2002, réaménagé
en 2009 et imputé sur le compte de prêts du Trésor n°903-05, sont
abandonnées à hauteur de 4 086 710,31 euros en capital. Les
intérêts contractuels courus et échus sont également aban-
donnés.* »

Simples remarques en passant : le 28 mars 2002, Jospin était
encore, pour quelques semaines, Premier ministre. décembre 2013,
Hollande est président, Ayrault Premier ministre. La solidarité
entre socialistes et communistes ne serait donc pas un vain mot ?

En attendant, les contribuables ne verront pas les huissiers défiler
au siège de *l'Humanité*, pour se charger de récupérer la créance,
mais devront se contenter de s'assoir sur quatre millions d'euros.
Toutes nos félicitations aux camarades concernés.

LUNDI 9 - EN ATTENDANT LA RETRAITE À CINQUANTE ANS POUR TOUS.

Les politiciens sont à classer parmi les derniers exemplaires de la
race humaine, à ne pas comprendre exactement la place que prend
l'information dans l'évolution de la société actuelle, dans le
comportement du citoyen lambda. Ils continuent de se comporter,
bêtement, comme si la connaissance pour tous, n'existait pas. Ce
qui – fort heureusement – contribuera à leur perte. Depuis des
siècles, les dirigeants de la planète pouvaient se permettre de faire
tout et n'importe quoi, au détriment des populations, pourvu que
cela les réjouisse. Bien entendu, en empêchant l'évolution
culturelle pour tous, et donc en pratiquant la désinformation à
outrance. Avec l'arrivée du Net, cette longue période effarante,
risque de se terminer plus tôt que ne le pensent ces caciques,
obnubilés par une chose, une seule : le pouvoir ainsi que les
avantages financiers qui vont avec.

Nous sommes au pouvoir, quand nous étions au pouvoir, quand nous serons au pouvoir, quand nous reviendrons au pouvoir, ici se trouve leur unique credo. Ils n'ont jamais compris, ne comprennent toujours pas, ou tout simplement refusent de comprendre, qu'en démocratie, la population ne leur demande pas d'exercer un pouvoir, mais de gérer les affaires du pays. La différence est de taille. Avec, autant que faire se peu, un minimum d'honnêteté et ce compétences.

Nul n'est en mesure de prédire quand se produira exactement la fin de cycle infernal, mais ce qui est certain, est que le processus est en cours. Est-ce que pour autant, l'avenir se présente radieux ? Mystère !

Où l'on reparle des retraites. Pourquoi les politiciens se battent-ils comme des fous, pour faire partie de la caste privilégiée des fonctionnaires européens ? Celles et ceux qui pensent que c'est pour devenir un grand serviteur de l'Union européenne, ont tout faux.

En cette année 2013, trois cent quarante fonctionnaires de l'UE, sont partis à la retraite à cinquante ans, avec un pactole assuré de neuf mille euros par mois ! Les hauts fonctionnaires européens constituent une véritable mafia.

- Giovanni Buttarelli, qui occupe un poste de *contrôleur adjoint de la protection des données* (!) va bénéficier, après seulement vingt trois mois de *présence,* d'une retraite de mille cinq cent quinze euros par mois.

- Peter Hustinx, dans le même service, vient de voir son contrat de cinq ans renouvelé. Après dix années à faire quoi, nul ne le sait, peut-être pas même lui, il aura droit à près de neuf mille euros de retraite chaque mois.

- Roger Grass, greffier à la Cour de justice européenne, va encaisser douze mille cinq cents euros de retraite mensuelle.

- Pernilla Lindh, juge au Tribunal de première instance, douze mille neuf cents euros mensuellement.

- Ruiz-Jarabo Colomer, avocat général, quatorze mille euros.

- Etc…………

Et tout cela, sans ne payer aucune cotisation à titre personnel, puis celles-ci sont totalement prises en charge par l'administration. Bien joué, non ?

Dans la liste de ces heureux bénéficiaires, on peut également découvrir Jacques Barrot, qui encaisse une retraite d'environ quatre mille trois cents euros par mois, pour uniquement cinq années de présence comme commissaire européen aux transports. Il pourra ajouter cette modeste somme à sa retraite d'ancien député, puis à celles d'ancien ministre, d'ancien président du Conseil général de la Haute-Loire, et de maire d'Yssingeaux.

Comme ça faisait léger pour boucler correctement ses fins de mois, il bénéficie de sus, des énormes avantages représentés par son inscription comme membre du Conseil Constitutionnel, depuis le 23 Février 2010.

Mais que va-t-on enfin pouvoir faire de ces types ?

David Assouline, sénateur et porte-parole du PS, reproche à l'UMP de dérouler le tapis rouge pour le Front national. Les élections municipales se profilent à l'horizon, conséquence de quoi, pour les partis politiques, il n'y aura pas de trêve des confiseurs pour Noël. Sous réserve qu'il n'y en ait jamais eu. Quelle hypocrisie ! L'intérêt du PS, comme de l'UMP, est justement de promouvoir le FN. Car pour l'un comme l'autre parti, en cas de duel face aux Bleus Marine, ils ont nettement plus de chance de remporter le combat que contre l'ennemi habituellement proclamé.

Beurk !

MARDI 10 - FEMME, FEMME, FEMME.

L'un des plus grands poètes de la Grèce antique, contait de son temps l'anecdote suivante :

« Aristote était reconnu de tous, pour sa très grande sagesse.
« Un jour, alors qu'il se promenait à l'Acropole, il fut abordé par une vague relation, nommée Karyclès. Ce dernier lui dit : « Aristote, sais-tu ce que je viens d'apprendre à propos de Diogène de Sinope ? »
« Aristote lui répondit : « Attends un peu avant de me le dire, car je souhaiterais te faire passer auparavant un simple test. Il se nomme le Test des Trois Filtres. »
« Test des Trois Filtres ? » *lui demanda son interlocuteur.*
« C'est exact. Le premier filtre est celui de la **Vérité.** Es-tu absolument certain que ce que tu as à me dire est vrai ? » *dit Aristote.*
« Pour l'instant, je ne l'ai que simplement ouï dire. » *répondit Karyclès.*
« Aristote continua : « Ainsi, tu ne sais pas réellement si cette rumeur est véridique ou non. Essayons maintenant le deuxième filtre. Il s'agit du filtre de la **Bonté.** Ce que tu veux me dire concernant Diogène : est-ce quelque chose de bon ? »
« Eh bien, heuheuheu, non au contraire ! » *répondit Karyclès.*
« Aristote lui répliqua : « Tu veux me dire une chose concernant Diogène, qui peut être mauvaise, voire très mauvaise, même si tu n'es pas absolument certain que ce soit réel ? »
« Karyclès haussa les épaules, pour le moins embarrassé.
« Aristote continua : « Je vais maintenant te faire passer le troisième et dernier test. C'est celui de l'**Utilité.** Penses-tu que ce que tu veux me dire concernant Diogène, peut m'être utile ? »
« Non, je n'en suis pas franchement certain. » *précisa Karyclès.*
« Très bien » *répondit Aristote.* « Si ce que tu veux me dire n'est ni vrai, ni bon, ni utile, pourquoi me le dire, à moi ou à d'autres ? »
« Karyclès se retrouva absolument déconcerté et honteux de son comportement. Voici un exemple parfait démontrant qu'Aristote était un grand philosophe, et explique la raison pour laquelle il était tenu en très haute estime dans son pays, y compris de la part des plus grands.

« Ainsi, Aristote vécut heureux, et mourut paisiblement, car il n'apprit jamais que Diogène de Sinope, baisait sa salope de bonne femme. »

Fort heureusement, le rapporteur de cette anecdote ne vit pas de nos jours, car il aurait été systématiquement traité de sexiste, pour sa conclusion. Même si, finalement, la seule victime de cette histoire se trouve être le mari cocufié.

Le plus dur à accepter n'est pas d'être trompé, mais que les autres le sachent.

Dans la continuité de cette aventure, Fleur Pellerin, ministre de quelque chose, annonce qu'elle veut travailler sur l'image des femmes dans le Web, et avoir pour cela, avec Vallaud-Belkacem, saisi le Conseil national du numérique. Nous savons désormais que ce truc existe, c'est déjà cela.

« On trouve dans le numérique la même proportion de machistes ordinaires qu'ailleurs. C'est pourtant un secteur tourné vers l'avenir, qui peut être associé à une forme de modernité dans sa façon de penser la société. Or ce n'est pas le cas. Les comportements sexistes doivent absolument changer », déplore-t-elle.

Question pertinente : était-il véritablement indispensable de nommer une ministre pour effectuer un tel travail de titan ? Que cherchent donc les individus de cet acabit : créer un modèle unique, formaté, de façon à pouvoir contrôler toujours davantage les populations ? Il est invraisemblable que nous nous trouvions dans l'obligation de gaver du personnel politique superfétatoire, dont l'unique préoccupation est de nous empêcher de vivre comme nous le souhaitons, avec l'espoir de nous transformer en objets serviles.

Nous n'avons nul besoin de ces créatures infernales, pour nous pourrir la vie ! À la limite, il serait préférable de les payer carrément à ne rien foutre, ce serait moins dangereux pour l'épanouissement de tous, plutôt que les laisser préparer un monde entièrement robotisé.

Les féministes ne comprendront donc jamais qu'une femme ne sera jamais identique à un homme, et vis et versa. Fort heureusement d'ailleurs. Car c'est la différence qui crée tout le charme de la situation. C'est la diversité que l'on doit cultiver avec raffinement, et non point nous ne savons quelle forme d'égalitarisme insensé. Interdire, interdire, interdire toujours, interdire encore. Le gouvernement ne semble savoir faire que cela. Mesdames et Messieurs, essayer de réfléchir, cela vous arrive ?

Dicton du jour : « *La femme est comme une voiture. Même si l'on ne souhaite guère la prêter, il est fort compliqué d'empêcher que l'on puisse se la faire emprunter de temps à autre.* »

Il est aujourd'hui de bon ton, pour un chef d'État, d'être présent à la cérémonie commémorative, organisée en la mémoire de Nelson Mandela. Le temps passe… Les souvenirs également. Pour l'occasion, c'est fou comme Hollande et Sarkozy semblaient heureux d'être réunis côte à côte. Quand on aime, ce n'est pas comme quand on n'aime pas. Souvenons-nous simplement que, durant les très nombreuses années que Mandela a passées, enfermé en prison, c'était dans l'ensemble, dans l'indifférence générale. Surtout en France et en Grande-Bretagne. Ainsi, en 1984, un sondage Ifop révélait que 68 % des Français ignoraient totalement son existence. Au niveau de l'État, la France a continué de vendre, durant la période de l'apartheid, de nombreuses armes aux dirigeants d'Afrique du Sud, ainsi qu'une centrale nucléaire – la seule du continent africain – alors qu'une grande partie de la communauté internationale, condamnait le régime de Pretoria. Côté anglais, Margaret Thatcher s'est toujours opposée à la moindre sanction envers l'Afrique du Sud, considérant même l'ANC – le parti de Mandela – comme une association terroriste.

Si les dirigeants politiques de cette époque, de ces deux pays, se retrouvent là-haut et croisent Mandela, les relations risquent d'être tendues.

Mais revenons aux choses sérieuses. On leur vend quoi maintenant aux Africains du Sud, car dès la fin de semaine, Mandela ne représentera plus que de l'histoire ancienne. Business is business.

MERCREDI 11 - À CHACUN SA PLACE.

Selon les affirmations de Jean-Vincent Placé : « *Montebourg est dans une impasse stratégique sur le plan industriel, à la fois chantre de la décentralisation, proposant des nationalisations ce qui aujourd'hui n'a pas beaucoup de sens, et tenant un discours patronal sur le coût du travail. Le ministre est donc dans la situation du schtroumpf grognon, dans la provocation avec de petites phrases.* » Fallait-il s'attendre à autre chose, avec un ministère totalement inutile, dirigé par un apprenti qui ne connaît absolument rien au monde du travail, du commerce et de l'industrie ? Par contre, si Placé devait remplacer Montebourg, et donc prendre sa place, il ne faudrait pas s'attendre davantage à ce que ce soit un bon placement, car sur la place publique, il se dit que Placé ne ferait pas un remplaçant plus placide. La place est bonne, certes, mais c'est tout. Quant à Montebourg, de toute façon, il ne tient pas en place. En vérité, il n'est nul besoin de lui chercher un remplaçant, même bien placé.

Filippetti, ministre de la Culture, a annulé sa venue à l'inauguration du Lab, de l'Institut culturel de Google à Paris. Cela, « *afin de ne pas servir de caution au géant américain de l'Internet* », a-t-elle précisé. Première remarque, plutôt qu'annuler son court déplacement, n'aurait-il pas été préférable de ne pas confirmer sa présence auparavant ? Elle est parfaitement représentative du gouvernement fantoche, dont elle tire avantageusement bénéfices : une maille à l'endroit, deux mailles à l'envers. Secondement, qu'elle se rassure, les Américains s'en remettront sans grands dommages. D'autant qu'ils ignorent totalement qu'elle existe.

Pour la circonstance, un nouveau Débarquement en Normandie n'est donc pas à craindre.

En Centrafrique, les deux premiers soldats français sont tombés. Il est prévisible, hélas, qu'ils ne soient que les premières victimes d'une longue série plus que regrettable. Lorsque l'on sait que l'État français ne dispose pas d'une seule thune de disponible pour faire face à ses obligations, et qu'il se montre totalement incapable de faire régner l'ordre et la sécurité dans les banlieues, il se trouve ici de quoi se poser quelques questions quant aux motivations de

Hollande. Ne serait-il donc obnubilé que par le seul fait de jouer à la guerre ? Cela tend à se confirmer.

Il est grand temps que Noël approche, et qu'il lui soit offert quelques jeux de société.

Et puis, Le Drian l'a précisé, dans ce pays, le sous-sol ne recèle que très peu de pétrole, d'or ou d'uranium. Mais alors, un petit peu tout de même ? Une chose est certaine, on y trouve des diamants. Beaucoup de diamants. Giscard d'Estaing est en mesure de le confirmer.

François Rebsamen, qui ne rêve que d'une chose, une seule : devenir ministre, peu importe le ministère, s'en prend ce jour aux écolos et leur ligne politique en « zigzag. » Il ne se mouille pas ; c'est trop facile son truc. *« Je pense qu'il y a une illisibilité de la ligne politique des Verts, d'Europe Écologie-Les-Verts – je ne sais même plus comment ils s'appellent vraiment – du mouvement écologiste représenté par les Verts d'aujourd'hui. Cette illisibilité de leur ligne politique, entraîne une perte de crédibilité qui peut avoir pour conséquence une chute dans l'opinion, et assez durable. »*

C'est drôle, fort drôle. Qu'il essaie de discréditer les Verts, passe encore. Cela fait partie de ses occupations d'élu, que dénigrer les postulants aux places privilégiées. Et puis, les écolos n'ont pas besoin de son aide, ils sont suffisamment petits pour se ridiculiser eux-mêmes. Quant à la chute dans l'opinion, elle ne peut aller beaucoup plus loin ; ils ne représentent qu'un groupuscule négligeable, par rapport aux électeurs. S'ils n'étaient les magouilles électorales, il n'est même pas certain qu'ils seraient représentés à l'Assemblée nationale. Epine sur la rose, si dans son discours, l'on remplace les Verts par le PS, cela ressemble trait pour trait à la position actuelle du PS.

De toute évidence, Rebsamen ne lit pas les journaux, n'écoute pas la radio, ne regarde pas la télévision. Dans ces conditions, il serait pourtant logique qu'il se rapproche des écolos.

Les politiques n'ont donc rien d'autre à foutre, que déblatérer de telles inepties à longueur de journée, alors qu'ils sont parfaitement incapables d'apporte la moindre réponse à des questions essentielles telles que :

- Comment a-t-on procédé pour contrôler que le premier kilogramme pesait bien un kilogramme ?

- Pourquoi les boîtes noires placées à bord des avions, sont-elles oranges ?

- Quelles sont les méthodes utilisées par les instituts de sondages, pour tout prévoir, à l'exception des évènements qui se produisent suite aux sondages effectués ?

- Est-ce que nappadeuro, anagramme de Papandreou, peut avoir une quelconque incidence, quant à la situation financière de la Grèce ?

- Quelle était la couleur du cheval blanc d'Henri IV ?

Ne vous marrez surtout pas. Car si vous posez cette question aux ministres et parlementaires, voire même à des agrégés qui savent lire et écrire, vous aurez de fortes chances d'obtenir une réponse fausse. [Réponse assurée sur simple demande adressée à l'éditeur, accompagnée d'une enveloppe timbrée. NDLA.]

JEUDI 12 - LE TRAIN-TRAIN QUOTIDIEN.

Les salariés syndiqués de la SNCF, organisent une nouvelle journée de grève. Il était temps, car nous arrivons tout près des fêtes de fin d'année, et la période ne sera guère propice aux contestations. Encore moins aux défilés dans le froid hivernal, sous le vent ou la pluie. Les grèves importantes sont toujours organisées au printemps, lorsque les conditions climatiques sont favorables, et que les grévistes qui défilent dans les rues, peuvent de temps à autre, s'attabler à une terrasse de bistrot afin de se désaltérer. Mais durant la période des congés payés, faut pas déconner. Comme habituellement, cette grève de vingt heures ne servira strictement à rien, si ce n'est emmerder les seuls usagers des transports publics. Car la direction de la SNCF n'en a rien à foutre, et le gouvernement encore moins.

« Tous en semble, tous ensemble, tous, tous. » Mais uniquement pour empoisonner l'existence des voyageurs.

Le plus affligeant dans cette histoire, est le motif de cette contestation. Et là, défense de rire. Les cheminots, enfin certains, sont contre le projet de réforme ferroviaire, qui doit être débattu au parlement, après les élections municipales. Cela revient à dire qu'en gros, ils ignorent totalement ce qui risque de se produire d'ici quatre ou cinq mois, mais de toutes les façons, ils n'y sont pas favorables. C'est bon à savoir.

Lorsqu'il n'y a pas de réformes dans l'air, ils en réclament. Mais lorsqu'un projet peut éventuellement être discuté, ils refusent d'en accepter les modalités, avant même d'en connaître le contenu. Ainsi, sur le réseau sud-est, pratiquement chaque année, deux grèves sont assurées. L'une contre les horaires d'été, et l'autre contre les horaires d'hiver. Mais pourquoi donc les dirigeants de la SNCF, ne pensent-ils pas à mettre en place des horaires de printemps et des horaires d'automne ?

L'ouverture des lignes à la concurrence, ne pourra être que bénéfique aux voyageurs.

Dans l'affaire de l'amiante, la Cour de cassation a invalidé l'annulation de la mise en examen de Martine Aubry. Cela risque de lui poser un petit problème, dans la course effrénée qu'elle tente de mener, pour occuper Matignon. En face, cette résolution ne peut que réjouir Ayrault, qui tente, coûte que coûte, de s'accrocher à sa position de prince d'empire, le plus longtemps possible. À supposer que l'intention de Hollande soit de promouvoir l'actuel maire de Lille, avec ses soixante quatre printemps derrière elle en 2014, et son parcours plus que contestable, l'on ne peut dire que le président se tournerait alors vers l'avenir, en imposant sa présence comme chef du gouvernement.

Le plus drôle serait, dans cette hypothèse, de voir ces deux personnages se présenter tel un duo de complices depuis toujours, alors qu'ils ne peuvent s'encadrer, et n'ont jamais cessé de se dénigrer mutuellement.

Le député du Modem, Jean Lassale, en a terminé avec son tour de France. Ni à la voile, ni avec une bicyclette ou une bagnole, mais à pied. La marche, c'est très bon pour la santé, tous les toubibs le confirmeront. Il a entendu « *beaucoup plus de doutes et de résignations* qu'il ne l'aurait imaginé. *Beaucoup plus de rejets des politiques que nous sommes. D'une manière générale, 80 % du territoire ne comprend pas ce qu'il lui arrive et a le sentiment de ne plus avoir de destin.* » Ce qui est surprenant est qu'il soit surpris.

Pour une fois qu'un élu du peuple effectue un travail basé à partir de bons sentiments, nous n'allons, surtout pas, le dénigrer. Mais, nul n'est besoin d'effectuer des recherches approfondies, pour se rendre compte dans quel état se trouve la France et les Français.

Fort heureusement, une excellente nouvelle vient de tomber. Au 1° janvier, le SMIC sera revalorisé de 1,1 %, soit 0,10 centime de l'heure. Il faut bien se rendre compte, que cela représente un fabuleux pactole de quinze euros supplémentaires chaque mois, pour les trois millions d'heureux veinards qui bénéficient de ce régime particulier.

Grâce au gouvernement de la France socialiste de façade, dans les familles de smicards, il sera possible de déguster une galette des rois en janvier. Deux si les époux sont salariés au smic. On dit merci à monsieur le ministre qui, le pauvre, ne tirera pas avantage de cette augmentation. Dommage pour lui et sa famille, car avec un salaire brut proche des dix mille euros mensuel, cela aurait représenté plusieurs galettes pour tirer les rois (des quoi ?), et faire tourner les pâtisseries.

On dira ce que l'on veut, mais c'est quand même beau le progrès social pour tous.

VENDREDI 13 - FAITES VOS JEUX, RIEN NE VA PLUS.

C'est un grand jour pour la Française Des Jeux. Pour les joueurs, c'est une toute autre histoire, pour la simple et unique raison que les jeux n'ont pas été inventés pour distribuer du pognon, mais pour en prendre. Cela étant précisé, il est bien évident que certains mordus parviennent à décrocher quelquefois le gros lot. Mais ils sont rares. Donc en ce vendredi 13, rendez-vous tous aux guichets de la FDJ, et que le plus veinard gagne. C'est à dire la FDJ.

Il paraîtrait que Sarkozy va se trouver dans l'obligation de revenir aux affaires publiques, contre son gré, afin de sauver la France. Le pauvre. Certes, avec l'équipe de pieds nickelés qui est en train de mettre le pays à sac, depuis le mois de mai 2012, nous avons bien besoin de nous trouver un nouveau messie. Mais si. Mais si celui-ci se trouve être l'ex-occupant du palais de l'Elysée, l'affaire ne semble pas gagnée d'avance. Car il semble avoir quelque peu participé à la curée, en endettant le pays à hauteur de cinq cent milliards d'euros en cinq ans. Il est vrai que les Français sont bien connus pour avoir la mémoire courte. Et puis on ne leur demande pas de comprendre ; le temps qu'ils continuent de casquer… !

Selon certaines informations qui courent de-ci de-là, Rachida Dati gagnerait bien plus qu'elle ne le déclare ! Si cela était prouvé, ce ne serait pas bien. Surtout pour une ex-ministre de la Justice. En 2012, elle aurait confié au magazine *ELLE* qu'elle n'encaissait qu'environ six mille euros chaque mois, en tant que députée européenne, et rien pour ses fonctions de maire. Un député européen qui n'encaisserait que cette somme modique, mériterait d'être pris en photo, car il se trouverait être un modèle unique. En politique, être élu à Bruxelles, c'est le rêve de toutes et de tous. C'est ce qui rapporte le plus, et on n'est même pas obligé de participer aux débats.

Quant à sa vocation de maire d'arrondissement de Paris, elle est tout de même légèrement rémunérée à hauteur de 6 539,21 € chaque mois. Cette somme se décompose ainsi : 2 851,10 € d'indemnité de maire, 1 027,08 € de frais de représentation, et 2 661,03 € d'indemnité de conseiller général. Et oui, car Paris est une ville ET un département. C'est ainsi que le maire de la cité et les maires d'arrondissements, sont également rémunérés en tant que conseiller général.

Elle n'est pas belle la vie ? Enfin pour certains !

Et ce n'est pas terminé, car elle exerce également la profession d'avocat. Si pour exercer ce sacerdoce, elle plaide également à l'œil, que voici une bonne adresse, pour tous ceux qui rencontrent des problèmes avec la justice, et n'ont pas les moyens de se payer un bavard. (La publicité est gratuite).

Suppléante à la commission de l'Industrie, de la Recherche et de l'Énergie, elle semble avoir pris position, il y a peu, en faveur de l'industrie gazière, et une ONG basée à Bruxelles, se demande s'il n'y aurait pas mélange des genres. Elle aurait également consacré une partie de son temps, comme consultante pour GDF Suez, ce qui aurait permis à ce groupe de remporter le marché du forage d'un gisement gazier en Azerbaïdjan. Si ces ragots sont infondés, il lui sera très facile de démentir.

Pour l'immédiat, elle semble à l'abri du besoin, ce qui est le plus important.

SAMEDI 14 - VOUS AVEZ DIT INTEGRATION ?

Les services de JMA font savoir : une réunion, sur le thème de l'intégration, sera organisée en janvier, à Matignon. D'après le rapport qui vient d'être publié sur le site du Premier ministre, nous ne devons plus parler d'intégration. *« Symboliquement, l'abandon du terme peut constituer un signal fort pour celles et ceux qui sont soumis à cette injonction au quotidien et à tort. Mais le changement de mot, n'est pas suffisant. Il doit s'accompagner d'une transformation du sens de l'action et de l'intervention publique qui soit visible. Il s'agira donc, désormais, de faire France en reconnaissant la richesse des identités multiples. »*

Jusqu'à présent, nous avions le droit de détenir une carte d'identité française, mais de toute évidence, ce document sera probablement supprimé d'ici quelques années. (Information à l'attention des collectionneurs de documents rares.)

Les (experts) qui ont préparé ce rapport, proposent l'autorisation du voile à l'école, la création d'un délit de harcèlement racial et d'une Cour des comptes de l'égalité. Cette dernière idée, il fallait véritablement la trouver. Même un savant n'y aurait pas pensé. À quoi ce bidule servira-t-il, comment fonctionnera-t-il ; mystère. Ces messieurs nomment cela *la dimension arabo-orientale de la France.*

Selon certaines informations entendues ici et là, la commission qui a pondu ce rapport, était composée de deux cents membres, grassement rémunérés !

Fasse que la vie éternelle n'existe pas. Car, en découvrant ces inepties, tentons d'imaginer, ne serait-ce qu'un instant, quelles seraient les réactions des rois qui, depuis les Carolingiens, ont façonné la France durant des siècles.

Tout cela, pour constater que l'ensemble risque de s'écrouler en quelques décennies !

Est-il seulement prévu dans le texte, qu'il soit interdit d'utiliser le terme de *sale Français ?* Ce qui est certain, est qu'à trois mois des élections municipales, la bataille est engagée.

La pensée du jour : *« Tout politicien nommé ministre, pour la première fois de sa carrière, reçoit une poussée de haut en bas, égale au volume déplacé constitué par les cadres de son parti. »*

Toujours aussi imbu de sa personne, Montebourg a appelé les consommateurs à *« voter pour le made in France avec leur carte bleue, en offrant pour Noël des jouets fabriqués en France. »*

C'est le Père Noël qui va être content, car s'il n'a à transporter puis distribuer que des jouets fabriqués dans l'hexagone, cela risque de le soulager puis remettre ses vertèbres en place, sans passer par le cabinet d'un kiné. Pour les mômes, ce sera une toute autre histoire, avec le début d'une ère de privations. Ce n'est peut-être qu'une méthode pédagogique pour les habituer progressivement à ce qu'ils devront subir devenus adultes : le manque organisé.

Si Montebourg avait un jour dirigé une entreprise, il saurait que l'on ne vend pas sa production en dénigrant celle des concurrents, ou en imposant un label national. Pour vendre, il faut offrir aux acheteurs un excellent rapport qualité/prix. Point final. Le reste, tout le reste n'est que palabres d'ignorants.

Dans cet esprit – si l'on ose dire – quelle serait sa réaction, si les gouvernements étrangers demandaient à leurs citoyens, en forme de représailles, de ne pas acheter de produits de fabrication française. De toute évidence, il semble ne pas avoir envisagé cette possibilité. Bonjour tristesse.

Pour gagner des parts de marchés, il faut être le meilleur ; savoir fabriquer et savoir vendre. Toute autre considération n'est que foutaises. Et la mondialisation n'est en rien responsable de la situation. Les plans ceci, les plans cela, depuis des décennies aucun n'a fonctionné, et aucun ne fonctionnera jamais. Si tous les gouvernements persistent dans cette mauvaise voie, c'est tout simplement parce que les ministres ne possèdent pas les compétences voulues pour résoudre les problèmes qui se présentent à eux.

La politique doit se faire à l'Assemblée nationale. Mais dans les ministères, ce dont nous avons besoin, ce sont des techniciens, pas des intermittents du spectacle politique, qui ne savent rien faire d'autre que participer à des réunions et faire des discours.

La mondialisation nous est présentée comme une calamité des temps modernes. Ce n'est pourtant pas un fait nouveau. La mondialisation est née avec Alexandre le Grand. Ensuite, les Romains ont poursuivi cette même politique d'expansion. Puis il y eu Christophe Colomb et l'Amérique, ce qui a amené des siècles de colonisations. Ainsi que des maladies contagieuses sur le continent américain. Ensuite, tout s'en enchaîna.

Mais cela, un ministre ne peut le comprendre. Et tenter de lui expliquer serait peine perdue.

DIMANCHE 15 - AU VOLEUR !

Nul besoin, cette semaine, d'effectuer des recherches approfondies, pour sélectionner la tirade saugrenue. Moscovici déclare que le niveau des impôts en France – notamment celui sur le bénéfice des sociétés – est beaucoup trop élevé. Il affirme même, ce que par ailleurs, hélas, nous subissons tous, qu'ils sont en France, les plus corsés d'Europe. Sans grand risque de se tromper, il est même possible de dire du monde. Il oublie simplement de préciser que, depuis dix neuf mois, il se trouve être l'un des principaux responsables de ce matraquage fiscal invraisemblable et contre-productif. Depuis qu'il est en poste à Bercy, il n'a cessé d'inventer de nouvelles combines pour piquer du fric à toutes et à tous, particuliers ou entreprises, par tous les moyens possibles, voire inimaginables.

Arrivé à un tel niveau d'absurdité, nous ne savons même plus si nous devons en rire ou en pleurer. Le plus grave, est qu'il continue à être ministre.

Hollande ose déclarer qu'il se rendra de nouveau en Centrafrique, dans quelques semaines, lorsque le calme sera rétabli. Voilà que le président se lance maintenant dans le récital comique. Encore que cette déclaration puisse être interprétée de diverses façons. Il suffit de remplacer le mot semaines par le mot mois ou année. Il existe même de fortes probabilités qu'il ne soit plus président, lorsque la paix sera revenue dans cette région du monde, et qu'il voyagera alors en touriste.

Georges Tron bénéficie d'un non-lieu. Bon ; mais alors maintenant, que va-t-il se passer à l'encontre des personnes qui ont déposé plainte contre lui. Elles vont être poursuivies par la justice pour outrage à magistrats ?

LUNDI 16 - AVEC DES JOUETS PAR MILLIERS.

Il est maintenant grand temps de penser aux cadeaux de Noël, avant qu'ils ne restent dans les rayons que des cochonneries invendues. Pour qui désire offrir quelques présents au chef de l'État, ainsi qu'à certains membres du gouvernement, voici quelques idées intéressantes à retenir :

François Hollande : Une boîte à outils – Une tousse de premiers secours Croix Rouge – Un week-end pour famille nombreuse à Disneyland – L'adresse d'un bon tailleur – Le DVD du film *Ali Baba et les quarante voleurs*. Des boîtes de Viagra.

Jean-Marc Ayrault : L'allemand pour les nuls de Paulina Christensen – Une tirelire éléphant rose – Quelques livres dans la série des Martine (Ex : Martine et le Beaujolais nouveau, Martine et l'amiante, Martine à Matignon, Martine et les dévaluations paternelles, ou encore Martine et les 35 mauvais coups.) – Un combi Volkswagen Dinky Toys au 1/43°.

Laurent Fabius : Une reproduction miniature d'une armoire normande – La collection CD des films de Dracula – Un Vélosolex.

Vincent Peillon : Un abécédaire basique – Transmath 6ème le livre de l'élève, Editions Nathan – L'école de Heartlake City de LEGO – Un portique balançoire bois de Trigano – un bon pour une séance d'exorcisme.

Christiane Taubira : Un séjour de deux semaines, tout compris Paris/Paris, dans une prison centrale de son choix – Une tenue de bagnard – Une maquette de la fusée Ariane 5 – Un gardien de prison en état de fonctionner.

Pierre Moscovici : Un abonnement pour une visite hebdomadaire, durant une année, chez Madame Irma – Une mallette d'accessoires pour fabriquer de faux billets de banque – Un trousseau de clés passe-partout – Un boulier – Un mois de salaire d'un smicard, pour passer confortablement les fêtes de Noël et de fin d'année en famille – Un Monopoly.

Marisol Touraine : Un check-up dans l'hôpital de son choix – Un squelette – Une boîte de pansements Urgo – Une collection de cartes Vitale périmées – Une panoplie d'infirmière.

Cécile Duflot : Une caisse de bougies vertes pour éclairer son bureau – Une bicyclette pour venir au boulot – Des plaques de gazon pour recouvrir les sols des locaux du ministère de l'Ecologie – Une semaine de mise au vert dans une station de moyenne montagne - Un stage de formation dans une entreprise du bâtiment.

Manuel Valls : Une panoplie de Zorro – un plan de Marseille, avec gros plans sur les quartiers nord – Un CD de chants polyphoniques corses du groupe I Muvrini – Une maquette de l'Elysée – Une réplique de kalachnikov.

Arnaud Montebourg : Une visite guidée des studios Cinecittà à Rome – Une trousse de maquillage – Un dimanche après-midi à la télévision (avec l'accord de Michel Drucker) – Une grande boîte d'amidon, modèle spécial redressement improductif.

Michel Sapin : Des boules et des guirlandes – Un exemplaire de contrat de travail en CDD, un second en CDI – Un chômeur en fin de droit – Une courbe du chômage revue et corrigée par le personnel de son ministère.

Jean-Yves Le Drian : Une maquette à monter du porte avions Charles de Gaulle – Des figurines en plomb de la fanfare de cavalerie de la Garde républicaine – Un jeu de société La bataille navale – Une tenue camouflée – Une carte de l'Afrique en relief.

Aurélie Philippetti : Un abonnement au *Journal de Mickey* – Les derniers mensuels de Pif Gadget, parus en 2008 – Un manuel de culture d'un jardin potager.

Najat Vallaud-Belkacem : Quelques poupées Barbie, à sélectionner dans le catalogue général – Un abonnement d'un an à *Biba* – Un stage de formation dans une école de communication – Une visite guidée de la rue Saint-Denis.

Stéphane Le Foll : Un stand de 3m x 3m pour s'exposer durant le prochain Salon de l'Agriculture de Paris – Un bonnet rouge breton – Un plateau de fromages de Hollande.

Valérie Fourneyron : Un baby Foot de chez Bonzini. (Equipes personnalisées en option : + 120 €.) –L'histoire du FC Rouen – Un maillot ayant appartenu à François Hollande, du temps béni pour les Français, où il jouait au football. Un voyage organisé, tous frais payés, pour participer au prochain marathon de New-York.

Pour tous : Des animaux des hommes et des couleurs de Pierre ETIENNE. Editions Amalthée. La nouvelle encycomédie de Pierre ETIENNE. Editions Edilivre. (Il n'existe aucun texte de loi qui puisse m'interdire de faire ma propre publicité. NDLA.)

En 2012, 27 % des mis en cause pour vol, étaient d'origine étrangère. Quoi de plus logique ; la population française compte actuellement, environ soixante six millions d'habitants, alors que les étrangers sont quasiment sept milliards. Il ne s'agit ici que d'une question mathématique. Et puisque le gouvernement français invite de plus en plus d'individus nés hors de France, à venir exercer leurs talents dans l'hexagone, ce pourcentage ne pourra que toujours augmenter dans les prochaines années. C'est face à de tels évènements, que l'on reconnait les grands stratèges politiques.

S'il est un chiffre nettement plus intéressant à commenter, c'est celui du pourcentage d'affaires élucidées. Et ici, c'est carrément la honte. Seulement 11 % des plaintes pour vol trouvent une conclusion favorable. C'est donc que 89 % des voleurs continuent de sévir au nez et à la barbe des enquêteurs patentés. Vive la police et vive la gendarmerie ! Ils sont franchement meilleurs pour surveiller les radars et parcmètres ces lascars. C'est à se demander s'ils n'ont pas été uniquement formés pour effectuer ces missions hautement périlleuses. Avec de tels résultats, on ne risque pas de voir Valls venir se pavaner sur les petits écrans, pour annoncer la couleur. Il a le toupet de se présenter comme le Vidocq des temps modernes, alors qu'il n'est tout juste bon qu'à enfiler le costard de Bibi Fricotin.

Chez les ministres et parlementaires, le mot à la mode est *transparence*. À une époque où les décisions et activités exercées par les dirigeants politiques sont de plus en plus opaques, on se demande bien dans quel dictionnaire ils ont trouvé ce mot ?

MARDI 17 - L'ART ET LA MANIERE.

Qui n'a jamais contemplé cette remarquable œuvre d'art, qu'est le Penseur de Rodin ? Ne serait-ce qu'en photo. Si les pensées du Penseur sont aussi profondes, que ses muscles sont saillants, il y a fort à parier que les experts en expertises psychologiques de statues sont loin d'être parvenus au bout de leurs peines. Et si, en fait de pensées, Rodin, tout simplement, nous avait dirigés vers une fausse piste, avec l'intitulé de sa sculpture, et avant tout avait souhaité mettre en exergue les lignes harmonieuses du corps humain ? Après tout, il était artiste ; pas spinoziste.

Ils se trouvent toujours des *spécialistes,* dans tous les domaines, pour expliquer à la face du monde, ce qu'un un peintre, un sculpteur, un écrivain avait dans la tête, au moment où il réalisait son œuvre, alors qu'ils ne sont pas plus éclairés que le premier péquin venu. Même les psychiatres ne peuvent jamais découvrir totalement, ce qui se passe dans la tête de leurs patients. Pourtant, ils sont du métier. Il est donc plus que recommandé, de se méfier des experts spécialisés en pensées profondes.

Autre exemple : la Vénus de Milo. D'après les dernières conclusions hautement scientifiques datant de l'année 1985, il semblerait que cette magnifique création artistique représenterait Aphrodite, déesse grecque de la beauté et de l'amour. Et si, tout bêtement l'artiste, qui assurément jouissait de goûts raffinés, avait souhaité représenter l'une de ses relations intimes, dans le dessein de l'immortaliser ; son épouse légitime, sa cousine préférée, sa belle-sœur, la femme de son mécène ou sa voisine de palier ? Dans tous les cas, qu'il s'agisse d'Aphrodite, ou d'une inconnue devenue célèbre malgré elle, la question essentielle n'est pas de savoir qui elle était, mais quel usage elle faisait de ses mains, avant que ses membres supérieurs ne soient détachés de son corps. Au moins, avec la Petite Sirène de Copenhague, nous avons la certitude qu'elle sait se tenir correctement face au public. Pareil pour le Manneken Pis. Dès le premier regard, nous sommes immédiatement fixés quant à ses intentions face aux critiques d'art.

Ces pauvres critiques qui, s'ils possédaient un soupçon de talent, embraseraient une carrière artistique, plutôt que critiquer ceux qui en ont.

La pensée du jour : « *La culture, c'est comme la confiture. Moins on en possède, plus l'on se croit obligé de bien l'étaler.* »

Il en est un qui est particulièrement réceptif aux chants des sirènes, mais celle située dans le port de Copenhague n'en fait pas partie. Celles-ci sont socialistes. Et l'intéressé se nomme Edouard Martin, ancien chef de file de la CFDT, chez ArcelorMittal à Florange, et personnage clé des journaux télévisés avec Valls et Montebourg. Après avoir voué Hollande, Ayrault et les membres de leur barnum aux gémonies, il a fait le choix de trahir ses compagnons de combat, de façon à devenir tête de liste PS de la région Grand Est, lors des prochaines élections européennes. Face à dame Morano, si un débat est organisé entre ces deux comiques, on risque de bien se marrer, mais ça risque également de voler bien bas. C'est une certitude ; s'il se conduit ainsi, c'est qu'il était né pour faire partie du monde infernal de la politicaille. Il ne mérite pas mieux.

Par contre, au niveau des rentrées financières, sa vie personnelle va connaître un bon fulgurant. Député européen, ça ne sert pas à grand-chose, d'ailleurs très peu effectuent des déplacements réguliers, mais c'est ce qui rapporte le plus. Cette fois ci, Martin ne s'est pas gouré de parcours. Que l'on en juge : étant désigné tête de liste, il encaissera chaque mois, plus de douze mille euros, assortis de six mille six cents euros de jetons de présence. Il bénéficiera de la défiscalisation de ses revenus, et tous ses déplacements, bien entendu en 1° classe, lui seront remboursés. Question retraite, qu'il pourra prendre dès cinquante ans, après dix années passées au sein de ce circus, il se mettra neuf mille euros dans la poche, toujours chaque mois, sans n'avoir jamais cotisé.

En clair, du camp des entubés, Martin va passer dans le camp des entubeurs. Comme dit le proverbe : *« Ce ne sont pas les emmanchés qui manquent, c'est le pognon. »* Mais dans les instances européennes, on en trouve toujours pour les élus et les fonctionnaires, dès qu'il s'agit de s'entre gratifier.

MERCREDI 18 - EN AUTO À PARIS ON DEPASSE LES VELOS.

Au contraire de Merkel ou Cameron, Hollande a décidé de ne pas participer à la cérémonie d'ouverture des JO de Sotchi, en Russie, le 7 février prochain. S'il persiste à agir de la sorte, la France risque d'entrer en guerre avec le reste de la planète, avant la fin de son mandat. Pendant que l'Allemagne et la Grande Bretagne continuent de faire du business avec la Russie, la France ne cesse d'augmenter le déficit de sa balance commerciale extérieure. Pauvre garçon ; son passage par la case Elysée ne le fait même pas évoluer.

Grâce au Canard enchaîne, nous avons appris que le sénateur EELV, Jean-Vincent Placé, devait au fisc, dix huit mille euros d'amendes impayées, pour diverses infractions, dont excès de vitesse et stationnements interdits ou non réglés. Ils sont géniaux les verts : ils prêchent le vélo pour tous, mais ne se déplacent le plus souvent, et bien évidemment aux frais des contribuables, qu'à bord de bagnoles de service, tout en n'ayant même pas le courage et l'honnêteté d'assumer leur propre comportement.

Voilà qui, pour au moins quelques jours, voire quelques semaines, devrait nous débarrasser de sa présence sur le petit écran.

Avant lui, Harlem Désir avait connu des problèmes du même genre, mais eut la chance de ne pas casquer la douloureuse. Par décision de justice, en 1992, il bénéficia d'une amnistie dictée par Mitterrand alors qu'il était encore président de la République, lui permettant d'éponger une dette de quatre-vingts mille francs, correspondant à des amendes pour stationnements interdits. Par contre, l'ex-président de SOS Racisme ne put éviter d'être condamné, en 1998, à dix huit mois de prison avec sursis et trente mille francs d'amende, pour recel d'abus de biens sociaux.

Et ces gens-là osent venir nous donner des leçons de morale ! Hors les frontières de la république bananière françaises, ces énergumènes seraient interdits à vie, de toute fonction politique. Paris sera toujours Paris.

Uniquement pour mémoire, les quatorze mis en examen, dont DSK, dans l'affaire de prostitution du Carlton de Lille, ont été renvoyés en correctionnel, et non pas devant une cour d'assises, comme certains mis en examen le souhaitaient. C'est bien triste pour eux, le tribunal correctionnel est d'un populaire ! C'est nettement moins chic qu'une cour d'appel.

JEUDI 19 - DEMANDEZ LE MENU.

Après la Suisse, le Brésil vient de renoncer à l'achat de trente six avions Rafale. Pour la Suisse, cela peut se comprendre ; à peine le temps de décoller, et le zinc se retrouve hors des frontières du pays. Une liaison radio qui tombe en panne, et patatrac ! Voilà l'avion qui se fait descendre, et risque de s'abattre sur une usine Peugeot, dans la région de Montbéliard. Mais au Brésil, ce n'est pas l'espace aérien qui manque ! Certes, nous n'allons pas faire porter le chapeau au seul Hollande. Quand le dossier a commencé à voir le jour, il était fort loin de s'imaginer qu'il pourrait un jour occuper l'Elysée. Simplement, contentons-nous de remarquer qu'il est aussi nul en représentant de commerce, qu'en dirigeant politique. Tout président soit-il. C'est dans ces moments là, que l'on s'aperçoit à quel point un type comme Tapie aurait été précieux. Nous ne pouvons en être certains, mais l'on peut présumer que si l'on avait envoyé Nanard négocier ce business, il serait rentré en France avec un bon de commande. Bien entendu, il aurait magouillé, aurait détourné une somme conséquente à son profit, mais le résultat aurait été là. C'est l'essentiel, non ? Et puis, n'oublions jamais que, sur l'ensemble de la planète, aucune affaire, absolument aucune affaire, relative à des ventes d'armes, n'arrive à son terme sans distribution d'enveloppes bien garnies.

Tout autre discours n'est que mensonger et hypocrite. Que cela plaise ou non, il en est ainsi.

Certains diront que Tapie ministre, on a déjà eu. Certes, mais pas à la bonne place. Nanard il est né pour faire du business, arrêtons de l'emmerder, même si c'est parfois justifié, et envoyons-le faire du business. D'autres feront remarquer qu'un ancien taulard à la tête d'un ministère, ça la foutrait mal. Parce que Cahuzac au budget, ça faisait sérieux ? Ayrault Premier ministre, c'est sensé ? Moscovici aux Finances, c'est vertueux ? Peillon à l'Education, c'est rassurant pour l'avenir de nos enfants ? Valls à l'Intérieur, c'est crédible ? Duflot au logement, c'est raisonnable ? Montebourg pour redresser l'ensemble, c'est cohérent ?

Quant au fameux avion *Rafale*, à part remplir les poches de Dassault, il sert à quoi ce petit joujou excessivement coûteux ? Il est tellement meilleur que les autres, que jusqu'à présent, aucune Nation autre que la France n'a désiré en acquérir. Il est vrai qu'à plus de quarante mille euros l'heure de vol, ça donne à réfléchir avant d'en commander une douzaine. N'aurait-il pas été plus judicieux de fabriquer un matériel moins sophistiqué mais vendable ?

Reste l'Inde, susceptible d'acquérir cent quatre-vingts unités de ce gadget. Ainsi que, peut-être, certains émirats. Mais pour autant, il ne s'agit actuellement que de spéculation sur l'avenir. Et ce n'est pas avec des discours hypothétiques que l'on fait tourner la machine industrielle.

Après seulement trois semaines d'ouverture, plus d'un million de personnes sont déjà inscrites aux Restos du Cœur. Soit 10 % de plus, par rapport à l'an passé. Si Coluche revenait, il serait totalement consterné de voir que, depuis son départ pour le moins inattendu, la situation n'a jamais cessé de se dégrader. On dit merci à Hollande, Ayrault et leur bande d'affameurs publics. Que la honte soit sur la cinquième puissance industrielle de la planète. (Plus pour longtemps. NDLA.]

VENDREDI 20 - GANGS OF PARIS.

Bernadette Chirac n'est pas contente, et tient à le faire savoir. Dans la magouille habituelle qui consiste à redécouper les cantons ou circonscriptions, en vue d'élections prochaines, de façon à en détourner les véritables résultats populaires, Valls a décidé de supprimer le canton de Corrèze, où l'ex première dame est élue depuis l'année 1979. Certes, à quatre-vingts piges, il semble assez délicat d'affirmer qu'elle peut représenter l'avenir de la région. Pour autant, c'est faire preuve, pour le ministre de l'Intérieur, d'un manque total d'intelligence et de bon sens, que d'agir ainsi. Il serait bien inspiré de plutôt s'occuper de l'insécurité qui règne de plus en plus sur l'étendue du territoire, mais malgré ses discours et ses voyages en Corse et en région PACA, il est pour ce business, encore plus mauvais que ces devanciers, car à l'inconsistance, il ajoute l'idéologie. C'est pour dire !

Heureusement que Hollande n'a plus besoin de faire louer, au couple Chirac, le château de Bity par le conseil général de Corrèze, afin d'y organiser des réceptions mondaines, car il aurait été à prévoir des tarifs fortement revus à la hausse. Il est vrai que personnellement, il n'a jamais sorti le moindre kopeck de sa poche.

À Paris, la guerre des gangs fait rage. Si au PS, la situation semble plutôt claire, avec la désignation d'Anne Higalgo comme tête de liste pour les prochaines municipales, à droite on a déjà déterré la hache de guerre, et les scalps commencent à tomber. NKM, Charles Beigbeder et Jean-Louis Borloo, ne risquent pas de réveillonner ensemble. Bien entendu, tout ce beau monde n'en a strictement rien à foutre de l'avenir des Parisiens. Le but des manœuvres ne restant toujours que la conquête du pouvoir à des fins strictement personnelles.
D'autant que le fauteuil de maire de la capitale, reste un excellent strapontin dans l'optique de se placer pour occuper un poste plus important dans la hiérarchie politicienne.

D'ici à ce que cette piteuse situation ainsi créée par cette troupe de mauvais comédiens, ne donne de nouvelles idées à Rachida Dati, il n'y a que le pont Neuf à franchir. D'autant que Dominique Tiberi espère bien semer la zizanie, et que, chacun de leur côté, Copé et Fillon ne cessent de mettre de l'huile sur le feu, dans l'unique intention d'emmerder l'autre, au maximum de leurs possibilités.

Nous apprenons simplement maintenant que, le 16 décembre dernier, Hollande en a fait encore une belle. Face aux représentants du CRIF, il a commenté le récent voyage de Valls en Algérie, par cette phrase : « *Il en est revenu sain et sauf, ce qui est déjà beaucoup.* » Bien entendu, les dirigeants de ce pays qui, comme chacun le sait, est une grande nation démocratique, se disent outrés et demandent des excuses. Quelle sera la réaction du président ? Les paris sont ouverts.

SAMEDI 21 - UN PEU DE CALME.

Celui qui est capable et possède la volonté de créer ou d'entreprendre, est cerné par une effrayante foule d'ennemis. Il a contre lui, tous ceux qui aimeraient ou voudraient faire la même chose, mais en sont incapables, ceux qui font volontairement le contraire, de façon à prouver qu'ils possèdent la science infuse. Et surtout, l'immense majorité des individus insignifiants, frustes et exigeants, qui ne font rien.

C'était la citation du jour. En cette période, il n'est pas évident de dégoter continuellement des anecdotes dignes d'être rapportées. Dans les palais de la République, on parle davantage langouste, caviar et champagne que des problèmes des Français.

DIMANCHE 22 - FAUT PAS POUSSER.

Cette semaine, la tirade saugrenue est attribuée au président ainsi qu'à son Premier ministre, histoire de ne pas les dissocier dans leurs efforts conjoints, pour faire de la France un champ de ruines. De toute évidence, ils devraient profiter des fêtes de Noël et du Nouvel An, pour prendre des vacances, et s'aérer les boyaux de la tête. Selon l'Insee, il n'y aura pas d'inversion immédiate de la courbe du chômage, pas plus que dans les mois à venir. Où il est prouvé, une fois encore, que les discours de Hollande ne sont que du vent. Il est vrai que la Hollande est le pays des moulins à vent ! Commentaire de l'intéressé : « *La note de l'Insee, s'intitule reprise poussive, donc il faut la pousser.* » Il n'a même pas précisé dans quel sens ! La vérité est qu'il ne sait même pas quel traineau il pousse ou il tire. Par contre, les Français savent qui ils se trimbalent.

Quant à JMA, il a affirmé : « *On ne sait plus qui paie quoi. La remise à plat est indispensable.* » On ne sait peut-être pas pourquoi nous payons, encore que nous nous en doutions quand même légèrement. Mais la certitude est que nous payons ; et de plus en plus. Plus scandaleux encore est que, malgré ce véritable racket unique au monde, il n'y a plus d'argent pour l'éducation, plus d'argent pour la recherche, plus d'argent pour l'armée, plus d'argent pour la santé, plus d'argent pour la justice, plus d'argent pour la police. Fort heureusement, il reste de l'argent pour assurer le train de vie des politicards.

16h58. Hollande vient de présenter ses regrets aux dirigeants algériens, pour l'*interprétation de ses propos sur l'Algérie.* Les Français pensaient avoir élu un président ; ils se retrouvent avec un animateur de kermesse.

Le JDD révèle que la délégation française présente à la cérémonie commémorative en l'honneur de Nelson Mandela, ne s'est pas déplacée à bord de deux, mais trois avions. Si les appareils transportant Hollande et Sarkozy ont supporté le climat d'Afrique du Sud, le troisième est tombé en panne et n'a pas été en mesure de redécoller. *Sarkozy a bien accepté de prendre à bord de l'avion mis à sa disposition, le chef du protocole qu'il connaissait bien, mais a refusé l'embarquement de Monseigneur Emmanuel Lafon, évêque de Cayenne et ancien compagnon de Mandela.* Ce dernier s'est donc retrouvé dans l'obligation de rentrer sur Paris par un vol régulier.

Il est excessivement facile de faire supporter ses caprices de sale gosse, lorsqu'il ne s'agit que de gaspiller l'argent des contribuables. Mais ce comportement est absolument indigne d'un ex-président de la République qui, de sus, ne rêve que le redevenir.

Si la majorité des citoyens pouvait se douter ce qu'est le monde politique, ils s'en trouveraient bien peu pour se déplacer, lors des élections.

Citation du jour : *« Ce que l'on dit être nouveau en ce monde, est ce qu'on ignore. »* (Harry Truman).

LUNDI 23 - DE PROFUNDIS.

Les quartiers nord de Marseille sont en deuil. Mikhaïl Kalachnikov, inventeur du célèbre fusil qui porte son nom, vient de mourir à l'âge de quatre-vingt-quatorze ans. Est-ce qu'un baroud d'honneur sera organisé dans les banlieues, afin d'honorer la mémoire du père de l'arme légère la plus meurtrière de la planète ? En ce mois, où aucun cadavre n'a encore été comptabilisé, en Corse comme dans les Bouches-du-Rhône, respecter les traditions représenterait une marque de bienséance envers ce bienfaiteur de l'humanité.

Cette année, Valls risque de trembler, avant même le réveillon de la Saint-Sylvestre.

Conséquence des déclarations insensées de Hollande, ou pur hasard ? Le Conseil d'État s'est prononcé en faveur des mères voilées, qui désirent accompagner les enfants, lors des sorties scolaire. Heureusement que ce sont les islamistes qui désirent conquérir la France. Ci cela avait été le cas des Indiens d'Amérique, il aurait été très difficile de trouver, pour les mômes, des places disponibles dans les autocars, après avoir placé les totems.

MARDI 24 - LE PERE FOUETTARD.

Petit pépère François
Quand tu seras sur les toits
Avec tes impôts par milliers
Oublie vite notre cheminée

Mais avant de partir
N'oublie pas de te couvrir
Les SDF eux, auront froid
Ils se gèlent à cause de toi

J'angoisse en l'attente que le jour se lève
Et voir ce qu'il va me manquer
Tous ces beaux cadeaux que j'avais en rêve
Tu les auras chouravés

Vilain flanby François
Avant de boucler tes malles
Tu auras chapardé nos joies
De ta faute, la France est très mal.

S'il est une ville que ne se plaint pas de la hotte du Père Noël Hollande, c'est Tulle en Corrèze, ancien fief électoral du président. Le clientélisme bat son plein dans cette ville. Ainsi, depuis 2012, le ministère de la Santé a dû mettre la main à la poche pour l'installation d'un IRM. Montant trois millions d'euros. Le ministère de l'intérieur a consenti trois cent mille euros de subventions pour financer la rénovation du quartier de la gare. Le Premier ministre a débloqué deux cent mille euros pour la construction d'un cinéma, alors que le ministère de l'Environnement a accordé cinq cent mille euros à la municipalité, pour résorber des poches d'insalubrité. Tout cela, en sus des douze millions d'euros accordées au Conseil général, afin de *soulager* la dette du département. Il est vrai que concernant cette dette, Flanby a beaucoup à se faire pardonner.

MERCREDI 25 - LES BÛCHES DE NOËL.

Un qui n'a vraiment pas eu de chance, c'est Jésus. Naître le jour de Noël, c'est systématiquement se voir privé d'un cadeau d'anniversaire chaque année. Une véritable guigne dès le départ. Ensuite, se rendre à Jérusalem pour y fêter la Pâque juive, et y finir assassiné, c'est être véritablement poursuivi par la poisse. Il est vrai que, la veille de son arrestation, il avait invité à dîner ses meilleurs amis, les douze apôtres. Treize à table, chacun le sait, ça porte malheur. Peut-être avait-il omis tout simplement de se compter lui-même ? Dans la vie, chacun porte sa croix.

Côté positif, c'est en mémoire de sa résurrection que fut institué plus tard, le repos hebdomadaire du dimanche. Ce qui fit passer la semaine de travail de quatre-vingts dix huit à quatre-vingts quatre heures. On dit merci Petit Jésus. Aucune organisation syndicale n'est parvenue, depuis, à réduire la durée légale du travail de quatorze heures d'un seul coup. Pourtant, ces mêmes syndicats gauchistes, dénoncent le travail du dimanche ! Leurs dirigeants seraient donc catholiques pratiquants ? De quoi être dégoûté d'être encartés puis payer ses cotisations. Il est vrai qu'en France, les salariés syndiqués se font de plus en plus rares. Ouf !

JEUDI 26 - CONVERSION À L'ISLAM.

Mardi 24 : la présence du président de la République – pas plus d'ailleurs, que celle d'un seul de ses ministres – n'a été remarquée, lors de la célébration de la messe de minuit, en la cathédrale Notre-Dame de Paris. Mercredi 25, un scénario identique s'est reproduit, lors de la messe du jour de Noël.

Certes, la France est une république laïque. Dans cet esprit, il ne semble pas incongru de relire une déclaration de monseigneur di Falco Léandri, évêque de Gap et d'Embrun, adressée à Jean-Marc Ayrault, en octobre de cette année. Ce message faisait suite à la présence du Premier ministre, accompagné du ministre de l'Intérieur, à la Mosquée de Paris, lors de la célébration de l'Aïd.

« *À travers vous, je salue une grande religion de France. Je mesure la place qui est la sienne dans notre pays et notre histoire. J'entends la parole que vous portez pour rassembler les femmes et les hommes autour d'un message de paix et de concorde, dans le cadre de la République et en accord avec ses principes et ses valeurs. Je vous le redis avec force : toute atteinte au libre exercice du culte est intolérable et toutes les croyances religieuses doivent pouvoir s'exprimer dans notre pays dans le respect des lois de la République, de la laïcité et des confessions de chacun.* »

Monseigneur di Falco continue :

« *Alors, Monsieur le ministre, dans la logique de votre démarche, je suppose que vous avez prévu avec autant de conviction la détermination de votre gouvernement à combattre la discrimination dont les chrétiens font l'objet. Et c'est pour cela que j'ai l'outrecuidance de vous inviter chez vous, dans la cathédrale de Gap – les cathédrales étant propriété de l'État – pour le mercredi des Cendres, début du Carême, ou pour le dimanche de Pâques. Nous vous accueillerons avec tout le respect dû à votre haute fonction.* »

Le gouvernement n'ayant donné aucune suite, ni orale ni écrite, il ressort dans les faits que, de toute évidence, l'islam est devenu la religion privilégiée de nos mandarins.

Le chômage repart nettement à la hausse à fin novembre. Il est très compliqué de faire avaler aux citoyens français, de fausses statistiques chaque fin de mois. La réalité finit toujours par reprendre le dessus. En la circonstance, il n'est pas nécessaire de s'attarder avec les chiffres, mais l'information le plus invraisemblable de la journée provient de Sapin qui a osé déclarer qu'en gros, tout se passait correctement, comme prévu. Il espère pouvoir nous prendre tous pour des cons encore longtemps ?

Quant à JMA, il salue le « *Courage et la volonté du président de la République qui a eu raison, car l'inversion de la courbe du chômage est amorcée !!!* » S'il portait des lunettes, il s'apercevrait de la monstruosité de ses palabres.

Maryse Joissains-Masini, maire UMP d'Aix-en-Provence, a été placée en garde à vue, dans le cadre d'une enquête sur des emplois présumés fictifs. Elle a été entendue pour trafic d'influence et détournements de fonds publics. Il ne reste qu'à attendre la suite des évènements. Mais en l'occurrence, rien de bien préoccupant ; nous le savons tous, les affaires délictueuses ne touchent qu'exceptionnellement les élus de la République.

VENDREDI 27 - SILENCE ON TOURNE.

En voyage jeudi en Bretagne, Valls, qui ne perd pas une seule occasion pour exploiter une situation, même dramatique, afin de venir se pavaner face aux caméras de télévision, a estimé *« qu'il existait une erreur d'appréciation des services de l'État, lors du passage de la tempête Dirk. »* Selon le ministre de l'Intérieur, *« ils n'ont pas suffisamment pris en compte les risques de crues. »* Il oserait donc tenter de nous faire croire que, s'il était venu plus tôt à Morlaix, Quimper ou Quimperlé, il aurait été capable, à lui seul, de faire reculer les eaux ???

Moïse a fait se séparer la Mer Rouge en deux, Jésus marchait sur les flots, mais Valls ne va tout de même pas essayer de nous faire croire qu'il fait partie de la même catégorie de personnages célèbres. Pour les miracles, il est nécessaire de s'adresser hors les ministères et administrations. Dans quelques mois, quelques années tout au plus, qui se souviendra de son passage sur la scène publique ?

À noter que, selon certains météorologues, la tempête Dirk qui s'est abattue dans la nuit du 23 au 24 décembre sur la Bretagne, et dans l'attente de la prochaine, Erich, attendue dans les prochains jours, il ne s'agissait pas véritablement d'une tempête, mais d'une dépression tempétueuse. Ce qui, bien évidemment, change tout. Est-ce que les sinistrés seront en mesure d'apprécier la différence ?

Le chiffre de trois millions de non-inscrits sur les listes électorales, donne actuellement des poussées de boutons tricolores, sur les visages des candidats aux futures élections qui auront lieu l'an prochain. Inscrivez-vous bien vite, qu'ils disent tous. Ce qui est certain, est que ces citoyens non-inscrits ne font que renforcer le fait qu'en aucun cas, il n'existe de majorité politique en France, hors des comptes truqués donnés en pâture au bon peuple, après chaque élection. Quel que soit le résultat, aucun parti ne représente plus d'un Français sur cinq. Et encore en comptant large. Moralité, aucun parti ne possède de légitimité réelle, lorsqu'il gouverne le pays.

La démocratie à la française, c'est le gouvernement de la majorité par une minorité.

Valls étudie « toutes les voies juridiques pour interdire les réunions publiques de Dieudonné qui, selon lui *« n'appartiennent pas à la dimension créative mais contribuent à accroître les risques de troubles à l'ordre public. »* L'atteinte politique à la liberté d'expression, à la liberté artistique, n'est que le fait de régimes totalitaires. N'oublions jamais que tous les dictateurs commencent toujours par sévir, en interdisant les artistes et les créateurs de s'exprimer. Même lorsqu'ils sont mauvais. Que les régimes soient de droite ou de gauche. D'ailleurs, où se situe la différence entre mourir exterminé dans un camp de concentration nazi, ou assassiné dans un camp communiste en Sibérie ?

La question essentielle qui se pose à présent, n'est pas due au comportement de Dieudonné M'bala M'bala, mais à la déclaration du ministre de l'Intérieur. Si Dieudonné s'est mis hors la loi, c'est à la justice de se charger du dossier. Et puis, à la finale, ce sont les publics qui décident si un spectacle mérite ou non d'être vu. Mais qu'un ministre déclare ouvertement qu'il souhaite imposer sa censure sur un spectacle, relève d'un abus de pouvoir manifeste. Et là, c'est franchement très grave, très préoccupant. Aucune résolution de ce type n'est acceptable dans un pays démocratique. Il est vrai qu'en France, les dirigeants politiques ont pour habitude d'accommoder la démocratie à leurs sauces indigestes.

Par contre, à ce que nous puissions savoir, aucune mesure de rétorsion n'est prise à l'encontre des rappeurs immigrés, le plus souvent d'origine africaine, qui hurlent ouvertement qu'ils chient sur la France, qu'ils enculent les Français, qu'ils faut tuer les flics, qu'ils se torchent le cul avec le drapeau tricolore, avant quelque-fois d'y mettre le feu. C'est plus que bizarre, non ?

S'il souhaite nous faire marrer, Valls a tout intérêt à s'inscrire dans un conservatoire d'art dramatique pour prendre des cours, avant de se donner en spectacle. Même en s'associant à Ayrault, pour remplir une salle, ils se trouveraient tous deux dans l'obligation de payer les spectateurs pour qu'ils assistent à leur numéro. Y compris aux *Deux Ânes*, qui ne peut pourtant contenir que peu de spectateurs.

Finalement, ce fait-divers de seconde, voire troisième zone, arrange fortement Hollande et les membres de son gouvernement. Pendant que l'on parle – beaucoup trop – de cet événement qui n'en est pas un, ou oublie les hausses en tous genres, qui vont s'abattre sur le bon peuple de France, dès le 1° janvier.

Est-ce que pour autant, le printemps sera chaud ? C'est fort loin d'être une évidence, car la jeunesse actuelle est bien trop préoccupée par les portables et les tablettes, pour s'intéresser aux problèmes essentiels. La seule et unique procédure susceptible de faire se révolter cette nouvelle génération, est désormais de lui couper les liaisons Internet. Ils ne décident même plus où ils vont aller. Ils se contentent d'obéir aux ordres des GPS.

C'est du pain béni pour les politiciens ; en face d'eux, ils ne trouveront bientôt plus que des robots.

En l'attente, avec les socialos pour diriger les affaires du pays, la France se trouverait donc en parfaite adéquation, niveau censure, avec la Russie de Poutine, les Etats arabes du Golfe persique ou la Corée du Nord de Kim Jong-un, où la pratique de cette méthode totalitaire fait partie du paysage politique commun ? Quant aux médias, qui ont passé un temps fou à commenter la culture des quenelles, le plus souvent en la dénigrant, tout ce qu'ils sont parvenus à faire, c'est offrir à Dieudonné une gigantesque publi-cité gratuite. Jamais, au grand jamais, il n'aurait eu les moyens de ce payer cela. Ils ne comprendront donc jamais que la pire des choses est l'indifférence. Mais certes, ce n'est pas vendeur.

SAMEDI 28 - LES DERNIERS SERONT LES PREMIERS.

Une bonne nouvelle vient de tomber dans la corbeille de Christian Estrosi. Dans le cadre de l'Euro 2016 de football, l'État va verser vingt millions d'euros à la ville de Nice, et le conseil régional PACA, sept millions. Soit un total de vingt-sept millions. Il sera fort intéressant, de diviser cette somme, par le nombre de matchs organisés dans le nouveau stade de la ville, lors de cette prochaine compétition, afin de découvrir le prix de revient de chacun.

Selon un classement établi par Rita Santourian (Planet.fr), le classement des dix premières têtes à claques de l'année, s'établit ainsi :

1 - Frigide Barjot.
2 - Les Femen.
3 - Nabilla.
4 - Nicolas Bedos.
5 - Alain Delon.
6 - Lilian Thuram et Karine Le Marchand.
7 - Cyril Hanouna et sa bande.
8 - Miley Cyrus.
9 - Gérard Depardieu.
10 - Patrice Evra.

De toute évidence, les politicards sont classés hors catégorie. On se demande bien pourquoi ?

Un document nous apprend que, bizarrement, les élus de droite sont plutôt d'origine modeste (Sarkozy, Guénot, Guéant, Juppé, Lagarde, Dati, Amara, Bougrab, Yade, Morano, Bertrand, ou Jacob). Nous pouvons toutefois constater qu'ils possèdent de remarquables facultés d'adaptation, et apprennent vite. Quant aux leaders de gauche, ils sont le plus souvent issus de la grande bourgeoisie, voire carrément de familles fortunées (Aubry, Montebourg, Hollande, Royal, Guigou, Lang, Moscovici, Fabius, Delanoë, Peillon, Valls, Hamon, Cambadélis et DSK, entre autres).

C'est le monde à l'envers.

DIMANCHE 29 - L'ECOLE, FUTUR CAMP DE FORMATION POLITIQUE.

Pour ce dernier dimanche de décembre, la tirade incongrue a été sélectionnée parmi les plus invraisemblables de l'année, et se voit décerner le Grand Prix de la stupidité 2013. Elle émane de la bouche d'un individu, hyper nuisible pour l'intégrité physique, psychique et intellectuelle de nos enfants ; il s'agit de l'archaïque idéologue Vincent Peillon. Selon ce vil personnage, resté attaché à l'idéologie destructrice communiste, la vision de l'école nouvelle et définitive est *« non pas d'instruire ou de former, mais d'arracher l'élève au déterminisme familial, social, ethnique, et intellectuel. »* Peut-être également de leur faire effectuer un bond spectaculaire d'un siècle en arrière ?

Attention : cet homme est particulièrement dangereux !

Après trois années de recherches approfondies, et un rapport de cent vingt deux pages, la Commission européenne a enfin communiqué un rapport très attendu : la normalisation des cuvettes de WC au sein de l'Union. La largeur de la lunette devra être de 370 mm, la longueur entre 442 et 455 mm. Le contenu de la chasse d'eau devra être de 5 litres pour la grosse commission (européenne) et un litre pour les urinoirs. Il faut savoir que les mecs et les gonzesses qui ont pondu cette merde qui risque de boucher les canalisations, sont casqués environ dix mille euros chaque mois. Fort heureusement, leur travail ne s'est pas arrêté là. Grâce à leurs études, nous savons maintenant que les Français sont les Européens qui partagent le plus leurs toilettes (0,65 WC/hab), alors que les Allemands et les Espagnols sont les plus personnels en la matière (0,94 et 1,04.)

Nous avons également confirmation que notre pognon sert à alimenter les chiottes en programmes de merde. Mais c'est, en l'occurrence, loin d'être une surprise.

LUNDI 30 - MOINS BELLE LA VIE.

Il semblerait que Valls ait dans un coin de sa tête affreusement tourmentée, l'intention de nous faire subir un nouveau coup fourré. La baisse généralisée des vitesses minimales sur les routes et autoroutes est semble-t-il dans l'air. Soit, 40 km/h en ville, 80 km/h sur les routes et 120 km/h sur les autoroutes. Il se dit également, mais c'est bien connu les gens sont méchants et racontent n'importe quoi, qu'un fabricant de panneaux de signalisation routière, serait un politicard très bien placé. Evidemment, vu sous cet angle là, si l'on multiplie le foisonnement de panneaux de signalisation qu'il conviendra de remplacer, par quelques euros de bénéfice l'unité, cette nouvelle magouille représente une somme colossale. Etant bien entendu que, de sus, le prix de ces petits gadgets est déjà surfacturé. Une fois de plus, la sécurité routière n'aurait donc rien à voir avec cette nouvelle mesure inique ?

Cela serait fort étonnant !

En voyage à Riyad, Hollande a – encore – eu un mot d'esprit. Enfin, c'est ce qu'il pense personnellement de sa prestation. Alors qu'il venait de recevoir comme présent, un fort joli sabre, il a déclaré à Jack Lang – recasé à soixante quatorze ans, président de l'Institut du monde arabe – mais devant un auditoire bien fourni : *« J'en aurai besoin. »* Il a donc décidé de se reconvertir en coupeur de têtes ? Si tel est le cas, attendons de voir lesquelles tomberont en premier. Encore qu'un vague profil de ses principales futures victimes commence à se dessiner.

De ce voyage en Arabie saoudite, le président, comme à sa triste habitude, n'a rapporté aucun contrat signé officiellement, mais a affirmé *« qu'il existait de belles perspectives. »* Ce que tout le monde sait, surtout qu'en ce pays, les dirigeants possèdent les thunes pour payer comptant. Mais généralement et en toute logique, un représentant qui ne ramène que des promesses au siège de son entreprise – l'État étant la première de France – se fait virer. Les contrats sont pour quand ?

Toujours en direct de Riyad, Hollande a pris la liberté de commenter le spectacle de Dieudonné, et approuver les déclarations de Valls. Les dirigeants arabes sont donc concernés par les frasques de cet individu vaguement artiste ? Nous enregistrons, une fois de plus, que lors de ses déplacements à l'étranger, le chef de l'État se comporte de façon lamentable, et aborde des sujets totalement inintéressants. Voire nuisibles pour sa crédibilité. À supposer qu'il lui en reste encore un soupçon.

Au fait, c'est quoi une quenelle, politiquement parlant ? À quelle sauce doit-elle être servie ? Si ce geste – paraît-il – s'apparente au nazisme, pourquoi ne pas interdire le bras gauche tendu avec le poing fermé, qui est la marque du communisme ? Parce que les dirigeants de cette doctrine criminelle, sont les responsables du plus grand génocide que la planète n'ait jamais connu. De sus, hors de guerres répertoriées comme événements historiques.

C'est désormais une certitude, les magasins de bricolage pourront ouvrir le dimanche, jusqu'au 1° juillet 2015. Pourquoi précisément cette date ? Il semble évident que les ministres qui ont pondu cette circulaire, l'ignorent eux-mêmes. Pour majorité, les salariés concernés sont favorables à cette mesure, qui va leur permettre d'arrondir quelque peu leurs fins de mois bien ponctionnées par Bercy. Quant aux syndicats, qui ne représentent qu'à peine 1 % des salariés dans le privé, ils sont contre cette mesure, bien entendu, alors que personne ne leur ait demandé leur avis. Ce qui est certain, est que cette circulaire gêne considérablement les dirigeants de ces cartels, car ils ont pour habitude de déposer plainte devant les tribunaux, et par le biais de ces magouilles, remplir leurs caisses au moyen des dommages et intérêts dont ils bénéficient, de façon particulièrement scandaleuse.

MARDI 31 - BONNE ANNÉE ET BONNE SANTÉ POUR TOUS, MAIS CELA NE SERA PAS FACILE.

Par le plus grand de tous les hasards, nous apprenons ce matin que le père Vandenbeusch, prêtre français enlevé au Cameroun mi-novembre, a été libéré. En voilà une bonne nouvelle qui tombe à pic pour Hollande, avant la tartine indigeste qu'il va nous balancer ce soir à vingt heures.

Bien entendu, comme pour chaque affaire du genre, aucune rançon n'a été versée aux ravisseurs. Il ne s'agit que d'une simple libération dans la ferme intention de faire plaisir à la France et aux Français.

Avis à la population : à tous ceux qui ne croient pas celle-ci, il est possible d'en raconter une autre.

Justement, voici un projet de discours qui aurait pu être soumis au président de la République, afin de présenter ses vœux aux Français :

- Mes chers concitoyens et -toyennes,

Cela fait, hélas pour vous, un peu plus d'un an et demi, qu'en compagnie de mon équipe à brasser le papier mâché, nous gouvernons la France. Comme vous avez pu le constater, durant cette période, bénie des dieux pour nos ambitions et finances personnelles, la situation n'a cessé de se dégrader, à tous les niveaux. La dette de l'État n'a cessé d'augmenter, le chômage n'a cessé d'augmenter, les impôts n'ont cessé d'augmenter, l'insécurité n'a cessé d'augmenter, le trou de la Sécurité sociale n'a cessé d'augmenter. Et encore, je ne vous dévoile pas tout, car le temps dont je dispose à l'antenne, pour vous saper le moral, est chronométré. Ce qu'en ce jour je suis en mesure de vous affirmer, sans risques de me tromper, c'est que cela sera encore pire en 2014. Dès maintenant, vous pouvez donc vous préparer à souffrir toujours davantage. Ce sera difficile, je le sais, mais j'ai décidé, avec les membres de mon gouvernement, qu'il n'existerait pas d'autres alternatives pour les Français lambda.

Le gouvernement précédent a inventé la crise, de façon à apeurer les populations, ce qui permet de pouvoir toujours mieux les contrôler puis les arnaquer. Nous avons poursuivi cette même politique, et sommes même persuadés de l'avoir améliorée. Pour nous, c'est tout bénéfice. Conséquence de quoi, en 2014, vous serez contraints de continuer à subir les méfaits de cette situation trompeusement calamiteuse, et il vous sera demandé de toujours faire davantage d'efforts. Vous devez donc vous préparer à souffrir.

Il ne s'agit que d'une question d'équilibre. Lorsque les dirigeants politico-financiers de la planète desserrent leurs ceintures d'un cran, les petites gens se voient contraints de serrer les leurs de ce même cran. En nombre de crans, cela revient au même.

Depuis des mois, je fais la guerre au Mali. Depuis quelques semaines, je fais également la guerre en Centrafrique. Malheureusement, il m'a été impossible de concrétiser mes projets d'invasion de la Syrie. Pour autant, je ne désespère pas de trouver un nouvel argument pour engager, le plus rapidement possible, des troupes françaises sur un troisième front. Mais ça ne sera pas facile.

Ainsi, sur le plan international, je serai enfin reconnu, à ma juste valeur, comme l'un des plus grands stratèges militaires des temps modernes. L'Histoire se souviendra longtemps de François IV l'Africain.

Certes, les esprits chagrins pourront toujours argumenter comme quoi, sur le continent noir, il serait plus intelligent de donner de la nourriture à celles et ceux qui, chaque jour, meurent de faim, plutôt que de les envoyer faire la guerre pour s'entre-assassiner.

À tous ces mauvais coucheurs, je répliquerai simplement que nous accordons déjà d'importantes subventions aux dirigeants africains. Et qu'avec cet argent, ils nous achètent des armes, ce qui permet de faire fonctionner notre industrie. Certes, grâce à cet argent venu du ciel, ces chefs d'État se font également construire de somptueux palais, se paient des grosses berlines de luxe, achètent du champagne et du caviar mais, comment voulez-vous que nous puissions approvisionner l'ensemble de toutes les populations miséreuses ?

Grâce à moi, désormais en France, tout le monde peut se marier avec tout le monde. Je suis parvenu à rayer de la carte vingt siècles, voire trente siècles de civilisation. Et croyez-moi, ce n'est pas terminé. Certes, il m'a été reproché de ne pas être marié moi-même, mais ici, la raison en est fort simple ; j'aime telle-ment les femmes que je ne peux toutes les épouser. La loi me l'interdit. Ce dossier n'a pas toujours été facile à gérer.

Toujours grâce à mon action, la religion islamique s'installe progressivement, mais durablement en France. Terminé la société judéo-chrétienne qui, depuis deux mille ans, règle nos jours et nos nuits, avec ses dix commandements. De plus en plus, les mosquées remplaceront les églises, et en toute logique, d'ici quelques décennies, la France sera devenue une république islamique. Cela n'a pas toujours été facile à faire admettre.

Du côté de la justice, nous laissons le plus souvent en liberté, les auteurs de délits. Y compris les récidivistes. Ceux qui sont enfermés, sont progressivement relâchés. C'est pour cela que nous prévoyons d'instituer, dès la nuit tombée, un couvre-feu dans les grandes villes et leurs banlieues. Il n'existe aucun raison valable que pour les, soit disant honnêtes gens, trainent dans les rues, lorsque la nuit enveloppe nos cités. Ce dossier ne sera pas facile à mettre en place.

Au niveau de l'éducation de nos enfants, certes, la France ne brille guère sur le plan international. Mais vous devez compren-dre que nous poursuivrons inexorablement la ligne que nous nous sommes fixée. Pour la simple raison que, plus les citoyens sont ignorants, plus les politiciens sont en mesure de s'accorder des privilèges, et s'en mettre plein les poches. Et ce n'est pas demain que nous infléchirons notre politique. La désinformation et la manque de connaissances des peuples, font la fortune de leurs dirigeants. Ce qui est logique, puisque nous nous faisons élire dans ce but. Si un jour, les politiciens ne pouvaient plus magouiller, il ne se trouverait que très peu de candidats pour se présenter devant les électeurs. Cette procédure n'est pas toujours facile.

Pour ce qui concerne le domaine de la santé, bien entendu, tout n'est pas parfait. Loin s'en faut. Mais, compte tenu des comptes négatifs de la Sécurité sociale, un patient qui trépasse, c'est un lit de disponible en plus. Donc, des économies réalisées. Sans omettre que, si la personne décédée occupait un emploi, sa disparition libère une place pour un chômeur. Ce qui n'est pas négligeable. Je sais, ce n'est pas facile à faire admettre, mais il en est ainsi.

Je dois également vous confirmer que, pour l'année qui commence demain, nous continuerons d'être impitoyables pour tous les automobilistes qui dépassent, même de quelques kilomètres heure, les vitesses imposées sur les routes et autoroutes. De la même façon, les sanctions seront toujours aussi implacables, pour tous ceux qui se permettent de ne pas payer les parcmètres, ou dépassent le temps autorisé. Car nous ne pouvons, nous n'avons pas le droit, de laisser de dangereux criminels, le plus souvent récidivistes, mettre la patrie en danger. Par la même occasion, il est très facile pour nos sbires, par le biais de ces procédés mafieux, de vous piquer toujours davantage de pognon. Et Allah sait si nous en avons besoin.

Françaises, français, ce qui peut vous arriver durant l'année 2014, mettez-vous bien dans la tête que je n'en ai rien à secouer. Vive la France et vive moi !

Citations du jour :

« Les livres que le monde nomme immoraux, sont ceux qui leur montrent sa propre ignominie. » (Oscar Wilde.)

« On a dit de moi que j'ai été le pire ministre des Finances que l'Angleterre n'ait jamais connu... Et on a eu raison. » Winston Churchill.

Si l'on remplace l'Angleterre par la France, cette phrase *pourrait* avoir été prononcée par Moscovici. Mais dans notre pays, l'humilité et le sens des réalités ont été rayés des registres politiques depuis bien des lustres.

Nous pouvons constater ici, à quel point le fossé est énorme entre les dirigeants français et ceux de Sa Très Gracieuse Majesté. Même lorsqu'il concerne des personnages décédés. La mise en service du tunnel sous la Manche n'a contribué en rien, à l'amélioration de la situation.

Afin de gâcher le début d'année des sympathisants socialos, qu'ils sachent que, niveau endettement officiel du pays, Hollande, Ayrault et leurs congénères, sont parvenus à maintenir la cadence infernale imposée par Sarkozy durant cinq années. Conséquence de quoi, le montant de la dette atteint désormais deux mille milliards d'euros, grosso modo. Sensiblement le même montant que le PIB du pays. Ce qui est véritablement catastrophique. Mais ce n'est pas tout. Pour démoraliser davantage l'ensemble des Français, si l'on tient compte de la dette officiellement déclarée, additionnée aux engagements du pays, le montant s'élève à cinq mille milliards d'euros.

De quoi se poser bien des questions, quant aux capacités intellectuelles de la classe dirigeante. La seule évidence est que, jamais, l'État français ne sera en mesure de rembourser ce passif colossal. Déjà qu'il doit contracter de nouveaux emprunts uniquement pour casquer les intérêts…….. Par contre, niveau tranquillité, c'est cool. Car les créditeurs se trouvent dans l'impossibilité de pouvoir envoyer des huissiers à l'Elysée, ou dans les ministères, pour récupérer leurs biens. Et puis, de toutes les façons, les politiciens ne risquent rien. Ou si peu. Tout au plus, être recasé sénateur. Ils peuvent faire n'importe quoi avec votre pognon, aucune poursuite ne sera engagée envers eux. C'est chouette de pouvoir faire joujou avec le pognon des autres. Ils ne sont que de tristes individus irresponsables, qui ignorent parfaitement ce qu'est le travail, ce que sont les problèmes financiers. Ils ne sont qu'uniquement préoccupés par le déroulement de leur carrière, l'argent et les privilèges qu'ils en retirent. Des *moi je,* prêts à tout, pour assouvir leurs instincts primaires de domination. Mettre soixante cinq millions de Français dans la merde, est bien le cadet de leurs soucis. Si seulement, ils savent ce que ce mot veut dire.

Espérons que la fin du monde politique que nous subissons actuellement, connaisse sa fin prochaine. Faute de quoi, la plus grande catastrophe humanitaire que le monde ait jamais connue est pour bientôt.

Le ministre du Travail nous informe : finalement, la courbe du chômage s'inverse bien, en cette fin d'année 2013. On dénombre déjà seize chômeurs potentiels de moins en Corse (chiffre inchangé depuis deux mois) et vingt sept dans le département des Bouches-du-Rhône – vingt-cinq à fin novembre, plus les deux de la nuit dernière.

Le ministre de l'Intérieur communique : tout sera mis en œuvre, pour rechercher activement, et retrouver les employeurs indélicats, responsables des licenciements abusifs de ces quarante trois chômeurs potentiels, contre quarante-sept en 2012. « *Nous y arriverons,* a-t-il été précisé, *mais ça ne sera pas facile.* »

Le jour se lève. Nous sommes le 1er janvier 2014 au matin. Ce qui ne change rien à rien. Exception faite toutefois pour les mauvaises nouvelles. Hollande a chanté son refrain habituel. Il a parlé des impôts trop lourds, oubliant au passage de faire remarquer qu'il était responsable de cette situation. Il a confirmé qu'il s'attaquait au chômage, mais n'a pas trop insisté sur le fait que le nombre de citoyens touchés par ce fléau, était en constante augmentation depuis son arrivée sur le trône de France. Il a abordé le problème de la dette de l'État qu'il entend bien faire diminuer, mais n'a pas précisé que celle-ci avait atteint le chiffre record d'environ deux mille milliards d'euros, soit environ deux cent milliards de plus en à peine vingt mois de règne.

Ayrault va probablement commencer à égrener son calendrier de l'avant, ce qui ne devrait pas, en toute logique, l'amener à occuper l'hôtel de Matignon au-delà des élections européennes. Un grand nombre de socialos va continuer de s'étriper, dans l'espoir de lui piquer son poste.

Valls va compter les carcasses de voitures brûlées, et publier, comme tous les ministres de l'Intérieur depuis des années, des chiffres revus et corrigés par ses services. (Entre le 31 décembre 18 heures et le 1° janvier 6 heures, la police a recensé mille soixante sept carcasses de voitures brulées. Soit cent vingt-six de moins que l'an dernier. Encore un grand bravo aux services d'ordre). À noter que les bagnoles incendiées hors cet horaire conventionnel, ne sont pas prises en compte. Et puis, le grand chef des flics ne peut être partout à la fois. En compagnie de JMA, le pauvre Valls a préféré faire un petit tour dans le métro parisien, ligne 1, ce qui a privé ces deux joyeux drilles, d'une partie du réveillon en famille. Question démagogie, ils en connaissent un rayon. Certes, ils ne peuvent être mauvais dans toutes les matières.

Alors qu'il venait d'entendre un message sonore de la RATP, mettant en garde les passagers contre les vols et la présence de pickpockets dans les couloirs et rames du métro, le ministre de l'Intérieur a fait savoir aux passagers se trouvant en sa compagnie :

« Il y a un espace protégé en tête de convoi. » Autrement dit, la rame où se trouvaient les deux ministres et leurs escortes. Le nombre de flics mobilisés pour protéger ce déplacement publicitaire totalement superflu devait être impressionnant.

À noter qu'en règle générale, les gens honnêtes n'éprouvent nul besoin de se faire protéger par des porte-flingues. Ces méthodes sont plutôt utilisées par des chefs de gangs, mais là est une autre histoire.

En résumé, tout ce joli petit monde va, durant un mois, s'envoyer des vœux à tout va, alors que pour majorité, ils ne peuvent s'encadrer.

La vérité est qu'à dater de ce jour, grâce à Hollande et Ayrault, créateurs de pauvreté, le taux normal de TVA passera de 19,6 à 20 %, et le taux intermédiaire de 7 à 10 %. Les contrats d'assurance-vie seront pris en compte dans le calcul de l'ISF, ce qui durcira le plafonnement de cet impôt. Une nouvelle hausse de l'impôt sur le revenu entrera en vigueur, par le biais d'une augmentation des tranches, ainsi qu'une revalorisation *exceptionnelle* de la décote de 5 %. Le plafond du quotient familial sera abaissé de deux mille à mille cinq cents euros. La part de la complémentaire santé réglée par l'employeur, ne sera plus exonérée d'impôts. Les tarifs des transports augmenteront de 3 %, ceux des taxis de 3,9 %. Le timbre-poste augmentera de trois centimes. Pour les tabacs et cigarettes, la nouvelle hausse n'entrera en vigueur qu'au milieu du mois. Etc, etc............ Grosso modo, se sont plus de dix milliards d'impôts et taxes supplémentaires que les citoyens français vont devoir supporter en 2014. Et il reste trois cent soixante quatre jours avant la fin de l'année, pour continuer de subir les frasques de cette équipe de pieds nickelés, car entre le discours politique et la réalité, il existe un abîme.

La France a connu dans son Histoire, de grands ministres, tels Richelieu, Mazarin, Colbert ou Talleyrand, mais également, hélas, des Cresson, Balladur, Jospin, Villepin, puis maintenant Ayrault, en apothéose provisoire. L'heure est grave. Très grave.

En débit de tous ces déboires, il est possible de terminer l'année sur une information particulièrement réjouissante : l'épargnant qui a placé mille euros le 1er janvier, sur son Livret A, se verra gratifié d'un intérêt de 15,49 € un an plus tard. Compte tenu de l'inflation, prévue entre 1% et 1,7 % selon les organismes, cela revient à constater que lorsque l'on prête son pognon à l'État, on possède de grandes chances d'être perdants à l'arrivée. Ce n'est rien d'autre que de l'arnaque mais, est-ce véritablement surprenant ? Au fait, au sein de l'Union européenne, n'est-il pas possible de placer ses économies hors de nos frontières ?

TOUTES CES PAGES POUR EN ARRIVER À CETTE TERRIBLE CONCLUSION : IL DEVIENT DE PLUS EN PLUS URGENT DE CHANGER LA DEVISE DE LA REPUBLIQUE. CE N'EST PAS LIBERTE-EGALITE-FRATERNITE QU'IL CONVIENT DESORMAIS D'INSCRIRE AUX FRONTISPICES DES BÂTIMENTS NATIONAUX, MAIS ABUS DE POUVOIR, ESCROQUERIE, MENSONGE.

(FRANÇOIS DE CLOSETS PRECONISAIT, DANS SON LIVRE TOUJOURS PLUS/ LIBERTES-INEGALITES-FEODALITE.)

ITE MISSA EST

SUPPLÉMENT GRATUIT

APRES LA PALME D'OR - L'OURS D'OR –
LE LION DORT - LES OSCARS

LES CESARS - LES VICTOIRES - LES DEFAITES - LES MOLIERES

LES SEPT D'OR - LE LANCER DE NAIN

VOICI MAINTENANT :

LES NANARS DU QUINQUENAT HOLLANDE.

PALMARES 2012/2013

NANAR DU PLUS MAUVAIS COMEDIEN.

NOMINES :

- François HOLLANDE
- François HOLLANDE
- François HOLLANDE
- François HOLLANDE

LAUREAT :

- *François HOLLANDE*

NANAR DE LA PLUS MAUVAISE COMEDIENNE.

NOMINEES :

- Cécile DUFLOT
- Christiane TAUBIRA
- Marisol TOURAINE
- Najat VALLAUD-BELKACEM

LAUREATE :

- *Delphine BATHO*

NANAR DU PLUS MAUVAIS COMEDIEN
DANS UN SECOND RÔLE.

NOMINES :

- Jean-Marc AYRAULT
- Pierre MOSCOVICI
- Vincent PEILLON
- Manuel VALLS

LAUREAT :

- *Jean-Marc AYRAULT*

NANAR DE LA PLUS MAUVAISE COMEDIENNE DANS UN SECOND RÔLE.

NOMINEES :

- BECASSINE
- Aurélie FILIPPETTI
- Valérie FOURNEYRON
- La PIE QUI CHANTE

LAUREATES :

- *Aurélie FILIPPETTI*
- *Valérie FOURNEYRON*

NANAR DU PLUS MAUVAIS ESPOIR MASCULIN.

NOMINES :

- Claude BARTOLONE
- Bernard CAZENEUVE
- Harlem DESIR
- Jean-Vincent PLACE

LAUREAT :

- *Harlem DESIR*

NANAR DU PLUS MAUVAIS ESPOIR FEMININ.

NOMINEES :

- Nicole BRICQ
- Edith CRESSON
- Elisabeth GUIGOU
- Marylise LEBRANCHU

LAUREATE :

- *Nicole BRICQ*

NANAR DE L'ERREUR DE CASTING MASCULIN.

NOMINES :

- Pascal CANFIN
- Benoît HAMON
- Philippe MARTIN
- Arnaud MONTEBOURG

LAUREAT :

- *Arnaud MONTEBOURG*

NANAR DE L'ERREUR DE CASTING FEMININ.

<u>NOMINEES :</u>

- Samia GHALI
- Anne HIDALGO
- Marie-Ségolène ROYAL
- Valérie TRIERWEILER

<u>LAUREATE :</u>

- *Samia GHALI*

NANAR DE LA PLUS MAUVAISE MISE EN SCENE.

<u>NOMINES :</u>

- Martine AUBRY
- Jérôme CAHUZAC
- Nathalie KOSCIUSKO-MORIZET
- Michel SAPIN

<u>LAUREAT :</u>

- *Jérôme CAHUZAC.*

NANAR DU PLUS MAUVAIS OU DE LA PLUS MAUVAISE ECLAIRAGISTE.

AUCUN NOMINE. (C'est pour dire !)

Un Nanar exceptionnel est décerné, à titre politiquement posthume, à Dominique STRAUSS-KAHN, pour l'ensemble de son œuvre, et son implication personnelle au service de la veuve et de l'orpheline.

Un Nanar spécial, hors catégorie, est décerné par la Française Des Jeux, à François HOLLANDE, pour avoir joué les bons numéros du LOTO, lors du tirage du 6 mai 2012.

BIBLIOGRAPHIE

QUAND LA GRECE BAIGNAIT DANS L'HUILE.
Marie Nade.

FRANCOIS I°, UN GRAND ROI.
René Sence.

ATTENTION, UN HOLLANDE PEUT EN CACHER UN AUTRE.
Anne Honimme.

DECOREZ VOTRE VOITURE.
Ange Oliveure.

LES CHANTS RELIGIEUX.
Chantal Helouya.

LA V° REPUBLIQUE ET LA NOUVELLE CUISINE.
Yann Ahacey.

UN SIECLE DE MACHINES-OUTILS.
Marthe Opilon.

LA VIE DANS UN GRAND MAGASIN.
Sam Aritaine.

SOMMELIER DE NAPOLEON I°.
Claude Vougeau.

LES GRATTE-PAPIER SONT PLUS DANGEREUX QUE LES SANS-PAPIERS.
Line Evitable.

ASTUCES POUR GAGNER AU CASINO.
Martin Galle.

DES HOMMES FORTS AU FORUM.
Félicie Tassion.

POUR QUE LES FRANÇAIS CONNAISSENT ENFIN LA DEMOCRATIE.
Kelly Défolle.

LES PLUS BEAUX POEMES DE MON FRERE.
Inès Perret.

PROTEGEZ VOTRE PEAU.
Ambre Solère.

LES RECETTES DE MA GRAND-MERE.
Lara Tatouille.

PROMENADE ROMANTIQUE AU SEIN DE LA ROME ANTIQUE.
André Zienne.

LE TOUT ELECTRIQUE.
Eugène Lampalle.

MES PREMIERES ARMES.
Stan de Thirre.

IL N'À À PLUS DE SAISONS.
Yves Herdout.

SOUVENIRS DE CROISIERES.
Annick Lheutite.

MA VIE SUR LES PLANCHES.
Jean Transène.

JE CONNAIS LA MUSIQUE.
Maguy Tarsèche.

PARIS SOUTERRAIN.
Laura Dégout.

L'EUROPE EN MOTOCYCLETTE.
Arlette David-Sonne.

LA GUERRE DE CESSESSION.
Caroline Dussude.

INFIRMIERE SUR LE FRONT.
Emma Taume.

J'AI BONNE MINE.
Nine Laquinteau.

POUSSEZ POUSSEZ.
Paulette Lescart.

ALLUMEZ VOS BOUGIES.
Annie Versaire.

MAIGRISSEZ EN MANGEANT.
Régine Sanselle.

COMMENT SOIGNER SES PLANTES.
Hortense Scia.

HISTOIRE DES PLUS BELLES HORLOGES.
Laure Quilet.

LES MALADIES CONTAGIEUSES.
Pat-Eugène Legerme.

LE PROBLEME IRANIEN.
Jerry Khan.

LA VIE DANS LES PRISONS FRANCAISES.
Eve Azion.

DOMPTEUR CHEZ PINDER.
Léo Parre.

LA PÊCHE EN EAU DOUCE.
Constance Lacdeu.

HISTOIRE DE LA BRETAGNE.
Gaëlle Hique.

LES FÊTES RELIGIEUSES.
Mick Harème.

INGENIEUR DANS UNE CENTRALE NUCLEAIRE.
Paul Hueur.

J'ETAIS DANS LES TRANCHEES.
Klauss Trophobe.

L'HYGIENE BUCCHALE.
Vera Dant.

NAVIGATEUR DANS L'OCEAN ARCTIQUE.
Brice Glass.

DANS LES SECRETS DE LA TELEVISION.
Aude Hymatt.

LES ARMES DE COLLECTION.
Théobalde Trappe.

L'ARCHITECTURE D'INTERIEUR.
Alex Terrieur.

LOUIS XIV ET LES PROTESTANTS.
Eddy Denente.

SAUVETEUR EN MER D'IROISE.
Elie Treuillet.

LES FRAISES ET LES FRAMBOISES.
Murielle Sonrouge.

LES VOILIERS ANCIENS.
Elmer Dessargasse.

UN HOMME SAGE-FEMME.
César Hienne.

LES JEUX D'ENFANTS.
Colin Maillard.

COMMENT SE DIRIGER SANS BOUSSOLE.
Eléonore Pazalest.

LES NOUVELLES CRISES.
Minnie Stérielle.

DES ORIGINES DU RAP.
Véronique Tasseur.

PRENDRE LE TEMPS DE VIVRE.
Caïn Caha.

LA PROSTITUTION AU JAPON.
Taniké Sakati.

LES CENTS TRISTES.
Fabien Malaki.

À LA DECOUVERTE DU MAROC.
Omar Aquèche.

HISTOIRE DE LA MUSIQUE SACREE.
Greg Aurien.

COMMENT SOIGNER LA CONSTIPATION.
Albin Desiège.

LES PLUS BELLES CHEMINEES.
Ramon Letuyo.

694

PILOTE DANS L'AVIATION JAPONNAISE.
Loo Ping.

LES OBLIGATIONS D'UN NOTAIRE.
Pat Rimoine.

UNE CUISINE FONCTIONNELLE.
Luce Tensile.

LES PLUS BELLES LETTRES D'AMOUR.
Debby Yédoux.

DECOUVREZ LA TURQUIE.
Alice Tamboulle.

LES DROGUES DOUCES.
Marie Rouana.

LES SPORTS DE COMBAT.
Kim Onno.

LA VIE DANS UN MONASTERE.
Sœur Marie-Thérèse Kiricanton, l'abbesse.

LANCELOT ET LE ROI ARTHUR.
Bruce Elliandre.

APPRENEZ À JOUER AUX CARTES.
Stanislas Depic.

LA VERITE SUR LE PETIT CHAPERON ROUGE.
Laure Eydubois.

LES INSTRUMENTS À VENT.
Monika Harr.

LA CUISINE ITALIENNE.
Laurie Zotto.

LA PLACE DE L'ISLAM DANS LE MONDE MODERNE.
Laura Madant.

POURQUOI L'AIR EST POLLUE.
Emma Nassion.

LES BIENFAITS DU BAIN MOUSSANT.
Jacques Ouzy.

Table des matières

698

www.ingramcontent.com/pod-product-compliance
Lightning Source LLC
Chambersburg PA
CBHW070613270326
41926CB00011B/1676